Der Streit um Klassizität

Daniel Ehrmann, Norbert Christian Wolf (Hg.)

Der Streit um Klassizität

*Polemische Konstellationen vom
18. zum 21. Jahrhundert*

BRILL | WILHELM FINK

Gedruckt mit Unterstützung des Programmbereichs *Kunstpolemik – Polemikkunst* (2014 bis 2019) an der interuniversitären Einrichtung *Wissenschaft und Kunst* der Paris Lodron-Universität Salzburg und der Universität Mozarteum Salzburg.

Bibliografische Information der Deutschen Nationalbibliothek

Die Deutsche Nationalbibliothek verzeichnet diese Publikation in der Deutschen Nationalbibliografie; detaillierte bibliografische Daten sind im Internet über http://dnb.d-nb.de abrufbar.

Alle Rechte vorbehalten. Dieses Werk sowie einzelne Teile desselben sind urheberrechtlich geschützt. Jede Verwertung in anderen als den gesetzlich zugelassenen Fällen ist ohne vorherige schriftliche Zustimmung des Verlags nicht zulässig.

© 2021 Brill Fink, Wollmarktstraße 115, D-33098 Paderborn, ein Imprint der Brill-Gruppe
(Koninklijke Brill NV, Leiden, Niederlande; Brill USA Inc., Boston MA, USA; Brill Asia Pte Ltd, Singapore; Brill Deutschland GmbH, Paderborn, Deutschland; Brill Österreich GmbH, Wien, Österreich)
Koninklijke Brill NV umfasst die Imprints Brill, Brill Nijhoff, Brill Hotei, Brill Schöningh, Brill Fink, Brill mentis, Vandenhoeck & Ruprecht, Böhlau, Verlag Antike und V&R unipress.

www.fink.de

Einbandgestaltung: Evelyn Ziegler, München
Herstellung: Brill Deutschland GmbH, Paderborn

ISBN 978-3-7705-6443-9 (paperback)
ISBN 978-3-8467-6443-5 (e-book)

Inhalt

1. Der Streit um Klassizität. Polemische Konstellationen vom 18. zum 21. Jahrhundert. Einführung 1
   Daniel Ehrmann, Norbert Christian Wolf

2. Klassizismus durch antiklassizistische Polemik: Karl Philipp Moritz 31
   Helmut Pfotenhauer

3. Wider das Fabrikenwesen. Goethe und das Handwerk der Klassik 47
   Michael Bies

4. Hölderlins antiklassizistische Rückkehr zur klassischen Tragödie 67
   Kathrin Rosenfield

5. Polemik als Konstellation. Dynamik, Ungleichzeitigkeit und Nachträglichkeit in den Konfrontationen von Klassizismus und Anti-Klassizismus (1760-1930) 89
   Daniel Ehrmann

6. Nach der Kunstperiode. Polemik und Ästhetik im Umfeld des Jungen Deutschland 135
   Dirk Rose

7. Das Doppelgesicht des *Hesperus*. Zur Fragilität klassizistischer Attitüden um 1900 und zur Genese der polemischen Konstellation zwischen Rudolf Borchardt und dem George-Kreis 157
   Peter Sprengel

8. Avantgarde und retour à l'ordre, néoclassicisme und esprit nouveau 175
   Susanne Winter

9	Überwinden und Wiederholen. Thomas Bernhard, Peter Handke und das Problem der Klassizität	199
	Harald Gschwandtner	
10	Hoher Standpunkt oder homerische Blindheit? Kämpfe für und gegen eine „sozialistische Klassik" in der DDR	229
	Bernadette Grubner	
11	‚Mit einem kleinen Daunenkissen auf den Marmor einschlagen'. Klassik und Avantgarde in Elfriede Jelineks *Ulrike Maria Stuart*	249
	Uta Degner	
12	Tigersprung mit schwerem Gepäck – Antike und Gegenwart in Grünbeins *Historien*	265
	Wolfgang Riedel	
	Beiträgerinnen und Beiträger	323
	Register	327

Der Streit um Klassizität
Polemische Konstellationen vom 18. zum 21. Jahrhundert
Einführung

Daniel Ehrmann, Norbert Christian Wolf

Klassizismen begleiten die europäische Kulturgeschichte zumindest ab der Frühen Neuzeit. Seit der Renaissance wurde die Kultur der Antike als Vorbild betrachtet und ihre Hervorbringungen insbesondere auf dem Gebiet der bildenden Kunst und Literatur als mustergültig verehrt. So hat Leon Battista Alberti in seinem berühmten Traktat *De pictura* (1435/36) vom Künstler „degnità di pictura" und „gratia" eingefordert; diese an der antiken Kunst gewonnenen ästhetischen Kategorien sollten nicht nur gegen die künstlerische Praxis des damit erst eigentlich (negativ) bestimmten und benannten Mittelalters in Stellung gebracht werden, sondern insbesondere gegen die Hervorbringungen der eigenen Gegenwart. Wie sehr das sich darin ausdrückende und den Klassizismus von Beginn an prägende polemische Verhältnis an Logiken der Abgrenzung *und* der Überbrückung orientiert ist, zeigte bereits Alberti selbst, wenn er sich in der Einleitung gemeinsam mit Künstlern wie Donatello, Ghiberti oder Masaccio auf Augenhöhe mit den antiken Vorbildern imaginierte.[1] Indem er das überhöhte Vorbild zur Abgrenzung (und Abwertung) von einer darin konturierten zeitgenössischen Kunstausübung heranzog, dabei zugleich aber die eigene Position, zum Teil sogar im Modus der *aemulatio*, in einen positiven Traditionsbezug versetzte, weisen klassizistische Haltungen schon in der Frühen Neuzeit eine Tendenz zur doppelten Funktionalisierung auf. Dadurch wurden indes nicht allein zwei synchrone Strömungen differenziert und zueinander in Konkurrenz gesetzt; der Gegenüberstellung von Klassizismus und jedem Nicht- oder Anti-Klassizismus bzw. jedem ‚Manierismus'[2] in der Literatur ist damit von Anfang an auch ein symbolisches Wertgefälle

---

[1] Vgl. Leon Battista Alberti: Della pittura / Über die Malkunst. Hg., eingel., übers. und komm. von Oskar Bätschmann und Sandra Gianfreda. Darmstadt: Wissenschaftliche Buchgesellschaft 2002.

[2] Ernst Robert Curtius: Europäische Literatur und lateinisches Mittelalter. Bern, München: Francke ⁴1963, S. 277, will damit im Bereich der Literatur alle der Klassik entgegengesetzten Strömungen bezeichnet wissen. Freilich müsse man das Wort zu diesem Zweck „aller kunstgeschichtlichen Gehalte entleeren und seine Bedeutung so erweitern, daß es nur noch den Generalnenner für alle Tendenzen bezeichnet, die der Klassik entgegengesetzt sind"; mehr dazu unten.

eingeschrieben, das sich seither forttradiert, insbesondere in der begrifflichen Variante der ‚Klassik'. So ist der *scriptor classicus*, der erstmals im 2. Jahrhundert auftaucht, eben nicht nur ein geistig herausragender Musterautor;[3] er ist vor allem auch – wie in ihrem Metier die Angehörigen der obersten Steuerklasse, die ihm den Namen leihen – ein erfolgreicher Autor.[4] Der gegenseitige Vergleich und der Kampf um den obersten Rang scheint eine grundlegende Konstante des Kunstdiskurses zu sein, und es ist daher wenig überraschend, dass sich in beinahe allen Epochen seit der Renaissance auch ein mit Vorstellungen von Erstklassigkeit verbundenes Streben nach Klassizität feststellen lässt.

Indem der Klassizismus seinen Wert über den Rekurs auf Vorbilder der Vergangenheit behauptet, erscheint er auch als deiktische Geste, die indes weniger den tatsächlichen Vergleich der Werke im Detail nahelegt, als vielmehr eine Konvergenz auf ideeller Ebene. Entscheidend an dieser rückbezüglichen Geste ist zunächst die Etablierung einer Verbindung. Anders als der Begriff der ‚Klassik', der auch allein die Erstklassigkeit bezeichnen kann,[5] schließt der nicht zuletzt auf einer entscheidenden Wende zur Kunsttheorie beruhende Klassizismus[6] neben dem behaupteten kulturellen Wert auch eine ästhetische Orientierung am historischen Vorbild mit ein. Da freilich Strömungen, die eine unmittelbare Vorbildlichkeit der Antike nicht (mehr) anerkennen oder gar ablehnen, nicht minder um Erstklassigkeit bemüht sind, wird diese identifizierende Verschränkung unterschiedlicher Epochen auch von der Gegenseite

---

3   Die Folgen dieser „Übertragung eines staatswissenschaftlichen, aus dem Bereich der Lebenspraxis stammenden Begriffs auf den literarisch-kulturellen Bereich" betont auch Wilhelm Voßkamp: Einleitung. In: Theorie der Klassik. Hg. von dems. Stuttgart: Reclam 2009 (= RUB, Bd. 18625), S. 9–24, S. 11.

4   Vgl. die konzise Zusammenfassung bei Dieter Borchmeyer: Zur Typologie des Klassischen und Romantischen. In: Goethe und das Zeitalter der Romantik. Hg. von Walter Hinderer. Würzburg: Königshausen & Neumann 2002 (= Stiftung für Romantikforschung, Bd. 21), S. 19–29, hier S. 20f.

5   Vgl. Horst Thomé: [Art.] Klassik$_1$. In: Reallexikon der deutschen Literaturwissenschaft. Neubearb. des Reallexikons der deutschen Literaturgeschichte. Hg. von Harald Fricke u.a. Berlin, New York: de Gruyter 2000, Bd. 2, S. 266–270.

6   Das streicht etwa der Artikel Klassizismus im Lexikon der Kunst. Begr. von Gerhard Strauss, hg. von Harald Olbrich u.a. Bearb. von 1991. Leipzig: Seemann 2004, Bd. III, S. 763–767, hier S. 763, heraus. Aufschlussreich ist in diesem Zusammenhang die Konfrontation zweier sehr ungleicher Klassizismen, die Hans-Jürgen Schings: *Laokoon* und *La Mort de Marat* oder Weimarische Kunstfreunde und Französische Revolution. In: Klassizismus in Aktion. Goethes *Propyläen* und das Weimarer Kunstprogramm. Hg. von Daniel Ehrmann und Norbert Christian Wolf. Wien u.a.: Böhlau 2016 (= Literaturgeschichte in Studien und Quellen, Bd. 24) S. 67–122, hier S. 78, vornimmt, indem er „die Ikone der Weimarer Kunstfreunde, die *Laokoon*-Gruppe, neben die Ikone der Revolutionskunst, das Gemälde *La Mort de Marat* von Jacques-Louis David," stellt.

stabilisiert und es entwickelt sich daraus eine dominante Tendenz zur binären Codierung in den Künsten.

Allerdings wird Klassizismus nicht nur durch die Ausrichtung an dem doppelten Ziel von Ästhetik und Anerkennung, die seit der beginnenden Moderne und der zunehmend sich etablierenden ‚doppelten Ökonomie'[7] des künstlerischen Feldes an Bedeutung gewinnt, zu einem so spannenden Phänomen, sondern insbesondere auch durch die eminente Unsicherheit und die Abhängigkeit von der Perspektive, die ihn prägt und die sich aus der Konstellation von Künstlern, Werken und Kontexten ergibt, in denen er selbst reklamiert oder anderen zugeschrieben wird. So orientierten sich, um ein frühes Beispiel herauszugreifen, bereits Raffael und Michelangelo in ähnlicher Weise an antiken Vorbildern, an Statuen und Wandmalereien, die sie in Rom studieren konnten, und ihre Konkurrenz war zunächst eine innerklassizistische. Schon bei Vasari werden die beiden indes als antithetische Paarung entworfen,[8] wobei Raffael in deutlich besserem Licht als Michelangelo erscheint, ein angeblich „von Introvertiertheit gezeichneter Melancholiker".[9] Der Vergleich scheint reizvoll genug zu sein, dass er über Jahrhunderte hinweg angestellt wird. Noch Goethe bestätigt für die Zeit um 1800 unter seinen Zeitgenossen die „Mode, zu streiten, ob er [Michelangelo] oder Raphael mehr Genie gehabt".[10] Doch während man Raffael bis ins 18. Jahrhundert relativ

---

7   Vgl. dazu Pierre Bourdieu: Die Regeln der Kunst. Genese und Struktur des literarischen Feldes. Frankfurt a.M.: Suhrkamp 1999, S. 134–140.

8   Das trug gewiss dazu bei, dass auch in der Folge aus der großen Menge herausragender Künstler der Renaissance vor allem diese beiden als typische Vertreter ausgewählt wurden. Die Gegenüberstellung gewinnt im 19. Jahrhundert auf dem Weg zu einer typologischen Beschreibung der Kunstgeschichte verstärkt an Bedeutung. Vgl. exemplarisch Anton Springer: Raffael und Michelangelo. Leipzig: Seemann 1878, und dazu Johannes Rößler: Poetik der Kunstgeschichte. Anton Springer, Carl Justi und die ästhetische Konzeption der deutschen Kunstwissenschaft. Berlin: Akademie 2009.

9   Kerstin Schwedes: Raffael und Michelangelo: Renaissance – Barock? In: Raffael als Paradigma. Rezeption, Imagination und Kult im 19. Jahrhundert. Hg. von Gilbert Heß, Elena Agazzi und Elisabeth Décultot. Berlin, Boston: de Gruyter 2012 (= Klassizistischromantische Kunst(t)räume, Bd. 2), 239–253, hier S. 239. Klaus Irle: Der Ruhm der Bienen. Das Nachahmungsprinzip der italienischen Malerei von Raffael bis Rubens. Münster u.a.: Waxmann 1997 (= Internationale Hochschulschriften, Bd. 230), S. 149, nimmt das zum Beleg, dass sich Vasari „zum zweiten Raffael" stilisierte. Noch um 1900 tritt diese Gegenüberstellung des ‚geselligen' Raffael mit Michelangelo auf, der etwa bei Friedrich Gundolf: Michelangelo und Leonardo. In: ders.: Beiträge zur Literatur- und Geistesgeschichte. Heidelberg: Schneider 1980 (= Veröffentlichungen der Deutschen Akademie für Sprache und Dichtung Darmstadt, Bd. 54), S. 72–84, hier S. 74, immer noch, wenngleich ins Positive gewendet, „rein als Pathos" wirkt.

10 Johann Wolfgang Goethe: Italienische Reise. In: ders.: Sämtliche Werke nach Epochen seines Schaffens. Münchner Ausgabe. Hg. von Karl Richter in Zusammenarbeit mit Herbert G. Göpfert u.a. München: Hanser 1985–1998 [im Folgenden MA], Bd. 15, S. 472.

stabil als herausragenden Vermittler zwischen den ‚Alten' und den ‚Modernen'[11] wahrgenommen hat, wurde Michelangelo aufgrund der von Vasari konstatierten Disposition immer stärker als Vorläufer, wenn nicht gar als erster Vertreter des Manierismus gesehen.

Jonathan Richardson gibt 1722 dann eine Erklärung für diese Zuordnung, die Michelangelo bereits aus dem für den Klassizismus so zentralen Bereich des ‚Styls', wie ihn später nicht zuletzt Goethe gefasst hat,[12] ausschließt. Denn „his manner of Thinking was Tincted with this his natural Temper, and his Figures, and Compositions, though excellent in their Kind, were of a Kind something Capricious, and Disagreeable."[13] Durch den Verlust der Ruhe und Objektivität des Stils entgleite ihm zugleich das Maß in der Kunst. Dieses Urteil trifft ausgerechnet Michelangelo, der nicht nur antike Artefakte intensiv studiert hat, sondern der darüber hinaus auch an der Entscheidung zugunsten von Giovanni Angelo Montorsolis (1507-1563) Entwurf einer expressiven Restauration des verlorenen Arms des Laokoon beteiligt war und so die Grundlage nicht zuletzt auch von Goethes programmatisch-klassizistischer Deutung dieser Gruppe geschaffen hat. Es ergibt sich daraus ein Spannungsverhältnis, das für die polemischen Konstellationen typisch zu sein scheint, wie sie von Klassizismen häufig eröffnet werden: Michelangelo gehört zu den Gründervätern des europäischen Klassizismus und erscheint *zugleich* als einer der zentralen Vorläufer des Manierismus.

Bemerkenswert an diesem exemplarischen Spannungsverhältnis ist bereits, dass der Bezug zur Antike nicht einfach als objektiver Vergleich stilistischer Merkmale hergestellt wird, sondern dass er sich konstellativ durch die

---

11   Zur französischen Debatte um den Vorzug der Alten oder Modernen vgl. Hans Robert Jauß: Ästhetische Normen und geschichtliche Reflexion in der Querelle des Anciens et des Modernes. In: Charles Perrault: Parallèle des Anciens et des Modernes en ce qui regarde les Arts et les Sciences. Hg. von Max Imdahl u.a. München: Eidos 1964, S. 8–64; zur Wirkung auf den deutschen Klassizismus vgl. Manfred Fuhrmann: Die Querelle des Anciens et des Modernes, der Nationalismus und die Deutsche Klassik, in: ders.: Brechungen, Wirkungsgeschichtliche Studien zur antik-europäischen Bildungstradition. Stuttgart: Klett-Cotta 1982, S. 129–149.

12   Vgl. Johann Wolfgang Goethe: Einfache Nachahmung der Natur, Manier, Styl. In: Goethe MA, Bd. 3.2, S. 186–191; dazu Norbert Christian Wolf: Streitbare Ästhetik. Goethes kunst- und literaturtheoretische Schriften 1771–1789. Tübingen: Niemeyer 2001 (= Studien und Texte zur Sozialgeschichte der Literatur, Bd. 81), S. 341–443; zusammengefasst in ders.: [Art.] Einfache Nachahmung der Natur, Manier, Stil. In: Goethe-Handbuch. Supplemente, Bd. 3: Kunst. Hg. von Andreas Beyer und Ernst Osterkamp. Stuttgart, Weimar: Metzler 2011, S. 303–317.

13   Jonathan Richardson sen. und Jonathan Richardson jun.: An Account Of Some of the Staues, Bas-reliefs, Drawings and Pictures in Italy, etc. with remarks. London: Knapton 1722, S. 270.

Assoziation unterschiedlicher Kontexte in der Bewertung von Künstlern ebenso wie ihrer Arbeitsweisen und Werke vollzieht. Aus diesem Grund kann später auch Raffael zum Referenzpunkt für zwei recht unterschiedliche ästhetische Programmatiken um 1800 werden. Während die von Johann Joachim Winckelmann wiederbelebte und in Goethes Programmzeitschrift *Propyläen* (1798-1800)[14] gipfelnde Traditionslinie des deutschen Klassizismus Raffaels Antikenbezug herausstreicht, wird derselbe Maler in Wilhelm Heinrich Wackenroders und Ludwig Tiecks *Herzensergießungen eines kunstliebenden Klosterbruders* (1797) fast zeitgleich zum Modell für den Versuch, „die inneren Offenbarungen der Kunstgenies" zu erkunden.[15] Wenngleich in ästhetisch sehr unterschiedlicher Weise, beziehen sich Vertreter von Klassizismus und Romantik um 1800 in ihren Affirmationen auf ein und denselben Künstler, getrennt nur durch eine feine Grenze, die sich schon durch eine geringe Verschiebung des Blickwinkels überschreiten lässt.[16]

Darin kommt bereits eine charakteristische Beweglichkeit zum Ausdruck, die von diesem Band näher erkundet wird. Vieles spricht dafür, dass Klassizismus nicht einfach das Ergebnis einer bestimmbaren, schon gar nicht einer historisch stabilen, Menge von Eigenschaften im Sinne eines Merkmalbündels ist, sondern das einer Auseinandersetzung. Wenn dabei dasselbe Werk oder derselbe Künstler nacheinander – bisweilen aber sogar zeitgleich – sowohl klassizistisch als auch antiklassizistisch erscheinen kann, wenn mithin die Urteile darüber einer näher zu untersuchenden Perspektivität unterworfen sind, dann erhärtet sich auch der Anfangsverdacht, dass die Auseinandersetzungen um den Klassizismus am besten im Rahmen polemischer Konstellationen zu beschreiben sind.

---

14 Vgl. Ehrmann/Wolf (Hg.): Klassizismus in Aktion (wie Anm. 6), und Claudia Keller: Lebendiger Abglanz. Goethes Italien-Projekt als Kulturanalyse. Göttingen: Wallstein 2018 (= Ästhetik um 1800, Bd. 11).

15 [Wilhelm Heinrich Wackenroder und Ludwig Tieck:] Herzensergießungen eines kunstliebenden Klosterbruders. Berlin: Unger 1797, S. 11.

16 Die große Nähe markiert auch das Ende der Weimarer Preisaufgaben: Indem 1805 die Hälfte des Preises den von der eigentlichen mythologischen Themenstellung weit abweichenden Landschaftszeichnungen Caspar David Friedrichs zugesprochen wurden, mündete nach Ernst Osterkamp „Aus dem Gesichtspunkt reiner Menschlichkeit". Goethes Preisaufgaben für bildende Künstler 1799–1805. In: Goethe und die Kunst. Ausstellungskatalog Schirn Kunsthalle Frankfurt. Hg. von Sabine Schulze. Frankfurt a.M.: Hatje 1994, S. 310–322, S. 320, „Goethes Programm eines konsequenten Klassizismus in die Förderung des bedeutendsten Malers der deutschen Romantik."

Konzeptionell wird damit zunächst das geläufige Verständnis von Polemik erweitert. Während die rhetorische Polemikforschung[17] literarische wie nichtliterarische Auseinandersetzungen vor allem als triadische Beziehung auffasst, in der die Rollen recht eindeutig festgelegt werden können,[18] stellt dieser Band die Frage, wie sich die polemische Situation allererst konstituiert. Er favorisiert dabei einen Ansatz, der von einer mehrgliedrigen und dezidiert relationalen Genese ausgeht. Dabei steht nicht schon von vorneherein fest, wer gegen wen polemisiert und ob ein Text überhaupt eine Invektive ist oder nicht.[19] Vielmehr wird danach gefragt, wie das Beziehungsgeflecht der Akteure genau beschaffen ist und welcher Handlungen es bedurfte, damit ein Text als Polemik lesbar und wirksam werden konnte bzw. kann. Nicht der „Akt der sozialen Tötung",[20] den Peter von Matt als wesentliches Element der spezifisch literarischen Polemik postuliert, steht hier im Fokus. Insbesondere künstlerische Polemik, so unsere Grundannahme, erschöpft sich nicht in der gezielten sozialen Vernichtung

---

17 Vgl. exemplarisch Jürgen Stenzel: Rhetorischer Manichäismus. Vorschläge zu einer Theorie der Polemik. In: Helmut Koopmann und Franz Josef Worstbrock (Hg.): Kontroversen, alte und neue. Bd. 2: Formen und Formgeschichte des Streitens. Der Literaturstreit. Tübingen: Niemeyer 1986 (= Akten des VII. internationalen Germanisten-Kongresses 1985), S. 3–11, der dem Autor der Polemik fast uneingeschränkte Herrschaft über die ‚polemische Situation' einräumt.

18 So spricht Steffen Burkhardt: Medienskandale. Zur moralischen Sprengkraft öffentlicher Diskurse. Köln: Halem 2006, S. 139, dezidiert von der „Skandaltriade". Er reformuliert dabei für die Genese des Skandals ein Modell, das die Polemikforschung für ihren Gegenstand teils schon früher angenommen hat. Es umfasst üblicherweise drei Akteure bzw. Akteursgruppen, wobei es stets einen am Anfang des Narrativs platzierten Aggressor gibt. Die Rollen des Publikums und des Gegenstands der Polemik werden bisweilen unterschiedlich gefüllt. Stenzel: Rhetorischer Manichäismus (wie Anm. 17) sieht etwa das Publikum als den eigentlichen Adressaten der Streitrede.

19 Vgl. dagegen die grundlegende Monografie von Dirk Rose: Polemische Moderne. Stationen einer literarischen Kommunikationsform vom 18. Jahrhundert bis zur Gegenwart. Göttingen 2020, S. 12f., wo literarische „Polemik vorrangig als eine autorschaftlich verantwortete und diskursiv verhandelte Schriftkommunikation begriffen" wird bzw. „als eine rhetorisch gestaltete, aggressive bzw. ‚kämpferische' Rede- oder Schreibweise", „die sich gegen einzelne Personen oder bestimmte Institutionen bzw. Phänomene richtet." Diese Aspekte, die auch in den hier versammelten Beiträgen eine mehr oder weniger wichtige Rolle spielen, rücken angesichts des besonderen Augenmerks des Bandes auf konstellative Zusammenhänge in den Hintergrund.

20 Peter von Matt: Grandeur und Elend literarischer Gewalt. Die Regeln der Polemik. In: ders.: Das Schicksal der Phantasie. Studien zur deutschen Literatur. München: DTV 1996, S. 35–42, hier S. 35. Andere Forscher sehen die Grenzen des Handlungsraumes enger gezogen. Walther Dieckmann: Streiten über das Streiten. Normative Grundlagen polemischer Metakommunikation. Tübingen: Niemeyer 2005 (= Konzepte der Sprach- und Literaturwissenschaft 65), S. 155, weist bspw. auf die metakommunikativen Verbote hin, „die Person des Gegners zu diskreditieren".

eines Autors durch den anderen.[21] Denkbar ist darüber hinaus ein viel breiteres Spektrum, das bewusst geschürte Konflikte genauso umfasst wie unwillkürlich angeheizte Auseinandersetzungen und nicht zuletzt Verschiebungen, die sich durch unerwartete Kontextualisierungen ergeben. So war es gewiss ein streitbarer Text, den Filippo Tommaso Marinetti am 20. Februar 1909 unter dem Titel *Le Futurisme* in die Pariser Tageszeitung *Le Figaro* einrücken ließ.[22] Der Gegner ist darin deutlich bezeichnet: Es sind die Künstler, deren Werke sich in den Museen und Bibliotheken finden, und es ist ein Kunstverständnis, das in den Akademien gelehrt wird.[23] Marinettis Aufruf zu ihrer Vernichtung war aber gar nicht mehr nötig,[24] um den polemischen Antiklassizismus dieses Textes zu profilieren, der mit dem Manifest explizit zugleich auch den Futurismus schafft.[25] Dass es Futurismus ist, was Marinetti betreibt, wurde auch nicht bestritten, nachdem *Der Sturm* seinen Text im März 1912 auf Deutsch veröffentlicht hatte – wohl aber seine antiklassizistische Poetik. Ein Jahr später, im März 1913, wandte sich Alfred Döblin ebenfalls in Herwarth Waldens expressionistischer Zeitschrift mit einem ‚offenen Brief' an Marinetti, dessen Angriff auf die Klassizisten er gegen sich selbst wendet. Er sieht das Manifest als Versuch der Bevormundung,[26] dem er die Legitimation entzieht, indem er wesentliche Unzulänglichkeiten aufweist. Gewiss sei es „bequem, den Feldherrrn eine ‚Insel' nennen, die Köpfe wie Fußbälle fliegen zu lassen, die zerrissenen Bäuche wie Gießkannen sprudeln zu lassen" – ästhetisch aber letztlich konservativ: „Spielerei! Antiquiert! Museum! Wo sind die Köpfe, was ist mit den Bäuchen!? Und Sie wollen Futurist sein? Das ist übler Aesthetizismus!

---

21   Sigurd Paul Scheichl: [Art.] Polemik. In: Jan-Dirk Müller u.a. (Hg.): Reallexikon der deutschen Literaturwissenschaft. Neubearbeitung des Reallexikons der deutschen Literaturgeschichte. Bd. III. Berlin, New York: de Gruyter 2007, S. 117–120, hier S. 117, streicht die auf „moralische oder intellektuelle Vernichtung abzielende [...] Kritik am Gegner" als wesentliches Charakteristikum heraus.

22   F[ilippo]-T[ommaso] Marinetti: Le Futurisme. In: Le Figaro, Nr. 51, Samedi, 20 Février 1909, S. 1.

23   Vgl. ebd. die Ablehnung der „fréquentation quotidienne des musées, des bibliothèques et des académies".

24   Vgl. ebd.: „Et boutez donc les feu aux rayons des bibliothèques! Détounez le cours des anaux pour indonder les caveaux des musées!"

25   Ebd. Marinetti spricht vom Manifest, „par lequel nous fondons aujourd'hui le *Futurisme*"; die deutsche Übersetzung betont noch das schöpferische Moment dieser Polemik, indem sie schreibt, dass er dadurch geschaffen wird. Vgl. F. T. Marinetti: Manifest des Futurismus. In: Der Sturm (1912), Nr. 104, [30.] März 1912, S. 828f., hier S. 829; dort wird der Text als „Autorisierte Übersetzung von Jean-Jacques" bezeichnet.

26   Vgl. Alfred Döblin: Futuristische Worttechnik. Offener Brief an F. T. Marinetti. In: Der Sturm (1913), Nr. 150/151, [1.] März 1913, S. 280–282, hier S. 282: „Sie sind kein Vormund der Dichter."

Die Dinge sind einzigartig; ein Bauch ist ein Bauch und keine Gießkanne: Das ist das A B C der Naturalisten, des echten direkten Künstlers."[27] Marinettis Programm verbleibe damit in einem alten Paradigma, denn sich „die Bilder verkneifen, ist das Problem des Prosaikers."[28] Erst Döblins eigene Forderung nach Sachlichkeit, die er zwei Monate später im „Berliner Programm" deutlich formuliert,[29] vollziehe diesen Bruch. Die starre Opposition, die Marinettis Manifest entwirft, wird so im Kontext des *Sturm* dynamisiert. Im Unterschied zum Naturalismus sei der Antiklassizismus ebenso wie der Futurismus, der sich aus ihm speist, nur ein „historischer Ism".[30]

Schon allein dieses Beispiel zeigt, dass sich der Streit um Klassizität, in dem Klassizismus und Klassik oft ineinander übergehen,[31] nicht ohne Verluste in ein einfaches Schema zwängen lässt. Verdeutlicht wird dies noch durch die Schwierigkeit, klar zu bestimmen, wo im Einzelnen die Linie zwischen „sachlicher Argumentation" und „unsachlicher Polemik"[32] verläuft und wo Parodien oder Satiren in Invektiven übergehen.[33] Konflikte können gewiss in unterschiedlichen Formen ausgetragen werden; ob die Äußerungen jeweils als polemisch aufgefasst werden, hängt dabei von der historisch wandelbaren textkulturellen Situation ab. Ob innerhalb dieses Kontexts ein konkreter Text dezenter oder aggressiver gestaltet ist, steht wiederum nicht nur mit den gängigen (jedoch meist impliziten) Regeln des Diskurses in Verbindung, sondern ebenso mit dem individuellen Stil der Schreibenden. Bereits daraus

---

27 Ebd.
28 Ebd.
29 Alfred Döblin: An Romanautoren und ihre Kritiker. Berliner Programm. In: Der Sturm (1913), Nr. 158/159, [1.] Mai 1913, S. 17f.
30 Ebd., S. 18.
31 Gegen die normative und kanonische ‚Klassik' wird seit dem 19. Jahrhundert bisweilen ‚Klassizismus' gestellt. Damit kann sowohl der epigonale Versuch der Imitation als auch der ambitionierte Versuch der Überbietung gemeint sein, worin bereits polemisches Potenzial liegt. Zur Differenzierung von *imitatio* und *aemulatio* vgl. Herbert Jaumann: Critca. Untersuchungen zur Geschichte der Literaturkritik zwischen Quintilian und Thomasius. Leiden u.a.: Brill 1995 (= Brill's Studies in Intellectual History, Bd. 62), S. 97f., und Jan-Dirk Müller und Ulrich Pfisterer: Der allgegenwärtige Wettstreit in den Künsten der Frühen Neuzeit. In: Aemulatio. Kulturen des Wettstreits in Text und Bild (1450–1620). Hg. von Jan-Dirk Müller u.a. Berlin, Boston: de Gruyter 2011 (= Pluralisierung und Autorität, Bd. 27), S. 1–32.
32 So Steffen Haßlauer: Polemik und Argumentation in der Wissenschaft des 19. Jahrhunderts. Eine pragmalinguistische Untersuchung der Auseinandersetzung zwischen Carl Vogt und Rudolph Wagner um die ‚Seele'. Berlin, New York: de Gruyter 2010, S. 1.
33 Ob deren Überschreitung zu den konstitutiven Merkmalen der Polemik zählt, wäre zu fragen. Vgl. Andreas Stuhlmann: „Die Literatur – das sind wir und unsere Feinde". Literarische Polemik bei Heinrich Heine und Karl Kraus. Würzburg: Königshausen & Neumann 2010 (= Epistemata. Reihe Literaturwissenschaft, Bd. 594), S. 29f.

erhellt, dass sich Polemik aus einem ganzen Set an Faktoren ergibt, die sich zueinander auf eine spezifische Weise verhalten. Versucht man diese – durch eine verräumlichende Metapher – gleichzeitig in den Blick zu bekommen, so konzeptualisiert man sie am besten als Konstellationen.[34] Mit diesem terminologischen Behelf soll indes nicht der Eindruck erweckt werden, dass es sich dabei um eine statische Anordnung handelt; der Begriff soll vor allem die (potenzielle) Vielfalt der beteiligten Akteure betonen, die untereinander in Beziehung stehen.[35]

Vor dem Hintergrund dieses Befundes scheint die Annahme von Panajotis Kondylis, dass aufklärerisches Denken „in seinem Wesen polemisch" ist, besonders fruchtbar zu sein, wenn man den schwierigen Begriff des ‚Wesens' nicht ontologisch, sondern im Sinne von Praxis oder Gebrauchsweise versteht: Um die innere Logik einer bestimmten Doktrin zu erfassen, empfiehlt es sich, „ihren Gegner klar ins Auge zu fassen und zu erwägen, was sie beweisen muß bzw. *will*, um diesen Gegner außer Gefecht zu setzen."[36] Im gegenwärtigen Zusammenhang wäre dieser ältere polemiktheoretische Ansatz freilich seiner personalen und intentionalen Implikationen konsequent zu entkleiden. Aus einer solchen, gewissermaßen praxeologischen Perspektive lässt sich dann Kondylis zufolge „nicht nur die Konsequenz, sondern auch die Widersprüchlichkeit eines bestimmten Denkens" insofern am besten erklären, als man seine eminente Relationalität ernst nimmt: „In der Polemik aller gegen alle" entstehe „die Vielfalt der Variationen über ein und dasselbe Thema, d.h. über die Grundfrage, um die sich die Polemik dreht."[37] Damit ist eine Erweiterung des Blicks angestoßen, von der das Konzept der polemischen Konstellation seinen Ausgang nimmt: Nicht die einzelne Äußerung eines individuellen Willens ist damit bezeichnet, sondern die Relationalität und Dynamik, die Pluralität und Widersprüchlichkeit, die wohl alle Debatten um die Kunst seit

---

34 Das Konzept knüpft lose an die von dem Philosophen Dieter Henrich begründete Konstellationsforschung an, die vor allem auf die (philosophiegeschichtliche) Öffnung des Blicks über das denkende Individuum hinaus auf Gespräche und die intersubjektive Genese von Philosophemen zielt; vgl. Dieter Henrich: Konstellationen. Probleme und Debatten am Ursprung der idealistischen Philosophie (1789–1795). Stuttgart: Klett-Cotta 1991.

35 Konstellationen in unserem Verständnis haben damit nicht nur eine „zeitliche Verlaufsform", wie Martin Mulsow: Zum Methodenprofil der Konstellationsforschung. In: Konstellationsforschung. Hg. von Martin Mulsow und Marcelo Stamm. Frankfurt a.M.: Suhrkamp (= Suhrkamp Taschenbuch Wissenschaft, Bd. 1736), S. 74–97, hier S. 76, als Ergänzung zu Henrich formuliert, sondern sind auch in sich dynamisch und uneinheitlich.

36 Panajotis Kondylis: Die Aufklärung im Rahmen des neuzeitlichen Rationalismus. Stuttgart: Klett 1981, S. 20.

37 Ebd.

der beginnenden Moderne prägen und in denen ihr umstrittener sowie streitbarer Kern deutlich zum Ausdruck kommt.

Der polemische Charakter des Denkens der Aufklärung legt es nahe, einen Band über den bis heute anhaltenden Streit um Klassizität in dieser Epoche einsetzen zu lassen, insbesondere mit dem, für die Germanistik notorischen, Zeitraum um 1800, auf den sich auch eine Reihe neuerer Publikationen konzentriert. Sie streichen den gemeinsamen Grund der beiden prägenden Strömungen heraus und ziehen sie zu einer ‚klassisch-romantischen Doppelepoche' zusammen.[38] Vergleichende Untersuchungen ‚europäischer Klassiken' haben wichtige kulturräumliche, diskursive und kunstpraktische Unterschiede deutlicher hervortreten lassen,[39] während für den deutschsprachigen Raum gezeigt wurde, wie die annähernd parallelen klassizistischen und frühromantischen Strömungen, die den Zeitraum ‚um 1800' prägen,[40] mit unterschiedlichen Mitteln auf die Herausforderungen derselben beginnenden Moderne reagierten.[41] Dadurch geriet auch die seit zweihundert Jahren gut etablierte Opposition von Klassik und Romantik, wie sie insbesondere von Versuchen einer typologischen Beschreibung der Künste ventiliert wurde,[42]

---

38 Vgl. Sabine M. Schneider: Klassizismus und Romantik – Zwei Konfigurationen der einen ästhetischen Moderne. In: Jahrbuch der Jean-Paul-Gesellschaft 37 (2002), S. 86–128; aufbauend darauf Harald Tausch: Literatur um 1800. Klassisch-romantische Moderne. Berlin: Akademie 2011 (= Akademie Studienbücher. Literaturwissenschaft), S. 9–24.

39 Vgl. Wilhelm Voßkamp (Hg.): Klassik im Vergleich. Normativität und Historizität europäischer Klassiken. DFG-Symposion 1990. Stuttgart, Weimar: Metzler 1993 (= Germanistische-Symposien-Berichtsbände, Bd. 13); jetzt auch Heribert Tommek (Hg.): Europäische Regelsysteme des Klassischen. Zur Funktion der Klassik-Referenz in Literatur, Archäologie, Architektur und Kunst im 17. und 18. Jahrhundert. Regensburg: Schnell & Steiner 2020 (= Regensburger Klassikstudien, Bd. 5).

40 Zum Begriff und Konzept einer ‚dichten' Phase der Literatur vgl. Helmut Pfotenhauer: Um 1800. Konfigurationen der Literatur, Kunstliteratur und Ästhetik. Tübingen: Niemeyer 1991 (= Untersuchungen zur deutschen Literaturgeschichte, Bd. 59), zur Gleichzeitigkeit ‚klassischer' und ‚gegenklassischer' Strömungen Walter Müller-Seidel: Die Geschichtlichkeit der deutschen Klassik. Literatur und Denkformen um 1800. Stuttgart: Metzler 1983.

41 Helmut Pfotenhauer: Klassizismus als Anfang der Moderne? Überlegungen zu Karl Philipp Moritz und seiner Ornamenttheorie. In: Ars naturam adiuvans. Festschrift für Matthias Winner. Hg. von Victoria v. Flemming und Sebastian Schütze. Mainz: von Zabern 1996, S. 583–597. Harald Tausch: Literatur um 1800 (wie Anm. 38), S. 12, spricht im Anschluss daran von einer „klassizistisch-romantischen Doppelepoche".

42 Vgl. exemplarisch Fritz Strich: Deutsche Klassik und Romantik oder Vollendung und Unendlichkeit. Ein Vergleich. Bern, München: Francke [5]1952. Zur „interdisziplinäre[n] Konjunktur ‚typologischer' Ansätze" vgl. Marcel Lepper: Typologie, Stilpsychologie, Kunstwollen. Zur Erfindung des ‚Barock' (1900–1933). In: Arcadia 41/1 (2006), S. 14–28, hier S. 15. Die lange Tradition dieser auf das ‚Wesen' bezogenen Oppositionsbildung belegt die schon drei Jahre nach Goethes Tod von Ignaz Jeitteles: [Art.] Classisch, Classiker. In:

zunehmend unter Druck. Vor diesem Hintergrund wird sogar die in Philologie, Kunstgeschichtsschreibung und ästhetischer Theorie spätestens seit dem 18. Jahrhundert praktizierte Dichotomisierung von ‚klassischen' und ‚modernen' Kunstströmungen problematisch, wenn nicht obsolet, wie in den vergangenen Jahrzehnten verschiedentlich postuliert wurde.

Bereits ab den 1970er Jahren war ein normativer, im Verdacht nationaler Ideologisierung stehender Klassikbegriff problematisiert und mit Nachdruck gegen die „Klassik-Legende" polemisiert worden.[43] Kritisiert wurde dabei vor allem das Konzept einer „auf die literarische Produktion Schillers und Goethes zwischen 1795 und 1805" reduzierten „Weimarer Klassik", die sich „nicht zuletzt durch die Abgrenzungsversuche, die beide gegen Jean Paul, Kleist oder Hölderlin betrieben hätten", definiere.[44] Auch um gegen die vom Klassik-Begriff implizierte Kanonisierung[45] ein stärker an ästhetischen Programmen oder Stilen ausgerichtetes Konzept zu stellen und damit eine Neukonfiguration und Erweiterung des literarischen Spektrums zu ermöglichen, hat man in der Folge den weniger normativ besetzten oder bis dahin sogar pejorativen[46] Begriff des (latent „pedantisch epigonale[n]"[47]) ‚Klassizismus' stark gemacht. Durch dessen konsequente Verwendung gehen allerdings bestimmte Konnotationen verloren, die mit dem normativen Klassik-Begriff

---

ders.: Aesthetisches Lexikon. Ein alphabetisches Handbuch zur Theorie der Philosophie des schönen und der schönen Künste. Nebst einer Erklärung der Kunstausdrücke aller ästhetischen Zweige. Bd. 1. Wien: Gerold 1835, S. 149f., hier S. 150, versuchte Bestimmung: „Diese Vollendung der äußern und innern Form ist es hauptsächlich, welche die classische von der sogenannten romantischen Poesie unterscheidet, welche sich, weniger an das strenge Ebenmaß bindend, mehr der Phantasie und dem Gefühle überläßt."

43 Vgl. den berüchtigten Band von Reinhold Grimm und Jost Hermand (Hg.): Die Klassik-Legende. Frankfurt a.M.: Athenäum 1971. Klaus L. Berghahn: Das Andere der Klassik: Von der „Klassik-Legende" zur jüngsten Klassik-Diskussion. In: Goethe Yearbook 6 (1992), S. 1–27, hier S. 2, bemerkt nachträglich, dass es sich dabei „nicht um eine Schelte der Klassiker, sondern um eine Kritik der deutschen Ideologie handelte".

44 Cornelia Zumbusch: Weimarer Klassik. Eine Einführung. Berlin: Metzler 2019, S. 7.

45 Die „prinzipielle Doppelheit von Normativität und Historizität" hat Wilhelm Voßkamp: Normativität und Historizität europäischer Klassiken. In: Voßkamp (Hg.): Klassik im Vergleich (wie Anm. 39), S. 5–8, hier S. 5, schon für eine ‚Klassik' konstatiert, die „einerseits als etwas Normatives, Zeitresistentes bestimmt" werde, sich andererseits aber „als jeweils historisches Phänomen verstehen und rekonstruieren" lasse.

46 Vgl. Wilhelm Voßkamp: „Klassisch/Klassik/Klassizismus". In: Ästhetische Grundbegriffe. Historisches Wörterbuch in sieben Bänden. Bd. 3. Stuttgart, Weimar: Metzler 2001, S. 289–305, hier S. 295. Ähnlich dazu die Ansicht von Gerhard Schulz und Sabine Doering: Klassik. Geschichte und Begriff. München: Beck 2003, S. 43, dass dem Klassizismus, „wie anderen ‚-izismus'-Wortbildungen im Deutschen etwas Pejoratives" anhafte.

47 Vgl. Horst Thomé: [Art.] Klassizismus. In: Harald Fricke u.a. (Hg.): Reallexikon der deutschen Literaturwissenschaft (wie Anm. 5), S. 276–278, hier S. 276.

stets verbunden waren: Dazu zählt zunächst die rezeptionsgeschichtliche Kanonisierung von ‚Klassiken' als kulturgeschichtliche Höhepunkte jeweiliger Nationalkulturen, deren Wirkungsmacht durch die Namensänderung kassiert wurde – so, als seien sie für unser heutiges Verständnis vollkommen bedeutungslos. Es scheint allerdings eine eher naive Vorstellung zu sein, dass historische Sedimente inklusive der damit implizierten gesellschaftlichen Machtgefälle, die sich in kunst- und literaturgeschichtlichen Begriffen an- und ablagern, durch deren terminologischen Ersatz einfach neutralisiert werden könnten. Wird auf diese Weise nicht umgekehrt die historische Arbeit unkenntlich gemacht oder gar naturalisiert, die der nach wie vor wirkenden Kanonisierung – man denke an den institutionalisierten Usus in Schule, Universität und staatlicher Kulturpolitik – zugrunde liegt? Den populären Sprachgebrauch wird man damit jedenfalls kaum erfolgreich reformieren, weil dieser auf einem gesellschaftlichen Bedarf, ja Begehren nach ‚Klassik' beruht, der und das sich durch kosmetische Begriffsverbote schlechterdings nicht eskamotieren lassen. Auch ‚antiklassische' Revolten verlieren solcherart ihren polemischen Bezugspunkt. Ein weiterer Aspekt des Klassik-Begriffs, der durch dessen terminologische Substitution nivelliert wird, ist die heuristisch keineswegs unerhebliche Unterscheidung zwischen einem akademischen Klassizismus (nicht allein) des 18. Jahrhunderts und der ganz anders begründeten und gelagerten Kunstvorstellung und Kunstpraxis, die von Autoren und Theoretikern wie Goethe und Schiller vertreten und seit ihrer raschen und anhaltenden Kanonisierung eben als ‚Klassik' bezeichnet wurden.[48] Es wäre vermessen, eine begriffliche Einebnung dieser Differenzierung ausschließlich als Gewinn zu verbuchen.

Nimmt man die von der terminologischen Verschiebung angestoßene Tendenz zur Öffnung ernst, dann treten Fragen nach den ästhetischen Referenzpunkten sowie nach der Inszenierung von Bezugnahmen in den Vordergrund; der Klassizismus rückt damit auch selbst als historisch und kontextuell wandelbares Phänomen in den Blick. Er erscheint aus dieser Perspektive nicht als stabiles und einfach zu beschreibendes ästhetisches Programm, sondern stellt sich als komplexes Aggregat aus ganz unterschiedlichen Praxisformen und vielfältigen Kontexten dar, das sich durch seine mannigfaltigen historischen Erscheinungsweisen sowie seine wandelbaren Bezugs- und Abstoßungspunkte kaum bändigen und keineswegs einfach stillstellen lässt. Jenseits der konzeptionellen und begrifflichen Generalisierungen eröffnet erst ein Blick auf die je spezifische historische Konstellation, in denen klassizistische und antiklassizistische Ästhetiken in Erscheinung sowie in Konkurrenz zueinander

---

48 Vgl. dazu Wolf: Streitbare Ästhetik (wie Anm. 12), S. 275–291, bes. S. 276.

treten, produktiv neue Perspektiven. Einige davon erprobt der vorliegende Band exemplarisch und betont damit insgesamt die Möglichkeit, Klassizismus nicht nur als Stilrichtung oder Epoche wahrzunehmen, sondern ihn auch als in verschiedenen historischen Formen und Konstellationen wiederkehrendes Mittel zur Aushandlung von Positionierungen innerhalb des jeweiligen kulturellen Felds zu betrachten.

Klassizismen und ihre Gegenbewegungen orientieren sich – wie alle historisierenden Kunstpraktiken – dabei nicht einfach an kanonischen Formen vergangener Epochen, sondern sie verhalten sich stets auch in spezifischer Weise zu zeitgenössischen Diskursen und Medienentwicklungen, grenzen sich von diesen ab und provozieren so wiederum Reaktionen auf die eigenen Positionierungen. Das Verhältnis zwischen Klassizismus und Antiklassizismus ist somit nicht nur als Ergebnis divergierender ästhetischer Programmatiken zu verstehen, sondern auch als Effekt ‚polemischer Konstellationen'.[49] Ihnen kommt in dem Maß gesteigerte Bedeutung zu, in dem die Auseinandersetzungen um die Aufmerksamkeit und Wertschätzung zunimmt. Die um Klassizismen zentrierten Polemiken erweisen sich darin auch als Mittel, die Entwicklungen eines sich im Wechselspiel mediengeschichtlicher Umbrüche ausdifferenzierenden Literatur- und Kunstmarktes sowie einer damit einhergehenden Diversifizierung von Öffentlichkeiten zu verzeichnen, die – als Beobachtungsinstanzen oder Adressaten – die Arenen um die Austragungsorte der ästhetischen Kämpfe bilden. Das üblicherweise auf den Gegensatz von traditionsorientierten und progressiven Formen des Ästhetischen festgelegte Verhältnis wird so um einen medien- und kunstpolitischen Aspekt erweitert. Unter den Bedingungen der zusehends schärfer werdenden Verteilungskämpfe in einem sich seit dem 18. Jahrhundert verstärkt einem breiten Publikum öffnenden Literatur- und Kunstmarkt[50] geht es dabei auch um die Behauptung und Befestigung (für arrivierte Künstler) oder Infragestellung dominanter Positionen (für aufstrebende, meist jüngere Konkurrenten)[51] – so

---

49 Zum Begriff vgl. Norbert Christian Wolf: Polemische Konstellationen: Berliner Aufklärung, Leipziger Aufklärung und der Beginn der Aufklärung in Wien (1760–1770). In: Berliner Aufklärung. Kulturwissenschaftliche Studien. Ursula Goldenbaum und Alexander Košenina. Bd. 2. Hannover: Wehrhahn 2003, S. 34–64.

50 Zur Frage, wie Literatur unter diesen Bedingungen bewertet wird und wie Autoren darauf reagieren vgl. Steffen Martus: Werkpolitik. Zur Literaturgeschichte kritischer Kommunikation vom 17. bis ins 20. Jahrhundert mit Studien zu Klopstock, Tieck, Goethe und George. Berlin, New York: de Gruyter 2007 (= Historia Hermeneutica. Series Studia, Bd. 3).

51 Vgl. etwa die feldsoziologische Unterscheidung zwischen arrivierten Künstlern und Neuankömmlingen bei Bourdieu: Die Regeln der Kunst (wie Anm. 7), S. 254.

etwa im Blick auf die bekannte Frontstellung zwischen Weimarer Klassik und Jenaer Frühromantik.

Solche Kontroversen lassen sich nun häufig nicht auf die Handlungen einzelner Akteure eingrenzen, sondern werden nur aus einer genaueren Autopsie der strukturellen Verschiebungen und Krisen erklärbar, die diese Handlungen ermöglichen und deren Ausdruck sie sind.[52] In einer solchen Perspektive erscheinen die traditionell als Künstlerpolemiken[53] aufgefassten Einsätze oftmals als ‚Kunstpolemiken'[54] und an die Stelle individueller Autorpolemiken treten polemische Konstellationen. Einem gleichsam essentialistischen Verständnis von Kunst und Literatur wird so eine Sichtweise entgegengesetzt, die die wechselseitige Erzeugung bzw. Ermöglichung ästhetischer Positionen durch Konkurrenzverhältnisse und diskursive Verschiebungen beschreib- und verstehbar machen will. Aus dieser konzeptionellen Neufassung des streitbaren Verhältnisses von Klassizismus und Antiklassizismus ergibt sich auch eine zeitliche Öffnung. Denn wenn diese Konstellation für sich und damit jenseits der Ordnungen stiltypologischer Reihenbildungen und hierarchisierender Kanonisierungsprozesse betrachtet wird, geraten neben den ästhetischen und antiquarischen Debatten des 18. Jahrhunderts (zu denken wäre nicht allein an die bekanntesten zwischen Akteuren wie Johann Joachim Winckelmann, Ephraim Gotthold Lessing, Johann Gottfried Herder, Karl Philipp Moritz und Johann Wolfgang Goethe) auch Auseinandersetzungen des 19.

---

52 Vgl. zu diesem Modus auch Mark-Georg Dehrmann: Studierte Dichter. Zum Spannungsverhältnis von Dichtung und philologisch-historischen Wissenschaften im 19. Jahrhundert. Berlin u.a.: de Gruyter 2015 (= Historia Hermaneutica. Series Studia, Bd. 13), S. 269, der mit Blick auf die Brüder Grimm konstatiert, dass eine „Konzeption, die individuelle Autorschaft negiert, [...] von Dichtern als Provokation empfunden werden [muss], vor allem dann, wenn sie unmittelbar auf die Möglichkeiten der Poesie in der Moderne bezogen wird. Der Gegensatz von Naturpoesie und Kunstpoesie erscheint daher auch als polemische Stellungnahme der Grimms in einer Situation, wo die ‚Protogermanistik' ihren Gegenstandsbereich und ihre spezifischen Techniken in der Reibung mit der zeitgenössischen Literatur herausbildet, etwa indem diese ihrerseits Anspruch auf die alten Texte erhebt."

53 Wo, etwa nach dem Muster Heine contra Platen, ein Autor einen anderen attackiert.

54 Hier geht es häufig um (subkutane) ästhetische Grundsätze – wie etwa klassizistische oder antiklassizistische Orientierungen – oder um widerstrebende Tendenzen, ohne dass diese den beteiligten Akteuren immer bewusst sein und klar vor Augen stehen müssen. Eine Grundlage dafür ist, zumindest für die Zeit um 1800, darin zu sehen, dass das ästhetische Urteilsvermögen nach eigenen Regeln und nicht im Rahmen der Kritik entwickelt wurde. Denn, so Herbert Jaumann: Critica. Untersuchungen zur Geschichte der Literaturkritik zwischen Quintilian und Thomasius. Leiden u.a.: Brill 1995 (= Brill's Studies in Intellectual History, Bd. 62), S. 308, die „praktische Kritik und die Ästhetik sind systematisch nie zusammengeführt worden, sie gehen von Anfang an getrennte Wege."

und 20. Jahrhunderts in den Blick. So erscheinen ganz ähnliche polemische Konstellationen in den weit geschwungenen Linien, die sich über Adalbert Stifter und Franz Grillparzer, Gerhart Hauptmann und Rudolf Borchardt oder Karl Kraus und Hugo von Hofmannsthal bis in die Kontroversen um klassizistische Tendenzen der Poetiken Peter Handkes, Botho Strauß' oder Durs Grünbeins ziehen ließen. Auch deren (teils gebrochen) klassizistische Positionsnahme[55] wird stets begleitet, wenn nicht gar ermöglicht durch polemische Gegenströmungen, die sich in wechselndem Grad auch selbst als antiklassizistische gebärden.

Problemlos lässt sich dieser Blick auf die Literatur noch zusätzlich durch ähnlich gelagerte, teils parallel verlaufende Debatten in unterschiedlichen Bereichen der bildenden Kunst, von der Architektur und der Malerei bis hin zu Innenausstattung und öffentlichen sowie privaten Ausstellungspraktiken erweitern. Zu fragen ist in all diesen Bereichen künstlerischer Selbstverständigung nach den Einsätzen, die auf dem Spiel stehen, und damit nach den erhofften Gewinnen, um derentwillen die Polemik betrieben wird. Welche Positionen werden erstritten? Betrifft die Auseinandersetzung zwischen klassizistischen und antiklassizistischen Programmen stets auch – wie es eine an der Weimarer Klassik geschulte Vorannahme nahelegt – die Grenze zwischen zwei Generationen oder diejenige zwischen ‚hoher' und ‚niederer' Kunst, zwischen Hoch- und Populärkultur? Und welche Funktion kommt dabei den Geschlechterrollen zu? Lässt sich der erste Eindruck bestätigen, dass die privilegierte Diskursposition des Klassizismus vornehmlich von Männern eingenommen wird, während Frauen unterschiedliche Formen der (subversiven) Devianz und des kämpferischen Antiklassizismus erproben, wie es ein (flüchtiger) Blick auf bestimmte Aussagen Elfriede Jelineks nahelegt? Wo befinden sich die medialen Orte und wie funktionieren textuelle Verfahrensweisen (anti-)klassizistischer Polemik? Durch welche Vorbereitungen – wie etwa institutionelle Anbindungen oder persönliche Allianzen – werden die Angriffe abgesichert? Und welche Rolle übernehmen dabei vorangegangene (Anti-)Klassizismen und frühere Auseinandersetzungen? Zeichnen sich hier in der aktuellen literarischen Entwicklung – man denke etwa an die Auszeichnung des ‚Heldinnenepos' *Annette* (2020) von Anne Weber[56] mit dem Deutschen Buchpreis – neue poetische Tendenzen ab, die als Revision

---

55 Ein besonders flagrantes Beispiel einer solchen ästhetischen Brüchigkeit stellt etwa die inneren Spannung zwischen klassizistischer Poetik und (über weite Strecken) antiklassizistischer Dramenpraxis in Karl Kraus' „Tragödie in fünf Akten" *Die letzten Tage der Menschheit* (1918/19 u. 1922) dar; sie soll in einer eigenen Publikation näher untersucht werden.

56 Vgl. Anne Weber: Annette, ein Heldinnenepos. Berlin: Matthes & Seitz 2020.

des ästhetischen *status quo* nicht nur das literarische Gattungsspektrum wieder erweitern, sondern auch eventuell eine neue weibliche Haltung zu klassizistischen Poetiken implizieren?

So unterschiedlich die Antworten auf diese Fragen auch ausfallen mögen: Polemische Konstellationen scheinen in jedem Fall durch eine Vielzahl von Faktoren bestimmt zu werden, die gleichsam als deren Möglichkeitsbedingungen figurieren.[57] Kontexte wie mediale oder buchhandelstechnische Voraussetzungen, politische Vorgaben wie nationale oder territoriale Konkurrenzverhältnisse, die grundlegende Struktur der Positionsverteilungen innerhalb des literarischen Feldes oder die Stellung der Autorinnen und Autoren im marktförmigen Literatursystem regeln Sagbarkeit wie Wirkungsbreite und beeinflussen damit Gestalt und Wahrnehmbarkeit von Polemik. So muss etwa Friedrich Nicolais streitbare *Beschreibung einer Reise durch Deutschland und die Schweiz im Jahre 1781*,[58] die in gleich mehreren Bänden äußerst kritisch auf den kulturellen Zustand der Habsburgischen Länder eingeht, auch im Kontext der Spannungen zwischen den beiden (konfessionell geschiedenen) Aufklärungen gesehen werden, wodurch sich dieser Text als Teil einer größeren polemischen Konstellation lesen lässt.[59]

Die hier gesammelten Beiträge, die auf zwei an der Universität Salzburg abgehaltene Tagungen zurückgehen, adressieren solche Fragen anhand von

---

57 Herbert Jaumann: Vom „klassischen Nationalautor" zum „negativen Classiker". Wandel literaturgesellschaftlicher Institutionen und Wirkungsgeschichte, am Beispiel Wielands. In: Klassik und Moderne. Die Weimarer Klassik als historisches Ereignis und Herausforderung im kulturgeschichtlichen Prozeß. Walter Müller-Seidel zum 65. Geburtstag. Hg. von Karl Richter und Jörg Schönert. Stuttgart: Metzler 1983, S. 3–26, hier S. 19, konstatiert mit Blick auf die Wandlungsgeschichte der Wieland-Rezeption, dass sich der „Gebrauch der Klassiker" in dem Maße ändert, in dem aus „Musterschriftstellern im Bezugsrahmen einer verbindlichen Stilistik zum professionellen Gebrauch [...] personale Leitfiguren im nationalkulturellen Bezugsrahmen der bürgerlichen Öffentlichkeit zum konsumtiven Gebrauch des gebildeten Publikums" werden.

58 Friedrich Nicolai: Beschreibung einer Reise durch Deutschland und die Schweiz im Jahre 1781. 12 Bände. Berlin, Stettin: [Nicolai] 1783–1796; auf Österreich bezogen sind vor allem die Bände 2–6.

59 Vgl. etwa Norbert Christian Wolf: Konfessionalität, Nationalität und aufgeklärter Patriotismus. Zur Differenzierung kultureller Identitäten in der Kontroverse Blumauer–Nicolai. In: Konflikte – Skandale – Dichterfehden in der österreichischen Literatur. Hg. von Wendelin Schmidt-Dengler, Johann Sonnleitner und Klaus Zeyringer. Berlin: Erich Schmidt 1995 (= Philologische Studien und Quellen, Bd. 137), S. 36–67; ders.: „Blumauer gegen Nicolai, Wien gegen Berlin". Die polemischen Strategien in der Kontroverse um Nicolais Reisebeschreibung als Funktion unterschiedlicher Öffentlichkeitstypen. In: Internationales Archiv für Sozialgeschichte der deutschen Literatur 21 (1996), H. 2, S. 27–65; zur Vorgeschichte vgl. ders.: Polemische Konstellationen (wie Anm. 49).

Beispielen aus dem 18. bis zum 21. Jahrhundert.[60] Damit nimmt der Band die je historisch zu konkretisierenden polemischen Anteile verschiedener Klassizismen von der Aufklärung bis in die Gegenwart in den Blick, wodurch sich nicht nur deren Nähe- oder Distanzverhältnis zu konkurrierenden Strömungen präziser fassen lässt, sondern auch die tatsächliche ästhetische und programmatische Mobilität von sonst häufig als steif und behäbig wahrgenommenen klassizistischen Ästhetiken augenfällig wird. Durch eine solche Verschiebung des wissenschaftlichen Blicks könnten sich, über die Impulse für die Klassik- und Polemikforschung hinaus, im besten Fall auch Anregungen für die rezenten Probleme einer in die Krise gekommenen Literatur- und Kulturgeschichtsschreibung ergeben.

* * *

Schon kurz nachdem Karl Philipp Moritz 1789 aus Italien zurückgekehrt war, wurde er in gleich mehrere Auseinandersetzungen verwickelt, wie HELMUT PFOTENHAUER in seinem Beitrag rekonstruiert. Zwar war Moritz dabei mit so unterschiedlichen Gegnern wie dem Verleger Campe und dem Aufklärer Pockels konfrontiert; den geteilten Streitpunkt macht Pfotenhauer aber in der in Italien neugewonnenen klassizistisch begründeten Kunstanschauung und den ersten Ansätzen einer Autonomietheorie der Künste aus. Das zeigt sich besonders in der wichtigsten Auseinandersetzung, die der in Italien zum Klassizisten mutierte Moritz nun führt, indem er ausgerechnet gegen Winckelmann, den 1768 verstorbenen Gründungsvater des Klassizismus in Deutschland, polemisiert. Mit versiertem Blick auf das historische Textmaterial und Interesse für die konstellativen Verschiebungen analysiert Pfotenhauer das vorderhand paradox anmutende Spezifikum eines Klassizismus, der sich durch polemischen Antiklassizismus – bzw. ‚Anti-Winckelmannismus' – konstituiert.

---

60 Es handelt sich um die Tagung „Polemische Konstellationen. Klassizismus und Antiklassizismus vom 18. Jahrhundert bis zur Gegenwart" (10.–12. Dezember 2015) sowie um den Workshop „Polemische Konstellationen. Klassizismus und Antiklassizismus im ‚langen' 19. Jahrhundert" (3.–4. November 2016), die beide an der Universität Salzburg am Schwerpunktbereich „Kunstpolemik – Polemikkunst" (im Rahmen des Salzburger interuniversitären Schwerpunktes „Wissenschaft & Kunst") abgehalten wurden; Organisatoren waren die Herausgeber dieses Sammelbandes. Einzelne Vorträge sind in anderer Form und an anderer Stelle erschienen, so Hans-Jürgen Schings: Regeneration. Humanität und Revolution im Denken Herders. In: ders.: Klassik in Zeiten der Revolution. Würzburg: Königshausen & Neumann 2017, S. 155–205, und Ute Berns: Das Klassische in der Prosa T. S. Eliots: Opfer und Performanz. In: Die Rede vom Klassischen. Transformationen und Kontinuitäten im 20. Jahrhundert. Hg. von Thorsten Valk. Göttingen: Wallstein 2020 (= Schriftenreihe des Zentrums für Klassikforschung, Bd. 5), S. 59–79.

Damit ist bereits ein erstes und wesentliches Spezifikum der polemischen Konstellationen von Klassizismus und Antiklassizismus bezeichnet, die häufig solche als Effekt von Strategien der Invertierung sich einstellende Spannungsverhältnisse und paradoxale Figuren aufweisen. So ist Moritz bei weitem nicht der einzige Autor, der polemisch eine Perspektive eröffnet, in der der Klassizismus eines Vorläufers oder Gegners zumindest mangelhaft, wenn nicht verfehlt erscheint – ohne allerdings damit selbst gleich eine antiklassizistische Position zu behaupten. Vielmehr ermöglicht es der Angriff auf einen starken Opponenten, die eigene klassizistische Variation als richtige und damit dauerhafte auszustellen. Dieses Oszillieren zwischen klassizistischen und antiklassizistischen Positionen, die sich darin gegenseitig zum Erscheinen bringen, scheint eine wesentliche Eigenschaft der untersuchten Konstellationen zu sein, die zugleich auf eine eminente Relationalität des Klassizismus verweist.

Nicht immer kann daher auf den ersten Blick überhaupt festgestellt werden, welche Seite klassizistisch, welche antiklassizistisch ist; es bedarf vielmehr der Rekonstruktion der spezifischen historischen Situation, in der sie miteinander konfrontiert werden. Das ist auch der Fall in der Gegenüberstellung von ‚Kunst' und ‚Handwerk', die MICHAEL BIES ins Zentrum seines Beitrags stellt. Während ein an Aristoteles und der klassischen Rhetorik orientierter Klassizismus die Künste häufig im Sinne der *artes* begreift und damit in unmittelbare Nähe des Handwerks rückt, wird die Grenze vom deutschen Klassizismus um 1800, der bereits von der unhintergehbaren Autonomie der Kunst ausgeht, ganz anders gezogen. Bies setzt an diesem Punkt an und nimmt den Ausgang von Goethes Unterscheidung zwischen Kunst und Handwerk, die er im Kontext der mit Friedrich Schiller gemeinsam angestellten Überlegungen zum Dilettantismus und die darauf gründende Ablehnung aller einseitigen Tätigkeiten untersucht. Der bemerkenswerte Befund dieses Aufsatzes besteht darin, dass Goethe zwischen Kunst und Handwerk keine kategorische Grenze zieht, sondern die beiden Produktionsweisen mit großer Konzilianz in einem Kontinuum verortet, indem er ihre wechselseitige Durchlässigkeit hervorhebt. Bies kommt zum Schluss, dass Klassizismus kein starres Konstrukt ist. Er betont, dass umgekehrt auch antiklassizistische Positionen Regeln und Gesetze nicht ablehnen müssen.

Wenn sich nun Klassizismus wie Antiklassizismus bisweilen dieselben abstrakten Referenzpunkte wie etwa die (gewiss mal als beschränkend, mal als inspirierend begriffene) ‚Natur' wählen, dann bedarf es gerade aufgrund dieser Nähe umso deutlicherer Abgrenzungsgesten. Die Gleichzeitigkeit grundlegender ästhetischer Differenzen und großer Nähe (etwa in den Reaktionen auf die Herausforderungen der beginnenden Moderne) führt zur Tendenz, Unterschiede herauszustreichen, wo man ebenso gut Gemeinsamkeiten ausmachen könnte. Für die hier vorgeschlagene Betrachtung streitbarer Auseinandersetzungen *in aestheticis* nicht als (rhetorische) Polemik, sondern als polemische Konstellation, ist die Annahme grundlegend, dass sie nicht (allein) aus den Intentionen der äußernden Instanz hergeleitet werden muss. So war gewiss nicht immer allen Beteiligten klar, dass sie polemisch agierten bzw. dass sie Anlass zum Streit gaben. Das scheint auch bei Friedrich Hölderlin der Fall gewesen zu sein, als er 1804 *Die Trauerspiele des Sophokles* ins Deutsche übersetzte. Während etwa Martin Luther schon während der Übersetzungsarbeit an der Bibel sehr genau wusste, dass es sich um ein provokatives Unterfangen handelte und wen es provozieren würde, zumal er in seinem *Sendbrief vom Dolmetschen* (1530) noch einmal explizit das Streitbare seiner sinn-, nicht wortgemäßen Übersetzung eines immerhin göttlich offenbarten Textes betont hat, scheint Hölderlin die bereits zu Lebzeiten einsetzenden Polemiken gegen seine Sophokles-Übersetzungen nicht erwartet zu haben. Jedenfalls ließ er neben seinen Freunden Hegel und Schelling auch Goethe ein Freiexemplar zukommen – offenbar in der Hoffnung, damit Anklang zu finden. Als allerdings Heinrich Voß[61] den Weimarer Dioskuren schließlich aus dem Buch vorlas, soll Schiller in lautes Gelächter ausgebrochen sein. Voß schrieb anschließend über Hölderlin: „Ist der Mensch rasend oder stellt er sich nur so, und ist sein Sophokles eine versteckte Satire auf schlechte Übersetzer?"[62] Für die Zeitgenossen war Hölderlins Übersetzung so ungewöhnlich, dass er – nur halb im Scherz – bereits an den Rand des Wahnsinns gerückt wurde.[63] Einen Hinweis auf den philologischen Grund für diesen Eindruck gibt die Rezension der *Jenaischen Allgemeinen Literatur-Zeitung*, derzufolge man deshalb glaube, in der Rede der Antigone „eine Wahnsinnige zu hören", weil Hölderlin „gegen Sinn und Grammatik" übersetze.[64] Hölderlin sah das freilich anders, wie die mit den Übersetzungen zugleich veröffentlichten Anmerkungen deutlich machen. Was den Zeitgenossen also agrammatisch und unsinnig vorkam, zeugt aus Hölderlins Sicht von dem Versuch, das auszudrücken, was ihm als der „höchte [sic] Zug an der Antigonä" schien, nämlich der „erhabene Spott".

---

61 1779–1822, Sohn des Homerübersetzers Johann Heinrich Voß.
62 Heinrich Voß an Bernhard Rudolf Abeken, zit. nach Otto Pöggeler: Schicksal und Geschichte. Antigone im Spiegel der Deutungen und Gestaltungen seit Hegel und Hölderlin. München: Fink 2004, S. 8.
63 Seit Martin Heidegger hat man in diesen Auffälligkeiten dagegen immer wieder auch eine ‚Zwiesprache mit Sophokles' erkennen wollen. Vgl. etwa Vladimir Vukićević: Sophokles und Heidegger. Stuttgart, Weimar: Metzler 2003, S. 21–24.
64 ж з д: [Rez.] Die Trauerspiele des Sophokles, übersetzt von F[riedrich] Hölderlin. Frankfurt a.M., b. Wilmans. 1804. In: Jenaische Allgemeine Literatur-Zeitung (1804), 4. Bd., Nr. 255 (24. October), Sp. 161–167, hier Sp. 165.

Denn so fern, meinte Hölderlin, „heiliger Wahnsinn höchste menschliche Erscheinung, und hier mehr Seele als Sprache ist, übertrifft sie alle ihre übrigen Aeusserungen".[65] Der ‚klassische' Ausdruck antiker Seele erhält hier den Vorzug gegenüber der Gestaltung einer klassizistisch reinen Sprache.

Dieses Missverständnis, das aus widerstreitenden Perspektiven auf denselben Text hervorgeht, nimmt der Beitrag von KATHRIN ROSENFIELD zum Ausgangspunkt. Gegen die verbreitete Forschungsposition, die in Hölderlins Übersetzung modernistische Züge und eine programmatisch dunkle Sprache ausmacht, zeichnet Rosenfield mit genauem Blick vor allem auf die Übersetzung der *Antigone* nach, wie die teils irritierenden Sprachbilder aus dem Versuch resultieren, antike Seelenzustände darzustellen. Dass Hölderlin dafür die Worttreue stellenweise aufgab, kann als Effekt seines besonderen historischen Verständnisses des unausweichlichen Leidens und der Wahrnehmung der Unlösbarkeit dramatischer Konflikte gelesen werden.

Hölderlins streitbare Übersetzerpraxis verweist damit zugleich auf einen weiteren Typus polemischer Konstellation. Ohne dass er direkt und explizit gegen etablierte Positionen des Klassizismus polemisiert, erscheint seine Übertragung des griechischen Textes als antiklassizistisch. Die konstellative Betrachtung erlaubt es nun, diesen Antiklassizismus aus zwei Perspektiven gleichzeitig zu betrachten und so der historischen Komplexität der Auseinandersetzung Rechnung zu tragen. Denn während ‚orthodoxen' Klassizisten die Übersetzung allzu modern erscheint und sie sich von der ‚derben' Versinnlichung sowie von der ‚regellosen Form' dazu gezwungen sehen, endlich ganz auf die „Foderung der Klarheit" zu verzichten,[66] sind die Übersetzungen für Hölderlin selbst Ausdruck der äußersten Einfühlung und Annäherung an die Antike[67] – klassisch mithin. In dieser Diskrepanz der Urteile zeigt sich einmal mehr die Figur der Inversion am Werk. Denn auch Hölderlin überbietet den übersetzerischen Klassizismus etwa eines Johann Heinrich Voß, indem er – in Analogie zu Luther – nicht die Worte, sondern das darin eingeschriebene Gefühl übersetzt. In dieser Anverwandlung erscheint sein Text selbst als klassisch, und er grenzt sich von den nur nachahmenden (und damit eine Hierarchieebene nach unten rutschenden) ‚klassizistischen' Übersetzungen ab.

---

65 Friedrich Hölderlin: Anmerkungen zur Antigonä. In: Sophokles: Die Trauerspiele des Sophokles. Übersetzt von Friedrich Hölderlin. 2 Bde. Frankfurt a.M.: Wilmans 1804, Bd. 2, S. 89–103, hier S. 95.

66 ж з д: [Rez.] Die Trauerspiele des Sophokles (wie Anm. 64), Sp. 163f.

67 Gegen den Vorwurf der Zeitgenossen handelt nach Helmut Hühn: Mnemosyne. Zeit und Erinnerung in Hölderlins Denken. Stuttgart, Weimar: Metzler 1997, S. 89, Antigone bei Hölderlin „nicht aus einer Schwärmerei, sondern aus einer zutiefst religiösen Bindung heraus, die ihr aus dem lnnewerden ihres Lebenszusammenhangs im ganzen zukommt."

Dieses Beispiel zeigt eindrücklich, wie die jeweiligen Kontexte der Wahrnehmung dieselben Texte auf ganz unterschiedliche Arten erscheinen lassen und damit den Wert der Einsätze in das öffentliche Spiel der Positionen verändern. Der Anlass für den Streit, bisweilen sogar die Polemik selbst, kann sich aus dieser Sicht als Effekt einer konstellativen Verschiebung oder perspektivischen Differenz einstellen. DANIEL EHRMANN betont in diesem Sinn, dass sich solche Kontroversen vielfach nicht auf die Handlungen einzelner Akteure eingrenzen lassen, sondern nur aus einer genaueren Autopsie der strukturellen Verschiebungen und Krisen, die diese Handlungen ermöglichen und deren Ausdruck sie sind, erklärbar werden. Im Rückgriff auf Theorieangebote u.a. von Georg Simmel und Michel Serres analysiert er literarische wie architektonische Beispiele streitbarer Verhandlungen des Klassizismus vom 18. bis ins 20. Jahrhundert. Daran anschließend schlägt er eine konzeptionelle Neufassung des agonalen Verhältnisses von Klassizismus und Antiklassizismus und deren Betrachtung als Konstellation vor. Das Ziel ist, sichtbar zu machen, dass Polemiker nicht ‚intentional‘ die Folgen ihrer Angriffe beherrschen und ihre Angriffe nicht immer das richtige Ziel treffen. Vielmehr werde Polemik innerhalb spezifischer diskursiver Formationen wirksam, verselbstständige sich aber auch und agiere zugleich als Katalysator, der Verschiebungen dieser Formationen selbst in Gang setzen kann.

Ehrmanns Beitrag nimmt die notorische Opposition von Klassizismus und Antiklassizismus damit als Vehikel, um den konstellativen Charakter von Polemiken zu erkunden. Indem er versucht, literarische und künstlerische Kontroversen von der sich äußernden Person (im historisch wie systematisch so problematischen Singular) zu entkoppeln, öffnet er den Blick auf einen weiteren Aspekt polemischer Konstellation, der für das Anliegen des Bandes zentral ist. Obwohl Polemik schon lange unter Rückgriff auch auf triadische Kommunikationsmodelle beschrieben und damit etwa ihre Orientierung auf ‚die Öffentlichkeit‘ argumentiert wurde, bleibt der Polemiker, das „polemische Subjekt" nach Jürgen Stenzel, regierendes Zentrum.[68] Wenngleich diese implizite Annahme für die Analyse konkreter Polemiken häufig unproblematisch bleibt, gibt es doch viele Fälle, in denen die polemische Situation sich nicht mit dem Willen der Sprecher deckt. Wenn streitbare Texte nicht als solche verstanden oder schlicht nicht (von den ‚richtigen‘ Personen) wahrgenommen werden, aber auch und insbesondere wenn Äußerungen als Polemiken wirksam werden, die nie als solche gedacht waren, gelangt eine Dynamik in den Blick, die nicht auf die Handlungen einzelner Akteure, sondern nur auf eine Konstellation insgesamt zurückgeführt werden kann.

---

68 Vgl. Stenzel: Rhetorischer Manichäismus (wie Anm. 17), bes. S. 5–7.

Begreift man daher Polemiken im Bereich der Kunst nicht von vorneherein als Bekundungen eines Willens zur Provokation, sondern zunächst als Einsätze in einem Spiel mit offenem Ausgang, lässt sich bisweilen die Entfaltung einer ganz anderen polemischen Situation beobachten. So ändern sich die Anlässe, Überzeugungen und Oppositionen oft schneller, als deren textuelle Repräsentationen in Zirkulation versetzt werden können. Werden schriftliche Kontroversen wie unmittelbare mündliche Auseinandersetzungen behandelt – so wie es etwa die triadischen Kommunikationsmodelle nahelegen –, dann verliert die polemische Konstellation einen wesentlichen Teil dessen, was ihre Komplexität ausmacht. So fallen schriftliche Äußerungen, die ihre Wirksamkeit erst durch Veröffentlichung und typographische Zirkulation entfalten, aus der hypostasierten Synchronizität der Kommunikation heraus.[69] Ihre Medialität erzeugt eine (nicht nur) zeitliche Diskrepanz zwischen Äußerungs- und Wahrnehmungssituation, die zumindest den Raum öffnet für Verschiebungen und Transformationen, für Missverständnisse und Streit. Nimmt man diesen Bruch und das doppelte Tempus, das er erzeugt, ernst, dann erscheinen neben den Autorinnen und Autoren auch ihre Texte (jedenfalls tendenziell) als eigene Akteure,[70] die – bisweilen ungewollt – neue Polemiken auslösen, in alte eingreifen oder allgemein: in polemische Situationen geraten können. In einer solchen Konkretisierung lässt sich auch die Überblendung mehrerer Zeitschichten,[71] mithin die in der Konzentration auf einzelne Akteure häufig übersehene Mehrdimensionalität einer Konstellation erfassen. Durch diesen eminent raumzeitlichen Charakter polemischer Konstellationen fordert deren Beschreibung auch die möglichst genaue Bestimmung des Zeitpunkts und des medialen Orts ihrer Entfaltung ein.[72]

---

69 Medienentwicklungen wie die Erfindung des Telegraphen machte diese Defizienz immer wieder punktuell sichtbar. Sie zogen Selbst-Reflexion und den Wunsch nach sich, „eine möglichst schnelle Übertragung, die Überwindung von Grenzen, die Ausdehnung von Reichweiten" zu ermöglichen (Jürgen Fohrmann: Der intellektuelle, die Zirkulation, die Wissenschaft und die Monumentalisierung. In: Gelehrte Kommunikation. Wissenschaft und Medium zwischen dem 16. und 20. Jahrhundert. Hg. von dems. Wien u.a.: Böhlau 2005, S. 323–479, hier S. 343).

70 Längst schon ist die Möglichkeit der Übernahme von ‚agency' durch nicht-menschliche Akteure in der Forschung etabliert. Zu wichtigen Positionen der Akteur-Netzwerk-Theorie vgl. Bruno Latour: Die Hoffnung der Pandora. Untersuchungen zur Wirklichkeit der Wissenschaft. Aus dem Englischen von Gustav Roßler. Frankfurt a.M.: Suhrkamp 2002 (= Suhrkamp Taschenbuch Wissenschaft, Bd. 1595).

71 Nach dem Modell von Reinhart Koselleck: Zeitschichten. Studien zur Historik. Mit einem Beitrag von Hans-Georg Gadamer. Frankfurt a.M.: Suhrkamp 2000.

72 Zu einigen Aspekten der Medienräumlichkeit vgl. Valentin Dander u.a. (Hg.): Medienräume: Materialität und Regionalität. Innsbruck: Innsbruck UP 2013.

Der zeitliche Verlauf und die Dynamik agonaler Kommunikation spielt auch eine wichtige Rolle im Beitrag von DIRK ROSE, der das Verhältnis von ästhetischer und politischer Polemik am Ende der ‚Kunstperiode' erkundet. In dieser literaturgeschichtlichen Phase, in der viele Autoren Abgrenzung von der ‚klassischen' Literatur suchten, ohne dabei aber zugleich das Ästhetische zu verabschieden, kommt nach Rose der Polemik eine wichtige Rolle zu. Sie erscheine darin nicht allein als Modus öffentlicher Auseinandersetzungen, sondern werde auch selbst zum Gegenstand des Konflikts. So reflektieren Ludolf Wienbargs *Ästhetische Feldzüge* darüber, was Polemik fortan leisten soll – und das ist nichts Geringeres, als die Gegner ‚aus dem Weg zu räumen'. Solcherart wird Polemik im Kontext des ‚Jungen Deutschland' explizit als revolutionäres Mittel eingeführt und erhält Bedeutung als Vehikel, das Neue durch scharfe Distinktion vom Alten herbeizuführen. Es ist naheliegend, dass Polemik in diesem Sinn auch von Friedrich Engels und vor allem Karl Marx als taugliche Waffe für den Klassenkampf erkannt wird. Die polemische Schreibweise, die jene Radikalität hervor treibt, deren Ausdruck sie sein will, tritt aufgrund ihrer textkulturellen Bedeutung geradezu als Signatur einer Epoche hervor, für die Transgressionen zwischen Literatur, Rhetorik und Politik typisch sind. Gerade aber durch diese Tendenz zur Überschreitung der Grenzen zwischen den Gattungen, doch auch zwischen Kunst und Leben läuft die Polemik nach Rose Gefahr, ihr ästhetisches Eigenrecht zu verlieren, auf das insbesondere Heinrich Heine pochte. Wie kurz der Weg von der Poesie zur ‚Prosa der Verhältnisse' war, wie schnell die Polemik aus der Kunst ins Leben gezogen werden konnte, zeigt Rose am Beispiel eines Angriffs von Heine auf den bereits verstorbenen Ludwig Börne, in dem viele Zeitgenossen eine nicht zu tolerierende Grenzüberschreitung sahen.[73]

An dieser Auseinandersetzung zwischen Heine und Börne kann noch ein weiterer Aspekt der Funktionsweise polemischer Konstellationen aufgezeigt werden. Wenn Börne nämlich einen in seiner Allgemeinheit recht harmlosen Satz wie den Ausruf „Ach! man sollte eigentlich gegen niemanden in dieser Welt schreiben"[74] aus Heines *Reisebildern* herausgreift und ihn im 33. seiner *Briefe aus Paris* öffentlich als Provokation versteht,[75] macht er sie – gleichsam

---

73 Insbesondere zur Grenze zwischen Komik und Polemik vgl. Peter Burke: Frontiers of the Comic in Early Modern Italy, c. 1350–1750. In: A Cultural History of Humour. From Antiquity to the Present Day. Hg. von Jan Bremmer und Herman Roodenburg. Cambridge: Polity 1997, S. 61–75.

74 Heinrich Heine: Sämtliche Werke in vier Bänden. Nach dem Text der Ausgaben letzter Hand. Text bearb. von Jost Perfahl. Bd. 2. München: Winkler 1969, S. 325.

75 Ludwig Börne: Briefe aus Paris 1830–1831. Zweiter Theil. Hamburg: Hoffmann und Campe 1832, S. 47.

ex post – zur Polemik. Weil Börne die Stelle (auch) auf sich bezieht, kann er zu einem Angriff ausholen, der vielleicht nur aus seiner und nicht auch aus Heines Warte ein Gegenschlag ist. Es scheint Börne nämlich durchaus legitim und ehrenwert, „gegen Menschen zu schreiben, die uns peinigen, berauben und morden."[76] Indem er gleich darauf Heines „Vergötterung" Napoleons vorführt, der doch nichts weiter sei als ein „herzlose[r] Schachspieler, der uns wie Holz gebraucht, und uns wegwirft, wenn er die Partie gewonnen",[77] dreht er einen Spieß, der gar nie auf ihn gerichtet war, nicht nur von sich weg, sondern geradezu um. Zwar eröffnet Heines Ausruf aus den *Reisebildern* die Möglichkeit, doch erst Börnes Konkretisierung, ja Personalisierung macht die Stelle zum Einsatzpunkt einer Auseinandersetzung. Die Logik der Polemik ist damit keine lineare und es kommt nicht immer darauf an, was oder wen die Verfasser meinten, als sie schrieben. Dagegen kann es entscheidend werden, wie das Geschriebene von *einzelnen Lesern* (und nicht etwa vom Kollektivsingular ‚der' Öffentlichkeit) wahrgenommen wurde – zumal, wenn diese anschließend selbst zur Feder griffen. Polemik trägt darin weniger die Züge eines Angriffs, der durch das Bild des Bogenschießens hinreichend charakterisiert wäre, als vielmehr die einer potenziell multidirektionalen kommunikativen Eskalation.

Ähnlich wie Rose erkundet auch PETER SPRENGEL den Übergang zwischen Kunst und Leben als einen wesentlichen Aspekt der Auseinandersetzungen um Klassizismus und Antiklassizismus, wie sie noch in den Jahren um 1900 zu beobachten sind. Er geht aus von Rudolf Borchardts Zweifel an jenem Status eines ‚Klassikers der Nation', den Stefan Georges Kreis für seinen ‚Meister' reklamieren wollte. In Anlehnung an Goethes Urteil über die Zeit um 1800 in *Litterarischer Sansculottismus* (1795) spricht Borchardt auch seiner eigenen Gegenwart die Voraussetzungen dafür ab, einen ‚klassischen Nationalautor' hervorzubringen. Im Lichte dieses Urteils untersucht Sprengel die Entstehungsgeschichte des von Borchardt, Rudolf Schröder und Hugo von Hofmannsthal gemeinsam herausgegebenen Jahrbuchs *Hesperus*. Er kann zeigen, wie im Rahmen der Publikation Verschiebungen stattfanden, die nicht allen Mitarbeitern erwünscht waren, sich aber auf alle gleichermaßen auswirkten. Daraus ergibt sich eine Spannung zwischen Hofmannsthal, der den Bruch mit George nicht vertiefen wollte, und Borchardt, der im *Hesperus* strategisch die Chance zu einer programmatischen Auseinandersetzung gesehen hat. Als Borchardt später in hypertropher Polemik nachholt, was ihm mit dem *Hesperus* nicht gelang, betreibt er selbst eine Verschiebung der Konstellation zu seinen Ungunsten. Indem er nämlich dem George-Kreis Weltfremdheit

---

76   Ebd.
77   Ebd., S. 48.

attestiert und sich selbst imaginativ auf die Straße versetzt, aktualisiert er die alte Grenze zwischen Kunst und Leben, die bereits um 1800 in aller Deutlichkeit gezogen wurde. Indessen spricht er damit ausgerechnet seinen Gegnern jene klassizistische Position zu, die er eigentlich für sich selbst reklamieren wollte.

Ein ähnlich verworrenes und variables Gefüge (anti-)klassizistischer Positionen, das sich im französischen Kontext indes noch einmal anders darstellt, begegnet auch im Beitrag von SUSANNE WINTER. Mit Blick vor allem auf Jean Cocteau und Guillaume Apollinaire führt sie vor, wie in der Phase der künstlerischen Avantgarden zu Beginn des 20. Jahrhunderts auf sehr komplexe Weise ästhetische Modelle der Vergangenheit adressiert werden. Während der von Manifesten mit kriegerischen Metaphoriken geprägte Futurismus, vor allem bei Marinetti, explizit den Bruch mit der Vergangenheit propagiert und dafür immer wieder Kunstwerke der Antike (wie die Nike von Samothrake) emphatisch ablehnt, positioniert sich Cocteau weniger eindeutig. Seine ‚Neuerung' ist zwar nicht eigentlich klassizistisch, bedient aber durchaus affirmativ zentrale Vokabeln des Klassizismus wie ‚Einfachheit' und ‚Linie'. Damit sei nach Winter die Forderung nach einer Avantgarde, die radikal mit der Vergangenheit bricht, eine deutliche Absage erteilt. Die Avantgarde erweise sich darin einmal mehr als eine keineswegs homogene Gemengelage. So lehne Apollinaire die Verankerung des *esprit nouveau* in der literarischen Tradition nicht etwa ab, vielmehr erhebe er sogar Anspruch darauf. Damit verschiebe sich aber die polemische Konstellation, die sich zunächst zwischen Futurismus und Passatismus manifestiert, hin zu einem Antagonismus von „ordre" und „désordre".

Es scheint mit dem 20. Jahrhundert generell ein neuer Reflexionsschub einzusetzen, der Charakter und Position des Klassizismus einmal mehr verunsichert. So zeigt der Beitrag von HARALD GSCHWANDTNER, wie Peter Handke sich zunächst intensiv mit Goethe beschäftigt und aus der profunden Werkkenntnis in der Folge das eigene Schreiben ebenso weiterentwickelt wie seine Positionierung. Indem er sich intensiv auf einen Autor bezieht, der sich selbst ab etwa 1788 affirmativ an der Antike orientierte, gerät seine Position zu einer des doppelten Klassizismus. Handke gewinne dabei eine sich nach und nach wandelnde und ausdifferenzierende Idee von Klassizität, mit der er in der Folge produktiv umgehe. Während er sich selbst in die Nachfolge der Klassik stellt, warnt er vor der Gefahr eines platten Klassizismus, den er als eine schale Nachahmung einer verbürgten Form begreift. Gschwandtner deutet diese Entwicklung in Anlehnung an die Feldsoziologie Pierre Bourdieus und beobachtet, wie Handke damit aktiv seine Position innerhalb des literarischen Feldes verändert. Kontrastiert wird diese produktive Anverwandlung mit

Interviews und Texten von Thomas Bernhard, in denen Bilder einer gewaltsamen Überwindung von Vorbildern und kanonisierten Autoren dominieren. Bernhard orchestriere hier ein vielstimmiges Überwindungsnarrativ, in dem insbesondere Goethe nachdrücklich verabschiedet wird.

In diesen unterschiedlichen Zugriffen zeigt sich auch eine generelle Unsicherheit, die dem Verhältnis von Klassizismus und Antiklassizismus insbesondere im 20. Jahrhundert innewohnt. Die Anverwandlung klassischer Vorbilder läuft dabei stets Gefahr, in eine bloße Wiederholung abzudriften, während die Gegenposition bisweilen allzu vordergründig die Verbindungen zur Tradition radikal kappt. Es findet sich daher häufig ein Changieren in den Haltungen der Autorinnen und Autoren. Ihr Schwanken wird besser verständlich, wenn man es mit den Positionierungen im literarischen Feld in Verbindung setzt, die ihnen dadurch möglich werden. Diese Produktivität der Rahmenbedingungen, die stark in das Verhältnis von Klassizismus und Antiklassizismus eingreifen, erkundet der Beitrag von BERNADETTE GRUBNER, indem er nachzeichnet, wie in der DDR der 1970er Jahre eine intensive Debatte um das Klassische Erbe geführt wird. In deren Verlauf entstehen zwei Fraktionen, von denen die eine auf die nach wie vor konsekrierte ‚Klassik' bezogen ist, während sich die andere bemüht, die alten Themen und Formen dialektisch für die eigene Gegenwart fruchtbar zu machen. Damit kommt der umstrittenen Klassik in der DDR eine Brückenfunktion zu, zugleich aber auch die Rolle des unhintergehbaren Vorbilds für eine neu zu schaffende sozialistische Literatur. In diesem Kontext ist von besonderer Bedeutung, dass dem Verhältnis zwischen sozialistischer Literatur und ‚bürgerlicher' Klassik in der DDR von Anfang an höchste ideologische Relevanz beigemessen wurde.

Peter Hacks nimmt nach Grubner in diesem höchst spannungsreichen Setting insofern eine Sonderposition ein, als er im Unterschied zu den meisten anderen Autoren die Klassik nicht als implizite Folie verstand, sondern 1960 den Beginn einer „sozialistischen Klassik" proklamierte. Grubner führt vor, wie diese für die DDR aktualisierte Version der Weimarer Klassik in den siebziger Jahren zum Konfliktgegenstand wurde und in der politisch-ästhetischen Streitlandschaft als Kampfbegriff zum Einsatz kam. Besonders aufschlussreich ist zu beobachten, wie sich durch die Umbewertung der Romantik durch die DDR-Germanistik die Konstellation verändert und damit Hacks' zuvor orthodoxe Position sukzessive als eine häretische erscheint. Indem dabei im Medium literaturgeschichtlicher Debatten Gegenwartsprobleme verhandelt wurden, sei diese Debatte aus dem Schema Klassik *versus* Moderne herauszulösen, weil nur dadurch die Gemengelage sowie die unterschiedlichen Interessen und Effekte jenseits des Stereotyps wahrnehmbar werden.

Die oben bereits angeschnittene Genderdimension der Klassik-Debatte wird durch den Beitrag von UTA DEGNER in den Blick genommen: Jelinek, die sich seit ihren literarischen Anfängen programmatisch in eine spezifisch österreichische Avantgarde-Tradition gestellt hat, setzte sich in ihren ‚Sekundärdramen' nach der Jahrtausendwende so intensiv wie kritisch mit den ‚Klassikern' auseinander. Dabei überrascht jedoch ihre im Unterschied zu früheren Äußerungen auffallend sanfte Rhetorik, mit der sie ihre ‚weibliche' Ohnmacht gegenüber den ‚übermächtigen' Texten des ‚männlichen' Kanons artikulierte. Degner motiviert diese neue Haltung „als Autoironisierung einer Autorin, die spätestens mit der Nobelpreisverleihung 2004 selbst den Olymp des Klassischen erklommen hat", was den bisher geübten subversiven Gestus problematisch erscheinen lässt. An dessen Stelle tritt daher ein offener, gewollt produktiver Umgang mit der Tradition, welcher gleichwohl die problematische Wirkungsgeschichte deutscher Klassik und des damit häufig verbundenen leeren Humanitätspathos stets mitbedenkt. Das ‚Sekundärdrama' *Ulrike Maria Stuart* (2006) etwa, das die Lebensläufe Ulrike Meinhofs und Gudrun Ensslins auf die tragische Konfrontation in der ‚großen Szene' zwischen Maria Stuart und Elisabeth I. projiziert, unterzieht Schillers affekt-, ja hasserfüllte Tragödienheldin Maria Stuart somit einer Art ‚Repolitisierung' und komischer ‚Herabstimmung'.

Die berühmten rhetorischen Wendungen und Effekte der Schiller'schen Vorlage entkoppeln sich Degner zufolge von ihrer politisch-performativen Dimension und verfangen sich zusehends in selbstbezogenen Redeschleifen, was auch ein Schlaglicht auf das letztliche Scheitern jener hochideologischen Rhetorik wirft, welche für die 1968er Generation insgesamt und für Jelinek im Besonderen so charakteristisch war. Nicht um eine resignative Abwendung von ihren Idealen gehe es der politisch engagierten Autorin, sondern um die Einsicht, dass diese unter den gegenwärtigen gesellschaftlichen Bedingungen einfach nicht realisierbar sind. Insofern könne man Jelineks Stück aus einer ‚sentimentalischen' Perspektive lesen, nämlich „als nostalgische Diagnose von der Unzeitgemäßheit der Avantgarde-Idee" und damit auch von Jelineks eigener Poetik. Die erneute Beschäftigung mit kanonischen Texten der Klassik ermögliche es der Autorin mithin zum Einen, auch in jenen ein verstecktes Avantgarde-Projekt zu entdecken, das in Maria Stuarts ‚handlungsmächtiger Redekraft' bestehe, zum Anderen, sich damit durchaus selbstbewusst in die Nachfolge der (überwiegend männlichen) Klassiker zu stellen und „implizit den Anspruch auf (zukünftige) Klassizität" zu erheben. Letzteres sei auch als kämpferische Antwort auf die vielen verständnislosen Reaktionen von – häufig männlichen – Kritikern auf die umstrittene Nobelpreisverleihung zu verstehen.

Der den Band beschließende Beitrag von WOLFGANG RIEDEL nimmt seinen Ausgangspunkt bei einem Fall, der um die Jahrtausendwende großes Aufsehen in den deutschen Feuilletons erregt hat. Für heftige Diskussionen sorgte die Zuwendung zur Antike, die mit Durs Grünbein einer der bedeutendsten Lyriker der Gegenwart vollzog. Während sie von einer Fraktion mit deutlichen Sympathien für antike Literatur begrüßt wurde, stieß sie bei anderen auf wenig Begeisterung, und Grünbein wurde Epigonalität sowie überkommenes Akademisieren vorgehalten. Riedel greift die etwa 60 Antikengedichte heraus, die Grünbein ab 1999 unter dem Titel *Historien* veröffentlichte, und unterzieht sie genauen exemplarischen Lektüren, in denen er sie detailliert mit historischen Kontexten anreichert. Dabei stellt er sie nicht nur in eine mit Juvenal beginnende Tradition, sondern entwickelt mit dem Konzept der „Omnitemporalität", in dem für Grünbein das ‚Wesen der Poesie' steckt, auch eine aufschlussgebende Möglichkeit ihrer Deutung. Indem die *Historien* versuchen, das Vergangene imaginär so stark zu vergegenwärtigen, dass es ‚Realpräsenz' gewinnt, erweisen sie sich nicht so sehr als klassizistische, denn als – zeitliche und kulturelle Differenzen überbrückende – ‚klassische' Gedichte.

Grünbeins *Historien* stellen damit die Persistenz zentraler Funktionen der polemischen Konstellation von Klassizismus und Antiklassizismus noch in der Literatur der Gegenwart unter Beweis. Indem sie Reflexionen über die Archivfunktion des Kanons ebenso provozieren wie entschiedene Gesten der Ablehnung ihres Akademismus, lassen sie eine davor nur latente Spannung sichtbar hervortreten. Ihr Klassizismus ist nicht von Beginn an streitbar, eröffnet aber eine polemische Konstellation, die Grünbein dann gezielt durch Essays und deren programmatische Zusammenstellung entfalten konnte.[78] Vielleicht kann gerade Grünbein den entscheidenden Hinweis geben auf die bemerkenswerte Konstanz, mit der sich in allen Epochen polemische Konstellationen aus dem Widerstreit von Klassizismus und Antiklassizismus entfalten. Vielleicht ist der Grund nicht in einem überzeitlichen Gegensatz von Traditionsbezug und Traditionsbruch zu suchen, oder in jener (eingangs erwähnten) Opposition zwischen Klassik und Manierismus als deren „Entartungsform", wie Ernst Robert Curtius das in seinem epochemachenden Buch *Europäische Literatur und lateinisches Mittelalter* (1948) postuliert hatte: Curtius verstand den Manierismus ahistorisch als „eine Konstante der

---

78 Vgl. den Sammelband Durs Grünbein: Antike Dispositionen. Aufsätze. Frankfurt a.M.: Suhrkamp 2005, der Essays und Beiträge enthält, die in der Zusammenstellung unter dem programmatischen Titel viel stärker klassizistisch wirken, als sie es an ihren ursprünglichen Publikations- und Vortragsorten tun konnten.

europäischen Literatur", nämlich als „Komplementär-Erscheinung zur Klassik aller Epochen."[79] Vielleicht ist die antike Literatur, die ja selbst bereits *avant la lettre* klassizistische und antiklassizistische Poetiken hervorgebracht hat, indes nicht nur das „Kompendium all der unlösbaren Fragen, der Quell der Aporien, die uns bis heute in Atem halten", sondern auch der „Gründungsakt hinter den kulturellen Routinen",[80] unter die man nicht zuletzt die topische Frontstellung von Klassizismus und Antiklassizismus zu zählen geneigt ist. Wenn es dem vorliegenden Band gelingt, die eingeschliffenen Routinen ein wenig in Frage zu stellen und bekannte ästhetische Phänomene und Wertungen ungewohnt zu perspektivieren, dann hat er einen wichtigen Zweck erreicht.

Danken möchten die Herausgeber dieses Bandes dem seinerzeit von Gerbert Schwaighofer geleiteten interuniversitären Schwerpunkt „Wissenschaft & Kunst" der Paris-Lodron-Universität Salzburg sowie der Universität Mozarteum, mit dessen Mitteln und in dessen Schwerpunktbereich „Kunstpolemik – Polemikkunst" die hier dokumentierte Tagung abgehalten werden konnte und der auch die Drucklegung gefördert hat. Ein besonderer Dank gebührt Silvia Amberger für ihre professionelle und stets hilfsbereite Betreuung und organisatorische Abwicklung der Veranstaltung sowie des Druckkostenzuschusses. Das Register wurde dankenswerterweise von Vera Eßl erstellt.

---

79 Curtius: Europäische Literatur und lateinisches Mittelalter (wie Anm. 2), S. 277.
80 Durs Grünbein: Zwischen Antike und X. In: Grünbein: Antike Dispositionen (wie Anm. 78), S. 393–398.

Klassizismus durch antiklassizistische Polemik: Karl Philipp Moritz

Helmut Pfotenhauer

1.

Soeben aus Italien und dann Weimar nach Berlin zurückgekehrt, sieht sich Karl Philipp Moritz im Frühjahr 1789 in intellektuell tiefgreifende Streitigkeiten verwickelt. Er greift seine Gegner publizistisch in scharfen polemischen Worten an. Es sind dies der Pädagoge und Verleger Johann Heinrich Campe und der popularwissenschaftliche Schriftsteller und nachmalige Braunschweiger Hofrat Karl Friedrich Pockels. Campe hatte sich nach dem Erfolg von Moritzens *Reisen eines Deutschen in England im Jahr 1782* (1783) von einem entsprechenden italienischen Reisebericht aus der Feder von Moritz geschäftliche Vorteile erhofft und ihm 1786 eine Vorauszahlung auf das Buch zukommen lassen. Moritz jedoch lieferte keine Reiseliteratur, sondern 1788 „lediglich" die inhaltlich allerdings gewichtige philosophisch-ästhetische Abhandlung „Über die bildende Nachahmung des Schönen".[1] Für Campe ist deren Publikation ein verlegerischer Misserfolg. Sein anfänglich positives Urteil über Moritzens Essay wandelt sich in dessen Diffamierung. Von einer eigentümlich phantasierenden Philosophie ist nun nach Moritz' Auskunft in Briefen an ihn die Rede. Moritz antwortet zunächst im „Intelligenzblatt der Allgemeinen Litteraturzeitung" vom Mai 1789. Campe urteile über Werke des Geistes bloß als Kaufmann. Auch als Denker richte er sich nur nach dem Gelde.[2] Campe reagiert auf das „Schmähmanifest", wie er es nennt,[3] gereizt und veröffentlicht das Pamphlet „Moritz. Ein abgenöthigter Beitrag zur Erfahrungsseelenkunde"; gemeint sind seine eigenen leidigen Erfahrungen mit dem Herausgeber des *Magazins zur Erfahrungsseelenkunde*. In diesem Beitrag

---

[1] Zum Streit zwischen Moritz und Campe vgl. Gerhard Sauder: Ein deutscher Streit 1789. Campes Versuch ‚moralischen Totschlags' und Moritz' Verteidigung der Rechte des Schriftstellers. In: Kontroversen, alte und neue. Hg. von Albrecht Schöne. Bd. 2: Formen und Formgeschichte des Streitens. Der Literaturstreit. Hg. von Josef Worstbrock und Helmut Koopmann, Tübingen: Niemeyer 1986, S. 91ff. Siehe auch die Textsammlung: Moritz contra Campe. Ein Streit zwischen Autor und Verleger im Jahr 1789. Mit einem Nachwort hg. von Reinhard Marx und Gerhard Sauder. St Ingbert: Röhrig 1983.
[2] Sauder: Ein deutscher Streit (Anm. 1), S. 93.
[3] Ebd., S. 95.

werden die ausgehändigten Geldsummen und die nicht eingehaltenen Verpflichtungen penibel aufgelistet. Moritz seinerseits hatte inzwischen das vorgeschossene Honorar zurückgezahlt und schon einen Kontrakt mit einem anderen Verleger, mit Friedrich Maurer in Berlin, abgeschlossen. Er antwortet auf Campe nun mit einer neuerlichen Polemik, die den Titel trägt „Ueber eine Schrift des Herrn Schulrath Campe, und über die Rechte des Schriftstellers und Buchhändlers".[4] In ihr wird Moritz, wie der Titel schon andeutet, grundsätzlich. Herr Campe habe seine Kunst, „die Leute moralisch todtzuschlagen", nun auch an ihm versucht.[5] Zu Unrecht. Denn der Schriftsteller sei nur sich selbst und seiner schriftstellerischen Arbeit verantwortlich; die vertragsrechtlichen Argumentationen des Verlegers und seine ökonomischen Interessen seien demgegenüber zweitrangig, heißt es vereinseitigend und mit überspitztem Selbstbewusstsein. Moritzens italienisches Reisebuch erscheint demnach drei Jahre später vertragswidrig tatsächlich bei Friedrich Maurer und nicht bei Campe, und zwar unter dem Titel *Reisen eines Deutschen in Italien in den Jahren 1786 bis 1788*.[6] Wir kommen darauf zurück.

Karl Friedrich Pockels war während dieses Italienaufenthaltes von Moritz stellvertretend als Herausgeber jener psychologischen Zeitschrift, des *Magazins zur Erfahrungsseelenkunde*, tätig. Moritz wirft ihm nach seiner Rückkunft vor, ein der unvoreingenommenen Psychologie nicht angemessenes moralisches Regime über das Journal ausgeübt zu haben.[7] Und er versucht, seinen ehemaligen Mitarbeiter loszuwerden. Dieser wehrt sich mit dem Argument, er habe das Magazin, während Moritz es veruntreut habe, gerettet. Letztlich ist diese Gegenwehr indes erfolglos. Pockels scheidet aus der Redaktion der Zeitschrift aus.

---

4   Berlin 1789, vgl. Sauder: Ein deutscher Streit (Anm. 1), S. 95f.
5   Sauder: Ein deutscher Streit (Anm. 1), S. 96f.
6   Erschienen in drei Teilen 1792/93. Hier zitiert nach Karl Philipp Moritz: Werke in zwei Bänden. Hg. von Heide Hollmer und Albert Meier. Bd. 2: Popularphilosophie, Reisen, Ästhetische Theorie. Frankfurt a.M.: Deutscher Klassiker Verlag 1997, S. 411–848.
7   Vgl. die Dokumentation des Streits in: Karl Philipp Moritz: Werke in zwei Bänden. Hg. von Heide Hollmer und Albert Meier. Bd. 1: Dichtungen und Schriften zur Erfahrungsseelenkunde. Frankfurt a.M. 1999: Deutscher Klassiker Verlag, S. 1265ff. Moritz äußert sich darüber in Bd. 7 des *Magazins* von 1789. Vgl. Gnothi Sauton oder Magazin zur Erfahrungsseelenkunde als ein Lesebuch für Gelehrte und Ungelehrte. Mit Unterstützung mehrerer Wahrheitsfreunde herausgegeben von Karl Philipp Moritz. Neu hg. von Petra und Uwe Nettelbeck. Nördlingen: Greno 1986, hier „Siebenten Bandes drittes Stück", S. 194ff.: „Revision der Revision des Herrn Pockels in diesem Magazin". Moritz bezieht sich auf des „Siebenten Bandes zweites Stück": Pockels' „Fortsetzung der Revision des 4ten, 5ten und 6ten Bandes dieses Magazins", ebd. S. 99ff.

Pockels hatte sich im Frühjahr 1789 in einer „Revision" von eingesandten Erfahrungsberichten – das Magazin gründet sich ja als Zeitschrift für empirische Psychologie auf Mitteilungen aus Laienkreisen über seelische Besonderheiten – u.a. mit Äußerungen über „Ahndungen" und vorausschauende Träume befasst. Pockels tut das als aufgeklärter Psychologe; er unterstellt, dass Vorhersehen in eine noch nicht gelebte Zukunft nicht unserem Erkenntnisvermögen entspreche und daher auf Trug, Täuschung oder Einbildung beruhe. Der Nutzen einer solchen kritischen Einstellung sei, dass man, sofern sie sich durchsetzen lässt, nicht mehr „mit einer fanatischen Leichtgläubigkeit an Traumbedeutungen" hänge.[8] Pockels begnügt sich aber nicht mit bloßer Vorurteilskritik, sondern versucht auch durch akribische Rekonstruktion der Umstände, die unsere Seelenkräfte in Gang setzen, Aufschluss über deren Funktionieren zu gewinnen.[9] Moritz wertet das in seiner Entgegnung wiederum einseitig und polemisch zuspitzend als schlichtes Moralisieren, welches solche psychischen Vorgänge als – schuldhaft oder schuldlos – verfehlte leere Einbildungen einstufe.[10] Stattdessen aber käme es doch darauf an, die Seelenvorgänge so zu registrieren, wie sie sind, und nicht, wie sie sein sollen.[11] Denn es gehe ja darum, über Erfahrungsberichte die menschliche Natur zu erfassen und sie nicht über den normativen Kamm der eigentlichen Wahrheit oder Sittlichkeit zu scheren.

Der Spätaufklärer als empirischer Wissenschaftler tritt dem Frühaufklärer, dem Vorurteilskritiker, entgegen. Moritz glaubt dies öffentlich tun zu müssen, in aller Schärfe und ohne Rücksicht auf die Empfindlichkeit der Person seines Gegners. Dies entspricht dem kämpferischen Stil des Italienrückkehrers. Er hat in Italien, angesichts der geschichtsträchtigen Örtlichkeiten, angesichts der antiken Kunstwerke und nicht zuletzt im Umgang mit Goethe, mehr denn je gelernt, Position zu beziehen – als Ästhetiker, als Philosoph, als Wissenschaftler. Klassizistisch begründete Kunstanschauung und Autonomie-Ästhetik sind das Ergebnis ebenso wie die Schärfung seines Profils als Psychologe und Anthropologe.

Dies äußert sich auch in der dritten und mit Abstand wichtigsten der Auseinandersetzungen, die Moritz nun zu führen hat, der mit Winckelmann. Der Klassizist, zu dem Moritz in den Jahren seit 1786 geworden ist, polemisiert gegen den Gründungsvater des Klassizismus im Deutschland des 18. Jahrhunderts: Klassizismus durch antiklassizistische Polemik. Der Ort dieses Streits sind teils

---

8   Ebd., S. 100.
9   Vgl. etwa ebd., S. 104.
10 Ebd., S. 194f.
11 Ebd., S. 196.

bereits in Italien abgefasste Schriften wie die Abhandlung „Inwiefern Kunstwerke beschrieben werden können?",[12] die im Juni 1788 entstanden sein dürfte, teils jene Campe vorenthaltenen *Reisen eines Deutschen in Italien in den Jahren 1786 bis 1788*, von denen zwar Teile in Zeitschriften vorabgedruckt wurden,[13] die aber hauptsächlich dann in Berlin Anfang der 90er Jahre geschrieben wurden und von denen einzelne Abschnitte auch in die 1793 erschienenen *Vorbegriffe zu einer Theorie der Ornamente*[14] eingegangen sind.

Diesen klassizismuskritisch-klassizistischen Texten gilt im Folgenden das Hauptaugenmerk. Danach soll abschließend der Verankerung dieser Argumentationsstrategien in den lebensphilosophisch-anthropologischen und autobiographischen Schriften von Moritz nachgegangen werden.

2.

Klassizismus ist per se Streitkultur. Er fordert ein Idealschönes, das über alle bestehende, gegenwärtige Kunstübung hinausgeht und deshalb einen Rückgriff auf eine vorbildliche Klassik, im Deutschland des 18. Jahrhunderts die Kunst der Griechen, erforderlich macht. Winckelmann hatte das in seiner Gründungsschrift dieses deutschen Klassizismus, den *Gedancken über die Nachahmung der Griechischen Wercke in der Mahlerey und Bildhauer-Kunst* von 1755, gleich zu Beginn klargestellt.[15] Nicht die Natur, wie man sie heute vorfindet, sondern die ideale Natur, wie man sie bei den Griechen antrifft, sei nachzuahmen. Denn bei den Griechen sei die Natur, die sie abbildeten, schöner gewesen denn je; und sie steigerten diese Natur noch in ihrem Verstande zu einer vollkommenen, geistigen Natur.[16] Wirklich große spätere Künstler wie Raffael hätten das begriffen und nicht wirkliche Menschen abgebildet, sondern die Idee des Menschen, wie sie in der Einbildung sei. Dies kann durch Auswahl des Schönsten aus den vorfindlichen Schönheiten geschehen – kein lebendes „Frauenzimmer" genügt diesem Ideal alleine –, besser aber noch durch die Imitation der Alten. Der berühmte Brief Raffaels an Castiglione

---

12   Moritz: Werke, Bd. 2 (wie Anm. 6), S. 992ff. Vgl. die Erläuterungen ebd., S. 1295f.
13   Vgl. ebd., S. 1170ff.
14   Vgl. ebd., S. 1173ff.
15   Hier zitiert nach der Edition in: Bibliothek der Kunstliteratur. Bd. 2: Frühklassizismus. Position und Opposition: Winckelmann, Mengs, Heinse. Hg. von Helmut Pfotenhauer, Markus Bernauer und Norbert Miller. Frankfurt a.M.: Deutscher Klassiker Verlag 1995, S. 13ff.
16   Ebd., S. 20.

besagt nichts anderes.[17] Raffael, der sich an der griechischen Klassik orientiert, ist Klassizist. Klassizismus muss diese anspruchsvolle Norm des Ästhetischen in seiner höchsten Vervollkommnung immer gegen die bestehenden Künste durchsetzen. Er ist mithin grundsätzlich streitbar und polemisch gegen das Herkömmliche.

Ab der Mitte des 18. Jahrhunderts ist es der *goût baroque*, „Unsere Schnirkel und das allerliebste Muschelwerck, ohne welches itzo keine Zierrath förmlich werden kann", wie Winckelmann schreibt,[18] gegen die es einzuschreiten gilt. Gedacht ist insbesondere an die Rocaille, das muschelförmige Ornament, nach französischem Geschmack. Auch andere Kunstkritiker der Zeit, wie Krubsacius, Fünck oder Reiffenstein,[19] wettern dagegen. In den verspielten Schwüngen und wuchernden Rundungen sei keine Einfalt und Notwendigkeit, folglich kein Schönheitssinn. Die Anhänger solcher Geschmacklosigkeiten werden quasi moralisch und ästhetisch totgeschlagen.

Moritz nun orientiert sich in seinen römischen und auf Rom bezogenen Schriften an den von Winckelmann dem gegenübergestellten Leitbildern. Es sind dies, wie bekannt, in erster Linie die Statuen und Skulpturen des vatikanischen Belvedere-Hofes, hier insbesondere der sog. Apollo vom Belvedere und der Laokoon. Moritz kritisiert Winckelmanns Sicht auf sie und deren sprachliche Darstellung – im Namen eines höchsten Begriffs von Kunst. Auch er geht von den Alten als dem Ideal aus: Klassizismuskritik also, Antiklassizismus, im Namen eines noch radikaleren Klassizismus. Schon vor Antritt der Reise hatte Moritz die Grundlinien seiner ästhetischen Theorie skizziert und die Kunst unter dem Begriff des in sich selbst Vollendeten gefasst.[20] Er wird diese Theorie einer autonomen, in sich und nur in sich selbst vollkommenen, die Teile zum Ganzen verschmelzenden, von allen externen Bezügen befreiten Kunst, in Italien verfestigen, im Aufsatz über die „Bildende Nachahmung" metaphysisch abstützen und durch die Anschauung angeblich griechischer Idealbilder unterfüttern.

---

17 Vgl. John Shearman: Castiglione's Portrait of Raphael. In: Mitteilungen des Kunsthistorischen Institutes in Florenz 38/1 (1994), S. 69–97, und ebd., S. 70, den Wiederabdruck des Texts der Erstveröffentlichung durch Lodovico Dolce (1554).
18 Ebd., S. 48.
19 Vgl. Helmut Pfotenhauer: Klassizismus als Anfang der Moderne? Überlegungen zu Karl Philipp Moritz und seiner Ornamenttheorie. In: Ars naturam adiuvans. Festschrift für Matthias Winner. Hg. von Victoria von Flemming und Sebastian Schütze. Mainz: von Zabern 1996, S. 583ff.
20 Versuch einer Vereinigung aller schönen Künste und Wissenschaften unter dem Begriff *des in sich selbst Vollendeten*. In: Berlinische Monatsschrift 1785, hier zit. nach: Werke, Bd. 2 (wie Anm. 6), S. 1002f.

In jenem Aufsatz über die Frage, inwiefern Kunstwerke beschrieben werden können, geht Moritz auf Winckelmanns Apollo-Beschreibung in der *Geschichte der Kunst des Alterthums* von 1764 näher ein.[21] Er greift Lessings Laokoon-Frage nach dem Verhältnis der Zeitkunst der Worte und der Raumkunst der Bildnisse noch einmal auf und wendet sie medientheoretisch in die Frage, inwiefern das Nacheinander der Wortsprache dem Gleichzeitigen der Erscheinung der Bilder überhaupt gerecht werden könne.[22] „Worte", so schreibt Moritz, „können nur auseinander sondern; sie schneiden in die sanfteren Krümmungen der Konturen viel zu scharf ein, als daß diese nicht darunter leiden sollten."[23] Und er fährt fort: „WINCKELMANNS Beschreibung vom Apollo im Belvedere zerreißt daher das Ganze des Kunstwerks". „Diese Beschreibung hat daher auch der Betrachtung dieses erhabenen Kunstwerks weit mehr geschadet als genutzt, weil sie den Blick vom Ganzen abgezogen, und auf das Einzelne geheftet hat, welches doch bei der nähern Betrachtung immermehr verschwinden, und in das Ganze sich verlieren soll./ Auch macht die Winckelmannsche Beschreibung aus dem Apollo eine Komposition aus Bruchstücken, indem sie ihm eine Stirn des Jupiters, Augen der Juno, u.s.w. zuschreibt, wodurch die Einheit der erhabnen Bildung entweihet [...] wird."[24] Im dritten Teil der *Reisen eines Deutschen in Italien* heißt es dann in Bezug auf den Apoll und auf Winckelmanns Beschreibung: „Weil nun all dies Mannigfaltige doch nur ein einziges Ganzes ausmacht, so sieht man hier alles Schöne, was man sehen *kann, auf einmal,* der Begriff von Zeit verschwindet, und alles drängt sich in einem Moment zusammen".[25] Und: „Wer nun aber mit Winkelmann in der Hand den Apollo betrachtet, und lieset:/ ‚Eine Stirn des Jupiters, die mit der Göttin der Weisheit schwanger ist. – Augen der Königin der Göttinnen mit Großheit gewölbt – sein Haar scheint gesalbt mit dem Öle der Götter, und von den Grazien mit holder Pracht auf seine Scheitel gebunden.'/ wer diese Worte lieset indem er den Apollo betrachtet, der wird viel zu sehr dadurch gestört, und auf Nebendinge geführt, als daß die reine Schönheit des Ganzen ihn noch rühren könnte. – Er muß nach dieser Beschreibung sich die Schönheiten des hohen und einfachen Kunstwerks, eine nach der andern gleichsam *aufzählen,*

---

21 Zu den verschiedenen Fassungen der Winckelmann'schen Apollo-Beschreibungen vgl. meine Edition in: Bibliothek der Kunstliteratur. Bd. 2: Frühklassizismus (wie Anm. 15), S. 149ff.
22 Vgl. Helmut Pfotenhauer: „Die Signatur des Schönen" oder „In wie fern Kunstwerke beschrieben werden können?" Zu Karl Philipp Moritz und seiner italienischen Ästhetik. In: Kunstliteratur als Italienerfahrung. Hg. von H. P. Tübingen: Niemeyer 1991, S. 67ff.
23 Moritz: Werke, Bd. 2 (wie Anm. 6), S. 1002.
24 Ebd., S. 1003.
25 Ebd., S. 753.

welches eine Beleidigung des Kunstwerks ist, dessen ganze Hoheit in seiner Einfachheit besteht."[26] Zusammenfassend heißt es dann: „Winkelmanns Beschreibung des Apollo in Belvedere scheint mir für ihren Gegenstand viel zu zusammengesetzt und gekünstelt". Und hämisch fügt Moritz hinzu: „Der Genius der Kunst war neben ihm eingeschlummert, da er sie niederschrieb; und er dachte gewiß mehr an die Schönheit seiner Worte, als an die wirkliche Schönheit des hohen Götterideals, das er beschrieb."[27]

Moritz folgert daraus, dass die diskursive Beschreibungssprache der Kunst unangemessen sei und Kunst-Beschreibung selbst Kunst werden müsse, um der Kunst gerecht zu werden. Er übersieht dabei geflissentlich, dass Winckelmann selbst in seiner rhythmisierten Prosa der Statuenbeschreibungen die Sprache über Kunst zum Kunstwerk macht und in Überlegungen zur Unzulänglichkeit seiner Beschreibungssprache Moritzens kunstkritischer Skepsis vorausgegangen war.[28] Moritz selbst schweben Kunstbeschreibungen nicht so sehr wie dann in der Frühromantik, der er mit seinen Überlegungen den Weg bereitet, als Gedicht vor, sondern als Strukturbeschreibungen, die im Gegensatz zu Winckelmann auf externe Verweise wie auf Mythen verzichten und sich darauf konzentrieren zu zeigen, wie die Teile des Werkes auf einen Vereinigungspunkt hin in sich organisch angeordnet sind. In Michelangelos *Jüngstem Gericht* in der Sistina verbürgt dies etwa ein in sich gekauerter, in den Abgrund sinkender Verdammter, um welchen als Mittelpunkt herum sich die hinabstürzenden und hinaufsteigenden Bildmassen zu einem sinnlich unmittelbar gegenwärtigen Ganzen fügen.[29]

Winckelmanns mythologische Assoziationen in der Apollo-Beschreibung sind für Moritz kunstfremde Zitate eines externen Inhalts, die die Immanenz des Werkes sprengen. Sie sind für ihn in einem schlechten Sinne allegorisch. Klassizismus-Kritik im Namen des Klassizismus wird Allegorie-Kritik.

Denn bei Moritz geht es immer auch um semiologische Fragen: Wie muss ein ästhetisches Zeichen verfasst sein, um den höchsten Ansprüchen einer klassizistischen Kunst gerecht zu werden? Es muss ein Zeichen sein, in dem Zeichen und bezeichnete Sache eins werden, in dem nichts über die Kunst hinausweist, so lautet die Antwort auf diese Frage. Moritz nennt in seinem

---

26 Ebd., S. 753f.
27 Ebd., S. 754.
28 Vgl. Helmut Pfotenhauer: Winckelmann-Kritik als Ursprung einer Autonomie-Ästhetik: Karl Philipp Moritz. In: Aufklärung. Interdisziplinäres Jahrbuch zur Erforschung des 18. Jahrhunderts und seiner Wirkungsgeschichte 27 (2015) [Thema: Winckelmann. Hg. von Elisabeth Décultot und Friedrich Vollhardt], S. 55–74.
29 Moritz: Reisen eines Deutschen in Italien, Zweiter Teil, in: Werke, Bd. 2 (wie Anm. 6), S. 668ff.

Essay über die Kunstbeschreibung ein seltsames, aber für ihn ungemein charakteristisches Beispiel. Es stammt aus Ovids Metamorphosen:[30] Philomele wird von ihrem Schwager Tereus vergewaltigt. Um das Verbrechen zu vertuschen, schneidet er ihr die Zunge ab, damit sie sich nicht mehr beklagen kann. Die stumme Philomele webt nun die Geschichte ihrer Leiden in ein Gewand ein und schickt dieses – wortlos – ihrer Schwester Prokne zu, der Gemahlin jenes Unholds Tereus. Diese erkennt das Verbrechen, weil das blutige Gewand für sich selbst spricht und keiner weiteren Verweise, keiner weiteren Sprache, bedarf, und sie rächt sich an ihrem Ehemann, indem sie ihm ihrer beider Sohn, Itys, zum Mahl vorsetzt. So eng mit dem Grauen verwoben ist bei Moritz das Schöne, hier das des sich selbst genügenden Zeichens, in welchem Zeichen und Sache eins sind. Ich werde auf diese Verbindung des Schönen mit dem Schrecklichen gleich zurückkommen.

Winckelmann hatte in seinen „Gedancken über die Nachahmung" dekretiert: „Der Pinsel, den der Künstler führt, soll im Verstand getunckt seyn [...] Er soll mehr zu denken hinterlassen, als was er dem Auge gezeiget, und dieses wird der Künstler erhalten, wenn er seine Gedancken in Allegorien nicht zu verstecken, sondern einzukleiden gelernet hat."[31] Klassizismus ist demnach der Idee verpflichtet, beruht auf einer Idea-Lehre des Schönen, die über das gemeine Sichtbare hinausführt, zum Beispiel hinein in die antike Mythologie. Die semiotische Konsequenz, wie gesagt, ist die Allegorie als angemessenes ästhetisches Zeichen. *Versuch einer Allegorie, besonders für die Kunst* lautet daher auch der Titel einer der späten Schriften Winckelmanns.[32] Die Allegorie, so Winckelmann, sei Andeutung der Begriffe durch Bilder und daher der Kunst als einem Ort ideengeleiteter Bilder adäquat. In dieser Konzeption des ästhetischen Zeichens wird Moritzens Unterschied zu Winckelmann, sein auf Winckelmann bezogener Antiklassizismus, der Ansatzpunkt seiner Kritik und Polemik am deutlichsten greifbar. Moritz veröffentlicht 1789 einen Aufsatz „Über die Allegorie", den er später in seine *Vorbegriffe zu einer Theorie der Ornamente* von 1793 übernimmt.[33] In ihr wird Winckelmann nicht direkt genannt, aber gemeint. „In so fern eine Figur sprechend ist, in so fern sie bedeutend ist, nur in so fern ist sie schön", heißt es da zunächst im Anschluss an Winckelmann. Gleich aber wird dies zurechtgerückt: Das Sprechende und Bedeutende müsse jedoch in einem rechten Sinne verstanden werden: „die Figur, in so fern

---

30 Vgl. zum Folgenden: Bibliothek der Kunstliteratur. Bd. 3: Klassik und Klassizismus. Hg. von Helmut Pfotenhauer und Peter Sprengel. Frankfurt a.M.: Deutscher Klassiker Verlag 1995, S. 372ff.
31 Bibliothek der Kunstliteratur. Bd. 2: Frühklassizismus (wie Anm. 15), S. 50.
32 Dresden: Walther 1766.
33 Vgl. Bibliothek der Kunstliteratur. Bd. 3: Klassik und Klassizismus (wie Anm. 31), S. 758ff.

sie schön ist, soll nichts bedeuten, und von nichts sprechen, was außer [ihr] ist, sondern sie soll nur von sich selber, von ihrem innern Wesen durch ihre äußere Oberfläche gleichsam sprechen, soll durch sich selbst bedeutsam werden."[34] Freilich – und das unterschlägt Moritz geflissentlich, um seine Gegenposition schärfer zu konturieren – hatte Winckelmann selbst schon differenziert und eingeräumt, dass das allegorische Zeichen, wenn es kunstvoll sein solle, die bedeutende Sache, auf die es verweise, schon in sich selbst enthalten müsse. „Die Allegorie soll folglich durch sich selbst verständlich seyn, und keiner Beyschrift vonnöthen haben", heißt es in der Schrift *Versuch einer Allegorie, besonders für die Kunst* von 1766.[35] Schon der Winckelmann'sche Klassizismus ist, wie man sieht, terminologisch nicht starr, sondern fließend, und fordert ein Weiterdenken geradezu heraus. Moritz inszeniert dies als Winckelmann-Kritik, als Polemik, ja gelegentlich sogar als Verspottung. So eng liegen Klassizismus und Antiklassizismus beisammen.

Der Moritzsche Ansatz tendiert zur Formalisierung, zur Entleerung von Inhalten, zum Beispiel mythologischer Art, zur reinen Strukturwahrnehmung an den Kunstwerken. Der radikalisierte Klassizismus hat Affinitäten zum Gegenstandslosen der Kunst, die in die Moderne vorauszuweisen scheinen. Man sieht also daran auch, dass Klassizismus alles andere als ein bloß rückwärtsgewandtes Dogma ist. Er ist eine diskursive Gemengelage, ein Diskussionszusammenhang mit Sprengkraft, mit Zukunftspotential; er tastet sich voran zu einer Ästhetik autonomer, in sich selbst vollendeter Kunst, die keine Rücksicht auf Bedeutungskonventionen mehr gelten lässt – rückwärtsgewandt zwar, aber als eine rückwärtsgewandte Moderne gleichsam.

Kein Wunder, dass Moritz sich vermehrt den Verzierungen zuwendet – nicht mehr ablehnend wie im frühen Klassizismus, sondern fasziniert durch das von externen Gehalten befreite Spiel der Einbildungskraft. Ein Säulenkapitell, der Faltenwurf eines Gewandes oder gar eine Schnalle am Schuh können ebenso in sich selbst vollendet sein und in sich zusammenstimmen wie eine antike Götterstatue.[36] Doch auch hier war Winckelmann, einen Schritt zumindest, vorausgegangen, mehr als Moritz um seiner Rolle des Neuerers willen lieb sein konnte. Die in der ersten Hälfte des 18. Jahrhunderts neu entdeckten herkulanischen und pompejanischen Verzierungen entzückten ihn, den Ornament-Kritiker, fast wider Willen.[37]

---

34 Ebd., S. 401.
35 Faksimile in: Johann Joachim Winckelmann: Kunsttheoretische Schriften IV. Baden-Baden, Strasbourg: Heitz 1964 (= Studien zur deutschen Kunstgeschichte, Bd. 339), S. 2.
36 Vgl. Pfotenhauer: Winckelmann-Kritik (wie Anm. 28).
37 Vgl. das *Sendschreiben von den Herculanischen Entdeckungen* (Dresden 1762) und die *Nachrichten von den neuesten Herculanischen Entdeckungen* (Dresden 1764). Vgl. dazu

Diese nachgerade obsessive Zuspitzung des Begriffs des Kunstschönen, die Moritz zur Polemik gegen Winckelmann bringt und aus dem Klassizisten einen Antiklassizisten macht, hat eine dunkle Kehrseite. Sie deutete sich bereits an. Philomeles blutiges Gewandt soll das Inbild des schönen, weil für sich selbst sprechenden, wortlos-evidenten Zeichens sein. Das Schöne ist dem Grauen, der Zerstückung und Verstümmelung verschwistert. Es scheint auf im Moment der Gefahr, der Gefahr der Dissoziation, der Auflösung und der Hinfälligkeit des Humanen. Die Konzepte der Vervollkommnung, der Integration, des Organischen sind dagegen aufgeboten. In Winckelmanns Schriften sieht Moritz die Gefahr der Desintegration, der Zerstückung, des Bruchstückhaften aufgrund falscher ästhetischer Vorentscheidungen. Deshalb müssen die Ikonen des frühen Klassizismus neu, allererst klassizistisch, codiert werden.

Das gilt auch für den Laokoon. Moritz widmet sich in seiner Beschreibung dieses Bildnisses[38] nicht nur, wie Winckelmann, dem Priester, seinem Kopf, der Öffnung seines Mundes, um die alles entscheidende Frage zu klären, ob er vor Schmerz brülle oder vielmehr in kunstgemäßer Bändigung der Leidenschaft nur seufze. Moritz sieht auch den Jammer, in dem sich die ganze leidende Menschheit dränge. Auch ihm ist, wie Winckelmann, die Spannung zwischen Leid und dessen Überwindung, in der Schönheit allererst entsteht, wichtig. Aber er sieht die ganze Gruppe, den Priester, seine beiden Söhne, die Schlange. Die Konfiguration der Elemente ist ihm von Bedeutung, das Zusammenstimmen der Teile. Sie werden durch die die Körper umwindende Schlange zusammengeführt, haben also ihren Vereinigungspunkt in sich und heben dadurch den dargestellten Schrecken in einer höheren Sphäre der Kunst auf. Das Werk ist in sich selbst vollendet; es bedarf keines Bezugs zum Mythos, um es zu erklären, keine Kenntnis des Kunstgesetzes, nach dem Parenthyrsos, also übertriebene Leidenschaft, zu meiden sei.[39] Das Entsetzen ist präsent und schwindet im unmittelbaren Anblick des in sich stimmigen Gebildes zugleich.

Auch das Medusenhaupt – Moritz hat wie Goethe die Medusa Rondanini vor Augen – ist ein Beispiel dafür.[40] Es ist nur der Teil eines Körpers, scheint also von Zerstückung zu zeugen, erweist sich aber bei näherem Hinsehen als ein Ganzes in sich. Der grauenvolle Anblick der Schlangen rundet sich zusammen mit den Flügeln zum Bild. Andere Ikonen des gebändigten Schreckens leisten

---

        auch meine Ausführungen zu diesem Thema u.a. in: Pfotenhauer: Winckelmann-Kritik (Anm. 28); ders.: Klassizismus als Anfang der Moderne? (Anm. 19).
38   Moritz: Werke, Bd. 2 (wie Anm. 6), S. 711f.
39   Vgl. dazu Bibliothek der Kunstliteratur. Bd. 2: Frühklassizismus (wie Anm. 15), S. 31 und die Erläuterung S. 446.
40   Moritz: Werke, Bd. 2 (wie Anm. 6), S. 691.

dies nicht. So die Niobe-Darstellungen.[41] Die Pfeile des Apollo und der Diana fliegen in der Luft und töten die Söhne und Töchter; aber sie bleiben unsichtbar, außerhalb der angeschauten Gruppe. Die Ursache des Leids muss man sich hinzudenken; das Bildnis hat seinen Vereinigungspunkt nicht in sich. Es wäre deshalb nicht eigentlich schön zu nennen.

3.

Das Schöne sei nichts als des Schrecklichen Geschwister – so könnte man die spätere, berühmte Formel Rilkes[42] in Bezug auf Moritz abwandeln. Die innige Verbindung von Zerstückung und Einheit, von Entsetzen und Glück der Vervollkommnung findet sich aber nicht nur in den ästhetischen Schriften von Moritz. Derselben Denkfigur begegnet man auch allenthalben in den popularphilosophischen und autobiographischen Schriften dieses Autors. Sie zeigt, wie sehr ihn dieses Ineinander erschreckt, ein Leben lang umtreibt und zu immer neuen intellektuellen Verarbeitungsformen zwingt. Dies verleiht auch seinem Klassizismus und seiner antiklassizistischen Polemik etwas Lebendiges, weil persönlich Betroffenes. Die ständige Auseinandersetzung, der ständige Neuanfang, die diesen ästhetischen Diskurs in der zweiten Hälfte des 18. Jahrhunderts antreiben, haben in den Schriften von Moritz ihren überzeugendsten Repräsentanten.

So geht es beispielsweise in den *Denkwürdigkeiten*, einer Wochenschrift, die schon vor Antritt der italienischen Reise 1786 veröffentlicht wurde,[43] um nichts Geringeres als um Grundfragen der Gattung Mensch. In Auseinandersetzung mit Rousseau wird überlegt, ob unsere Entwicklung als ein Gewinn an Vernunft und Humanität zu begreifen sei. Moritz will, im Gegensatz zu Rousseau, eine optimistische Geschichtsphilosophie verbreiten. Er vergleicht die physische Welt mit der moralischen und findet in der Natur nur Ordnung und Klarheit.[44] Alles sei Vollendung, ganzes vollständiges Leben im gegenwärtigen Augenblick. Zwar würgt der Wolf das Lamm; aber das ist ebenso natürlich, als wenn das Lamm vor Hunger stürbe. „Da ist nichts abgerißnes, nichts zerstücktes, noch unzweckmäßiges". Doch blickt der Betrachter auf das Menschenleben, so kommen ihm unversehens und wider seinen eigenen

---

41 Ebd., S. 712.
42 Vgl. Rainer Maria Rilke: Duineser Elegien. Leipzig: Insel 1923, S. 7 (die erste Elegie): „das Schöne ist nichts / als des Schrecklichen Anfang".
43 Moritz: Werke, Bd. 2 (wie Anm. 6), S. 13ff. Vgl. die Erläuterungen, ebd., S. 1063ff.
44 Vgl. ebd., S. 39f.

Willen Zweifel. Er verfängt sich in einer Kaskade von Fragen: „[W]ozu dies burleske Spiel der menschlichen Leidenschaften, das Prozesse, Hochgerichte, Krieg, Verwüstung und Tod über die Erde bringt, und die reine edle Natur befleckt?" „Ist der einzelne Mensch eine unnatürliche Zerstückelung, oder ist der Staat eine unnatürliche Zusammenstellung?" „Warum? und Wozu?" heißt ein Abschnitt, in dem der Betrachter sich seiner Fragen als ungebührlicher Sucht bewusst wird. „[W]arum hat ein Zirkel einen Umkreis und einen Mittelpunkt?"[45] Warum und wozu zu fragen, sei das Wesen seiner, des Betrachters Denkkraft. Doch er müsse sich auch selbst verordnen, nicht weiter zu fragen und einfach zu konstatieren, dass der Zirkel mit seinem Mittelpunkt fertig, in sich vollendet sei. Die Vollkommenheitstopik wird gegen die Rhetorik des Zweifels und das Schreckbild völliger Desintegration aufgeboten und setzt sich mühsam nur gegen diese durch. Das Denken, so heißt es an einer Stelle, müsse Ordnung, Plan und Zweck unterstellen, müsse das Weltall als sinnvolle Schöpfung betrachten, sonst sei es nicht gestaltend, sondern nur leidend – wie ein Spiegel, „der die mannigfaltigen Gestalten in sich abbilde, ohne sie in einem Punkt zusammenzufassen."[46] Das Schöne wäre dann diese Einheit des Mannigfaltigen im Werk des schaffenden Künstlers, der das große Ganze der göttlichen Schöpfung im Kleinen bildend nachahmt: *Über die bildende Nachahmung des Schönen*.

Auch wer Moritzens bekanntestes Buch, den autobiographischen Roman *Anton Reiser* liest, begegnet derlei Denkbewegungen allenthalben. Die Vorrede zum zweiten Teil von 1786 endet in dem bezeichnenden, den Autor und sein Werk rechtfertigenden Passus:

> Wer auf sein vergangnes Leben aufmerksam wird, der glaubt zuerst oft nichts als Zwecklosigkeit, abgerißne Fäden, Verwirrung, Nacht und Dunkelheit zu sehen; je mehr sich aber sein Blick darauf heftet, desto mehr verschwindet die Dunkelheit, die Zwecklosigkeit verliert sich allmählich, die abgerißnen Fäden knüpfen sich wieder an, das Untereinandergeworfene und Verwirrte ordnet sich – und das Mißtönende löst sich unvermerkt in Harmonie und Wohlklang auf.[47]

Der Autor ist es, der Harmonie und Wohlklang in die Darstellung eines Lebens, seines eigenen, bringt, in dem alles nur Stückwerk scheint. Das dürfte die Aufgabe jeglicher Biographik sein. Hier aber, angesichts der erzählten Missbildungs- und Missgeschicksgeschichte überrascht die optimistische

---

45   Ebd., S. 42f.
46   Ebd., S. 42.
47   Moritz: Werke, Bd. 1 (wie Anm. 7), S. 186. Vgl. auch die Kritische Ausgabe der Werke. Hg. von Anneliese Klingenberg, Albert Meier, Conrad Wiedemann und Christof Wingertszahn. Band 1. Tübingen: Niemeyer 2006, Teil 1: Text; Teil 2: Kommentar; vgl. hierzu bes. den Kommentar S. 568ff.

Rede von Harmonie und Wohlklang doch. Der Autor muss sie dem aus Widrigkeiten zusammengesetzten Leben mühsam abgewinnen.

Von den quietistischen Selbstverleugnungsritualen der Kindheit bis zu den Leiden der überbordenden und verwirrenden Einbildungskraft der Jugendjahre werden alle Fährnisse des Lebens Anton Reisers akribisch aufgelistet und psychologisch analysiert. Und weil der Verfasser dieser unglücklich fragmentierten Lebensgeschichte eins ist mit deren Helden, denkt dieser, was jener erzählend tut: Er grübelt über dem Bruchstückhaften des Lebens und darüber, wie es zu einem Ganzen zusammengesetzt werden könnte. Auf dem „Rabensteine vor H ..." werden, um nur ein Beispiel aus dem 1786 geschriebenen dritten Teil des Romans zu nennen, vier Missetäter hingerichtet. Sie werden geköpft, zerstückt und auf das Rad geflochten. Geradezu zwanghaft muss Anton sich damit identifizieren und in der Folge darüber meditieren, dass der Mensch generell nichts anderes sei als solch ein zerstückbares Wesen. „Und da nun die Stücken dieser hingerichteten Menschen auf das Rad hinaufgewunden wurden, und er sich selbst, und die um ihn her stehenden Menschen eben so *zerstückbar* dachte – so wurde ihm der Mensch so nichtswert und unbedeutend, daß er sein Schicksal und alles in dem Gedanken von tierischer *Zerstückbarkeit* begrub – und sogar mit einem gewissen Vergnügen wieder zu Hause ging".[48] Anton rettet sich hier in die Bücherwelt. Er liest Shakespeare, und angesichts dieses literarischen Welttheaters schwinden die depressiven Empfindungen der Enge und Vereinzelung des Daseins. Andernorts ist es der Gedanke an ein höchstes Wesen, das jenseits all dieser Einschränkungen stünde, all des Unzusammenhängenden des Nacheinander und Nebeneinander. Alles tritt dann auf einmal zum Ganzen zusammen. Die Erinnerung, zumal die unwillkürlich ausgelöste, kennt ein solches Zusammentreten des Zerstreuten auch in der Seele des Menschen, wenn auch, den Grenzen der menschlichen Verfasstheit entsprechend, nur flüchtig, vorübergehend. Zwischen diesen Polen der Verzweiflung über die Disparatheit der Menschenwelt und des Glücks des Zusammenstimmens schwankt Antons Gemütszustand – ganz wie sein Erzähler sich in den Kleinigkeiten, dem scheinbar Unbedeutenden zu verlieren droht und dann doch immer wieder den Zusammenhang einer psychologisch fassbaren Lebensgeschichte stiftet.

Der vierte Teil des *Anton Reiser* ist im Wesentlichen nach Moritzens Rückkehr aus Italien geschrieben.[49] Zwischen den ersten drei Teilen und dem vierten steht die Ausbildung der durch die Italienerfahrung stimulierten

---

48 Moritz: Werke, Bd. 1 (wie Anm. 7), S. 307ff.
49 Zur Entstehungsgeschichte vgl. den Kommentar in Moritz: Werke, Bd. 1 (wie Anm. 7), S. 957f.

klassizistischen Ästhetik. Diese schlägt sich nun als ein Maßstab der Beurteilung von Antons weiterem Lebensweg nieder. Dieser Engführung von Schönheitslehre und literarischer Erfahrungsseelenkunde gilt daher abschließend das Augenmerk.

Der Rigorismus der neuen Ästhetik will es, dass die Kunst nur sich selbst genüge, in sich selbst ihr alleiniges Gesetz habe, das der Einheit in der Mannigfaltigkeit. Alle externen Bezüge, seien es moralische Forderungen, Rückbindungen an allegorische oder mythologische Bedeutungskonventionen oder auch psychologische Absichten der Wirkung, des Effekts, seien ihr wesensfremd. Deshalb geht auch der wahre Künstler ganz im schöpferischen Akt auf; er verfolgt keine Absichten, die dem Werk äußerlich wären. Gemessen daran ist Anton kein Künstler, sondern ein Dilettant. Das macht ihn zum Leidenden, zum Unglücklichen. Er hängt der Poesie und dem Theater an – mit kunstfernen Trieben. „Die Leiden der Poesie" heißt der zentrale Abschnitt dieses vierten Teils des Buches.[50] Anton wird darin geschildert als einer, der literarisch viel will und nichts erreicht. „[Er] dachte sich ein Etwas, worin er sich selbst verlor, wogegen alles, was er je gehört und gedacht hatte, sich verlor und dessen Dasein [...] ein bisher noch ungefühltes, unnennbares Vergnügen verursachen würde".[51] Aber dieses Etwas ist nichts Bestimmtes, keine im Detail entworfene Szene, kein stimmiger Vers, sondern nur unbestimmte Empfindung, nur Wollen, nur Erahnen. Als Stoffe werden möglichst frappante Sujets gewählt, wie Meineid, Blutschande, Vatermord. Sie sollen Effekt machen und der Ruhmbegier des Autors schmeicheln.[52] Oder sie sollen erhaben sein und das Entfernte und Unbekannte wie etwa die Schöpfung darstellen. All das muss ästhetisch ins Misslingen führen. Anton scheitert als Dichter, und er scheitert als Theaterenthusiast: Die Speichsche Truppe, der er sich anschließen will und deretwegen er am Ende nach Leipzig gekommen ist, hat sich aufgelöst. Ihr Prinzipal ist mit der Kasse durchgebrannt.

Die Strenge, mit der Moritz die Verfehlungen der eigenen Jugend geißelt, erinnert auf überraschende Weise an den ja eigentlich verhassten Quietismus der Kindheit und dessen Verdikt gegen alle individuellen Eigenheiten und Leidenschaften. Die Selbstabtötung, das Ausgehen aus sich selbst, waren damals gepredigt worden. Hier scheint dies als Sichverlieren des Künstlers im Kosmos des Werkes wiederzukehren. Ist das etwa der wunde Punkt seines Lebens, an dem Moritz sich bis in seine späte klassizistische Phase, wenn auch mit vertauschten Vorzeichen, abarbeitet?

---

50   Ebd., S. 496ff.
51   Ebd., S. 496.
52   Ebd., S. 499.

Wie auch immer. Fest steht: Moritz hat sich – im Gegensatz zu Goethe – auch später nie als eigentlicher Künstler verstanden. Obwohl er in seinem Lebensroman die abgerissenen Fäden zusammenknüpft. Er ist vielmehr der Kunstkritiker, der, zum Teil in schroffer antiklassizistischer Polemik, den Begriff der Kunst – als einer klassizistisch verstandenen – aufs Höchste treibt.

Wider das Fabrikenwesen
Goethe und das Handwerk der Klassik

Michael Bies

1.   Natur und Handwerk

Beim Blick auf kunst- und dichtungstheoretische Diskussionen der zweiten Hälfte des 18. Jahrhunderts fällt auf, dass diese nicht nur auf den vieldiskutierten Begriff der Natur zurückgreifen, um zu bestimmen, was Kunst sein oder gerade nicht sein kann und soll. Darüber hinaus ist zu beobachten, dass sie zunehmend auch das ‚Handwerk' als einen Gegenstand zur Profilierung verschiedener Kunstauffassungen behandeln. Deutlich wird das beispielsweise, wenn Goethe am 21. September 1771, im Kontext der Arbeit am Aufsatz *Von deutscher Baukunst,* den Straßburger Theologiestudenten Johann Gottfried Roederer für den Versuch lobt, „pracktisch an die Baukunst" zu gehen, und erklärt: „Wenn der Künstler nicht zugleich Handwercker ist, so ist er nichts, aber das Unglück! unsre meiste Künstler sind nur Handwercker."[1] In einer anderen Weise rekurriert Jakob Michael Reinhold Lenz nur wenig später auf Handwerk. In seinen 1774 publizierten *Anmerkungen übers Theater* kritisiert er, die aus der angeblichen Regelversessenheit der französischen Dramatiker resultierende „Ähnlichkeit der Fabel" in den „französischen Schauspielen (wie in den Romanen)" sei „[e]in offenbarer Beweis des Handwerks."[2] Lenz erläutert: „Denn die Natur ist in allen ihren Wirkungen mannigfaltig, das Handwerk aber einfach".[3]

Schon diese knappen Beispiele lassen erkennen, wie verschieden Kunst und Handwerk in den 1770er Jahren aufeinander bezogen wurden. Mit der Forderung, dass der Künstler auch Handwerker sein müsse, aber keinesfalls nur Handwerker sein dürfe, führt Goethe die Differenzierung von Kunst und Handwerk in den Bereich der Kunst ein und unterscheidet den Künstler, der kein Handwerker ist, den Künstler, der bloß Handwerker ist, und den Künstler, der mehr als nur Handwerker ist – und allein auf diesen Künstler kommt es

---

1   Johann Wolfgang Goethe: Brief an Johann Gottfried Roederer, 21. September 1771. In: ders.: Sämtliche Werke. Briefe, Tagebücher und Gespräche. Vierzig Bände. Hg. von Friedmar Apel u.a. Frankfurt a.M.: Deutscher Klassiker Verlag 1987–2013, Bd. 28, S. 238.
2   Jakob Michael Reinhold Lenz: Anmerkungen übers Theater. In: ders.: Werke. Hg. von Friedrich Voit. Stuttgart: Reclam 1998, S. 369–401, S. 389.
3   Ebd.

ihm an. Lenz hingegen argumentiert einfacher und radikaler. Zwar nutzt auch er die Rede vom Handwerk, um künstlerische Phänomene wie die *tragédie classique* zu charakterisieren, vor allem zu disqualifizieren. Jedoch blendet er diese Aufnahme oder, systemtheoretisch gesprochen, diesen *re-entry* der Unterscheidung von Kunst und Handwerk in den Bereich der Kunst weitgehend aus. Stattdessen versucht er, Kunst und Handwerk strikt entgegenzusetzen und jedes Handwerk aus der Kunst auszuschließen, indem er erklärt, dass nur die sich an ‚Natur', und das heißt bei ihm auch: dass nur die sich an Shakespeare orientierende Dichtung ‚Kunst', alles andere dagegen bloß ‚Handwerk' sei.

Dass das Handwerk in der zweiten Hälfte des 18. Jahrhunderts zu einem Gegenstand ästhetischer Diskussionen und damit gleichsam zu einem ‚ästhetischen Ding' wird – und es bis heute geblieben ist –, ist nicht einfach zu erklären. Eine Voraussetzung hierfür bildet der tiefgreifende gesellschaftliche Wandel an der Schwelle zur Moderne, in dessen Verlauf das Handwerk als eigener und einheitlicher, von Kunst und Wissenschaft abgegrenzter Bereich in vielerlei Hinsicht überhaupt erst entsteht. Glenn Adamson hat deshalb von einer ‚Erfindung des Handwerks' gesprochen, die sich zwischen 1750 und 1850 vollzogen habe.[4] Dieser Wandel manifestiert sich auch in den Klagen über den „Verfall des Handwerks" in Anbetracht eines erstarkenden „Esprit de Fabrique", wie Justus Möser sie 1774 formuliert hat und wie sie seitdem die Moderne begleiten,[5] und in den Prozessen der Nobilitierung, Diskursivierung und Ästhetisierung von Handwerk und handwerklichem Wissen, die programmatisch die *Encyclopédie* mit ihren Kupfertafeln vorantreibt, die aber auch an anderen Enzyklopädien und Lexika sowie an zahlreichen technischen und ökonomischen Schriften des 18. Jahrhunderts nachvollzogen werden können.

Dass in kunst- und dichtungstheoretischen Diskussionen seit der zweiten Hälfte des 18. Jahrhunderts immer wieder von Handwerk gesprochen wird, liegt aber nicht nur in den sozioökonomischen Wandlungsprozessen der Zeit

---

4 Vgl. Glenn Adamson: The Invention of Craft. London: Bloomsbury 2013. Ähnliche Überlegungen entfaltet auch Paul Greenhalgh: The History of Craft. In: The Culture of Craft. Status and Future. Hg. von Peter Dormer. Manchester, New York: Manchester University Press 1997, S. 20–52.

5 Vgl. Justus Möser: Von dem Verfall des Handwerks in kleinen Städten. In: ders.: Patriotische Phantasien. Erster Theil. Hg. von J. W. J. von Voigt. Neue verbesserte und vermehrte Aufl. Frankfurt a.M., Leipzig 1780, S. 181–209, hier S. 184. Ganz ähnlich auch Christian Garve: Bruchstücke zu der Untersuchung über den Verfall der kleinen Städte, dessen Ursachen, und die Mittel ihm abzuhelfen. In: ders.: Vermischte Aufsätze welche einzeln oder in Zeitschriften erschienen sind. Erster Theil. Breslau: bey Wilhelm Gottlieb Korn 1801, S. 325–384.

begründet. Mindestens ebenso wichtig sind hierfür die Veränderungen in den Bereichen von Kunst und Literatur, die mit den Stichworten der Erosion der Ordnung der ‚freien Künste', der Umstellung von einer Regel- auf eine Innovationspoetik wie auch der Autonomisierung und zunehmenden Marktabhängigkeit des Literatur- und Kunstsystems nur grob bezeichnet sind.[6] Bereits angedeutet wurde, dass der Bezug auf ‚Natur' als eine prominente Möglichkeit verstanden werden kann, um in Anbetracht der ästhetischen Umbrüche an der Schwelle zur Moderne zu bestimmen, was Kunst sein kann und soll. Eine andere Möglichkeit liegt im Bezug auf das nicht minder schwierige und schillernde ‚Handwerk'. Die Kunst wird dann weniger an den Einfällen einer vermeintlich genialen ‚Natur' gemessen, die sich in ihr darstellen, und auch weniger danach beurteilt, wie sehr ihre Gegenstände einer wie auch immer verstandenen Natur entnommen oder zumindest in Entsprechung mit ihr geformt wurden. An Bedeutung gewinnt mit diesem Bezug vielmehr, was lang unter dem Begriff der *technē* oder der Technik diskutiert worden ist,[7] seit der zweiten Hälfte des 18. Jahrhunderts aber verstärkt mit dem Begriff des Handwerks verhandelt wird: der an der Kunst abgelesene Prozess ihrer Herstellung und Ausführung mit dem in ihn eingegangenen Wissen und Können des Künstlers, den hierbei angewendeten Regeln und Gesetzen.

Damit sind zwei unterschiedliche, aufgrund der Vagheit und Vieldeutigkeit der Begriffe ‚Natur' und ‚Handwerk' aber überaus anschlussfähige Perspektiven auf Kunst skizziert, die sich nicht ausschließen müssen. Anders als Lenz, der das Handwerk mit dem Verweis auf die ‚mannigfaltigen Wirkungen' der Natur aus der Kunst auszugrenzen versucht, hat Goethe zeit seines Lebens die Bedeutung sowohl von Handwerk als auch von Natur für die Kunst betont, wenngleich er unter beiden Begriffen oft ganz verschiedene Dinge verstanden und sie auch auf ganz verschiedene Kunstformen bezogen hat. Allerdings soll es in

---

6 Vgl. hierzu etwa die grundlegenden Arbeiten von Paul Oskar Kristeller: Das moderne System der Künste. In: ders.: Humanismus und Renaissance II. Philosophie, Bildung und Kunst. München: Fink 1976, S. 164–206; Annie Becq: Genèse de l'esthétique française moderne. De la Raison classique à l'Imagination créatrice, 1680–1814. Paris: Albin Michel 1994; Martha Woodmansee: The Author, Art, and the Market. Rereading the History of Aesthetics. New York: Columbia University Press 1994; Karl Eibl: Die Entstehung der Poesie. Frankfurt a.M., Leipzig: Insel 1995; und Larry Shiner: The Invention of Art. A Cultural History. Chicago (Ill.), London: The University of Chicago Press 2001.
7 Einführend hierzu vgl. den Art. „Technik". In: Historisches Wörterbuch der Philosophie. Hg. von Joachim Ritter, Karlfried Gründer und Gottfried Gabriel. Basel, Stuttgart 1971–2007, Bd. 10, Sp. 940–952; Friedrich Kittler: [Art.] „Techniken, künstlerische". In: Ästhetische Grundbegriffe. Historisches Wörterbuch in sieben Bänden. Hg. von Karlheinz Barck u.a. Stuttgart, Weimar: Metzler 2000–2005, Bd. 6, S. 15–23; sowie Eckhardt Köhn: Erfahrung des Machens. Zur Frühgeschichte der modernen Poetik von Lessing bis Poe. Bielefeld: Transcript 2005.

den folgenden Ausführungen nicht um das Verhältnis von Natur und Handwerk gehen, so aufschlussreich dieses sich auch zur Beschreibung unterschiedlicher Kunstauffassungen erweisen könnte. Um die Frage nach der polemischen Konstellation von Klassizismus und Antiklassizismus zu adressieren, soll stattdessen herausgearbeitet werden, wie kunst- und dichtungstheoretische Schriften der Jahre um 1800 auf Handwerk rekurrieren. Im Zentrum der Überlegungen wird Goethe stehen, der sich so eingehend wie kaum ein anderer Autor seiner Zeit mit Handwerk befasst und von der frühen *Erklärung eines alten Holzschnittes vorstellend Hans Sachsens poetische Sendung* bis hin zu dem großen Altersroman *Wilhelm Meisters Wanderjahre* nicht nur immer wieder Handwerker dargestellt, sondern in der Auseinandersetzung mit Handwerk auch die Bedingungen, Möglichkeiten und die vermeintlichen Verfehlungen von Kunst und eigenem Leben reflektiert hat.[8] Offenkundig wurde das bereits im Brief an Roederer vom September 1771. Eine neue Intensität gewinnt diese Auseinandersetzung mit Handwerk ab den Jahren der Italienreise. So schreibt Goethe im Dezember 1786 an die Herzogin Luise, die „Vollkommenheit" eines Kunstwerks liege in der „Idee des Künstlers" wie auch in „gewissen angenommnen Gesetzen" begründet, „welche zwar aus der Natur der Kunst und des Handwerks hergeleitet, aber doch nicht so leicht zu verstehen und zu entziffern sind als die Gesetze der lebendigen Natur."[9] Zudem erklärt er es in der *Italienischen Reise* zu einem „Kapitalfehler" seines Lebens, „daß ich nie das *Handwerk* einer Sache, die ich treiben wollte oder sollte, lernen mochte."[10] Zuletzt bemerkt Goethe am 17. März 1832, wenige Tage vor seinem Tod, gegenüber Wilhelm von Humboldt:

---

8 Für einen ersten Überblick zum Begriff des Handwerks bei Goethe vgl. Michael Niedermeier: [Art.] „Handwerk". In: Goethe-Handbuch in vier Bänden. Hg. von Bernd Witte u.a. Stuttgart, Weimar: Metzler 1996–1998, Bd. 4/1, S. 458–460; sowie Hans Joachim Schrimpf: Das Weltbild des späten Goethe. Überlieferung und Bewahrung in Goethes Alterswerk. Stuttgart: Kohlhammer 1956, S. 164–203; und Hans Joachim Dethlefs: Artes mechanicae. Zur Rehabilitierung des Handwerks bei Goethe und in der französischen Aufklärung. In: Goethe-Jahrbuch Japan 46 (2004), S. 19–45. Zur *Erklärung eines alten Holschnittes vorstellend Hans Sachsens poetische Sendung* vgl. auch meinen Aufsatz: Bilder ‚altdeutscher' Zeiten. Kunst und Handwerk in Goethes *Erklärung eines alten Holzschnittes* und E.T.A. Hoffmanns *Meister Martin der Küfner und seine Gesellen*. In: Arbeit und Müßiggang in der Romantik. Hg. von Claudia Lillge, Thorsten Unger und Björn Weyand. Paderborn: Fink 2017, S. 185–200.
9 Goethe: Brief an die Herzogin Luise, 12.–23. Dezember 1786. In: ders.: Sämtliche Werke (wie Anm. 1), Bd. 30, S. 195f.
10 Goethe: Italienische Reise. In: ebd., Bd. 15, S. 395.

Je früher der Mensch gewahr wird daß es ein Handwerk daß es eine Kunst gibt, die ihm zur geregelten Steigerung seiner natürlichen Anlagen verhelfen, desto glücklicher ist er; was er auch von außen empfange schadet seiner eingebornen Individualität nichts.[11]

2. *Kunst und Handwerk*

Nachdem Goethe das Verhältnis von Kunst und Handwerk zunächst vor allem in Briefen umrissen hat, nimmt er es in der am 15. September 1797 verfassten, aber erst im Nachlass publizierten Abhandlung *Kunst und Handwerk* erstmals genauer in den Blick.[12] Das verdeutlichen schon die ebenso knappen wie komplexen Ausführungen zu Ursprung und Entwicklung der Künste, mit denen er sich seinem Thema hier nähert. So bemerkt er in der Einleitung von *Kunst und Handwerk* zunächst, dass „alle Künste" aus dem „Notwendigen" entstehen, ergänzt aber sogleich, dass es kaum etwas „Notwendiges" gebe, dem der Mensch nicht eine „angenehme Gestalt" verleihe, um es „an einen schicklichen Platz und mit anderen Dingen in ein gewisses Verhältnis setzen [zu] können."[13] Diese „angenehme Gestalt", so erläutert Goethe weiter, folge aus dem „natürliche[n] Gefühl des Gehörigen und Schicklichen, welches die ersten Versuche von Kunst hervorbringt" und auch für ihre weitere Entwicklung entscheidend sei.[14] Er erklärt, dass dieses Gefühl auch „den letzten Meister nicht verlassen" haben dürfe, „welcher die höchste Stufe der Kunst besteigen will", und betont, dass es „nahe mit dem Gefühl des Möglichen und Tulichen verknüpft" sei, mit dem gemeinsam es „eigentlich die Base von jeder Kunst" bilde.[15] Im Anschluss an diese Herleitung der Künste aus dem ‚Notwendigen', ‚Gehörigen' und ‚Möglichen' gesteht Goethe jedoch auch, dass „die Menschen" sich in den Künsten ebenso wie „in ihren bürgerlichen, sittlichen und religiosen Einrichtungen"

---

11 Goethe: Brief an Wilhelm von Humboldt, 17. März 1832. In: ebd., Bd. 38, S. 549. Vgl. hierzu auch Köhn: Erfahrung des Machens (wie Anm. 7), S. 232–234.
12 Zur Datierung vgl. den Tagebucheintrag vom 15. September 1797. In: Goethe: Sämtliche Werke (wie Anm. 1), Bd. 31, S. 421f.; sowie die Kommentare zu *Kunst und Handwerk* in der Münchner und Frankfurter Ausgabe. Vgl. Johann Wolfgang Goethe: Sämtliche Werke nach Epochen seines Schaffens. Münchner Ausgabe. Hg. von Karl Richter in Zusammenarbeit mit Herbert G. Göpfert, Norbert Miller, Gerhard Sauder und Edith Zehm. München: Hanser 1985–1999, Bd. 4.2, S. 1005f.; Goethe: Sämtliche Werke (wie Anm. 1), Bd. 18, S. 1236.
13 Goethe: Kunst und Handwerk. In: ders.: Sämtliche Werke (wie Anm. 1), Bd. 18, S. 437–440, hier S. 437.
14 Ebd.
15 Ebd.

keineswegs auf „*natürliche* Fortschritte" beschränkt haben, sondern durch „unempfundne Nachahmung, falsche Anwendung richtiger Erfahrungen, dumpfe Tradition" und „bequemes Herkommen" wiederholt vom Pfad des ‚Natürlichen' abgekommen seien.[16] Unter dieser ‚unnatürlichen' Entwicklung würden die Künste noch immer leiden, so schreibt er am Ende der Einleitung von *Kunst und Handwerk*, „da unser Jahrhundert zwar in dem Intellektuellen manches aufgeklärt hat, vielleicht aber am wenigsten geschickt ist reine Sinnlichkeit mit Intellektualität zu verbinden, wodurch ganz allein das wahre Kunstwerk hervorgebracht wird."[17]

Nach dieser Beschreibung der Abwege, auf die die Künste gerade im 18. Jahrhundert geraten seien, skizziert Goethe im Fortgang der Abhandlung den Zustand von ‚freier' und ‚mechanischer Kunst', mithin von ‚Kunst' und ‚Handwerk' in der Gegenwart. Dabei unterzieht er besonders die durch eine zunehmende Massenproduktion geprägte Konsumkultur seiner Zeit einer scharfen Kritik. Dem „echten Künstler[]", der einer „Materie" durch seine Arbeit „einen innerlichen, ewig bleibenden Wert" verleihe, stellt er den „mechanischen Arbeiter" oder, wie er auch sagt, „bloß mechanische[n] Künstler" gegenüber, der „etwas Unbedeutendes und Gleichgültiges" produziere, „das nur so lang erfreuen kann als es neu ist".[18] Den damit angedeuteten Unterschied zwischen den dauerhaften Erzeugnissen des ‚echten' und den modischen Produkten des ‚mechanischen Künstlers' expliziert Goethe, indem er auf den Begriff des Luxus zurückgreift, der seit der 1714 publizierten *Fable of the Bees* von Bernard Mandeville intensiv diskutiert wurde. In kulturkritischer Stoßrichtung nimmt er jedoch nicht die Apologien des Luxus auf, die im 18. Jahrhundert im Einklang mit der sich sprunghaft entwickelnden Konsumkultur aus ökonomischer, sozialer und anthropologischer Perspektive vorgebracht worden sind und programmatisch an Titeln wie dem ab 1787 so genannten *Journal des Luxus und der Moden* von Friedrich Justin Bertuch und Georg Melchior Kraus abgelesen werden können.[19] Stattdessen schließt Goethe an die ältere Tradition der

---

16 Ebd.
17 Ebd. Diese Verbindung von Sinnlichkeit und intellektueller Durchdringung hat Goethe 1789 in der kurzen Abhandlung *Einfache Nachahmung der Natur, Manier, Styl* bereits mit dem Begriff des ‚Styls' bezeichnet, mit dem er den Gipfelpunkt künstlerischer Entwicklung markiert. Vgl. Goethe: Einfache Nachahmung, Manier, Styl. In: ders.: Sämtliche Werke (wie Anm. 1), Bd. 18, S. 225–229; hierzu Norbert Christian Wolf: Streitbare Ästhetik. Goethes kunst- und literaturtheoretische Schriften 1771–1789. Tübingen: Niemeyer 2001 (= Studien und Texte zur Sozialgeschichte der Literatur, Bd. 81), S. 370–376 und 380f.
18 Goethe: Kunst und Handwerk (wie Anm. 13), S. 437f.
19 Bertuch und Kraus veröffentlichen die Zeitschrift 1786 zunächst unter dem Titel *Journal der Moden*, benannten sie im folgenden Jahr aber in *Journal des Luxus und der Moden* um. Zum Luxus-Diskurs vgl. besonders Joseph Vogl: [Art.] „Luxus". In: Ästhetische

Luxuskritik an, deren Vorbehalte gegenüber dem Überflüssigen er in *Kunst und Handwerk* gleichsam aus einer ästhetischen Perspektive reformuliert, indem er ‚Luxus' und ‚Reichtum' entgegensetzt. Wie er erklärt, würden Erzeugnisse ‚echter Künstler' ihren Besitzern ‚Reichtum' bescheren, weil man sie „zeitlebens behalten", „zeitlebens genießen" und „sich bei immer vermehrten Kenntnissen immer mehr" an ihnen „erfreuen" könne. Im Unterschied dazu sei der Besitz der „tausendmal" produzierten Erzeugnisse ‚mechanischer Künstler' als ‚Luxus' anzusehen, weil „ein Reicher" die „Gestalt" dieser Dinge „erst verändern muß, um sich ein augenblickliches Vergnügen und vor andern einiges Ansehen zu verschaffen."[20] Diese Argumentation mag eigentümlich erscheinen, kann für Goethe aber durchaus als charakteristisch angesehen werden. Nicht weil sie überflüssig seien, versteht er die Produkte ‚mechanischer Künstler' als Luxus, sondern weil sie von ‚Reichen' bearbeitet und individualisiert werden müssen, um ihnen ‚Vergnügen' zu bereiten und ‚Ansehen', also soziale Exklusivität zu verleihen. Dass solche Produkte breiteren Schichten zugleich eine Teilhabe an der Kultur der ‚Reichen' versprechen, gerät aus der allein auf ästhetische Grenzziehungen bedachten Perspektive der Abhandlung nicht in den Blick.

Vor diesem Hintergrund sieht Goethe seine Gegenwart dadurch gekennzeichnet, dass der dauerhafte und auf einem inneren Wert beruhende ‚Reichtum' allmählich durch einen ebenso oberflächlichen wie flüchtigen ‚Luxus' verdrängt wird, der durch „das Maschinen- und Fabrikwesen zu dem höchsten Grad hinaufgetrieben" worden sei.[21] Zwar gesteht er zu, dass dieses ‚Fabrikwesen' einem neu erwachten Interesse des „Publikums an bildender Kunst"[22] und an einer allgemeinen Ästhetisierung des Alltagslebens entspreche. Allerdings deutet er dieses Interesse allein als ein ästhetisches – und nicht etwa auch als ein soziales – und betont, dass dieses durch bloß ‚mechanisch' hergestellte Erzeugnisse nur verdorben werde. Mit der klassizistischen, sich aber von tradierten handwerklichen Produktionsformen absetzenden Jasperware von Josiah Wedgwood und mit farbigen Kupferdrucken, wie sie zunächst in England und Frankreich populär waren, über das *Journal des Luxus und der Moden* aber auch ihren Weg in den Weimarer Alltag fanden,[23] würde „die

---

Grundbegriffe. Historisches Wörterbuch in sieben Bänden. Hg. von Karlheinz Barck. Stuttgart, Weimar: Metzler 2000–2005, Bd. 3, S. 694–708; Christine Weder, Maximilian Bergengruen (Hg.): Luxus. Die Ambivalenz des Überflüssigen in der Moderne. Göttingen: Wallstein 2011.

20   Goethe: Kunst und Handwerk (wie Anm. 13), S. 438f.
21   Ebd., S. 439.
22   Ebd.
23   Vgl. hierzu etwa Boris Roman Gibhardt: „Nacarat ist ein brennendes Roth zwischen ponceau und cramoisi". Das *Journal des Luxus und der Moden* und die Farben von Paris.

aufkeimende Neigung des Publikums" zu Kunst nicht befördert, so erklärt er, sondern letztlich bloß „durch eine scheinbare Befriedigung abgeleitet und zu Grunde gerichtet."²⁴ Es verwundert nicht, dass der um die Etablierung einer autonomen Kunst ringende Theoretiker und Praktiker diese „scheinbare Befriedigung" bedrohlich findet, an die die ‚mechanisch' produzierten und leicht erhältlichen „schönen, zierlichen, gefälligen vergänglichen Dinge[ ]"²⁵ das an einer ästhetischen Kultur interessierte Publikum gewöhnen würden. Er bekräftigt denn auch,

> daß das einzige Gegenmittel gegen den Luxus, wenn er balanciert werden könnte und sollte, die wahre Kunst und das wahr erregte Kunstgefühl sei, daß dagegen der hochgetriebene Mechanismus, das verfeinerte Handwerk und Fabrikenwesen der Kunst ihren völligen Untergang bereite.²⁶

3. Handwerk und Dilettantismus

Dass Goethe die ‚mechanische' Produktion in *Kunst und Handwerk* als Beispiel einer Abweichung vom ‚natürlichen Fortschritt' in der Kunst analysiert – einer Abweichung, die sich in der Herstellung ‚unbedeutender' Dinge wie auch in einer Verkümmerung des Publikumsgeschmacks manifestiert –, mag zunächst an den ungleich bekannteren *Kunstwerk*-Aufsatz denken lassen, in dem Walter Benjamin knapp 140 Jahre später die Auswirkungen der ‚technischen Reproduzierbarkeit' auf die Kunst beschreibt: Nur spricht Goethe von der Zerstörung künstlerischen ‚Reichtums' durch mechanisch hergestellten ‚Luxus', während Benjamin von der „Zertrümmerung der Aura" durch technische Reproduktion redet.²⁷

Doch soll hier nicht so weit ausgegriffen werden. Wenn man *Kunst und Handwerk* im Zusammenhang von Goethes ästhetischen Reflexionen der Jahre um 1800 betrachtet, erscheint die in *Kunst und Handwerk* entworfene Argumentation als Teil einer grundsätzlichen Sondierung des Feldes der Kunst, die auf die Sprache der freien und mechanischen Künste noch nicht verzichten kann, was sich in *Kunst und Handwerk* etwa in der synonymen

---

In: Die Farben der Klassik. Wissenschaft – Ästhetik – Literatur. Hg. von Martin Dönike, Jutta Müller-Tamm und Friedrich Steinle. Göttingen: Wallstein 2016, S. 73–93.
24   Goethe: Kunst und Handwerk (wie Anm. 13), S. 439.
25   Ebd.
26   Ebd., S. 439.
27   Walter Benjamin: Das Kunstwerk im Zeitalter seiner technischen Reproduzierbarkeit. Erste Fassung. In: ders.: Gesammelte Schriften. Hg. von Rolf Tiedemann und Hermann Schweppenhäuser. Frankfurt a.M.: Suhrkamp 1991, Bd. I.2, S. 431–469, hier S. 440.

Rede von ‚Handwerker', ‚bloß mechanischem Künstler' und ‚mechanischem Arbeiter' äußert, die aber nichtsdestotrotz die Frage nach den Bedingungen und Möglichkeiten einer ‚wahren Kunst' in Zeiten stellt, die durch einen spürbaren *esprit de fabrique*, aber auch durch eine Veralltäglichung von Kunst und ein steigendes bürgerliches Kunstinteresse bestimmt sind. Deutlich wird diese Sondierung auch, wenn Goethe sich 1798 in der *Einleitung* in die *Propyläen* dem Prozess der künstlerischen Herstellung nähert und die ‚geistige', die ‚sinnliche' und die ‚mechanische Behandlung'[28] eines künstlerischen Gegenstands differenziert oder wenn er wenig später in *Der Sammler und die Seinigen* die „Eigenschaften" zu bestimmen sucht, „welche alle zusammen verbunden, den wahren Künstler, so wie den wahren Liebhaber, ausmachen würden".[29] Offenkundig wird diese Vermessung des Feldes der Kunst zudem, wenn Goethe den englischen Bildhauer und Zeichner John Flaxman, der auch für Wedgwood arbeitete, 1799 als „Abgott aller Dilettanten"[30] charakterisiert oder wenn er im *Anhang* zu dem 1803 von ihm herausgegebenen *Leben des Benvenuto Cellini* die Ausführungen des berühmten florentinischen Goldschmieds und Bildhauers zu ‚Kunst' und ‚Leben' durch Ausführungen und Erläuterungen zu dessen ‚Handwerk' ergänzt und auch beschreibt, wie dieser, „mit technischen, handwerksmäßigen Fertigkeiten ausgestattet, sich dem Höchsten der Kunst zu nähern" verstand.[31] Charakteristisch für Goethe ist dabei jeweils die Warnung vor den Gefahren einer isolierten Verfolgung ‚geistiger', ‚sinnlicher' oder eben ‚mechanischer' Aspekte. Wie sich auch in der Einleitung von *Kunst und Handwerk* zeigte, zielt er stattdessen auf eine Verbindung von ‚reiner Sinnlichkeit' und ‚Intellektualität', die allein das ‚wahre Kunstwerk' ermögliche.

Ein solches Programm verfolgt Goethe auch in den 1799 gemeinsam mit Schiller verfassten Notizen und Schemata zum Dilettantismus, in denen der Begriff des Handwerks abermals eine zentrale Rolle erhält. Allerdings wird beim Vergleich der Aufzeichnungen zum Dilettantismus mit dem Aufsatz zu *Kunst und Handwerk* auch offenkundig, wie vieldeutig der Begriff ‚Handwerk' in den Jahren um 1800 verwendet wurde, wie sehr er als ein Begriff zur

---

28   Goethe: Einleitung [in die *Propyläen*]. In: ders.: Sämtliche Werke (wie Anm. 1), Bd. 18, S. 457–476, hier S. 466.
29   Goethe: Der Sammler und die Seinigen. In: Ebd., S. 675–733, hier S. 725.
30   Goethe: Über die Flaxmanischen Werke. In: Ebd., S. 651f., hier S. 651. Goethe bezieht sich hier jedoch nicht auf Flaxmans Entwürfe für Wedgwood, sondern auf dessen Umrisszeichnungen zu Dantes *Göttlicher Komödie*, die August Wilhelm Schlegel 1799 lobend besprochen hatte. Vgl. August Wilhelm Schlegel: Über Zeichnungen zu Gedichten und John Flaxman's Umrisse. In: Athenaeum. Eine Zeitschrift von August Wilhelm Schlegel und Friedrich Schlegel 2/2 (1799), S. 193–246.
31   Goethe: Anhang zur Lebensbeschreibung des Benvenuto Cellini, bezüglich auf Sitten, Kunst und Technik. In: ders.: Sämtliche Werke (wie Anm. 1), Bd. 11, S. 457–526, hier S. 497.

Bestimmung dessen diente, was Kunst sein oder eben nicht sein kann und soll. Wie bereits herausgearbeitet, beschreibt Goethe die Arbeit des ‚echten Künstlers' in *Kunst und Handwerk* als eine individuelle, die Rezipienten auch individuell ansprechende Tätigkeit, die eine Einheit von ‚innerem Wert' und ‚äußerer Erscheinung', von Intellektualität und Sinnlichkeit herstellt. Anders als vielleicht erwartet werden könnte, erklärt er diese Arbeit des ‚echten Künstlers' aber nicht in Analogie zu der des Handwerkers, sondern in Entgegensetzung zu ihr. So identifiziert er hier noch das ‚Handwerkliche' und das ‚Mechanische' und versteht das ‚Handwerk' demzufolge als Inbegriff der „ganzen Masse des Mechanischen", die in der Kunst durch „das unmitteilbare Talent" des Künstlers beherrscht werden müsse,[32] und den Handwerker als jemanden, der ‚mechanische' Arbeit verrichtet und mit dem „Fabrikanten" weitgehend übereinstimmt.[33] ‚Handwerk' und ‚Fabrikenwesen' erscheinen in *Kunst und Handwerk* deshalb gleichermaßen als Bedrohung einer ästhetischen Kultur, in der ‚Genuss' und ‚Kenntnis' sich wechselseitig zu steigern vermögen – einer Kultur, die nur durch ‚wahre Kunst' zu retten sei.

In anderer Weise wird das ‚Handwerk' nun in den Aufzeichnungen zum Dilettantismus positioniert. Nachdem der Begriff zunächst am Ende des Entwurfs zur letztlich Fragment gebliebenen Abhandlung *Über den Dilettantismus* genannt und das „Verhältnis des Dilettanten gegen Pedantismus, Handwerk" als klärungsbedürftig markiert wurde,[34] findet er in den Paralipomena zum Text im Rahmen der Überlegungen zum ‚Pfuschen' ausführlichere Behandlung. Über das Handwerk heißt es hier:

> Es setzt voraus, daß irgend eine Fertigkeit nach Regeln gelernt auf die bestimmteste Weise nach der Vorschrift und unter dem Schutze des Gesetzes ausgeübt werde.
> Einrichtung der Innungen vorzüglich in Deutschland.
> Die verschiednen Nationen haben eigentlich kein Wort davor.
> Anführung der Ausdrücke.
> Der Dilettant verhält sich zur Kunst wie der Pfuscher zum Handwerk.
> Man darf bei der Kunst voraussetzen, daß sie gleichfalls nach Regeln erlernt und gesetzlich ausgeübt werden müsse, ob gleich diese Regeln nicht wie die eines Handwerks durchaus anerkannt und die Gesetze der sogenannten freien Künste nur geistig und nicht bürgerlich sind.[35]

---

32 Goethe: Kunst und Handwerk (wie Anm. 13), S. 437.
33 Ebd., S. 438.
34 Goethe: Über den Dilettantismus. In: ders.: Sämtliche Werke (wie Anm. 1), Bd. 18, S. 739–786, hier S. 780.
35 Ebd., S. 781.

Es ist nicht zu übersehen, dass das Verhältnis von Kunst und Handwerk hier anders als in der Abhandlung von 1797 gefasst wird. Obgleich die Begriffe auch in den Aufzeichnungen zum Dilettantismus unterschieden werden, um Pfuscherei und Dilettantismus als analoge Phänomene des Nicht-(Mehr-)Wissens und Nicht-(Mehr-)Könnens zu beschreiben, wird nun stärker das Verbindende von Kunst und Handwerk herausgearbeitet. Betont wird, dass sowohl Kunst als auch Handwerk eine Kenntnis von Regeln und Gesetzen fordern, die im einen Fall bürgerlich-institutionalisiert, im anderen bloß ‚geistig' sind, und dass sie die Fähigkeit und Fertigkeit verlangen, diesen Regeln und Gesetzen entsprechend zu handeln. Damit wird das Handwerk aus der Identifizierung mit dem ‚bloß Mechanischen' gelöst und als ein Herstellen bestimmt, das „nach Regeln gelernt" wird und „unter dem Schutze" von Gesetzen steht. Darüber hinaus ist zu bemerken, dass die Aufzeichnungen zum Dilettantismus Kunst und Handwerk differenzieren, diese Unterscheidung aber auch in gleich doppelter Weise relativieren. So fassen sie Kunst und Handwerk als vergleichbare Phänomene auf, wenn sie aus der Regelhaftigkeit und Gesetzmäßigkeit des Handwerks auf eine Regelhaftigkeit und Gesetzmäßigkeit der Kunst schließen und diese dadurch begründen: „Man darf bei der Kunst voraussetzen, daß sie gleichfalls nach Regeln erlernt und gesetzlich ausgeübt werden müsse". Zudem verweisen sie auf einen Weg vom Handwerk zur Kunst, wenn sie betonen: „Vom Handwerk kann man sich zur Kunst erheben. / Vom Pfuschen nie."[36]

Die Abhandlung über *Kunst und Handwerk* und die Aufzeichnungen zum Dilettantismus präsentieren somit zwei verschieden gelagerte ästhetische Reflexionen, die sich im einen Fall an der ‚wahren Kunst' orientieren und diese von ‚mechanischer Kunst', ‚Handwerk' und ‚Luxus' abgrenzen, sich im anderen Fall hingegen von einem durch Regeln und Gesetze bestimmten ‚Handwerk' herleiten, um ‚wahre Kunst' von ‚Dilettantismus' abzusetzen. Allerdings müssen diese Reflexionen deshalb nicht als Ausdruck einander widersprechender Positionen gelesen werden. Insofern beide an der Konturierung einer ‚wahren Kunst' arbeiten, liegt es vielmehr nahe, sie als einander ergänzende Analysen der Bedingungen von Kunst in den Jahren um 1800 zu verstehen. So beschreibt Goethe in *Kunst und Handwerk*, wie die Entstehung eines modernen ‚Fabrikenwesens' mit der Verbreitung eines bürgerlichen Dilettantismus korrespondiert und sie befördert, weil die ‚mechanische' Produktion von Kunsthandwerk das ästhetische Interesse der, wie es heißt, „eher befriedigten als unterrichteten Liebhaber" durch eine nur ‚scheinbare

---

36 Ebd., S. 784.

Befriedigung' ruiniert.³⁷ Adäquate Antworten auf dieses Interesse bieten, wie gesehen, nur „die wahre Kunst und das wahr erregte Kunstgefühl", mit denen sich dann auch die Aufzeichnungen zum Dilettantismus auseinandersetzen.

Bei einem Blick auf weitere Texte ist jedoch zu bemerken, dass Goethe das in *Kunst und Handwerk* behandelte ‚Fabrikenwesen' nicht nur zu disziplinieren sucht, indem er ihm „die wahre Kunst und das wahr erregte Kunstgefühl" entgegensetzt. Er begrüßt auch Bestrebungen, eine bloß ‚mechanische' Produktion allmählich dem Niveau der Kunst anzunähern. Erkennbar wird das in den Rezensionen zu den von 1821 bis 1837 von Karl Friedrich Schinkel und Peter Christian Beuth herausgegebenen Musterblättern für Kunsthandwerker, die Goethe in den 1820er Jahren in *Über Kunst und Altertum* publiziert.³⁸ Diese Musterblätter lobt er in den Rezensionen als Ausdruck „der umfassenden Sorgfalt", mit der Preußen „sich gegen die unaufhaltsam fortstrebende Technik unsrer Nachbarn ins Gleichgewicht zu stellen trachtet",³⁹ und hebt hervor, dass das Unternehmen von Schinkel und Beuth „auf Kunst gegründet" sei:

> [D]enn nur dadurch kann das Handwerk immer an Bedeutung wachsen. Indem es alles und jedes hervorzubringen in Stand gesetzt, zu dem Nützlichen durchaus befähigt wird, verherrlicht es sich selbst, wenn es nach und nach auch das Schöne zu erfassen, solches auszudrücken und darzustellen sich kräftig erweist.⁴⁰

4. Die Verfassung der Kunst

Es sei noch einmal betont, dass diese Überlegungen zum Verhältnis von Kunst und Handwerk vor dem Hintergrund von Prozessen der Nobilitierung,

---

37 Goethe: Kunst und Handwerk (wie Anm. 13), S. 437.
38 Goethe: Vorbilder für Fabrikanten und Handwerker. In: ders.: Sämtliche Werke (wie Anm. 1), Bd. 21, S. 296–298; Goethe: Programm zur Prüfung der Zöglinge der Gewerbeschule. In: ebd., Bd. 22, S. 511f. Zu den Gewerbeförderprogrammen von Schinkel und Beuth vgl. jüngst auch Patrick Eiden-Offe: Die Poesie der Klasse. Romantischer Antikapitalismus und die Erfindung des Proletariats. Berlin: Matthes & Seitz, 2017, S. 335–348.
39 Goethe: Programm zur Prüfung der Zöglinge der Gewerbeschule (wie Anm. 38), S. 511.
40 Ebd., S. 512. Noch entschiedener äußert Goethe sich in einem Entwurf zu dieser Rezension: „Das Handwerk, das nicht auf Kunst gegründet ist, kann nie von eigentlicher Bedeutung seyn; es mag sich von dem Tage nähren, aber merken wir genau, selbst die Mode bringt von Zeit zu Zeit Erscheinungen wahrhafter Kunst hervor, und nur weil der Mensch immer neu angeregt seyn will und sich am bekannten Schönen gleichfalls langweilt, so verläßt man das Schöne für das Häßliche, man huldigt der Mode wie einer andern Überlieferung; wie man sie denn wie irgend ein anderes Contagium als gleichzeitige Überlieferung ansehen kann." Ebd., S. 1335.

Diskursivierung und Ästhetisierung von Handwerk zu verorten sind, die auch als Reaktion auf den prekären Status der überlieferten Handwerke in Anbetracht eines immer einflussreicheren *esprit de fabrique* aufgefasst werden können. Eine solche Kultivierung von Handwerk wurde nicht zuletzt in Weimar vorangetrieben. Eine zentrale Rolle kommt hierbei Bertuch zu, der mit der Initiative zur 1776 gegründeten Fürstlichen Freien Zeichenschule und mit dem *Journal des Luxus und der Moden* auf eine Hebung des Niveaus des einheimischen Handwerks zielte, von Goethe aber kritisch beobachtet wurde.[41] Denn während Bertuch im Geist eines aufgeklärten Merkantilismus handelte und mit der Zeichenschule „die öffentliche Erziehung merklich verbessern und sonderlich dem Kunstfleiße unsrer teutschen Handwerker, Fabriken und Manufacturen einen ganz neuen Schwung geben, und sie zu mächtigen Rivalen der Englischen und Französischen, denen wir noch jetzt zollen, machen" wollte,[42] sah Goethe solch eine prinzipielle Anerkennung des englischen und französischen ‚Fabrikenwesens' zuallererst als Gefahr für die Kunst. Zwar begrüßte auch er Versuche zur Hebung des handwerklichen Niveaus. In *Kunst und Handwerk* antwortete er auf die Rationalisierung von Produktionsformen in England und Frankreich jedoch nicht mit Forderungen nach ‚öffentlicher Erziehung' und der Rationalisierung auch des einheimischen Gewerbes, sondern mit der Ablehnung des ‚Fabrikenwesens' und der umso entschiedeneren Hinwendung zur ‚wahren Kunst'. Wenn er bemerkt, dass „[k]luge Fabrikanten und Entrepreneurs" die „aufkeimende Neigung des Publicums" zu Kunst mit Modeartikeln ausnutzen und durch eine nur „scheinbare Befriedigung" verderben,[43] kann das nicht nur als Verweis auf Wedgwood, sondern auch als Kritik am Weimarer Großunternehmer Bertuch verstanden werden.

Mit seinen Ausführungen zum Verhältnis von Kunst und Handwerk distanziert Goethe sich aber nicht allein von einer von ‚Luxus', ‚Mode' und ‚Dilettantismus' geprägten ästhetischen Kultur. Er partizipiert mit ihnen auch an kunst- und dichtungstheoretischen Diskussionen, die die Frage nach den Bedingungen und Möglichkeiten von Kunst und Literatur in den Jahren um

---

41 Zur Freien Zeichenschule vgl. im hier behandelten Zusammenhang besonders Wolfgang Braungart: Bertuch und die Freie Zeichenschule in Weimar. Ein Aufklärer als Förderer der Künste. In: Friedrich Justin Bertuch (1747–1822). Verleger, Schriftsteller und Unternehmer im klassischen Weimar. Hg. von Gerhard R. Kaiser und Siegfried Seifert. Tübingen: Niemeyer 2000, S. 279–289; und die Beiträge in Kerrin Klinger (Hg.): Kunst und Handwerk in Weimar. Von der Fürstlichen Freyen Zeichenschule zum Bauhaus. Köln u.a.: Böhlau 2009.

42 Friedrich Justin Bertuch: Beschreibung der herzogl. freyen Zeichenschule in Weimar. In: Monats-Schrift der Akademie der Künste und mechanischen Wissenschaften zu Berlin 2/1 (1789), S. 35–41, hier S. 40f.

43 Goethe: Kunst und Handwerk (wie Anm. 13), S. 439.

1800 intensiv im Rekurs auf Handwerk zu beantworten versucht haben. Deutlich wird das bei Kant, der die ‚Kunst' in § 43 seiner 1790 veröffentlichten *Kritik der Urteilskraft* von ‚Natur' und ‚Wissenschaft' wie auch vom ‚Handwerk' abgrenzt. Kant erklärt, dass Kunst und Handwerk oder, wie es bei ihm auch heißt, ‚freie Kunst' und ‚Lohnkunst' oft dadurch unterschieden werden, dass die Kunst als ‚Spiel', das Handwerk hingegen als ‚Arbeit' angesehen wird. Zugleich betont er aber, dass es keine Kunst ohne ‚Arbeit' geben könne, da „in allen freien Künsten dennoch etwas Zwangsmäßiges, oder, wie man es nennt, ein *Mechanismus* erforderlich sei, ohne welchen der *Geist,* der in der Kunst *frei* sein muß und allein das Werk belebt, gar keinen Körper haben und gänzlich verdunsten würde".[44]

In anderer Weise – um einige weitere Beispiele zu nennen – wird die Opposition von Kunst und Handwerk im *Athenaeum* genutzt. Um verschiedene Typen von Romanautoren und die ihnen entsprechenden Leser zu charakterisieren, unterscheiden die 1798 im ersten Stück der Zeitschrift anonym publizierten *Beyträge zur Kritik der neuesten Litteratur*, die August Wilhelm Schlegel zugeschrieben werden, den ‚Meister' vom ‚Handwerker'. Dabei wird erläutert, dass mit den Romanen des ‚Meisters', „dessen Blick, seinem Zeitalter voraus, in gränzenlose Fernen dringt", ein Publikum korrespondiert, das sich durch das „regste[] und vielseitigste[] Streben nach Bildung" auszeichnet, während der als ‚Handwerker' aufgefasste Romanautor in „stupider Genügsamkeit [...] nur denselben verworrnen Knäuel der Begebenheiten auf- und abzuwinden versteht" und für eine Leserschaft schreibe, der es allein auf „die Sättigung schlaffer Leerheit" ankomme.[45] Nochmals anders äußert sich Friedrich Hölderlin. Ähnlich wie der alte Klingsor in Novalis' *Heinrich von Ofterdingen* die Bedeutung des „Handwerksmäßigen" für die „Poesie" betont,[46] bemerkt Hölderlin 1804 in den *Anmerkungen zum Ödipus,* moderne Kunstwerke seien „bis itzt mehr nach Eindrücken beurteilt worden, die sie machen, als nach ihrem gesetzlichen Kalkul und sonstiger Verfahrungsart, wodurch sie hervorgebracht werden", um im Anschluss zu erklären:

---

44   Immanuel Kant: Kritik der Urteilskraft. In: ders.: Werke in sechs Bänden. Hg. von Wilhelm Weischedel. Darmstadt: Wissenschaftliche Buchgesellschaft 1998, Bd. 5, S. 402 (B 176).

45   [August Wilhelm Schlegel:] Beyträge zur Kritik der neuesten Litteratur. In: Athenaeum. Eine Zeitschrift von August Wilhelm Schlegel und Friedrich Schlegel 1/1 (1798), S. 141–177, hier S. 149f.

46   Novalis: Heinrich von Ofterdingen. Ein nachgelassener Roman von Novalis. In: ders.: Schriften. Werke, Tagebücher und Briefe Friedrich von Hardenbergs. Hg. von Hans-Joachim Mähl und Richard Samuel. München, Wien: Hanser 1978, Bd. 1, S. 237–413, hier S. 330.

> Der modernen Poesie fehlt es aber besonders an der Schule und am Handwerksmäßigen, daß nämlich ihre Verfahrungsart berechnet und gelehrt und, wenn sie gelernt ist, in der Ausübung immer zuverlässig wiederholt werden kann. [...] Deswegen und aus höheren Gründen bedarf die Poesie besonders sicherer und charakteristischer Prinzipien und Schranken.[47]

Was Hölderlin hier als „Verfahrungsart" bezeichnet, behandelt auch Adam Müller in seinem 1808 im *Phöbus* veröffentlichten Aufsatz *Vom Organismus in Natur und Kunst*. Nur erkennt er diese der Kunst eigene ‚Verfahrungsart' gerade nicht im ‚Handwerksmäßigen', sondern allein in jenem ‚Organischen', das allem Handwerk entgegengesetzt sei. Denkbar knapp statuiert Müller: „Die richtige Behandlung jedes möglichen Stoffes verdient den Namen Kunst und die unrichtige den Schimpfnamen Handwerk."[48]

Diese Beispiele vermitteln einen Eindruck von der Funktion, die dem Begriff des Handwerks in den ästhetischen Diskussionen der Jahre um 1800 zukam. Wenngleich sich die zitierten Autoren uneins sind, ob das Handwerk als notwendige Bedingung von Kunst oder eher als etwas anzusehen sei, das aus jeder Kunst strikt auszuschließen ist, nutzen sie es in den angeführten Passagen jeweils, um Kunst nicht über ihre Wirkung und ihre Gegenstände und auch nicht primär über Enthusiasmus, Inspiration, Genie oder dergleichen zu bestimmen. Stattdessen nehmen sie eine produktionsästhetische Perspektive ein und diskutieren die ‚Verfassung' von Kunst und Literatur sowohl im Sinne der für die Produktion von Kunst und Literatur notwendigen Regeln und Gesetze als auch der Produktionsverfahren selbst. In diesem Sinne hebt Kant die Bedeutung von ‚Arbeit' für die Kunst hervor, charakterisiert Schlegel die Produktion des Romanautors durch die ‚stupide Genügsamkeit' und die stumpfe Wiederkehr des Immergleichen, betont Hölderlin die Bedeutung einer erlernbaren und zuverlässig wiederholbaren ‚Verfahrungsart' für die Abfassung von ‚moderner Poesie', diskreditiert Müller die unkünstlerische, da ‚unrichtige Behandlung' eines gewählten ‚Stoffes'. In diese Reihe lässt sich auch Goethe einordnen, der in *Kunst und Handwerk* die ‚mechanische' Produktion von der Herstellung ‚wahrer Kunst' unterscheidet oder mit Schiller in den Aufzeichnungen zum Dilettantismus, ähnlich wie dann Hölderlin in den *Anmerkungen zum Ödipus*, auf die Wichtigkeit der ‚gesetzlichen Ausübung' erlernbarer Regeln in der Kunst hinweist.

---

47 Friedrich Hölderlin: Anmerkungen zum Ödipus. In: ders.: Sämtliche Werke und Briefe. Hg. von Günter Mieth. 2. Aufl. Berlin: Aufbau 1995, Bd. 3, S. 387–384, hier S. 387.
48 Adam Müller: Vom Organismus in Natur und Kunst. In: ders.: Kritische, ästhetische und philosophische Schriften. Kritische Ausgabe. Hg. von Walter Schroeder und Werner Siebert. Neuwied´, Berlin: Luchterhand 1967, Bd. 2, S. 266–272, hier S. 267.

Auch wenn das Handwerk somit als ein zentraler Reflexionsbegriff über die Bedingungen und Möglichkeiten von Kunst und Literatur anzusehen ist, bleibt die Frage, inwiefern es zu einer wie auch immer verstandenen Klassik ins Verhältnis gesetzt werden kann, inwiefern es also möglich ist, Bezugnahmen auf Handwerk als ‚klassizistisch' oder ‚antiklassizistisch' zu identifizieren. Auf diese Frage kann es keine einfache Antwort geben, was nicht zuletzt der Mehrdeutigkeit der Begriffe ‚Klassik' und ‚Handwerk' sowie dem Umstand geschuldet ist, dass ästhetische Positionen sich zwar häufig in Auseinandersetzung mit dem Begriff des Handwerks formiert, ihn aber nur selten ins Zentrum polemischer Konstellationen gerückt haben. Das muss die Erklärungskraft des Begriffs für die Frage nach ‚Klassizismus' und ‚Antiklassizismus' jedoch nicht beeinträchtigen. Obgleich das Handwerk eher im Hintergrund ästhetischer Diskussionen wirkte und diese strukturierte, ist festzustellen, dass der Klassik wiederholt eine Affinität zu Handwerk nachgesagt wurde. Julian Schmidt etwa stellt 1858 fest, dass die Kunst und Literatur seiner Zeit „es mit der Technik genau nimmt", und erläutert: „[I]n den klassischen Zeiten hat sich stets die Kunst dem Handwerk genähert".[49] Noch deutlicher greift später Paul Valéry auf das ‚Handwerk' oder, wie bei ihm heißt, das ‚métier' zurück, um verschiedene Arten von Kunst zu unterscheiden und so zu bestimmen, was ‚klassische' und was ‚romantische' Kunst sei. In einer 1929 erschienenen Reflexion schreibt er: „Entre classique et romantique la différence est bien simple: c'est celle que met un métier entre celui qui l'ignore et celui qui l'a appris. Un romantique qui appris son art devient un classique."[50] Ähnlich erklärt auch Roland Barthes 1953 in Le degré zéro de l'écriture: „Les concetti classiques sont des concetti de rapports, non de mots: c'est un art de l'expression, non de l'invention",[51] bevor er diese ‚Kunst der Klassik' unter dem Begriff des ‚artisanat du style' expliziert.[52] Nun ist zu betonen, dass es zumindest Schmidt und Barthes in den angeführten Passagen nicht primär um eine Arbeit am Begriff der Klassik, sondern zuallererst um eine Beschreibung realistischer Schreibweisen in der deutschen und französischen Literatur der zweiten Hälfte des 19. Jahrhunderts geht. Ebenso wie Valéry verbinden beide mit dem ‚Klassischen' und der ‚Klassik' jedoch eine besondere Aufmerksamkeit für künstlerische Produktionsverfahren, wie sie schon in den Jahren um 1800 mit dem Begriff des Handwerks in den Blick genommen wurden.

---

49   Julian Schmidt: Idee und Wirklichkeit. In: Theorie des bürgerlichen Realismus. Eine Textsammlung. Hg. von Gerhard Plumpe. Stuttgart: Reclam 1997, S. 121–124, hier S. 122.
50   Paul Valéry: Tel Quel. In: ders.: Œuvres. Hg. von Jean Hytier. Paris: Gallimard 1957/1960, Bd. 2, S. 469–781, hier S. 565.
51   Roland Barthes: Le degré zéro de l'écriture, Paris: Seuil 1980, S. 66f.
52   Vgl. ebd., S. 89–94.

Im Anschluss hieran ließe sich zumindest versuchsweise eine Antwort auf die Frage nach dem Verhältnis von Handwerk und Klassik formulieren, die über den Verweis auf eine nachträgliche Verknüpfung beider Begriffe hinausgeht. Im Anschluss an die betrachteten Texte ließe sich überlegen, ob als typisch ‚klassizistisch' nicht die Thematisierung von Handwerk als Inbegriff einer durch Regeln und Gesetze sowie durch Wissen und Können bestimmten Form der ästhetischen Produktion und die damit verbundene Auffassung angesehen werden kann, dass ein solches Handwerk die Voraussetzung aller Kunst und Literatur im emphatischen Sinn bildet, die gleichwohl immer auch mehr als Handwerk sein muss. Als ‚antiklassizistisch' müsste im Gegenzug die Annahme gelten, dass Handwerk im Sinne einer auf Regeln und Gesetzen oder auch Wissen und Können basierenden Form der ästhetischen Produktion die Entstehung von ‚wahrer Kunst' geradezu verhindert und als Merkmal ‚schlechter Kunst' anzusehen ist. Das ist natürlich sehr schematisch formuliert. Um Missverständnissen vorzubeugen, sei deshalb betont, dass antiklassizistische Positionen Regeln und Gesetze nicht ablehnen müssen. Nur reflektieren sie die Struktur und Ordnung von Kunst meist nicht im Rückgriff auf ‚Handwerk', sondern eher im Rekurs auf Begriffe wie ‚Natur', ‚Inspiration', ‚Subjektivität', ‚Erlebnis' und ‚Leben', um nur einige Beispiele zu nennen. Darüber hinaus wäre hervorzuheben, dass sich auch antiklassizistische Kunst affirmativ mit Handwerk auseinandersetzen kann. Sie bezieht sich dann aber oft weniger auf Handwerk im Sinne einer auf Regeln und Gesetzen oder auf Wissen und Können beruhenden Form der ästhetischen Produktion, sondern eher auf Handwerk als Ideal einer erfüllten, nicht-entfremdeten Arbeit,[53] oder sie zeigt Handwerk aus einer geschichtsphilosophischen Perspektive und verhandelt die Frage nach dem Status von Kunst und Literatur in der Moderne, indem sie Geschichten von der Entstehung der Kunst aus einem im ‚Volksleben' verankerten Handwerk entwirft, wie das bei Goethe in der schon erwähnten frühen *Erklärung eines alten Holzschnittes* und dann bei Wilhelm Heinrich Wackenroder, Ludwig Tieck, E.T.A. Hoffmann und vor allem bei Richard Wagner in den *Meistersingern von Nürnberg* zu beobachten ist.[54]

---

53   Zum Handwerk als Ideal von Arbeit vgl. noch immer C. Wright Mills: White Collar. The American Middle Classes. Fiftieth Anniversary Edition with a new afterword by Russell Jacoby. New York: Oxford University Press 2002, S. 220–224.

54   Vgl. Bernhard Schubert: Der Künstler als Handwerker. Zur Literaturgeschichte einer romantischen Utopie. Königstein a.Ts.: Athenäum 1986; und noch einmal Verf.: Bilder ‚altdeutscher' Zeiten (wie Anm. 8).

5. Die Erfindungen des Handwerks

Es ist an dieser Stelle nicht möglich, die Geschichte der hier umrissenen Bezüge von Kunst auf Handwerk, die noch immer zu keinem Ende gekommen ist, weiter zu verfolgen. Hervorgehoben sei abschließend deshalb bloß, dass das Handwerk seit der zweiten Hälfte des 18. Jahrhunderts nicht nur als ein ‚ästhetisches Ding' behandelt wird, um ausloten, was Kunst sein kann und soll. Zu beobachten ist, dass die kunst- und dichtungstheoretischen Diskussionen zunehmend auch ein Bewusstsein dafür äußern, dass eine durch handwerkliche Regeln und Gesetze bestimmte Produktion von Kunst dieser nicht äußerlich bleibt, sondern sie in entscheidender Weise prägt – mit anderen Worten: dass die Regeln und Gesetze nicht nur die Umsetzung von Kunstwerken organisieren, sondern zugleich einen durch Regeln und Gesetze gegliederten Raum eröffnen, der wiederum ‚Erfindungen' ermöglicht, die ohne diese Regeln und Gesetze nicht möglich gewesen wären.

Dieses Bewusstsein für die ‚Erfindungen' des Handwerks lässt sich gut am Beispiel von Friedrich Theodor Vischer nachvollziehen, der sich in seiner *Aesthetik oder Wissenschaft des Schönen* eingehender als etwa Hegel in seinen bekannteren *Vorlesungen über die Ästhetik* mit Fragen der Ausführung von Kunst befasst hat. Unter der Überschrift „Die Technik" nimmt Vischer 1851 im dritten Teil seiner *Aesthetik* das Gebiet „der mechanischen Thätigkeit für äußere Zwecke oder das *Handwerk*" in den Blick, das „die elementare Voraussetzung der Kunst, de[n] Boden, aus dem sie sich erhebt", bilde.[55] Dabei schließt er auffallend eng an Ausführungen von Kant, Goethe und Schiller an: Deutlich wird das in seinen Überlegungen zum Dilettantismus, die er „zum Theil wörtlich" den Aufzeichnungen Goethes entlehnt,[56] in den Ausführungen zur Herkunft der Kunst aus dem Handwerk,[57] aber auch in der Parallelisierung der „Arbeit des Handwerkers" mit derjenigen, die in der „Fabrik" verrichtet wird, und ihrer Entgegensetzung zur Tätigkeit des Künstlers.[58] Allerdings geht Vischer konsequent über die Dichotomie von ‚Geist' und ‚Körper' hinaus, die Kant noch in § 43 der *Kritik der Urteilskraft* nutzte, um stattdessen den ‚Eigensinn' der durch Regeln und Gesetze bestimmten Produktion von Kunst herauszuarbeiten. Ähnlich wie Goethe, der in der *Einleitung* in die *Propyläen* die ‚geistige', die ‚sinnliche' und die ‚mechanische Behandlung' eines künstlerischen

---

55 Friedrich Theodor Vischer: Aesthetik oder Wissenschaft des Schönen. Zum Gebrauche für Vorlesungen. Dritter Theil: Die Kunstlehre. Reutlingen, Leipzig: Carl Mäcken 1851, S. 87 (§ 514).
56 Ebd., S. 101 (§ 520).
57 Vgl. ebd., S. 89 (§ 514).
58 Ebd., S. 96 (§ 517).

Gegenstands unterschied, wiederholt Vischer hierfür die Entgegensetzung von ‚Körper' und ‚Geist' auf der Ebene der Produktion und differenziert eine ‚mechanische Technik', wie sie für das Handwerk charakteristisch sei, von einer ‚geistvollen Technik', die für das Verfassen von Kunst nötig sei und auf die „erlernte mechanische, abstracte" Technik ‚geimpft' werden müsse.[59] Dabei setzt er die Kategorien von Material, Werkzeug und Verfahren konsequent in Wechselwirkung zur Kategorie des Künstlers und seiner „innerlich schaffenden Phantasie",[60] indem er sie jeweils als „Nicht-Ich" versteht, das „durch seinen Gegenstoß [...] die Thätigkeit des Ich überhaupt erst in Bewegung" setzt und eine „Reibung" erzeugt, die „im Geiste des ächten Arbeiters", gemeint ist der Künstler, „die Funken neuer Motive hervorschlägt."[61]

Diese Ausführungen sind bemerkenswert, auch weil sie belegen, dass es in dem klassizistischen Bezug auf Handwerk, wie er sich um 1800 ausbildet, um mehr als um Verteidigung, um mehr als um die Beschränkung des Feldes der Kunst und die Errichtung eines von Regeln und Gesetzen strukturierten und begrenzten Bereichs einer ‚wahren Kunst' geht. Indem Vischer beschreibt, dass die auf die Technik des Handwerkers gepfropfte „Kunsttechnik"[62] nicht nur der Realisierung der Ideen des Künstlers dient, sondern diese auch irritiert, modifiziert und ‚in Bewegung setzt', erinnert er zugleich an die Fruchtbarkeit von Regeln und Gesetzen, an das produktive Potenzial eines lehr- und lernbaren ästhetischen Wissens und Könnens – daran also, dass Kraft zur ästhetischen Innovation eben auch in dem liegt, was in der Moderne als ‚Handwerk' bezeichnet wird.

59   Ebd., S. 88 (§ 514). Zur Figur der ‚Impfung' und ‚Pfropfung' vgl. Uwe Wirth (Hg.): Impfen, Pfropfen, Transplantieren. Berlin: Kadmos 2011.
60   Vischer: Aesthetik oder Wissenschaft des Schönen (wie Anm. 55), S. 98 (§ 518).
61   Ebd., S. 97 (§ 518).
62   Ebd., S. 98 (§ 518).

Hölderlins antiklassizistische Rückkehr zur klassischen Tragödie

Kathrin Rosenfield

Wenn heute die Übersetzungen des Weimarer Establishments um 1800 als „klassizistisch" bezeichnet werden, dann häufig, um sie – in Analogie zur frühromantischen Gegenüberstellung „des Classischen und Progressiven"[1] – als konventionell zu diffamieren. Tatsächlich haben die Vertreter dieser klassizistischen Übersetzungstradition ihr Augenmerk nicht zuletzt deshalb auf das Griechische gerichtet, weil es Humboldt zufolge eine bewundernswerte „Gattungs- und Formenvielfalt" aus sich selbst entwickelt habe und daher als „Musterbeispiel der Selbstvervollkommnung einer Nation gelten könne".[2] Ihre Übertragungen aus dem Griechischen waren daher – wie von Voß paradigmatisch vorgeführt – sprachmimetisch an den mustergültigen Originalen orientiert, und sie näherten sich darin jenem „viel Gelehrsamkeit" erfordernden Typus an, den Novalis im 68. Fragment seines *Blüthenstaub* (1798) als „grammatisch" bezeichnet hat.[3] Das Ideal dieser nachahmenden Übersetzungspraxis war folglich ein Text, der sich nach Goethe „mit dem Original zu identificiren strebt".[4] Dagegen betonten die Frühromantiker stärker die kulturelle Distanz zu den antiken Texten und betrachteten das Übersetzen als Mittel zur Bewusstmachung der Historizität und Fremdheit. Novalis' und Schlegels theoretische Betrachtungen wurden von großen Teilen der Forschung dabei mehr Gewicht beigelegt als Hölderlins äußerst schwierigen Fragmenten, die eine ganz eigene, sehr von Heidegger und der Dekonstruktion vereinnahmte Rezeption erfahren haben. Bei den meisten heutigen Arbeiten

---

1 Friedrich Schlegel: Kritische Friedrich-Schlegel-Ausgabe. Hg. von Ernst Behler. München u.a.: Schöningh 1959ff., Bd. 16, S. 100, 186. Fragment. Schlegel entwirft das Verhältnis freilich als Antinomie.
2 Vgl. Josefine Kitzbichler, Katja Lubitz und Nina Mindt: Theorie der Übersetzung antiker Literatur in Deutschland seit 1800. Berlin: de Gruyter 2009, S. 7.
3 Novalis: Blüthenstaub. In: Athenäum. Eine Zeitschrift von August Wilhelm Schlegel und Friedrich Schlegel 1 (1798), 1. Stück, S. 70–106, hier S. 88f.
4 Johann Wolfgang Goethe: West-oestlicher Diwan. Stuttgart: Cotta 1819, S. 532. In dieser späten Reflexion nähert sich die Übersetzung einer „Interlinear-Version", durch die „das Verständniss des Originals" erleichtert werde. Dadurch werde man aber erst recht „an den Grundtext hinangeführt, ja getrieben und so ist denn zuletzt der ganze Zirkel abgeschlossen, in welchem sich die Annäherung des Fremden und Einheimischen, des Bekannten und Unbekannten bewegt" (ebd.).

zur (anti)klassizistischen Übersetzung um 1800 fällt auf, dass die Theorie die praktischen Fragen völlig in den Hintergrund gedrängt hat. Nur selten befasst man sich mit dem Verständnis des übergreifenden Sinns, von dem ja das Zulassen des anthropologisch Anderen abhängt; vielmehr versieht man, wenn überhaupt, nur isolierte Textstellen mit knappen Kommentaren. Es fehlt offenbar an der Bereitschaft, die Befremdung, die Hölderlins Übersetzung bereits bei vielen Zeitgenossen hervorrufen hat, ernst genug zu nehmen, um sie zum Prüfstein der Vorstellungen zu machen, die der heutige Leser unwillkürlich mitbringt und auf Hölderlins und Sophokles' Versionen der *Antigone* und des *Oedipus* projiziert. Da es daran fehlt, kommt es kaum je zu dem gewiss mühevollen Versuch, die einzelnen Fremdheiten bei Hölderlin erstens über den ganzen Text hinweg in inneren Zusammenhang zu bringen, und sie dann, zweitens, mit den oft genauso befremdlichen griechischen Mythen und der klassischen Kultur zu vergleichen und vor dieser Folie zu interpretieren. Wer diesen komplizierten Gang geht, wird feststellen, dass viele nur scheinbare Absurditäten und eingreifende ‚Abänderungen' übersetzerische Kompensationen sein könnten, die – aus moderner Perspektive – auf ganz eigenartige Denk- und Fühlweisen im klassischen Griechenland hinweisen.

Zu den umstrittensten Übersetzungen zählt Hölderlins berühmtes ‚rotes Wort' aus dem Prolog von Sophokles' *Antigone*.[5] Haroldo de Campos, einer der „concretistas" und selbst ein ausgezeichneter Literaturübersetzer,[6] geht in einem seiner Aufsätze auf diesen Vers ein. Darin kommt Antigones emotionale Beunruhigung zur Sprache, die in dem Bild des vor dem Sturm rotbraun gefärbten Meeres Ausdruck findet und so die bildliche Sensibilität des klassischen Zeitalters ins Deutsche herüberrettet.[7] Die auf den ersten Blick sehr

---

5 Vgl. etwa Bernhard Böschenstein: „du scheinst ein rotes Wort zu färben?" Hölderlin als Übersetzer des Sophokles. Ein Berliner Vortrag. In: Olaf Hildebrand und Thomas Pittrof (Hg.): „... auf klassischem Boden begeistert". Antike-Rezeptionen in der deutschen Literatur. Festschrift für Jochen Schmidt zum 65. Geburtstag. Freiburg i. Br.: Rombach 2004 (= Paradeigmata, Bd. 1), S. 265–281.

6 Die Gruppe der ‚Concretistas' bestand aus drei Dichtern und Übersetzern, die gleichzeitig auch als Akademiker tätig waren: Décio Pignatari, Augusto de Campos und Haroldo de Campos. Der Name ‚Concretistas' bezieht sich auf ihr Manifest für eine konkrete ‚Sinnlichmachung' des Sinns. Ich hatte das Glück, nach meiner (sehr theorieorientierten) Ausbildung im deutschen und französischen Sprachraum in Brasilien in den Umkreis dieser ausgezeichneten Literaturübersetzer zu kommen, die sowohl praktisch als auch theoretisch sehr beschlagen waren. Prägend wurde dieser doppelte Ansatz für mich insbesondere in Gesprächen mit Haroldo de Campos.

7 Vgl. Haroldo de Campos: A Palavra Vermelha de Hölderlin. In: ders.: A Arte no horizonte do provável e outros ensaios. São Paulo: Perspectiva 1977, S. 93–107. In Schadewaldts Übersetzung lautet die Stelle: „Ich sehe, du bewegst etwas im Sinn!", wobei die intellektuelle Verständlichkeit gegenüber der bildlichen Sensibilität des klassischen Zeitalters bevorzugt

idiosynkratische Übersetzung, ist ein wichtiger Hinweis auf andere Sprachbilder des griechischen Texts, die für die richtige Auffassung von Antigones Haltung und Art zu fühlen und zu handeln sehr wichtig sind. Man könnte und sollte diesen Vers also als einen frühen Hinweis auf Antigones ‚Wildheit' und ‚Rohheit' verstehen, die im griechischen Text viel stärker verankert ist, als es heutige Leser oft wahrnehmen, weil wir (zumal in modernen Übersetzungen) die griechischen Formeln nicht mehr verstehen – z.B. die Anspielung auf das ‚Rohe' (d.h. das blutige Fleisch), das nur wilde Tiere oder Götter wie Dionysos essen.[8] Solches ist im griechischen Text ausgiebig vorhanden, etwa in dem Vers, in dem der Chor Antigones rebellische Natur mit Oedipus' Wildheit vergleicht und entschuldigt.[9]

Haroldo de Campos' Aufsatz ist eine verspätete Entgegnung auf den Sarkasmus, der sich im klassizistischen Goethezirkel über Hölderlins Übersetzungen ergoss, wobei Ismenes beunruhigte Bemerkung „Du scheinst ein rotes Wort zu färben?"[10] als verrückt abstruser Beitrag zu Goethes ‚Optik' belacht wurde – um das oft zitierte Verdikt von Heinrich Voß nochmals ins Spiel zu bringen.[11] De Campos' Erwägungen sind bemerkenswert, weil sie eine Brücke bilden zwischen Praxis und Theorie; sie fordern, dass die Eigenheiten des praktischen Lesens und des ästhetischen Empfindens nicht nur die Interpretation, sondern auch die Theorie informieren sollten. Eine wichtige Rolle kommt dabei auch den unverständlichen Stellen zu, die zunächst Staunen oder Irritation hervorrufen, am Ende aber zu einer neuen hermeneutischen Einstellung zum ganzen Text führen sollen. Die Annahme ist dabei, dass ein

---

wird. Vgl. Sophokles: *Antigone*. Hg. und übertragen von Wolfgang Schadewaldt. Frankfurt a.M.: Insel 1974.

8   Zur Bedeutung der rohen Fleischverzehrung (omophagie) vgl. Henri Jeanmaire: Dionysos. Histoire du culte de Bacchus. Paris: Payot 1985, S. 82, S. 254 und S. 264.

9   Vgl. Hölderlins Übersetzung von Vers 489f.: „Man sieht das rauh Geschlecht vom rauhen Vater/ Am Kind!". Ich zitiere nach folgenden Ausgaben: Friedrich Hölderlin: Sämtliche Werke und Briefe. 3 Bde. Hg. von Jochen Schmidt. Frankfurt a.M.: Deutscher Klassiker Verlag 1992, Bd. 2, S. 787–911 (im Folgenden unter der Sigle DKV), die *Anmerkungen zur Antigonä*, ebd., S. 913–921 (unter der Sigle AA) sowie die *Anmerkungen zum Oedipus*, ebd., S. 849–857 (unter der Sigle AOe). – In der Frankfurter Ausgabe wird Hölderlins deutsche Übersetzung (im Folgenden unter der Sigle FA) der griechischen Edition Iuntina (unter der Sigle I) gegenübergestellt. Vgl. Friedrich Hölderlin: Sämtliche Werke. Frankfurter Hölderlin Ausgabe. Hg. von D. E. Sattler, Frankfurt a.M.: Stroemfeld/Roter Stern 1988, Bd. 16 (hg. von Michael Franz, Michael Knaupp und D.E. Sattler).

10   Vgl. V. 21 im Original (I) und bei Hölderlin (DKV).

11   Zur negativen Rezeption von Hölderlins Übersetzungen, vgl. die Rezension von ж з д: Die Trauerspiele des Sophokles, übersetzt von F[riedrich] Hölderlin. Frankfurt a.M., b. Wilmans. 1804. In: Jenaische Allgemeine Literatur-Zeitung (1804), 4. Bd., Nr. 255–257 (24.–26. October), S. 161–183.

Text, der stets mit der ästhetischen Sensibilität des Publikums arbeitet, auf diese Weise das Fremde jeweils erkenntlich *und verständlich* machen sollte. De Campos selbst hat leider nur ein Chorlied der *Antigone* ins Portugiesische übersetzt, aber diese Diskussion bildet den Ausgangspunkt, den Gründen für Hölderlins eigenwillige Eingriffe in der Übertragung des griechischen Texts genauer nachzugehen. Meine Frage lautet: Wie liest Hölderlin das Drama, wie versteht er die mythische Geschichte, wie interpretiert er die Handlung, die ja auch für Gräzisten noch immer viele strittige Passagen aufweist und bis heute unterschiedliche Interpretationen provoziert.

Eine solche auf den Autor gerichtete Perspektive steht indes quer zu den meisten aktuell vorherrschenden Ansätzen. Trotz der enormen literaturwissenschaftlichen Aufwertung der antiklassizistischen Experimente der Frühromantik sowie von Hölderlins Sophokles-Texten *Antigone* und *Oedipus Rex*[12] wird diese Neuausrichtung stets nur theoretisch vollzogen, ohne dass man im Einzelnen auf die Interpretationen und Übertragungslösungen einginge, geschweige denn die vielen, miteinander verknüpften Eigenheiten in einen übergreifenden Interpretationsentwurf integrierte. Auf diese Weise wirkt Hölderlins Unternehmen ganz abstrakt und scheint wie eine progressive, vorwärts gerichtete Bewegung, die zu einem modern-revolutionären Verständnis der Welt und des Subjekts beitrüge, das sich für Hölderlin eben schon im tragischen Helden angekündigt hätte. Dabei betont Hölderlin ausdrücklich, dass er dem Leser nicht ein gelehrt-klassizistisches, sondern ein neues, lebendiges Verständnis der klassischen Tragödien vermitteln will – ohne dass er dabei irgendwie in eine ominöse Übersetzerzukunft vorausdeutet. Wenn man die Übersetzung insgesamt untersucht, wird klar, dass Hölderlin tatsächlich einen Ausstieg aus den damals gängigen idealisierenden Vorstellungsmustern fand, dass seine wilden Zuspitzungen eben doch aus dem klassischen Empfinden verständlich werden können, statt in die Schablonen von ausgewogener Menschlichkeit zurückzufallen. Er unterscheidet sich darin von den europäisch-christlichen Stereotypen vieler heutiger Auslegungen und Übersetzungen, die Antigone und Kreon aus der (christlichen) Polarisierung von Gut und Böse, von Märtyrer und Tyrann sehen. Diese Perspektive verfehlt die typisch griechische Dramatik mit ihren archaischen Dissonanzen, die dem Klassischen ihre differenzierteren Spannungen verleihen. Die Befremdlichkeiten der anderen Kultur zuzulassen und tief zu fühlen, wird für Hölderlin zur Vorbedingung einer Lösung von trügerischen Idealen und entfremdenden Identifikationen mit dem illusorischen Vorbild des griechischen Maßes, das uns sowohl die Sicht auf unsere hesperisch-moderne Eigenart verstellt, wie

---

12 Vgl. DKV und FA.

auch das Erkennen des ganz Anderen der griechischen Schönheit und des tragischen Heldentums unmöglich macht.

Das Sichtbarmachen dieses griechischen Horizonts ist mit viel Kleinarbeit verbunden, die heute kaum mehr geschätzt wird; auch Hölderlins Idee von Übersetzung als einer Rekonstruktion der Vorstellungsart von Sophokles' Zeitgenossen stellt stillschweigend Ansprüche, die jetzt kaum noch geteilt werden. Hölderlins devianter Antiklassizismus stellt sich nach dem derzeitigen Konsens nur so dar: modern, antimetaphysisch, radikal revolutionär – von Hegel's Mediationen sich abwendend,[13] in Richtung zu Benjamins Übersetzungstheorie, Heideggers Ontologie, Derridas *écriture*, Lacans *désir*. Nach Tom McCall sei Hölderlins Version so abwegig wie „nonvoices, which are hard to identify and which seem to come out of the nowhere of a purely linguistic conjuration",[14] und Philippe Lacoue-Labarthe behauptet, dass Hölderlins tragisches Projekt eine „reécriture littérale absolument étrange" sei, die die schiere Möglichkeit des Theaters aufs Spiel setze.[15] Dazu wird wie immer als Untermauerung Benjamin zitiert: „Hier zerschmettert der Sinn und fällt von Abgrund zu Abgrund, bis er sich in der Bodenlosigkeit der Sprache verliert."[16]

Das hieße also: Hölderlin hätte die Unlesbarkeit angestrebt. Es sei sinnlos, nach einem kohärenten Sinn des übersetzten Dramas zu suchen, da es sich von Sophokles' Geist und dem Originaltext radikal entfernt hätte. Sein Antiklassizismus, der sich gegen das harmonisch Ausgewogene des literarischen Establishments aufgelehnt hat, wird als reaktive Flucht nach vorwärts interpretiert: eine verrückt anmutende Flucht zu den extremen Dissonanzen, in denen die modernen Aporien des 20. Jahrhunderts bereits anklingen. Das eigentliche Lesen und Interpretieren seiner poetischen Version des antiken Textes wird dann regelmäßig auf ein, zwei, maximal drei isolierte Textstellen eingeschränkt, anhand derer immer wieder dieselbe These moduliert wird. Auf eine zusammenhängende Lesung der textuellen Eigenheiten von Hölderlins Übersetzung und auf die Gegenüberstellung der übergreifenden Bezüge dieser angeblichen Abänderungen mit denen des Originals wird verzichtet. Hölderlins intensive philosophische Dialoge mit Schelling und Hegel

---

13   Das heißt, von der Idee, dass zwischen den konfligierenden Positionen (Antigones Rebellion, Kreons Bestehen auf Ordnung) ein versöhnender Übergang gefunden werden müsste.

14   Tom McCall: The Case of the Missing Body. In: Le pauvre Holterling 8 (1988), S. 53–72, hier S. 54.

15   Friedrich Hölderlin: L'Antigone de Sophocle. Deutsch-französische Ausgabe, übersetzt und hg. von Philippe Lacoue-Labarthe. Paris: Bourgois ²1998; Kommentar zu Hölderlins Einschub des Personalpronomens „Mein" im Vers 467, „Mein Zeus... ".

16   Ebd., Kappentext hinten.

in den Jahren vor den Sophokles-Übersetzungen werden zur Versuchung, das Rätsel dieser eigenartigen Versionen auf theoretische Weise zu lösen. Da ein textnaher Ansatz vor diesem Hintergrund ungewöhnlich erscheinen mag, folgt zunächst eine Rechtfertigung seiner Bevorzugung gegenüber philosophischer Übersetzungstheorien, die sich fast ausschließlich auf Hölderlins theoretische Fragmente stützen.

1. Der textbezogene Ansatz

Mein Ansatz unterscheidet sich von den heute vorherrschenden Zugängen vor allem dadurch, dass er Hölderlins Verständnis der Handlung zuerst am übersetzten Text untersucht und daran anschließend das Verhältnis zum Original bewertet, und zwar in dieser Reihenfolge – Lesen, Verstehen, Theoretisieren. Es soll nicht umgekehrt die Übersetzung aus den theoretischen Schlussfolgerungen der *Anmerkungen* verstanden werden. Ein solcher Zugang wird auch von den beiden Mittelstücken der *Anmerkungen zum Oedipus und zur Antigonä* nahegelegt, in denen es Hölderlin um das rechte Verständnis des *Dramas* ging, um *Handlungsstrategien*, die auf *lebendigen Gefühlen* des klassischen Griechenlands fußen. Als eines der Beispiele sei seine präzise Erläuterung der Orakelszene erwähnt, die genau zwischen den beiden Dimensionen von göttlicher Prophezeiung und menschlich performativer Erzeugung von interpretativem Sinn unterscheidet. Hölderlin hebt hervor, dass Oedipus seinem Schwager voller „Argwohn" und „zorniger Neugier" gegenübertritt und dem eigentlichen, göttlichen, Orakel (die drei ersten Verse von Kreons Botschaft) nur soweit Beachtung schenkt, als er den Überbringer durch Fragen zwingt, mögliche Auslegungen zu erzeugen, die Kreons menschliche Erfahrung und Erinnerung ins Spiel bringen.[17] Hölderlin bemerkt scharfsinnig, dass das *klassische* Drama Sophokles' ironisch mit den göttlichen und menschlichen Aspekten der Orakelerzeugung und -auslegung spielt.

Diese *klassische* Ironie kann man im Original genau nachweisen, aber ihre Umsetzung in Hölderlins Übersetzung wurde von Philologie und Literaturkritik kaum beachtet. Wenn man sie verfolgt, bemerkt man, dass der Held aus Hölderlins Sicht vielleicht den Orakelritus benützt, um hinter ein im Palast verschwiegenes Geheimnis zu kommen. Diese Vermutung würde dann zu einer differenzierteren Auslegung von Oedipus' Misstrauen führen, das nicht nur den realistisch-typischen Charakterzug der zeitgenössischen Tyrannen erfasst (wie

---

17 Vgl. AOe, zweiter Abschnitt, S. 852, wo Hölderlin von Oedipus' „Argwohn" spricht, „weil der unbändige, und von traurigen Geheimnissen beladene Gedanke unsicher wird".

Bernard Knox[18] in seiner bahnbrechenden Studie zeigt), sondern ein Indiz, das sich aus einem spezifischen Handlungsaspekt des Stücks speist – nämlich aus dem Konflikt von Oedipus' Hellhörigkeit und skrupulöser Erforschung mit den konfusen Lügen, den Beschönigungen und dem Verschweigen der Verfehlungen, die die Vorgeschichte von Laios' Mord betreffen.[19] Im Prolog, im ersten Dialog mit Kreon und auch mit dem Chor wird ganz deutlich, dass Oedipus von den eingesessenen Thebanern mehr über die Vergangenheit wissen will und deshalb die impliziten wie expliziten Aufforderungen abweist, *er* solle es auf sich nehmen, ganz allein und aus dem Nichts entweder eine Lösung zu erraten (wie schon früher mit der Sphinx) oder eben einen Reinigungsritus per Sündenbock zu inszenieren. An Hölderlins Interpretationsansatz bemerkt der Leser die Spannung eines doppelten Dramas, in dem das momentan geahndete Verbrechen (der Königsmord) unlösbar bleibt, weil ein früheres Verbrechen (der Kindes- und Thronfolgermord) die Thebaner zum Verschweigen, Verzerren und Verleugnen der Tatsachen zwingt. Hölderlin hat ganz recht, wenn er im kritisch-interpretativen Teil seiner *Anmerkungen* darauf hinweist, dass Oedipus' Misstrauen und Irritiertheit zum großen Teil durch die Weigerung der Thebaner erzeugt wird, ihm konkrete Erinnerungen mitzuteilen sowie Hinweise auf die Umstände und die Folgen des zu erforschenden Verbrechens zu geben.[20] Dies ist eine unterschwellige dramatische Spannung, die nach ‚altmodischer' Interpretation, nicht nach Theorie verlangt.

Dasselbe kritisch-interpretative Interesse am klassischen Text zeichnet sich auch in der Art ab, wie Hölderlin *Antigone* liest: Er rät im Mittelstück der *Anmerkungen*, dieses Drama aus der Sicht des Chores zu betrachten, und zwar sollte man dabei die ‚eigenartige Unparteilichkeit' der thebanischen Alten bemerken. An anderer Stelle legt der Dichter seinem Leser nahe, auf die Analogie von Antigones Schicksal mit dem der Niobe und der Danae zu achten.[21] In anderen Worten: Hölderlin weist erstens auf implizite Gehalte, auf sprechende Gesten hin, die man aus den jeweiligen Handlungs-, Empfindungs- und Diskursstrukturen rekonstruieren müsse; zweitens verweist er auf den zu interpretierenden Zusammenhang des tragischen Mythos mit den archaischen Vorstellungen. Die griechische Heldenfigur wird verstanden als ein „Empfindungssystem", in dem „Vorstellung und Empfindung und

---

18   Bernard M. W. Knox: The Heroic Temper. Studies in Sophoclean Tragedy. Berkeley u.a.: University of California Press 1966.
19   Gemeint ist Laios' und Jokastes Kindesmord, den die Palastbewohner in Vergessenheit halten wollen.
20   Vgl. AOe, zweiter Abschnitt, S. 852.
21   Vgl. AA, zweiter Abschnitt.

Räsonnement, in verschiedenen Sukzessionen, aber immer nach einer sichern Regel nacheinander hervorgehn".[22] Und dieses Netzsystem von Repräsentation, Gefühl und intellektuellem Verständnis muss, laut Hölderlin, zwischen den Zeilen erfasst werden. Die Ideen der poetischen Logik werden nicht explizit gemacht, sondern sind „im Tragischen mehr Gleichgewicht als reine Aufeinanderfolge"[23] ausdrücklich manifester Gedanken. In anderen Worten: Man muss den Sinn der poetischen Logik aus der poetisch dynamischen Gestalt von vielschichtigen Korrespondenzen und Spannungen erraten.

So kurz und deshalb undurchsichtig Hölderlins Anmerkungen sein mögen, geben sie doch klar genug zu verstehen, dass der kritisch-interpretative Ansatz mindestens so viel Gewicht hat wie die theoretischen Ableitungen in den vorangehenden und nachfolgenden Teilen. Die übersetzende Auslegung und das Eingehen auf das ganz andere griechisch-klassische Fühlen und Denken, das sich im Original zeigt, wird in diesen Mittelstücken ganz klar. Übersetzen heißt für Hölderlin, sich den Empfindungen, Vorstellungen und Denkweisen von Sophokles' Figuren und Zeitgenossen zu nähern. Was bis heute an diesen Übersetzungen so dunkel und rätselhaft wirkt, kommt meiner Ansicht nach aus dem totalen Missverständnis oder Unverständnis gegenüber Hölderlins bahnbrechenden anthropologischen Intuitionen. Hölderlin begreift intuitiv klassische Gegebenheiten (wie rituelle und institutionelle Verhaltensmuster), die in seiner Zeit und auch heute wenig Beachtung fanden, und überführt sie interpretativ in die deutsche Version. Leider wird die Frage nach der Eigenart der kritischen Auslegung, die Hölderlin nicht nur von seinen Zeitgenossen, sondern auch vom Konsens des heutigen Tragödienverständnisses unterscheidet, kaum gestellt. Und so sperrt man Hölderlin meist in ein theoretisches Labyrinth ein, man postuliert (ohne genaue Textanalyse), dass Hölderlins Version *nicht* eine dem Original korrespondierende Übersetzung sei. Das führt zu eklatanten Widersprüchen, die dann wieder theoretisiert werden. Von Schadewaldt bis Lacoue-Labarthe, Loraux, Lacan, McCall und Dastur[24] lobt

---

22 AOe, S. 850.
23 AOe, S. 850.
24 Ein „einfaches Gefühl, das sich von dem Bild des Sophokles durchdrungen weiß, mag sagen, es sei selbst bei Hölderlin zu viel *gedacht* und denkerisch gefordert", schreibt Schadewaldt nach der Würdigung von Hölderlins Übersetzungen (vgl. Wolfgang Schadewaldt: Hellas und Hesperien. Gesammelte Schriften zur Antike und zur neueren Literatur. Hg. von Ernst Zinn. Zürich: Artemis 1960, S. 275f.). In seiner Anmerkung zu Vers 450 („Mein Zeus ...", in Hölderlin: L'Antigone (wie Anm. 15)) interpretiert Lacoue-Labarthe Hölderlins Abänderungen nicht als kompensierende Umgestaltung von punktuell unübersetzbaren griechischen Zusammenhängen, sondern als ‚radikale Transformation' des Sophokles-Textes. Jacques Lacan übernimmt verschiedene Hinweise Hölderlins (und Heideggers), besonders den pessimistischen Unterton der Hymne „polla

man Hölderlin als den Dichter, der Sophokles am besten verstanden habe – gleichzeitig behauptet man aber, dass seine Übersetzung mit Sophokles nichts mehr zu tun hätte.[25]

1.2 Aus den Sackgassen der Theorie zur Übersetzerpraxis

Nur zusammenfassend kann ich im Folgenden auf die theoretischen Sackgassen hinweisen, in die man Hölderlins Übersetzungen besonders unter dem Einfluss der französischen Heidegger-Rezeption geführt hat. Es arbeiteten an diesem theoretischen *overkill* jedoch auch die Philosophen des deutschen Idealismus und im Anschluss daran viele namhafte Germanisten und Hölderlinspezialisten mit.[26] Bereits das Vokabular und die ganze Problematik des deutschen Idealismus tragen dazu bei, den Verdacht zu erhärten, dass Hölderlins Theorie des Tragischen mit der antiken Vorstellung von Tragödie und Dichtung unvereinbar sei. Dazu kommt die Annahme, der im schwäbischen Pietismus erzogene Dichter habe den Text des Sophokles modernisierend übersetzt, indem er dem antiken Helden eine verinnerlichte Beziehung zu einem persönlichen Gott zuschreibt.[27] Und auf formalem Gebiet schließlich, darauf weisen verschiedene Interpreten hin, habe Hölderlin

---

ta deina", baut diese aber in seine These von Antigone als Figur des Todestriebes ein (vgl. Jacques Lacan: Le Séminaire VII. L'Éthique dans la psychanalyse. Paris: Seuil 1986). Diese Lesung wiederum hat starken Einfluss auf Nicole Loraux, die Hölderlin als „den größten" aller großen Leser Sophokles' ehrt, ohne aber auf ein einziges Detail der Übersetzung Bezug zu nehmen (vgl. Nicole Loraux: Introduction. In: Sophocle: Antigone. Übers. von Paul Mazon. Paris: Belles Lettres 1997 (= Classiques en poche, Bd. 16), S. VII–XIV). Françoise Dastur wiederum unterstreicht die Analogien zu Nietzsche und Heidegger, die Hölderlins verfremdende Übersetzung von der klassizistischen Rezeption unterscheiden (Françoise Dastur: A sofisticada poesia de Hölderlin. In: *Revista do Instituto Humanitas Unisinos*, no. 475, ano XV (2015), S. 38–45, hier S. 39, http://www.ihuonline.unisinos.br/index.php?option=com_content&view=article&id=6194&secao=475 (zuletzt abgerufen am 11.1.2021). Die zentrale These von McCall: The Case of the Missing Body (wie Anm. 14) radikalisiert George Steiners Idee von der ‚Extraterritorialität von Hölderlins Übersetzungen', die einen ‚liebenden Verrat von einer seltenen Art' darstellen soll (vgl. George Steiner: Antigones. Oxford: Clarendon 1984).

25 Vgl. den Kommentar von Lacoue-Labarthe in Hölderlin: L'Antigone (wie Anm. 15).
26 Ich habe an anderem Ort die Beziehungen von Hölderlins *Anmerkungen* zu den Tragödien, den vorherigen philosophischen Fragmenten und den Begriffen Fichtes, Schellings und Hegels genau nachverfolgt und die Vernachlässigung des typisch hölderlinschen Enthusiasmus für mythisches Erzählen und die Auslegung von Mythen (besonders bei Homer, Pindar und Sophokles) aufgezeigt. Vgl. Kathrin Rosenfield: Hölderlins Antigone und Sophokles' tragisches Paradox. In: Poetica 33 (2001), Heft 3–4, S. 465–501.
27 Klaus Düsing: Die Theorie der Tragödie bei Hölderlin und Hegel. In: Christoph Jamme und Otto Pöggler (Hg.): Jenseits des Idealismus: Hölderlins letzte Homburger Jahre (1804–1806). Bonn: Bouvier 1988, S. 55–88, hier S. 61 und S. 69. Vgl. auch Helmut Hühn:

die Tragödie im Rahmen einer modernen Dichtung übersetzt, die er „überhaupt als *ars* und nicht als *ingenium*" verstanden wissen will.[28] Dadurch wird Hölderlins Sophokles-Übersetzung nicht als eine dem Original treu gebliebene wahrgenommen, folglich kann auch seine Tragödientheorie nur noch als eine moderne Theorie des Tragischen verstanden werden, die für das Verständnis der Antike relativ irrelevant ist. Die wesentlichen Vorwürfe sind also, dass in Hölderlins poetologischen Fragmenten die moderne Verinnerlichung und Subjektivierung mit den entsprechenden modernen Denk- und Vorstellungsmustern in die Antike zurückprojiziert werden.[29]

Diese Haltung findet man aber gerade *nicht* in Hölderlins Fragmenten. In *Über Religion* ist ganz im Gegenteil davon die Rede, dass historisch bedingte Differenzen in den Vorstellungsarten ein Verständnis und Einverständnis nicht ausschließen.[30] Mit der Analyse der Dankbarkeit beruft sich Hölderlin darin auf eine ursprüngliche Erfahrung, durch die es möglich wird, einerseits das völlig Andere (für menschliches Verständnis Unbegreifliche) zu erahnen, andererseits die historisch bedingten Verschiedenheiten von religiösen, politischen oder künstlerischen Vorstellungen als Variationen derselben (als solche nicht erkennbaren) Grunderfahrung über Bilder und Metaphern zu erfassen und zu respektieren.

Es ist nicht anzunehmen, dass Hölderlin, der solchen Wert darauf legt, das *gegenseitige* Verständnis und die Anerkennung *verschiedener* Vorstellungsarten zu sichern, es sich gestatten würde, subjektiv-modernisierend zu übersetzen, das heißt, die griechischen Vorstellungen einfach den seinigen anzupassen, und sie so in ihrer Eigenart zu vergewaltigen. Hölderlins über intensive Lektüre vermittelte Beziehung zu den mythischen Erzählungen macht sich von vorgefassten theoretischen und klassizistischen Postulaten frei. Sein tiefes Eindringen in die griechische Sprache und sein intuitives Verständnis der griechischen Literatur hat ja schon Hölderlins Zeitgenossen ungemein beeindruckt. Aber trotzdem wird heute dieses (immer wiederholte) Lob sofort von Reserven überlagert.[31] Ein „einfaches Gefühl, das sich

---

Mnemosyne. Zeit und Erinnerung in Hölderlins Denken. Stuttgart, Weimar: Metzler 1997, S. 170–178, spricht in dem Zusammenhang sogar von Hölderlins ‚Hineininterpretieren'.

28 Hühn: Mnemosyne (wie Anm. 27), S. 171.
29 Vgl. auch die differenzierte Behandlung der Begriffe „Natur" und „Kunst" im Zusammenhang mit Hölderlins Empedokles-Verständnis bei Uvo Hölscher: Empedokles und Hölderlin. Frankfurt a.M.: Insel 1998, S. 20f.
30 DKV, Bd. 3, S. 562–569.
31 Norbert von Hellingrath: Pindarübertragungen von Hölderlin. Prolegomena zu einer Erstausgabe. Leipzig: Breitkopf & Härtel 1910, S. 79, spricht von einer innigen Vertrautheit, die allerdings einen „gänzlichen Mangel an grammatischer Exaktheit" nicht ausschließt. Schadewaldt: Hellas und Hesperien (wie Anm. 24), S. 274, spricht vom Dichter, „der einst

von dem Bild des Sophokles durchdrungen weiß, mag sagen, es sei selbst bei Hölderlin zu viel *gedacht* und denkerisch gefordert" – schreibt Schadewaldt im Anschluss an die Würdigung von Hölderlins Übersetzungen.[32] Altphilologen und Hölderlinforscher (zum Beispiel Beissner[33] und Binder[34]) teilen die Meinung, dass Hölderlins *Antigone* eine Vergeistigung und Verinnerlichung der dramatischen Figur vornimmt, die „mit Sophokles verhältnismäßig wenig zu tun hat".[35] Philippe Lacoue-Labarthe behauptet (ohne ausführliche Textanalyse), dass an verschiedenen Stellen eine ‚Transformation' des Sophokles-Textes stattfinde, die so ‚radikal' sei, dass sie den ganzen Sinn der Tragödie verwandle.[36] Die Veränderungen werden gelegentlich mit einem „gewissen Systemzwang" erklärt, der zwar „Äußerstes zutage bringt, aber die Individualität des Stücks [*Antigone*] nicht eigentlich erfasst".[37]

Vor Kurzem hat Françoise Dastur in einem Interview mit der Zeitschrift *Humanitas* in Porto Alegre diese theoretischen Postulate nochmals wiederholt und zusammengefasst.[38] Hölderlin und Nietzsche seien, *laut Heidegger*, die einzigen, die das Klassische von den klassizistischen Missverständnissen befreit und sich den Positionen Herders, Winckelmanns und Goethes widersetzt hätten. Es wiederholt sich immer wieder dieselbe theoretische Vereinnahmung (ohne ein einziges Textbeispiel) von Hölderlins Übersetzungen, wodurch nicht nur seine sehr fragmentarische Tragödientheorie, sondern auch sein eigenwilliges Verständnis der Sophokles-Dramen von Heideggers und Nietzsches theoretischen Überlegungen ganz überwuchert wird. Fast nie begegnet die Frage, was sich auf Hölderlins imaginärem Theater eigentlich abgespielt hätte, falls es ihm gelungen wäre, in Weimar zu reüssieren.

---

     den Anruf des Sophokles so deutlich wie wenige vernommen hat und wie nur wenige in das freudig-ernste Wesen dieses Menschen eingedrungen ist". Loraux: Introduction (wie Anm. 24), S. IX, zeichnet Hölderlin als „den größten" aller Leser Sophokles' aus.

32 Schadewaldt: Hellas und Hesperien (wie Anm. 24), S. 275f.

33 Vgl. Friedrich Hölderlin: Sämtliche Werke. Große Stuttgarter Ausgabe. Hg. von Friedrich Beissner. Stuttgart: Kohlhammer 1943–1985, Bd. V, S. 494.

34 Vgl. Wolfgang Binder: Hölderlin und Sophokles. Eine Vorlesung von Wolfgang Binder, gehalten im Sommersemester 1984 an der Universität Zürich. Hg. von Uvo Hölscher. Tübingen: Hölderlinturm 1992.

35 Ebd., S. 160.

36 „La transformation du texte est ici radicale et engage tout le sens de la tragédie"; Lacoue-Labarthe in Hölderlin: L'Antigone (wie Anm. 15), S. 190. Er bezieht sich auf die Verse 450ff., bei Hölderlin 467ff., wo der deutsche Dichter, gegen den griechischen Text, „M e i n Zeus" einfügt.

37 Binder: Hölderlin und Sophokles (wie Anm. 34), S. 159, formuliert: „Hölderlins ‚Antigone'-Deutung ist ein geistiger Entwurf ersten Ranges, aber mit Sophokles hat sie verhältnismäßig wenig zu tun".

38 Vgl. Dastur: A sofisticada poesia de Hölderlin (wie Anm. 24).

Das setzt sich auch bei der Rezeption Hölderlins in den USA fort, die sehr unter französischem Einfluss steht. Der anerkannte Hölderlinspezialist Tom McCall feiert den Dichter als einen Vorläufer von Walter Benjamins Übersetzungstheorie. Dabei ist er nicht der Einzige, der die praktischen Fragen der Auslegung und Übersetzung im Rahmen einer postmodernen *tour de force* wegerklärt: Hölderlin benütze den griechischen Text als „Vorwand" für seine radikal modernen Anliegen – ganz so, als wäre er ein Vorläufer der postmodernen Übersetzungstheorie und ein Wegbereiter zu den Diskursen der *différance*. Bei genauem Hinsehen merkt man, wie sich in diese Postulate die französische Heidegger-Rezeption einmischt. Jean Beaufret war daran maßgeblich beteiligt, als er in den 1960er Jahren schrieb, dass Heideggers Ontologie in diesen Sophokles-Übersetzungen schon latent anklinge (das wurde allerdings „bewiesen" mit Versen, die *nicht* aus Hölderlins deutscher Version, sondern aus Reinhardts und Schadewaldts Übersetzungen stammen).[39] Dieselben Verse findet man dann auch bei Lacan. Das ist der Stand der maßgeblichen Forschung seit drei oder vier Jahrzehnten. Was da stagniert und am selben Platz sich im Kreise dreht, könnte man eigentlich als eine neo-klassizistische akademische Versteifung anprangern: eine Norm die sich als ideologischer Konsens der Universitäten kristallisiert hat und – so sehr er sich auch als revolutionär und antinormativ deklariert – in repetitiven Abwandlungen das abstrakte Mantra wiederholt, dass Hölderlin „refractory, insubordinate, or wayward" sei.[40] Im zweiten Teil werde ich jetzt einen anderen Zugang zu Hölderlins „wilden" Zügen in *Antigone* versuchen und zeigen, inwiefern seine Übersetzung echt klassische Zusammenhänge erfasst.

2. Textuntersuchung: Der Sinn der „wilden" Radikalisierungen und angeblichen Abänderungen des griechischen Texts

Ich komme zu zwei Passagen, die immer wieder als vermeintliche Belege für Hölderlins radikal abändernde Eingriffe und seine unzulängliche Treue zum Original zitiert werden: „*Mein* Zeus berichtete mirs nicht" (FA 467) und

---

39 Vgl. Jean Beaufret: Hölderlin et Sophocle. Brionne: Montfort 1983. Obwohl Hölderlin den Text nicht so lese, wage Hölderlins Übersetzung sich dennoch schon in diese Richtung vor. Zur Vermischung von Heideggers und Hölderlins Ansätzen und der Kontamination von Hölderlins Übersetzung durch die Übersetzungen von Schadewaldt und Reinhardt vgl. Kathrin Rosenfield: A subjetividade e seus avessos. Sobre a leitura lacaniana de Antigone. In: Robson Pereira Gonçalves (Hg.): Subjetividade e escrita. Santa Maria: EDUSC 2000, S. 7–27.
40 Vgl. McCall: The Case of the Missing Body (wie Anm. 14), S. 54–55.

„Noch hier im Haus das Recht der Todesgötter" (FA 468). Dabei fällt auf, dass diese Verse nie in Verbindung zu einer dritten Stelle gesetzt werden, an der Hölderlin ebenfalls ein Personalpronomen einschiebt: „Doch wenn sie schon / Von meiner Schwester und Verwandtesten, / Vom ganzen Gotte *meines* Heerdes da ist" (FA 505–507). Die meisten Interpreten konzentrierten sich nur auf Antigones angeblich modernisierende Wildheit und verstehen diese als idiosynkratische Selbstbezogenheit, die mit Sophokles' Original unvereinbar sei. Im Rahmen dieses Aufsatzes kann ich zur Entkräftung dieses Arguments nur auf ein einziges Beispiel eingehen. Daran lässt sich aber zeigen, dass Hölderlins Antigone *erstens* weniger auf sich selbst, als auf ihre Genealogie und den Palast ihrer Vorväter bezogen ist – eine Haltung, die mit den klassischen Vorstellungen von Sophokles' Zeitgenossen gut zu vereinbaren ist; und dass *zweitens* die Diskussionen um Hölderlins Übersetzung nie das Beziehungsgeflecht von Antigones und Kreons Haltungen durchleuchtet hat, was das Verständnis und die Bewertung von Antigones Gesten sehr beschränkt.

2.1 *Antigones Selbstbezogenheit und ihr Sinn im griechischen Kontext*

Das Hauptaugenmerk der Diskussion liegt auf dem Einschub des Possessivpronomens in Antigones Antwort auf Kreons Frage, ob sie vom Dekret wusste: „*Mein* Zeus berichtete mirs nicht / Noch hier im Haus das Recht der Todesgötter" (FA 467f.). Dies wird als moderne, rein subjektivistische Ichbezogenheit verstanden, die dem griechischen Geist Sophokles' unangemessen sei. Diese Auslegung wird dann gestützt durch eine Passage des Prologs, in der Antigone sich darüber empört, dass das Dekret nicht nur Ismene, sondern *auch ihr* verkündet wurde. Dort wiederholt sie empört, dass „der gute Kreon" das Dekret „verkündet" hat – und zwar „dir [Ismene] und *mir*, denn *mich* auch mein *ich*" (FA 33–34). Das dreimalig alliterierend-endreimende mir-mich-ich wird von der Kritik als Symptom von Antigones ungriechischer Selbstbezogenheit verstanden. Hölderlins Heldin wird eine gar nicht klassische Autoreferenz und moderne Subjektivität zugeschrieben. Und zu dieser Auslegung scheint dann auch die letzte Szene zu passen, in der sich Hölderlins Antigone den Titel „eure Königin" gibt (FA 978). Das spitzt die Formulierung des griechischen Textes zu, in dem sie (wörtlicher) sagt, sie wäre der ‚letzte Spross der königlichen Rasse' (I 938f.).

Wenn sie aber anders betrachtet werden, könnten diese drei Versfolgen Bestandteile einer echt griechisch tragischen Konstellation sein (nicht Künder moderner Ontologie).[41] Antigones Selbstbewusstsein erklärt sich nämlich ebenso gut aus dem Epiklerat, ein klassisches juridisches Instrument, das

---

41 Vgl. Beaufret: Hölderlin et Sophocle (wie Anm. 39).

zwar gut bekannt ist, aber bisher nie in die Interpretation des Stückes einbezogen wurde (und immer noch nicht beachtet wird). Sobald man jedoch darauf achtet, verliert Antigone die christliche Märtyreraura, die moderne Leser unwillkürlich auf sie projizieren. So wird sie dann auch zu einer Figur, die tatsächlich einer „Königin" nahekommt – nämlich zu einer *symbolischen* Thronfolgerin, die den Platz des verstorbenen Königs einnimmt und hält, bis sie ihm einen Nachfolger geboren hat. Hölderlin war der erste, der Antigones Zwitterstellung (männlich-weiblich, politisch-häuslich) genau erfasst hat, und deshalb die viril-herben Züge sowie die Ähnlichkeit mit Oedipus betont. Seine Heldin verliert die (romantisch) sentimentale Aura also mit vollem Recht, auf Grund des richtigen Erfassens ihrer klassischen Eigenart. Denn wer *Antigone* auch nur einmal gelesen hat – und zwar mit dem griechischen Original daneben –, kann nicht umhin, zu bemerken, wie selbstbewusst und männlich-autoritär Antigone mit Ismene und Kreon umgeht. Hölderlins Übersetzungen erfassen nicht nur eine subjektive Herbheit, sondern auch das (nie beachtete) klassische Rechtsinstrument, das die (gar nicht moderne) Autoreferenz als klassische monarchische *dignitas* rechtfertigt. Antigone spricht mit echt *griechischem* Selbstbewusstsein – nämlich als Epikler-Tochter; und als solche hätte sie tatsächlich eine privilegierte Beziehung zu *ihrem* Zeus, während Kreons Anspruch auf *seinen* Herd im Palast und am Altar der Labdaziden wohl eher fraglich wäre. Allerdings ist die Stellung beider Protagonisten im Palast relativ prekär, denn Antigone ist ja Frucht eines Inzests und Abkömmling einer Familie, deren Legitimität durch wiederholte Miasmen fragwürdig bleibt. In der Thronrede pocht Kreon (letztlich mit gutem Grund) auf das Argument, dass ein Herrscherwechsel zur Reinigung dringend nötig wäre – und der Chor stimmt diesem Argument auch zu.

Aus diesem Blickwinkel wird erklärlich, warum Hölderlin die Possessivpronomina, die im Griechischen nicht vorkommen, in seiner Version strategisch auffallend einsetzt: sie unterstreichen den Streit um den Thron, und um diesen genealogischen und politischen Streit geht es in Sophokles' klassischer Tragödie. Denn Antigone legitimiert ihren Anspruch aus dem Selbstbewusstsein, das einer Epikler-Prinzessin rechtmässig gebührt. Als solche sollte *sie*, nicht Kreon, dem Zeus Herkeios im Zentrum des Hauses opfern. Wäre sie eine historische Persönlichkeit des fünften Jahrhunderts, müsste sie im Epikleratsregime[42] schnellstens mit dem nächsten Verwandten

---

42 Zu diesem Rechtsinstrument vgl. den Artikel „Epiklerat", in: Der Kleine Pauly. Lexikon der Antike in fünf Bänden. München: DTV 1979. Jean-Pierre Vernant: Mythe et Pensée chez les Grecs. Etudes de psychologie historique. Paris: Maspero 1981, Bd. 1, S. 144–148, hier S. 145, legt das Wort folgendermaßen auseinander: „La fille est dite ‚epiclère' parce

verlobt werden – diese Prozedur fiele Kreon als Plicht zu. Haimon würde für Oedipus Nachkommen zeugen und Kreons Linie würde aussterben. Warum dies bis heute (fast) nie erwähnt wurde, ist eins der Rätsel, die man wahrscheinlich auf die Rechnung unseres eigenen klassizistisch verhärteten Verständnisses setzen muss. Zwar erwähnt ein gebildeter und feinfühliger Jurist, Pierre Roussel, in einem Artikel aus dem Jahr 1922 die Möglichkeit, Haimon und Antigone als Verlobte im Epikleratsregime anzusehen,[43] nur hat weder er, noch sonst jemand diese Perspektive zur Interpretation des gesamten Stücks gewählt. Bis auf Hölderlin.

Aus Hölderlins Sicht ist es geradezu normal, wenn sie von *ihrem* Zeus Herkeios spricht, den sie mit dem Haus ihrer Vorväter geerbt hat. Zeus war dermaßen mit dem Haus und seinem Eigentümer identifiziert, dass ein Zeitgenosse Sophokles', der jemandes Wohnort erkunden wollte, gefragt hätte: „Wo ist dein Zeus Herkeios?"[44] Antigone beruft sich sowohl auf Zeus als auch auf die Todesgötter im Zentrum *ihres* Hauses – denn als *epikleros* ist sie ganz eng mit dem Herdfeuer identifiziert und ihr Leib repräsentiert den Palast. All das ist griechisch und keineswegs „abwegig" oder „radikal".

Wie schon erwähnt, ist Antigones Anspruch geschwächt durch das Miasma, das die Labdaziden (seit Laios!) über Theben gebracht haben, und diese chronische Verfluchung legitimiert Kreons Anspruch auf einen nötigen Herrscherwechsel. Hölderlin ist bis heute der einzige Übersetzer, der bemerkt hat, dass die Ansprüche, die in dieser Passage gemacht werden, mit denen einer zweiten korrespondieren, in der wiederum Kreon eine privilegierte Beziehung zu Zeus behauptet. In Kreons Worten werden natürlich die Verpflichtungen des Epiklerats stillschweigend negiert. Beide Argumente sind im Sophokleischen Original in rhythmischer Abfolge aufeinander bezogen. Der Anspruch auf den Thron und den Altar in der Mitte des Palastes taucht wenige Verse später in Kreons Possessivpronomen wieder auf:

---

qu'elle suit le *klèros* de son père, qu'elle lui est attachée" (*epi-kleros* bezeichnet die Tochter, die dem *kleros* ihres Vaters folgt). Als Verheiratete, repräsentiert sie nicht nur den väterlichen Herd, sondern ‚sie *ist* der väterliche Herd' auch in einem fast ontologischen Sinn („Désormais l'épouse, en tant que fille de la maison, *est* le foyer paternel"; ebd., S. 146).

43 Vgl. Pierre Roussel: Les fiançailles, d'Haimon et d'Antigone. In: Revue des études grecques XXXV (1922), S. 65–75. Am Schluss des Artikels verwirft Roussel aber diese Möglichkeit aus dem (gar nicht stichfesten) Grund, dass es zwischen dem nächtlichen Tod Eteokles' und Polynices' an Zeit gefehlt hätte, um diesen Verlobungsritus auszuführen. Es ist klar, dass dieses Argument die zeitliche und räumliche Raffung der dramatischen Konstruktion übersieht – in allen Dramen kann die dramatische Zeit Abläufe der realen Zeit auf ein in der Wirklichkeit unmögliches Minimum reduzieren.

44 Jon D. Mikalson: Ancient Greek Religion. Oxford: Blackwell ²2010, S. 125; Übersetzung von K.R.

> [...] Doch wenn sie schon
> Von meiner Schwester und Verwandtesten,
> Vom ganzen Gotte *meines* Heerdes da ist,
> Dem allem ungeachtet meidet sie
> Den schlimmen Tod nicht.[45]

Im griechischen Text gibt es auch dieses Possessivpronomen nicht. Aber für den Übersetzer, der die Unterschiede der klassisch griechischen und der romantisch hesperischen Kulturen zu Bewusstsein bringen wollte, ist der Einschub der Pronomina eine Kompensation der Bedeutung, die für uns verloren geht, weil wir nichts mehr vom Epiklerat wissen. Denn wenn wir auch intellektuell darüber informiert sind, ist es doch schwer nachzuvollziehen, dass es in diesem Drama *nicht nur* um einen häuslichen Streit (um die Beerdigung) geht, sondern dass eine im höchsten Maße politische Entscheidung auf dem Spiel steht. Hölderlin erfasst intuitiv, dass es hier auch um den Palast und den Altar des Zeus Herkeios, das heißt um genealogische Legitimität zu tun ist. Die „kalte Unparteilichkeit" des „sonderbaren Chores"[46] bedeutet also, dass die thebanischen Alten die Strittigkeit der Ansprüche einsehen und so weder für Antigone noch für Kreon Partei nehmen. Sie stehen den tragischen Verschlingungen hilf- und ratlos gegenüber und verweisen mit erschütternd kühler Weisheit auf das Schicksal Danaes, des Lykurgus und der Phineiden – Mythen in denen es auch in erster Linie um die Thronfolge geht.

Hölderlin hebt in den Anmerkungen hervor, dass die arme Danae, obwohl sie (wie bald Antígone) in einem unüberwindlichen Gefängnis festgesetzt ist, trotzdem die strahlende göttliche Zukunft „verwaltet" oder repräsentiert: Der Vergleich von Antigone und Danae macht klar, dass die Alten doch hoffen, dass aus ihrem Leib der Thronfolger der Labdaziden entspringen könnte, obwohl sie jetzt den Miasmen ihrer Ahnen zum Opfer zu fallen scheint. Aber der Chor weiß nicht recht zu entscheiden, wer auf dieser Welt recht hat, und er unterstützt Kreon bis zum bitteren Ende. Wie sollte man auch entscheiden, wenn es in Theben zugeht wie im Phineidenmythos, der diese Ode abschließt. Diese Geschichte thematisiert ja den Filz von mörderischen Absichten, Verstümmelungen, Aussetzungen und Morden an legitimen Thronfolgern – eine Ausweglosigkeit, die den dramatischen Hintergrund auch beim Labdazidendrama liefert. Die Unparteilichkeit des Chores bedeutet, dass es den Alten nicht um Antigone geht, sondern um den höheren Zusammenhang – die genealogische, ethische und religiöse Legitimität des Herrscherwechsels.

---

45   FA V. 505–509.
46   Vgl. AA, S. 917; vgl. FA V. 417.

2.2 Kreons Versuch einer religiösen Reinigung

Hölderlins Perspektive ermöglicht ein sehr viel nuancierteres Verständnis der undankbaren Position, in der Kreon sich befindet. Er ist sich natürlich bewusst, dass seine Familie nur Anspruch auf Regentschaft erheben kann, nicht auf die Königswürde.[47] Aber er hat nicht nur das Verdienst, Laios mit all seinen Nachkommen unterstützt und die Thronfolge von Polyneikos und Eteokles gesichert zu haben; er hat auch in der vergangenen Nacht noch seinen Sohn für das Heil Thebens geopfert. Nach dem Bruder-Selbstmord von Eteokles und Polyneikos glaubt er jedoch, Theben vom Stigma der Labdaziden befreien zu müssen. Nicht die rechtmäßigen Nachkommen der alten Könige, sondern nur die säuberliche Befolgung der Gesetze könne Theben retten, und er hat dabei vor allem die Wahrung des Inzestverbots im Sinne! Deshalb versucht Kreon die Reinigung Thebens zu bewerkstelligen, indem er die Position des ewigen Regenten und Beraters Thebens verlässt und seinen (eben vielleicht doch) legitimen Anspruch auf den Thron klarmacht. Von seiner ersten Rede an muss er also immer wieder umständlich seine rechtliche Basis beweisen und krampfhaft auf seine Verdienste pochen. Seine Rhetorik vor dem Chor betont, dass die Labdaziden eine von Miasmen belastete Familie seien, die somit ihre Legitimität eingebüßt habe.

Hölderlin hebt hervor, mit welcher rechtlichen Spitzfindigkeit Kreon seine Ansprüche auf den Palast formuliert und mit welchen rhetorischen Tricks er die Nichten in ein unvorteilhaftes Licht setzt. Die Thronansprüche macht er geltend, indem er Antigones und Ismenes Missachtung des Dekrets denunziert, und zwar mit einer indignierten Formulierung, die den Altar des Zeus nicht Oedipus zuschreibt, sondern Jokaste. Wieder ein Legitimierungsversuch, in dem er stillschweigend auf den königlichen Status Jokastes pocht – ganz so als wäre Oedipus weder der verstoßene Sohn, noch der Retter Thebens gewesen! Kreon stellt sich als Erbe der toten Königin-Schwester hin – Antigone wird degradiert zu einer Obdachlosen, die das großzügige Gastrecht in *seinem*

---

47 Der Mythos fixiert die rechtlichen Ansprüche. Bei Aischylos sind Antigone und Ismene Labdakos' und Laïos' königliche Nachkommen, während Kreon von der Ratgeberlinie Oklasos' und Menoekeus' abstammt. Vgl. Francis Vian: Les origines de Thèbes. Cadmos et les Spartes. Paris: Klincksieck 1963 (= Études et Commentaires, Bd. 48), S. 184. Allerdings zieht der Inzest und die sukzessiven Miasmen die Legitimität der Labdaziden in Zweifel. Also sind genealogische Spekulationen doch erlaubt. Der Artikel „Structures de la parenté" (in: Dictionnaire des Mythologies. Sour la direction de Y. Bonnefroy. 2 Bde. Paris: Flammarion 1981, Bd. 2) legt eine Synopsis der (a)normalen genealogischen Beziehungen im thebanischen Mythos vor. Oedipus' Inzest unterbricht die ‚gerade', rechtmäßig geordnete Nachfolge (vom Vater auf den Sohn). Nach Laïos Tod geht die Herrschaft *über Jokaste* – erst an den Sohn, dann an die Epikler-Tochter (Antigone) und erst danach an den Bruder der Königin weiter. Also muss Kreon Antigone erst delegitimieren.

Haus mit Undank vergilt. Er klagt sie also an, sich des Verrats an ihrem Wohltäter schuldig gemacht zu haben. Hier benützt er die Gelegenheit, seine Nichten des Ungehorsams zu bezichtigen, die Reinheit und Ordnung *seines Herdes* bzw. Hauses befleckt zu haben. So rechtfertigt er ihr schreckliches Los, das somit verdient sei. Das Ganze ist geschickt ausgeklügelte Rhetorik,[48] denn Kreon weiß nur zu gut, dass die Labdaziden-Töchter eben doch Anrecht auf den Thron haben (I 487–490).

Aber Hölderlin, mit seinem tiefen Verständnis für tragisch unausweichliches Leiden und tragisch unlösbare Konflikte, sieht – genauso wie der kühl unparteiliche Chor –, dass auch Kreon gute Gründe für seine Argumente hat. Ihn beunruhigt mit Recht die Frage: Ist eine so gefährlich befleckte Hochzeit wie die zwischen Antigone und Haimon überhaupt noch zu rechtfertigen? Vieles spricht gegen so eine Verbindung. Zunächst die inzestuöse Abstammung, die ja bereits Antigones Brüder und die ganze Stadt ins Unglück gestürzt hat. Dann auch Antigones rebellische Tendenz, ihr „rohes" (*homos*) Betragen, das ganz fatal und beunruhigend an ihren Vater Oedipus erinnert (der Chor betont es zweimal).[49] Und *last, but not least*, steht auch die allzu große, konsanguine Nähe der beiden Cousins einer hoffnungsfrohen Verheiratung im Weg. Also gibt es mehrere, ineinander verflochtene Gründe, warum Kreon seinem Sohn so emphatisch nahelegen wird, er solle die „schlechte Frau" vergessen. So versucht er, sich ins Recht hinüberzuretten und sich einer altehrwürdigen, rechtlich gut verankerten, aber in diesem Fall wahrscheinlich nicht bekömmlichen Verpflichtung zu entziehen.

Schließlich möchte ich darauf hinweisen, dass Hölderlins *Antigone* eine wirklich klassisch-griechische Tragödie ist, mit doppelter Handlung – und damit auch mit einer besonders ausgeklügelten Ironie. Dasselbe trifft auf *Oedipus Rex* zu: Es dreht sich bei Hölderlin gar nicht nur um die vordergründige Blindheit des Helden, der angeblich nicht versteht, was das „göttliche" Orakel bedeutet; sondern um die performative Erzeugung von Ahnungen, die aus Hölderlins Perspektive in fünf oder sechs menschliche Reminiszenzen

---

48 Die überwiegende Mehrzahl der Übersetzer versteht *toû pantòs emîn Zenòs* als Bezug auf den Zeus *des/unseres* Hauses, während in Hölderlins Übersetzung Kreon vom Gott „meines Heerdes" spricht. Hölderlin scheint genau erfasst zu haben, was Paul Mazon ausdrücklich in einer Fußnote erwähnt: Kreon ist sich bewusst, dass er den Zeus des Hauses, den *Zeus Herkeios*, dessen Altar sich im Patio des Palastes erhebt, beleidigt. Vgl. Sophocle: Antigone (wie Anm. 24), V. 486, Fußnote. Allerdings wird diese Bemerkung nicht in die Interpretation integriert – weil bis heute niemand deutlich sieht, dass Kreons Gewissen zernagt ist von der Angst, dass die Labdazidentöchter eben doch Anrecht auf ihre Position als Thronhalter haben.

49 Vgl. I 380f. und 472, sowie FA 395f. und 489f.

zerfallen. Es handelt sich, genau besehen, um Erinnerungen, Vermutungen und Befürchtungen der einzelnen dramatischen Figuren, die sich nicht decken, oft gegenseitig widersprechen und miteinander unvereinbar sind.[50]

3. Abschließende Bemerkungen über Hölderlins Rückkehr zur griechischen Klassik

Worum geht es in Hölderlins antiklassizistisch-klassischem Programm der Sophokles-Übersetzungen? In erster Linie, meine ich, um die Vermeidung von klassizistischen Automatismen, die im griechischen Helden die edle Natur in ausgewogener Schönheit sehen wollen. Das richtige Erkennen der archaischen Reste unter dem klassischen Firnis, das Erfassen der Befremdlichkeiten mythischer und genealogischer Zusammenhänge sowie der durch sie verursachten Verzerrung rationaler Erwägung eröffnet in Hölderlins Version einen neuen Zugang zu den ungeheuer komplizierten Gedankengängen, die sich in der Tragödie verdichten. Hölderlin liest intensiv, und seine Übersetzung resultiert aus einer viel komplexeren Interpretation, als man im Allgemeinen zulässt. Es geht ihm erst in zweiter Linie um eine Theorie des Tragischen – hat er doch seine theoretischen Projekte aufgeschoben, um sich von 1800 bis 1804 ganz dem Übersetzen zu widmen und so einen neuen Zugang zu den klassischen Mythen zu schaffen.

Es erscheint diese Rückkehr zur Klassik insofern als Antiklassizismus, als sie bestimmte Haltungen allererst als klassizistische sichtbar macht, welche Auslegungen und künstlerische Umsetzungen propagieren, die (zu) fest institutionell verankerte und vordergründige Verständigung mit dem Publikum anstreben. Ein verfestigter Konsens, der es den Beteiligten erlaubt, dadurch die inhaltliche Komplexität des Originals zu übersehen, seine seelisch-affektiven Ansprüche zu vereinfachen und emotionale Risiken zu vermeiden. Diese Rolle wird oft der Weimarer Klassik zugeschoben, Ähnliches erfüllt aber heute das übermäßige Theoretisieren. Demgegenüber besteht Hölderlins antiklassizistische Rückkehr zur Klassik gerade in der intensiveren Lektüre und der einsichtsvollen Auslegung des Originals. Es ist insbesondere die Sprachbildlichkeit, die bei Hölderlin die klassizistische Rationalisierung der

---

50 Im Anhang findet sich eine graphische Erfassung der ungeheuer weiten Streuung widersprüchlicher Elemente der verschiedenen Orakelversionen: Jede dramatische Figur innerhalb des Dramas hat ihr eigenes Verständnis von der pseudo-göttlichen Wahrheit. Diese Versionen spannen sich von Königsmord über Vatermord zu doppeltem Elternmord, mit und ohne Inzest – jede/r hört, erfasst und interpretiert die Prophezeiungen eben wie er/sie kann, aus dem jeweiligen menschlichen Kontext.

Auslegung auf kreative Weise vermeidet. Dies lassen auch seine Kommentare zu Homer, Sophokles und Pindar erkennen. Man kann dabei etwa an den wunderbar herausgearbeiteten Unterschied zwischen Hektor und Achilles im Fragment „Zu Homers Illias" denken.[51] In weniger als zwanzig Zeilen leuchtet da die ganze Wertstruktur auf, die Hölderlin in die Kontrastpaare der verschiedenen Helden eingezeichnet sieht. Andere Beispiele sind die bereits erwähnten Mittelteile der *Anmerkungen* – zum Beispiel, die skizzenhafte Analyse des Orakels im *Oedipus*, die man mit historischen Vorstellungsmustern in Zusammenhang bringen müsste: mit der skeptischen Haltung zu religiösen Wahrheiten, wie wir sie von Sophokles' Zeitgenossen (Themistokles oder Antiphon) kennen.[52]

Der Interpretationsansatz, der sich auch darin ankündigt, ist ungeeignet, die Mehrheit der gewagten postmodernen Theorien zu untermauern. Wenn man Hölderlins Art zu lesen aber ernst nimmt, kommt man dafür zu einer ganz anderen, spannenderen und tragischeren Geschichte: zu einem Mythos, der der klassischen Polis adäquater ist als die meisten unserer philosophisch-philologischen Auslegungen. Es gelingt Hölderlin, sich in einen tragischen Mythos zu versetzen, der sehr gut zur subtil durchtriebenen Rhetorik des klassischen Zeitalters passt – so etwa zu den gewagten rhetorischen Manipulationen eines Perikles oder Themistokles. Statt eines christlichen Märtyrerdramas erfasst Hölderlins Übersetzung die tragische Spannung zwischen zwei gleichwertigen (un)möglichen Herrschaftsansprüchen: Er hebt diese klassische (nicht klassizistische) Symmetrie der doppelten Tragödie in den Anmerkungen hervor. Sie als griechisch und klassisch zu erkennen, erfordert, dass man die strategischen Schachzüge Antigones und Kreons im griechischen Kontext versteht (und nicht als „radikale Modernisierungen" abtut). Das würde allerdings voraussetzen, dass man das Tragisch-Wilde nicht nur bei Hölderlin erkennt, sondern auch im griechischen Original – und zwar an vielen noch nicht genug beachteten Stellen im ersten und zweiten Chorlied. Darin lassen sich ganz klar die Beziehungen zwischen der Hybris

---

51 Friedrich Hölderlin: Über Achill (1) und (2). In: DKV, Bd. 2, S. 510–511.
52 Zu denken ist an Antiphon, der sagte, dass „Prophezeiungen das seien, was ein intelligenter Mensch meint, dass sie seien." Vgl. Hermann Diehls und Walther Kranz (Hg.): Die Fragmente der Vorsokratiker. Griech./dt. 2 Bde. Berlin: Weidmann 1906, Bd. 1, S. 9. Zu denken wäre auch an die Handhabung des Delphischen Orakels bei Themistokles. Vgl. Martin P. Nilsson: Cults, Myths, Oracles and Politics in Ancient Greece. Lund: Gleerup 1951, S. 124, der bemerkt, dass die späteren Geschichtsschreiber (Herodot und Plutarch) sich bewusst werden, dass ‚Themistocles tatsächlich die Autorität des Orakels unter seine Kontrolle brachte und es seinen Plänen zunutze machte, die darin bestanden, die Stadt zu evakuieren und die Verteidigung nur mit der Flotte zu bewerkstelligen.'

der Labdaziden (Antigone, Oedipus, Polynices und Eteokles) und der beunruhigend heimischen Fremdheit des Gottes Dionysos erkennen, des Retters, der sich zeitweise durch rohe Blutrüstigkeit auszeichnet.[53]

4. Anhang

In der graphischen Erfassung ist gut zu erkennen, dass das Orakel textintern die verschiedensten interpretativen Wellen auslöst. Je nach Gesprächspartner wird Oedipus mit unterschiedlichen Versionen der Vergangenheit konfrontiert, wobei die strategische Zersplitterung der verdrängten, euphemistisch veränderten oder verschwiegenen Fakten auffällt, die auf falsch erinnerte und/oder unterschiedlich interpretierte Tatsachen zurückschließen lassen.

ORAKEL-VERSIONEN	Miasma	Mord	Königsmord	Inzest	Vatermord	Mutter-Mord
Kreon 1	x					
Kreon 2		x				
Kreon 3			x			
Tiresias 1	x					
Tiresias 2			x[54]			
Tiresias 3				x		
Jokaste					x (ohne Inzest)	
Oedipus					x	x
Hirte					x	x

---

53 Vgl. Kathrin Rosenfield: Antigone. Sophocles' Art, Hölderlin's Insights. Aurora: Davies 2010, und dies.: Oedipus Rex. The Story of a Palace Intrigue. Aurora: Davies 2013.
54 Tiresias' Worte scheinen sich sowohl auf eine unbestimmte Befleckung (Miasma) zu beziehen, als auch auf einen scheinbar zukünftigen Inzest, der nach der Vertreibung aus Theben (zurück in Korinth) stattfinden könnte.

Polemik als Konstellation
Dynamik, Ungleichzeitigkeit und Nachträglichkeit in den Konfrontationen von Klassizismus und Anti-Klassizismus (1760-1930)

Daniel Ehrmann

Klassizismus ist ein immens vielgestaltiges Phänomen. Weder als Epoche noch als Stil tritt es in der deutschen (Kunst-)Literatur als Einheit auf,[1] zu divergent sind die Erscheinungsformen, zu unterschiedlich die ästhetischen Programmatiken. Dass der Klassizismus den Literaturwissenschaften derart unterdeterminiert erscheint, liegt womöglich auch daran, dass sie ihn noch gar nicht lange als Bezeichnung nutzen. Die Einführung dieses Begriffs hat indes weitreichende Konsequenzen, vor allem für die Erforschung von vormals als ‚klassisch' bezeichneten Epochen. Tatsächlich diente er anfänglich vor allem als Ersatz für das bereits seit Langem und aus unterschiedlichen Lagern kritisierte Konzept einer ‚deutschen Klassik'. Dabei hatte die terminologische Verschiebung den Effekt, dass diese literaturgeschichtlich prominente Phase stärker in den Kontext einer historisierenden Ästhetik gerückt und so der normative Anspruch der ihr zugerechneten Werke unterlaufen wurde.[2] Die terminologische Verschiebung ließ die Vorstellung einer qualitativen Überlegenheit zurücktreten und gab damit Fragen nach der textkulturellen Verortung und den diskursiven Vernetzungen der Werke Raum:[3] So scheint es, dass der Klassizismus selbst Gegenstand zeitlichen Wandels wird, wenn er sich auf spezifische historische Bezugssysteme ausrichtet, deren diskursive und kulturelle Konzeptualisierung durchaus wandelbar ist.[4] Jedoch unterliegt

---

1 Im Unterschied etwa zur Kunstgeschichte; vgl. Andreas Beyer: Die Kunst des Klassizismus und der Romantik. München: Beck 2011, S. 7f.
2 Der „prinzipielle Zusammenhang von Kanon und Klassik" hat, zumindest im Form von ‚sprachlich-stilistischer Qualität', eine lange Geschichte. Vgl. ausführlich Peter L. Schmidt u.a.: [Art.] Klassizismus, Klassik. In: Historisches Wörterbuch der Rhetorik. Hg. von Gert Ueding. Tübingen: Niemeyer 1998, Bd. 4, Sp. 977–1088, hier Sp. 977.
3 Vgl. dazu Sabine Schneider: Klassizismus und Romantik – zwei Konfigurationen der einen ästhetischen Moderne. Konzeptuelle Überlegungen und neuere Forschungsperspektiven. In: Jahrbuch der Jean Paul Gesellschaft 37 (2002), S. 86–128, bes. S. 94–100.
4 Diese historisierende Tendenz ist schon für das Cinquecento prägend, dessen Klassizismus sich nach Klaus Ley: Das Erhabene als Element frühmoderner Bewußtseinsbildung. Zu den Anfängen der neuzeitlichen Longin-Rezeption in der Rhetorik und Poetik des Cinquecento. In: Heinrich F. Plett (Hg.): Renaissance-Poetik / Renaissance Poetics. Berlin, New York: de Gruyter 1994, S. 241–259, hier S. 259, durch „Rückbesinnung auf alle großen Modelle der

er nicht einfach diachronen Veränderungen; auch synchron ist er wenig homogen, und selbst relativ kompakte Zeiträume wie das ausgehende 18. Jahrhundert haben zum Teil recht unterschiedliche Ausprägungen hervorgebracht.[5] Was diese Klassizismen jeweils bestimmt, steht daher nicht einfach durch die begriffliche Zuschreibung schon fest, sondern ergibt sich erst aus ihrer kulturellen Verortung, aus ihren Selbst- und häufig auch aus kritisch-oppositionellen, aus anti-klassizistischen Fremdcharakterisierungen. Streitigkeiten und Polemiken tragen so erheblich dazu bei, das zu formen, was man zu verschiedenen Zeiten und an verschiedenen Orten unter Klassizismus versteht.

In diesem Sinn meinte die wissenschaftliche Erörterung schon bei Johann Gottlieb Fichte die geistige Tätigkeit, bei der man den „Ort" eines Terminus „im System der menschlichen Wissenschaften überhaupt angiebt, d.i., zeigt welcher Begriff ihm seine Stelle bestimme, und welchem andern sie durch ihn bestimmt werde."[6] Die aufschlussreiche topologische Metapher, die Fichte in seiner mindestens ebenso berüchtigten wie berühmten *Wissenschaftslehre* von 1794 wählt, streicht eine Relationalität der Begriffsbildung heraus, die im Folgenden für die historische Analyse exemplarischer Polemiken fruchtbar gemacht werden soll.[7] Wenn daher das von Fichte entworfene System des

---

    Vergangenheit" auszeichnete und „in der Sache eklektizistisch und relativistisch" war. Da Rückbezüge auf die Antike (und späterhin auch auf andere ‚klassische' Kunstperioden) immer wieder begegnen, hat man für die Zeit um 1800 bisweilen von ‚Neo-Klassizismus' gesprochen. So etwa Norbert Miller: Europäischer Philhellenismus zwischen Winckelmann und Byron. In: Propyläen Geschichte der Literatur. Literatur und Gesellschaft der westlichen Welt. Bd. 4: Aufklärung und Romantik. Berlin: Propyläen 1983, S. 316–366. Darauf aufbauend stellt Beyer: Die Kunst (wie Anm. 1), S. 7, die Unterscheidung von „gelegentlich wiederkehrenden Klassizismen als Stilverhalten und dem Neo-Klassizismus als Stilepoche" zur Diskussion.

5 So könnten Goethe und Aloys Hirt, die sich gegenseitig einen zumindest irrigen Blick auf die Antike unterstellt haben, gemessen am graecozentrischen Klassizismus Winckelmanns – je nach Blickwinkel – beide als Anti-Klassizisten erscheinen. Vgl. dazu Martin Dönike: Pathos, Ausdruck und Bewegung. Zur Ästhetik des Weimarer Klassizismus 1796–1806. Berlin: de Gruyter 2005 (= Quellen und Forschungen zur Literatur- und Kulturgeschichte, Bd. 34), S. 28 und S. 90, der hierfür die Erweiterung des Klassizismuskonzepts vorschlägt. Diese Vorschläge reagieren auch auf die Herausforderung von devianten Figuren wie Wilhelm Heinse. Vgl. etwa den Band von Markus Bernauer und Norbert Miller (Hg.): Wilhelm Heinse. Der andere Klassizismus. Göttingen: Wallstein 2007.

6 Hier zit. nach der korrigierten zweiten Aufl. Johann Gottlieb Fichte: Ueber den Begriff der Wissenschaftslehre oder der sogenannten Philosophie. 2., verb. und verm. Aufl. Jena, Leipzig: Gabler 1798, S. 29.

7 Fichte geht hier von einem systematischen Begriffskosmos aus, den er auch explizit als transzendentale Voraussetzung thematisiert. Zur kulturellen Konjunktur des Systemgedankens vgl. auch Carlos Spoerhase: Der Plan. Über die literarische Form komplexer Systeme um 1800. In: Albrecht Koschorke (Hg.): Komplexität und Einfachheit. DFG-Symposion 2015. Stuttgart: Metzler 2017, S. 181–202.

Wissens über Verortungen erschlossen wird, dann sind es reziproke; wenn Polemik Handlung ist, dann eine geteilte. Auf diese Weise soll im Folgenden die ‚polemische Situation'[8] versuchsweise gelesen werden, nicht als festes Setting, sondern als mobiler Handlungsraum verschiedener Akteure – als Konstellation.[9]

1.

Seit dem ausgehenden 18. Jahrhundert mehren sich die Versuche, Literatur und Kunst in Stil-Epochen zu gliedern.[10] Die damit häufig einhergehende Reflexion auf die historische und zugleich kulturräumliche Bedingtheit der Künste[11] zeugt auch von einem verstärkt „einsetzenden historischen Bewusstsein".[12] Damit verkomplizieren sich indes die synchron geführten ästhetischen Debatten. So ist der Klassizismus (ebenso wie die unterschiedlichen auf ihn bezogenen Anti-Klassizismen) seit dieser Umbruchszeit[13] bereits mehr als

---

8   Vgl. Jürgen Stenzel: Rhetorischer Manichäismus. Vorschläge zu einer Theorie der Polemik. In: Helmut Koopmann und Franz Josef Worstbrock (Hg.): Kontroversen, alte und neue. Bd. 2: Formen und Formgeschichte des Streitens. Der Literaturstreit. Tübingen: Niemeyer 1986 (= Akten des VII. internationalen Germanisten-Kongresses 1985), S. 3–11, bes. S. 5–7.

9   Vgl. zur neueren Begriffsgeschichte die kritische Übersicht bei Andrea Albrecht: ‚Konstellationen'. Zur kulturwissenschaftlichen Karriere eines astrologisch-astronomischen Konzepts bei Heinrich Rickert, Max Weber, Alfred Weber und Karl Mannheim. In: Scientia Poetica 14 (2010), S. 104–149, die auch weitere Literatur verzeichnet.

10 Vgl. etwa Johann Heinrich Meyer: Ideen zu einer künftigen Geschichte der Kunst. In: Die Horen eine Monatsschrift. Hg. von Friedrich Schiller. 2. Stück des 1. Bandes. Tübingen 1795, S. 29–50. Zur historischen Einordnung dieser Entwicklung siehe Udo Kultermann: Geschichte der Kunstgeschichte. Der Weg einer Wissenschaft. Überarb. und erw. Neuaufl. München: Prestel 1990.

11 Perspektiven dieser Verortung um 1800 bei Claudia Keller: Lebendiger Abglanz. Goethes Italien-Projekt als Kulturanalyse. Göttingen: Wallstein 2018 (=Ästhetik um 1800, Bd. 11).

12 Werner Busch: Klassizismus, Romantik und Historismus. Einführung. In: Kunsthistorische Arbeitsblätter 1/10 (1999), S. 39–48, hier S. 48. Nach Busch sind Klassizismus und Romantik gleichermaßen vom „Historismus als Signatur der beginnenden Moderne" bestimmt. Vgl. exemplarisch die These von Volker Riedel: Zwischen Klassizismus und Geschichtlichkeit. Goethes Buch *Winckelmann und sein Jahrhundert*. In: International Journal of the Classical Tradition 13/2 (2006), S. 217–242, hier S. 242, dass Goethes Weltbild nicht „klassizistisch-statuarisch, sondern historisch-dynamisch gewesen" sei.

13 Reinhart Koselleck nennt sie, nicht zuletzt mit Blick auf die Veränderungen des historischen Bewusstseins, Sattelzeit. Vgl. Reinhart Koselleck: Einleitung. In: Otto Brunner, Werner Conze und Reinhart Koselleck (Hg.): Geschichtliche Grundbegriffe. Historisches Lexikon zur politisch-sozialen Sprache in Deutschland. Bd. 1. Stuttgart: Klett 1972, S. XIII–XXVII, und ders.: Das 18. Jahrhundert als Beginn der Neuzeit. In: Reinhart Herzog (Hg.): Epochenschwelle und Epochenbewußtsein. München: Fink 1987 (= Poetik und Hermeneutik, Bd. XII), S. 269–283.

‚Stil', mehr als der Ausdruck individueller Meisterschaft und Normerfüllung.[14] Er ist auch „ein Gewand", das „gerade in seiner historistischen Verweisdimension neues Selbstbewußtsein [...] zum Ausdruck bringt":[15] Er ist eine historisierende Geste und unterscheidet sich darin von den unmittelbaren (künstlerischen oder diskursiven) Äußerungen ästhetischer Überzeugungen. Geht man von einem solchen *self-fashioning*[16] durch künstlerische Praxis aus, das eine Eigenart historisch-reflektierter Stile bzw. ihrer ästhetischen Programmatiken seit dem beginnenden 19. Jahrhundert zu sein scheint, dann ändert der Klassizismus seine kulturelle Semantik je nach den Bezugs- oder besser noch: Abstoßungspunkten,[17] auf die er orientiert ist.

Damit kommt indes den Kontroversen in sämtlichen kulturellen Feldern seismographische Funktion zu. Insbesondere öffentliche Auseinandersetzungen gewähren dann „Einblicke in eine komplizierte literaturgeschichtliche Entwicklungssituation", und ihr Nachvollzug lässt bisweilen „das wechselvolle Neben-, Mit- und Gegeneinander eben als eine Bewegung hervortreten, deren verwickeltes und spannungsvolles Gesamt auf diese Weise recht sinnfällig gemacht werden kann."[18] Die folgende Rekonstruktion historischer Konstellationen, in denen auf streitbare Weise über Gegenstand und Form von Literatur verhandelt wurde, soll daher den Blick öffnen auf die Genese und die Umgestaltung von Oppositionen, die nur an der Oberfläche sicher und unhintergehbar scheinen. Diskursive Festigkeit erhalten sie nicht zuletzt durch die Dichotomie, die zu den bevorzugten Formen der Selbst- und Fremdcharakterisierung in den ästhetischen Debatten seit der Aufklärung gehörte. Obwohl es kaum eine Darstellungsweise gibt, die größere Affinität zur Beschneidung und Verzerrung aufweist, folgen bis weit ins 20. Jahrhundert auch

---

14   Zur Ausgestaltung des Klassizismus als einer „,gesetzgeberischen' Ästhetik" im 16. und 17. Jahrhundert vgl. Erwin Panofsky: Idea. Ein Beitrag zur Begriffsgeschichte der älteren Kunsttheorie (1924). In: Ernst Cassirer: Eidos und Eidolon / Erwin Panofsky: Idea. Hg. und mit einem Nachwort von John Michael Krois. Hamburg: Philo Fine Arts 2008, S. 51–301, hier S. 149.
15   Busch: Klassizismus (wie Anm. 12), S. 48.
16   Vgl. dazu auch Stephen Greenblatt: Renaissance Self-Fashioning. From More to Shakespeare. Chicago, London: Univ. of Chicago Press 2005, hier S. 5, der Handlungen und Poetologien eine ähnliche Zeichenbedeutung beimisst, wie den Werken selbst: „Social actions are themselves always embedded in systems of public signification, always grasped, even by their makers, in acts of interpretation".
17   Vgl. Greenblatt: Renaissance Self-Fashioning (wie Anm. 16), S. 9: „Self-fashioning is achieved in relation to something perceived as alien, strange, or hostile. This threatening Other [...] must be discovered or invented in order to be attacked and destroyed."
18   Hans-Dietrich Dahnke und Bernd Leistner: Vorbemerkung. In: Dies. (Hg.): Debatten und Kontroversen. Literarische Auseinandersetzungen in Deutschland am Ende des 18. Jahrhunderts. Bd. 1. Berlin, Weimar: Aufbau 1989, S. 9–12, hier S. 10.

die meisten wissenschaftlichen Versuche, den Klassizismus als Stil, Epoche oder ‚Geisteshaltung' zu umreißen, der Logik des Begriffspaars. Wenn in der Folge auch in diesem Beitrag antiklassizistische Polemiken untersucht werden, dann nicht als neuerlicher Versuch, das ‚Wesen' des Klassizismus zu ergründen, sondern lediglich, um die Reichweite und Wandelbarkeit seiner (agonalen) kulturellen Semantik zu erkunden.[19]

Die Menge der Verkürzungen und Fokussierungen, die sich aus der Bestimmung durch den Gegenbegriff ergeben können, macht bereits Fritz Strichs einflussreicher Versuch deutlich, die literarhistorische Opposition von „Deutsche[r] Klassik und Romantik" mit einer allgemeinen „Grundidee[] aller menschlichen Kultur und Kunst" gleichzusetzen. So bestimmt er in seinem schon 1922 zuerst erschienenen Buch „Ewigkeit" zum „oberste[n] Grundbegriff menschlicher Kultur",[20] und postuliert gleich anschließend zwei Möglichkeiten, sie ästhetisch zu erreichen – man kann es leicht erraten: „Vollendung und Unendlichkeit".[21] „Auf welche von ihnen der letzte Trieb des Geistes gerichtet ist, in welche er sich erlösen möchte, das entscheidet den Charakter des Stils."[22] Strich führt damit die Skalierungsbewegung, die bei den genialen Individuen der Renaissance begann und sich wenig zuvor bei Wölfflin[23] und Spengler[24] bereits beschleunigte, zu ihrem Ende, indem er die verschiedenen Stile zu Emanationen desselben allgemeinmenschlichen Triebes stilisiert.

---

19   Damit soll nicht zugleich behauptet sein, dass sich keine typischen Merkmale in Werken des Klassizismus ausmachen ließen. Durch die Rekonstruktion spezifischer Konstellationen kann aber bisweilen sichtbar gemacht werden, was Selbstbeschreibungen meist verdecken. So kann etwa, wie Britta Herrmann: Körper/formen: die Schönen, die Monster und die Kunst. In: Roland Borgards, Christiane Holm und Günter Oesterle (Hg.): Monster. Zur ästhetischen Verfassung eines Grenzbewohners. Würzburg: Königshausen & Neumann 2010 (= Stiftung für Romantikforschung, Bd. 48), S. 169–190, hier S. 188, festgestellt hat, die romantische Kritik an den Körperdarstellungen auch das Monströse freilegen, „das im klassizistischen Konzept selbst versteckt ist."
20   Fritz Strich: Deutsche Klassik und Romantik oder Vollendung und Unendlichkeit. Ein Vergleich. Bern, München: Francke ⁵1952, S. 22.
21   Ebd., S. 22.
22   Ebd., S. 22.
23   Bei Heinrich Wölfflin: Kunstgeschichtliche Grundbegriffe. Das Problem der Stilentwicklung in der neueren Kunst. München: Bruckmann 1915, S. 6, tritt neben den persönlichen Stil auch „der Stil der Schule, des Landes, der Rasse."
24   Nach Oswald Spengler: Der Untergang des Abendlandes. Umrisse einer Morphologie der Weltgeschichte. Erster Band. München: Beck 1920, S. 284, folgen Stile einer kollektiven Notwendigkeit, die noch die geläufigen Imaginationen des Schöpferischen umkehren: „Stile folgen nicht aufeinander wie Wellen und Pulsschläge. Mit der Persönlichkeit einzelner Künstler, ihrem Willen und Bewußtsein haben sie nichts zu schaffen. Im Gegenteil,

Diese beiden Ewigkeitstriebe sind jene zeitlosen, jedoch in Raum und Zeit nur in unendlicher Verwandlung wiederkehrenden Triebe des Menschentums, welche den Mensch zum Menschen, den Geist zum Geiste machen, und welche die Geschichtswissenschaft als Grundbegriffe bezeichnet. Sie bilden kraft ihrer Gegensätzlichkeit die innere Polarität des Geistes, die der letzte Antrieb aller geistigen Entwicklung und Geschichte ist und sich im rhythmischen Wechsel und Wandel der Stile immer wieder zur Entscheidung bringen muß.[25]

Diesem Entwurf einer Kulturontologie entsprechend tendiert auch jede individuelle Literaturproduktion – bei Strich eher noch: jeder Literatur-*produzent*[26] – zu einem der beiden Pole; und es ergeben sich daraus wie von selbst die beiden literaturhistorischen Kollektivsingulare von ‚Klassik' und ‚Romantik'. Die bei Strich weitgehend sortenreine Zuordnung erfolgt konsequenterweise auch nicht in erster Linie über die poetischen Eigenarten der Werke,[27] sondern zumindest auch durch die Unterschiede in den Dichterleben, ihrer Inszenierung und Selbstwahrnehmung. Es sei daher die „Eigentümlichkeit des romantischen Lebens, daß es in keinem Augenblick ganz ist, wie das Leben Goethes, daß es sich nicht in klar voneinander abgesetzte und in sich geschlossene Perioden gliedert, wie das Leben Schillers".[28] Während daher Goethes Leben immer schon eine Einheit bildete[29] und seine stilistischen wie generischen Experimente harmonisch aufeinander folgten, sei das romantische „Leben und Lebensgefühl" – er nennt als Beispiele neben

---

       das Medium des Stils liegt seinerseits dem Phänomen der künstlerischen Individualität a priori zugrunde. Der Stil ist wie die Kultur ein Urphänomen im strengsten Sinne Goethes".

25   Strich: Deutsche Klassik (wie Anm. 20), 22f.

26   Strich, ist es insgesamt mehr um die Mentalitäten von Autoren als um die Struktur von Werken zu tun. Der „klassische Mensch" (ebd., S. 24) und der „romantische Geist" (S. 25) sind in konkreten Leibern verortet, die sich entlang „dieser ewig menschliche[n] Polarität der Geistesströmungen" (S. 29) anordnen.

27   Wenn er es tut, dann häufig in problematischer Weise. Dass das einer Programmatik folgt, zeigt die Frage bei Strich, ob „Sprache überhaupt dem klassischen Geiste zum vollen Ausdruck dienen kann", zumal seine „letzte Intention [...] immer Raumgestalt" und die Sprache der Dichtung nur defizitäre Plastik sei (ebd., S. 165f.).

28   Ebd., S. 74.

29   Vgl. ebd., S. 24, wo Goethe als ‚klassischer Mensch' entworfen wird, der es vermag, „was ewig und das heißt für ihn: vollendet ist, schon in der Zeit, im Strom des Lebens zu erleben und zu gestalten." Zur ebenfalls auf enger Verschränkung von Kunst und Leben beruhenden These, dass Goethe Augenblicke als „blitzartiges Aufleuchten von Transzendenz, also von Zeitlosigkeit" bzw. als einen „Moment, wo vergangene und zukünftige Zeit ineinanderstürzen" sowohl erfahren wie gestaltet hat, vgl. Bruno Hillebrand: Ästhetik des Augenblicks. Der Dichter als Überwinder der Zeit – von Goethe bis heute. Göttingen: Vandenhoeck & Ruprecht 1999 (= Kleine Reihe V&R, Bd. 4011), S. 26. Dagegen wäre der Augenblick bei ‚den Romantikern' mit der „mystisch-spekulativen Erfahrung von Unendlichkeit" verknüpft gewesen (ebd., S. 53).

Novalis und Friedrich Schlegel auch Kleist und Hölderlin – „eben immer und notwendig Leid."[30]

In Strichs Zurichtung entkommt man seinem Schicksal also nicht: Als Emanation eines „Ewigkeitstriebe[s]" formen Klassik und Romantik, ebenso wie Klassizismus und Antiklassizismus,[31] die Leben der Dichter – ihre Werke sind daher auch keine Positionsnahmen in einem spezifischen historischen Raum, sondern folgen einem biographischen Diktat. Polemiken können in dieser Perspektive keine wirklichen Aushandlungen, Positionierungen oder *self-fashionings* darstellen, sondern nur Effekte eines prinzipiell unvereinbaren, ontologischen Gegensatzes sein. Für diese scharfe Gegenüberstellung der von Heinrich Wölfflin[32] übernommenen und weiterentwickelten ‚Grundbegriffe' hat Strich bereits zeitgenössisch so viel Kritik erhalten, dass sich an dieser Stelle darauf verzichten lässt, sie noch zu vermehren. Anhand seines Versuches sollte auch lediglich verdeutlicht werden, welche Probleme sich aus solchen ins Grundsätzliche gezogenen Frontstellungen ergeben. Dennoch sind diese Oppositionen bis heute ebenso geläufig, wie die unproblematische Bündelung von Werken zu Œuvres, die metonymisch mit ihren Urhebern in eins fallen, und die Zusammenziehung von mehreren Autoren zu ‚Strömungen', die an geeigneten Stellen schäumend aufeinanderprallen. Wenn ich im Folgenden vorschlage, Polemik als Konstellation zu begreifen,[33] dann nicht zuletzt, um sichtbar zu machen, dass Streit nicht immer nur Effekt verschiedener

---

30   Strich: Deutsche Klassik (wie Anm. 20), S. 75.

31   Die wechselseitigen Polemiken, die man um 1800 zwischen Frühromantikern und ‚Klassikern' ausmachen kann, sprechen für ein solches agonales Verhältnis. Es besteht sicherlich zwischen den beiden Gruppierungen von Autoren, mithin zwischen exemplarischen Vertretern dieser beiden Epochen; es wird aber zudem durch die jeweiligen (ästhetischen wie kunstpolitischen) Funktionalisierungen von Klassik und Klassizität bestimmt. Zu den unterschiedlichen Konnotationen von ‚Klassik' als Epochen- und Stilbegriff bzw. als kunstsystematischer Begriff vgl. Bernadette Collenberg-Plotnikov: Klassik/Klassizismus. In: Helmut Reinalter und Peter J. Brenner (Hg.): Lexikon der Geisteswissenschaften. Sachbegriffe – Disziplinen – Personen. Wien u.a.: Böhlau 2011, S. 397–405, die auch den Begriff des Klassizismus dazu ins Verhältnis zu setzten versucht. Der Beitrag ist zwar hilfreich, zeigt aber deutlich die Wandelbarkeit der Begriffe und zugleich ihre große kulturelle Bedeutung und Leistungsfähigkeit auf, die den Ausgangspunkt meiner Überlegungen bildeten.

32   Vgl. Wölfflin: Kunstgeschichtliche Grundbegriffe (wie Anm. 23), S. 10, wonach im Unterschied zur Renaissance-Klassik das Barock „nicht mehr das Vollkommene und Vollendete, sondern das Bewegte und Werdende, nicht das Begrenzte und Faßbare, sondern das Unbegrenzte und Kolossale" ausdrücke.

33   Der Begriff dient hier „zur Bezeichnung einer mehrstelligen Beziehungsstruktur, das heißt eines Ensembles differenter (politischer, ökonomischer oder kultureller) Positionen und Faktoren, die – zumindest in der Wahrnehmung des Beobachters – einen dynamischen, veränderbaren Wirkungszusammenhang bilden und auch nur aus diesem relationalen

Ansichten und Überzeugungen ist, sondern selbst auch allererst Positionen begründen, Gruppen bilden und umbilden kann.[34] Zugleich können kontextuelle Veränderungen – unter die markante Verschiebungen in rezeptionsleitenden Akteurskonstellationen ebenso zu rechnen sind wie die gleichzeitige Veröffentlichung weiterer Texte – zu Polemisierung führen und eine zuvor nicht oder wenig streitbare Äußerung im veränderten Zusammenhang als Polemik erscheinen lassen.

Sprechen erzeugt eben nicht nur wörtliche Bedeutung, sondern es ist auch Teil „einer Tätigkeit, oder einer Lebensform".[35] Schließt man an diese Bemerkung Wittgensteins an, dann rückt die Beweglichkeit und der Handlungscharakter auch von Texten in den Blick. In Karlheinz Stierles Entwurf einer Literaturwissenschaft als Handlungswissenschaft, der bedauerlicherweise bisher wenig Resonanz gefunden hat, wird genau diese Kontextabhängigkeit literarischer Kommunikation zum Ausgangspunkt genommen: Gegenstand des Verstehens sei „nicht einfach die Relation von Handlung und Sinn, sondern ihre Vermittlung durch ein Handlungsschema, das über die einzelne Handlung hinausreicht und diese allererst ,orientiert'."[36] Stierle meint damit zwar in erster Linie den ,pragmatischen Kontext', den bestimmte Sprechgattungen wie die ,populärwissenschaftliche Darstellung' eröffnen.[37] Was damit aber zugleich angesprochen wird, ist das Problem, dass es neben den individuellen Tätigkeiten und Absichten auch noch ,soziale Praktiken'[38] gibt, die unterschiedliche kollektive bzw. (text-)kulturelle Frames darstellen, in denen sich diese Handlungen vollziehen. Wie ihre Text-Handlungen ausgerichtet und wie sie aufgefasst werden, das ist den Verfassern damit in gewisser Weise aus der Hand genommen, denn sie können zwar die Handlungsschemata antizipieren, aber nicht mehr kontrollieren. Nicht was ein Schreibender *wollte*, rückt somit

---

    Zusammenhang heraus angemessen erklärt oder verstanden werden können" (Albrecht: ,Konstellationen' (wie Anm. 9), S. 107).

34 So wird etwa die „Ableitung der nazarenischen Kunst aus der frühromantischen Literatur", die Frank Büttner: Der Streit um die „neudeutsche religios-patriotische Kunst". In: Aurora 43 (1983), S. 55–76, hier S. 54, bemerkt, erst in dem von Johann Heinrich Meyer und Johann Wolfgang Goethe kollaborativ verfassten und mit W.K.F. (Weimarische Kunstfreunde) signierten Aufsatz Neu-deutsche religios-patriotische Kunst (in: Ueber Kunst und Alterthum, 2. H, 1816, S. 5–62) vorgenommen, der schon von den Zeitgenossen als scharfe Polemik wahrgenommen wurde.

35 Vgl. Ludwig Wittgenstein: Philosophische Untersuchungen. Frankfurt a.M.: Suhrkamp 1967, § 23, S. 24, wo zwar nicht der Streit, aber doch das Fluchen und das Geschichtenerfinden exemplarisch genannt werden.

36 Karlheinz Stierle: Text als Handlung. Perspektiven einer systematischen Literaturwissenschaft. München: Fink 1975 (= UTB, Bd. 423), S. 15.

37 Vgl. ebd., S. 31.

38 Vgl. Rahel Jaeggi: Kritik von Lebensformen. Berlin: Suhrkamp 2014 (= Suhrkamp Taschenbuch Wissenschaft, Bd. 1987), S. 94–103.

ins Zentrum des Interesses, sondern wie das Geschriebene zu welchem Zeitpunkt und an welcher Stelle des kulturellen Feldes *wirkte*. An die Stelle der Rekonstruktion von Äußerungsintentionen, die sich meist auf wenig mehr als den Glauben in die eigenen mantischen Fähigkeiten stützen kann, müsste dann die Analyse von häufig recht unübersichtlichen und weitgestreuten Konstellationen treten. Erst eine solche möglichst genaue Situierung macht nachvollziehbar, wer an welcher Stelle etwa als Klassizist oder Klassizistin erscheint – und ob er oder sie sich von dieser Prädikation geschmeichelt fühlen sollte.

2.

Damit ist meiner Untersuchung exemplarischer Streitigkeiten in verschiedenen kulturellen Räumen zwischen den beiden literaturhistorischen Gravitationsfeldern ‚um 1800' und ‚um 1900' bereits das Fundament gelegt. Gegen die ontologisierende Tendenz (nicht nur) der rhetorischen Polemikforschung[39] sollen die Auseinandersetzungen hier weniger als einfache Gegebenheiten aufgespürt als vielmehr danach gefragt werden, wie sich die polemische Situation *relational* konstituiert. Während Peter von Matt den „Akt der sozialen Tötung"[40] als wesentliches Element der spezifisch literarischen Polemik postuliert, die auch Sigurd Paul Scheichl auf die „moralische oder intellektuelle Vernichtung abzielende [...] Kritik am Gegner"[41] festlegt,[42] scheint mir die Intention der Schreibenden ein ebenso prekärer Ausgangspunkt für die Erkundung möglicher Funktionen und Figurationen von Polemik zu sein[43] wie die kategoriale

---

39 Vgl. exemplarisch Stenzel: Rhetorischer Manichäismus (wie Anm. 8), der dem Autor der Polemik fast uneingeschränkte Herrschaft über die ‚polemische Situation' einräumt.

40 Peter von Matt: Grandeur und Elend literarischer Gewalt. Die Regeln der Polemik. In: ders.: Das Schicksal der Phantasie. Studien zur deutschen Literatur. München: DTV 1996, S. 35–42, hier S. 35.

41 Sigurd Paul Scheichl: [Art.] Polemik. In: Jan-Dirk Müller u.a. (Hg.): Reallexikon der deutschen Literaturwissenschaft. Neubearbeitung des Reallexikons der deutschen Literaturgeschichte. Bd. III. Berlin, New York: de Gruyter 2007, S. 117–120, hier S. 117.

42 Gegen diese in den Texten auffindbaren Tendenzen stehen indes die von Walther Dieckmann: Streiten über das Streiten. Normative Grundlagen polemischer Metakommunikation. Tübingen: Niemeyer 2005 (= Konzepte der Sprach- und Literaturwissenschaft 65), S. 155, aufgearbeiteten metakommunikativen Verbote, „die Person des Gegners zu diskreditieren".

43 Vgl. auch Dagmar Ellerbrock u.a.: Invektivität – Perspektiven eines neuen Forschungsprogramms in den Kultur- und Sozialwissenschaften. In: Kulturwissenschaftliche Zeitschrift 2/1 (2017), S. 3–24, hier S. 8f.

Trennung von „sachlicher Argumentation" und unsachlicher Polemik".[44] So ist es gewiss schon nicht immer einfach, den Willen zum Streit und den ins Visier genommenen Gegner zweifelsfrei zu bestimmen. Immerhin ist beides erst nachträglich aus streitbaren Texten herauszulesen,[45] die sich in Neuzeit und Moderne verstärkt als kunstvolle, wenn nicht zugleich auch künstlerische Rede verstehen;[46] und es wird sich nicht immer einfach entscheiden lassen, wo Parodien oder Satiren in Invektiven übergehen.[47] Zwar sind „Angriffsrede" und „streitbare Meinungsäußerung" gewiss nicht so gleichbedeutend, wie Andrea Albrecht behauptet;[48] man wird indes den Vektor, die Gerichtetheit, die die beiden unterscheidet, erst herausarbeiten müssen und die Texte so an den jeweiligen Begriffen und Konzeptionen von Polemik in ihrer Entstehungs- und Verbreitungszeit zu messen haben. Denn die Grenze des gesellschaftlich Akzeptierten unterliegt derselben historischen Spezifik und Wandelbarkeit wie die ‚Regeln des verbalen Spiels',[49] nach denen öffentlicher Streit überhaupt funktioniert.

---

44 So Steffen Haßlauer: Polemik und Argumentation in der Wissenschaft des 19. Jahrhunderts. Eine pragmalinguistische Untersuchung der Auseinandersetzung zwischen Carl Vogt und Rudolph Wagner um die ‚Seele'. Berlin, New York: de Gruyter 2010, S. 1.

45 Nach Georg Braungart und Harry Mathias Albrecht: [Art.] Polemik. In: Religion in Geschichte und Gegenwart. Online. Zuletzt abgerufen am 25.9.2020 <http://dx.doi.org/10.1163/2405-8262_rgg4_COM_024412>, ist der Begriff der Polemik auf den Bereich des Schriftlichen und damit der mittelbaren Kommunikation eingeschränkt; er bezeichne „Texte, die im Zusammenhang eines öfftl. ausgetragenen und meist personenbezogenen Streites stehen."

46 Vgl. Hermann Stauffer: [Art.] Polemik. In: Gert Ueding (Hg.): Historisches Wörterbuch der Rhetorik. Bd. 6. Tübingen: Niemeyer 2003. Sp. 1403–1415, hier Sp. 1403.

47 Ob deren Überschreitung zu den konstitutiven Merkmalen der Polemik zählt, wäre zu fragen. Vgl. Andreas Stuhlmann: „Die Literatur – das sind wir und unsere Feinde". Literarische Polemik bei Heinrich Heine und Karl Kraus. Würzburg: Königshausen & Neumann 2010 (= Epistemata. Reihe Literaturwissenschaft, Bd. 594), S. 29f.

48 Andrea Albrecht: Polemik. In: Ute Frietsch und Jörg Rogge (Hg.): Über die Praxis des kulturwissenschaftlichen Arbeitens. Ein Handwörterbuch. Bielefeld: Transcript 2013 (= Mainzer Historische Kulturwissenschaften, Bd. 15), S. 306–310.

49 Hier gilt gewiss in analoger Weise, was Roland Barthes: Die alte Rhetorik [1970]. In: ders.: das semiologische Abenteuer. Frankfurt a.M.: Suhrkamp 1988, S. 15–95, S. 43, von der stellvertretenden Kastration in der mittlerweile ‚ausgestorbenen' Disputation schreibt: Trotz aller Veränderungen in den spezifischen Artikulationsweisen bleibt „das Problem der *Regeln* (Übereinkünfte, Etiketten) des verbalen Spiels" weiter bestehen. Vgl. dazu den wichtigen Begriff der „illusio", den Pierre Bourdieu: Die Regeln der Kunst. Genese und Struktur des literarischen Feldes. Frankfurt a.M.: Suhrkamp 1999, S. 360–365, näher bestimmt. Er bezeichnet im Wesentlichen den geteilten „Glauben an das Spiel, das Interesse an ihm und an dem, was dabei auf dem Spiel steht," der zugleich „die Voraussetzung für das Funktionieren" darstellt (ebd., S. 360).

Damit erhalten Polemiken einen zeitlichen Index, durch den sie in bisweilen spannungsreichen diskursiven Konstellationen verortet werden können. So hat etwa die deutsche Aufklärung versucht, insbesondere den Gelehrtenstreit von der persönlichen Polemik zu reinigen, gerade dadurch aber die Tendenz befördert, sich in die „Konturlosigkeit des Meinens und Räsonierens zu verlieren."[50] Diese weitgehende Zurückhaltung und textuelle Dezenz ermöglichte es indes gewandten Schriftstellern wie Gotthold Ephraim Lessing, mit ihren zum Teil höchst kunstvollen Übergriffen zu reüssieren.[51] Schon in der Vorrede zu *Wie die Alten den Tod gebildet* von 1769 kokettiert er offen damit, dass das publizistische Zanken damals „etwas so unmanierliches geworden" sei.[52] Er verortet sich damit zunächst deutlich in einer spezifischen historischen Situation – und nutzt diese zugleich für die eigene Positionierung als Verfasser.[53] Indem Lessing die herrschende „Politesse" erwähnt, wird seine *Entscheidung*[54] für die Streitschrift in diesem Zusammenhang zum Bürgen seiner Aufrichtigkeit: Denn der von ihm gewählte polemische Ton „ist der Eigenliebe und dem Selbstdünkel so unbehäglich! Er ist den erschlichenen Namen so gefährlich!"[55]

Während in diesem Fall schon der metakommunikative Einsatz mit Nachdruck ausstellt, dass es sich um eine Polemik handelt (und handeln soll), ist dies bereits bei gleichzeitigen, aber dezenteren Zänkereien unter Aufklärern nicht mehr so eindeutig festzustellen. Umgekehrt gibt etwa Alexander Kruska zu bedenken, dass ein heute „polemisch erscheinender Text eben durchaus

---

50   Günter Oesterle: Das „Unmanierliche" der Streitschrift. Zum Verhältnis von Polemik und Kritik in Aufklärung und Romantik. In: Worstbrock/Koopmann: Kontroversen (wie Anm. 8), S. 107–120, hier S. 113.

51   Lessings Kritik diente, nach Friedrich Vollhardt: Lessings Kritik. In: Zeitsprünge. Forschungen zur Frühen Neuzeit 19 (2015), Heft 1–4: „Theologisch-polemisch-poetische Sachen". Gelehrte Polemik im 18. Jahrhundert. Hg. von Kai Bremer und Carlos Spoerhase, S. 293–311, hier S. 298, in erster Linie „der Unterscheidung von Positionen, weniger deren Vermittlung."

52   Gotthold Ephraim Lessing: Wie die Alten den Tod gebildet: eine Untersuchung. Berlin: Voß 1769, unpag. Vorrede.

53   Zur Selbststabilisierungsfunktion „polemischer Autorschaft" vgl. auch Dirk Rose: Polemische Moderne. Stationen einer literarischen Kommunikationsform vom 18. Jahrhundert bis zur Gegenwart. Göttingen: Wallstein 2020, hier S. 53.

54   Zur strukturellen Bedeutung von Entscheidungen vgl. auch Ernst H. Gombrich: Criteria of Periodization in the History of European Art III: A Comment on H. W. Janson's Article. In: New Literary History (1970), 1/2, S. 123–125.

55   Lessing: Wie die Alten den Tod gebildet (wie Anm. 52), unpag. Vorrede. Wobei das hier stärker für die Gegenstände der Polemik als für den Polemiker selbst zu gelten scheint.

nicht im gleichen Sinne polemisch *gemeint* sein" musste.[56] Das wirft die Frage nach den Grenzfällen auf. Wäre etwa noch als Polemik zu bezeichnen, was zwar als eine gedacht, aber nie oder nicht von der richtigen Person als solche verstanden wurde? Solange man Listen mit Kriterien zusammenstellt, wie sie bei der älteren Gattungstheorie beliebt waren,[57] lassen sich problemlos streitbare oder provokative Texte finden, die sie erfüllen. Ob sie aber auch innerhalb der jeweiligen Textkultur in der Lage waren, tatsächlich als Polemik zu fungieren, ist damit noch lange nicht entschieden. Hält man es mit Walter Benjamin, so reicht jedenfalls der „provokatorische Ton"[58] nicht hin, wenn dem Verfasser jene „Autorität" fehlt, „die die Polemik [...] verlangt."[59] Diese Einbeziehung sozialer Rollen und ihrer Handlungsmöglichkeiten regt zu einer weiteren Differenzierung an: Nicht jede schriftliche Invektive ist zugleich eine Polemik unter Schriftstellern.

Damit öffnet Benjamin bereits 1932 die Perspektive auf einen entscheidenden Aspekt, der dennoch bis heute in der Polemikforschung kaum diskutiert wurde: die Bedingung der Möglichkeit von Polemik.[60] Mit der Frage, wann *erfolgreich* polemisiert wird, rückt zugleich das kulturelle Feld, in dem

---

56   Alexander Kruska: Die Polemik der Restauration. Metapolemische und ideengeschichtliche Betrachtungen zum Initialband der Restaurationsschrift Karl Ludwig von Hallers. Bielefeld: Transcript 2019, S. 31.

57   Dass sie es auch bei Teilen der jüngeren noch sind, zeigt exemplarisch Benjamin Gittel: Lässt sich literarischer Wandel erklären? Struktur, Gültigkeitsbedingungen und Reichweite verschiedener Erklärungstypen in der Literaturgeschichtsschreibung. In: Journal of Literary Theory 10/2 (2016), S. 303–344.

58   Walter Benjamin: [Rez.] Jemand meint. Zu Emanuel Bin Gorion, „Ceterum Recenseo". In: ders.: Gesammelte Schriften. Bd. III. Hg. von Hella Tiedemann-Bartels Frankfurt a.M.: Suhrkamp 1972, S. 360–363, hier S. 362.

59   Ebd., S. 363. Benjamin meint sogar, es gebe für den „wirklichen Polemiker [...] zwischen Persönlichem und Sachlichem gar keine Grenze. [...] Ihm ist die Kunst vertraut, die eigene Meinung so virtuos und bis in ihre letzten Konsequenzen zu verfolgen, daß der gesamte Vorgang umschlägt und die fast idiosynkratische Betonung der privaten Standpunkte, Vorurteile und Interessen zu einer schonungslosen Invektive gegen die herrschende Gesellschaft wird" (ebd., S. 361). Auf diesem Grundsatz der autoritativen Personenrede beruht auch Benjamins Polemik-Definition, deren eigener polemischer Charakter häufig übersehen wird. An neunter Stelle der Thesenliste heißt es bei Walter Benjamin: Die Technik des Kritikers in dreizehn Thesen. In: ders.: Einbahnstrasse. Berlin: Rowohlt 1928, S. 35: „IX Polemik heißt, ein Buch in wenigen seiner Sätze vernichten. Je weniger man es studierte, desto besser. Nur wer vernichten kann, kann kritisieren."

60   Vgl. etwa die systematische Untersuchung von Dieckmann: Streiten über das Streiten (wie Anm. 42), sowie den in seinen Einzelstudien durchaus erhellenden Sammelband: Zeitsprünge. Forschungen zur Frühen Neuzeit 15 (2011), Heft 2/3: Gelehrte Polemik. Intellektuelle Konfliktverschärfungen um 1700. Hg. von Kai Bremer und Carlos Spoerhase, die indes relativ geringen Wert auf die Erkundung der jeweiligen Rahmungen legen.

eine Äußerung getätigt wird, sowie die Position des Verfassers, die bedingt, von wem er auf welche Weise wahrgenommen werden kann, in den Blick.[61] In Anlehnung an Pierre Bourdieu, der den Erfolg eines Kunstwerks differenziert nach den kulturellen Orten, an denen er sich vollzieht, könnte man auch für die (insbesondere literarische) Polemik annehmen,[62] dass sie nicht immer in den beiden Subfeldern der Massen- und der ‚eingeschränkten' Produktion gleichermaßen erfolgreich ist – und es bisweilen auch gar nicht sein soll. Zugleich regeln die unterschiedlichen Subfelder auch die Möglichkeiten und Grenzen der Sagbarkeit. Emphatisch Autonomie beanspruchende Künstler können sich meist nur unter Verlusten in die Auseinandersetzungen über ihre Werke einmischen,[63] während in gelehrten und späterhin wissenschaftlichen Kontexten für Kritik wie Polemik zuallererst die Satisfaktionsfähigkeit (etwa durch die facheinschlägige Promotion oder die Anbindung an bestimmte Institutionen) gegeben sein muss.

Die feldspezifische Anpassbarkeit der Regeln jenes Spiels, als das Polemik schon in der frühen Neuzeit zu begreifen ist,[64] veranschaulicht wiederum bereits das Beispiel Lessings, der in seinen Polemiken gar nicht als literarischer Autor auftritt, sondern etwa als antiquarisch (contra Klotz) oder theologisch (contra Goeze) Gelehrter.[65] Auf das Auseinanderstehen dieser Rollen weist

---

61 Vgl. dazu auch die Darstellung der Kontroverse zwischen Barthes und Picard bei Pierre Bourdieu: Zur Soziologie der symbolischen Formen. Frankfurt a.M.: Suhrkamp [4]1991 (= Suhrkamp Taschenbuch Wissenschaft, Bd. 107), S. 112–115, und ders.: Homo academicus. Frankfurt a.M.: Suhrkamp 1992 (= Suhrkamp Taschenbuch Wissenschaft, Bd. 1002), S. 193–197.

62 Vgl. Bourdieu: Die Regeln der Kunst (wie Anm. 49), S. 344f.

63 Carlos Spoerhase und Kai Bremer: Rhetorische Rücksichtslosigkeit. Problemfelder der Erforschung gelehrter Polemik um 1700. In: Zeitsprünge (wie Anm. 60), S. 111–122, hier S. 121, weisen zudem darauf hin, dass sich schriftliche Polemik generell an einen Kontrahenten richte, „der erstens nicht Adressat ist und zweitens kein Recht auf eine *direkte* Replik beanspruchen kann."

64 Die „Normen" des schriftlichen Streits seit dem 18. Jahrhundert erkundet Dieckmann: Streiten über das Streiten (wie Anm. 42). Verpönt sind ihm zufolge etwa die Verfälschung des opponierenden Standpunkts (S. 180), daran anschließend die absichtliche Lüge (S. 185) oder das Veröffentlichen vertraulicher Informationen (S. 198). Historisch haben sich die Regeln vor allem seit der Aufklärung verändert, so dass etwa die langen „Streitschriftenketten", die die neuzeitlichen theologischen Polemiken prägten, zusehends abnahmen. Vgl. Martin Gierl: [Art.] Polemik, theologische. In: Friedrich Jäger (Hg.): Enzyklopädie der Neuzeit. Bd. 10. Stuttgart, Weimar: Metzler 2009, Sp. 78–84, hier Sp. 83.

65 Die Polemiken seiner Gegner zielen bisweilen auch darauf, ihm die Expertise abzusprechen, wenn etwa in einer am Rande der Kontroverse erschienen Rezension ausgestellt wird, dass Lessing Missverständnissen aufsitze, weil er nicht einmal Hebräisch verstehe. Vgl. dazu Johann Melchior Goeze: Leßings Schwächen. Das erste Stück.

auch der Hamburger Hauptpastor Goeze (selbst polemisch) hin, wenn er seinen Kontrahenten erinnert, dass die literarische Kritik seine polemischen Unternehmungen keineswegs billige:

> [S]orgen Sie doch wenigstens für Ihre Ehre und Ihren guten Nahmen, und bemerken Sie doch, wie sehr Ihre sonst lieben Getreuen, die Zeitungsrecensenten, die allezeit den höchsten Ton, den sie aus ihrer Trompete herausbringen konten, angaben, wenn eine Minna, oder eine Emila, von Ihnen erschien, gegenwärtig zurücke halten, und schließen sie daraus auf die Urtheile solcher Männer, die unpartheyischer und richtiger denken.[66]

Damit rücken schon seit dem 18. Jahrhundert immer wieder die Handlungsmöglichkeiten in den Fokus, die der jeweils beanspruchten ‚Identität' des Verfassers zukommen.[67] Zugleich stellt es gewiss eine der größten Herausforderungen einer ‚modernen Polemik' dar,[68] die Position des Verfassers in der charakteristischen Schriftmedialität zu kodieren.

Vor diesem Hintergrund wird die seit etwa zweihundert Jahren bestens etablierte Opposition von Klassik und Romantik für den deutschsprachigen Raum zunehmend fragwürdig. Neuere Untersuchungen konnten zeigen, wie beide Strömungen mit unterschiedlichen Mitteln auf die Herausforderungen derselben beginnenden Moderne reagierten. So hat Helmut Pfotenhauer schon vor der Jahrtausendwende auf die klassizismus*internen* Modernisierungstendenzen hingewiesen und ausgestellt, dass etwa Karl Philipp Moritzens „Auseinandersetzung mit dem Klassizismus in dessen eigenem Feld", also die Selbstreflexion der klassizistischen Position, als „eine frühe Moderne ohne deren Namen" zu betrachten sei.[69] Mit großem Nachdruck und anhand vieler Beispiele hat dann Sabine Schneider gegen das Stereotyp einer innovatorischen Vorreiterschaft der jüngeren Generation und für die Gleichursprünglichkeit

---

    Hamburg: Harmsen 1778, S. 12). Einen konzisen Überblick bieten Wilfried Barner u.a.: Lessing. Epoche – Werk – Wirkung. München: Beck [6]1998, S. 181–183.

66 Goeze: Leßings Schwächen (wie Anm. 65), S. 6.

67 Zum Wechsel zwischen verschiedenen „network domains" und den dazugehörigen Identitäten vgl. Harrison C. White: Identity and Control. How Social Formations Emerge. 2nd ed. Princeton, Oxford: Princeton University Press 2008.

68 Vgl. ausführlich Rose: Polemische Moderne (wie Anm. 53), der Polemik dezidiert als ‚literarische Kommunikationsform' entwirft.

69 Helmut Pfotenhauer: Klassizismus als Anfang der Moderne? Überlegungen zu Karl Philipp Moritz und seiner Ornamenttheorie. In: Ars naturam adiuvans. Festschrift für Matthias Winner. Hg. von Victoria v. Flemming und Sebastian Schütze. Mainz: von Zabern 1996, S. 583–597, hier S. 595.

der ästhetischen Moderne aus den konkurrierenden Modellen der Klassik und Romantik argumentiert.[70]

Diese Neuperspektivierung war insofern folgenreich, als in den Literaturwissenschaften zwar schon davor ein normativer, im Verdacht nationaler Ideologisierung stehender Klassikbegriff problematisiert und durch das scheinbar neutralere Konzept des ‚Klassizismus' ersetzt wurde, das mit seinen rückwärtsgewandten Implikationen indes kaum weniger prekär anmutete als sein Vorgänger. Zumal der terminologische Übergang von der Klassik zum Klassizismus selbst von der Polemik gegen ein bürgerliches Literaturverständnis getragen war. So erfolgreich dieses ideologiekritische Programm auch immer gewesen sein mag, es neigt zuletzt genauso wie die Rede von überzeitlicher ‚Klassik' zur Behinderung einer historisierenden Betrachtung der nunmehr als Klassizismen zu bezeichnenden Strömungen: Immerhin insinuiert der Begriff, dass es sich bei dem Verhältnis des Klassizismus zur Tradition um ein von Epigonalität geprägtes handelt. Klassizisten, das sind – jedenfalls in den Karikaturen, die die häufig selbsternannten ‚Modernen' von ihnen zeichnen – stets die Zu-Spät-Gekommenen; diejenigen, welche eine Ästhetik bloß imitieren, die längst ihren kulturellen Wert verloren hat. Zum Verschwinden gebracht wird damit das Rivalitätsverhältnis, das sich spätestens seit der *Querelle des Anciens et des Modernes* in vielen Rückgriffen auf Vorbilder aus der Vergangenheit ausdrückt. Gerade darin erweist sich aber etwa die ästhetische Relationalität des Weimarer Klassizismus auch als Arbeit an der Tradition, in der der eigene Anspruch auf Kanonizität mittelbar zum Ausdruck kommt.[71] Womöglich ist Klassizismus damit immer das Resultat eines polemischen Verhältnisses – zumindest aber dann, wenn er sich selbst als den Höhe- und Endpunkt der von ihm in einer Überbietungsgeste eigenhändig gezeichneten Traditionslinie imaginiert. Entlang der notorisch verunsicherten Grenze zwischen *imitatio* und *aemulatio* erscheint Klassizismus bisweilen als Antiklassik.[72]

---

70 Schneider: Klassizismus und Romantik (wie Anm. 3).
71 Zur programmatischen Behauptung der momentanen Unmöglichkeit einer deutschen Klassik vgl. Johann Wolfgang Goethe: Litterarischer Sansculottismus. In: Die Horen 1. Jg., 5. St. (1795), S. 50–56. Dass Goethe tatsächlich aber auf eine Weise an der Änderung dieses Zustands gearbeitet hat, durch die er als „Virtuose des Gesamtwerks" bezeichnet werden kann, zeigt Steffen Martus: Werkpolitik. Zur Literaturgeschichte kritischer Kommunikation vom 17. bis ins 20. Jahrhundert mit Studien zu Klopstock, Tieck, Goethe und George. Berlin, New York: de Gruyter 2007 (= Historia Hermeneutica. Series Studia, Bd. 3), hier S. 461, der auch „die Verfahren der entsprechenden Werkpolitik" herausarbeitet.
72 Vgl. dazu den Beitrag von Helmut Pfotenhauer im vorliegenden Band.

3.

Doch es scheint sich beim Klassizismus um ein mehrschichtiges Phänomen zu handeln, das sich nicht auf das stets problematische Verhältnis von Tradition und Innovation einschränken lässt. Das zeigt nicht nur die vielfache Kritik am literarhistorischen Stereotyp der Klassik – am Kanon mithin – und die Skepsis gegenüber allen mit solchen terminologischen Machtansprüchen verknüpften Narrativen. Insbesondere die vielen antiklassizistischen Angriffe verweisen darauf, dass es sich beim Klassizismus um ein komplexes Aggregat aus ganz unterschiedlichen Praxisformen und vielfältigen Kontexten handelt, das sich durch seine mannigfaltigen historischen Erscheinungsweisen sowie seine wandelbaren Bezugs- und Abstoßungspunkte kaum bändigen und keineswegs einfach stillstellen lässt. Jenseits der konzeptionellen und begrifflichen Generalisierungen werden daher erst dann produktiv neue Perspektiven eröffnet, wenn man spezifisch historische Konstellationen in den Blick nimmt, in denen klassizistische und antiklassizistische (etwa katholisch-barocke, romantische oder naturalistische) Ästhetiken profiliert werden und auf diese Weise in Erscheinung sowie in Konkurrenz zueinander treten.

Die Grundannahme ist dabei die folgende: Klassizismen und ihre Gegenbewegungen orientieren sich – wie alle historisierenden Kunstpraktiken – nicht einfach an kanonischen Formen vergangener Epochen, sondern verhalten sich stets auch in spezifischer Weise zu zeitgenössischen Diskursen und Medienentwicklungen, grenzen sich von diesen ab und provozieren wiederum Reaktionen auf die eigenen Positionierungen. Die Frontstellung von Klassizismus und Antiklassizismus ist somit nicht nur als Ergebnis divergierender ästhetischer Programmatiken, mithin als ein gleichsam notwendiger Konflikt zweier unvereinbarer Gegebenheiten zu verstehen, sondern auch als Effekt polemischer Konstellationen, die als Rahmenbedingungen und Nährboden der individuellen Auseinandersetzungen fungieren und die Positionen zu Positionierungen werden lassen. Das von unterschiedlichen Akteuren häufig selbst als ästhetische Opposition dargestellte Verhältnis, wird so lesbar als Auseinandersetzung um die Aufmerksamkeit eines sich im Wechselspiel mediengeschichtlicher Umbrüche ausdifferenzierenden Literatur- und Kunstmarktes sowie einer damit einhergehenden Diversifizierung von Öffentlichkeiten, die – als ‚Figuren des Dritten'[73] – die Arenen um die Austragungsorte

---

73   Vgl. Michel Serres: Der Parasit. Suhrkamp: Frankfurt a.M. 1981; zu möglichen Erweiterungen und Konkretisierungen siehe auch Eva Eßlinger u.a. (Hg.): Die Figur des Dritten. Ein kulturwissenschaftliches Paradigma. Berlin: Suhrkamp 2010 (= Suhrkamp Taschenbuch Wissenschaft, Bd. 1971).

der ästhetischen Kämpfe bilden. Das üblicherweise auf den Gegensatz von traditionsorientierten und progressiven Kunstformen festgelegte Verhältnis wird so um einen medien- und kunstpolitischen Aspekt erweitert. Unter den Bedingungen der zusehends schärfer werdenden Verteilungskämpfe in einem Literatur- und Kunstmarkt, der sich seit dem 18. Jahrhundert verstärkt einem breiten Publikum öffnete und sich immer weiter differenzierte, geht es dabei auch um Behauptung und Befestigung (für arrivierte Künstler) oder Infragestellung dominanter Positionen (für aufstrebende, meist jüngere Konkurrenten).[74]

Dass künstlerische Hervorbringungen stets auch als Einsätze in einem Kampf um Anerkennung, Einfluss und gesetzgebende Gewalt zu sehen sind, hat Pierre Bourdieu ausführlich gezeigt und dabei diesen symbolischen Kampfplatz auf den sehr einprägsamen metaphorischen Begriff des Feldes gebracht. In *Die Regeln der Kunst* hat er zunächst auf den bedeutsamen „Gegensatz von Positionsinhabern und entsprechenden Anwärtern" hingewiesen,[75] den er zwar als eine strukturelle Konstante des Feldes betrachtet, aber keineswegs statisch denkt: Vielmehr ist dieser Gegensatz zugleich ein zentrales Element der Dynamik des Feldes, da er ganz wesentlich auf dem Faktor Zeit, auf der „Alterung" beruht:[76]

> Das Altern der Autoren, Werke oder Schulen ist etwas ganz anderes als ein mechanisches Abgleiten in die Vergangenheit: es wird erzeugt zwischen denjenigen, die Epoche gemacht haben und ums Überdauern kämpfen, und denjenigen, die ihrerseits nur Epoche machen können, wenn sie diejenigen aufs Altenteil schicken, die Interesse daran haben, die Zeit anzuhalten, den gegenwärtigen Zustand zu verewigen; zwischen den Herrschenden, die mit der Kontinuität, der Identität, der Reproduktion im Bunde stehen, und den Beherrschten, den Neuankömmlingen, denen es um Diskontinuität, Bruch, Differenz, Revolution geht.[77]

Anders als Strich, demzufolge das Verhältnis von Klassik und Romantik statisch dem der beiden Grundtendenzen „Vollendung und Unendlichkeit" entspricht, betont Bourdieu die Dynamik des Verhältnisses von Beharrung und Bruch; denn die ehemaligen Herausforderer – es findet sich hier, wie so oft, kaum ein besseres Beispiel als Goethe – werden, wenn sie ihre ‚neue' Position durchsetzen konnten, selbst zu ‚arrivierten' Künstlern, zu Verwaltern

---

74 Vgl. Bourdieu: Die Regeln der Kunst (wie Anm. 49), S. 329 u. bes. 379f.
75 Ebd., S. 206.
76 Ebd., S. 251.
77 Ebd., S. 253.

der (selbst-)etablierten ästhetischen Ordnung qua Konsekration.[78] Bedroht werden diese etablierten Künstler von Neuankömmlingen, die nach Bourdieu gar nicht anders können, „als die kanonisierten Produzenten, an denen sie sich messen, und damit auch deren Produkte und den Geschmack derer, die an sie gebunden bleiben, *stetig an die Vergangenheit zurückzuverweisen*".[79] Worauf Bourdieu also nachdrücklich hinweist, ist das unterschiedliche strukturelle Gewicht, das verschiedenen Akteuren zukommt und das sich aus der jeweiligen Position innerhalb eines Feldes errechnet. Ihre Äußerungen sind damit stets perspektivisch und zugleich perspektivierend. Damit öffnet sich der Blick auf eine Konstellation, die bereits polemisch ist, sobald ein neuer Akteur überhaupt am richtigen Pol des Feldes zum ersten Mal in Erscheinung tritt. Gleich wie konziliant dieser sich verhält, er ist in dem Moment das Neue, das die Arrivierten zum Alten macht.

Zwar stellt sich dieser Effekt stets ein, es wird aber in der Folge darauf ankommen, wie das Verhältnis ausagiert wird. Tatsächlich sind nicht immer alle Akteure gleichermaßen in die von Bourdieu stark betonte Konkurrenz um den ersten Platz involviert. Bisweilen scheint mir die Situation differenzierter zu sein – so etwa bereits im Blick auf die bekannte Frontstellung zwischen Weimarer Klassik und Jenaer Frühromantik. Denn die jüngeren Konkurrenten zielen zunächst nicht auf eine Überbietung; sie versuchen sich vielmehr als Bündnispartner gegen gemeinsame Feinde zu empfehlen.[80] Schiller selbst hatte das Goethe gegenüber nur vier Jahre früher selbst so praktiziert.[81] Es spielt also neben der Vernichtung durch Überbietung zumindest auch die moderatere, aber *parasitäre Praxis der Attachierung* eine wichtige Rolle. Ist man einmal auf die Möglichkeit solcher Beziehungen aufmerksam geworden, die nicht unbedingt nur schmarotzende, sondern auch (hierarchisch) offenere

---

78 Dem entspricht in etwa Goethes Biobibliographie bis ungefähr 1800.
79 Bourdieu: Die Regeln der Kunst (wie Anm. 49), S. 254.
80 So wurde das *Athenäum* jedenfalls von Goethe zunächst wahrgenommen. So schreibt er am 25. Juli 1798 an Schiller, dass die „allgemeine Richtigkeit, Parteisucht fürs äußerst mittelmäßige, diese Augendienerey, diese Katzenbuckelgebärden, diese Leerheit und Lahmheit in der nur wenige gute Producte sich verlieren," und gegen die er selbst einige der *Xenien* richtete auch „an einem solchen Wespenneste wie die Fragmente sind einen fürchterlichen Gegner" habe (Goethes Werke. Hg. im Auftrage der Großherzogin Sophie von Sachsen. 133 Bde. in 143. Weimar: Böhlau 1887–1919. Bd. 144–146 (Nachträge und Register zu Abt. IV) hg. von Paul Raabe. München: DTV 1990, Abt. IV, Bd. 13, S. 226).
81 Vgl. Norbert Christian Wolf: Eine Verbindung zweier „Geistesantipoden". Das Goethe-Schiller-Bündnis aus kultursoziologischer und diskurshistorischer Perspektive. In: Bündnisse. Politische, soziale und intellektuelle Allianzen im Jahrhundert der Aufklärung. Hg. von Franz Eybl, Daniel Fulda und Johannes Süßmann. Wien u.a.: Böhlau 2019, S. 321–346, hier S. 329–332.

Verhältnisse der Beteiligung meinen, so kann man deren Zeichen allenthalben entdecken. Es drängt sich bisweilen sogar die Vermutung auf, dass es Konkurrenz ebenso wie Streit als binäre Relation gar nicht gibt, sondern dass diese stets eines teilnehmenden Dritten im Sinne Michel Serres' bedürfen.[82]

Ein guter Teil der bisherigen Forschung hat dagegen betont, dass Polemik in erster Linie auf die Vernichtung des Gegners ziele,[83] dabei indes die strukturellen Implikationen dieser Annahme nicht systematisch erkundet. Eine solche Perspektive eröffnet indes bereits Georg Simmels Essay über den Streit, der bezeichnenderweise in der Polemikforschung kaum wahrgenommen wurde. Simmel betont, gegen das schon zu seiner Zeit prosperierende Phantasma der Auslöschung des Gegners, die grundlegend „sozialisierende Kraft der Konkurrenz".[84] Eine Vernichtung des Gegners wird dabei bereits über die „Einschränkung der Konkurrenzmittel" verhindert, ausgeübt „durch Instanzen, welche ganz jenseits der Konkurrenten und ihrer Interessensphäre stehen: durch Recht und Moral."[85] Neben diesen normierenden Einschränkungen macht Simmel aber auch auf struktureller Ebene Eigenschaften des Streits unter Konkurrenten aus, die die Wunschvorstellung einer gegenseitigen Vernichtung hintertreiben. So ist die „Form des Konkurrenzkampfes" gar nicht in erster Linie Antagonismus;[86] vielmehr ist sie, schon „weil der Kampfpreis sich nicht in der Hand eines der Gegner befindet", geprägt von einer triadischen Struktur.[87] Auf einer analytisch-praxeologischen Ebene lasse sich daher ausmachen, dass man „in ganz andern Formen, mit einer ganz andern Technik" verfährt, wenn man „mit einem andern darum konkurriert, wer das Geld des Publikums in seine Tasche leiten, wer die Gunst

---

82 Hinweise in diese Richtung gibt einmal mehr Serres: Der Parasit (wie Anm. 73).
83 Vgl. Scheichl: [Art.] Polemik (wie Anm. 41), S. 117, und von Matt: Grandeur und Elend (wie Anm. 40), S. 35.
84 Georg Simmel: Der Streit. In: ders.: Soziologie. Untersuchungen über die Formen der Vergesellschaftung. Leipzig: Duncker & Humblot 1908, S. 247–336, hier S. 287. An anderer Stelle streicht er heraus, dass der „Kampf selbst schon, ohne Rücksicht auf seine Folge- oder Begleiterscheinungen, eine Vergesellschaftungsform ist" (ebd., S. 247), und der betont die spezielle „Bedeutung der Konkurrenz für die Synthesis der Gesellschaft" (ebd., S. 286). So sei die „moderne Konkurrenz, die man als den Kampf Aller gegen Alle kennzeichnet," zuletzt „doch zugleich der Kampf Aller um Alle" (ebd., S. 287). Vgl. auch Bourdieu: Zur Soziologie der symbolischen Formen (wie Anm. 61), S. 122f.
85 Simmel: Der Streit (wie Anm. 84), S. 300.
86 Carsten Stark: Die Konflikttheorie von Georg Simmel. In: Thorsten Bonacker (Hg.): Sozialwissenschaftliche Konflikttheorien. Eine Einführung. Opladen: Leske + Budrich 2002 (= Friedens- und Konfliktforschung, Bd. 5), S. 83–96, hier S. 88, betont: „Konkurrenten sind auch ‚*Mit*streiter' um die Gunst eines Dritten oder um die Erreichung eines bestimmten Zieles und nicht lediglich Gegner."
87 Simmel: Der Streit (wie Anm. 84), S. 282.

einer Frau gewinnen, wer durch Taten oder Worte sich den größeren Namen machen solle."[88] Die triadische Struktur der Konkurrenz ergibt sich nun vor allem daraus, dass das Streben nach der Gunst des Publikums, der Konsumenten oder einer Konsekrationsinstanz beide Parteien zugleich „mit dem dritten in eine Beziehung bringt". Vorausgewiesen ist damit auch auf Michel Serres Befund, wonach es „ein Drittes vor dem Zweiten; [...] einen Dritten vor dem anderen" gibt.[89] Der besonders im Kontext der ‚paradoxen Ökonomie' des kulturellen Feldes[90] bemerkenswerte Effekt ist nun, dass sich in Simmels Analyse aus dieser doppelten Orientierung „oft eine Intensität" ergibt, „zu der es ohne die eigentümliche, nur durch die Konkurrenz ermöglichte, fortwährende Vergleichung der eigenen Leistung mit einer andern und ohne die Erregung durch die Chancen der Konkurrenz nicht gekommen wäre."[91]

Die Konkurrenz kann nach Simmel aber nicht nur die individuelle Leistung steigern, sondern auch ihrer vergleichenden Hierarchisierung dienen. Zumal in der Moderne seien aber solche Auseinandersetzungen um den ersten Rang von größter Unsicherheit geprägt. Denn das „Ringen um Beifall", das „ein Ringen der Wenigen um die Vielen wie der Vielen um die Wenigen" sein kann, sei zugleich „ein Verweben von tausend soziologischen Fäden", durch das die „Möglichkeiten, Verbindung und Gunst zu gewinnen", raffiniert vervielfältigt erscheinen.[92] Gerade in einer solchen Situation aber kommt der Konkurrenz eine wichtige Funktion zu. Denn je stärker im Verlauf der Moderne etablierte Hierarchien erodieren, je weniger sie „vorbestimmt und durch allgemeine historische Normen geregelt" sind, „desto mehr wird ihre Gestaltung von fortwährenden Konkurrenzen abhängen".[93]

Damit ist nun aber gewiss mehr und anderes gemeint als die von Jürgen Stenzel eingeführte „polemische Instanz", die in seinem, das „Ziel des Polemikers" verdeutlichendem, Schema als der „indirekte oder direkte Adressat polemischer Rede" figuriert und hinter der sich nichts anderes als ‚das

---

88 Ebd.
89 Serres: Der Parasit (wie Anm. 73), S. 97.
90 Vgl. Bourdieu: Die Regeln der Kunst (wie Anm. 49), S. 134–140. Dort bezeichnet er jenen Moment als „symbolische Revolution", in dem man geltend macht, dass das Kunstwerk „außerhalb der gewöhnlichen Logik der gewöhnlichen Ökonomie" steht (ebd., S. 134). Zur Datierung dieses Moments vgl. auch Norbert Christian Wolf: Gegen den Markt. Goethes Etablierung der ‚doppelten Ökonomie'. In: MARKT. Literarisch. Hg. von Thomas Wegmann. Bern u.a.: Lang 2005 (= Publikationen zur Zeitschrift für Germanistik, N.F., Bd. 12), S. 59–74.
91 Simmel: Der Streit (wie Anm. 84), S. 288.
92 Ebd., S. 287.
93 Ebd., S. 288.

Publikum' (in einem prekären Singular) verbirgt.[94] Dieser öffentliche Adressat ist bei Stenzel aber ein ausgeschlossener Dritter, der nur als imaginäre Größe überhaupt existiert, als ein vom ‚polemischen Subjekt' vorgestellter Beobachter, der selbst nicht eigentlich aktiv wird.[95] Ziel der Polemik sei die „Zustimmung der polemischen Instanz zu Position und Person des Angreifers" zu erlangen.[96] Bei Stenzel bleibt an dieser Stelle allerdings offen, wie diese Zustimmung ausgedrückt wird, ob sie etwa öffentlich oder privat gezeigt werden muss, auch ob es notwendig ist, dass sie ausgedrückt wird bzw. ob sie überhaupt ausgedrückt werden kann. Zwar tritt die ‚polemische Instanz' hier als eigentlicher Adressat auf, allerdings in einer für die Moderne durchaus problematischen Vereinheitlichung. So können gewiss Adressatenkreise intendiert sein, in öffentlicher Schriftkommunikation aber kaum eine darüber hinausgehende Rezeption – und damit auch keine weitere urteilende Instanz – ausgeschlossen werden. Wer ‚das Publikum' ausmacht, wer also die entscheidende Instanz wird, die das Urteil fällt, kann kaum antizipiert werden.[97] Nimmt man dieses Moment der Ungewissheit ernst, dann wird das Dritte zur inkalkulablen Größe, die bereits darauf verweist, dass Polemik nicht mit dem Schreiben oder dem Veröffentlichen abgeschlossen ist. Erst die Konstellation, in der das Veröffentlichte wahrgenommen wird, ist entscheidend, da sie in erheblichem Ausmaß unsicher und sogar perspektivisch veränderlich ist.

Es ist bemerkenswert, dass Polemik, obwohl sie keinen festen Ort im Regelsystem der Rhetorik hat und auch generisch nicht festgelegt ist, nicht nur in Stenzels Konzeption dennoch als persuasive Redeform erscheint, die einen bestimmten Effekt erzielen will, sich dafür an einen bestimmten Adressatenkreis und gegen einen bestimmten Opponenten richtet.[98] Versteht man Polemik dagegen weniger als einzelne Aussage, sondern – wie die Wortherkunft

---

94 Stenzel: Rhetorischer Manichäismus (wie Anm. 8), S. 5f.
95 Dass diese Charakterisierung daher auch „nur hypothetische" Entscheidungen der Streitfrage ermöglichen, bemerkt beiläufig Kruska: Die Polemik der Restauration (wie Anm. 56), S. 48.
96 Stenzel: Rhetorischer Manichäismus (wie Anm. 8), S. 5f.
97 Wenn etwa die polemische Instanz, die in der Moderne wohl überwiegend das Publikum meint, als Kollektiv auftritt, das zwar leicht als Einheit imaginiert werden kann, dessen Meinungsbildung in der Tat aber wenig harmonisch und schon gar nicht konsensuell vor sich geht, dann ist bereits fraglich, welche Äußerungen als repräsentative Zeichen der Zustimmung gelten können.
98 Insgesamt ist aber Polemik ein recht unbestimmter Begriff. Vgl. etwa Cora Dietl, Christoph Schanze und Friedrich Wolfzettel. Vorwort der Herausgeber. In: dies. (Hg.): Ironie, Polemik, Provokation. Berlin, Boston: de Gruyter 2014 (= Schriften der Internationalen Artusgesellschaft, Bd. 10), S. XII: „Polemik wirkt *in der Regel* provokativ" [Herv. D.E.].

und selbst der Artikel des Reallexikons nahelegen[99] – allgemeiner als Schlacht oder Krieg im Bereich des Ästhetischen und/oder mit ästhetischen Mitteln, dann verliert der einzelne Pfeil an Bedeutung und es treten Fragen nach der Situierung, der Relationierung, der Interaktion oder gar Interferenz in den Vordergrund. Gerade der Krieg, in dem die Fronten und die Bündnisse schnell wechseln können,[100] scheint ein taugliches Bild abzugeben für das, was ich vorschlagen möchte. So wie das Getümmel in Raffaels *Schlacht an der Milvischen Brücke* (1520-24) können auch die Konstellationen, in die einzelne Polemiken eingebettet sind, unübersichtlich und vielgliedrig sein.

In der Konzeption von Stenzel und in der Folge auch von Sigurd Paul Scheichls Artikel „Polemik" im *Reallexikon der deutschen Literaturwissenschaft* liegt das Aktivitätsmonopol ausschließlich beim Polemiker: er attackiert seinen Gegner und er macht das Publikum „zum Zeugen der Streit-Szene".[101] Indem so nur eine aktive Position übrig bleibt, kann auch deutlich formuliert werden, was das Ziel der Polemik ist: „nicht ein Sinneswandel des Gegners, sondern die Erregung von Aversionen gegen ihn beim Publikum."[102] Neben diesen polemischen Intentionen, die nicht immer einfach aufzuweisen und sicherlich bisweilen wesentlich komplexer gelagert sind, gibt es aber auch beschreibbare Effekte, auf die wiederum bereits Simmel hingewiesen hat. So ruft er nicht nur die „vergesellschaftende Wirkung" der Konkurrenz in Erinnerung, sondern auch ihre strukturierende Funktion, indem ein Akteur häufig erst durch den „Mitbewerber" ein „eigentlicher Bewerber wird".[103]

Stets sind dabei aber mehr als zwei Akteure nötig, wenngleich die Position des Dritten[104] je nach Konstellation anders besetzt wird: Klassizismus, Anti-

---

99   Vgl. dazu Martin Mosebach: Der Feind. In: Sinn und Form 66 (2014), S. 5–20, und stärker forschungsgeschichtlich auch Rose: Polemische Moderne (wie Anm. 53), S. 67–75.
100 Zur terminologischen und sachlichen Wandelbarkeit des Begriffs vgl. auch Franz M. Eybl, Daniel Fulda und Johannes Süßmann (Hg.): Bündnisse. Politische, soziale und intellektuelle Allianzen im Jahrhundert der Aufklärung Wien u.a.: Böhlau 2019.
101 Scheichl: [Art.] Polemik (wie Anm. 41), S. 118.
102 Ebd.; Rose: Polemische Moderne (wie Anm. 53), S. 68, erweitert diese Perspektive, indem er festhält, dass „sich die polemische Rede erst in einer Handlung, die außerhalb ihrer eigenen sprachlichen Form liegt", erfüllt.
103 Simmel: Der Streit (wie Anm. 84), S. 286.
104 Ich gehe mit Albrecht Koschorke: Ein neues Paradigma der Kulturwissenschaften. In: Eßlinger u.a. (Hg.): Die Figur des Dritten (wie Anm. 73), S. 9–31, hier S. 18, davon aus, dass die „Figur des Dritten [...] nicht vorrangig in einem personalen Sinn zu verstehen" ist. Figuren des Dritten können gewiss verkörpert sein, es geht aber in erster Linie „um ein liminales ‚Spiel auf der Schwelle', eine Dynamik der Indirektheit innerhalb kognitiver, affektiver und sozialer Strukturen." Vgl. auch Kaspar Renner: „Kreuzzüge des Philologen". Polemics and Philology in Johann Georg Hamann. In: Hannes Bajohr u.a. (Hg.): The Future of Philology. Proceedings oft he 11th Annual Columbia University German

klassizismus, ‚Publikum', sie alle können interagieren und werden von dem jeweils anderen als einem (eingeschlossenen) Dritten beobachtet, der dabei zwar momentan unsichtbar wird, aber nicht verschwindet.[105] Denn die dritte Instanz interveniert anhaltend in die (harmonischen) Aushandlungen der beiden anderen: Das Publikum verhindert die Verständigung über ästhetische Grundsatzfragen, der Antiklassizismus die klassizistischen Versuche, dem Publikum Geschmack zu lehren, und der Klassizismus blockiert die Etablierung einer nicht mehr schönen Kunst. Zugleich ist es gerade diese triadische Akteurs-Konstellation, die ein produktives Kunstsystem ermöglicht und beweglich hält:[106] Denn die Ansichten setzen sich wechselweise unter Druck und werden dadurch zur Formulierung einer eigenen Position und zur Bekräftigung derselben durch exemplarische Werke genötigt. Polemik dient daher nicht der Vernichtung des Gegners. Antiklassizismus richtet sich zwar gegen Klassizismus, kann diesen aber nicht abschaffen, ohne sich selbst zugleich auszulöschen; beide bestehen nur als Positionen innerhalb eines Spiels der Abstoßungen; sie existieren und prosperieren nur in Bezug auf das jeweils andere.[107]

4.

Einem genaueren Blick kann daher nicht entgehen, dass etwa das Verhältnis von Weimar und Jena um 1800 zwar gespannt, aber durchaus ambivalent und nicht einfach antagonistisch war. Denn die romantischen Polemiken (sofern sie sich nicht gegen die spätaufklärerische Popularphilosophie als Lieblingsgegner

---

Graduate Student Conference. Cambridge: Cambridge Scholars Publishing 2014, S. 120–145, hier S. 122, der exemplarisch „Hamann's interventions in Enlightenment discourse" als polemische charakterisiert. Sie richten sich nicht gegen einzelne Personen, sondern „they reflect on the rules of Enlightenment discourse", wodurch eine ganze textkulturelle Praxis zum Ziel der Polemik wird.

105 Gegen diese Dynamik der Abwechslung von Positionen in einer triadischen Relation betrachtet etwa Carlos Spoerhase: Methodenskizze zur systematischen Rekonstruktion der literarischen Satire. In: Scientia poetica 24 (2020), S. 307–320, hier S. 319, die Polemik als Kommunikation nach dem relativ statischen „Modell einer virtuellen Gruppenbildung, die sich gegen einen Dritten (den Gegner) formiert."

106 So würde Klassizität allein jede Erweiterung des Kanons obsolet machen, man könnte ständig auf die bekannten Werke der konsekrierten Tradition rekurrieren. Verschneidet man sie aber etwa mit einem auf Neuheit gerichteten Interesse (etwa nach Boris Groys: Über das Neue. Versuch einer Kulturökonomie. München: Hanser 1992), wird dieses Verhältnis mobilisiert. Stets neu ausgehandelt werden muss dabei das Verhältnis von Neuheit (Aktualität, Transitorik) und Klassizität (Beständigkeit, Transhistorik).

107 Vgl. auch Serres: Der Parasit (wie Anm. 73), S. 340f.

richten) zielen weniger auf eine seit den 1790er Jahren sichtlich klassizistischer gewordene Ästhetik der Weimarer Autoren, als vielmehr direkt auf Friedrich Schiller,[108] der seinerseits feindselig und durchaus streitbar reagiert.[109] Dieser Konflikt resultiert – das ist nichts außergewöhnliches – weniger aus einem Widerspruch als aus einer Nähe, nämlich dem gemeinsamen Interesse an der „Neuverhandlung des Wechselverhältnisses von Poesie und Prosa" sowie von Antike und Moderne.[110] Schiller wird zur Zielscheibe der Brüder Schlegel, weil er „als Theoretiker, als Poet und als Stratege [...] im Problemzentrum der Romantiker arbeitet."[111]

Es handelt sich somit nicht allein um eine ästhetische, sondern zumindest auch um eine literaturpolitische Auseinandersetzung. Als 1798, nur wenige Monate vor den Weimarer *Propyläen*, das erste Stück des *Athenaeum* der Brüder Schlegel erscheint, verhält sich Goethe – sehr zu Schillers Leidwesen – zunächst vorsichtig abwartend. Wahrscheinlich hatte er auch bereits die – später insbesondere auf den *Wilhelm Meister* gerichteten – Verehrungsgesten bemerkt, mit denen vor allem Friedrich Schlegel seine Aufmerksamkeit zu erregen versuchte. Nach Erscheinen des zweiten *Athenaeums*-Heftes, in dem die als geradezu skandalös wahrgenommenen *Fragmente* veröffentlicht wurden, macht Schiller am 23. Juli 1798 brieflich Stimmung gegen die Jungen aus Jena: „Was sagen Sie zu dem neuen Schlegelischen Athenäum, und besonders zu den Fragmenten? Mir macht diese naseweise, entscheidende, schneidende und einseitige Manier physisch wehe."[112] Goethe reagiert auf diese Anfeuerung

---

108 Vgl. die vielfältigen Invektiven gegen Schiller bei Friedrich Schlegel: An den Herausgeber Deutschlands, Schillers Musenalmanach betreffend. In: Deutschland. Ein Journal 1796, 2. Bd., S. 348–360. Zum Kontext vgl. Franz Schwarzbauer: Die Xenien. Studien zur Vorgeschichte der Weimarer Klassik. Stuttgart, Weimar: Metzler 1992 (= Germanistische Abhandlungen, Bd. 72), S. 240–256.

109 Vgl. etwa den bekannten Brief von Schiller an Goethe, 23.7.1798, Schillers Werke. Nationalausgabe. Begr. von Julius Petersen. Hg. im Auftrag der Stiftung Weimarer Klassik und des Schiller-Nationalmuseums in Marbach von Norbert Oellers. 43 Bde. Weimar: Böhlau 1943ff., Bd. 29, S. 258.

110 Günter Oesterle: Schiller und die Romantik. Eine kontroverse Konstellation zwischen klassizistischer Sympoesie und romantischer Sympolemik. In: Friedrich Schiller und der Weg in die Moderne. Hg. von Walter Hinderer. Würzburg: Königshausen und Neumann 2006 (= Stiftung für Romantikforschung, Bd. XL), S. 401–420, hier S. 409; vgl. auch Ernst Osterkamp: Die Geburt der Romantik aus dem Geiste des Klassizismus. Goethe als Mentor der Maler seiner Zeit. In: Goethe-Jahrbuch 112 (1995), S. 135–148.

111 Oesterle: Schiller und die Romantik (wie Anm. 110), S. 407.

112 Schillers Werke (wie Anm. 109), Bd. 29, S. 258. Zu der Auseinandersetzung vgl. auch Norbert Christian Wolf: Reinheit und Mischung der Künste. Goethes ‚klassische' Position und die frühromantische Poetik Friedrich Schlegels. In: Konstellationen der Künste um 1800. Reflexionen – Transformationen – Konstellationen. Hg. von Albert Meier und

konziliant; das pikante „Schlegelsche Ingrediens" sei unterhaltsam und im faden Brei der zeitgenössischen Publizistik keineswegs „zu verachten."[113] Zu diesem betont milden Urteil mag auch beigetragen haben, dass zuvor bereits Karl August Böttiger sehr eifrig versucht hatte, das Journal in Weimar zu „discreditiren."[114] Goethe wollte gewiss vermeiden, durch vorschnelle Kritik an den Brüdern Schlegel in eine konservative Position zu rücken und unversehens als Philister dazustehen. Zudem wird ein etwaiges von den *Fragmenten* ausgelöstes körperliches Missbehagen, wie es Schiller empfunden haben will, von Friedrich Schlegels gleich im Anschluss daran publizierter, äußerst positiver Rezension *Ueber Goethe's Meister* abgemildert worden sein.[115]

Auf antiklassizistische Polemik deutet damit zunächst wenig hin. Auch war die Opposition von Klassizismus und Antiklassizismus im zeitgenössischen Feld kaum sichtbar und keinesfalls dominant. Es gab viel geeignetere Gegner für die noch lose assoziierten Frühromantiker, insbesondere natürlich die spätaufklärerische Popularphilosophie und Literatur. Auf den ersten Blick hätte das noch dazu *Athenaeum* betitelte Journal sogar selbst klassizistisch scheinen können, zumal Ansichten auf „die Vergangenheit, vorzüglich auf das klassische Alterthum" zu dem Programm der Zeitschrift gehörten, wie es in der „Vorerinnerung" entworfen wurde.[116] So ungewöhnlich es gerade bei diesem prominenten Beispiel scheinen mag – es war am Ende weniger Polemik als vielmehr eine gemeinschaftliche Verehrungshaltung, durch die jene Gruppierungen erst erzeugt wurden, die sich bald schon feindlich gegenüberstehen sollten. Goethe wird im *Athenaeum* so positiv gewürdigt, dass er der Öffentlichkeit geradezu als ein „Verbündeter der Autoren der Zeitschrift und ihrer Parteigänger" erscheinen musste.[117] Keineswegs abwertend wird seinen Werken beispielsweise im *Gespräch über Poesie* attestiert, sie seien „durchaus objektiv" und beseelt von „antike[m]", sogar „klassische[m]" Geist.[118]

      Thorsten Valk. Göttingen: Wallstein 2015 (= Schriftenreihe des Zentrums für Klassikforschung, Bd. 2), S. 21–39.
113 Goethe an Schiller, 25.7.1798, nach Goethes Werke (wie Anm. 80), Abt. IV, Bd. 13, S. 226.
114 Ebd.
115 Vgl. Friedrich Schlegel: Ueber Goethe's Meister. In: Athenaeum. Bd. 1, St. 2 (1798), S. 147–178.
116 August Wilhelm Schlegel und Friedrich Schlegel: Vorerinnerung. In: Athenaeum. Bd. 1, St. 1 (1798), S. III.
117 Vgl. Heinz Härtl: [Art.] Athenaeum. In: Goethe-Handbuch in vier Bänden. Hg. von. Bernd Witte u.a. Bd. 4.1: Personen, Sachen, Begriffe A–K. Hg. von Hans-Dietrich Dahnke und Regine Otto. Stuttgart, Weimar: Metzler 1998, S. 83–85, hier S. 84.
118 Kritische Friedrich-Schlegel-Ausgabe. Hg. von Ernst Behler. München u.a.: Schöningh 1959ff., Bd. I.2, 344f.

Goethe erscheint dabei als Endpunkt eines seltsamen Chiasmus: Während die literaturgeschichtliche Entwicklung von den ‚objektiven' Werken der heroischen Antike immer mehr zu einer subjektivistischen Manier herabsank, erhob sich Goethe dieser Konstruktion zufolge aus seinen eigenen ‚manierierten' Anfängen zur größten Objektivität. Der phylogenetische Verfall wird im Aufstreben einer exemplarischen Ontogenese aufgehoben. Die Bewegung dieser gegenläufigen Charakterisierung endet damit freilich nicht, zielt sie doch zuletzt auf eine noch zu erwartende „Harmonie des Klassischen und des Romantischen" ab.[119] Um eine solche künftige Synthese aber überhaupt imaginieren zu können, mussten die beiden Bereiche zunächst qualitativ getrennt und antithetisch entwickelt werden. Goethes Überhöhung zum Klassiker und die gleichzeitige Behauptung der eigenen romantisch-modernen (Sub-)Position etabliert eine neue und durch ihre kultursemantische Anschlussfähigkeit sehr attraktive Opposition. Auf diese Weise macht das *Athenaeum*, ohne Goethe zu attackieren, die Strukturierung des Feldes anhand einer erneuerten binären Codierung plausibel: „In der Auseinandersetzung mit dem Begriff Romantik wurde jener des Klassizismus geboren."[120]

Mit der epochemachenden (und in der Folge auch Epochen machenden) Konstruktion von Klassik und Romantik entfaltete sich erst allmählich eine polemische Konstellation, in die sich dann die späteren klassizistischen Angriffe insbesondere gegen die ‚religios-patriotische Kunst'[121] einfügen konnten.[122] Das Romantische, das Goethe im Alter als das Kranke dem gesunden Klassischen gegenüberstellen sollte, wird so (aus dem Rückblick) immer schon dem Programm jener – ‚romantischen' – Zeitschrift verpflichtet gewesen sein, durch die Goethes hegemoniale Stellung im zeitgenössischen Feld erneuert und befestigt wurde. Wem der Konflikt zwischen Schiller und den Brüdern Schlegel, der zu einem Zeitpunkt ausgetragen wurde, als die Allianzen noch nicht klar geregelt waren, retrospektiv bereits als Frontstellung von Klassizismus und Antiklassizismus erscheint, der übersieht den zeitlichen Index, der einer klassisch-romantischen „Alternativpoetik"[123] anhängt.[124] Ästhetische

---

119 Ebd., S. 346.
120 Geza Hajos: Klassizismus und Historismus. Epochen oder Gesinnungen? In: Österreichische Zeitschrift für Kunst und Denkmalpflege 23 (1978), S. 98–109, hier S. 102.
121 Vgl. W.K.F.: Neu-deutsche religios-patriotische Kunst (wie Anm. 34).
122 Vgl. auch Büttner: Der Streit (wie Anm. 34).
123 Vgl. Oesterle: Schiller und die Romantik (wie Anm. 110), S. 406–409.
124 Vgl. etwa den Untertitel von Friedrich Schiller: Die Jungfrau von Orleans. Eine romantische Tragödie von Schiller. Berlin: [Unger] 1802. Im Erstdruck ist der Haupttitel in Versalien gesetzt, die wie in Stein gemeißelt dastehen, während der Untertitel in einer durch Ligaturen die Handschrift imitierenden Type gesetzt ist. Das Spiel mit der Bezugnahme auf die Romantik ist offenkundig, was es zu bedeuten hat, aber umstritten. Hans-Georg

POLEMIK ALS KONSTELLATION   115

Alternativen und Oppositionen sind keine einfachen Gegebenheiten, sondern das Ergebnis von diskursiven Aushandlungen in einem zeitlich und räumlich begrenzten Setting. Gegner werden darin mit gleichem Recht und ähnlicher Frequenz gefunden wie gemacht. Polemische Konstellationen sind daher die erste Antwort auf die Fragen danach, wann Klassizismen und Antiklassizismen zu Gruppierungen sedimentieren, an welchem medialen oder sozialen Ort sie aufeinandertreffen und wer ihnen – als das Andere, das Fremde oder aber als Beobachtungs- und Bewertungsinstanz – äußerlich bleiben muss. Für die notorische Zeit um 1800 ist jedenfalls zu bedenken, dass „Klassiker und Romantiker (und späte Aufklärer!) – fast – gleichzeitig und in vielen Fällen mit Blick aufeinander"[125] schrieben, zeichneten und sprachen.

Kontroversen dieser Art lassen sich also vielfach nicht auf die Intentionen und Handlungen einzelner Akteure eingrenzen, sondern werden nur aus einer genaueren Autopsie der strukturellen Verschiebungen und Krisen, die diese Handlungen ermöglichen und deren Ausdruck sie sind, erklärbar. Möglicherweise verschieben sich in einer solchen Perspektive Künstlerpolemiken hin zu Kunstpolemiken und an die Stelle individueller Autorpolemiken treten vielleicht polemische Konstellationen. Einem gleichsam essentialistischen und ahistorischen Verständnis von Kunst und Literatur wird damit aber eine Sichtweise entgegengesetzt, die die wechselseitige Erzeugung bzw. Ermöglichung ästhetischer Positionen durch Konkurrenzverhältnisse beschreib- und verstehbar machen will.

5.

Wie verworren diese Beziehungen zum Teil liegen, soll im Folgenden noch an einigen historischen Auftrittsorten streitbarer Klassizismen verdeutlicht werden, die hier indes nur als Pensum künftiger Analysen avisiert, nicht aber erschöpfend behandelt werden können. Die Auswahl ist exemplarisch und soll die Vielzahl möglicher Untersuchungsgegenstände im 19. Jahrhundert aufzeigen. So wird eine auf Konstellationen aufmerksam gewordene Beobachtung bereits jene berühmte Abrechnung mit dem „Dorfgeschichten-Schwindel" und dem „stumpfen Realismus" in allen Kunstgattungen nicht

---

Pott: Heiliger Krieg, Charisma und Märtyrertum in Schillers romantischer Tragödie *Die Jungfrau von Orleans*. In. Athenäum. Jahrbuch der Friedrich Schlegel-Gesellschaft 20 (2010), S. 111–142, hier S. 114, sieht darin eine „Provokation" der jungen Autoren aus Jena.

125 Harald Tausch: Literatur um 1800. Klassisch-romantische Moderne. Berlin: Akademie 2011 (= Akademie Studienbücher Literaturwissenschaft), S. 11.

übergehen können, in der Friedrich Hebbel ausgerechnet Adalbert Stifter als Vertreter dieser Tendenz herausgreift und namentlich nennt.[126] Zwar kann die Polemik des 1858 anonym erschienenen Beitrags *Das Komma im Frack* an dieser Stelle nicht im Detail analysiert und kontextualisiert werden, jedoch muss zumindest dem Hinweis Raum gegeben werden, dass darin Stifters dreibändiger Roman *Der Nachsommer*, der zugleich seinen ersten großen Versuch der prosaischen Episierung darstellt, zum Gernestück degradiert wird. Stifter, der „Mann der ewigen Studien",[127] wird gerade zu einem Zeitpunkt als Kulminationspunkt des ‚ausartenden Genre' hinstellt, als Hebbel – der selbst mit seiner *Maria Magdalene* (1844) der poetischen Entsprechung des Genrebildes stellenweise gefährlich nahe gekommen ist – mit der Niederschrift der *Nibelungen* (1862) begonnen und eben sein an Goethe orientiertes Versepos *Mutter und Kind* (1857) fertig gestellt hat.[128] Während Stifter den historischen Roman, in dem die einzelnen Menschen zur „Nebensache" geraten und den „Strom" bilden helfen, von dem sie selbst getragen werden,[129] als „Epos" zu bezeichnen beginnt,[130] mutet Hebbel weniger dem Versepos als vielmehr dem Drama die Aufgabe zu, „die weltgeschichtliche Aufgabe selbst lösen" zu helfen.[131] Beide Autoren arbeiten auf ihre Weise an epischen Projekten, an der Wiederbelebung klassischer Formen.[132] Es wird wohl nichts anderes als diese

---

126 [Friedrich Hebbel:] Das Komma im Frack. In: Stimmen der Zeit. Monatsschrift für Politik und Literatur (1858), October, S. 8–10, hier S. 9.
127 Ebd., S. 10.
128 Das damals vielgelesene Epos unterbricht die Arbeit an den *Nibelungen* (vgl. Anni Meetz: Friedrich Hebbel. 3., durchges. und ergänzte Aufl. Stuttgart: Metzler 1973, S. 83 u.ö.), befördert aber zuletzt offenbar die Fertigstellung.
129 Stifter an Heckenast 8.6.1861, mit Bezug auf den *Witiko*. Adalbert Stifter: Sämtliche Werke. Begr. und hg. von August Sauer. Fortgeführt von Franz Hüller, Gustav Wilhelm u.a. Prag: Calve 1904ff., Reichenberg: Kraus 1925ff., Graz: Stiasny 1958ff, Bd. 19, S. 282.
130 Stifter an Heckenast 10.4.1860, Stifter: Sämtliche Werke (wie Anm. 129), Bd. 19, S. 230.
131 Friedrich Hebbel: Vorrede In: ders.: Maria Magdalene. Ein bürgerliches Trauerspiel in drei Akten. Nebst einem Vorwort, betreffend das Verhältniß der dramatischen Kunst zur Zeit und verwandte Puncte. Hamburg: Hoffmann und Campe 1844, S. I–XLVII, hier S. XXXIII.
132 Zu Stifter emphatischer Orientierung an Goethe und der Weiterführung dieser Tradition in die Zukunft vgl. den Brief an Heckenast vom 13.5.1854, Stifter: Sämtliche Werke (wie Anm. 129), Bd. 18, S. 225: „Ich bin zwar kein Göthe aber einer aus seiner Verwandtschaft, und der Same des Reinen Hochgesinnten Einfachen geht auch aus meinen Schriften in die Herzen". Auch Hebbel strebt den Vergleich an, allerdings auf dem Weg über das Werk, wenn er Siegmund Engländer am 9.9.1857 darauf hinweist, „daß Sie Sich mein Epos doch eher in der Art von Hermann und Dorothea, als von Ariost vorstellen müssen" (Friedrich Hebbel: Sämtliche Werke. Historisch-kritische Ausgabe besorgt von Richard Maria Werner. 3. Abt., 6. Bd., S. 59). Vgl. auch Hebbels Aviso im Brief an Emil Kuh vom 29.3.1857. Für Hebbel waren insbesondere Goethes dramatische Werke, die auch als Ausdruck des „gewaltigsten Geistes" figurieren, vorbildlich. Schon 1836 trägt Hebbel in sein Tagebuch

Nähe gewesen sein, die die polemischen Distinktionsgesten hervorgerufen hat und mit ihnen die Versuche der eigenen Elitisierung.[133] „Dichter gibt es sehr wenige auf der Welt", schreibt Stifter in der Vorrede zu den Bunten Steinen von 1853, „sie sind die hohen Priester, sie sind die Wohlthäter des menschlichen Geschlechtes;" – und er schließt mit einer Wendung, die wenig Zweifel daran lässt, dass er selbst keiner anderen als dieser Gruppe zuzurechnen ist: „falsche Propheten aber gibt es sehr viele."[134] Bereits einige Jahre zuvor wusste sich Hebbel seinerseits im kurzen Essay Über den Stil des Dramas (1847), in einer Wendung nicht zuletzt gegen dichterische Prosaformen, selbst in Position zu bringen: „Das Drama ist die höchste Form der Poesie und der Kunst überhaupt".[135] An welcher Stelle in der Hierarchie der Autoren der Dramatiker zu stehen kommt, muss dann nicht extra gesagt werden. Jenseits literaturhistorischer Stereotype[136] wird hier jedenfalls eine polemische Konstellation sichtbar, in der Klassizismus und Antiklassizismus zumindest über den Anspruch an Klassizität verhandelt und diese Aushandlungen mit angestrebten Feldpositionen verschnitten werden.

Es liegt an diesem Punkt die Vermutung nahe, dass die Literatur das natürliche Habitat nicht nur der Polemik, sondern auch der polemischen Konstellation ist. Wagt man aber einen Seitenblick auf die bildenden Künste, dann wird zudem deutlich, dass Konflikte insbesondere in Malerei und Architektur zum Teil in denselben Kontexten und auf ähnliche Weise ausagiert werden wie in der Literatur. So veröffentlicht der Hamburger Architekt Gottfried Semper 1834 einen schmalen Band mit dem Titel *Vorläufige Bemerkungen über bemalte Architectur und Plastik bei den Alten* und löst damit heftige

---

auch einen Gedanken über die kulturelle Signifikanz Goethes ein: „Jede Nation findet einen Genius, der in ihrem Costüm die ganze Menschheit repräsentirt, die Deutsche Göthen" (Friedrich Hebbel: Tagebücher. Neue historisch-kritische Ausgabe. Hg. von Monika Ritzer. Bd. 1. Berlin, Boston: de Gruyter 2017, S. 23). Vgl. auch Monika Ritzer: Friedrich Hebbel. Der Individualist und seine Epoche. Eine Biographie. Göttingen: Wallstein 2018, S. 629–631. Zur Rezeption Schillers vgl. Mingchao Mao: Friedrich Hebbels Arbeit an Schiller. Die Schiller-Rezeption in Hebbels Ästhetik und Dramatik. Berlin, Boston: de Gruyter 2019 (= Deutsche Literatur. Studien und Quellen, Bd. 32).

133 Vgl. Bourdieu: Die Regeln der Kunst (wie Anm. 49), S. 154, wonach „die Gefahr für die künstlerische Identität" dann am größten ist, „wenn sie sich in der Form des Zusammentreffens mit einem Autor einstellt, der im Feld eine scheinbar sehr benachbarte Position einnimmt."

134 Adalbert Stifter: Vorrede. In: ders.. Bunte Steine. Ein Festgeschenk. Erster Band. Pest: Heckenast 1853, S. 1–12, hier S. 2.

135 Friedrich Hebbel: Ueber den Styl des Dramas. In: ders.: Sämtliche Werke. Historischkritische Ausgabe besorgt von Richard Maria Werner. 1. Abt., 11. Bd., S. 65–73, hier S. 71.

136 Vgl. Hartmut Reinhardt: Apologie der Tragödie. Studien zur Dramatik Friedrich Hebbels. Tübingen: Niemeyer 1989, S. 58f.

Diskussionen unter Künstlern und Literaten aus, nicht zuletzt aber auch unter Kunstwissenschaftlern und Archäologen. Semper vertieft und bekräftigt darin die These, dass die antike griechische Architektur und Plastik normalerweise bunt bemalt und nicht von der glatten, weißen Reinheit der von den Klassizisten des ausgehenden 18. Jahrhunderts verehrten ruinösen Reste gewesen sei (vgl. Abb. 5.1).[137] Der „Verfasser" dieser Provokation inszeniert sich dabei als einen eben von seinen Wanderungen auf dem „klassischen Boden" „Italiens, Siciliens und Griechenlands" Heimgekehrten.[138] Da er so die Farbigkeit antiker Plastik und Baukunst nicht nur theoretisch aus dem anthropologischen Bedürfnis nach Schmuck entwickelt, sondern auch auf seine unmittelbare Anschauung gründet,[139] kann er die fest etablierte Überzeugung von der Reinheit antiker Kunst nicht nur überhaupt attackieren, sondern auch tatsächlich ins Wanken bringen. Es sei ein in den irrigen Prämissen der Anschauung begründeter Fehlschluss, das Überlieferte „so, wie wir es fanden, nachzuahmen".[140] Denn, so bemerkt Semper, indem er die Archäologie mit der eben erst entstehenden Paläontologie kurzschließt, man habe bisher fälschlich „das entseelte Knochengebäude alter Kunst für etwas Ganzes und Lebendes angesehen".[141] Damit wünscht sich aber der hier als überkommen erscheinende Klassizismus seine Vorbilder mehr herbei, als dass er sie auffindet; er nimmt Fragmente für das Ganze, anstatt daraus erst das „Wesentliche der Antike" zu rekonstruieren.[142]

Auch hier ist die Polemik eine, die sich die Position des Gegners zu eigen machen will: Denn Sempers Antiklassizismus besteht letztlich darin, dass er seinen Opponenten mit den marmornen Statuen und weißen Tempeln die Grundlage ihres Klassizismus entzieht[143] – und sich zugleich selbst als wahren Klassizisten inszeniert. So zählt er sich nachdrücklich unter diejenigen, „die

---

137 Vgl. Gottfried Semper: Vorläufige Bemerkungen über bemalte Architectur und Plastik bei den Alten. Altona: Hammerich 1834, S. 2.
138 Ebd., S. 1.
139 So stützt Semper den Befund, dass am Theseion noch Reste des Gipsputz vorhanden sind, der von Gelehrten, die selbst nie vor Ort waren, als Leichtgläubigkeit abgetan wurde, auf der Grundlage „eigener Anschauung" und nach „angestellten zweimonatlichen Untersuchungen" (ebd., S. 47).
140 Ebd., S. 11.
141 Ebd., S. 11.
142 Ebd., S. 11.
143 Auch Günter Oesterle: Gottfried Semper: Destruktion und Reaktualisierung des Klassizismus. In: Thomas Koebner und Sigrid Weigel (Hg.): Nachmärz. Der Ursprung der ästhetischen Moderne in einer nachrevolutionären Konstellation. Opladen: Westdeutscher Verlag 1996, S. 88–99, hier S. 89, bemerkt in diesem Sinn, dass die „Polychromiethese […] ein Schock für den Klassizismus" war.

unsere Kunst den antiken Formen nachzubilden bemüht sind",[144] und knüpft damit unmittelbar an die These von Winckelmanns berühmter Erstlingsschrift *Gedanken über die Nachahmung der griechischen Werke* (1755) an, die der Nachahmung der Alten sogar den Vorzug vor der Nachahmung der Natur einräumt.[145] Semper geht dabei indes von ganz anderen Prämissen aus. So verteidigt er, gegen das klassizistische ‚Vorurteil' einer Trennung der Kunstarten, den „engverwachsenen Zusammenhang[]" der Künste,[146] der jene Wechselwirkungen, jenen „schönen Wettstreit"[147] nach sich zog, für den sich um 1800 ausgerechnet die Frühromantik interessiert hatte.[148] Semper zufolge ist die Mischung der Künste kein Zeichen ihres Verfalls, sondern eine Konstante und sogar ein Moment der Intensivierung. So „bildete sich allmählig die ganze Reihe von Uebergängen aus; die Malerei blieb im Gebiete der Plastik, die Plastik verstärkte ihren Effekt durch die Malerei".[149] Beinahe liest sich diese Annahme wie eine Replik auf Goethes *Einleitung* in die *Propyläen*, die dieselbe Entwicklung – aber als Verfallsgeschichte – erzählt:

> So wie mit dem Allgemeinen der Kunst, eben so verhält es sich auch mit den Arten derselben. Der Bildhauer muß anders denken und empfinden, als der Mahler, ja er muß anders zu Werke gehen, wenn er ein halb erhobenes Werk, als wenn er ein rundes hervorbringen will. Indem man die flach erhobenen Werke immer höher und höher machte, dann Theile, dann Figuren ablöste, zuletzt Gebäude und Landschafften anbrachte, und so halb Mahlerey, halb Puppenspiel darstellte, gieng man immer abwärts in der wahren Kunst, und leider! haben treffliche Künstler der neuern Zeit ihren Weg auf diese Weise genommen.[150]

---

144 Semper: Vorläufige Bemerkungen (wie Anm. 137), S. 10f.
145 Vgl. Johann Joachim Winckelmann: Gedanken über die Nachahmung der griechischen Werke in der Malerey und Bildhauerkunst. Zweyte vermehrte Auflage. Dresden, Leipzig: Walther 1756, S. 3: „Der einzige Weg für uns, groß, ja, wenn es möglich ist, unnachahmlich zu werden, ist die Nachahmung der Alten". Ernst Osterkamp. Johann Joachim Winckelmanns „Heftigkeit im Reden und Richten". Zur Funktion der Polemik in Leben und Werk des Archäologen. Stendal: Winckelmann-Gesellschaft 1996 (= Akzidenzen, Bd. 9), S. 21f., hat den „direkte[n] Zusammenhang zwischen der Konstituierung von Autorschaft und dem Auftreten verbaler Aggressivität" bei Winckelmann bemerkt. Diese „polemische Aggressivität" sei indes nicht „das ‚andere' einer sonst schönen Seele, sondern ein Instrument der Durchsetzung des gelehrten Autors auf einem schwer umkämpften literarischen Markt."
146 Semper: Vorläufige Bemerkungen (wie Anm. 137), S. 3.
147 Ebd., S. 5.
148 Vgl. Wolf: Reinheit und Mischung (wie Anm. 112), S. 23 u. passim.
149 Semper: Vorläufige Bemerkungen (wie Anm. 137), S. 5.
150 Johann Wolfgang Goethe: Einleitung. In: Propyläen. Eine periodische Schrift herausgegeben von Goethe. 1/1 (1798), S. XXVf.

Gerade diese Trennung der Künste, die eine der wichtigsten Programmschriften des deutschen Klassizismus um 1800 in den Fokus rückt, erscheint Semper nun als „Entkräftung oder Entartung" der Künste.[151] Es mussten somit nur dreißig Jahre vergehen, bis sich Semper Theorieversatzstücke, die die Frühromantik gegen den von ihr selbst entworfenen Klassizismus ins Feld führte, erfolgreich für seine alternative klassizistische Positionsnahme aneignen konnte.

Nur ein Jahr nach Semper wandte sich Franz Theodor Kugler sogar noch entschiedener gegen die „Waimarischen [sic] Kunstfreunde"[152] und deren Zuschreibung der Bemalung plastischer Kunst an das barbarische Mittelalter, nicht ohne dabei indes die Unhaltbarkeit der Semper'schen Thesen vorzuführen.[153] Seine Streitschrift, die den Titel *Ueber die Polychromie der griechischen Architektur und Skulptur und ihre Grenzen* trägt, legt einen gleich doppelten Antiklassizismus an den Tag: Sie wendet sich gegen die alten (mittlerweile auch beinahe sämtlich verstorbenen) Klassizisten des ausgehenden 18. Jahrhunderts, die die Polychromie antiker Baukunst und Skulptur verleugneten; und zugleich wendet sie sich gegen den ‚modernen' Klassizisten Semper – um dann die etwas moderatere Erneuerungspose gleich selbst einzunehmen. Kugler bemerkt, in deutlich distanzierender Formulierung, dass Semper „an allen, auch den edelsten Monumenten der perikleïschen Zeit einen vollständigen Farbenüberzug entdeckt haben will".[154] Noch habe Semper keine Beispiele dieser Bemalungen veröffentlicht, aber immerhin „in Berlin in verschiedenen Kreisen einen grossen Theil dieser seiner, gewiss höchst geistreichen Restaurationen vorgelegt, und man darf es wohl sagen, wenigstens unter den Jüngeren hiemit einen förmlichen Enthusiasmus erweckt".[155] Zwar teilt Kugler grundsätzlich den auf überlieferte Farbreste gestützten Befund der Polychromie antiker Bauplastik, folgt Semper aber nicht auch darin, deshalb auf eine großflächige Bemalung zu schließen. Stattdessen findet Kugler „in der Architektur, sowie in der Sculptur der Griechen, deren Vereinigung an den grossen Tempelanlagen stets ein grosses Gesamtwerk erscheinen liess, das Gesetz der reinen, einfachen

---

151 Semper: Vorläufige Bemerkungen (wie Anm. 137), S. 3.
152 Franz Kugler: Ueber die Polychromie der griechischen Architektur und Sculptur und ihre Grenzen. Berlin: Gropius 1835, S. 1.
153 Ebd., S. 19.
154 Ebd., S. 3.
155 Ebd., S. 3. Erschienen sind die Rekonstruktionen zwar in: Gottfried Semper: Anwendung der Farben in der Architectur und Plastik. Erstes Heft. Dresden auf kosten des Herausgebers 1836. Sie waren allerdings kaum zugänglich, da sich diese Publikation laut Ludvig Fenger: Dorische Polychromie. Untersuchungen über die Anwendung der Farbe auf dem dorischen Tempel. Berlin: Asher 1886, S. 7, nur „als Separatdruck in einigen deutschen Bibliotheken" befand.

Form allerdings als das eigentliche und bestimmende festgehalten".[156] Er bestreitet zwar nicht, „dass in beiden die Farbe hinzutritt", allerdings nur dort, „wo die Form zur vollkommenen Darstellung des Zwecks nicht hinreicht".[157] Damit wird die Bemalung bei Kugler tendenziell wieder ein Zeichen der Unzulänglichkeit, die eine Überschreitung der idealisierten reinen Formen nötig macht. Mit dieser Deutung, die er auch durch exemplarische Farbtafeln stützt und illustriert (vgl. Abb. 5.2), glaubt Kugler „den streitigen Meinungen über Polychromie eine richtige Mittelstrasse bezeichnet" zu haben.[158] Kein Wunder, dass Semper diese „ersten polychromen Versuche in Deutschland"[159] 1851 als „zierlich verblasene[n] Marzipanstyl" abqualifizierte, der sich nur „als Griechisch gerirte".[160]

Das Beispiel der sich gegenseitig über- und unterbietenden Rekonstruktionen der Antike, die den jeweiligen Konkurrenzdeutungen als Antiklassizismen entgegentreten, macht deutlich, dass es ‚den' Klassizismus nicht gibt. Es handelt sich vielmehr um eine historisch und kontextuell äußerst wandelbare Konstruktion, die sich nicht auf ein bestimmtes ästhetisches Programm und ein schmales Set künstlerischer Formen festlegen lässt. Klassizismus wird durch adversative Diskurspraktiken zum Erscheinen gebracht und positioniert sich selbst durch streitbare Gesten, die Gruppen des Eigenen von jenen des Anderen abgrenzen.

Wie vielfältig Scheidekünste waren, mit denen Klassizismus und Antiklassizismus getrennt wurden, zeigt nicht zuletzt das berühmte Beispiel des Pariser Salons von 1863. Auf Anordnung des Kaisers Napoleon III. wurden dort die von der akademischen Fachjury zunächst abgelehnten Gemälde in einem Séparée gezeigt, das bald als ‚Salon des Refusés' bekannt wurde.[161] In der unmittelbaren Rezeption reagierte man bisweilen, so wie es die Akademie

---

156 Kugler: Ueber die Polychromie (wie Anm. 152), S. 75.
157 Ebd., S. 75.
158 Ebd., S. 75.
159 Gottfried Semper: Die vier Elemente der Baukunst. Ein Beitrag zur vergleichenden Baukunde. Braunschweig: Vieweg und Sohn 1851, S. 5. Vgl. dazu auch John Ziesemer: Gottfried Sempers Bedeutung für die Wahrnehmung von Architekturpolychromie im 19. Jahrhundert. In: ICOMOS – Hefte des Deutschen Nationalkomitees 39 (2003), S. 130–132.
160 Semper: Die vier Elemente der Baukunst (wie Anm. 159), S. 5, Anmerkung. Vgl. auch Kerstin Schwedes: Polychromie als Herausforderung. Ästhetische Debatten zur Farbigkeit von Skulptur. In: Gilbert Heß u.a. (Hg.): Graecomania. Der europäische Philhellenismus. Berlin: de Gruyter 2009, S. 61–84, hier S. 69.
161 Zwar konnte man darin Bilder der aufkommenden Moderne, zentriert um Manet, finden, doch ist es etwas zu teleologisch gedacht, wenn man, wie Gaëtan Picon: 1863. Naissance de la peinture moderne. Paris: Gallimard 1988, darin gleich die Geburt der modernen Malerei erkennt.

Abb. 5.1
Illustration zu Gottfried Semper:
Anwendung der Farben in der
Architectur und Plastik. Erstes
Heft. Dresden[: Eigenverlag] 1836.
Bildquelle: Wikimedia Commons

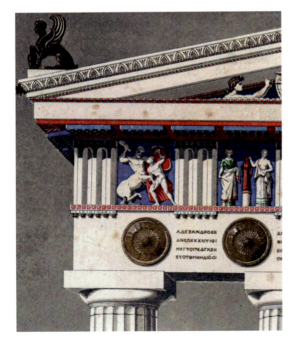

Abb. 5.2
Franz Kugler: Ueber die
Polychromie der griechischen
Architektur und Sculptur und
ihre Grenzen. Berlin: Gropius
1835, koloriertes Titellithographie.
Bildquelle: Exemplar der
Bayerischen Staatsbibliothek
München, Bayerische
Staatsbibliothek, 4 Arch. 94 f;
urn:nbn:de:bvb:12-bsb10221526-2

erhofft hatte, mit Unverständnis und kritisierte die Bilder der Abgelehnten in harschem Ton. Der Literatur- und Kunstkritiker Paul de Saint-Victor kam etwa noch im Jahr der Ausstellung zu dem Urteil: „Cette fausse école est d'ailleurs, au Salon de cette année, en plein désarroi. La facture tombe, la vulgarité reste, et le réalisme s'évanouit."[162] Dagegen wurden von der Akademie ausgewählte Maler wie Alexandre Cabanel und Paul Baudry, die jeweils großformatige Gemälde mit mythischen Stoffen in klassizierendem Stil zeigten, entschieden gelobt.[163]

In diesen Urteilen wird zwar zunächst die Auswahl der Akademie sanktioniert und ihre Autorität bestätigt, bemerkenswert ist aber, dass diese Bestätigung nun von außerhalb kommt und so zugleich die Kritiker als neue Legitimationsinstanz eingeführt werden.[164] In der kritischen Gegenüberstellung von anerkannter und abgelehnter Kunst – die in den bisherigen Salons nicht möglich war – werden nun jeweils einende Tendenzen identifiziert und so Gruppen konturiert. Nicht zuletzt Saint-Victors Invektive gegen die ‚falsche Schule' macht deutlich, dass es sich um eine polemische Konstellation handelt. So ergibt sich zunächst eine Zweiteilung, in der „les exagérations ou les écarts de mauvais goût" einer am Vorbild der ‚anciens' geschulten Kunst entgegenstehen.[165]

Da damit die Entscheidung der Akademie nicht mehr den Abschluss eines Diskurses über die Auswahlkriterien darstellte,[166] ermöglicht sie nun den eigentlichen Beginn einer Auseinandersetzung. Während so in der Hauptausstellung des Salons die dem akademischen Ideal entsprechenden Einreichungen gezeigt wurden, fanden sich im Salon der Abgelehnten viele jener Künstler, die wenig später als die Erneuerer der Malerei gefeiert werden

---

162 Zit. nach Fernand Desnoyers: Salon des refusés. La peinture. En 1863. Paris: Dutil 1863, S. 126.

163 Cabanels Bild wurde dann auch vom Kaiser, dasjenige Baudrys von der Kaiserin für ihre privaten Sammlungen gekauft. Dass mit den Unterschieden in der Wertschätzung durch etablierte Konsekrationsinstanzen aber keine unüberwindlichen Gräben zwischen den Künstlern einhergehen müssen, verdeutlicht etwa die Bemerkung von Peter McPhee: A Social History of France. 1789–1914. 2nd Ed. New York: Palgrave MacMillan 2004, S. 240f., dass Manet seine erste Akademie-Medaille auf Cabanels Empfehlung erhielt.

164 Zur Ambiguität der zweigeteilten Ausstellung vgl. auch Pierre Bourdieu: Manet. Eine symbolische Revolution. Vorlesungen am Collège de France 1998–2000. Hg. von Pascale Casanova u.a. Aus dem Franz. von Achim Russer und Bernd Schwibs. Berlin: Suhrkamp 2015, S. 434–438. Indem die Réfuses zwar die Jury des Salons, aber nicht „diesen selbst anfechten, erkennen sie ihn als Urteilsinstanz an und damit auch die Legitimität einer Instanz, die offiziell in Sachen Kunst urteilen darf" (ebd., S. 437).

165 Vgl. Charles Gueullette: Les Peintres de Genre au Salon de 1863. Paris: Gay 1863, S. 3.

166 Zwar gab es von Beginn an kritische Besprechungen der ausgestellten Gemälde, die aber die individuelle Qualität und nicht die allgemeinen Kriterien der Auswahl betrafen.

sollten, darunter Édouard Manet, Paul Cézanne und Camille Pissarro. Der Effekt dieser doppelten Verräumlichung – im Salon und im Diskurs – war, dass der Gegensatz von akademisch konsekrierter und devianter Kunst eine symbolische Umwertung zu erhalten begann: „While the Salon des Refusés was in fact an agglomeration of disparate examples, the conspicuous presence of the independents gave it the cast of a unified show revealing characteristic features."[167] Es zeigt sich an diesem Beispiel, wie polemische Ausschließungsgesten dazu beitragen, manifeste Gruppierungen zu erzeugen.

Die Frontstellung ist dabei eine, die sich entscheidend aus Selbstinszenierung und polemischer Abwehr ergibt. Gewiss waren alle Einreichungen tief vom akademischen Ideal gesättigt, alle Künstler waren so weitgehend von dem bestehenden System durchdrungen, dass ihnen der „Wunsch, es zu reproduzieren", naheliegen musste. Und gewiss waren es nur wenige, die tatsächlich als „symbolische Revolutionäre" das System herausforderten.[168] Wie die Abgelehnten im Einzelnen auch immer zum Akademismus gestanden sein mögen – indem sie zusammengefasst und gemeinschaftlich als das Andere, das Deviante in der Kunst ausgestellt wurden, fanden sie sich in ein Verhältnis zum akademischen Klassizismus gesetzt, das sie selbst als Antiklassizisten erscheinen lassen musste. Es ist vor diesem Hintergrund wenig überraschend, dass sich bald schon streitbare Unterstützer wie Emile Zola als Verteidiger der Gruppierung zu Wort meldeten, um den kunstpolitischen Konflikt, der zunächst als verräumlichende Allegorie sichtbar wurde, in jenen Bereich herüberzuziehen, in dem sich die Polemik am Ende doch am heimischsten zu fühlen scheint: die Literatur.

6.

Wie wandelbar und unsicher die Frontlinie zwischen Klassizismus und Antiklassizismus aber auch dort bisweilen liegen kann, zeigt die naturalistische Strömung, die an der Wende zum zwanzigsten Jahrhundert zwar viel von ihrem ursprünglichen ‚drive' schon verloren hatte, sich aber nicht zuletzt deshalb im gemächlicher dahingehenden Mainstream des Kulturbetriebs

---

167 Albert Boime: The Salon des Réfusés and the Evolution of Modern Art. In: Art Quarterly 32 (1969), S. 411–426, hier S. 414.
168 Vgl. Bourdieu: Manet (wie Anm. 164), S. 450.

heimisch machen konnte.[169] Gegen diese „Herrschaft"[170] verkündete Hermann Bahr, selbst polemisch, eine anstehende „Wende" in der Literatur; diese führe – schon 1891 – „vom Naturalismus, der alterte, weg."[171] Besonders interessant ist in unserem Zusammenhang Gerhart Hauptmann, der nicht erst seit dem Nobelpreis 1912 der Kanonischste aus dem naturalistischen Lager gewesen ist.[172] Der somit selbst zum Klassiker Gewordene geriet spätestens seit den 1920er Jahren auch zur Zielscheibe antiklassi*zisti*scher Polemik. Im bereits 31. Jahrgang ihres Bestehens veröffentlicht etwa die Satirezeitschrift *Simplizissimus* 1926 gleich mehrere Invektiven gegen den längst die Goethe-Nachfolge beanspruchenden Autor. Ein „Hauptmann Goethe mit der eisernen Faust" betiteltes Spottgedicht des „Sagittarius"[173] hängt sich vor allem an der häufig bemerkten habituellen *imitatio* Hauptmanns auf. Es beginnt: „Immer schon hab' ich gedacht:/ Was wohl Gerhart Hauptmann macht,/ Falls ihn die unaufhaltsame/ Ähnlichkeitsgesichtsreklame/ Gleichsam sturzlawinenhaft/ Um zu Wolfgang Goethe schafft."[174] Und es endet in der plakativen Kreuzfigur: „ER bin ICH, und ICH bin ER!"[175], durch die sich die lyrische Invektive zugleich an die zwei Monate zuvor erschienene graphische zurückbindet. Denn das Titelblatt der zwölften Nummer vom 21. Juni 1926 zeigte Hauptmann auf einem Podest und in der Pose der Goethe-Statue vor dem Weimarer Nationaltheater

---

169 Der Antinaturalismus setzte freilich schon um 1890 ein. Angesichts der neuaufkommenden Strömungen zur Jahrhundertwende konnte der Naturalismus indes die Position konventioneller, jedenfalls kommensurabler Dichtung einnehmen. Wirksam wird in diesen Debatten einmal mehr der Gegensatz der Metropolen Wien und Berlin, die damals neben ihrer politischen Funktion auch zu den maßgeblichen literarischen Zentren wurden. Einlässlicher wird dieser Aspekt in einer eigenen Publikation behandelt werden.

170 Hermann Bahr: Die Krisis des Naturalismus. In: ders.: Die Überwindung des Naturalismus. Als zweite Reihe von „Zur Kritik der Moderne". Dresden, Leipzig: Pierson 1891, S. 65–72, hier S. 66.

171 Ebd., S. 65.

172 Vgl. etwa das Urteil von Georg Lukacs: Der neue Hauptmann. In: ders.: Werke. Bd. 1.1, hg. von Zsuzsa Bognár, Werner Jung und Antonia Opitz. Bielefeld: Aisthesis 2017, S. 41–46, hier S. 46, der bereits 1905 einen ‚neuen Hauptmann' erkennt, der nicht mehr naturalistisch ist, sondern bereits Züge zu den – mit Goethe – ‚allgemein-menschlichen' Großthemen Tod und Liebe zeigt. Hauptmann allerdings „predigt nicht – wie Tolstoi oder Nietzsche –, er tröstet nur." Lukacs leitet daraus auch eine bemerkenswerte zukünftige Differenzierung ab, der leider an dieser Stelle nicht eingehend nachgegangen werden kann: „Ibsen, Nietzsche und Tolstoi werden die Klassiker der heutigen Zeit, Hauptmann wird ihr Poet."

173 Eigentlich Friedrich Alfred Schmid Noerr (*30.7.1877 Durlach †12.6.1969 Percha).

174 Sagittarius [i.e. Friedrich Alfred Schmid Noerr]: Hauptmann Goethe mit der eisernen Faust. In: Simplicissimus 31 (1926), Nr. 22, S. 295.

175 Ebd.

(vgl. Abb. 5.3). Der Platz neben ihm ist – durch die Geste der Hand gleichsam ostentativ – leer.[176] „ER", das ist der Hauptmann/Goethe eines Schillerlosen Zeitalters, doch war „ER" nicht immer ein solcher Majuskelname und Prototyp kanonischer Orthodoxie. Nur wenige Jahre zuvor war Hauptmann selbst noch als Teil einer antiklassizistischen und in gewisser Weise sogar antigoetheschen Phalanx *erschienen*.

Der Vergleich mit Goethe, der schon in den 1920er Jahren schal und in der Folge auch dahingehend kritisiert wurde,[177] ist insofern bemerkenswert, als sich Hauptmann, der schon zu Lebzeiten prominenteste Vertreter des Naturalismus und anerkannte Beherrscher der Reichs- und Theaterhauptstadt Berlin,[178] spätestens seit den 1890er Jahren dem Dichterfürsten Goethe zuwandte – wie Peter Sprengel eng am nachgelassenen Material herausgearbeitet hat.[179] Im Unentschieden bleibt allerdings, ob es sich hierbei um eine Wende zur Klassik oder zum Klassizismus handelte.[180] Insgesamt schien sich Hauptmann weniger für Goethes Ästhetik als für seinen Marktwert interessiert zu haben. Dennoch war Hauptmann von der Produktivität Goethes fasziniert, der auch im Kontext der Jahrhundertwende weniger als Gipsklassizist erschien, als den ihn die neudeutsch-katholische Romantik des frühen 19. Jahrhunderts gerne hingestellt hätte, sondern insbesondere als paradigmatischer Vertreter dichterischer Genialität und Schöpfungskraft. Gewiss brachte ihn selbst noch dieses recht spezielle Interesse in prekäre Nähe zum Weimarer Kunstprogramm, gegen das er in Werken wie den *Ratten* (1901) polemisiert hat. Die gleichzeitige Bezugnahme und Abwehr, die gebrochene Annäherung des Naturalisten ausgerechnet an jenen historischen Akteur, der in Akkordanz mit Schiller ‚dem Naturalism in der Kunst offen und ehrlich den Krieg erklärt'

---

176 Die Bildunterschrift lautet dann auch: „Dieses Zeitalter hat keinen Schiller" (Simplicissimus 31 (1926), Nr. 12, Titelblatt).

177 Vgl. etwa Walter von Molo: Der Dichter und die Zeit. In: Ludwig Marcuse (Hg.): Gerhart Hauptmann und sein Werk. Berlin, Leipzig: Schneider 1922, S. 31–34, hier S. 32: „Warum vergleicht ihr, epigonale Denker, immer wieder die Zweie? Das ist ein Verbrechen an Goethe und an Gerhart Hauptmann. Im Alter schwinden den meisten Menschen die Haare, so baut sich keine Goethe-Stirn."

178 Vgl. Peter Sprengel: Hauptmann über Hofmannsthal: Aristophanisches und anderes. In: Ursula Renner und G. Bärbel Schmid (Hg.): Hugo von Hofmannsthal. Freundschaften und Begegnungen mit deutschen Zeitgenossen. Würzburg: Königshausen und Neumann 1991, S. 37–53, bes. S. 38.

179 Vgl. Peter Sprengel: *Vor Sonnenuntergang* – ein Goethe-Drama? Zur Goethe-Rezeption Gerhart Hauptmanns. In: Goethe Jahrbuch 103 (1986), S. 206–239.

180 „Zu Hauptmanns Anschluss an das nationalkonservative Denken gehörte", nach Hans von Brescius: Gerhart Hauptmann: Zeitgeschehen und Bewusstsein in unbekannten Selbstzeugnissen. Eine politisch-biographische Studie. 2. verb. Aufl. Bonn: Bouvier 1977, S. 35, „auch die Rückorientierung an die deutsche Klassik."

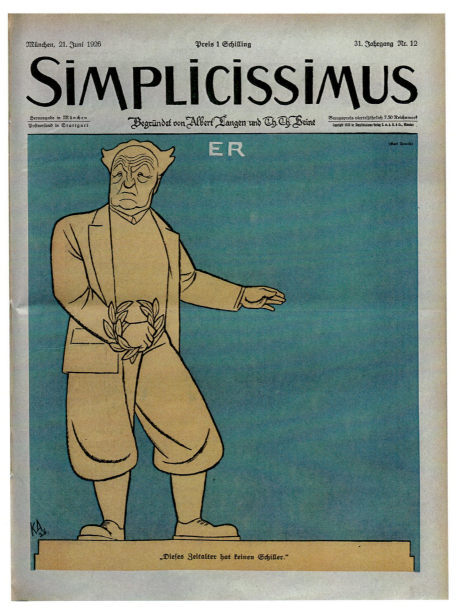

Abb. 5.3   Simplicissimus 31 (1926), Nr. 12, Titelblatt.
Bildquelle: Exemplar der Universitätsbibliothek Salzburg.

hat,[181] zeugt immerhin auch davon, dass die beiden historischen Naturalismen hier durchaus nicht in Eins fallen. Sie stehen zwar jeweils in einer polemischen Konstellation, in der auch Vorstellungen des Klassischen erscheinen, allerdings ist der Naturalismus um 1800 Fremdzuschreibung, jener um 1900 Selbstbeschreibung; und es werden daher auch ganz unterschiedliche Klassizismen zum Erscheinen gebracht: Hier ein progressiv-autonomietheoretischer, dort ein epigonal-traditionalistischer.

Der Symbolwert des Klassischen ist also offenbar wandelbar, und er scheint abhängig zu sein von der Richtung, in die die polemischen Pfeile fliegen. Das konstellative Moment der Polemik betont damit auch die Perspektivität der Angriffe. Besonders spannend ist dabei, zu beobachten, wie sich diese Konstellationen verschieben und damit ihre Diskursobjekte verändern. Die möglichen Erscheinungsformen von Klassizismus und Antiklassizismus sind abhängig von diesen Verschiebungen. Dass deshalb die (werk-)biographische Perspektive tatsächlich nicht hinreichen kann, um diese komplexen Gefüge zu beschreiben, zeigt wiederum das Beispiel Hauptmanns. Denn obwohl er sich Goethe auch habituell anverwandelt und zugleich seine Beschäftigung mit der griechischen Antike immer weitertreibt, bis sie in die Atriden-Tetralogie der 1940er Jahre mündet, wird er dennoch – oder vielmehr gerade deshalb – zu einem Lieblingsgegner der Neuklassik. Während sich noch die neuere Forschung vor allem im Nachweis der mangelnden Innovativität und der fehlenden literarischen Qualität der neuklassischen Autoren ergeht,[182] soll diese Frage hier nicht beantwortet, noch nicht einmal gestellt werden, denn Polemik kalkuliert in anderen Werten. Sie bringt nachdrücklich zu Bewusstsein, dass Literatur auch eine Sozialform ist,[183] deren Regeln durch

---

181 Vgl. Schillers Vorrede zur *Braut von Messina*, Schillers Werke (wie Anm. 109), Bd. 10, S. 11, und dazu Lesley Sharpe: Schillers „Egmont"-Bearbeitung im theatralischen Kontext. In: Goethe Jahrbuch 122 (2005), S. 137–146, hier S. 145. Zum Problem des Realismus auf der Bühne siehe Dieter Borchmeyer: „... dem Naturalism in der Kunst offen und ehrlich den Krieg zu erklären ...". Zu Goethes und Schillers Bühnenreform. In: Wilfried Barner u.a. (Hg.): Unser Commercium. Goethes und Schillers Literaturpolitik. Stuttgart: Cotta 1984 (= Veröffentlichungen der dt. Schillergesellschaft, Bd. 42), S. 351–370.

182 Vgl. etwa Sascha Kiefer: Die deutsche Novelle im 20. Jahrhundert. Eine Gattungsgeschichte. Köln u.a.: Böhlau 2010, S. 82. Dieter Borchmeyer: [Art.] Neuklassik. In: Moderne Literatur in Grundbegriffen. Hg. von Dieter Borchmeyer und Viktor Žmegac. 2., neu bearb. Aufl. Tübingen: Niemeyer 1994, S. 331–334, hier S. 331, sieht die Neuklassik insgesamt als „Irrweg".

183 Mit Bourdieu: Manet (wie Anm. 164), S. 439, könnte man sagen, dass es insofern sinnvoll ist, bei ihrer Beschreibung auch „in Feld-Begriffen zu denken", weil dann verständlich wird, dass die Gründe für die Auseinandersetzungen „nicht logisch fundiert sind, sondern sozio-logisch."

diskursive Interventionen verändert werden. Einmal erworbenes Prestige muss als ‚symbolisches Kapital'[184] ständig neu eingesetzt und gegen alte wie neue Konkurrenten innerhalb eines nur schwer zu umgrenzenden diskursiven Feldes verteidigt werden. Solche Angriffe auf Hauptmanns Position unternahm nicht zuletzt Paul Ernst, dem die Forschung einen Klassizismus attestiert hat, welchem „auf theoretischem Gebiet jede produktive Komponente" fehle, und der sich lediglich auf „antinaturalistische Polemik" beschränke, dabei aber „ohne gedankliche Eigenleistung" bleibe.[185] Im Folgenden soll Ernst nicht so streng am ‚Modernemeter' gemessen, sondern der Blick vielmehr auf die merkwürdige Wiederkehr der Opposition von Klassizismus und Naturalismus gelenkt werden.

Auffällig ist dabei insbesondere der Zeitpunkt, zu dem Ernst seine Angriffe gegen den Naturalismus verstärkt auf Hauptmann zuspitzt. Blickt man nämlich in die verschiedenen Auflagen von *Der Weg zur Form* (1906), einer Sammlung von Aufsätzen, in der Ernst seine klassizistische Ästhetik grundlegte und die dem gescheiterten Zeitschriftenprojekt *Die Form* bzw. *Die neue Klassik* (1905) nahestand,[186] dann bemerkt man, dass Hauptmann in der ersten Auflage kaum und überhaupt nur in unmittelbarer Nähe von Arno Holz und Johannes Schlaf – also als Teil des Berliner Naturalismus – vorkommt. Erst ab der zweiten Auflage von 1915 tritt Hauptmann konturierter als Gegenbild hervor, der damals nicht nur bereits Literaturnobelpreisträger war, sondern sich schon in *Der Bogen des Odysseus* (1914) an klassischen Stoffen in durchaus auch klassizistischer Form versucht hat.[187] Sein Interesse an dem Homerischen Stoff reicht freilich nicht aus, um vom Beginn einer klassizistischen Wende zu sprechen, doch es zeigt deutlich an, dass die antiklassizistisch gerichtete Welle des Naturalismus zu dem Zeitpunkt insgesamt bereits weitgehend verebbt

---

184   Vgl. Pierre Bourdieu: Ökonomisches Kapital – Kulturelles Kapital – Symbolisches Kapital. In: ders.: Die verborgenen Mechanismen der Macht. Schriften zu Politik & Kultur 1. Hg. von Margareta Steinrücke. Aus d. Franz. von Jürgen Bolder. Hamburg VSA 1992, S. 49–79.
185   Kiefer: Die deutsche Novelle im 20. Jahrhundert (wie Anm. 182), S. 82. Diese nicht unproblematische Einschätzung lässt freilich auch die durchaus breite Anerkennung unter Zeitgenossen außer Acht. Insbesondere seit der *Brunhild* (1909) wurde er als herausragender „Dramatiker der Seele" charakterisiert (Vgl. Werner Mahrholz: Paul Ernst, der Dramatiker der Seele. In: ders. (Hg.): Paul Ernst zu seinem 50. Geburtstag. München: Müller 1916, S. 28–68, hier S. 48).
186   Zur Einordnung dieser Tendenzen vgl. auch den Überblick bei Jutta Bucquet-Radczewski: Die neuklassische Tragödie bei Paul Ernst (1900–1910). Königshausen und Neumann 1993, S. 14–33.
187   Zumindest insofern, als er nach dem Vorbild deutscher Klassik den Stoff der antiken Mythologie mit dem Blankvers verschneidet.

war,[188] als Ernst den sichtlich klassizistischer werdenden Hauptmann mit antinaturalistischer Polemik attackiert. Ausgerechnet Ernst, selbst ehemals Naturalist und Mitbewohner von Arno Holz,[189] behauptet dagegen in der Vorrede zur zweiten Auflage: „Ich habe weder mich, noch meine Anschauungen gewandelt, und ich brauchte sie nicht zu wandeln".[190] Deutlich wird so der bekannte essentialistische Unwandelbarkeitstopos bedient: Was klassisch ist, wird es nicht nur bleiben, sondern soll es (im Grunde) auch immer schon gewesen sein.

Ernst leitet damit unmittelbar zur Polemik gegen jenen – ebenfalls gerade im Wandel begriffenen – Autor über, der hier allerdings ungebrochen als milieu- und herkunftsdeterminierte Figuren aufsammelnder Naturalist figuriert: „[D]er Geist, aus dem mein Buch geschrieben ist, war nicht der jämmerliche Geist, der in der deutschen Literatur vor dem Kriege herrschte, wo man die sentimentale Trivialität Hauptmanns neben Goethe stellte, und einen Geistesverwandten Shakespeares in einem Gartenlaubendilettanten aus unverdauter Lektüre sah, wie das Eulenberg ist."[191] Keiner der beiden werde dem Vergleich gerecht und es sind daher die publizistisch ventilierten Paarungen Goethe/Hauptmann und Shakespeare/Eulenberg[192] bloße Anmaßungen. Dabei ist die Verbindung von Hauptmann und Goethe für die Zeitgenossen eigentlich wenig problematisch; geht es doch dabei mehr um den durch die Produktivität in mehreren literarischen Gattungen erhobenen Anspruch auf die Führungsrolle in der zeitgenössischen deutschen Literatur, als um die Fortsetzung eines bestimmten ästhetischen Programms. Ernst nimmt hier eine entscheidende Umwertung vor, durch die erst eine ganz andere polemische Konstellation erzeugt wird, in der Klassizismus und Klassik einmal mehr die Plätze tauschen: Denn nicht Hauptmann, sondern Ernst habe „unsere große deutsche Literatur weitergeführt, deren Geist heute unser Heer beseelt."[193]

Ernsts Polemik ist damit keineswegs in simpler Weise antinaturalistisch, sondern hochgradig diffizil und zugleich gebrochen. Sie richtet sich gegen

---

188 Die neue Opposition ist wohl vielmehr der viel vitalere Symbolismus bzw. die Neoromantik.
189 Vgl. den autobiographischen Rückblick bei Paul Ernst: Der Weg zur Form. Abhandlungen über die Technik vornehmlich der Tragödie und Novelle. München: Müller ³1928, S. 18f.
190 Paul Ernst: Der Weg zur Form. Ästhetische Abhandlungen vornehmlich zur Tragödie und Novelle. Berlin: Hyperionverlag ²1915, unpag. Vorr.
191 Ebd., unpag. Vorr.
192 Herbert Eulenberg (1876–1949), der zwar viele Premieren, aber wenige Aufführungen erlebte, wurde schon um 1910 in der Shakespeare-Tradition gesehen. Bereits bei Karl Freye: Der neue Träger des Volks-Schillerpreises. In: Die Grenzboten 72 (1913), 1. Vierteljahr, S. 278–284, wird dieser Vergleich brüchig.
193 Ernst: Der Weg zur Form 1915 (wie Anm. 190), unpag. Vorr.

die von Hauptmann angemaßte oder ihm zugemutete Klassizität und ist nur deshalb nicht zugleich antiklassizistisch, sondern unangemessen antinaturalistisch, weil sie dem eigenen Klassizitätsanspruch zur Durchsetzung verhelfen soll.[194] Gewissermaßen Klassizismus als Antiklassizismus einmal mehr. Dass sich Ernst der Problematik dieser intrikaten Konstellation bewusst war, zeigt wiederum die Vorrede zu *Der Weg zur Form*, in der gerade *Der Bogen des Odysseus* zunächst als naturalistisches Stück argumentiert werden muss, das aus demselben Geist wie das Milieudrama *Fuhrmann Henschel* (1898) entsprungen sei, um Hauptmann an einen Ort zu verfrachten, an dem er überhaupt angegriffen werden kann: Jeder Künstler trage ein Weltbild in sich und der Kritiker habe nur danach zu fragen, ob die verwendeten Mittel der Umsetzung dieses Weltbildes angemessen waren.[195] Das bezeichne den Unterschied zwischen Ernst und seinem Kontrahenten: „Wenn etwa Hauptmann eine Fuhrmann-Henschel-Welt in seiner Brust trägt, so ist es ganz natürlich, wenn er Karl den Großen und Odysseus mit den Fuhrmann-Henschel-Mitteln darstellt: die beiden unterscheiden sich vom Fuhrmann bei ihm ja nur durch das Kostüm. Man mache mir aber keinen Vorwurf, wenn ich andere Mittel gebrauche, denn ich habe ein höheres Weltbild."[196]

Der verwendete Komparativ verweist auf eine Konkurrenzsituation,[197] die Ernst vielleicht deutlicher als Hauptmann empfunden haben mag und die er aus gutem Grund als Widerstreit der Weltbilder inszeniert. Wenn es denn je wirklich einen Wettstreit gegeben hat, war dieser wohl bereits 1912 mit der Verleihung des Nobelpreises an Hauptmann – eine Auszeichnung, die Ernst lange herbeigesehnt, aber nie erhalten hat – symbolisch entschieden worden. Als Ernst knapp zwanzig Jahre später der Maximiliansorden für Kunst (1930) verliehen wurde, bemerkt er in einem Brief vom 7. Jänner 1931 an Will Vesper, „daß das eine Ehrung ist, die mehr werth ist als der Nobel-Preis, wenn sie auch freilich nicht solchen Geldwerth hat. Von Dichtern hat ihn nur noch Gerhard

---

194 Dass Ernsts Klassizität, wenn auch nur der Sache, nicht dem Begriff nach, bereits früh anerkannt wurde, zeigt der Aufsatz von Georg Lukacs: Metaphysik der Tragödie. Paul Ernst. In: Lukacs: Werke 1.1 (wie Anm. 172), S. 343–366.
195 Ernsts wesentlichster Kritikpunkt zielt dann auch auf die fehlende sittliche Verbesserung im Naturalismus. Vgl. etwa Zoë Ghyselinck: Form und Formauflösung der Tragödie. Die Poetik des Tragischen und der Tragödie als religiöses Erneuerungsmuster in den Schriften Paul Ernsts (1866–1933). Berlin, Boston: de Gruyter 2015 (= Studien zur deutschen Literatur, Bd. 210), S. 77–79.
196 Ernst: Der Weg zur Form 1915 (wie Anm. 190), unpag. Vorr.
197 Verquickt ist hier die persönliche Konkurrenz mit den widerstreitenden Grundtendenzen der Strömungen. Nach Walter Fähnders: Avantgarde und Moderne 1890–1933. Stuttgart, Weimar: Metzler 1998 (= Lehrbuch Germanistik), S. 94, ist die Neuklassik eine „spezifisch deutsche Strömung der Anti-Moderne".

[!] Hauptmann [...] wohl vor Jahren bekommen, als er fast allgemein sehr hoch geschätzt wurde. Der Orden ist also nicht compromittiert durch seine Verleihungen."[198] Dass Hauptmann den Preis schon vor ihm erhalten hat, bedeutet für Ernst zu diesem Zeitpunkt offenbar keine Erniedrigung mehr, sondern bietet vielmehr die Gelegenheit zum Vergleich. Für ihn wird durch die Ordensgemeinschaft geradezu ein hierarchischer Ausgleich erreicht, der freilich auch auf Ernsts Vorstellung jener Nähe zu Hauptmann verweist, die der eigentliche Anlass für die emphatische Distinktion gewesen sein dürfte. Die Literaturgeschichtsschreibung dokumentiert anschaulich den Erfolg dieses Manövers: Die beiden stehen sich in gegensätzlichen Lagern gegenüber. Wenn sie auch beide zeitweilig Klassizisten waren, so blieben sie doch durch dieselbe, aus verschiedenen Richtungen doppelt selbstgezogene Grenze geschieden, die den Naturalismus vom Klassizismus trennt.

7.

Es sollte aus dem Vorangegangen deutlich geworden sein, was Polemik gegen Personen im rhetorischen Sinn von ihrer Beschreibung als Konstellation unterscheidet: Freilich kann man die Angriffe stets auch auf der unmittelbaren Rede-Ebene belassen und mit ihrer Rekonstruktion die Anatomie einer persönlichen Feindschaft nachzeichnen. Es zeigt sich dann auf erster Ebene, dass Gerhart Hauptmann nicht nur wiederholt von Paul Ernst angegriffen wurde, sondern auch umgekehrt Hauptmann seinem Konkurrenten nicht viel geschenkt hat – wenngleich eher im privaten und halböffentlichen Bereich. Nach einem Spaziergang durch Weimar notiert er am 19. Februar 1909 neben einer Invektive gegen Arno Holz, es sei „dem mir höchst unsympathischen Paul Ernst" begegnet: „er war schmutzig gekleidet: er erscheint mir auch innerlich nicht gerade sauber: ein Geist mit vielen versteckten Winkeln."[199] Unsympathisch und von zweifelhaftem Charakter. Hauptmann wendet sich damit deutlich gegen Ernst persönlich, nicht aber gegen dessen Klassizismus. Die persönliche Polemik kann sich der Konstellation indes nicht entschlagen, in der sie stattfindet. So war die vor allem von Ernst selbst mitinszenierte Frontstellung von Neuklassik und Naturalismus bzw. von Klassizismus und

---

198 Paul Ernst an Will Vesper, 7.1.1931, zit nach Alexander Reck: Briefwechsel Paul Ernst – Will Vesper. 1919–1933. Einführung – Edition – Kommentar. Würzburg: Königshausen und Neumann 2003, S. 52. Auf das Verhältnis Ernsts zu dem üblen Nazi kann hier nicht näher eingegangen werden.

199 Gerhart Hauptmann: Tagebücher 1906–1913. Mit dem Reisetagebuch Griechenland – Türkei 1907. Hg. von Peter Sprengel Frankfurt a.M.: Propyläen 1994, S. 231.

Antiklassizismus in den Jahren um 1910 bereits so evident, dass Peter Sprengel zufolge Hauptmanns Tagebuch-Polemik auch als Urteil „über die seinerzeit von Paul Ernst in Weimar begründete Neuklassik"[200] gelesen werden muss.

Der Klassizismus, der dem Naturalismus zunächst als Folie der negativen Selbstbeschreibung diente, wird bei Hauptmann im 20. Jahrhundert ein anderer, als er selbst eine dominante Position im Feld einnimmt, die es gegen eine ‚Neuklassik',[201] welche sich als Erneuerung einer zum Naturalismus und Modernismus degenerierten Kunst begreift, zu verteidigen gilt. Antiklassizismus nach wie vor, aber die Objekte haben sich verändert und die Positionen im literarischen Feld, dem sozialen Austragungsort, haben sich verkehrt. Das ist es, was durch den terminologischen Behelf der ‚Konstellation' sichtbar werden soll: Polemiken treffen nicht immer nur Personen und die Autoren regieren auch nicht ‚intentional' die Folgen ihrer Angriffe. Sie sind vielmehr Einsätze in diskursiven Formationen, und sie können Verschiebungen dieser Formationen in Gang setzen. Lässt man für einen Moment die ästhetischen und ideologischen Differenzen außer Acht, dann scheint den Gegenüberstellungen eine gewisse Kontingenz zu eignen. Plakativ gesprochen: Goethe hätte mit seinem Œuvre Romantiker sein können,[202] wären da nicht die Romantiker gewesen; Hauptmann hätte Klassiker werden können, wäre er nicht von der Neuklassik attackiert worden. Romantik und Neuklassik formieren sich vor allem adversativ, in einer Gegnerschaft, die sich – mehr unwillkürlich als absichtsvoll – damit ihre Opposition selbst erzeugt. Es ist dieses durch die polemische Konstellation von Klassizismus und Antiklassizismus geregelte Verhältnis, das ihre Position ermöglicht.

---

200   Peter Sprengel: Gerhart Hauptmann: Bürgerlichkeit und großer Traum. Eine Biographie. München: Beck 2012, S. 365.

201   Die ‚Neuklassik' ist auch insofern ein aufschlussreicher Gegenstand für eine Konstellationsanalyse, weil sie im „Gegensatz zum dehnbaren Begriff der Neuromantik" um „eine eng umrissene literarische Gruppierung mit festgelegten Zielen" handelt. So Peter Sprengel: Geschichte der deutschsprachigen Literatur 1900–1918. Von der Jahrhundertwende bis zum Ende des Ersten Weltkriegs. München: Beck 2004 (= Geschichte der deutschen Literatur von den Anfängen bis zur Gegenwart. Hg. von Helmut de Boor und Richard Newald, Bd. IX,2), S. 103.

202   Damit ist gemeint, dass man Goethe durchaus als Vertreter einer allgemeinen europäischen Romantik begreifen könnte, wenn durch die Konstellation um 1800 im deutschsprachigen Raum nicht sein Klassizismus überdeutlich konturiert worden wäre. Die genuin klassizistischen Programmtexte entstammen einem relativ eingeschränkten Zeitraum, sie prägen aber die Wahrnehmung eines Großteils seiner Texte. Aus europäischer, insbesondere englischer und französischer Perspektive ist Goethe ohnehin schlicht ein Vertreter der Romantik.

Die Liste der Beispiele könnte beinahe nach Belieben verlängert werden. Es scheint, als würde die kultursemantisch relativ stabile binäre Codierung durch klassizistische und antiklassizistische Positionen gleichsam als Möglichkeitsbedingung vieler Auseinandersetzungen figurieren. Gewiss setzt diese Relationierung, die sich literaturhistorisch als immens fruchtbar erwiesen hat, spezifische historisch-situative Kontexte[203] wie die medialen Voraussetzungen, die Positionsverteilungen im literarischen Feld oder die Stellung der Autoren im marktförmigen Literatursystem voraus, die die Sagbarkeit und Wirkungsbreite der Polemiken regeln und deren Gestalt und Wahrnehmbarkeit beeinflussen. Doch das wird sichtbar nur, wenn man Polemik nicht als Redeweise oder Textgattung,[204] sondern im Rahmen spezifischer Konstellationen begreift.

---

203 Schon Herbert Jaumann: Critca. Untersuchungen zur Geschichte der Literaturkritik zwischen Quintilian und Thomasius. Leiden u.a.: Brill 1995 (= Brill's Studies in Intellectual History, Bd. 62), S. 308f., schließt mit einem Plädoyer dafür, die Umweltbedingungen insbesondere in eine Geschichte der Kritik miteinzubeziehen.

204 Neben „Persiflage, Parodie", aber auch „Pamphlet, Schmähschrift, Streitschrift", zählt Spoerhase: Methodenskizze (wie Anm. 105), S. 317, die „Polemik" explizit unter die „Gattungen", von denen man die Satire abzugrenzen versuche.

Nach der Kunstperiode
Polemik und Ästhetik im Umfeld des Jungen Deutschland

Dirk Rose

1. Einleitung: Das Ende der Kunstperiode

Mit Goethes Tod sah Heinrich Heine das Ende der sogenannten ‚Kunstperiode' gekommen.[1] Was ihm folgte, war eine große Debatte über den Status und die Aufgabe von Kunst im Allgemeinen und Literatur im Besonderen.[2] Das ‚neue' Literaturprogramm, das unter dem Namen ‚Junges Deutschland' bekannt geworden ist, forderte eine Abkehr von ästhetischer Selbstreflexivität und die Hinwendung zu sozialen und zeitgenössisch relevanten Themen. Verbunden war das mit der Propagierung neuer Schreibweisen, die ihren genuinen Ort nicht mehr in der Kunstprosa, sondern in den Zeitungen und Zeitschriften mit ihren pointierten Darstellungsformen hatten. Zu ihnen gehörte zweifelsohne auch die Polemik.

Allerdings fiel polemischen Schreibweisen noch eine besondere Bedeutung in dieser ‚nachklassischen' – und nicht zuletzt auch antiklassizistischen – Ästhetik zu; und das aus zwei Gründen. Zum einen war die Polemik eines der entscheidenden Mittel, um sich von der ‚alten' klassisch-romantischen Ästhetik und ihren Adepten absetzen zu können und einem ‚neuen' Literaturprogramm zum Durchbruch zu verhelfen. Zum anderen waren es nicht zuletzt polemische Schreibweisen, in denen sich diese neue Ästhetik beglaubigen konnte. In ihnen fand genau jenes aktualisierende, auf konkrete Anlässe und Personen bezogene Schreiben statt, das die ‚neue' Ästhetik einforderte, und das die

---

* Der Text basiert in weiten Teilen auf Abschnitten aus meiner Habilitationsschrift: Polemische Moderne. Stationen einer literarischen Kommunikationsform vom 18. Jahrhundert bis zur Gegenwart. Göttingen 2020, verfolgt aber hier eine andere Fragestellung.
1 Das geht natürlich auf Hegels *Vorlesungen zur Ästhetik* zurück; vgl. dazu Eva Geulen: Das Ende der Kunst. Lesart eines Gerüchts nach Hegel. Frankfurt a.M.: Suhrkamp 2002, S. 36–60; vgl. außerdem Peter Weber: Zum Begriff der „Kunstperiode". In: Studien zur Ästhetik und Literaturgeschichte der Kunstperiode. Hg. von Dirk Grathoff. Frankfurt a.M. u.a.: Lang 1985, S. 77–102.
2 Einen Einblick in diese Debatten (und die Schärfe, mit der sie geführt wurden) gewährt der Beitrag von Ingrid und Günter Oesterle: Der literarische Bürgerkrieg. Gutzkow, Heine, Börne wider Menzel. Polemik nach der Kunstperiode und in der Restauration. In: Demokratisch-revolutionäre Literatur in Deutschland: Vormärz. Hg. von Gert Mattenklott und Klaus R. Scherpe. Kronenberg/Taunus: Scriptor-Verlag 1974, S. 151–185.

klassische Ästhetik mit mehr oder weniger großem Erfolg zu perhorreszieren bemüht gewesen war.[3] Dass dabei der Konflikt zwischen klassizistischen und antiklassizistischen Schreibweisen auch die Frage nach der Klassizität polemischer Texte selbst in den Fokus rückte, stellt das ästhetisch wie polemisch gleichermaßen ambitionierte Werk Heinrich Heines unter Beweis.

Damit sind freilich auch neue Problemstellungen verbunden, die ihrerseits im Spannungsfeld von publizistischen und literarästhetischen Schreibweisen zu suchen sind. Die Polemik nimmt hierbei nicht allein als Modus entsprechender Auseinandersetzungen einen zentralen Platz ein. Sie wird vielmehr selbst zum Gegenstand der Auseinandersetzung, weil sich an ihr die unterschiedlichen diskursiven Praktiken von Journalismus und Literatur mit ihren jeweiligen Gestaltungspotentialen und Problemen besonders deutlich ablesen lassen. Davon wird etwa Heinrich Heines Auseinandersetzung mit Ludwig Börne maßgeblich bestimmt. Bevor an ihrem Beispiel die literaturgeschichtliche Bedeutung polemischen Schreibens nach der Kunstperiode näher erläutert werden soll, wird zunächst ein Blick auf Ludolf Wienbargs *Ästhetische Feldzüge* und ihre Propagierung dieser neuen Schreibweise geworfen. Im Anschluss daran wird knapp erläutert, welche Funktionalisierungen der Polemik innerhalb einer nachklassischen, auf politische und soziale Zusammenhänge zielenden Rhetorik vorgenommen werden sollten. In ihnen drohte die Polemik ihr genuin ästhetisches Potential zunehmend zu verlieren. Auch dagegen intervenierte Heine mit seinem Börne-Buch.

2. Ludolf Wienbarg: *Ästhetische Feldzüge*

Im Sommersemester 1833 hielt ein junger Privatdozent namens Ludolf Wienbarg an der Universität Kiel eine literaturgeschichtliche Vorlesung, die selbst Literaturgeschichte schreiben sollte, als sie ein Jahr später unter dem Titel *Ästhetische Feldzüge* veröffentlicht wurde. In ihr reagiert Wienbarg nicht nur auf die Diskussion um eine nachklassische Ästhetik, die von Wolfgang Menzel und Ludwig Börne angestoßen worden war.[4] Er verleiht ihr zudem

---

3 Zu dieser ‚Immunisierungsstrategie' bei Schiller vgl. Cornelia Zumbusch: Die Immunität der Klassik. Frankfurt a.M.: Suhrkamp 2012, S. 130–146, bes. S. 137: „Schillers ästhetische Immunisierung setzt auf eine doppelt gereinigte Kunst. Sie ist nicht nur reinlich von der eigenen Zeit separiert, sondern auch vom Affektüberschuß befreit". Beides zieht den Ausschluss einer anlassbezogenen und affektgeladenen Polemik nach sich. Vgl. dazu ausführlicher das betreffende Kapitel in meiner Habilitationsschrift.

4 Vgl. die betreffenden Quellen bei Jost Hermand: Das Junge Deutschland. Texte und Dokumente. Stuttgart: Reclam 1966, S. 21–29.

eine neue, im Kern revolutionäre Stoßrichtung, die über das Ästhetische, das der Text im Titel führt, weit hinausreicht. In seiner polemischen Schreibweise manifestiert sich jene radikalisierte Ästhetik, welche er auf programmatischer Ebene einfordert. Gerade das machte diese Vorlesungen – nicht nur in den Augen der Zensurbehörden – so brisant.[5]

Ihre polemische Fokussierung offenbaren schon Titel und Widmung. *Ästhetische Feldzüge:* das impliziert eine kriegerische Handlung, welche – ähnlich wie Lessings *Literaturbriefe*[6] – zum Ziel hat, das Feld der Ästhetik in einem „Kunstkrieg"[7] neu zu ordnen. In seiner Widmung an das „junge Deutschland" geht Wienbarg von einer alt/neu-Dichotomie aus, welche nicht zufällig an die *Querelle des anciens et des modernes* aus dem 17. Jahrhundert erinnert.[8] Deren polemische Frontstellung von Verfechtern einer an der Antike orientierten Normativität einerseits und den gegenwartsbezogenen Modernen andererseits wird in den *Ästhetischen Feldzügen* zu einem epochalen Entscheidungskampf ausgeweitet:

> Wer aber dem jungen Deutschland schreibt, der erklärt, daß er jenen altdeutschen Adel [der Gelehrten, D.R.] nicht anerkennt, daß er jene altdeutsche, tote Gelehrsamkeit in die Grabgewölbe ägyptischer Pyramiden verwünscht und daß er allem altdeutschen Philistertum den Krieg erklärt und dasselbe bis unter den Zipfel der wohlbekannten Nachtmütze unerbittlich zu verfolgen willens ist.[9]

Dieses „junge Deutschland", das Wienbarg mit seiner Schrift adressiert und in gewisser Weise sogar begründet,[10] konstituiert sich für ihn in erster Linie durch einen fundamentalen Gegensatz zu allen traditionalen Bindungen, seien sie

---

5   Die *Ästhetischen Feldzüge* werden kurz nach ihrem Erscheinen am 28. Mai 1834 verboten; vgl. Walter Dietze: Einleitung. In: Ludolf Wienbarg: Ästhetische Feldzüge [1834]. Hg. von dems. Berlin, Weimar: Aufbau 1964, S. V–LXI, hier S. XXII.
6   Vgl. Verf.: Lessings Krieg. Zum publizistischen und polemikgeschichtlichen Ort der *Literaturbriefe*. In: Krieg und Frieden im 18. Jahrhundert. Kulturgeschichtliche Studien. Hg. von Stefanie Stockhorst. Hannover: Werhahn 2015, S. 93–111.
7   Rolf Eigenwald: Ludwig Wienbarg. Wortgewalt und Sprachnot. In: Christaneum 58 (2003), S. 3–6, hier S. 4.
8   Vgl. den Dokumentenband: La Querelle des Anciens et des Modernes. XVIIe–XVIIIe siècles. Hg. von Marc Fumaroli und Anne-Marie Lecoq. Paris: Editions Gallimard 2001.
9   Ludolf Wienbarg: Ästhetische Feldzüge [1834]. Hg. von Walter Dietze. Berlin, Weimar: Aufbau 1964, S. 3. – Im Folgenden im Text mit nachgestellter Seitenzahl zitiert.
10 Zur Begriffsgeschichte des ‚Jungen Deutschland' vgl. Wulf Wülfing: Art. ‚Junges Deutschland'. In: Historisches Wörterbuch der Rhetorik. Bd. 4. Hg. von Gert Ueding. Tübingen: de Gruyter 1998, Sp. 772–778, hier Sp. 772.

ästhetischer oder politischer Natur.[11] Damit geht er deutlich über jene Absetzungsbewegung von der klassischen Literatur und deren ästhetischen wie ethischen Normvorstellungen hinaus, die Heine und andere vollzogen haben. Wienbarg postuliert vielmehr jenen Epochenbruch, in dessen Folge sich erst eine gegenwartsbezogene, ‚moderne' Ästhetik etablieren könne. Darum fordert er, dass alle „Widerstände der Bewegung [...] als solche aus dem Wege geräumt werden [müssen]" (S. 4). Die Formulierung „als solche"" unterstreicht die quasi-ontologische Radikalität dieser Forderung, welche ‚störende' Diskurse und ihre Vertreter ein für allemal aus der Welt geschafft sehen will. Dafür seien „Riechflaschen mit scharfsatirischem Essig" nötig, „wie ihn z.B. Börne in Paris destilliert" (S. 3f.). Die hyperbolische Redeweise signalisiert, dass die Satire allein zu schwach sei für die ‚Auflösung' dieser Widerstände; es muss schon „scharfsatirischer Essig" sein. Damit ist freilich ein gängiges Metaphernfeld für polemische Schreibweisen aufgerufen.[12]

Denn Polemik ist bei der Durchsetzung des Neuen nicht zuletzt wegen des Beharrungsvermögens des Alten vonnöten. Mit demselben Argument legitimiert wenige Jahre später der Linkshegelianer Arnold Ruge seine *Polemischen Briefe* (1847): „Das *gewaltsame* Durchsetzen des Neuen besteht darin, daß nie und nimmer das Alte gutwillig untergeht."[13] Auch aus diesem Grund richtet sich Wienbargs dritte Vorlesung „gegen den Unfug Historie" (S. 34) als einen Geltungsdiskurs „toter" (S. 34) Überzeugungen und Praktiken, wobei er Nietzsches zweiter *Unzeitgemäßer Betrachtung* erstaunlich nahe kommt.[14] Im Rückgriff auf Hegels Geschichtsphilosophie[15] heißt es darin:

---

11 Es dürfte inzwischen Konsens sein, dass darin eine Epochenspezifik der Moderne zu suchen ist; vgl. nur die Beiträge bei Gerhart von Graevenitz (Hg.): Konzepte der Moderne. Stuttgart, Weimar: Metzler 1999.

12 Die Bezeichnung einer besonders ‚scharfen' Satire als „Essig" findet sich bereits in der antiken Satirendichtung; vgl. die Nachweise im betreffenden Band des Thesaurus Proverbium Medii Aevi. Lexikon der Sprichwörter des romanisch-germanischen Mittelalters. Begründet von Samuel Singer. Bd. 3. Berlin, New York: de Gruyter 1996, S. 114.

13 Arnold Ruge: Polemische Briefe. Reprint Leipzig: Zentralantiquariat der DDR 1976, S. 89.

14 Zu Parallelen zwischen Wienbarg und Nietzsche, die im Übrigen auch zeigen, „how far Nietzsche drew early themes and preoccupations from the 1830s", vgl. die Überlegungen von Hugh Ridley: Nietzsche and Wienbarg. A consideration of parallels between Nietzsche and the Young Germans [1980]. In: Kulturkritik, Erinnerungskunst und Utopie nach 1848. Hg. von Anita Bunyan und Helmut Koopmann. Bielefeld: Aisthesis 2003, S. 83–104, Zitat S. 101. Zur Geschichtstheorie beider Autoren vgl. im selben Band den Beitrag von Wulf Wülfing: Wider die „Wächter des großen geschichtlichen Welt-Harems": Zu Nietzsches ‚vormärzlicher' Kritik am Umgang mit der ‚Historie'. In: ebd., S. 57–82, hier bes. S. 62–65.

15 Vgl. Jürgen Habermas: Der philosophische Diskurs der Moderne. Zwölf Vorlesungen. Frankfurt a.M.: Suhrkamp 1988, S. 67 und passim.

> Es ist eben zu dieser Zeit, wo der Geist aus veralteten Formen gänzlich herausgewichen ist, die Historie selber zur Lüge geworden, und die Behauptung, es müsse sich das Neue aus dem Alten, das tot und abgetan ist, allmählich fortentwickeln, ist eben die abgeschmackteste Lüge, womit der Anbruch des Neuen zurückgehalten werden soll. (S. 26)

Nicht durch kulturelle Evolution kommt für Wienbarg das Neue in die Welt, sondern nur „auf dem Wege des Protestierens, des Protestierens gegen alle Unnatur und Willkür, gegen den Druck des freien Menschengeistes" (S. 25). Zwei Dinge werden schon hier deutlich: Zum einen die außerordentliche Rolle, welche der Polemik in einem solchen ‚revolutionären' Verständnis historischer Entwicklung zukommt. Und zum anderen, dass es sich dabei um mehr als ästhetische Feldzüge handeln muss. So enthalten Wienbargs Vorlesungen ein ‚lebensreformerisches' Programm *avant la lettre*,[16] etwa wenn er in der Einleitung zur Buchausgabe seiner Vorlesungen bemerkt:

> Ich war noch von *der Luft da draußen* angeweht, und der Sommer 1833 war der erste und letzte meines Dozierens. Universitätsluft, Hofluft und sonstige schlechte und verdorbene Luftarten, die sich vom freien und sonnigen Völkertage absondern, muß man entweder gänzlich vermeiden oder nur auf kurze Zeit einatmen. (S. 3)

In den *Ästhetischen Feldzügen* wird dementsprechend die literarische Entwicklung nicht losgelöst von der gesellschaftlichen betrachtet. Das entscheidende Kriterium zur Beurteilung von Kunst ist für Wienbarg das „Charakteristische" im Sinne einer Zeitalterverwandtschaft. Bereits die erste Vorlesung fordert: „Das Schöne [...] muß Charakter haben" (S. 10). Diese Forderung nimmt er gegen Ende wieder auf, und zwar in der 23. Vorlesung, die Heinrich Heine gewidmet ist, und die „als allgemeines Gesetz aufstellt [...], daß die jedesmalige Literatur einer Zeitperiode den jedesmaligen Zustand derselben ausdrücke und abpräge" (S. 177).[17] In dieser Hinsicht nennt er Heine den

---

16 Zur „Rhetorik des Lebens" bei Wienbarg vgl. auch die betreffenden Beobachtungen bei Gert Ueding: Rhetorik der Tat. Ludolf Wienbarg und seine Ästhetischen Feldzüge. In: Die anderen Klassiker. Literarische Porträts aus zwei Jahrhunderten. Hg. von dems. München: Beck 1986, S. 89–109, hier S. 107–109.

17 Daran werden wenig später die ersten Ausarbeitungen eines literarischen Realismuskonzeptes anschließen; so etwa Julian Schmidt: Die Verwirrungen der Romantik und die Dorfgeschichte Auerbachs [1860]. In: Theorie des bürgerlichen Realismus. Eine Textsammlung. Hg. von Gerhard Plumpe. Stuttgart: Reclam ²1997, S. 106–110, hier S. 106: „Um ein klassischer Dichter zu werden, reicht aber die große Begabung allein nicht aus: die Zeit, in der er lebt, muß ihm wirklichen, echten Lebensgehalt bieten, und zugleich den Stoff, in dem er denselben darstellen kann".

„entschiedensten Charakterschriftsteller [...] der neuen Prosa" (S. 179), die sich dadurch auszeichne, „in offener Fehde mit allen Ansichten der Zeit" (S. 179) zu stehen. „Die neue Prosa", für die Heines Texte mustergültig einstehen, sei vor allem durch „ihren kriegerischen Charakter" (S. 189) geprägt.[18] Man könnte auch sagen: Die neue Prosa ist vor allem polemisch.

An dieser Stelle muss noch einmal daran erinnert werden, dass die *Ästhetischen Feldzüge* im Kontext der Diskussionen um die „Endschaft der ‚Goetheschen Kunstperiode'" (HS 3, 360)[19] stehen, wie sie Heine in der *Romantischen Schule* (1835) postuliert hat. Vermutlich kannte Wienbarg die erste Fassung des Buches, die unter dem Titel *Zur Geschichte der neueren schönen Literatur in Deutschland* im selben Jahr, 1833, erschienen war.[20] Auch seine literaturgeschichtlichen Überlegungen nehmen jedenfalls ihren Ausgang bei Goethes Tod. Und wie Heine ist auch Wienbarg davon überzeugt, dass sich eine nachklassische Ästhetik im Dissens mit der klassisch-romantischen Tradition herausbilden müsse. Das solle vor allem dadurch geschehen, dass sie den zeitgenössischen Veränderungen in politischer wie sozialer Hinsicht stärker Rechnung trage.

Ihre Brisanz gewinnen Wienbargs Überlegungen dadurch, dass sie diese Forderung konsequent im Sinne einer ‚art social'[21] weiterdenken: Denn eine Ästhetik, welche ihre Legitimation daraus gewinnt, wie Heine sagt, „keinen Unterschied machen [zu] wollen zwischen Leben und Schreiben, die nimmermehr die Politik trennen [will] von Wissenschaft, Kunst und Religion" (HS 3, 469), eine solche „funktionelle Ästhetik"[22] wird ihren reformatorischen bzw. revolutionären Geltungsanspruch fast notwendig nicht allein auf das Gebiet der Ästhetik einhegen können. Vielmehr eignet ihr eine Transgressionsbewegung,

---

18 Wie ernst es Wienbarg mit seinen kriegerischen Absichten war, zeigt seine freiwillige Teilnahme an der schleswig-holsteinischen Erhebung gegen Dänemark 1848; vgl. Petra Hartmann: Geschichtsschreibung für die Gegenwart. Theodor Mundt und Ludolf Wienbarg. In: 1848 und der deutsche Vormärz. Hg. von Peter Stein, Florian Vaßen und Detlev Kopp. Bielefeld: Aisthesis 1998, S. 43–54, hier S. 47f.

19 Die Sigle bezieht sich auf die Ausgabe: Heinrich Heine: Sämtliche Schriften. Hg. von Klaus Briegleb. 2. und 3., durchgesehene Auflage. 6 Bde. München: Hanser 1975–96; nachgestellt im Text sind Band- und Seitenzahl notiert.

20 Vgl. Dietze: Einleitung (wie Anm. 5), S. XXIV. – Zu Wienbargs Goetherezeption vgl. auch Sandra Pott: Poetiken. Poetologische Lyrik, Poetik und Ästhetik von Novalis bis Rilke. Berlin, New York: de Gruyter 2004, S. 189–192.

21 Dieses Konzept wurde vor allem im Kontext des Saint-Simonismus diskutiert; vgl. die betreffenden Beiträge in dem Band: Art social und art industriel. Funktionen der Kunst im Zeitalter des Industrialismus. Hg. von Helmut Pfeiffer, Hans Robert Jauß und Francoise Gaillard. München: Fink 1987.

22 Dietze: Einleitung (wie Anm. 5), S. XXXII.

die gezielt auf andere Diskurse und soziale Praxen aus- und in sie eingreifen will.[23] Hans Robert Jauß hat daran in seinem Buch *Literaturgeschichte als Provokation der Literaturwissenschaft* nachdrücklich erinnert: „Der Aufstand der Jungdeutschen war nicht nur eine ästhetische Revolution."[24]

Die polemische Stoßrichtung von Wienbargs Text beschränkt sich eben nicht allein auf „ästhetische Feldzüge". Im Zeichen der „schönen Tat" (S. 91), wie es darin heißt, erwächst vielmehr eine aufs Allgemeine zielende Rhetorik der Tat „als Inspirationsmedium des Genies".[25] Dadurch „wird der gesamte Bereich des Ästhetischen, die ganze ästhetische Produktivität [...] von Wienbarg zum Medium der Tat erklärt".[26] Die polemische Forderung nach ästhetischer und sozialer Umgestaltung gehen bei ihm dergestalt Hand in Hand, dass „unklar ist, ob man als Zuhörer (und später dann als Leser) Stift und Block dabei haben muss, [...] oder besser ein Schießeisen".[27]

Bereits eine der ersten Reaktionen auf Wienbargs Buch hat diesen revolutionären Impetus deutlich erkannt. Es handelt sich um den Aufsatz *Das junge Teutschland und das alte Mecklenburg* (1834) des Rostocker Literaturprofessors Victor Aimé Huber.[28] In ihm wird Wienbarg attestiert, „keine gewöhnliche Ästhetik"[29] verfasst zu haben, da für sie „das Leben selbst [...] das höchste Kunstwerk"[30] und ihr normativer Bezugspunkt sei. Das zeige schon ihr „vernichtender, pulverisirender Anfang",[31] der die maßgeblichen Stellungnahmen im ästhetischen Diskurs seit Baumgarten für ungültig erkläre. Von solchen akademischen Debatten und ihrer kunstvollen Polemik könne Wienbarg überhaupt nicht mehr erreicht werden: „Herr Dr. Wienbarg hat ganz andre Waffen gegen jeden Angriff der Art".[32] Diese „Waffen" zeigen sich in der „Sprache einer politischen Macht, der die Zukunft gehört".[33] Sie sei bereits

---

23 Vgl. die wichtigen Überlegungen bei Andrea Böhm: Heine und Byron. Poetik eingreifender Kunst am Beginn der Moderne. Berlin, Boston: de Gruyter (2013), S. 1–16.
24 Hans Robert Jauß: Literaturgeschichte als Provokation. Frankfurt a.M.: Suhrkamp 1970, S. 111.
25 Ueding: Rhetorik der Tat (wie Anm. 16), S. 98.
26 Ebd., S. 99.
27 Eigenwald: Ludwig Wienbarg (wie Anm. 7), S. 4.
28 Huber gilt unter anderem auch als eine bedeutende Gestalt in der Geschichte des politischen Konservatismus; vgl. Sven-Uwe Schmitz: Konservatismus. Wiesbaden: Springer 2009, S. 76f.
29 Victor Aimé Huber: Das junge Teutschland und das alte Mecklenburg. In: Mecklenburgische Blätter 1 (1834), S. 1–32, hier S. 6.
30 Ebd., S. 8. – Zu Recht weist Huber auf die Parallele zur Romantik und deren Maxime hin, „das Leben als ein Kunstwerk zu behandeln" (ebd., S. 20).
31 Ebd., S. 7.
32 Ebd., S. 15.
33 Ebd., S. 21.

am – von Mecklenburg aus gesehen – entgegengesetzten Ende Deutschlands in Erscheinung getreten:

> Und richten wir unsre Blicke weiter hin nach Westen, so finden wir dort schon eine furchtbare, compakte, zahlreiche, geordnete, bewaffnete, zum Bürgerkrieg bereite, ja im blutigsten Bürgerkrieg schon versuchte, politische Parthei, deren Wesen und Treiben auf mancherlei Weise, mittelbar oder unmittelbar, bewußt oder unbewußt mit dem Wesen und Treiben unserer Thatmenschen und durch sie mit unsern Phrasenmachern zusammenhängen.[34]

Huber nimmt den rhetorischen Zusammenhang von Wort und Tat, den Wienbargs Ästhetik proklamiert, als soziales Bewegungsmoment ernst. Das zeigt sich unter anderem darin, dass er ihn gleichsam topographisiert; so wenn er am Schluss noch einmal fordert, „den falschen Geist der Zeit, woher er auch drohen mag, mit lebenskräftigen Schranken an den Gränzen Mecklenburgs aufzuhalten".[35]

Als ‚Motor' dieser Bewegung fungiert eine polemische Schreibweise, die den Zusammenhang von Wort und Tat permanent neu generiert und die sozialen Konflikte der Zeit zu epochalen Frontstellungen stilisiert. Am Schluss von Wienbargs *Ästhetischen Feldzügen*, in der letzten Vorlesung, wird „der Witz unserer neuen Prosa" bezeichnet als

> ein unentbehrliches Werkzeug, um den vernichtenden Krieg zu führen, dessen Ende sich wohl bis zu künftigen Geschlechtern hinziehen wird, um das Säuberungsgeschäft im Augiasstall von Europa durchzusetzen, um reine Bahn zu machen für andre Füße als die mit Ketten und Vorurteilen belasteten. (S. 193)

Mit diesem „Witz" dürfte in erster Linie eine polemische Schreibweise gemeint sein, da er zum Ziel haben soll, „ein[en] Mensch[en], [...] durch Furcht dahin[zu]bringen [...], die Peitsche zu küssen, die ihn gezüchtigt hat" (S. 192). Die *Ästhetischen Feldzüge* münden so „mit dem Pathos der Kriegserklärung"[36] in eine politische Frontstellung, als deren Ziel – und zwar schon in der Diktion ‚moderner' Weltentwürfe, die keinen Rest mehr lassen wollen[37] – ausgegeben

---

34 Ebd., S. 24.
35 Ebd., S. 32. – Wienbarg bemerkt dazu lakonisch, Huber „zog um die mecklenburgische Grenze einen Ochsenkordon"; Ludolf Wienbarg: Menzel und die junge Literatur. Programm zur deutschen Revue [1835]. In: Ästhetische Feldzüge (wie Anm. 9), S. 281–296, hier S. 293. Vielleicht war für den Mecklenburger Huber mit dem Holsteiner Wienbarg die Gefahr schon deutlich näher gerückt.
36 Ueding: Rhetorik der Tat (wie Anm. 16), S. 96.
37 Vgl. Markus Krajewski: Restlosigkeit. Weltprojekte um 1900. Frankfurt a.M.: Fischer Taschenbuch Verlag 2006, S. 290–300.

wird, „reine Bahn zu machen" für jenes neue Zeitalter, das in der „neuen Prosa" bereits seine adäquate Darstellungsform gefunden hat. Die polemische Schreibweise dieser Prosa fungiert dabei als eine Art Epochensignatur, weil sie jene Radikalität hervor treibt, deren Ausdruck sie sein will. Das stellt die hochgradig polemische Schlussfigur von Wienbargs Text unter Beweis, in der ästhetische und politische Transgressionsbewegung zusammenfinden, um Fragen ästhetischer Geltung auf einen zeithistorischen Fundamentalkonflikt auszuweiten. Unter dieser Voraussetzung wird freilich alles Schreiben im Namen der neuen Ästhetik fast zwangsläufig zum polemischen. Folgerichtig kündigt Wienbarg seine Nachfolgeveröffentlichung *Zur neuesten Literatur* (1835) mit den lakonischen Worten an: „Andere Position, andere Art, Krieg zu führen."[38]

3. Intermezzo: Die Funktionalisierung der Polemik

Im Hintergrund von Wienbargs Vorlesungen steht als Problem die Funktionalisierung von Kunst im Allgemeinen und von Polemik im Besonderen. Hier ließe sich einwenden, Polemik sei ja per se eine Rede- oder Schreibweise, die erst durch ihre Funktionalisierung in konkreten Kontexten ihre volle Wirkung entfalten könne. Andererseits zeigen die Debatten um das Junge Deutschland, dass sich solche polemischen Rede- und Schreibweisen kaum mehr von ästhetischen trennen lassen. Das hatte sich schon in Friedrich Schlegels literarisch-philosophischer Totalisierung der Polemik angedeutet.[39] Und für Wienbarg war, wie gesehen, die Konstitution einer ‚neuen' Literatur, welche der klassisch-romantischen nachfolgen soll, gar nicht anders als polemisch zu denken. Aus diesen Überlegungen zieht der junge Literaturkritiker Friedrich Engels 1840 die Konsequenz, „moderner Styl" und moderne Polemik seien im Grunde ein und dasselbe.[40]

Wenige Jahre später wird Engels' Weggefährte Karl Marx in seiner *Kritik der Hegelschen Rechtsphilosophie* von 1844 eine geschichtsphilosophisch begründete Funktionalisierung und Instrumentalisierung der Polemik vornehmen. Er will sie aus ihren rhetorischen wie argumentativen Bindungen

---

38   Die Aufsatzsammlung *Zur neuesten Literatur* ist aufgenommen in Wienbarg: Ästhetische Feldzüge (wie Anm. 9), S. 195–280, Zitat S. 197.

39   Vgl. Verf.: „Polemische Totalität". Philosophische und ästhetische Begründungen der Polemik bei Friedrich Schlegel. In: Der Begriff der Kritik in der Romantik. Hg. von Ulrich Breuer und Ana-Stanca Tabarasi-Hoffmann. Paderborn: Schöningh 2015, S. 129–150.

40   Friedrich Engels: Moderne Polemik [1840]. In: Politische Avantgarde. Hg. von Alfred Estermann. Frankfurt a.M.: Athenäum 1972. Bd. 2. S. 589–598.

lösen, um sie als „Waffe" im Klassenkampf handhaben zu können: „Sie ist kein anatomisches Messer, sie ist eine Waffe. Ihr Gegenstand ist ihr *Feind*, den sie nicht widerlegen, sondern vernichten will."[41] Eine so verstandene polemische Kritik hat ihren Ort weder in Gelehrtendiskussionen noch in literarischen Auseinandersetzungen, sondern „im Handgemenge" des politischen Kampfes: „[U]nd im Handgemenge handelt es sich nicht darum, ob der Gegner ein edler, ebenbürtiger, ein *interessanter* Gegner ist, es handelt sich darum, ihn zu *treffen*."[42] Nur auf diese Weise ließen sich die „versteinerten Verhältnisse [...] zum Tanzen zwingen".[43]

Damit schafft Marx im Grunde eine neue ‚polemische Situation'. Aus dem Duell von „ebenbürtigen" Gegnern wird das bloße „Handgemenge", in dem die intellektuelle oder ästhetische Qualität der Beteiligten keine Rolle mehr spielt, da es nur um deren physische Dominanz geht. Die Polemik wird dabei zur „Waffe" eines intellektuellen Totschlags, der sich im sozialen Raum als „Krieg"[44] entfalten soll:

> [D]ie materielle Gewalt muß gestürzt werden durch materielle Gewalt, allein auch die Theorie wird zur materiellen Gewalt, sobald sie die Massen ergreift. Die Theorie ist fähig, die Massen zu ergreifen, sobald sie *ad hominem* demonstriert, und sie demonstriert *ad hominem* sobald sie radikal wird. Radikal sein ist die Sache an der Wurzel fassen. Die Wurzel für den Menschen ist aber der Mensch selbst.[45]

Eine solche Polemik kann auf die Feinheiten literarischer Kommunikation durchaus verzichten. Sie stehen ihr womöglich sogar im Wege. So sollen Marx und Arnold Ruge Heinrich Heine empfohlen haben: „Lassen Sie doch die ewige Liebesnörgelei und zeigen sie den politischen Lyrikern einmal, wie man das richtig macht – mit der Peitsche".[46] Die Gleichsetzung mit einem Instrument zur rhetorischen ‚Bestrafung' offenbart den instrumentellen Charakter, den die Polemik für Marx vorwiegend hat. Ludwig Marcuse hat diese Äußerungen so kommentiert: „Marx und Engels hielten Heine für politisch unzuverlässig,

---

41 Karl Marx: Zur Kritik der Hegelschen Rechtsphilosophie. Einleitung [1844]. In: ders. / Friedrich Engels: Werke. Bd. 1. Berlin: Dietz 1961, S. 378–391, hier S. 380.
42 Ebd., S. 381.
43 Ebd. – Es gehört zur neutralisierenden Rezeptionsgeschichte der Polemik, dass im umgangssprachlichen Gebrauch des Zitats, insbesondere in der 68er-Bewegung, aus dem „zwingen" ein „bringen" wurde.
44 Ebd., S. 380: „Krieg den deutschen Zuständen!".
45 Ebd., S. 385.
46 Zit. nach Ludwig Marcuse: Heine und Marx. Eine Geschichte und eine Legende [1954]. In: Ders.: Essays, Porträts, Polemiken. Hg. von Harold von Hofe. Zürich: Diogenes 1979, S. 41–59, hier S. 52.

korrupt, charmant [...]; und, dank seiner brillanten Polemik und seines außerordentlichen Namens, für höchst nützlich".[47]

‚Nach der Kunstperiode' und in den Debatten um das Junge Deutschland bzw. den revolutionären Vormärz stellt sich die Situation für die Polemik zwiespältig dar. Zum einen wird ihr eine entscheidende Funktion für die Durchsetzung eines neuen ästhetischen Paradigmas in Kunst und Kultur zugestanden, und zwar bis zu jenem Grad, dass ein polemisches Schreiben zum Inbegriff dieses neuen Paradigmas werden kann.[48] Zum anderen läuft die Polemik dabei Gefahr, zum bloßen Instrument im politischen Meinungskampf zu werden und dort jene ästhetische Signatur zu verlieren, der sie ihre epochale Rechtfertigung verdanken soll.

4. Ästhetik und Polemik: Heine über Börne

Im Grunde sieht sich das ganze Werk Heines vor eben dieses Dilemma gestellt. An keinem anderen Autor entzündete sich die Debatte um Ästhetik und Polemik so vehement wie an ihm. Als exemplarisch hierfür kann ein Artikel gelten, der am 24. Juli 1835 im *Journal des Débats* erschien und die französische Ausgabe der *Französischen Zustände* bespricht. Zwar wird Heine darin als Künstler durchaus Lob gezollt: „C'est surtout en artiste que M. Henri Heine parle et juge".[49] Zu bemängeln sei jedoch: „[I]l est fort difficile de trouver dans le livre de M. Heine son dernier mot sur quoi que ce soit: on y est toujours entre le pour et le contre".[50] Diese Einschätzung wiegt für die Ambitionen einer politischen bzw. sozialen Polemik, wie sie Heine in seiner ästhetischen Praxis nach der Kunstperiode verfolgte, doppelt schwer: Einerseits konterkariert sie Heines wiederholte Äußerungen, man sei unter den gegebenen historischen Umständen regelrecht zur Parteinahme gezwungen.[51] Andererseits impliziert

---

47 Ebd., S. 50.
48 Dieses Argumentationsmuster sollte sich dann bei den ‚Jüngstdeutschen' in der Modernebewegung vor 1900 wiederholen; vgl. Adalbert von Hanstein: Das jüngste Deutschland. Zwei Jahrzehnte miterlebter Literaturgeschichte [1900]. Leipzig: Voigtländer 1905.
49 Journal des Débats (24 juillet 1835). – Die Rezension ist mit dem Kürzel G. gezeichnet. Zum Kontext dieses Artikels in der französischen Heine-Rezeption vgl. Fritz Mende: Heines *Französische Zustände* im Urteil der Zeit. Eine wirkungsgeschichtliche Studie zur Heine-Rezeption in Deutschland und Frankreich. In: Philologica Pragensia 11 (1968), S. 77–85 und S. 152–164, hier S. 157f. Auch dort wird der Verfasser nicht identifiziert.
50 Journal des Débats (24 juillet 1835).
51 Vgl. das berühmte Zitat aus der *Vorrede zur Vorrede* der *Französischen Zustände* (1833): „[W]ie es überhaupt in Europa keine Nationen mehr gibt, sondern nur zwei Parteien" (HS 5, 10).

der Vorwurf, Heines polemisches Schreiben sei keiner bestimmten Richtung zuzuordnen, ihr fehle eine klare Gegneradressierung. Mit anderen Worten: Die Texte dieses ‚polemischen Subjekts' ermangeln des ‚polemischen Objekts', was sie im Grunde wirkungslos macht.[52] Heine beklagt denn auch, der Artikel fälle „die ungelindesten Urteile über mich" (HS 2, 672f.), während er im selben Atemzug den konservativen *Figaro* dafür lobt, dass er „einen sehr langen polemischen Artikel gegen mich vorbrachte, der hinlänglich Erfreuliches für mich enthielt" (HS 2, 672). Man darf vermuten, dass das „Erfreuliche" an der Polemik des *Figaro* die Bestätigung einer politischen Gegnerschaft gewesen ist.

Die Vorwürfe des *Journal des Débats* waren für Heine indes nicht neu. Bereits Ludwig Börne hatte im hundertneunten seiner *Briefe aus Paris* vom 25. Februar 1833[53] gefragt: „Wie kann man je dem glauben, der selbst nichts glaubt?"[54] Börne sieht die tiefere Problematik von Heines Polemik darin, dass er „von Freunden und Feinden [träumt], und weil er nicht weiß, wo er geht und wohin er will, weiß er weder, wo seine Freunde noch wo seine Feinde stehen".[55] Aus diesem Grund spricht er ihm rundweg jede Kompetenz für eine ernsthafte politische Polemik ab, die allererst durch die ‚Parteiung' in Freunde und Feinde ihre Glaubwürdigkeit erhalte.[56] Letztendlich sei Heine eben doch „ein Künstler, ein Dichter", dem „die Form das Höchste ist".[57] Das mache ihn zur politischen Publizistik untauglich:

> Ich kann Nachsicht haben mit Kinderspielen, Nachsicht mit den Leidenschaften eines Jünglings. Wenn aber an einem Tage des blutigsten Kampfes ein Knabe, der auf dem Schlachtfelde nach Schmetterlingen jagt, mir zwischen die Beine kommt; wenn an einem Tage der höchsten Not, wo wir heiß zu Gott beten, ein junger Geck uns zur Seite in der Kirche nichts sieht als die schönen Mädchen und mit ihnen liebäugelt und flüstert – so darf uns das, unbeschadet unserer Philosophie und Menschlichkeit, wohl ärgerlich machen.[58]

---

52   Die Terminologie nach dem für die Polemikforschung zentralen Aufsatz von Jürgen Stenzel: Rhetorischer Manichäismus. Vorschläge zu einer Theorie der Polemik. In: Formen und Formgeschichte des Streitens. Hg. von Franz Josef Worstbrock. Tübingen: Niemeyer 1986, S. 3–11.

53   Heine rückt ihn vollständig in sein Börne-Buch ein; vgl. HS 4, 132–138.

54   Ludwig Börne: Briefe aus Paris [1830–33]. Hg. von Alfred Estermann. Frankfurt a.M.: Insel 1986, S. 710.

55   Ebd., S. 711.

56   Das erinnert bereits stark an die Überlegungen von Carl Schmitt, die Notwendigkeit der Freund-Feind-Unterscheidung bestehe darin, „das eigene Maß, die eigene Grenze, die eigene Gestalt zu gewinnen"; Carl Schmitt: Theorie des Partisanen. Zwischenbemerkung zum Begriff des Politischen. Berlin: Duncker und Humblot 1963, S. 87. Die unklare Unterscheidung von Freund und Feind bei Heine wird damit allererst wieder ein (ästhetisches) Formproblem.

57   Börne: Briefe aus Paris (wie Anm. 54), S. 708.

58   Ebd.

Dieser Angriff Börnes auf Heine, die beide bis zu diesem Zeitpunkt noch als Weggefährten gelten konnten,[59] hat seinen Ursprung in dem Grundkonflikt zwischen Kräften der Beharrung und des ‚Fortschritts', der nach einer polemischen Rhetorik des ‚Kampfes' und der Entschiedenheit verlange, wie sie Börne in seiner *Monographie der deutschen Postschnecke* schon 1821 zum Einsatz kommen lässt. Dort wird mit der Langsamkeit des Postwagenverkehrs der Stillstand in den deutschen Verhältnissen allegorisiert, um am Ende in die Verkündigung eines „gerechteren Krieges als die üblichen" zu münden, der „die Feinde dafür bestrafen [sollte], daß sie mit der Zeit *nicht* fortgingen".[60] In dieser Perspektive konnten ästhetische Belange tatsächlich als Jagd nach Schmetterlingen abgetan werden. Wolfgang Menzel bestätigt das, wenn er sagt, man habe „angefangen, [sich] nicht mehr ausschließlich mit Kunst und Theater und mit dem Herrn von Göthe, sondern auch mit wichtigern Dingen zu beschäftigen".[61]

Heines Antwort auf diese Vorwürfe musste somit zugleich eine Verteidigung seiner eigenen polemischen Schreibweise werden, die ästhetische und politische Momente gleichermaßen zu verbinden suchte. Ihren programmatischen Niederschlag hat sie in seinem Buch gegen Ludwig Börne gefunden, das nicht nur diese Polemik thematisiert, sondern zugleich *in actio* vorführt. Es war in mehrfacher Hinsicht ein Affront.[62] Das beginnt bei seinem Titel, den allerdings Heines Verleger Julius Campe entworfen haben soll. Der Originaltypographie nachempfunden, konnten die Zeitgenossen auf dem Titel des Buches lesen:

Heinrich Heine
über
Ludwig Börne[63]

---

59 So hat Börne etwa im 93. ‚Brief aus Paris' Heines vierten Band der Reisebilder noch weitgehend positiv besprochen: „Sooft ich etwas von Heine lese, beseelt mich Schadenfreude" (ebd., S. 155).
60 Ludwig Börne: Monographie der deutschen Postschnecke. Skizzen, Aufsätze, Reisebilder. Hg. von Jost Hermand. Stuttgart: Reclam 1967, S. 31.
61 Wolfgang Menzel: Die deutsche Literatur. Zweite vermehrte Auflage. 4 Bde. Stuttgart: Franckh 1836, Bd. III, S. 387.
62 Die zeitgenössischen wie literarhistorischen Einschätzungen dazu sind gesammelt bei Johannes Weber: Libertin und Charakter. Heinrich Heine und Ludwig Börne im Werturteil deutscher Literaturgeschichtsschreibung 1840–1918. Heidelberg: Winter 1984, S. 73–81.
63 Nach HS 4, 755. – Zu Heines Protest gegen diesen Titel vgl. ebd., HS 4, 756.

Nicht nur Karl Gutzkow empfand das als eine „Selbstüberhebung"[64] Heines gegenüber seinem literarischen Rivalen: „Wem sind diese Rangstreitigkeiten nicht schon bei *größeren* Namen, wie Schiller und Goethe, zuwider gewesen?"[65] Die Nennung dieser Namen verweist den Konflikt zwischen Heine und Börne nachdrücklich in den Bereich der Literatur und der Debatten um eine nachklassische Ästhetik. Dem widerspricht allerdings der von Heine gewählte Untertitel „Eine Denkschrift" (HS 4, 7). Er rekurriert auf die doppelte Semantik von ‚Denkschrift': einerseits als „Nachruf" bzw. „Schrift zum Andenken an eine Person oder ein Ereignis", andererseits aber auch: „Schrift offiziellen Charakters, die Probleme [...] allgemeinen Interesses enthält" bzw. „Eingabe, Darlegung einer wichtigen Sache".[66] In der Verschränkung beider Aspekte versteht sich Heines Text als eine Intervention in jenen revolutionären Diskurs, der sich mit dem Namen Börnes verband.[67] Er stellt somit ein „Zentraldokument der vor- und nachmärzlichen Auseinandersetzung um Grundsätze radikaler Gesellschaftskritik"[68] dar.

Börne war allerdings bereits drei Jahre vor Veröffentlichung des Buches gestorben. Mit seiner „elenden Besudelung eines edlen Toten"[69] verstieß Heine gegen eine der ungeschriebenen Normen des polemischen Diskurses: „Streite nicht gegen Verstorbene".[70] Nicht nur Karl Gutzkow nahm ihm das übel: „Börne stritt gegen die Lebenden und versöhnte sich mit den Todten. Herr

---

64 Karl Gutzkow: Börne's Leben. Hamburg: Hoffmann und Campe 1840, Vorrede, S. XVII.

65 Ebd.

66 Wilhelm Schellenberg: Textsorte DENKSCHRIFT. – Eine linguistische Betrachtung über Texte im Spannungsfeld von Reminiszenz und Perspektive. In: Erziehung, Lehre und Wissenschaft zwischen Tradition und Innovation. Beiträge der Fachbereiche Erziehungswissenschaften und Germanistik der Pädagogischen Hochschule Erfurt / Mühlhausen zu den Jubiläen 1250 Jahre Erfurt und 600 Jahre Alte Universität Erfurt. Erfurt 1992, S. 248.

67 Diese Dichotomie wirkte bis ans Ende des 19. Jahrhunderts fort. So liest man etwa bei Wilhelm Bölsche: Heine im Abendrot seines Jahrhunderts [1901]. In: Ders.: Hinter der Weltstadt. Leipzig: Breitkopf & Härtel 1912, S. 50–68, hier S. 55: „Mein Vater liebte Börne und konnte Heine nicht ausstehen".

68 Jutta Nickel: Revolutionsgedanken. Zur Lektüre der Geschichte in Heinrich Heines *Ludwig Börne. Eine Denkschrift.* Bielefeld: Aisthesis 2007, S. 100.

69 So in einer Rezension von Heines Buch in der *Magdeburger Zeitung*; zit. nach Ludwig Börne's Urtheil über Heinrich Heine. Frankfurt a.M.: Sauerländer 1840, S. 43.

70 Walter Dieckmann: Streiten über das Streiten. Normative Grundlagen polemischer Metakommunikation. Tübingen: de Gruyter 2005, S. 136–138. – Zwar artikuliert Dieckmann hier nicht ganz zu Unrecht „Zweifel an der Existenz einer [solchen] Norm", da „es viele Polemiken gegen Verstorbene gibt, ohne dass dieser Sachverhalt von den Schreibern auch nur ansatzweise metakommunikativ thematisiert würde" (S. 137f.). Die Reaktionen der Zeitgenossen, nicht nur im Fall Börnes, legen freilich den Erwartungshorizont einer solchen Norm nahe.

Heine fürchtet die Lebenden und erst, wenn sie sterben, bekämpft er sie."[71] Die Regel, nicht gegen Tote zu polemisieren, rührt neben Pietätsgründen aus dem nachvollziehbaren Umstand, dass der angegriffenen Person die Möglichkeit zur Respondenz verwehrt ist. Wenn im Zuge polemischer Auseinandersetzungen also Gegner gelegentlich für tot erklärt werden, so geschieht das, um ihnen jenes Reaktionsrecht abzusprechen.[72] In dieser Hinsicht gibt es zu denken, dass mit Heines Börne-Schrift – ebenso wie mit Nietzsches Wagner-Abrechnung – ‚Klassiker' polemischen Schreibens vorliegen, welche jeweils erst nach dem Tod der Kontrahenten veröffentlicht wurden. Offenbar entbindet die Aussicht auf das Ausbleiben eines persönlichen Widerspruchs eine Form der Polemik, die sich in beiden Fällen weniger gegen die namentlich genannten Widersacher als vielmehr gegen jene Diskursformationen richtet, die unter den Namen ‚Börne' oder ‚Wagner' umso wirkmächtiger werden konnten, je weniger die Namensgeber noch durch ihre Anwesenheit und mögliche gegenläufige Aussagen solche Diskurse hätten irritieren können.[73] So gesehen wäre das Polemisieren gegen einen toten Gegner Ausweis dafür, dass es Heine gerade nicht um persönliche Rivalitäten, sondern um grundsätzliche Fragen innerhalb der zeitgenössischen Debatte geht. Peter Uwe Hohendahl merkt hierzu an:

> Die Person Ludwig Börnes wird zum Anlaß, um die Schwächen des radikalen Liberalismus von einer, wie Heine für sich in Anspruch nimmt, avancierteren Position aus zu kritisieren. Daß er dabei Argumente ad hominem benutzte, erleichterte später seinen Gegnern die bewußte oder unbewußte Mißdeutung der Schrift.[74]

Nicht zufällig versuchten sie, den Streit wieder auf die Ebene persönlicher Diffamierungen zu verlagern und mit der Veröffentlichung von Dokumenten zu belegen, „daß er [sc. Heine] Börne haßte, weil er das Gefühl mit sich herumtrug, von Börne's redlichem Ernste erkannt und verachtet zu seyn".[75]

---

71 Gutzkow: Börne's Leben (wie Anm. 64), S. XXXV.
72 Eine Reihe von Beispielen, die sich problemlos vermehren ließe, bei Dieckmann: Streiten über das Streiten (wie Anm. 70), S. 131–133.
73 Im Hintergrund stehen hier die Überlegungen Foucaults zur „Autor-Funktion", für die der „Name eines Autors [...] die Diskurse kennzeichnet", die sich mit ihm verbinden lassen; Michel Foucault: Was ist ein Autor? In: Schriften zur Literatur. Hg. von Daniel Defert und François Ewald. Berlin: Suhrkamp 2003, S. 234–270, hier S. 246f.
74 Peter Uwe Hohendahl: Talent oder Charakter: Die Börne-Heine-Fehde und ihre Nachgeschichte [1980]. In: Ders.: Heinrich Heine: Europäischer Schriftsteller und Intellektueller. Berlin: Schmidt 2008, S. 125–140, hier S. 134.
75 Ludwig Börne's Urtheil (wie Anm. 69), S. 4 (Vorwort).

Zwar enthält die „Denkschrift" Heines einige persönliche Intima, doch spielen sie eine weit geringere Rolle als etwa in der Auseinandersetzung mit August von Platen. Im Vordergrund stehen vielmehr Möglichkeiten und vor allem Grenzen jenes neuen nachklassischen Literaturprogramms, das Politik und Ästhetik zu verbinden sucht, und zu dessen Protagonisten Börne wie Heine zählten. Börne wird dabei in den ersten Sätzen des Buches auch zunächst nicht als politischer Journalist, sondern als Theaterkritiker eingeführt.[76] Heine schildert ihre erste Begegnung im Jahr 1815 in einem Frankfurter Lesekabinett:

> Während ich im Zeitungslesen vertieft lag, flüsterte mir ein junger Mensch, der neben mir saß, leise ins Ohr:
> ‚Das ist der Doktor Börne, welcher gegen die Komödianten schreibt!' (HS 4, 9)

Man sollte diese kleine Eingangsszene, wie fast alles bei Heine, argumentationsstrategisch sehr genau lesen. Börne wird als ein Literaturkritiker vorgestellt, der gegen ein ästhetisches Phänomen *ad hominem* polemisiert; nämlich gegen „die Komödianten" und nicht etwa gegen das Theater. Das mag sich zwar nur bedingt mit der tatsächlich von Börne verfassten Theaterkritik decken.[77] Es bildet aber den notwendigen Ausgangspunkt für jene Entwicklungslogik polemischer Autorschaft, auf die es Heine ankommt, und die von ästhetischen Fragen auf andere, insbesondere politische Gegenstände ausgreift.

Nicht zuletzt in dieser Entwicklungslinie sahen viele Zeitgenossen eine Parallele zwischen Heine und Börne; nur dass sie Heine zum Vorwurf gemacht wurde, während Börne dafür Anerkennung fand.[78] Heine bemerkt ironisch, Börne und er „harmonierten nur im Gebiete der Politik, keineswegs in den Gebieten der Philosophie, oder der Kunst, oder der Natur" (HS 4, 33). Börnes polemischer Vorwurf, Heine sei in politischen Fragen inkompetent, wirft in diesem Zitat also einen großen Schatten auf ihn selbst zurück. Der Verweis auf die Anfänge Börnes als Theaterkritiker soll zudem unterstreichen, dass dessen polemische Schreibweise ihre Genese gleichfalls in einem literarischen Autorschaftsmodell habe. Nicht umsonst wird Börne gleich im ersten Satz als ein Autor vorgestellt, der „gegen" jemanden oder etwas „schreibt". Im vierten Band der *Reisebilder* hatte Heine, halb melancholisch, notiert:

---

76 Tatsächlich wurde Börne zunächst als Theaterkritiker bekannt; vgl. Günther Rühle: Börne als Theaterkritiker. In: Ludwig Börne und Frankfurt a.M. Vorträge zur zweihundertsten Wiederkehr seines Geburtstages am 6. Mai 1986. Frankfurt a.M.: Vittorio Klostermann 1987, S. 123–158, hier S. 124. Auch steht seine Laufbahn exemplarisch für „den Weg vom Theater in die Politik" (ebd., S. 157), der im 19. und 20. Jahrhundert vielfach zu beobachten ist.

77 Ebd., S. 133.

78 Vgl. etwa Menzel: Die deutsche Literatur (wie Anm. 61), Bd. IV, S. 335.

> Ach! man sollte eigentlich gegen niemanden in dieser Welt schreiben. Jeder ist selbst krank genug in diesem großen Lazarett, und manche polemische Lektüre erinnert mich unwillkürlich an ein widerwärtiges Gezänk. (HS 2, 492)

Erstaunlicherweise ist es diese eher beiläufige Bemerkung, die Börne in seiner Besprechung des Buches in den *Briefen aus Paris* zitiert und auf sich selbst bezieht. Vielleicht nicht ganz ohne Grund. Wenn man Georg Brandes glauben darf, dann „besaß [Börne] ja die gefährliche Gewohnheit, jedem seiner Gedanken ein so starkes Relief durch die Art und Weise des Ausdrucks zu geben, daß derselbe beleidigte, verletzte oder zum Handeln reize".[79] Auch auf die Bemerkung Heines in den *Reisebildern* reagierte er ausgesprochen gereizt:

> Wenn Heine sagt: Ach! man sollte eigentlich gegen niemanden in dieser Welt schreiben – so gefällt mir zwar diese schöne Bewegung, ich möchte ihr aber nicht folgen. Es ist noch Großmut genug, wenn man sich begnügt, gegen Menschen zu schreiben, die uns peinigen, berauben und morden.[80]

Beide Zitate sind polemiktheoretisch bemerkenswert. So suggeriert Heines Klage eine bestimmte polemische Determination seines Schreibens, die aus der literarhistorischen Situation resultiere. Denn wenn man „eigentlich" gegen niemanden in dieser Welt schreiben sollte, stellt sich die Frage, warum es Heine dennoch tut. Seine Polemik erscheint hier weniger als Ergebnis individueller Entscheidung denn als ‚kultureller Zwang', dem eine Schreibbewegung folgt, die sich in der Negation traditioneller Normvorstellungen und ihrer Autoritäten allererst konstituiert. Die Replik Börnes wiederum bejaht diesen Zwang als ‚historische Notwendigkeit' und legitimiert damit jene Transgressionslogik polemischen Schreibens in eine politische Tatrhetorik, welche am Ende seine ästhetische Faktur als zweitrangig erscheinen lässt. In ihr wird eine Autorschaft proklamiert, die sich nicht primär auf (literarische) Texte, sondern auf politisches Handeln gründet. Auf den Punkt bringt es die *Zeitung für die elegante Welt*: „Börne als Publicist ist kein Schriftsteller, sondern eine fortlebende und fortwirkende politische That."[81] Er selbst hat diese Schreibintention in seinen *Briefen aus Paris* in einem Gleichnis auszudrücken versucht:

> Meine Herrn! Der Deutsche ist ein Krokodil! [...] Sie würden begreifen, daß solches Streicheln auf das Krokodil so wenig Eindruck machte als auf den Mond.

---

79 Georg Brandes: Das junge Deutschland [1891]. Zweite Auflage. Leipzig: Veit und Comp. 1896, S. 196.
80 Börne: Briefe aus Paris (wie Anm. 54), S. 154.
81 Zeitung für die elegante Welt, 12. Dez. 1833, S. 969. – Autor des Textes ist vermutlich der seinerzeit verantwortliche Redakteur (und Freund Heines) Heinrich Laube.

> Nein, meine Herrn, Sie würden auf dem Krokodil mit Füßen herumtreten. Sie würden Nägel in seine Schuppen bohren, und wenn dies noch nicht hinreichte, ihm hundert Flintenkugeln auf den Leib jagen. [...] So habe ich es auch gemacht.[82]

Eine solche agitatorische und gewaltbereite Sprachauffassung ist mit Heines literarästhetischer Programmatik nur schwer vereinbar, die bei aller sozialen und politischen Intention doch immer wieder zu einem dichterisch verantworteten Text als deren Ausgangspunkt zurückkehrt.[83] Der daraus entstehende und lange schwelende Dissens mit Börne, der auch eine Revision früherer Positionen Heines mit einschließt, ist das eigentliche Thema der „Denkschrift". Besonders deutlich wird das im dritten der fünf Bücher. In ihm wird Börne nicht mehr als Schriftsteller, sondern als eine Art Volkstribun vorgeführt,[84] „der als die Seele der Pariser Propaganda zu betrachten war" (HS 4, 72). Dabei macht Heine unter anderem auf die mediale Differenz von geschriebenem und gesprochenem Wort aufmerksam, die er mit der Unterscheidung von Literatur und Agitation gleichsetzt:[85]

> Diese Propaganda war weit gefährlicher als alle jene erlogenen Popanze, womit die erwähnten Delatoren[[86]] unsre deutschen Regierungen schreckten, und vielleicht weit mächtiger als Börnes geschriebene Reden war Börnes mündliches Wort, welches er an Leute richtete, die es mit deutschem Glauben einsogen und mit apostolischem Eifer in der Heimat verbreiteten. (HS 4, 73)

---

82 Börne: Briefe aus Paris (wie Anm. 54), S. 347f.
83 Das zeigt sich exemplarisch in Heines Auseinandersetzungen mit seinem Verleger Campe um die Textgenauigkeit seiner Veröffentlichungen; vgl. „Der Weg von Ihrem Herzen bis zu Ihrer Tasche ist sehr weit!". Aus dem Briefwechsel zwischen Heinrich Heine und seinem Verleger Julius Campe. Hg. von. Gerhard Höhn und Christian Liedtke. Hamburg: Hoffmann und Campe 2007, S. 21. Die Briefe rund um das Börne-Buch sind dort unter dem Titel „Das Buch ist einer Explosion gleich" (S. 103–117) dokumentiert.
84 Zu „Sprachbildern in der politischen Polemik", die auch auf Beobachtungen Heines zurückgreifen, vgl. Bernhard Mankwald: Das Gespenst des Ideologen. Sprachbilder in der politischen Polemik. In: Sprachbilder und kulturelle Kontexte. Eine deutsch-russische Fachtagung. Hg. von Renate Hansen-Kokorus, Beate Henn-Memmesheimer und Gislinde Seybert. St. Ingbert: Röhrig Universitätsverlag 2012, S. 139–149 (Zitat S. 139).
85 Zum Verhältnis von „Scrittori e popolo" in dieser Auseinandersetzung vgl. den betreffenden Abschnitt bei Paolo Chiarini: Heinrich Heine versus Ludwig Börne. Tattica e strategia della rivoluzione tedesca. In: Heinrich Heine. Ein Wegbereiter der Moderne. Hg. von dems. und Walter Hinderer. Würzburg: Königshausen & Neumann 2009, S. 213–244, hier S. 216–225.
86 So nannte man in der römischen Antike Denunzianten.

Anders als Börnes Schrifttexte wirke seine mündliche Polemik mit ihrer aktionistischen Rhetorik und durch das ‚Charisma' des Redners ungleich stärker, da sie eine unmittelbare soziale Resonanz erfahre.[87] Dass Heine nun vor ihr warnt, setzt ihn jedoch unter Rechtfertigungsdruck. Immerhin hatte er in der *Romantischen Schule* die Autoren des Jungen Deutschland noch dafür gefeiert, dass sie „zu gleicher Zeit Künstler, Tribune und Apostel sind" (HS 3, 469). Und auch Wienbargs *Ästhetische Feldzüge* griffen ja explizit auf das Feld des Politischen aus. Heine wirft Börne nun genau das vor, nämlich Tribun und Apostel zu sein.

Zugleich verteidigt er damit eine ästhetische Dimension polemischer Schreibweisen. Gegen eine agitatorische Indienstnahme der Polemik betont Heine ihre ästhetische Eigenständigkeit gerade in ihrer Mischung aus Referentialisierung und Dereferentialisierung, die nach der Kunstperiode programmatischen Charakter erlangt habe. Denn eine Polemik, die sich in tagesaktuellen Konflikten zerschleift und ihr Ziel in der politischen Aktion sucht, wird bloßes Mittel zum Zweck. Genau das kritisiert er an Börne, wenn er die Charakterisierung von dessen Texten als „Terrorismus der Worte"[88] durch Wolfgang Menzel wieder aufnimmt und behauptet, Börnes destruktive Energien hätten sich in einer „terroristischen Selbstkur" (HS 4, 101) am Ende gegen ihn selbst gerichtet. Ein ähnliches Schicksal, so ließe sich anfügen, drohe jeder ‚terroristisch' agierenden Polemik „auf öffentlichem Markte" (HS 4, 130).

Für diesen Markt einer tagesaktuellen Publizistik sind die Polemiken Börnes hauptsächlich verfasst; er selbst hatte ja schon 1818 in seinem Journal *Die Wage* die damals neue Bezeichnung „Zeitschriftsteller" für sich in Anspruch genommen.[89] Heine sieht in dieser „knechtische[n] Hingebung an den Moment" einen „Mangel an Bildnerruhe, an Kunst" (HS 4, 130). Damit wird *ex negativo* für seine eigenen Texte ein anderer Maßstab reklamiert, der sich nicht an ihrer Tagesaktualität orientiert.[90] Es ist im Grunde der Maßstab einer ‚klassischen

---

87 Zum „charismatischen Redner" als Figur der Moderne vgl. Karl-Heinz Göttert: Mythos Redemacht. Eine andere Geschichte der Rhetorik. Frankfurt a.M.: Fischer 2015, S. 437f. (Zitat S. 437).
88 Menzel: Die deutsche Literatur (wie Anm. 61), Bd. IV, S. 326.
89 Zu dieser Bezeichnung bei Börne und ihrem Kontext im Zeitschriftenmarkt vgl. Helmut Koopmann: Doppeldeutiges. Zum literarischen Stil Ludwig Börnes. In: Ludwig Börne. Hg. von Alfred Estermann. Frankfurt a.M.: Buchhändler Vereinigung 1986, S. 183f. – Dass die Geschichte dieses Autorentyps bis in die Mitte des 18. Jahrhunderts zurückreicht, zeigt Iwan-Michelangelo D'Aprile: Die Erfindung der Zeitgeschichte. Geschichtsschreibung und Journalismus zwischen Aufklärung und Vormärz. Berlin: Akademie-Verlag 2013, S. 15–34.
90 Dass auch der „Verflochtenheit von Massenpublikum und Virtuosität" eine, wenngleich andere, Markterwartung entsprach, betont Michael Gamper: Aufruhr und Nivellierung.

Ästhetik', die er nur wenige Jahre zuvor, in der *Romantischen Schule*, noch bekämpft hatte, und die nun in einem neuen, zeithistorisch profilierten Kontext reaktiviert werden soll. Sein eigenes polemisches Schreiben wird dadurch jedoch vor ein Paradox gestellt: Denn die Polemik stellt eine Kommunikationsform dar, die eine zeitlich und räumlich begrenzte Auseinandersetzung zum Gegenstand hat, und die schon deshalb keine ‚klassische' Überzeitlichkeit für sich in Anspruch nehmen kann. Das gilt umso mehr für eine Polemik, deren Ziel es ist, in politische oder soziale Verhältnisse dergestalt einzugreifen, dass sie mit deren Veränderung selbst an Bedeutung verlieren würde.

Vielleicht trägt auch deshalb die Polemik in Heines Börne-Buch stark literarisierende Züge. Ein autobiographischer Erzähler berichtet von seinen Begegnungen mit Börne in einzelnen Episoden, die gleichnishaften Charakter gewinnen. Fast schon als überdeterminiert ist in dieser Hinsicht die Szene am Ende des dritten Buches zu bezeichnen, als Börne beim Spaziergang mit Heine von einem herabfallenden Ast gestreift wird und das mit den Worten kommentiert: „Ein böses Zeichen!"' (HS 4, 88). Schließlich handelt es sich hier, wie der alte Theaterkritiker Börne wahrscheinlich weiß, um den ‚tragischen Moment' am Schluss des dritten Aktes. Durch seine literarisch-erzählerische Schreibweise sollte Heines Börne-Buch wohl der Gefahr entgehen, Teil jener tagesaktuellen Publizistik zu werden, welche die Polemik nur mit einer geringen Halbwertszeit ausstattet. Dieser Gedanke liegt zumindest nahe, wenn man sich Heines Selbstapotheose vergegenwärtigt, mit der das Buch endet. In ihr heißt es über seine Gegner:

> Ihr Blick reicht nicht bis zur Spitze, und sie stoßen sich nur die Nasen an dem Piedestal jener Monumente, die ich in der Literatur Europas aufgepflanzt habe, zum ewigen Ruhm des deutschen Geistes. (HS 4, 138)

Auch diese literarische Inthronisierung, bei der man durchaus an Napoleons Selbstkrönung denken darf,[91] bleibt an eine polemische Konstellation gebunden, *gegen die* Heine seinen schriftstellerischen Ruhm durchgesetzt zu haben wünscht. Sie steht nicht zufällig am Ende einer „Denkschrift", in der zentrale Fragen einer nachklassischen Autorschaft exemplarisch verhandelt

---

Ästhetische und politische Virtuosität im Spätwerk Heines. In: Übergänge. Zwischen Künsten und Kulturen. Hg. von Henriette Herwig u.a. Stuttgart, Weimar: J.B. Metzler 2007, S. 719–729, hier S. 726.

[91] Die Analogie zur Selbstinthronisation Napoleons fällt sofort ins Auge; zu Heines Napoleon-Dichtung vgl. u.a. Barbara Beßlich: Der deutsche Napoleon-Mythos. Literatur und Erinnerung 1800 bis 1945. Darmstadt: Wissenschaftliche Buchgesellschaft 2007, S. 130–136.

werden. Denn der „ewige Ruhm" Heines verdankt sich auch jener polemischen Schreibweise, welche noch den Satz prägt, der ihn proklamiert.[92] Sie will in der Verbindung von Ästhetik und Politik allererst eine neue Ästhetik, nicht aber notwendig neue politische Verhältnisse schaffen; auch wenn Heine davon überzeugt gewesen sein mag, dass das eine die unvermeidbare Folge des anderen sein werde.

Die Transgressionsbewegung hin zur ‚Tat', die einer solchen Ästhetik zugrunde liegt, scheint für ihn letztlich nur ästhetisch legitimierbar und limitierbar zu sein. Sie zeichnet sich durch eine semantische und rhetorische ‚Tendenz' über das Literarische hinaus aus, die sie zugleich mit ihren literarischen Schreibweisen durchkreuzt. „Aufgabe" einer solchen Ästhetik sei es, so Jürgen Fohrmann, „das Formprinzip der ‚Kunstperiode' in die Tatkonzeption der Zukunft einzubringen, sich als ‚Kunst' zugleich aufzugeben und zu erhalten".[93] Das geschieht in Form einer Polemik, die in einer permanenten Pro-*und*-Kontra-Bewegung einen Kommunikationsraum sowohl in ästhetischer wie politischer Hinsicht eröffnet und offenhält. Nur dadurch wird sie jenen tagesaktuellen Auseinandersetzungen enthoben, die in ihr zur Sprache kommen. Und nur aus diesem Grund kann ein ‚Klassiker' wie Heine seinen Ruhm auf eine solche polemische Schreibweise gründen, die an der diskursiven Verfasstheit jener Epoche, die Friedrich Schlegel die „polemische" nannte, einen maßgeblichen Anteil hat. Im Zentrum steht dabei nicht mehr die Frage: ‚Kunst oder Polemik?', welche die Debatten um das Junge Deutschland beherrscht hatte, sondern die *Kunst der Polemik*.

---

92   Zur „ruhmkritischen Perspektive" Heines am Ende seines Lebens, die freilich auf einer ebenso selbstinszenatorischen Voraussetzung beruht, vgl. Dirk Werle: Ruhm und Moderne. Eine Ideengeschichte (1750–1930). Frankfurt a.M.: Vittorio Klostermann 2014, S. 151f. (Zitat S. 152).

93   Jürgen Fohrmann: Schiffbruch mit Strandrecht. Der ästhetische Imperativ in der ‚Kunstperiode'. München: Fink 1998, S. 171.

Das Doppelgesicht des *Hesperus*
Zur Fragilität klassizistischer Attitüden um 1900 und zur Genese der polemischen Konstellation zwischen Rudolf Borchardt und dem George-Kreis

Peter Sprengel

Über den Konflikt Rudolf Borchardts mit dem George-Kreis und seine daraus erwachsenden, in Ton und Umfang rasant zunehmenden Polemiken ist – zumal nach dem Bekanntwerden der späten *Aufzeichnung Stefan George betreffend*[1] – viel gesagt und geschrieben worden.[2] Eine neue Perspektive eröffnet sich dagegen, wenn man das Modell des Klassizismus ins Spiel bringt: nicht nur als historische Parallele für die Austragung ästhetischer Konflikte auf dem Wege programmatischer Polemik, sondern als Maßstab von erheblicher, allerdings brüchiger Verbindlichkeit für beide Konfliktparteien und Vorbild für die in der Austragung des Streits gewählten Strategien. Als Ausgangspunkt dient das Jahrbuch, mit dem sich die (wenn man so sagen darf) Borchardt-Partei 1909 erstmals einer größeren Öffentlichkeit vorstellte: der *Hesperus*.

Der Hesperus (vulgo Venus) ist nicht nur, wie sein griechischer Name sagt, der Abendstern, sondern auch der Morgenstern. Diese Ambivalenz von Tod und Auferstehung musste natürlich schon Jean Paul faszinieren, der seinen ersten erfolgreichen Roman *Hesperus, oder 45 Hundsposttage* betitelte, was eigentlich sogar noch eine zweite astronomische Anspielung einschließt.[3] Als Rudolf Alexander Schröder 1907 die Initiative zu einem Jahrbuch ergreift, von dem er nach eigener Aussage schon seit Jahren träumte, steht für ihn von Anfang

---

1 Rudolf Borchardt: Aufzeichnung Stefan George betreffend. Aus dem Nachlaß hg. von Ernst Osterkamp. München: Rudolf Borchardt-Gesellschaft 1998 (= Schriften der Rudolf Borchardt-Gesellschaft, Bd. 6/7).
2 Dieter Burdorf: Kopf statt Ohr. Rudolf Borchardt als Kritiker Stefan Georges. In: Wolfgang Braungart u.a. (Hg.): Stefan George: Werk und Wirkung seit dem Siebenten Ring. Tübingen: Niemeyer 2001, S. 353–377; Kai Kauffmann: Von Minne und Krieg. Drei Stationen in Rudolf Borchardts Auseinandersetzung mit Stefan George. In: George-Jahrbuch 6 (2006), S. 55–79; Lars Korten: Stefan George. Aufgezeichnet von Rudolf Borchardt. In: Hans-Edwin Friedrich (Hg.): Literaturskandale. Frankfurt a.M. u.a.: Lang 2009, S. 143–154; Johannes Saltzwedel: „Die üblichen Spiegelfechter". Rudolf Borchardts Invektiven. Rothtalmünster: Borchardt-Archiv 2005 (= Titan, Bd. 2). Zum biographischen Hintergrund vgl. jetzt auch: Peter Sprengel: Rudolf Borchardt. Der Herr der Worte. Eine Biographie. München: Beck 2015.
3 Insofern die „Hundstage" nach dem Sternbild des Großen Hundes benannt sind.

an fest, dass es „den schönen Titel *Hesperus* führen soll".⁴ Den Rückbezug auf Jean Paul unterstreicht er, indem er dem zwei Jahre später erscheinenden ersten (und letzten) Band dieses Jahrbuchs eine Vorrede Jean Pauls voranstellt. Genaugenommen handelt es sich dabei um die in einer Vorrede Jean Pauls eingekapselte Vorrede, denn Schröder druckt genau jenen Abschnitt aus der Vorrede zu Jean Pauls Buch *Briefe und bevorstehender Lebenslauf* ab, der dort in Anführungszeichen gesetzt ist, weil er angeblich die aus dem Gedächtnis gegebene Reproduktion eines Briefs darstellt, den Jean Paul an einen berühmten Gelehrten geschrieben haben will.

Man muss dazu wissen, dass das mit der *Konjektural-Biographie* abschließende Werk 1799 erschienen ist, als – wie die Vorrede selbst artikuliert – „*letztes*" Buch ihres Verfassers „im Jahrhundert".⁵ Der fingierte Brief, den Jean Paul als Vorreden-Einlage verwendet, nutzt denn auch die Vorstellung des bevorstehenden Säkularumbruchs zur Evokation von Zukunftsphantasien, die zwischen Messianismus und Apokalypse schwanken.

> Ach eine harte Zeit steht an der Türe, *Erdfälle* und *Lauwinen* zugleich! [...] Das der Nemesis gehorsame Herz, das bescheidnere frömmere Zeiten erzogen haben, wird zagen vor einer frechen ruchlosen Titanenzeit, worin nur Handel und Scharfsinn gebieten und worin ein geistiges Faustrecht zu Gerichte sitzt.⁶

Damals war Jean Paul schon mit der Ausarbeitung seines „Kardinalromans" *Titan* beschäftigt, der bekanntlich eine Auseinandersetzung mit den dominierenden Tendenzen der Gegenwart, also auch dem Kunst- und Künstlerselbstverständnis des Klassizismus und der Frühromantik, darstellt.⁷ Er spielt auch in einem der Folgesätze polemisch auf die Autonomisierung des Ästhetischen in Weimar und Jena an.⁸

Nimmt eine Zeitschrift, die diese Sätze im Jahr 1909 voranstellt, damit gleichfalls gegen klassizistische Bestrebungen Stellung? Immerhin war Jean Paul im Laufe des 19. Jahrhunderts immer wieder – besonders effektvoll und

---

4 Schröder an Borchardt, 2.8.1907, in: Rudolf Borchardt / Rudolf Alexander Schröder: Briefwechsel 1901–1918. Text. bearb. von Elisabetta Abbondanza. München: Hanser 2001, S. 95.
5 Jean Paul: Werke. Hg. von Norbert Miller. [Abt. I,] Bd. 4. München: Hanser 1962, S. 928.
6 Ebd., S. 929.
7 Vgl. zuletzt: Helmut Pfotenhauer: Jean Paul. Das Leben als Schreiben. Biographie. München: Hanser 2013, S. 237–248.
8 „Diese moralische Revolution [...], dieser Übermut des Geistes der Zeit geht bis zu den Kritikern herab, die den Dichter vor der Moral warnen und die es lieber haben, daß er, wenn er doch einmal sich mit Stoff befängt, das kleinere Übel wähle und eher tief in den unsittlichen greife als in den sittlichen" (ebd.).

folgenreich 1825 von Börne[9] – gegen Goethe ausgespielt worden; in den 1920er Jahren sollte sich sein Ruf als der eines Antiklassikers definitiv verfestigen.[10] Angesichts der unbestreitbaren Goethe-Verehrung aller drei am *Hesperus* beteiligten Autoren kann die Absicht einer retrospektiven Distanzierung von der Weimarer Klassik selbstverständlich von vornherein ausgeschlossen werden. Eher wird man eine symbolische Opposition zu anderen aktuellen Varianten der Inanspruchnahme Jean Pauls unterstellen dürfen. Zu denken ist vor allem an Stefan Georges *Lobrede auf Jean Paul*, die 1896 in den *Blättern für die Kunst* erschien,[11] und an die von ihm und Wolfskehl vier Jahre später herausgegebene Jean-Paul-Anthologie. Dieses „Stundenbuch fuer seine Verehrer" setzte ganz auf den Sprachklang sogenannter ‚lyrischer' Passagen.[12] Solcher formorientierten und zugleich verkürzenden Rezeption will der *Hesperus* offenbar unter Berufung auf Jean Pauls Zeitkritik eine neue ‚Revolution' des Herzens entgegensetzen.

Es ist also vielleicht eher ein auf den George-Kreis applizierter Antiklassizismus, von dem das Sternzeichen des Jahrbuchs kündet. Unabhängig von solchen durch die Jean-Paul-Vorrede provozierten Gedankenspielen gibt sich der *Hesperus* nach Form und Inhalt prima vista überwiegend ‚klassisch'. Das gilt zunächst für die auffällige Präsenz der Antike im eigentlichen Textteil. Sie beginnt mit dem (den Abendstern-Titel nochmals aufnehmenden[13]) Catull-Motto auf dem Titelblatt – wohlgemerkt in lateinischer Sprache – und setzt sich fort mit den Übertragungen von Autoren der griechischen Antike, die allein 75 von den 181 Seiten des eigentlichen Textteils füllen. Borchardt übersetzt Pindar, Schröder „überträgt" zwei Gesänge der *Odyssee*, und Hofmannsthal „überträgt frei" – zum Teil sehr frei, sonst in enger Anlehnung an Donners Übersetzung – die *Alkestis* des Euripides.[14] Zur demonstrativen

---

9   Nämlich in seiner *Denkrede auf Jean Paul*, wieder in: Jean Paul im Urteil seiner Kritiker. Dokumente zur Wirkungsgeschichte Jean Pauls in Deutschland. Hg. von Peter Sprengel. München: Beck 1980 (= Wirkung der Literatur, Bd. 6), S. 101–106.
10 Ebd., S. LI u. LXXVI.
11 Wieder in: ebd., S. 218–220.
12 Ebd., S. LXXf.
13 „Vesper adest, Juvenes, consurgite!" (Carmina 62, 1). Das lateinische Wort für „Abend" ist auch etymologisch mit dem griechischen „Hesperos" verwandt.
14 Die Übersetzung von Pindars 3. Pythischer Ode war unmittelbar nach dem Tod von Borchardts Vater im Juli 1908 entstanden und sollte nach dem Willen Borchardts eine Widmung für den Toten tragen, über deren durch Hofmannsthal veranlassten Wegfall er schwer enttäuscht war. Aus Schröders *Odyssee*-Übersetzung wurden der sechste und elfte Gesang ausgewählt. Zur Abhängigkeit von Hofmannsthals Bearbeitung von Donners Übersetzung vgl. Hugo von Hofmannsthal: Sämtliche Werke, Bd 7.3: Dramen 5. Hg. von Klaus E. Bohnenkamp und Mathias Mayer. Frankfurt a.M.: Fischer 1997, S. 221–225. Die

Antike-Rezeption des Jahrbuchs gehört aber zweifellos auch Borchardts ursprünglich Schröder gewidmete *Ode mit dem Granatapfel*,[15] und zwar nicht nur wegen der sorgfältigen Einhaltung der Sapphischen Strophe oder wegen der Bezüge auf griechische Mythologie und Rituale.[16] Indem die Granatfrucht dem Gastfreund als empfohlene Form der Totenspende überreicht wird, steht von Anfang an der Bezug zur Vergangenheit im Raum:

> Alle die wir wurden und da sind, wohnen
> An der Grenze. Jede Sekunde stößt an
> Reifes Jenseits draus keine Hand mehr Händen Wirkliches abnimmt.[17]

Die zweite Hälfte des Gedichts interpretiert das versteckt-abgeschiedene Wachstum des Granatapfels als Gleichnis für eine auch vom Sprecher geteilte Haltung, nämlich die Distanzierung von den Sensationen der Tagesmode:

> Was untröstlich gegen den Baum blickt, standhaft
> Abgewandt von Sonnen, die heutges bunter
> Sehn als gestern, dies zu entdecken wehrt mir, Außer der Andacht,
>
> Auch dies Zwielicht [...].[18]

Es ist das Zwielicht, in dem die Fledermäuse heimkehren[19] und das teilweise auch Schröders anschließenden Sonettzyklus *An die Sixtinische Madonna* beherrscht, und zwar gleichfalls im Sinne einer impliziten Zeitkritik. Die Abwendung von der Gegenwart gibt sich darin schon im Anschluss an romantische

---

wichtigste inhaltliche Änderung gegenüber der griechischen Vorlage hat Borchardt 1910 als Wiederherstellung eines schon bei Euripides in Vergessenheit geratenen mythischen Kerns gedeutet; vgl. Rudolf Borchardt: Über Alkestis. In: ders.: Prosa II. Hg. von Marie Luise Borchardt und Ernst Zinn. Stuttgart: Klett-Cotta 1959, S. 235–294.

15   Die Schröder gewidmete Erstfassung war auf den 23.10.1907 datiert: Borchardt/Schröder: Briefwechsel 1901–1918 (wie Anm. 4), S. 125–127. Die überarbeitete Version dürfte mit dem „gute[n], wirklich gute[n] Gedicht" gemeint sein, das Borchardt im Brief an den Bruder Ernst vom 11.11.1908 erwähnt: Rudolf Borchardt: Briefe 1907–1913. Text. Bearb. von Gerhard Schuster. München, Wien: Hanser 1995, S. 200.

16   Dabei wird der griechische Totenkult offenbar mit dem katholischen Allerseelen-Tag (1.11.) verknüpft, wie die Datierung der Erstfassung auf den 27.10. nahelegt.

17   Hesperus. Ein Jahrbuch von Hugo von Hofmannsthal, Rudolf Alexander Schröder und Rudolf Borchardt. Leipzig: Insel 1909, S. 169; vgl. Rudolf Borchardt: Gedichte. Hg. von Gerhard Schuster und Lars Korten. Stuttgart: Klett-Cotta 2003, S. 161 (mit abweichender Interpunktion).

18   Hesperus (wie Anm. 17), S. 170; vgl. Borchardt: Gedichte (wie Anm. 17), S. 161f. (in Wortlaut, Rechtschreibung und Interpunktion abweichend).

19   Der Sinn der letzten Strophe ist im *Hesperus* durch einen grotesken Druckfehler („Mund" statt „Mond") entstellt.

Bildgedicht-Traditionen zu erkennen;[20] denn als unmittelbares Vorbild dienen zweifellos die Sonette auf die Sixtinische Madonna, mit denen August Wilhelm Schlegel 1799 im *Athenaeum* seinen umfangreichen Dialog *Die Gemälde* beschloss[21] – ein Gründungsdokument der romantischen Kunstreligion, das sich zugleich vor Winckelmanns Beitrag zur Würdigung von Raffaels Gemälde verbeugte. Schröders Revitalisierung des hundertjährigen Modells nun leiht dem Lob der Himmelskönigin zeit- und kulturkritische Untertöne, wie man sie auch aus seinen damals entstehenden *Deutschen Oden* kennt. So erscheint die Bildphantasie Raffaels im 4. Sonett als „allzu fernes Land":

> O allzu weites, allzu fernes Land!
> Flur, drin Entsagung nicht zu Hause wäre,
> (Denn wo entsagte man, da nichts sich fand
> Als eine einige Göttlichkeit und Leere?)
>
> Wie hast du dich mit Wolken aufgeschmückt,
> Die scheinbar deine Einigkeit zertrennen,
> Und hast uns Bilder vor das Aug gerückt,
> Himmlische Bilder, die wir nicht erkennen?
>
> Nicht weiß auf Erden eine jener Fraun,
> Die gleich den Tieren eine Frucht getragen,
> Von dieser Frucht so göttlich weg zu schaun.
>
> Wir sind die Ausgeburt von Nacht und Tagen;
> Die große Heiligkeit erweckt uns Graun.
> – Wir haben der Madonna nichts zu sagen.[22]

Es ist dieses Stadium der Gottes- oder Kunstferne, das Borchardts großer George-Essay, der einzige genuine Prosa-Beitrag des ganzen Jahrbuchs,[23] als „Interregnum" bezeichnet.[24] Er ist als Kritik des *Siebenten Rings* angelegt

---

20 Vgl. Karl Pestalozzi: Das Bildgedicht. In: Beschreibungskunst – Kunstbeschreibung. Hg. von Gottfried Boehm und Helmut Pfotenhauer. München: Fink 1995 (= Bild und Text), S. 569–591.

21 Athenaeum 2 (1799), 1. Stück, S. 39–151.

22 Hesperus (wie Anm. 17), S. 172f.; vgl. Rudolf Alexander Schröder: Gesammelte Werke in fünf Bänden. Berlin, Frankfurt a.M.: Suhrkamp 1952, Bd. 1, S. 227 (mit abweichender Orthographie und Interpunktion).

23 Noch am 5.8.1908 hatte Schröder gegenüber Borchardt den „Mangel an Prosabeiträgen" beklagt: Borchardt/Schröder: Briefwechsel 1901–1918 (wie Anm. 4), S. 151.

24 „Interregnumspflicht" (Hesperus [wie Anm. 17], S. 80; vgl. Rudolf Borchardt: Prosa I. Hg. von Gerhard Schuster. Stuttgart: Klett-Cotta 2002, S. 101). Zum Stellenwert des Begriffs vgl. Ernst Osterkamp: Poesie des Interregnums. Rudolf Borchardt über Stefan George. In: Rudolf Borchardt und seine Zeitgenossen. Hg. von Ernst Osterkamp. Berlin, New York: de Gruyter 1997, S. 1–26; Sprengel: Borchardt (wie Anm. 2), S. 319.

und auf weite Strecken auch als Detailkritik zahlreicher Einzelgedichte des 1907 erschienenen Bandes durchgeführt. Dabei kommen – neben vielfach gezollter Anerkennung, ja hohem Lob – zahlreiche Schwächen und Mängel teils sprachlich-stilistischer, teils gedanklich-konzeptioneller Natur zur Sprache,[25] deren Summe Borchardt als eindeutigen Beweis für die Unfähigkeit der Gegenwart zu einem einheitlichen Stil versteht, wie er von George doch gerade prätendiert wird. In diesem Widerspruch sieht Borchardt gleichzeitig Georges – durchaus auch sittliche – Größe wie sein Scheitern. Gleich der zweite Absatz der Besprechung häuft eine Reihe rhetorischer – wie Borchardt selbst sagt: „wunderlicher, absurder, beunruhigender" – Fragen, von denen hier nur die beiden letzten zitiert seien:

> Wo findet sich ein zweites Mal der Klassiker einer Nation, der in seinem siebenten großen Werke die Gesetze seiner Sprache noch nicht beherrscht, der Grammatik so wenig sicher ist wie des Geschmackes und dennoch eine neue Epoche eben dieser Sprache, eine neue Wendung des Geschmackes gigantisch erzwungen zu haben und zu erhalten sich rühmen darf? Wo noch einmal ein Dichter und Künstler, der fast nirgends seine Gattungen erfüllt, der fast außerstande ist, zehn Verse hintereinander zu formen, in denen das Ohr oder der Nerv des reizbaren Lesers nicht gequält oder empört würde – durch Ungeschicklichkeiten, durch Kindlichkeiten – durch Unreines und Gewöhnliches, durch das Maßlose der Unsicherheit, durch falsche Musik und durch hölzernen Mißklang – und der dennoch den Ruhm, Form und Musik, Reinheit und Fehllosigkeit, Geschlossenheit und Einheit der Wirkung auf eine im Deutschen unerhörte Höhe gehoben zu haben genießt und freilich in einem ungewöhnlichen Sinne in Anspruch nehmen darf?[26]

Dieter Burdorf ist der Irritation des „Ohrs" nachgegangen, die sich hier als Kritikpunkt Borchardts ankündigt und in späteren Teilen des Essays näher entfaltet wird.[27] Hier sei die Aufmerksamkeit vor allem auf die Eingangsformulierung gerichtet: „der Klassiker einer Nation". Als solcher wollte George, so Borchardts keineswegs unzutreffende – übrigens von Peter Handke geteilte[28] – Unterstellung, wirken und anerkannt werden, ohne dass doch nach

---

25 Vgl. die Ergänzungen dieses Sündenregisters bei Alfred Behrmann: Nach Wiederlesen von Borchardts Rezension des *Siebenten Rings*. Ein Brief. In: Studia Niemcoznawcze/Studien zur Deutschkunde 54/2014, S. 371–384.
26 Hesperus (wie Anm. 17), S. 50f.; vgl. Borchardt: Prosa I (wie Anm. 24), S. 69f.
27 Burdorf: Kopf statt Ohr (wie Anm. 2).
28 „Einer, der wie ich im Dorf geboren ist [...], der dann eine Bauernkind- und Zimmermannskindexistenz führt, dann ins Internat kommt, aus dem Internat entfernt wird, weil er Literatur liest, der kann [...], wenn er dann schreibt, kein Klassizist werden. Er müßte ich weiß nicht wer sein, um ein Klassizist zu werden. Das geht einfach nicht. Vielleicht kann ein reicher Bauernsohn, der studiert, wie, sagen wir, Stefan

Auffassung dieses Kritikers die historischen Voraussetzungen dafür gegeben wären. Das damit bezeichnete Dilemma entspricht sehr genau der Frage Goethes: „Wann und wo entsteht ein klassischer Nationalautor?" Goethes *Horen*-Artikel *Literarischer Sansculottismus* (1795) gibt die ersichtlich auch für Borchardt noch verbindliche Antwort:

> Wenn er in der Geschichte seiner Nation große Begebenheiten und ihre Folgen in einer glücklichen und bedeutenden Einheit vorfindet; wenn er in den Gesinnungen seiner Landsleute Größe, in ihren Empfindungen Tiefe und in ihren Handlungen Stärke und Konsequenz nicht vermißt; wenn er selbst, vom Nationalgeiste durchdrungen, durch ein einwohnendes Genie sich fähig fühlt, mit dem Vergangnen wie mit dem Gegenwärtigen zu sympathisieren; wenn er seine Nation auf einem hohen Grade der Kultur findet, so daß ihm seine eigene Bildung leicht wird; wenn er viele Materialien gesammelt, vollkommene oder unvollkommene Versuche seiner Vorgänger vor sich sieht, und so viel äußere und innere Umstände zusammen treffen, daß er kein schweres Lehrgeld zu zahlen braucht, daß er in den besten Jahren seines Lebens ein großes Werk zu übersehen, zu ordnen und in Einem Sinne auszuführen fähig ist.[29]

Schon bei Goethe erscheint diese Idealvorstellung jedoch im negativen Kontext: da diese Voraussetzungen im Deutschland seiner Zeit nicht gegeben seien, könne es logischerweise keine „*klassisch-prosaischen Werke*[] jeder Gattung" geben.[30] Der (von heute aus gesehen) Klassiker verneint hier also die Möglichkeit seiner eigenen Existenz oder Wirksamkeit! Ganz analog generellpessimistisch ist Borchardts eigene Autor- und Epochenkritik formuliert. George kann offenkundig doch nicht den Rang des „Klassikers einer Nation" einnehmen, weil weniger ihm als seiner ganzen Zeit die objektiven Voraussetzungen dafür fehlen. Die Struktur dieser Argumentation, mit der die Möglichkeit aktueller Klassizität bestritten wird, ist gleichwohl als solche dem Vorbild des Klassizismus verpflichtet.

So viel zum klassizistischen Profil des *Hesperus,* wie er 1909 im Druck erschien und sich dem kritischen Blick des heutigen Lesers darstellt. Wie steht es aber mit den Intentionen der beteiligten Autoren, welche programmatische

---

George – vielleicht ist ihm dann eher möglich, daß die Nachahmung, das Nachempfundene, verbunden mit vielem Wahrempfunden, zu einer Art von Klassizismus führen. Aber nicht bei einem Kleinhäuslersohn" (Peter Handke / Peter Hamm: Es leben die Illusionen. Gespräche in Chaville und anderswo. Göttingen: Wallstein 2006, S. 107). Freundlicher Hinweis von Harald Gschwandtner, Salzburg.

29 Johann Wolfgang Goethe: Sämtliche Werke nach Epochen seines Schaffens. Münchner Ausgabe. Hg. von Karl Richter u.a. München: Hanser 1985–1998, Bd. 4.2, S. 16f.

30 Wie Daniel Jenisch sie in dem von Goethe befehdeten Beitrag zum *Berlinischen Archiv der Zeit und ihres Geschmacks* gefordert hatte; ebd., S. 931.

Funktion war der Zeitschrift überhaupt zugedacht? Betrachtet man unter diesem Gesichtspunkt die wechselseitigen Korrespondenzen zwischen Schröder, Hofmannsthal und Borchardt, so fällt zunächst die Verschwiegenheit über konkretere Zielvorstellungen ins Auge. Der Initiator Schröder war sich offenbar seiner freundschaftlichen Verbindung mit Hofmannsthal einerseits und Borchardt andererseits so sicher, dass es expliziter schriftlicher Verständigungen in dieser Hinsicht nur im allgemeinsten Sinne bedurfte. Dass es gleichwohl zwischen beiden Freunden Schröders, deren eigener Freundschaftsbund in jenen Jahren eine kritische Phase durchlief, erhebliche Abweichungen in der Einschätzung des gemeinsamen Zeitschriftenprojekts gab, wurde den Betreffenden zum Teil erst im Nachhinein, nämlich bei den zähen und kontroversen Verhandlungen um eine nie zustande gekommene Fortsetzung des *Hesperus*, deutlich. Erst jetzt erfuhr Borchardt beispielsweise, dass Hofmannsthal in Übereinstimmung mit dem Verleger Kippenberg seine Mitwirkung von der Beteiligung weiterer Autoren,[31] insbesondere Gerhart Hauptmanns, abhängig gemacht hatte. Tatsächlich hätte Hofmannsthals zweiter Jahrbuch-Beitrag (neben der *Alkestis*): das Fragment einer Dialektkomödie unter dem Titel *Silvia im „Stern"* – es handelt sich dabei um eine Vorstufe von *Cristinas Heimreise* –, die Nachbarschaft eines naturalistischen Dramenentwurfs kaum zu fürchten gebraucht. Anderseits ist auch klar – und war natürlich auch Hofmannsthal selbst klar, der damit gerade die programmatischen Intentionen seiner Kollegenfreunde zu unterlaufen suchte –, dass der *Hesperus* mit der Aufnahme Hauptmanns um jedes spezifische ästhetische Profil gebracht worden wäre. Der Band hätte vielleicht höhere Verkaufszahlen erreicht und größere Beachtung bei Rezensionsorganen gefunden, letzteres aber sicherlich auf Kosten der weniger prominenten Beiträger Schröder und Borchardt.

Bemerkenswerterweise hat Hauptmann selbst empfunden, wie sehr er in der formkünstlerischen Gesellschaft Schröders und seiner Freunde als Fremdkörper wahrgenommen werden, ja stören würde. Der Außenstehende unterstellt der Zeitschrift damit eben jene Tendenz zu konzeptioneller Homogenität, die der mitbeteiligte Hofmannsthal gerade zu verhindern suchte. So bedauert Hauptmann in einem Brief an Schröder vom September 1908, zur Zeit über kein geeignetes Textmaterial zu verfügen. Sein Dramenfragment *Die Wiedertäufer* hielt er für ungeeignet: „[...] sie sind aber auch so wild und derb,

---

31 Einladungen ergingen auch an Wassermann (s.u.), Carossa, Taube und Mell. Vgl. Kai Kauffmann: Stilmuster. Rudolf Borchardt und Rudolf Alexander Schröder, die *Insel*-Zeitschrift und das *Hesperus*-Jahrbuch. In: Andreas Beyer und Dieter Burdorf (Hg.): Jugendstil und Kulturkritik. Zur Literatur und Kunst um 1900. Heidelberg: Winter 1999, S. 195–212, hier S. 208.

dass sie wahrscheinlich die Harmonie Ihres Jahrbuches stören würden."[32] Eher sah Hauptmann – als hätte er Genaueres vom Antike-Schwerpunkt des *Hesperus* und dessen Affinität zu klassizistischen Traditionen geahnt – eine Vorveröffentlichung aus seinem geplanten Odysseus-Drama für *Hesperus*-kompatibel an.[33] Allerdings stand er damals erst am Anfang der Ausarbeitung des 1914 unter dem Titel *Der Bogen des Odysseus* veröffentlichten Schauspiels. Anscheinend hat er noch eine vage Zusage gemacht, diese aber nicht eingehalten. Schröder selbst sprach im Rückblick davon, dass „H. offenbar der Ansicht war, er passe nicht in das vorliegende Ensemble hinein, eine Auffassung, die ihm alle Ehre macht."[34]

Hofmannsthals Forderung, dass (in Schröders Worten) „die Publikation [...] außer dem seinen noch irgend einen populären & nicht in dem Geruch des Ästhetentums stehenden Namen oder zum mindesten irgend eine Novelle & dergl. enthielte", wurde über eine gewisse Zeit der Planung hinweg durch die Zusage einer – nach Schröders Dafürhalten „elenden" – Novelle Jakob Wassermanns erfüllt. Als diese im Januar 1909 „wegen zu großer Kosten & zu großen Umfangs" dem Rotstift des Verlegers zum Opfer fiel,[35] blieb nur das Triumvirat übrig, das wir aus dem gedruckten *Hesperus* kennen. Allein das Inhaltsverzeichnis ließ Hofmannsthal nach eigenen Worten „die Wände hinauflaufen" und sofort eine Reise zu Kippenberg antreten, „um das Unheil [...] zu verhüten". An Schröder schrieb er damals voller Erregung:

> Ehrlich gesagt, lieber Rudi, ich begriff dich nicht! Uns beide mit dem gründlich compromittirenden Borchardt à trois auftanzen zu lassen, so *überflüssig* daß alle Welt schriee: Wozu? Wozu? Dazu ist doch der Homer und der Silviaact zu gut, Herrgott! Ja wozu denn wirklich?![36]

Auf das „Wozu?" hätte Borchardt schon eine Antwort gewusst,[37] die wohl auch in Schröders Augen zählte: um die literarische Konkurrenz in die Schranken

---

32   Hauptmann an Schröder, 11.9.1908 (DLA, A: Schröder). Ich danke dem Deutschen Literaturarchiv Marbach für die Zitiererlaubnis.
33   „Ich hatte auch an den ersten Akt eines Eumäus-Dramas gedacht, musste jedoch, bei genauer Durchsicht, leider erkennen, dass seine Stunde noch nicht gekommen ist" (ebd.). *Eumäus* oder *Der göttliche Sauhirt* lautete der Arbeitstitel des *Bogen des Odysseus* in der Phase der ersten Niederschrift 1907.
34   Schröder an Borchardt, 4.3.1910: Borchardt/Schröder: Briefwechsel 1901–1918 (wie Anm. 4), S. 268.
35   Alle Zitate: ebd.
36   Hofmannsthal an Schröder, 26.1.1909: Rudolf Borchardt / Hugo von Hofmannsthal: Briefwechsel. Kommentar. Bearb. von Gerhard Schuster. München, Wien: Hanser 2014, S. 368f.
37   Das gilt trotz der Erkenntnis, dass die früher auf den *Hesperus* bezogene *Ankündigung* Borchardts (Rudolf Borchardt: Prosa IV. Hg. von Marie Luise Borchardt, Ulrich Ott und

zu weisen! Im Unterschied zu Hofmannsthal, der sich keinesfalls gegen George ausspielen lassen wollte und die öffentliche Vertiefung seines Bruchs mit dem „Meister" zu vermeiden versuchte, hat Borchardt im *Hesperus* von Anfang an die Chance zu einer strategischen, ja polemischen Auseinandersetzung gesehen. Nachdem ihn Gundolf in seiner Buber-Rezension vom Sommer 1908 polemisch gestreift hatte,[38] stand für Borchardt fest, dass es dabei auch und gerade um eine Grenzziehung gegenüber dem George-Kreis gehen müsse. Im November 1908 kündigt er seinem Bruder Ernst die Druckbogen der George-Kritik mit der Bemerkung an: „der Aufsatz soll mich hoffentlich gut vertreten und dient in jedem Falle als Knebel für zu freche Mäuler, Gundolf pp."[39] Während er den Essay diktierte, kündigte er Schröder an, dass jener „stark programmatisch" werde und „sich darum vor allem für den Eingang eignen" würde: „Ich muss nur wissen, ob Sie Passenderes an den Anfang rücken wollen, damit ich allfällig den Ton modifiziere."[40] Tatsächlich steht die George-Kritik im fertigen Jahrbuch an zweiter Stelle, gleich nach Hofmannsthals *Alkestis*. Ebenso charakteristisch für Borchardts kämpferische Auffassung der Zeitschrift ist sein wiederholter Vorschlag gemeinsamer *Xenien*. Die Parallele zum Weimarer Vorbild, auch in puncto anonymer bzw. geteilter Autorschaft, ist überdeutlich.

Gleich im ersten Brief, mit dem Borchardt auf Schröders Einladung zur *Hesperus*-Mitarbeit reagiert, schreibt Borchardt im August 1907:

> Wollen wir nicht Xenien machen, alle zusammen? Scheint Ihnen diese süsse Lügenzeit nicht wie geschaffen dazu? Ich vergnüge mich seit langer Zeit damit, in unbeschäftigten Minuten eine Thorheit besonderer Grösse auf meinen Leim zu locken und mit dem Pentameter zu quälen. Z.B. habe ich den Plan eines lyrischen Kochbuchs in schönen Xenienrecepten mit trefflichen Exempeln, auch eine Litfasssäule schwebt mir sehr reizend vor, mit Theaterankündigungen und den Plakaten der Concurrenzzirkusse S. Fischer und A. Langen, mit tausend

---

Ernst Zinn. Stuttgart: Klett-Cotta 1973, S. 197–204) einem anderen Zeitschriftenprojekt galt; vgl. Kauffmann: Stilmuster (wie Anm. 31), S. 201–207.

38 „Und wenn wir Hoffmannsthals [!] unechten Nachwuchs heute im Pindar- und morgen im Lutherton reden hören, so täuscht dies vielzüngige Pathos nicht über die Schwächlichkeit, die sich mit gespielter Wucht betäubt, um der eignen Armut nicht inne zu werden. Zum großen Worte hat nur die große Seele das Recht und zum Seherton nur der Seher" (Preußische Jahrbücher 133 [1908], H. 1, S. 150). Vgl. Rudolf Borchardt / Martin Buber: Briefe, Dokumente, Gespräche. Hg. von Gerhard Schuster in Zusammenarbeit mit Karl Neuwirth. München: Rudolf Borchardt-Gesellschaft 1991 (= Schriften der Rudolf Borchardt-Gesellschaft, Bd. 2), S. 12.

39 An Ernst Borchardt, 11.11.1908: Borchardt: Briefe 1907–1913 (wie Anm. 15), S. 200.

40 Borchardt an Schröder, 5.2.1908: Borchardt/Schröder: Briefwechsel 1901–1918 (wie Anm. 4), S. 143.

Geschichten obendrein, oder ist Ihnen das zu sehr in Richtung der Gentle art of making enemies?[41]

Gegen die Praktiken des Verlegers Albert Langen wird Borchardt schon im nächsten Frühjahr in den *Süddeutschen Monatsheften* vom Leder ziehen; seine gegen den S. Fischer-Verlag und dessen Umfeld gerichtete Satire *Politiker aus dem Kunstsalon* sollte dagegen seinerzeit ungedruckt bleiben. Freilich sind beide Texte Prosa-Polemiken, die das ursprüngliche Format der *Xenien* weit hinter sich lassen. Aus guten Gründen wohl, denn schon im Oktober 1907 äußerte sich Borchardt zu einer Nachfrage Kippenbergs mit einer gewissen Skepsis hinsichtlich der Möglichkeit, den „Dioskuren" Goethe und Schiller auf diesem Feld nachzustreben:

> Xenien? Sie wissen nicht, wie viele ich daliegen habe. Neulich machte ich Schroeder [...] einen solchen Vorschlag für seinen und unsern Hesperus, halb scherzhaft. Das schlimme ist nur, dass uns jenes harmlose Litteratenmittelgut mit seiner philiströsen Durchschnittlichkeit und dem biedern Harmlosthun fehlt das *den* beiden Zeussöhnen so breite Schussflächen *bot* und den Ton der Angriffe verhältnismässig leicht und scherzend jedenfalls in voller Anmut zu halten gestattete. Heut giebt es nur die Nullität die unterhalb jedes Angriffs ist; oder die mit der öffentlich[en] Schlechtigkeit millionenfach heimlich verschwägerte Privatschlechtigkeit, für die solche raschen Pfeile erstlich zu schade sind und zweitens nicht ausreichen zum vernichten.[42]

Ganz offenkundig denkt Borchardt im Sommer und Herbst 1907 (wie auch noch Anfang 1908[43]) zwar an diverse Polemiken, aber noch nicht an eine Polemik gegen George und/oder dessen Kreis. So viel man und insbesondere Borchardt gegen Gundolf oder andere Georgianer vorzubringen haben mochte – mit Kategorien wie „Nullität" oder „philiströse Durchschnittlichkeit" waren sie nicht zu fassen. Daran, und nicht nur an Schröders einschlägigem Schreibblock,[44] scheiterte wohl auch das *Xenien*-Projekt, das im Zusammenhang unserer Überlegungen doch auch als gescheitertes, nicht zustande gekommenes Beachtung verdient: nämlich als weiteres Indiz für Borchardts Ausrichtung am Modell des Weimarer Klassizismus.

---

41 Ebd., S. 115.
42 Briefe 1907–1913 (wie Anm. 15), S. 140. Die kursiv gesetzten Stellen sind Emendationen aufgrund der im DLA (SUA: Insel-Verlag) befindlichen Originalhandschrift. Vgl. die sinnentstellende Lesung der Briefausgabe: „das in beiden Zeussöhnen so breite Schussflächen hat".
43 Vgl. seine Briefäußerung zu Schröder vom 5.2.1908: „Wie steht es mit Xenien? Mein Häuflein vermehrt sich" (Borchardt/Schröder: Briefwechsel 1901–1918 [wie Anm. 4], S. 143).
44 Vgl. ebd., S. 128f.

Sollte es an dieser Ausrichtung des Polemikers Borchardt noch einen letzten Zweifel geben, so wird er durch den Brief ausgeräumt, mit dem Borchardt im März 1910 auf Schröders Zusendung der *Deutschen Oden* und seine Absage an eine Weiterführung des *Hesperus* reagiert. Borchardt spricht dort vom notwendigen „Kampf nach zwei Fronten" (gegen George und um die Wiedergewinnung der „Jugend") und konzediert im gleichen Atemzug:

> Nein, wir haben kein Programm [...]. Glücklicherweise haben wir den Willen. Der weniger und mehr ist als ein Programm, denn er ist ein Müssen. Wir sind Classizisten und Traditionalisten gleichzeitig, weil klassisch zu sein schon eine deutsche Tradition geworden ist. Wir machen zwischen Classizität und Romantik den üblichen Schulunterschied nicht mehr mit, weil beides uns Schattierungen einer und derselben hohen und starken Sache sind, die in beiden uns gleichmässig entgangen ist, in beiden unseren geistigen Wirrnissen gleichmässig anklagend gegenübersteht.[45]

Schon die Schreibung mit „C" verrät, wie konsequent traditionalistisch „Classizisten" und „Classizität" hier aufgefasst werden. Im Hinblick auf den Brückenschlag, den das Briefzitat zwischen den nach traditioneller literaturgeschichtlicher Sicht unterschiedlichen oder gegensätzlichen Richtungsgrößen Klassik und Romantik herstellt, lassen sich Parallelen zu zwei anderen Äußerungen Borchardts ziehen. Hofmannsthals *Alkestis* galt ihm schon aufgrund der fragmentarischen Erstveröffentlichung von 1898 als „die einzige klassische Übersetzung eines antiken Werkes, die es im Deutschen gibt."[46] Andererseits sah er das „wahrhaft grandiose[] Übersetzungsprogramm" des *Hesperus* als Fortsetzung der „grossen Übersetzungstraditionen [...] der Frühromantik" und Gegenentwurf zur „herrschenden Hobelbankpraxis".[47]

Noch bevor Borchardt den umfangreichen, am 6. März 1910 begonnenen Brief beenden konnte, erreicht ihn das von den George-Schülern Friedrich Wolters und Friedrich Gundolf herausgegebene *Jahrbuch für die geistige Bewegung*, das er in einem Nachtrag vom 10. April als „Antwort auf den Hesperus" bewertet, hier aber noch als „jeder Diskussion und Entgegnung im tiefsten unwert" bezeichnet. Borchardt spricht von „Buhlknaben und Narren, unrein und gemein", mit denen er sich nicht auf einen „Geisterkrieg" (in Anführungszeichen[48]) einlassen wolle. Allerdings ist diese Absage nicht stabil.

---

45   Ebd., S. 284.
46   Borchardt: Prosa I (wie Anm. 24), S. 50.
47   An Schröder, 5.2.1908: Borchardt/Schröder: Briefwechsel 1901–1918 (wie Anm. 4), S. 142.
48   Er nahm damit einen Ausdruck Gundolfs auf; vgl. Friedrich Gundolf: Das Bild Georges. In: Jahrbuch für die geistige Bewegung 1 (1910), S. 19–48, hier S. 21. Ähnlich auch Borchardt: Prosa I (wie Anm. 24), S. 107.

Nachdem sich Borchardt mit Bedauern darüber geäußert hat, dass die Nicht-Weiterführung des *Hesperus* von der Gegenseite als Niederlage interpretiert werden könnte, bemerkt er: „wenn ich auch für jetzt, gerade weil ich persönlich angegriffen bin, schweige, so wird es doch auf die Dauer nicht ohne ein schreckliches Strafgericht abgehen, dass [!] diese Seuche und ihren Hauptverbreiter an der Wurzel ausrottet."[49]

Was war geschehen? Das erste *Jahrbuch für die geistige Bewegung* enthielt zwei schwere Kränkungen Borchardts. Die erste bestand in Kurt Hildebrandts Aufsatz *Hellas und Wilamowitz*, der die Kritik an Wilamowitz' Tragiker-Übersetzungen, die Borchardt im *Gespräch über Formen* artikuliert hatte, in einer fast schon plagiatsartigen Weise für den George-Kreis in Anspruch nahm.[50] „Hellas" erschien jetzt als eine Errungenschaft des von George und seinen Jüngern entwickelten Formbewusstseins – die Palme des Klassizismus wurde dem *Hesperus* somit gleichsam entwunden und für die Gegenseite reklamiert. Eine noch schmerzlichere Kränkung bestand freilich darin, dass Gundolfs grundlegender Artikel *Das Bild Stefan Georges* den großen George-Aufsatz des *Hesperus* demonstrativ ignorierte, und dies obwohl (oder vielmehr weil) Borchardts Kritik auch im George-Kreis nachweislich für Diskussionen gesorgt hatte.[51] Gundolf konzentrierte sich stattdessen ganz auf Borchardts frühere *Rede über Hofmannsthal* und hatte es natürlich leicht, die Überholtheit dieses Textes nachzuweisen, dessen Verfasser als „gehirn-fanatiker" und „unproduktiver, historisch belasteter mensch" offenbar prinzipiell keinen Zugang zur Kunst finden könne. In der einzigen Anmerkung des Aufsatzes versteckte der Kritiker seinen giftigsten Pfeil und charakterisierte die Sprache von Borchardts Dante-Übersetzung als das „stationäre Deutsch des russischen Juden", womit das aus älteren deutschen Sprachstufen hervorgegangene Jiddisch gemeint war. In einem Brief an Ernst Robert Curtius (den Borchardt

---

49   An Schröder, 10.4.1910: Borchardt/Schröder: Briefwechsel 1901–1918 (wie Anm. 4), S. 295f.
50   Kurt Hildebrandt: Hellas und Wilamowitz (Zum Ethos der Tragödie). In: Jahrbuch für die geistige Bewegung 1 (1910), S. 64–117. Vgl. Borchardts satirische Fußnote: „*Das Gespräch über Formen* im Aufsatze des Herrn Hildebrandt obigen Jahrbuchs gar nicht übel für Epheben bearbeitet" (Borchardt: Prosa I [wie Anm. 24], S. 109).
51   Vgl. die Randbemerkungen in Karl Wolfskehls Handexemplar, zit. in Kauffmann: Stilmuster (wie Anm. 31), S. 209, aber auch den Brief Hanna Wolfskehls an das Ehepaar Verwey vom November 1909; darin heißt es, Borchardt habe „aus seiner ungeheuren Verworfenheit heraus einen Artikel über den Siebenten Ring" geschrieben, „in dem einige Einzelheiten stehen die erstaunlich gut sind. Es nimmt uns Wunder, wenn ein Wesen fast pathologisch charakterlos ist aber dabei genial angeflogen, von Stefans Erscheinung ‚als einer sittlichen That' spricht! Wie kann so einer das ahnen?" (Wolfskehl/Verwey: Dokumente ihrer Freundschaft. Hg. von Mea Nijlad-Verwey. Heidelberg: Lambert Schneider 1968, S. 83).

natürlich nicht kennen konnte) rechtfertigte Gundolf, der schon 1908 ähnliche Vorwürfe gegen Borchardt erhoben hatte,[52] die gespreizte Formulierung als ironische Adaption von dessen Schreibweise: „Das mit dem Judendeutsch soll nur heissen, dass seine Dantedeutschung Mauscheln ist und das habe ich mit leiser Parodie und Höflichkeit in Borchardts eigener Diktion ausgedrückt."[53]

Gundolfs polemische Spitze traf Borchardt in doppelter Weise ins Herz. Borchardt wollte das Judentum seiner Herkunft nicht wahrhaben. Schon das erste größere Werk, das er publiziert hatte: der *Joram,* war ihm vollständig verleidet worden, weil die Kritik ihn einäugig als jüdische Dichtung wahrnahm.[54] Nun drohte sein nächstes Ziel, der Kampf um „Classicität" im Bündnis mit Schröder, daran zu scheitern, dass man ihn wiederum ghettoisierte, ja mehr noch: dass man den Spieß seiner Kritik an George umdrehte und gegen ihn selbst richtete, den Nachweis von Georges Nichtbefähigung zum „Klassiker einer Nation" via Sprachfehler-Ermittlung auf ihn selbst anwendend. Damit war der Casus belli gegeben, den Borchardt schon in seinem kriegerischen Absage-Brief an George vom Februar 1906 angekündigt hatte.[55] Es entstand das *Intermezzo,* dessen Erscheinen im Dezemberheft der *Süddeutschen Monatshefte* 1910 großes Aufsehen und bei neutralen Beobachtern wie Max Weber erheblichen Anstoß erregte,[56] im George-Kreis aber nur begrenzte Beachtung fand. Während Karl Wolfskehl an eine Duell-Forderung dachte,[57] sahen strategische Köpfe wie Gundolf weiter. Dieser schrieb schon am 25. November 1910 an George: „Nach Münchener Mitteilungen, die ich weder nachprüfen will noch kann, scheint die zu erwartende Stinkbombe geplatzt zu sein, und zwar in einer Weise, die den Werfer für alle Zeiten gründlicher erledigt, als es sein bitterster Feind ihm wünschen kann."[58]

---

52 S.o. mit Anm. 38.
53 Rudolf Borchardt – Alfred Walter Heymel – Rudolf Alexander Schröder. Bearb. von Reinhard Tgahrt, Werner Volke u.a. Marbach am Neckar: Schiller-Nationalmuseum 1978 (= Sonderausstellungen des Schiller-Nationalmuseums, Katalog 29), S. 160f.
54 Zur *Joram*-Rezeption vgl. Borchardt/Buber: Briefe (wie Anm. 38), S. 10f.
55 Borchardt an George, 14.1.1906: „[...] und die Reihe der Gewalt ist an mir" (Rudolf Borchardt: Briefe 1895–1906. Text. Bearb. von Gerhard Schuster. München: Hanser 1995, S. 404).
56 „Der Artikel des Herrn R. B. aber – mit dessen Person und Wollen nicht zu sympathisieren ich bisher keinen Anlaß hatte – muß als so *schwere Entgleisung* angesehen werden, daß ich seine Aufnahme in die Süddeutschen Monatshefte schlechthin unbegreiflich finde" (Max Weber an P. v. Klenau, 26.11.1910: Borchardt – Heymel – Schröder [wie Anm. 53], S. 166).
57 Ebd.
58 Ebd., S. 164.

Der Bumerang-Effekt für den Polemiker Borchardt wird meist auf die Maßlosigkeit seiner Personalsatire mit unterschwelligen sexualistischen Implikationen zurückgeführt. Das eigentliche Problem im Rahmen der hier rekonstruierten programmatischen Konstellation des *Hesperus* scheint jedoch eher darin zu liegen, dass Borchardt im *Intermezzo* eine Angriffsstrategie verfolgt, die seinen eigenen Anspruch auf „Classicität" preisgibt (insofern also dem *Jahrbuch für die geistige Bewegung* Recht gibt), um desto rückhaltloser den Maximin-Kult des George-Kreises als päderastisch motivierten Tempeldienst zu destruieren. Das Treiben der Georgianer erscheint in diesem satirischen ‚Zwischenspiel' als Geheimkult „im Innern des Tempels, wo ihr das Lachen abgeschafft habt und in das kein Ton, kein Schrei aus der Welt herüberdringt."[59] Die vom Klassizismus für notwendig erachtete Abgrenzung der Kunst vom Leben wird also der Gegenseite zugeschrieben und nunmehr aus der Perspektive der „Straße" verspottet.

Wenn sich Borchardt seinerseits – in von ihm selbst gesetzten Anführungszeichen – „im Vorhof, ja auf der Straße" positioniert, so tut er das in wörtlicher Anlehnung an einen bisher nicht identifizierten Prätext, der ihn besonders getroffen haben dürfte. Als der Herausgeber der *Blätter für die Kunst* 1909 eine Auswahl aus den Jahrgängen 1904–1909 der Zeitschrift als Buch vorlegte, leitete er sie mit einer Vorrede ein, die just das Verhältnis des George-Kreises zur Öffentlichkeit thematisierte und dabei insbesondere den Umstand ansprach, dass die Geltung des Kreises mittlerweile längst nicht mehr auf der Zeitschrift allein, sondern auf den immer zahlreicheren Publikationen der Mitglieder beruhte. Als Sprachrohr des Meisters begrüßte Carl August Klein den erzieherischen Effekt, den man in der zunehmenden Ausbreitung eines neuen Formbewusstseins in der damaligen Literatur konstatieren könne, warnte aber zugleich vor einer Verwässerung der reinen Lehre, ja vor Abspaltungstendenzen (und gerade an dieser Stelle durfte sich Borchardt speziell angesprochen fühlen):

> Man vergesse auch nicht dass die grenze des erreichbaren noch fern ist und dass die von diesem kreise abgesprengten die sich noch nicht zur gänzlichen entwürdigung ihrer muse entschliessen konnten vergeblich des allgemeinen beifalls harren. Das gibt denen die den tempel verlassen haben · *in den vorhof ja auf die strasse* geschritten sind eine mahnung sich wieder ins Innerste zurückzuziehen [...].[60]

---

59 Borchardt: Prosa I (wie Anm. 24), S. 109.
60 Blätter für die Kunst. Eine Auslese aus den Jahren 1904–1909. Berlin: Bondi 1909, S. 5f. (Hervorhebung P. S.).

Der „Vorhof", im Propyläen-Modell des Klassizismus allgemein als letzte Vorstufe der Annäherung an das Kunstideal angesehen,[61] erscheint hier als erste Stufe des Aus- oder Abstiegs, als symbolischer Schwellenort des Verrats. In diesem Sinne bekennt sich der exkommunizierte Borchardt zu ihm und seiner Steigerungsform, der ordinären „Straße", die schon durch die zeitgenössische Polemik gegen so genannte „Rinnsteinkunst"[62] als Ort einer naturalistischen Negation ästhetischer Prinzipien bekannt und berüchtigt war. In direkter Wendung gegen das erste *Jahrbuch für die geistige Bewegung* und wörtlicher Anlehnung an die Vorrede der *Blätter*-Auslese erklärt er im *Intermezzo*:

> Aber unter uns, ‚im Vorhof, ja auf der Straße', wo weder das Lachen abgeschafft ist, noch gewisse andere Reste menschlicher Vertierung, wie etwa das Laster, die Dinge beim Namen zu nennen – unter uns Sterblichen sind jene bequemen Mittel, mit dem Verhaßten fertig zu werden, die unverfänglichsten. Im Tempel ist Herr Gundelfinger, wenn er pontifiziert und interdiziert – wir wissen nicht recht, was, mindestens aber ein Gefäß des göttlichen Geistes [...]. Auf der offenen Straße ist der Herr ein Passant [...]. Im Tempel klingt es zweifellos sehr erbaulich, daß vor dem Jünger, der der letzten Weihe teilhaftig geworden ist [...] das irdische Getümmel auseinandertritt, wie die Wellen des Roten Meeres vor den Kindern Israel. Aber, wenn Herr Gundelfinger auf der Straße zu einem auf ihn zugaloppierenden Lastwagen Abracadabra sagen und stehen bleiben wollte, so kann leicht etwas aus ihm werden, worin man Mühe hätte, das hübsche Jüngelchen von kurz zuvor wieder zu erkennen. [...] Wir sind auf der Straße, nicht im Tempel.[63]

Und so weiter und so fort! Fast litaneihaft insistiert das *Intermezzo* auf der Eigengesetzlichkeit der „Straße"; die Sprecherinstanz geht so weit, sich selbst mit einem räudigen Straßenköter zu identifizieren, der dem selbsternannten Vertreter des Allerheiligsten den Weg versperrt. Dabei scheut Borchardt keine Anspielungen auf die Kritik des *Jahrbuchs für die geistige Bewegung* an seinen lyrischen und übersetzerischen Beiträgen zum *Hesperus*, ja er zeigt sich sogar grundsätzlich bereit, dieser Kritik in verschiedenen Punkten Recht zu geben. Wo seine Existenz schlechthin „vernichtet" werden soll, spielt er jedoch den

---

61   Vgl. Daniel Ehrmann und Norbert Christian Wolf (Hg.): Klassizismus in Aktion. Goethes *Propyläen* und das Weimarer Kunstprogramm. Wien u.a.: Böhlau 2016 (= Literaturgeschichte in Studien und Quellen, Bd. 24) und hier besonders meinen eigenen, auf die architektonische Symbolik des Zeitschriftentitels abhebenden Beitrag: Goethe-Nachfolge als Architekturphantasie. Zum Motiv der Propyläen im Werk Gerhart Hauptmanns (S. 407–424).
62   Zum Anteil Kaiser Wilhelms II. an diesem Diskurs vgl. Jürgen Schutte und Peter Sprengel (Hg.): Die Berliner Moderne 1885–1914. Stuttgart: Reclam 1987 (= Universal-Bibliothek, Bd. 8359), S. 63 u. 573.
63   Borchardt: Prosa I (wie Anm. 24), S. 109–111.

unnachgiebigen bissigen Köter: „Nun steht die Bestie auf allen Vieren breit weggepflanzt vor ihm [sc. Gundelfinger]: er muß umdrehen, wohl oder übel."[64]

Aber ist nicht auch Borchardt umgedreht? Hat er nicht voreilig den Platz im Tempel gegen die Hundehütte des Klassizismusgegners vertauscht? Die Wahrheit ist wohl eher die, dass es mit dem Klassizismus des *Hesperus* nicht so weit her ist, dass jedenfalls Borchardts Anteile an Schröders Jahrbuch ein Janus-Gesicht zeigen. Nicht umsonst blieben bislang die nichtessayistischen *Hesperus*-Beiträge Borchardts unerwähnt, die im *Intermezzo* angesprochen werden, weil sie nicht von ungefähr die Kritik des George-Kreises auf sich gezogen haben: die Ausschnitte aus seiner Übersetzung von Dantes *Divina Comedia* in ein frei erfundenes Mittelhochdeutsch und das Gedicht *Verse bei Betrachtung von Landschafts-Zeichnungen geschrieben*. Beide Werke führen den Leser in die Hölle und stellen für sein Sprachgefühl – und zwar gerade für das Bedürfnis nach Regelmäßigkeit und Harmonie – eine schwere Belastungsprobe dar. Zur sprachlichen Hyperbolik des *Intermezzo* ist es von hier kein weiter Weg.

Nicht umsonst hat Schröder dem *Hesperus* einen so doppeldeutigen Titel gegeben und eine Vorrede vorangestellt, die man als Bekenntnis zum Antiklassizismus lesen könnte. Sein engagiertester Beiträger schwankt zwischen klassizistischer Programmatik und klassizismusfremden Sprachexperimenten. Auf Angriffe reagiert er mit einem Verrat an den eigenen Grundsätzen noch vor dem dritten Hahnenschrei: Straße statt Tempel, Leben statt Kunst. Nicht zufällig war es Hofmannsthal, der seinerzeit fast als Einziger am *Intermezzo* Gefallen fand:

> Nun ist mir der Aufsatz von Borchardt in die Hände gekommen. Ich muß sagen, daß mich diese Art, den Streit aufzunehmen sehr erfreut hat. Dies hebt die Sache auf ein niveau, dessen sie bisher entbehrt hat. Diese Gründlichkeit und Wucht des Angriffes, dieser unter den Deutschen in Vergessenheit geratene Ton der ernsthaften Polemik macht mich sagen: es ist mir recht, daß es dazu gekommen ist.[65]

In der „Wucht" der Polemik, so hat es Hofmannsthal gespürt und so ist wohl seine Anerkennung zu erklären, vereinigen sich „Kunst" und „Leben".[66]

---

64   Ebd., S. 116.
65   Hofmannsthal an Schröder, 27.11.1910: Borchardt – Heymel – Schröder (wie Anm. 53), S. 166f.
66   Zum komplexen Verhältnis beider Bezugsgrößen vgl. u.a. Gregor Streim: Das „Leben" in der Kunst. Untersuchungen zur Ästhetik des frühen Hofmannsthal. Würzburg: Königshausen & Neumann 1996 (= Epistemata, Bd. 177).

Im Hinblick auf die polemische Konstellation Klassizismus-Antiklassizismus lassen sich aus der Betrachtung des *Hesperus* und seiner Wirkungsgeschichte demnach folgende Konsequenzen ziehen:

1. In der damaligen Auseinandersetzung zwischen Borchardt und seinen Freunden einerseits und dem George-Kreis andererseits geht es nicht direkt um eine Auseinandersetzung zwischen Klassizismus und Antiklassizismus; vielmehr vertreten beide Seiten grundsätzlich nach außen die Werte des Klassizismus und versuchen, sich als die jeweils besseren Klassizisten zu profilieren.
2. Dennoch liegt die Alternative des Antiklassizismus in der Luft. Sie wird im Jean-Paul-Vorwort des *Hesperus* vorsichtig anzitiert und in der polemischen Eruption des *Intermezzo* offen beschworen. Bei genauerer Betrachtung ließen sich wohl auch in der Übersetzungspraxis Borchardts und in Teilen seiner Lyrik antiklassizistische Tendenzen feststellen.[67]
3. Der Wechsel zwischen (primär vertretenen) klassizistischen und (heimlich verfolgten oder im Notfall eingesetzten) antiklassizistischen Optionen lässt sich anhand der beschriebenen Auseinandersetzung bis zu einem gewissen Grad als strategisches Spiel im Dienst der Selbstdarstellung und Konkurrenz-Bekämpfung erklären. Im Hinblick auf die problematische Identität Rudolf Borchardts verweist sie aber auch auf den unausgetragenen und letztlich tragischen Konflikt dieses Schriftstellers zwischen dem Bekenntnis zur Tradition, das der studierte Altphilologe und „schöpferische Restaurator"[68] mit wachsender Leidenschaft vertrat, und seiner objektiven Teilhabe an destruktiv-innovativen Tendenzen der Moderne.

---

67 So sieht Borchardt seine Übersetzung der Homerischen Hymnen als „Versuch vom epischen Hexameter den letzten Rest Thorwaldschen Classizismus mit seiner unleidlichen Klapperglätte und Rudischen Süsslichkeit oder auch den letzten Rest der eigentümlich Goetheschen Stilicität abzustreifen" (an Ludwig Wolde, 23.1.1922: Briefe 1914–1923. Text. bearb. von Gerhard Schuster. München, Wien: Hanser 1995, S. 394). Mit „Rudi" ist Schröder gemeint, dessen *Ilias*-Übersetzung Borchardt demselben Brief zufolge „nur mit Grauen" entgegensah. Das einst im doppeldeutigen Zeichen des Hesperus geschlossene Bündnis ist hier also einer klaren Polarisierung von Klassizismus (Schröder) und Antiklassizismus (Borchardt) gewichen.

68 Vgl. die Münchner Rede *Schöpferische Restauration* (1927): Rudolf Borchardt: Reden. Hg. von Marie-Luise Borchardt, Rudolf Alexander Schröder und Silvio Rizzi. Stuttgart: Klett-Cotta 1955, S. 230–253, sowie den Sammelband: Barbara Beßlich und Dieter Martin (Hg.): ‚Schöpferische Restauration'. Traditionsverhalten in der Literatur der Klassischen Moderne. Würzburg: Ergon 2014 (= Klassische Moderne, Bd. 21).

Avantgarde und retour à l'ordre, néoclassicisme und esprit nouveau

Susanne Winter

Wohl selten hat sich eine Bewegung demonstrativer und vehementer von der Vergangenheit distanziert als die Avantgarde, und man sieht sich geradezu explizit auf den militärischen Ursprung dieser Bezeichnung verwiesen, wenn man in einem der zahlreichen futuristischen Manifeste liest: „I bombardamenti, i treni blindati, le trincee, i duelli d'artiglieria, le cariche, i reticolati elettrizzati, non hanno nulla a che fare colla poesia passatista classicheggiante, tradizionale, archeologica, georgica, nostalgica, erotica (Baudelaire, Mallarmé, Verlaine, Carducci, Pascoli, D'Annunzio). Questa poesia pacifista è sotterrata."[1] Im Gründungsmanifest des Futurismus, das F.T. Marinetti Anfang 1909 in Paris im *Figaro* veröffentlichte, fordert er bekanntlich die Zerstörung der Museen, der Bibliotheken und Akademien und propagiert ein neues Schönheitsideal: „Un automobile da corsa col suo cofano adorno di grossi tubi simili a serpenti dall'alito esplosivo ... un automobile ruggente, che sembra correre sulla mitraglia, è più bello della *Vittoria di Samotracia*."[2] Mit einer großen Geste des Aufbruchs setzt Marinetti dem Futurismus den Passatismus entgegen und stellt provozierend die Frage: „Volete dunque sprecare tutte le forze migliori, in questa eterna ed inutile ammirazione del passato, da cui uscite fatalmente esausti, diminuiti e calpesti?"[3] Für die Sterbenden, die Kranken

---

1 F.T. Marinetti: 1915 – In quest'anno futurista. In: ders.: Teoria e invenzione futurista. Hg. von Luciano De Maria. 4. Aufl. Milano: Mondadori 2010, S. 328-336, hier S. 333f. „Die Bombardierungen, die Panzerzüge, die Schützengräben, die Artillerieduelle, die Attacken, die elektrischen Zäune haben nichts zu tun mit der passatistischen, klassizisierenden, traditionellen, archäologischen, pastoralen, nostalgischen, erotischen Poesie (Baudelaire, Mallarmé, Verlaine, Carducci, Pascoli, D'Annunzio). Diese pazifistische Poesie ist begraben." (Diese wie auch die folgenden Übersetzungen der italienischen und französischen Zitate sind, soweit nicht anders vermerkt, von mir, S.W.)
2 F.T. Marinetti: Fondazione e Manifesto del Futurismo. In: ders.: Teoria e invenzione futurista (wie Anm. 1), S. 7–14, hier S. 10. „Ein Rennwagen, dessen Karosserie große Rohre schmücken, die Schlangen mit explosivem Atem gleichen ... ein aufheulendes Auto, das auf der Kartätsche zu laufen scheint, ist schöner als die Nike von Samothrake." Diese Statue ist in Paris im Louvre ausgestellt und gilt als eine der bedeutendsten Skulpturen der Antike.
3 Ebd., S. 12. „Wollt ihr denn eure besten Kräfte in dieser ewigen und unnützen Bewunderung der Vergangenheit vergeuden, aus der ihr unvermeidlich erschöpft, erniedrigt und geschlagen hervorgeht?"

und die Gefangenen möge die Vergangenheit ja vielleicht noch Balsam für ihre Leiden sein, aber, so fährt er fort, „noi non vogliamo più saperne, del passato, noi, giovani e forti *futuristi!*"⁴

Wenn auch die Vergangenheit oder das Vergangene hier in Bausch und Bogen verworfen wird und das Feindbild des *passatismo* wenig differenziert erscheint, lassen sich doch einige Aspekte anführen, die in den futuristischen Manifesten und Schriften immer wieder auftauchen und das gegnerische Feld markieren. Zum einen stehen Namen wie Baudelaire, Mallarmé, Verlaine, Carducci, Pascoli, D'Annunzio für die symbolistische, die klassizistische und die dekadente Literatur Frankreichs und Italiens, also für die unmittelbare literarische Vergangenheit, zum anderen betrifft die blinde „Verehrung der Vergangenheit" einen größeren Zeitraum und einen weiteren kulturellen Rahmen, wie beispielsweise die Nennung der Nike von Samothrake deutlich macht. Allerdings ist es weniger diese Vergangenheit selbst als vielmehr der Umgang mit ihr, den Marinetti angreift: das ehrfürchtige Konservieren der Kunstwerke und Bücher in Museen und Bibliotheken, die Sakralisierung und die Imitation des längst Vergangenen, all dessen, was als „klassisch" gilt.

Eine solche Ablehnung der Tradition zeichnet nicht nur den Futurismus aus, sondern ebenso – wenn auch in milderer Form – andere künstlerische Tendenzen, Strömungen, Bewegungen und Gruppierungen zu Beginn des 20. Jahrhunderts. Wie der Futurismus strebten Kubismus, Expressionismus, Suprematismus, Konstruktivismus, Dadaismus oder Surrealismus eine grundlegende Erneuerung der Kunst an, die sich weniger als Evolution denn als Revolution verstand und bewusst der Innovation verschrieb. Dass diese Erneuerung – zumindest von den Futuristen – nicht als einmalige gedacht war, sondern als eine sich wiederholende, als ein „ständiges Erzeugen von Anderssein",⁵ geht aus dem futuristischen Gründungsmanifest hervor: „I più anziani fra noi, hanno trent'anni: ci rimane dunque almeno un decennio, per compier l'opera nostra. Quando avremo quarant'anni, altri uomini più giovani e più validi di noi, ci gettino pure nel cestino, come manoscritti inutili – Noi lo desideriamo!"⁶

---

4 Ebd., S. 12. „wir wollen nichts mehr von der Vergangenheit wissen, wir, junge und starke Futuristen!"

5 Niklas Luhmann: Das Moderne der modernen Gesellschaft. In: ders.: Beobachtungen der Moderne. Opladen: Westdeutscher Verlag 1992, S. 11–49, hier S. 15.

6 Marinetti: Fondazione e Manifesto del Futurismo (wie Anm. 2), S. 13. „Die Ältesten von uns sind jetzt dreißig Jahre alt: es bleibt uns also mindestens ein Jahrzehnt, um unser Werk zu vollbringen. Wenn wir vierzig sind, mögen andere, jüngere und tüchtigere Männer uns ruhig wie nutzlose Manuskripte in den Papierkorb werfen. – Wir wünschen es so!"

So geordnet in Dekaden sollte es allerdings nicht zugehen, denn die neuen „-ismen" überschlugen und überkreuzten sich in den ersten Jahrzehnten des 20. Jahrhunderts und hielten den literarischen wie den Kunstmarkt in Atem. Dabei geriet die einfache Dichotomie Futurismus / Passatismus ins Wanken, denn neu entstandene Gruppierungen richteten sich nicht mehr nur gegen die passatistische Vergangenheit, sondern stellten sich auch gegen das eben erst Entstandene, das Aktuelle und Zeitgenössische. Dass der geforderte Aufbruch und Umbruch und die damit verbundene forcierte Modernität zu einer Gegenreaktion führten, die sich insbesondere in Frankreich manifestierte und mit den Begriffen *classicisme* oder *néoclassicisme* verbunden ist, kann angesichts der Vehemenz und Radikalität futuristischer Positionen kaum verwundern.

Was Sabine M. Schneider in ihrer Studie zu „Klassizismus und Romantik" aus germanistischer Sicht für die Zeit um 1800 konstatiert, nämlich eine „komplexe Gemengelage von Traditionsbruch, radikaler Innovation und restaurativen Rückversicherungen",[7] trifft aus romanistischer Sicht auch auf den Anfang des 20. Jahrhunderts in Frankreich, oder präziser in Paris, dem Zentrum einer multinationalen Avantgarde, zu. In weniger als zwei Jahrzehnten überlagern sich Tendenzen, die sich ganz dem Neuen verschreiben und solche, die das Alte integrieren, aber auch solche, die sich dem nur auf die Dichotomie von Innovation und Restauration gerichteten Blick entziehen.[8]

Diese „komplexe Gemengelage", die sich häufig in Form polemischer Konstellationen manifestiert und im Zeitraum zwischen 1910 und 1930 besonders virulent ist, soll im Folgenden näher beleuchtet werden, so dass die Aspekte des Polemischen, der Komplexität und der Instabilität der Konstellationen zutage treten. Dabei stehen zwei Autoren im Zentrum, nämlich Guillaume Apollinaire und Jean Cocteau, die mit den zu Schlagworten avancierten Titeln *L'Esprit nouveau* (Apollinaire) und *Le Rappel à l'ordre* (Cocteau) konträre Tendenzen benennen, die allerdings, wie zu zeigen sein wird, keineswegs völlig gegensätzlich sind.

Guillaume Apollinaire (1880–1918) gilt als einer der herausragenden Repräsentanten der Avantgarde in Frankreich, der nicht nur mit den Gedichtbänden *Alcools* (1913) und *Calligrammes* (1918) sowie dem Theaterstück *Les Mamelles de Tirésias* (1917), sondern auch mit seinen Überlegungen zur

---

7 Sabine M. Schneider: Klassizismus und Romantik – zwei Konfigurationen der einen ästhetischen Moderne. Konzeptuelle Überlegungen und neuere Forschungsperspektiven. In: Jahrbuch der Jean-Paul-Gesellschaft 37 (2002), S. 86–128, hier S. 87.
8 Zu dieser dritten Gruppe zählen z.B. Paul Valéry mit den Gedichtbänden *La jeune Parque* (1917) und *Charmes* (1922) sowie Paul Claudel mit seinen Theaterstücken.

zeitgenössischen Kunst in *Les Peintres cubistes* (1913) und einem Vortrag mit dem Titel *L'Esprit nouveau et les poètes* (1917) hervorgetreten ist.

Jean Cocteau (1889–1963), nur neun Jahre jünger, aber erst 45 Jahre nach Apollinaire gestorben, hat sich in vielen Bereichen betätigt – der Literatur, dem Theater, dem Ballett, dem Film, der Malerei, der Graphik – und zu Beginn des 20. Jahrhunderts intensiv mit den zeitgenössischen künstlerischen Tendenzen auseinandergesetzt, während er in späteren Jahren einen ausgeprägten Personalstil entwickelte. Insbesondere seine zwischen 1916 und 1921 entstandene Lyrik und die Theaterproduktionen sind der Avantgarde zuzurechnen. 1926 veröffentlichte Cocteau *Le Rappel à l'ordre*, einen Band mit Aphorismen, Vorträgen, theoretischen Überlegungen und kritischen Betrachtungen. Der Titel wirkte als Fanal, das das Ende der extremen avantgardistischen Experimentierfreudigkeit und die Besinnung auf ein Konzept zu verkünden schien, das auf die französische Klassik verweist.

1. Der avantgardistische Modernismus

Der futuristische Aufruf zur Zerstörung aller Museen und Bibliotheken und der Befreiung Italiens von seiner „fetida cancrena di professori, d'archeologhi, di ciceroni e d'antiquarii",[9] zur Auslöschung also des kulturellen Gedächtnisses, verbunden mit dem Ideal einer „grande e forte letteratura scientifica, la quale, libera da qualsiasi classicume, da qualsiasi purismo pedantesco, magnifichi le più recenti scoperte, la nuova ebbrezza della velocità e la vita celeste degli aviatori",[10] bezieht sich nicht nur auf inhaltliche Aspekte dieser neuen Literatur, sondern, wie das *Manifesto tecnico della letteratura futurista* von 1912 deutlich macht, auch auf die „alte, von Homer ererbte Syntax" und die lateinische Satzperiode,[11] aus denen es die Wörter zu befreien galt. Der

---

9   Marinetti: Fondazione e Manifesto del Futurismo (wie Anm. 2), S. 11. „die stinkende Gangräne von Professoren, Archäologen, Kunstführern und Antiquaren".
10 F.T. Marinetti: Battaglie di Trieste. In: Marinetti: Teoria e invenzione futurista (wie Anm. 1), S. 245–253, hier S. 249. „[...] eine große und starke wissenschaftliche Literatur, die, frei von jeder Klassizisterei, von jedwedem pedantischen Purismus die neuesten Entdeckungen preist, den neuen Geschwindigkeitsrausch und das himmlische Leben der Flieger." Siehe dazu Ulrich Schulz-Buschhaus: Der Futurismus als „grande e forte letteratura scientifica" – Betrachtungen über die Widersprüche einer Avantgarde. In: Brigitte Winklehner (Hg.): Literatur und Wissenschaft. Begegnungen und Integration. Festschrift für Rudolf Baehr. Tübingen: Stauffenburg 1987, S. 371–382.
11 F.T. Marinetti: Manifesto tecnico della letteratura futurista. In: Marinetti: Teoria e invenzione futurista (wie Anm. 1), S. 46–62, hier S. 46: „In aeroplano, seduto sul cilindro della benzina, scaldato il ventre dalla testa dell'aviatore, io sentii l'inanità ridicola della

Gebrauch des Verbs nur im Infinitiv, die Abschaffung des Adjektivs und des Adverbs, die Abschaffung der Interpunktion oder die Zerstörung des „Ich" in der Literatur und seine Ersetzung durch die Materie sind nur einige der Vorgaben, die Marinetti macht und dabei jeweils polemisch auf die bisherigen Usancen verweist, von denen sich das neue Literaturkonzept demonstrativ abwendet.[12]

Dass diese futuristischen Forderungen sowohl in inhaltlicher als auch in formaler Hinsicht einer breiteren Tendenz zu durchgreifenden Veränderungen entsprachen, wird an Apollinaires erstem Gedichtband *Alcools* deutlich, der 1913, also vier Jahre nach dem futuristischen Gründungsmanifest erschien. Im selben Jahr veröffentlichte Apollinaire zudem ein Manifest mit dem Titel *L'Antitradition futuriste. Manifeste-synthèse*,[13] das ihn zwar nicht zu einem Futuristen macht, aber als deutliche Sympathiekundgebung gewertet werden kann. Wie Marinetti ruft er zur Abwendung von der Vergangenheit auf, „A bas le passéisme",[14] stellt einander antithetisch zum einen „destruction" und „construction", zum anderen „merde à" und „rose à" gegenüber,[15] wobei die unter diesen beiden Rubriken genannten Begriffe und Namen zum Teil beträchtlich von Marinettis Kategorisierungen abweichen und insbesondere unter „rose à" zahlreiche dem Kubismus und nicht dem Futurismus zuzurechnende Künstler firmieren.[16] Offensichtlich ist jedoch, dass Apollinaire sich in Ton und Duktus an den von bewusster Aggressivität und Polemik gekennzeichneten futuristischen Manifesten orientiert.

---

      vecchia sintassi ereditata da Omero. Bisogno furioso di liberare le parole, traendole fuori dalla prigione del periodo latino!"

12   So bezeichnet er etwa den lateinischen Satz als „imbecille" (dt. Schwachkopf, Esel), der zwar einen Kopf, einen Bauch, zwei Beine und zwei Plattfüße habe, aber nie Flügel bekommen könne. Er weise kaum das auf, was zum Gehen notwendig sei, und renne er gar einen Moment, dann bleibe er unvermittelt keuchend stehen. Ebd., S. 46: „Questo [i.e. il periodo latino] ha naturalmente, come ogni imbecille, una testa previdente, un ventre, due gambe e due piedi piatti, ma non avrà mai due ali. Appena il necessario per camminare, per correre un momento e fermarsi quasi subito sbuffando!"

13   Guillaume Apollinaire: L'Antitradition futuriste. Manifeste-Synthèse. In: ders.: Œuvres en prose complètes. Bd. 2. Hg. von Pierre Caizergues und Michel Décaudin. Paris: Gallimard 1991, S. 935–939. Apollinaire stand in persönlichem Kontakt mit Marinetti und veröffentlichte im Rahmen seiner journalistischen Tätigkeit immer wieder Artikel zum Futurismus.

14   Ebd., S. 937. „Nieder mit dem Passatismus".

15   Ebd., S. 938–939. Unter „merde à" (Scheiße für ...) tauchen neben generalisierenden Begriffen wie „Kritiker, Pädagogen, Professoren, Museen [...], Ruinen" etc. auch Namen wie „D'Annunzio, Rostand, Dante, Shakespeare, Tolstoi, Goethe" auf, während z.B. bei Marinetti nicht Dante selbst, sondern die Dantisten angegriffen werden.

16   Siehe dazu die Anmerkungen in Apollinaire: Œuvres en prose complètes 2 (wie Anm. 13), S. 1671–1674.

Auch der Gedichtband *Alcools* und vor allem das erste Gedicht, „Zone", zeugen von einer kritisch distanzierten Nähe zu den futuristischen Vorgaben für eine neue Literatur. Zunächst fällt auf, dass in *Alcools* keines der Gedichte eine Form von Interpunktion aufweist und damit einer der maßgeblichen Forderungen des *Manifesto tecnico della letteratura futurista* genügt. Das in Form und Inhalt zweifellos avantgardistischste Gedicht ist „Zone", entstanden 1912. 155 unregelmäßige freie Verse, die Gruppierung zu ganz unterschiedlich langen Strophen, ein Ich, das nur ein einziges Mal auftaucht, ein Du, das immer wieder evoziert wird, der Eiffelturm, der Flughafen, eine heulende Fabriksirene, Zeitungen und Werbeplakate sind Elemente eines Textes, dem die Modernität eingeschrieben ist, und in dem gleich zu Beginn die Abneigung der alten Welt gegenüber zum Ausdruck kommt. Weniger martialisch und destruktiv als bei Marinetti, doch kaum weniger deutlich wird der Überdruss an dieser Welt artikuliert, die im dritten Vers präzisierend als griechische und römische Antike bezeichnet wird:

A la fin tu es las de ce monde ancien

Bergère ô tour Eiffel le troupeau des ponts bêle ce matin

Tu en as assez de vivre dans l'antiquité grecque et romaine

Ici même les automobiles ont l'air d'être anciennes
La religion seule est restée toute neuve la religion
Est restée simple comme les hangars de Port-Aviation
[...][17]

Das Sakrosankte der Antike wird abgelöst durch das Alltägliche des Hier („ici") und Jetzt („ce matin"), das sich durch eine derartige Beschleunigung der Entwicklung und des technischen Fortschritts auszeichnet, dass selbst die neuen Automobile schon wieder den Eindruck erwecken, alt zu sein. Prospekte, Kataloge, Plakate sind die neue Poesie, und für die Prosa stehen die Zeitungen.[18] In „Zone" werden in provokanter Weise nicht nur neue ästhetische Maßstäbe benannt und Elemente der Modernität wie Automobil, Flugzeug, Telegraphie etc. aufgerufen, auch die damit zusammenhängende Überwindung von Zeit

---

17   Guillaume Apollinaire: Zone. In: ders.: Alcools. Paris: Gallimard 1920, S. 7–14, hier S. 7. „Am Ende bist du der alten Welt müde / Schäferin o Eiffelturm die Herde der Brücken blökt heute morgen / du hast genug davon in der griechischen und römischen Antike zu leben / hier scheinen selbst die Autos alt zu sein / einzig die Religion ist ganz neu geblieben die Religion / ist einfach geblieben wie die Hangars des Flughafens".

18   Ebd., S. 7: „Tu lis les prospectus les catalogues les affiches qui chantent tout haut / voilà la poésie ce matin et pour la prose il y a les journaux".

und Raum manifestiert sich im Gedicht in Form der Simultanität und der Ubiquität. Die Überlagerung verschiedener zeitlicher und räumlicher Ebenen, die sich teils durch die Erinnerung, teils durch die neuen Möglichkeiten einer beschleunigten Fortbewegung ergibt, ist ein wesentliches Element der avantgardistischen Ästhetik, das auch bei Cocteau zu finden ist.

Mit der Veröffentlichung des Bandes Le Cap de Bonne Espérance (1919), der zwischen 1916 und 1919 entstandene Gedichte enthält, schließt sich Cocteau nach einer symbolistisch-romantischen Frühphase bewusst der Avantgarde an. Während Apollinaire die demonstrative Abwendung von der alten Welt in „Zone" explizit thematisiert, scheint dies sechs Jahre später nicht mehr notwendig zu sein, hatte sich die avantgardistische Ästhetik doch inzwischen so weit etabliert, dass sie offensichtlich ohne explizite Feindbilder und Oppositionen auskommen konnte. Die Widmung von Le Cap de Bonne Espérance an Roland Garros, einen der berühmtesten französischen Flieger im Ersten Weltkrieg, den Cocteau auf Probeflügen begleitet hatte, gibt die Thematik des Fliegens vor, wobei weniger die Exaltation moderner Technik im Vordergrund steht als vielmehr die Erfahrung des Fliegens, die eine Vielzahl neuer, ungewohnter Sinneseindrücke ermöglicht, die der Dichter als „bureau central des phénomènes"[19] registriert und vermittelt. Wie Apollinaire in „Zone" wendet sich auch Cocteau ostentativ gegen die traditionelle Ästhetik, indem er einen Grammatiker und Enzyklopädisten, den Drucker der ersten Kursbücher der Eisenbahn in Frankreich, einen Verfasser von Reiseführern und einen Geographen zu seinen literarischen Modellen und die Plakatierer zu seinen Lieblingsmalern erhebt: „Mes poètes furent: Larousse, Chaix, Joanne, Vidal de La Blache. Mes peintres: l'afficheur."[20]

Nicht ganz zufällig dürfte eine Parallele zwischen Le Cap de Bonne Espérance und Marinettis technischem Manifest sein, das einleitend von einem Flug Marinettis berichtet, während dessen der Propeller ihm die nachfolgenden Regeln für die neue futuristische Literatur eingegeben habe. Auch bei Cocteau wirken das Flugzeug oder der Propeller immer wieder als Quellen der Inspiration, allerdings nicht im Hinblick auf Regeln und Vorgaben, sondern als Katalysatoren traumhafter Visionen und onirischer Sprachexperimente, so dass sich Flug- und Kriegserfahrungen mit poetologischen Aspekten verbinden. Mehr noch als Apollinaire in „Zone" experimentiert Cocteau mit der typographischen Gestaltung, nutzt den ganzen Raum der weißen Seite, ordnet die Wörter, Satzfragmente oder Sätze interpunktionslos linksbündig,

---

19   Jean Cocteau: Le Potomak. Prospectus 1916. In: ders.: Œuvres romanesques complètes. Hg. von Serge Linares. Paris: Gallimard 2006, S. 3–20, hier S. 5.
20   Ebd., S. 9.

rechtsbündig oder mittig, setzt sie durch weite Abstände voneinander ab, fügt Ziffern, Piktogramme und onomatopoetische Zeichen ein und betont damit die visuelle Seite der Poesie, die auch in Marinettis futuristischer Dichtung eine bedeutende Rolle spielt.

> [...]
> dans le second hangar
> ailes   verni   on agglutine
> la toile mauve
> jeux   scie   varlope ripolin
> voles   pirogues
> les numéros au pochoir
>   vous n'avez qu'à suivre à droite
>
> dans le troisième hangar
> on ajuste les pièces
> pour le carnaval debout sur les chars automobiles
> où cahotent repliés
> les papillons de la féerie
>
> FIAT   banlieue aux arbres grêles
>
> frrrrr   allez oiseaux
>
> et il y eut un soir
> et il y eut un matin
> et ce fut le cinquième jour du monde
>
> le dernier hangar
>   4 il
> s'ouvre   à pic
> au bord des eaux légères
> [...][21]

---

21   Jean Cocteau: Les hangars (Le Cap de Bonne-Espérance). In: ders.: Œuvres poétiques complètes. Hg. von Michel Décaudin. Paris: Gallimard, 1999, S. 3–83, hier S. 58. „im zweiten Hangar / Flügel lackiert man klebt fest / der malvenfarbige Stoff / Spiele Säge Hobel Ripolin / Glückssträhnen Kanus / die Nummern auf der Schablone / sie müssen nur nach rechts weitergehen // im dritten Hangar / fügt man die Teile zusammen / für den Karneval auf den Wagen / wo zusammengefaltet hin und her rumpeln / die Zauberbild-Schmetterlinge // FIAT Vorort mit verhagelten Bäumen // los ihr Vögel // und es gab eines Abends / und es gab eines Morgens / und es war der fünfte Tag der Welt // der letzte Hangar / 4 er / öffnet sich steil / am Ufer der leichten Wasser"

Die Zerschlagung der Syntax, die Auflösung tradierter Formen, Fragmentarisierung und Vertikalisierung spiegeln die neuartigen Wahrnehmungsmöglichkeiten, die der technische Fortschritt ermöglicht. Eine permanente Verschiebung der Perspektive und folglich die Auflösung fester Bezugspunkte durch die Geschwindigkeit der Fortbewegung im Auto, in der Eisenbahn, im Flugzeug ergibt eine Aneinanderreihung von Wörtern, Gedanken- und Bilderfetzen, wodurch den seitenlangen Gedichten ein weitgehend deskriptiver und assoziativer Charakter eignet.[22] Der rasche Perspektivenwechsel schlägt sich nicht nur in typographischer Hinsicht nieder, vielmehr manifestiert sich die Heterogenität und die schiere Quantität des sinnlich Wahrgenommenen auch in Tempuswechseln („on agglutine"/„il y eut"), eingefügten Lied- oder Briefzitaten, Marken- und Eigennamen („ripolin", „FIAT") oder asyndetischen Wortreihen („jeux scie varlope ripolin").

Dass Apollinaire und Cocteau mit diesen Texten Tradition und Vergangenheit hinter sich lassen und sich bewusst der Avantgarde verschreiben, ist bereits aus der Form der Gedichte ersichtlich. Der Eiffelturm, Autos und Flugzeuge, Werkhallen und Industriestraßen signalisieren den technischen Fortschritt und die Dynamik der modernen Welt, der Fragmentarismus und der fortwährende Perspektivenwechsel ihre Diskontinuität.

Ebenso deutlich zeigt sich der Wille, das Alte hinter sich zu lassen und Neues zu schaffen im Bereich des Theaters. Insbesondere mit Cocteaus *Parade* (1917) und *Les Mariés de la Tour Eiffel* (1921) sowie mit Apollinaires *Les Mamelles de Tiresias* (1917) manifestiert sich der *esprit nouveau* auch auf der Bühne.

Das „ballet réaliste" *Parade*, das als exemplarische Manifestation einer neuen, modernen Kunst verstanden werden wollte und auch wurde, rief bei seiner Uraufführung durch die Ballets russes unter Sergej Diaghilew im Théâtre du Châtelet im Mai 1917 einen Skandal hervor, vergleichbar dem, der vier Jahre zuvor bei der Premiere von Strawinskys *Sacre du printemps* ausgebrochen war.[23] An *Parade* waren vier maßgebliche Künstler der Zeit beteiligt: Picasso zeichnete für das Bühnenbild und die Kostüme verantwortlich, Satie für die Musik, Massine für die Choreographie und Cocteau für das Libretto und die Bewegungsabläufe. Mit *Parade* war eine Art Gesamtkunstwerk entstanden, das Guillaume Apollinaire in seiner Einführung im Programmheft als

---

22 Siehe dazu ausführlicher Susanne Winter: Jean Cocteaus frühe Lyrik. Poetische Praxis und poetologische Reflexion. Berlin: Erich Schmidt 1994, S. 39–45, Kapitel 2.2. „Le Cap de Bonne-Espérance, ein avantgardistisches Buch der Bilder".

23 Siehe Gabriel Astruc: Meine Skandale. Strauss, Debussy, Strawinsky. Aus dem Französischen von Joachim Kalka. Berlin: Berenberg 2015, insbesondere das Kapitel „Die denkwürdige Schlacht um den *Sacre du Printemps*", S. 83–99.

sichtbares Zeugnis des „esprit nouveau"[24] charakterisierte. Das Libretto ist von lakonischer Kürze: vor einem Jahrmarkttheater versuchen drei Künstler, ein chinesischer Gaukler, ein kleines amerikanisches Mädchen und ein Akrobat, durch kurze Darbietungen für die „eigentliche" Aufführung, die im Theater stattfindet, zu werben, während drei Manager sich vergeblich bemühen, die Zuschauer, die sich an den Werbeeinlagen erfreuen, ins Innere zu locken.

Modern ist an diesem Ballett alles, von der Bezeichnung „ballet réaliste" über die Thematik, die Musik, die Kostüme bis zu den Bewegungsabläufen. Der Jahrmarkt als Ort, der volkstümliche Vergnügungen bietet, die Werbung für eine Show, die niemand sehen will, ein Gaukler, ein Akrobat und ein kleines amerikanisches Mädchen, die für das Show-Business in Music-Hall, Zirkus und amerikanischem Kino stehen, sowie drei sich proletarisch gebärdende Manager, die die Zuschauer ins Theater drängen, sind Komponenten, die allen Erwartungen an ein traditionelles Ballett zuwiderlaufen. Die Handlung, die nicht eigentlich als solche gelten kann, besteht aus einer Aneinanderreihung einzelner Auftritte oder Szenen, die Figuren sind entpersonalisiert und dienen nur noch der Werbung. Auch die Musik Saties ist bewusst avantgardistisch angelegt. In einer ersten Fassung sollte sie als bruitistischer Hintergrund für Sirenengeheul, Geklapper von Schreibmaschinen, Geräuschen von Flugzeugen, Dynamos und anderen Maschinen dienen, doch aus Zeitmangel blieben nur die Geräusche eines Lotterierades, einer Sirene, einer Schreibmaschine und Revolverschüsse übrig, die Satie in seine Partitur integrierte. Diese zeichnet sich insgesamt durch die Tendenz zur Einfachheit aus, ist geprägt von Collagen- und Zitattechnik und bricht mit ihrer Nähe zur Popularmusik endgültig mit dem musikalischen Impressionismus. Die akustischen Überraschungen haben ein Pendant im Bühnenbild und in den Kostümen Picassos: Die Manager sind in kubistisch anmutende Kartonagen und Pappmachéformen gehüllt, die in architektonischer Manier aufgetürmt sind. Durch die Steifheit des Materials schränken sie die Bewegungsfreiheit der Tänzer wesentlich ein, lassen sie doch nur noch den Beinen einen kleinen tänzerischen Spielraum. Diese dreidimensionale Kostümierung korrespondiert mit dem Bühnenbild, das ebenfalls durch strenge geometrische Formen bestimmt ist. Die Manager als „homme-décor",[25] wie Cocteau sie bezeichnet, bilden einen augenfälligen Kontrast zu den drei anderen Figuren, dem Gaukler, dem Akrobaten und dem Mädchen, deren Kostüme realitätsnah sind und daher auch natürliche Bewegungen

---

24   Guillaume Apollinaire: *Parade* et l'esprit nouveau. In: André Fermigier: Jean Cocteau entre Picasso et Radiguet. Paris: Hermann, 1967, S. 69–71.

25   Jean Cocteau: Le Coq et l'Arlequin. In: ders.: Œuvres complètes, Bd. IX. Genève: Marguerat 1950, S. 13–69, hier S. 52.

zulassen. Analog zur kontrastierenden Ästhetik der Kostüme repräsentieren auch das kubistisch inspirierte Bühnenbild und der gegenständlich-narrativ gestaltete Bühnenvorhang gegensätzliche künstlerische Konzeptionen.

Die Abwendung von einer kulturellen Tradition, die die Kunst als eine „hehre" verstand und alles Alltägliche in diesem Kontext verachtete, könnte kaum provokanter demonstriert werden. Nicht nur die Nobilitierung der Unterhaltungskunst, der Music-Hall, des Variété,[26] des Zirkus, wie auch der Unterhaltungsmusik, des Jazz und banaler Geräusche auf der großen Bühne des Châtelet, sondern auch das Nebeneinander unterschiedlicher ästhetischer Sprachen trugen zur Irritation des Publikums bei und forderten seinen Protest heraus. Nur etwa 15 Minuten dauerte die Aufführung, doch die Wirkung war nachhaltig.

Einen Monat nach *Parade* wurde Apollinaires Theaterstück *Les Mamelles de Tirésias* aufgeführt, das die Theaterkonventionen zwar weniger radikal in Frage stellte, sich aber durch seinen Inhalt ebenfalls als unkonventionell erwies. Eine Handlung im herkömmlichen Sinn gibt es auch in *Les Mamelles de Tirésias* nicht und der Ort der Handlung ist unsicher. Im Stück selbst entsteht ein Dissens zwischen Lacouf und Presto, ob man sich in Sansibar oder in Paris befinde, was zu einer tätlichen Auseinandersetzung führt, bei der beide erschossen werden, aber mehrfach wieder auferstehen. Der Titel des Stücks bezieht sich auf eine doppelte Geschlechtsmetamorphose, durch die die emanzipierte, ehemüde Thérèse zu einem Mann wird und ihr Ehemann zu einer Frau, die innerhalb eines Tages die stattliche Zahl von 40 049 Kindern zur Welt bringt. Mit der Auflösung der gewohnten räumlichen und zeitlichen Einheiten, der Identität der Figuren und einer stringenten Handlungsführung sowie einer bewussten Missachtung der Naturgesetze unterstreicht auch dieses Stück seinen provokatorischen Charakter, mit dem es sich in die Avantgarde einreiht.

Cocteaus 1921 uraufgeführtes „satirisches Ballett in einem Akt", *Les Mariés de la Tour Eiffel*, führt die Ästhetik von *Parade* konsequent weiter, wobei zur Musik, dem Tanz und der Pantomime ein neues Element hinzukommt: der Text. Es sind jedoch nicht die Personen, die ihren jeweiligen Text sprechen, vielmehr wird dieser von zwei Schauspielern, die als Phonographen auftreten, rezitiert. Die Artifizialität der Trennung von Stimme und Figur wird

---

26 Auch Marinetti wies im 1913 veröffentlichten Manifest *Il teatro di varietà* auf die Vorzüge dieser Kunst und ihren Vorbildcharakter für ein neues futuristisches Theater hin. Zum ambivalenten Verhältnis von Cocteaus *Parade* zum Futurismus siehe Susanne Winter: La *Parade* de Cocteau ou l'imaginaire théâtral futuriste mis en pièces. In: Jean Cocteau et le théâtre. Hg. von Pierre Caizergues. Montpellier: Centre d'Etude du XXe siècle 2000, S. 177–199.

durch andere Mittel verstärkt: Zum einen sind die Repliken, die mechanisch hervorgebracht werden, sehr kurz, oft formelhaft oder sprichwortartig, zum zweiten tragen die Phonographen nicht nur den Haupttext vor, sondern auch Kommentare und Didaskalien, und drittens sprechen die Phonographen sehr laut, sehr schnell und mit deutlicher Betonung jeder Silbe.[27] Auf diese Weise entsteht ein Verfremdungseffekt, der anti-naturalistisch und anti-realistisch ausgerichtet ist und Cocteaus Intention unterstreicht, die Wirklichkeit nicht abzubilden, sondern sie aufzubrechen und Neues sichtbar zu machen. Eine zusätzliche Distanzierung von der Wirklichkeit bewirken die Masken, die die Figuren tragen und die zu einer gewissen Abstraktion und Mechanisierung beitragen. Während die Personen derart entpersönlicht erscheinen, werden Objekte und Tiere auf der Bühne durch Schauspieler dargestellt. Ein Löwe, ein Vogel Strauß und fünf Telegramme stehen auf der Besetzungsliste unter der Rubrik „personnages". Mit dieser Entmenschlichung der Personen und der Anthropomorphisierung von Dingen und Tieren werden traditionelle Kategorien auf den Kopf gestellt, die im Theater des 19. Jahrhunderts vorherrschende Psychologisierung unterbunden und die Distanz der theatralen Welt von der realen unterstrichen.

Die Situation, die im Stück dargestellt wird, ist sicher eine der konventionellsten: eine Pariser Hochzeit mit den dazu gehörenden typischen Personen: der Braut, dem Bräutigam, der Schwiegermutter, dem Schwiegervater, dem Photographen. Die Hochzeit findet an einem emblematischen Ort statt, nämlich auf der ersten Plattform des Eiffelturms an einem nicht weniger originellen Datum, dem 14. Juli, dem französischen Nationalfeiertag. Dem Modernismus folgend, spielt die Technik in Form des Eiffelturms, eines Photoapparates, eines Fahrrads und mehrerer Telegramme eine wichtige Rolle.

Die Musik zu diesem „ballet satirique en un acte" schrieben fünf Komponisten des Groupe des Six, mit denen Cocteau in enger Verbindung stand. Georges Auric, Darius Milhaud, Germaine Tailleferre, Francis Poulenc und Arthur Honegger komponierten musikalische Nummern mit Titeln wie ‚Hochzeitsmarsch', ‚Telegrammwalzer', ‚die Badenixe von Trouville', ‚die Ansprache des Generals' oder ‚Trauermarsch', die von leichter Musik geprägt und voller Clichés und Reminiszenzen an bekannte Stücke sind.

In *Les Mariés* ist der Protagonist kein menschliches Wesen, sondern ein Objekt, ein Fotoapparat von menschlicher Größe. Dieser Fotoapparat, eigentlich

---

27 So von Cocteau in der Didaskalie zu Beginn des Stücks vorgegeben. Jean Cocteau: Les Mariées de la Tour Eiffel. In: ders.: Théâtre complet. Hg. von Michel Décaudin u.a. Paris, Gallimard 2003, S. 31–54, hier S. 43.

dazu bestimmt, das traditionelle Hochzeitsfoto zu produzieren, funktioniert nicht erwartungsgemäß: Anstatt des kleinen Vögelchens, das der Fotograph ankündigt („Achtung, gleich kommt das Vögelchen"), entsteigen dem Fotoapparat zunächst ein Vogel Strauß, dann eine Badenixe aus Trouville,[28] dann ein großes Kind und schließlich ein Löwe, die sich alle weigern, wieder in den Fotoapparat zurückzukehren. So erhält eine scheinbar harmlose Äußerung, eine automatisch gebrauchte Redewendung ihr ganzes semantisches Potential zurück und wird zum Anlass einer Reihe merkwürdiger Vorkommnisse bei der Hochzeit auf dem Eiffelturm.

Im Zentrum des Stücks steht der Begriff des *cliché*, der in zweierlei Hinsicht bedeutsam ist, zum einen als „Negativ" im Zusammenhang mit dem Fotoapparat, zum anderen im Sinne von Klischee als eingefahrener, überkommener Vorstellung oder abgedroschener Redewendung. Auf spielerische Art werden in *Les Mariés de la Tour Eiffel* traditionelle, gewohnte Sprechweisen und Sichtweisen aufgebrochen, so dass durch die Spalte und Ritzen eine andere, überraschende Dimension der Wirklichkeit erkennbar wird, die im Übrigen auch hier durch Ubiquität und Simultanität geprägt ist. Bereits im Programmheft zu *Parade* bezeichnet Apollinaire diese Dimension als eine Art Sur-realismus, „une sorte de sur-réalisme",[29] während Cocteau von einem „réalisme supérieur"[30] (einem höheren Realismus) spricht. Und so finden die Hochzeit und die merkwürdigen Begebenheiten nicht zufällig auf der ersten Plattform des Eiffelturms statt, denn sie stellt in der Tat eine höhere Ebene der Wirklichkeit dar und versinnbildlicht damit die Distanz zur Normalität, aus der sich der neue Blick ergibt.

Bemerkenswert ist bei *Parade* wie bei *Les Mariés de la Tour Eiffel* zum einen der theatralisch-ludische Charakter, mit dem die neue Ästhetik präsentiert wird und der so ganz im Gegensatz zum martialischen der futuristischen Manifeste steht,[31] zum anderen die Möglichkeit, beide Stücke nicht nur im Sinne einer Innovationsästhetik zu lesen, die sich gegen die Tradition stellt, sondern auch als eine Auseinandersetzung mit der Avantgarde selbst. An anderer Stelle habe ich *Parade* als eine Adaption und zugleich Dekonstruktion futuristischer Konzepte beschrieben;[32] für *Les Mariés de la Tour Eiffel* gibt

---

28 Trouville ist ein bekannter Badeort in der Normandie.
29 Apollinaire: *Parade* et l'esprit nouveau (wie Anm. 24), S. 70.
30 Cocteau: Le Coq et l'Arlequin (wie Anm. 25), S. 37.
31 Cocteau selbst bezeichnet *Les Mariés de la Tour Eiffel* retrospektiv als „jeu". Siehe das folgende Zitat im Text.
32 Siehe Anm. 26.

Cocteau selbst eine analoge Lesart vor. Im Rückblick äußert er sich über den Skandal, den das „Ballet satirique" hervorgerufen hat, folgendermaßen:

> C'était la première farce sur 1900. [...] On y moque tout ce qui semble respectable. [...]
>   On croyait que j'attaquais tout, et c'était un jeu. Nous étions très jeunes, nous nous amusions évidemment avec nos moelles. Mais enfin ça n'était pas une œuvre d'attaque et c'est devenu une œuvre d'attaque par la faute du public et aussi par la faute de nos camarades, de beaucoup de nos camarades qui prenaient ce ballet bouffe pour une attaque contre les machines.
>   Or à l'époque, on avait une vénération de nègres pour les machines, New York et les gratte-ciel.[33]

Was Cocteau als Farce und spielerische Infragestellung eines übertriebenen und inzwischen bereits überlebten Modernismus verstanden wissen wollte, wurde vom Publikum als Angriff auf seine neu gewonnene Fortschrittsgläubigkeit missverstanden. Damit scheint das Publikum an einen Punkt gelangt zu sein, der im künstlerischen Bereich bereits wieder in Frage gestellt wurde: Die polemische Ablehnung der Tradition und der forcierte Modernismus begannen ihre Überzeugungskraft zu verlieren. Tatsächlich zeichnete sich in den zwanziger Jahren ein zunehmendes Abrücken von „extrem" modernistischen Positionen ab, das in Frankreich in den schon zitierten „rappel à l'ordre" mündete. Dass die desaströse Erfahrung des Ersten Weltkrieges dabei eine Rolle spielte, ist unbestreitbar, hatten die Künste doch, wie Winfried Wehle konstatiert, „ihre avantgardistische Aktualisierung mit einer Analogie zur Modernisierung der Welt begründet, [so dass] deren menschliches und gesellschaftliches Versagen eine Krise auch der Avantgarde nach sich ziehen"[34] musste.

---

33   Jean Cocteau; André Fraigneau: Entretiens. Hg. von Jean-Paul Bertrand. Monaco: Editions du Rocher 1988, S. 32–33. „Das war die erste Farce über 1900. [...] Da macht man sich über alles lustig, was verehrungswürdig erscheint. [...] Man hat geglaubt, ich würde alles angreifen, aber das war ein Spiel. Wir waren sehr jung, wir haben uns natürlich gut amüsiert. Letztlich war das kein Angriffswerk, aber es ist zu einem geworden durch das Publikum und auch durch unsere Kameraden, viele Kameraden, die dieses witzige Ballett für eine Attacke gegen die Maschinen hielten. Zu dieser Zeit hatte man nämlich eine unglaubliche Verehrung für die Maschinen, New York und die Hochhäuser."

34   Winfried Wehle: Avantgarde: ein historisch-systematisches Paradigma „moderner" Literatur und Kunst. In: Rainer Warning, Winfried Wehle (Hg.): Lyrik und Malerei der Avantgarde. München: Fink 1982, S. 9–40, hier S. 28.

2. Die Ordnung der Avantgarde

Immer wieder, auch in Nachschlagewerken, wird Cocteaus Buchtitel *Le Rappel à l'ordre*[35] im Sinne eines Aufrufs zur Ordnung als Beleg für klassizistische oder neoklassizistische[36] Tendenzen in den zwanziger Jahren herangezogen. Es genügt jedoch ein Blick in das Inhaltsverzeichnis des Buches, um festzustellen, dass Cocteau 1926 unter diesem Titel fünf bereits zwischen 1918 und 1923 erschienene Texte und nur zwei unveröffentlichte versammelte,[37] so dass der Band insgesamt eher als Spiegel der „komplexen Gemengelage" der Zeit gesehen denn als eindeutiges Plädoyer für einen Klassizismus traditioneller Art in Anspruch genommen werden kann. *Le Rappel à l'ordre* macht sowohl deutlich, wie unterschiedlich die Vorstellungen von einer avantgardistischen Kunst sein können als auch wie rasch sich diese Vorstellungen ändern können.

An erster Stelle in *Le Rappel à l'ordre* steht *Le Coq et l'Arlequin*, eine 1918 als bibliophil gestaltetes Buch veröffentlichte Streitschrift für eine moderne Kunst, die in der Edition von 1926 nur leicht überarbeitet erscheint. Der Untertitel „Notes autour de la musique" weist zum einen auf den aphoristischen Charakter der Darstellung hin, zum anderen benennt er den inhaltlichen Schwerpunkt, nämlich die Musik, neben der aber auch die Malerei und die Literatur zur Sprache kommen. Cocteau formuliert hier – oft polemisch zugespitzt – Beobachtungen, Überlegungen, Stellungnahmen, die sowohl seine eigenen poetologischen Positionen als auch in allgemeinerer Weise eine neue französische Kunst betreffen, für die im Bereich der Musik vor allem Eric Satie und die Komponisten des Groupe des Six stehen.[38] Kennzeichnend für diese Musik ist die Abwendung von Wagner, Debussy und dem Strawinsky des *Sacre du printemps*, von einer in Cocteaus Augen elitären, gefühlsbetonten, schwülstigen Musik und eine Hinwendung zur „leichten" Muse, zu Music-Hall,

---

35   Jean Cocteau: Le Rappel à l'Ordre. Paris: Stock 1926. Zur Nennung des Titels siehe z.B. Wilhelm Voßkamp: „Klassisch/Klassik/Klassizismus". In: Ästhetische Grundbegriffe. Historisches Wörterbuch in sieben Bänden. Bd. 3. Stuttgart, Weimar: Metzler 2001, S. 289–305, hier S. 298.

36   Zu dieser terminologischen Unsicherheit siehe unten, Anm. 48.

37   *Le Rappel à l'ordre* enthält folgende Texte: *Le Coq et l'Arlequin* (1918), *Carte Blanche* (1920), *Visites à Maurice Barrès* (1921), *Le Secret Professionnel* (1922), *D'un ordre considéré comme une anarchie* (1923; unveröffentlicht), *Autour de Thomas l'Imposteur* (1923; unveröffentlicht), *Picasso* (1923).

38   Die Komponisten des Groupe des Six, Georges Auric, Louis Durey, Arthur Honegger, Darius Milhaud, Francis Poulenc, Germaine Tailleferre, standen in engem Kontakt mit Cocteau und verstanden sich als Vertreter einer neuen französischen Musik, wie sie sich z.B. in den Kompositionen für *Les Mariées de la Tour Eiffel* oder in Vertonungen von Cocteau-Gedichten manifestierte.

Café-Concert, amerikanischen Jazzorchestern und dem Zirkus, von denen Cocteau sich neue Anstöße und frische Impulse für die akademisierte Kunst erhoffte. Sein Plädoyer für eine neue, unmittelbare, zupackende, klare, alltagsbezogene Kunst richtet sich sowohl gegen einen erstarrten Akademismus als auch gegen das sinnlich Verfeinerte, Zerfließende des Impressionismus und das Wilde, Impulsive, Rauschhafte eines Wagner oder Strawinsky. Im Gegensatz zu Marinetti, der eine rauschhafte Erfahrung und Darstellung der modernen Welt propagiert – Geschwindigkeitsrausch, Höhenrausch, Technikrausch –, lehnt Cocteau dies schon in der Fassung von 1918 ab und zeigt sich einem demonstrativen Modernismus gegenüber skeptisch:

> Je ne suis pas de ceux qui adorent les machines. Le mot „moderne" me semble toujours naïf. [...] Être étonné, enthousiasmé par une machine est d'un lyrisme aussi fade que d'être en proie aux dieux. [...] Mais ne pas comprendre la beauté d'une machine est une faiblesse. La faute consiste à dépeindre les machines au lieu d'y prendre une leçon de rythme, de dépouillement.[39]

Der Begriff „dépouillement", der, schwer übersetzbar, etwa Entschlackung, Entblößung, Schmucklosigkeit meint, ist für Cocteaus Ästhetik entscheidend. Im Bereich der Musik verkörpert Satie das Ideal, „simple, net, lumineux", einfach, klar und durchsichtig leuchtend zu schreiben und eine Musik zu komponieren, auf der man geht, in der man wohnt wie in einem Haus, kurz: eine Musik für jeden Tag.[40] Gegen die Üppigkeit Wagnerscher Musik und das Raffinement Debussys ergreift Cocteau Partei für Einfachheit und Klarheit, und warnt zugleich davor, diese Einfachheit als Unvermögen misszuverstehen:

> Le mot SIMPLICITÉ qui se rencontre souvent au cours de ces notes mérite qu'on le détermine un peu. Il ne faut pas prendre *simplicité* pour le synonyme de *pauvreté*, ni pour un recul. La simplicité progresse au même titre que le raffinement et la simplicité de nos musiciens modernes n'est plus celle des clavecinistes.

---

39   Jean Cocteau: Carte blanche. In: ders.: Œuvres complètes (wie Anm. 25), S. 70–131, hier S. 124f.
     „Ich gehöre nicht zu denjenigen, die die Maschinen verehren. Das Wort „modern" erscheint mir immer naiv. [...] Von einer Maschine überrascht, fasziniert zu sein, ist ein ebenso fader Lyrismus wie sich von den Göttern gefangennehmen zu lassen. [...] Aber die Schönheit einer Maschine nicht zu verstehen, ist eine Schwäche. Der Fehler besteht darin, die Maschinen abzumalen, anstatt sich von ihnen eine Lektion in Rhythmus und Schmucklosigkeit erteilen zu lassen."
40   Cocteau: Le Coq et l'Arlequin (wie Anm. 25), S. 26. „Ni la musique dans quoi on nage, ni la musique sur qui on danse: de la musique sur laquelle on marche"; „il nous faut une musique sur la terre, une musique de tous les jours"; „je veux qu'on me bâtisse une musique où j'habite comme dans une maison".

> La simplicité qui arrive en réaction d'un raffinement relève d'un raffinement; elle dégage, elle condense la richesse acquise.[41]

Auch stellt die neue Einfachheit für Cocteau keinen Rückschritt dar, sie ist nicht gleichzusetzen mit der eines François Couperin im 17. Jahrhundert, dem französischen „siècle classique", sondern sie resultiert aus dem Raffinement, überwindet dieses und ist damit vorwärts gerichtet. Mit dieser Argumentation bewahrt Cocteau Saties Musik vor dem Vorwurf der Epigonalität, denn auch die Begriffe „architecture" und vor allem „ligne", die Cocteau in einen engen Zusammenhang mit „simplicité" stellt, weisen in Richtung Klassizismus. Diese „Linie" verbindet die Musik Saties mit Ingres, der als Klassizist gilt, und dessen Malerei sich ebenfalls durch eine klare Linienführung auszeichnet.[42] „Satie parle d'Ingres", konstatiert Cocteau, bezeichnet Ingres als „révolutionnaire par excellence" und stellt ihm Delacroix gegenüber: „Delacroix, le rapin type. Ingres, la main, Delacroix, la patte".[43]

Damit nimmt Cocteau für den von ihm so bezeichneten „classicisme de Satie"[44] einen revolutionären Impetus in Anspruch, der seit dem Erscheinen des futuristischen Manifests 1909 mit einer ganz anderen Art von Innovation verbunden war. Wie Marinetti wendet sich Cocteau gegen das Überfeinerte des Symbolismus und das Schwelgerische der Romantik, doch strebt er dessen Überwindung nicht durch einen rauschhaft-aggressiven Dynamismus und ostentativen Modernismus an, sondern durch eine Besinnung auf Ordnung, Klarheit und Durchsichtigkeit. Dabei kehrt er in polemischer Weise die traditionellen Kategorien um und deklariert das als revolutionär, was sich bewusst sowohl vom unmittelbar Vorausgehenden als auch dem Zeitgenössischen absetzt. Allerdings dienen analog zu Marinettis futuristischem

---

41   Ebd., S. 17. „Das Wort Einfachheit, das sich im Laufe dieser Notizen häufig findet, muss etwas näher bestimmt werden. Man darf Einfachheit nicht als Synonym für Armut nehmen, noch als Rückzug. Die Einfachheit schreitet ebenso voran wie das Raffinement, und die Einfachheit unserer modernen Musiker ist nicht mehr die der Cembalisten. Die Einfachheit, die aus einer Reaktion gegen ein Raffinement kommt, hängt von diesem Raffinement ab; sie nimmt den erreichten Reichtum zurück und kondensiert ihn."

42   Vgl. Sabine Schneider, die im Kontext von Klassizismus und Romantik die „klassizistische Linie" als „Modernefaktor" bezeichnet und die Doppelfunktion der Umrisslinie „zwischen Gegenstandsbezeichnung und Abstraktion" unterstreicht. (Schneider: Klassizismus und Romantik (wie Anm. 7), S. 120.)

43   Ebd., S. 24. „Satie spricht von Ingres." und S. 33 für die folgenden Zitate. „Delacroix, der typische Schmierer. Ingres, die Hand, Delacroix, die Pranke."

44   Ebd., S. 33. Um 1917 kehrte auch Picasso – zunächst nur bei den Zeichnungen – zu einem „figurativ-klassizistischen" Stil zurück, der unzweifelhaft auf eine Beschäftigung mit dem Zeichner Ingres hindeutet; vgl. Picasso. Pastelle, Zeichnungen, Aquarelle. Ausstellungskatalog, hg. von Werner Spies. Stuttgart: Hatje 1986, S. 31–32.

Manifest auch in *Le Coq et l'Arlequin* „Feindbilder" und antithetische Konstellationen der Profilierung des Neuen, so dass sich die polemischen Konstellationen unter neuen Vorzeichen fortsetzen. Bei Cocteau stehen sich nicht mehr Futurismus und Passatismus, die Zukunft und die Vergangenheit generell gegenüber, doch sind Dichotomien und Gegensatzpaare wie Ingres / Delacroix, Linie und Schmiererei, die Musik, zu der man geht und nicht tanzt, Beschränkung und Überfluss insbesondere für die aphoristische Form, in der die neue Ästhetik präsentiert wird, unverzichtbar.

Saties Klassizismus lässt sich nach Cocteau nicht auf die klassischen ästhetischen Kategorien Einfachheit, Klarheit, Leichtigkeit und geordnete Struktur reduzieren, und er ist auch keine Imitation eines vorgängigen Stils, sondern eine fast zwangsläufige Entwicklung aus dem Vorhergehenden, das in seinem Überfluss und Überschwang geradezu nach Reduktion und Verzicht schreit. Dieses „dépouillement" ist untrennbar verbunden mit einer Hinwendung zum Alltäglichen, zu Alltags- und Gebrauchsmusik, zu Geräuschen und einer Art Collagetechnik, die heterogene Elemente nebeneinanderstellt und damit eine Alltagserfahrung der modernen Welt widerspiegelt.

In diesem Zusammenhang ist Cocteaus Einschätzung der Musik Strawinskys von besonderem Interesse. Sieht er die Aufführung des *Sacre du printemps* 1913 zunächst als überwältigende Manifestation der Avantgarde in Musik und Tanz, distanziert er sich 1918 in *Le Coq et l'Arlequin* von Strawinsky und reiht dasselbe Werk unter diejenigen Wagners und Debussys: „Wagner, Stravinsky et même Debussy, sont de belles pieuvres. Qui s'approche d'eux a du mal pour se dépêtrer de leurs tentacules".[45] Er bezeichnet es als „musique d'entrailles" und „œuvre fauve organisée",[46] vor dem man sich hüten müsse. Für *Le Rappel à l'ordre* nahm Cocteau nur geringfügige Veränderungen an den Aphorismen von 1918 vor, fügte aber einen auf 1924 datierten Anhang hinzu, der unter anderem einen Text mit dem Titel „Strawinsky dernière heure" („Strawinsky aktuell") enthält. Darin rehabilitiert Cocteau Strawinsky aufgrund seiner neuesten Kompositionen, der Oper *Mavra* (1922) und dem *Oktett* für Bläser (1923), und lobt die Ausgeglichenheit und Strenge der Werke, die Strawinskys neu gewonnene „méthodes d'ordre" demonstrierten.[47] Die für Saties *Parade* hervorgehobene Verbindung von Einfachheit und Modernismus ist 1924 im Hinblick auf Strawinsky aufgehoben zugunsten einer Priorität von „simplicité",

---

45   Ebd., S. 25. „Wagner, Strawinsky und selbst Debussy sind wahre Polypen. Wer sich ihnen nähert, wird es schwer haben, ihren Fangarmen wieder zu entkommen."
46   Ebd., S. 39 und 44. „Eingeweidemusik", hier im Sinn von nervenaufwühlender Musik; „organisiertes wildes Werk".
47   Ebd., S. 57. Auch in diesem Zusammenhang fällt wieder der Begriff „dépouiller".

die sich – z.B. in *Pulcinella* (1920) oder im *Oktett* – ausdrücklich an barocker Musik orientiert. Während Cocteau im Zusammenhang mit Strawinsky den Begriff des „classicisme" nicht gebraucht, wird diese kompositorische Phase Strawinskys in der Musikgeschichtsschreibung meist als neoklassizistisch oder neoklassisch bezeichnet.[48]

Cocteaus Betonung der Einfachheit ohne Erwähnung einer modernistischen Komponente im Anhang von 1924 geht einher mit dem immer häufigeren Hinweis auf „clarté" und „ordre" – beides Schlüsselbegriffe der französischen Klassik – in anderen Texten. Ihm ist es aber nicht um eine Wiederbelebung oder Nachahmung einer Klassik – sei es die antike, sei es die französische – zu tun. „N'embrasser ni colonne d'Athènes ni cheminée d'usine à New-York",[49] lautet eine seiner Maximen, die sowohl einer epigonalen Nachahmung als auch einer Exaltation der Moderne eine Absage erteilt. Einfachheit, Klarheit und Prägnanz als neue Ordnung lösen die konform gewordene Unordnung futuristischer oder dadaistischer Prägung ab, ohne sich in der Imitation zu erschöpfen. Diese unkonventionelle Sichtweise macht deutlich, dass der Innovationsgedanke als Kernstück der Avantgarde weiterwirkt, nun allerdings nicht mehr im Hinblick auf die Vergangenheit, sondern innerhalb ihrer selbst,

---

48 Während in Bezug auf Strawinsky überwiegend der Terminus „Neoklassizismus"/"neoklassizistisch" anzutreffen ist, findet sich bei Adorno die Variante „neoklassisch". Dieser stellt den „Fortschritt" Schönbergs der „Restauration" Strawinskys gegenüber und bezeichnet *Le Sacre du printemps* als „Virtuosenstück der Regression" (Theodor W. Adorno: Philosophie der neuen Musik. Frankfurt a.M.: Suhrkamp 1978, S. 187 und S. 138), wobei er zur Bestätigung immer wieder Äußerungen Cocteaus anführt (s. dazu Winter: Jean Cocteaus frühe Lyrik (wie Anm. 22), S. 150–152). Ein terminologisches Problem ergibt sich durch die Tatsache, dass weder im Französischen noch im Italienischen das Substantiv „Klassik" existiert und dieser Begriff entweder durch eine adjektivische Wendung wie „siècle classique" oder die Form „classicisme"/"classicismo" wiedergegeben wird. Konsequenterweise wäre dann das Äquivalent des deutschen „Klassizismus" französisch/ italienisch „néo-classicisme/neoclassicismo", und die deutsche Form „Neoklassizismus" wäre ohne Entsprechung im Französischen und Italienischen. Weitere Aspekte der terminologischen Unsicherheit und Ungenauigkeit ergeben sich zum einen aus der Verwendung von „Klassizismus"/"classicisme"/"classicismo" sowohl als Stil- als auch als Epochenbegriff, zum anderen aus einer mangelnden Differenzierung des Referenzbezuges entweder auf die Antike oder auf die nationale „Klassik", wobei im Bereich der Musik überdies ein Bezug auf die Antike nicht existiert und, wie am Beispiel von Strawinsky deutlich wird, es offensichtlich legitim ist, die Termini „klassizistisch", „neoklassizistisch" oder „neoklassisch" auch dann zu verwenden, wenn sich die Referenz nicht die auf Klassik (Wiener Klassik?), sondern auf das Barock bezieht.

49 Jean Cocteau: Lettre à Jacques Maritain. In: ders.: Œuvres complètes (wie Anm. 25), S. 265–306, hier S. 289. „Weder eine Säule in Athen noch einen Fabrikschlot in New York umarmen".

und zu so paradoxen Formulierungen führt wie etwa „d'un ordre considéré comme une anarchie".⁵⁰

Wenn Cocteau mit *Antigone* (UA 1922), dem Oratorium *Œdipus Rex* (zusammen mit Strawinsky, UA 1927), *Orphée* (UA 1926) und *Œdipe roi* (1927) bezeichnenderweise gerade in den 20er Jahren als einer der ersten in Frankreich antike Stoffe aufgreift und 1923 den Gedichtzyklus *Plain-Chant* veröffentlicht, der ausnahmslos strophisch gegliederte und gereimte Gedichte enthält, stellt sich zwangsläufig die Frage nach dem Klassizismus. Die Andersartigkeit der Texte im Vergleich mit *Le Cap de Bonne-Espérance*, *Parade* oder *Les Mariés de la Tour Eiffel* ist offensichtlich; der gewollte Modernismus und Antitraditionalismus wie auch die bewusste Provokation sind gewichen, doch erfolgt die Bearbeitung der antiken Stoffe und die Verwendung der traditionellen Formen nicht im Sinne einer nacheifernden Imitation, sondern als Übersetzung der Stoffe und Formen in die Gegenwart.⁵¹ Sowohl die Bühnenstücke als auch die Gedichte können zu der Art von „classicisme" gezählt werden, die Cocteau bei Satie konstatiert: Beschränkung, Einfachheit und Klarheit gehen eine Verbindung ein mit unkonventionellen, antitraditionalistischen, modernistischen Aspekten in Form, Inhalt, Sprache und Stil.⁵² Damit ist die Forderung nach einer Avantgarde, die radikal mit der Vergangenheit bricht, endgültig abgetan.

Einfachheit und Ordnung als Komponenten der Moderne spielen nicht nur bei Cocteau, sondern auch bei Apollinaire eine bedeutende Rolle. Folgt sein Manifest *L'Antitradition futuriste* 1913 noch weitgehend futuristischen Vorgaben, treten in seinem 1917 gehaltenen und 1918 veröffentlichten Vortrag *L'Esprit nouveau et les poètes* deutlich veränderte Positionen zutage. So heißt es dort zum Beispiel: „l'esprit nouveau se réclame avant tout de l'ordre et du

---

50   *D'un ordre considéré comme une anarchie* ist der Titel eines Vortrags, den Cocteau 1923 am Collège de France hielt.

51   *Antigone* bezeichnet Cocteau als „contraction" und Übersetzung: „j'ai voulu traduire Antigone." (Jean Cocteau: Antigone. In: ders.: Théâtre complet (wie Anm. 27), S. 303–328, hier S. 305–306.)

52   So ist etwa *Antigone* ein Einakter, der auf Geschwindigkeit angelegt ist. Die Repliken sind kurz und hart, der Ton ist umgangssprachlich geprägt, Schimpfwörter und beleidigende Äußerungen fehlen nicht. Der von Sophokles übernommene Chor wird verfremdend von einer einzigen Stimme ausgeführt, die, hinter einem Vorhang verborgen, in stilisierter Weise durch ein Loch spricht. (Siehe ebd. S. 327–328) In *Plain-Chant* ist es die homosexuelle Liebesthematik, die, in vollendet klassische Formen gekleidet, die Konventionen in Frage stellt. Ernst Robert Curtius urteilt über diese Phase Cocteaus: „Diese Verse zeigen den Dichter genesen vom Krampf der Sprach-Revolutionierung. [...] Der Klassizismus von Cocteau ist keine Desertion und keine Kapitulation. Er ist eine Form der Selbstverwirklichung – eine Steigerung." (Ernst Robert Curtius: Der junge Cocteau. In: ders.: Kritische Essays zur europäischen Literatur. Bern: Francke 1950, S. 389–397, hier S. 390f.)

devoir qui sont les grandes qualités classiques par quoi se manifeste le plus hautement l'esprit français, et il leur adjoint la liberté. Cette liberté et cet ordre qui se confondent dans l'esprit nouveau sont sa caractéristique et sa force."[53] Apollinaire setzt dem rauschhaften Aufbruch der Futuristen nicht nur Ordnung und Pflicht entgegen, er reklamiert auch ein klassisches und ein romantisches Erbe für den *esprit nouveau*: „L'esprit nouveau qui s'annonce prétend avant tout hériter des classiques un solide bon sens, un esprit critique assuré [...] et le sens du devoir [...]. Il prétend encore hériter des romantiques une curiosité".[54] Die Verankerung des *esprit nouveau* in der literarischen Tradition lehnt Apollinaire nicht etwa ab oder stellt sie in Frage, sondern erhebt sogar Anspruch darauf und nennt unter den stereotypen Charakteristika der französischen Klassik die konventionellsten: *bon sens, ordre* und *devoir*. Im Verlauf des Vortrags kommen noch die Begriffe „beau"/"beauté" und „vrai"/"vérité" hinzu, die in der Auseinandersetzung mit der französischen Klassik ebenfalls eine wichtige Rolle spielen. Über diese Traditionsbildung stellt sich eine national geprägte Perspektive ein, die zu einer Abgrenzung vom Futurismus als italienischer und russischer Bewegung führt. Im Kontext seiner Ausführungen zu typographischen Neuerungen erklärt Apollinaire: „Mais généralement vous ne trouverez pas en France de ces ‚paroles en liberté' jusqu'où ont été poussées les surenchères futuristes, italienne et russe, filles excessives de l'esprit nouveau, car la France répugne au désordre."[55] Während im *Manifeste-synthèse* von 1913 die „mots en liberté" zweimal unter den konstruktiven Tendenzen des futuristischen Literaturkonzepts genannt werden,[56] wertet Apollinaire sie vier Jahre später, mitten im Krieg, als Übertreibung und Exzess ab, die dem französischen Geist und Naturell widersprächen. Damit schlägt er

---

53   Guillaume Apollinaire: L'Esprit nouveau et les poètes. In: ders.: Œuvres en prose complètes (wie Anm. 13), S. 941–954, hier S. 946. „der *esprit nouveau* beruft sich vor allem auf die Ordnung und die Pflicht, die die großen klassischen Qualitäten sind, in denen sich der französische Geist in seiner höchsten Form manifestiert, und er fügt ihnen die Freiheit bei. Diese Freiheit und diese Ordnung, die im *esprit nouveau* zusammenfließen, sind sein Charakteristikum und seine Stärke."

54   Ebd., S. 942. „Der *esprit nouveau*, der sich ankündigt, erhebt vor allem den Anspruch, von den Klassikern einen soliden *bon sens* (Verstand, Urteilsvermögen), einen sicheren kritischen Geist [...] und ein Pflichtgefühl zu erben [...]. Des weiteren erhebt er den Anspruch, von den Romantikern die Neugier zu erben".

55   Ebd., S. 945. „Generell wird man in Frankreich diese ‚Worte in Freiheit' [it. parole in libertà] nicht finden, zu denen die futuristischen, italienischen und russischen, Überbietungen – maßlose Töchter des *esprit nouveau* – geführt haben, denn Frankreich ist die Unordnung zuwider."

56   Guillaume Apollinaire: L'Antitradition futuriste. Manifeste-Synthèse" In: ders.: Œuvres en prose complètes (wie Anm. 13), S. 937 und 938.

unüberhörbar nationalistische Töne an,⁵⁷ die sich – entsprechend der Zeit – auch in *Le Coq et l'Arlequin* finden⁵⁸ und die Dissonanzen innerhalb der Avantgardebewegung offenbaren. Während Marinetti in seinen Manifesten eine aggressive Innovationsdynamik propagiert, erscheinen die französischen Positionen geradezu im Lichte einer „klassischen Dämpfung".⁵⁹ Apollinaires explizite Rückversicherung des *esprit nouveau* bei der französischen Klassik kann als Bestätigung der Funktion von Klassik als „Kontrastmittel [...] gegen Krisensituationen" und als „Selbstvergewisserung von kultureller Identität"⁶⁰ gelesen werden, doch bewegen sich Apollinaire wie Cocteau zweifelsohne im Bereich der Avantgarde. Der futuristischen Antitraditionalismusforderung setzen sie eine integrative, aber keine epigonale Variante entgegen, wobei Apollinaire die Ordnung unhinterfragt für den *esprit nouveau* in Anspruch nimmt, während bei Cocteau das Paradoxe der Situation deutlich wird: „notre époque, en apparence anarchiste, se délivre de l'anarchie et retourne aux lois avec un esprit nouveau".⁶¹ Dieser *esprit nouveau* ist nicht mehr der der futuristisch geprägten Avantgarde, sondern ein neuer *esprit nouveau*, der aus ihr hervorgeht und eine Synthese von Tradition und Neuem anstrebt.

---

57 Deutlicher sind diese noch in folgender Äußerung: „l'esprit nouveau, qui a l'ambition de marquer l'esprit universel et qui n'entend pas limiter son activité à ceci ou à cela, n'en est pas moins, et prétend le rester, une expression particulière et lyrique de la nation française, de même que l'esprit classique est, par excellence, une expression sublime de la même nation." (Apollinaire: L'Esprit nouveau (wie Anm. 53), S. 946) „der *esprit nouveau*, der danach strebt, den universellen Geist zu prägen und der nicht vorhat, seine Aktivität auf dieses oder jenes zu beschränken, ist dennoch nichts weniger, und will es auch bleiben, als ein spezieller und lyrischer Ausdruck der französischen Nation, genauso wie der klassische Geist par excellence ein erhabener Ausdruck derselben Nation ist."

58 So fordert Cocteau beispielsweise: „Je demande une musique française de France." (Cocteau: Le Coq et l'Arlequin (wie Anm. 25), S. 24) und ist – wie Apollinaire vom universellen Einfluss des französischen *esprit nouveau* – von der weltweiten Wirkung dieser französischen Musik überzeugt: „Or, je vous l'annonce, la musique française va influencer le monde." (Ebd., S. 29).

59 Vgl. Leo Spitzer: Die klassische Dämpfung in Racines Stil. In: ders.: Romanische Stil- und Literaturstudien. Bd. I. Marburg: Elwert 1931, S. 136–268.

60 Voßkamp: „Klassisch/Klassik/Klassizismus" (wie Anm. 35), S. 297 und 298.

61 Jean Cocteau: Le Secret professionnel. In: ders.: Œuvres complètes (wie Anm. 25), S. 153–204, hier S. 183. „Unsere scheinbar anarchistische Epoche entledigt sich der Anarchie und kehrt in einem neuen Geist zu den Gesetzen zurück".

3. Polemische Konstellationen in komplexer Gemengelage

Wenn auch die Literaturgeschichtsschreibung dazu neigt, die Avantgarde als antiklassizistische Bewegung zu sehen, die wiederum von klassizistischen Bestrebungen abgelöst wird und damit die Dichotomisierung von „klassisch" und „modern" fortschreibt, ist längst offensichtlich, dass die ersten Jahrzehnte des 20. Jahrhunderts durch die besagte „komplexe Gemengelage" charakterisiert sind. Diese Komplexität manifestiert sich nicht nur in nationalen Differenzen oder zwischen verschiedenen Autoren, sondern auch in Bezug auf einzelne Schriftsteller, in deren Werk sich unterschiedliche, ja divergierende Tendenzen zeigen.

Ist die vehemente Geste, mit der Marinetti den radikalen Bruch mit der Vergangenheit fordert, aus der italienischen Situation erklärbar, die sich durch eine jahrhundertelang anhaltende, monumentalisierende Wirkung der „Klassiker" Dante, Petrarca und Boccaccio in Bezug auf Sprache, Formen und Themen auszeichnet, in der unmittelbaren Vergangenheit durch Carduccis und Pascolis Nähe zur klassischen Antike geprägt ist und insgesamt einen starken Traditionalismus aufweist, stellt sich die Lage in Frankreich etwas anders dar. Namen wie Baudelaire und Mallarmé stehen dort – im Gegensatz zu Italien – schon im 19. Jahrhundert für die Moderne,[62] so dass der Aufbruch nicht notwendig einen pauschalen Bruch mit der Vergangenheit impliziert, wenn er auch rhetorisch mit Dichotomien und Oppositionen operiert. Auf der Suche nach radikal neuen Ausdrucksformen für eine veränderte Wirklichkeit können daher auch Komponenten wie Ordnung, Klarheit, Linearität einfließen, die traditionell als klassisch gelten. Damit verschiebt sich die polemische Konstellation, die sich zunächst zwischen Futurismus und Passatismus manifestiert, hin zu einem Antagonismus von „ordre" und „désordre".[63] So klar und eindeutig diese Feststellung auch erscheinen mag, so komplex und instabil ist doch das intrikate Verhältnis von Avantgarde, *esprit noveau* und „rappel à l'ordre" zu Beginn des 20. Jahrhunderts.

---

62   Zwar nennt auch Apollinaire in *L'Antitradition futuriste* unter „merde à" den Namen Baudelaires, doch darf angenommen werden, dass dies der provokatorischen Geste geschuldet ist, die das Manifest prägt.

63   Daraus entsteht wiederum eine neue, sehr persönlich geprägte polemische Konstellation, in die Cocteau als Repräsentant einer „avantgardistischen Ordnung" und die Surrealisten Breton und Soupault als Verfechter der Freiheit der Imagination und der *écriture automatique* involviert sind. Siehe dazu z.B. Jean Touzot: Jean Cocteau. Lyon: La Manufacture 1989, S. 57–60.

Überwinden und Wiederholen
Thomas Bernhard, Peter Handke und das Problem der Klassizität

Harald Gschwandtner

> „Wilhelm: ‚I'm slowly writing on.' Abblende."
> Peter Handke: *Falsche Bewegung*

1. Einleitung

„Die Klassiker: ich habe meine Genossen gefunden (und will jetzt nicht mehr lockerlassen)",[1] notiert Peter Handke im 1982 erschienenen Journalband *Die Geschichte des Bleistifts*, der in zahlreichen Einträgen seine Auseinandersetzung sowohl mit Johann Wolfgang Goethe als auch mit Autoren der griechischen und römischen Antike dokumentiert. Mit seiner Beteuerung, „zu Goethe" zu „gehöre[n]",[2] die Handke in der Folge wiederholt formuliert hat, bezog er eine im literarischen Feld der frühen 1980er Jahre hochgradig eigensinnige Position[3] und entwickelte im Zuge dessen eine Poetik „von geradezu spektakulärer Unzeitgemäßheit".[4] Handkes in vergleichsweise jungen Jahren betriebene Einschreibung in ein Paradigma literarischer Klassizität, die für sich

---

1 Peter Handke: Die Geschichte des Bleistifts. Salzburg, Wien: Residenz 1982, S. 232. In der Folge mit der Sigle „GdB" und Seitenzahl im Fließtext zitiert.
2 Peter Handke: Gestern unterwegs. Aufzeichnungen November 1987–Juli 1990. Salzburg, Wien: Jung und Jung 2005, S. 513. Vgl. auch Helmuth Karasek, Willi Winkler: „Der Alltag ist schändlich leblos". *Spiegel*-Gespräch mit dem österreichischen Schriftsteller Peter Handke über sein verändertes Leben. In: Der Spiegel, Nr. 16, 16.4.1990, S. 220–234, hier S. 234: „Ich gehör' zu Goethe. Das wiederhole ich mir unwillkürlich immer wieder."
3 Dass es sich bei einer solchen „Position" im Sinne der Bourdieu'schen Kultursoziologie stets um eine relational definierte handelt, ist für die folgenden Überlegungen von zentraler Bedeutung. Vgl. Pierre Bourdieu: Praktische Vernunft. Zur Theorie des Handelns. Frankfurt a.M.: Suhrkamp 1998, S. 15–23 u. 62–66; P. B.: Die Regeln der Kunst. Genese und Struktur des literarischen Feldes. Frankfurt a.M.: Suhrkamp 1999, S. 365–371. – Wilhelm Voßkamp: Normativität und Historizität europäischer Klassiken. In: Klassik im Vergleich. Normativität und Historizität europäischer Klassiken. DFG-Symposion 1990. Hg. von W. V. Stuttgart, Weimar: Metzler 1993, S. 5–8, hier S. 5, hat schon den Terminus ‚Klassik' an sich als einen grundsätzlich „relationale[n]" charakterisiert, weil er als normativer wie systematischer Ordnungsbegriff *ex negativo* auf ein ‚Nicht-Klassisches' als Außenreferenz verweist.
4 Klaus Amann: Peter Handkes Poetik der Begriffsstutzigkeit. Rede zur Verleihung des Ehrendoktorats durch die Universität Klagenfurt am 8. November 2002. In: Peter Handke – Poesie

in Anspruch nimmt, „[d]as Persönliche und das Antikische [zu] verschränken" (GdB 242), ist dabei in einem doppelten Sinne signifikant: einerseits als selbstbewusstes Postulat emphatischer ‚Nachfolge', die für sein Selbstverständnis als Autor von entscheidender Bedeutung ist; andererseits als demonstrative Abkehr von etablierten und vorderhand verbindlichen ästhetischen *doxa* am autonomen Pol des literarischen Feldes, die ihm in den folgenden Jahren den Vorwurf eines restaurativen Literaturverständnisses einbringen sollte. Dieser fiel umso vehementer aus, als Handke am Beginn seiner schriftstellerischen Karriere, Mitte der 1960er Jahre, als Symbolfigur einer progressiven, experimentellen und dezidiert antibürgerlichen Literatur gegolten hatte. Handkes „anstößig erscheinende klassische Wende", die Hans Höller detailliert beschrieben und historisch sensibel rekonstruiert hat,[5] ist im Zusammenhang des vorliegenden Sammelbandes gerade deshalb von besonderem Interesse, weil er im Zuge seiner extensiven wie intensiven Reflexionen auch die Gegenüberstellung von ‚Klassik' und ‚Klassizismus' reaktiviert, etwa wenn er in einer Sentenz aus *Phantasien der Wiederholung* (1983) von Literatur einfordert, in ihr müsse ein „Nach-Zittern [...] in jeder Form spürbar sein", weil es sich „sonst" um „Klassizismus" handle.[6]

Am Beispiel zweier exemplarischer Vertreter einer ästhetisch avancierten österreichischen Literatur gehen die folgenden Überlegungen der Frage nach, auf welche Weise sich Thomas Bernhard und Peter Handke in zeitlicher Nähe, aber unter ganz anders gearteten Vorzeichen mit Konzepten literarischer Klassizität zu beschäftigen begannen. Dabei steht zunächst (II.) Handke im Fokus, der ab Mitte der 1970er Jahre das Potential eines „zeitgemäßen Begriffs von ‚klassisch' und ‚Klassik'" erkundete.[7] Im Zuge dessen rekurrierte er auch auf die im 20. Jahrhundert angeblich längst dysfunktional gewordene Unterscheidung von ‚Klassik' und ‚Klassizismus'[8] und integrierte sie auf produktive Weise in die poetologische Bestimmung seines Schreibens. Anschließend (III.)

---

der Ränder. Mit einer Rede Peter Handkes. Hg. von K. A., Fabjan Hafner und Karl Wagner. Wien u.a.: Böhlau 2006, S. 239–251, hier S. 245.

5 Hans Höller: „Bruch" und „Wende". Zu einer Schreibbiografie Peter Handkes. In: Wende – Bruch – Kontinuum. Die moderne österreichische Literatur und ihre Paradigmen des Wandels. Hg. von Renata Cornejo und Ekkehard W. Haring. Wien: Praesens 2006, S. 195–209, hier S. 203. Vgl. dazu ausführlich ders.: Eine ungewöhnliche Klassik nach 1945. Das Werk Peter Handkes. Berlin: Suhrkamp 2013.

6 Peter Handke: Phantasien der Wiederholung. Frankfurt a.M.: Suhrkamp 1983, S. 23. In der Folge mit der Sigle „PdW" und Seitenzahl im Fließtext zitiert.

7 Helmuth Kiesel: Geschichte der literarischen Moderne. Sprache – Ästhetik – Dichtung im zwanzigsten Jahrhundert. München: C. H. Beck 2004, S. 464.

8 Vgl. Wilhelm Voßkamp: Klassisch/Klassik/Klassizismus. In: Ästhetische Grundbegriffe. Historisches Wörterbuch in sieben Bänden. Hg. von Karlheinz Barck u.a. Bd. 3: Harmonie–

wird in Bernhards Erzählung *Goethe schtirbt* (1982), der Komödie *Über allen Gipfeln ist Ruh* (1982) sowie mit Blick auf sein ‚Opus magnum' *Auslöschung* (1986) eine gänzlich anders geartete narrative Inszenierung von Klassizität vorgeführt, die das ästhetische Programm einer Reaktivierung der Klassik im 20. Jahrhundert mit den Mitteln der Polemik und der Satire attackiert.

Sowohl die Beteuerung eigener Klassizität als auch der gegen konkurrierende Akteure erhobene Vorwurf, bloß klassizistische „Nachpausereien" zu fabrizieren,[9] kann, wie anhand einzelner signifikanter Texte gezeigt werden soll, als polemischer Einsatz in den Durchsetzungs- und Behauptungskämpfen im literarischen Feld verstanden werden, zumal das ‚Klassische' im positiven wie im negativen Sinne steht als komplexer und kulturgeschichtlich aufgeladener „Distinktionsbegriff" fungiert.[10] Gehen Bernhard und Handke, gerade was den Bezug zu einer literarischen ‚Klassik' betrifft, auch von divergierenden, im Verlauf ihrer schriftstellerischen Laufbahnen zunehmend unvereinbaren ästhetischen Konzepten aus, reklamieren dabei doch beide im Zeichen des „Pathos der ästhetischen Moderne",[11] die das Klassizistische oft mit dem Epigonalen kurzschließt, das Ethos eines Anti-Klassizisten für sich.

2. Peter Handke: Auf Klassisches aus

Er habe „wirklich im Ernst gedacht, und dann natürlich spielerisch, das wird jetzt mein ‚Faust'", so Peter Handke 1992 im Gespräch mit der österreichischen Journalistin Karin Kathrein über sein Theaterstück *Das Spiel vom Fragen* (1989): „Ich bin nicht enttäuscht, aber relativ verdattert, daß da keine wesentliche Neugier aufgekommen ist, dem zu folgen."[12] Tatsächlich stieß Handkes Bezugnahme auf ästhetische Konzepte literarischer Klassizität in der zeitgenössischen Rezeption oft weniger auf „Neugier", denn auf

---

Material. Stuttgart, Weimar: Metzler 2001, S. 289–305; Jan Broch: Literarischer Klassizismus. Würzburg: Königshausen & Neumann 2012, S. 55–62.

9   Peter Handke: Aber ich lebe nur von den Zwischenräumen. Ein Gespräch, geführt von Herbert Gamper. Zürich: Ammann 1987, S. 196.

10   Rainer Rosenberg: Klassiker. In: Reallexikon der deutschen Literaturwissenschaft. Neubearbeitung des Reallexikons der deutschen Literaturgeschichte. Gemeinsam mit Georg Braungart, Klaus Grubmüller, Jan-Dirk Müller, Friedrich Vollhardt und Klaus Weimar hg. von Harald Fricke. Bd. II: H–O. Berlin, New York: de Gruyter 2007, S. 274–276, hier S. 275.

11   Karlheinz Stierle: Hat der Klassizismus Zukunft? In: Totalität und Zerfall im Kunstwerk der Moderne. Hg. von Reto Sorg und Stefan Bodo Würffel. München: Fink 2006, S. 91–101, hier S. 91.

12   Karin Kathrein: „Ich wär' so gern skrupellos". *Bühne*-Gespräch mit Peter Handke. In: Bühne (1992), H. 5, S. 12–17, hier S. 15.

Irritation und mitunter entschiedene Ablehnung. Obgleich seine Orientierung an Goethe keine durchgängig affirmative ist und er die Tragödie des Gelehrten Heinrich Faust bei späterer Gelegenheit als „Scheißfaust" und „unerträgliches Zeug" apostrophiert hat,[13] nimmt Goethe in den poetologischen Selbstbestimmungen des österreichischen Autors seit mittlerweile mehr als vier Jahrzehnten eine zentrale Stellung ein. Diese findet ihren Ausdruck in einer intensiven, wenngleich bestimmten Konjunkturen unterworfenen Beschäftigung mit Goethes literarischen, kunsttheoretischen, aber auch naturwissenschaftlichen Schriften, welche nicht zuletzt Handkes enormes Lektürepensum dokumentiert.[14] Seine poetologische Neukalibrierung im Zeichen einer „Klassik nach 1945" (Höller) ist, wiewohl sie auch mit einer intensiven Flaubert-, Hölderlin-, Homer-, Nietzsche- und Vergil-Lektüre sowie mit einer differenzierten Auseinandersetzung mit bildenden Künstlern wie Paul Cézanne und Nicolas Poussin einherging, ohne Goethe als Bezugspunkt und „Beglaubigungsinstanz" kaum zu denken.[15] Noch im 2016 erschienenen Band *Vor der Baumschattenwand nachts* erweist Handke ihm bereits mit einem Motto-Zitat aus einem Brief an Herzog Carl August seine Reverenz, verzeichnet in der Folge zahlreiche einschlägige Lektürenotizen und streicht zudem dessen Rolle als Orientierungsmarke seiner schriftstellerischen Existenz hervor: „Goethe: Alles an ihm, um ihn herum, geht mich an (so oder so)".[16]

Im Laufe der 1970er Jahre hatte Handke sich, in poetologischen Reflexionen ebenso wie in der Erarbeitung ästhetischer Verfahren, der Idee einer „Nachfolge Goethes'" angenähert, die ihm, so ein durchaus als blasphemisch zu verstehendes Notat Mitte der 1980er Jahre, „ungleich mehr" sage als das Konzept einer „Nachfolge Christi'".[17] Handkes erste genauere Beschäftigung mit Goethe verfolgte jedoch noch keineswegs das später anvisierte Ziel, selbst eine Rolle als Klassiker für sich zu reklamieren. Vielmehr setzte er sich in diesen frühen

---

13   Peter Handke, Thomas Oberender: Nebeneingang oder Haupteingang? Gespräche über 50 Jahre Schreiben fürs Theater. Berlin: Suhrkamp 2014, S. 53 u. 130.

14   Dazu zuletzt Thorsten Carstensen: „Ich muß zu Meinesgleichen!" Lesen, Ahnenkult und Autorschaft bei Peter Handke. In: Die tägliche Schrift. Peter Handke als Leser. Hg. von T. C. Bielefeld: transcript 2019, S. 9–40.

15   Norbert Christian Wolf: Der „Meister des sachlichen Sagens" und sein Schüler. Zu Handkes Auseinandersetzung mit Goethe in der Filmerzählung *Falsche Bewegung*. In: Peter Handke – Poesie der Ränder (wie Anm. 4), S. 181–199, hier S. 183.

16   Peter Handke: Vor der Baumschattenwand nachts. Zeichen und Anflüge von der Peripherie 2007–2015. Salzburg, Wien: Jung und Jung 2016, S. 319. In der Folge mit der Sigle „VB" und Seitenzahl im Fließtext zitiert.

17   Peter Handke: Am Felsfenster morgens (und andere Ortszeiten 1982–1987). Salzburg, Wien: Residenz 1998, S. 374. In der Folge mit der Sigle „AF" und Seitenzahl im Fließtext zitiert.

Jahren, kulturtheoretisch wie literaturhistorisch informiert, mit der von Goethe maßgeblich geprägten Gattung des Bildungsromans auseinander. Der *Kurze Brief zum langen Abschied* (1972), dessen Protagonist sich aus einer Laune heraus selbst den Namen „Wilhelm" gibt und auf seiner Reise durch die Vereinigten Staaten Gottfried Kellers *Der grüne Heinrich* liest,[18] sowie die Filmerzählung *Falsche Bewegung* (1974/75) stellen literarische Kontrafakturen zum narrativen Entwicklungsschema des Bildungsromans dar – jenes Genres, das Handke schon 1965, also noch vor der Publikation seines ersten Romans, in der Grazer Literaturzeitschrift *manuskripte* auf subtile, am russischen Formalismus geschulte Weise seziert hatte.[19] Sieht man in *Falsche Bewegung* von der betonten Abweichung vom erzählerischen Modell des *Wilhelm Meister* ab, die in der Vereinzelung des Autor-Protagonisten im „anschwellende[n] Sturmgeräusch" am Ende des Textes kulminiert, lassen sich in der Filmerzählung jedoch bereits eindeutig positive Bezüge zu Goethes Roman und seinen ästhetischen Prinzipien ausmachen.[20]

Schon im September 1971 hatte Siegfried Unseld nach einem Gespräch nicht nur das allmähliche Abklingen von Handkes „Wertschätzung für Bernhard" vermerkt, weil dessen „Erfahrungen" zu „monomanisch und kommerziell" geworden seien, sondern auch mit Erstaunen Handkes Bericht über rezente Goethe-Lektüren notiert: „Er sei", so rekapituliert der Verleger die Aussage seines Autors, „doch der bedeutendste Schriftsteller und von ihm könne man noch am meisten lernen."[21] Im Zuge einer intensiven Auseinandersetzung mit Goethes Ästhetik und Poetik, die in den Notatbänden *Das Gewicht der Welt* (1977) und *Die Geschichte des Bleistifts* (1982) ausführlich dokumentiert ist – kein anderer Name wird darin nur annähernd so oft genannt wie jener Goethes[22] –, sollte

---

18   Peter Handke: Der kurze Brief zum langen Abschied. Frankfurt a.M.: Suhrkamp 1972, S. 40. Die Motti der beiden Teile des Buches wiederum stammen aus Karl Philipp Moritz' *Anton Reiser*.

19   Vgl. Peter Handke: Halbschlafgeschichte (Entwurf zu einem Bildungsroman). In: manuskripte (1965), H. 14/15, S. 35–36.

20   Peter Handke: Falsche Bewegung. Frankfurt a.M.: Suhrkamp 1975, S. 81. Vgl. dazu Wolf: Der „Meister des sachlichen Sagens" (wie Anm. 15), S. 187–197; Dana Krätzsch: Was ist ‚falsch' an *Falsche Bewegung*? Zu Peter Handkes Wilhelm Meister-Adaption. In: Poetische Welt(en). Ludwig Stockinger zum 65. Geburtstag zugeeignet. Hg. von Martin Blawid und Katrin Henzel. Leipzig: Leipziger Universitätsverlag 2011, S. 29–40, hier S. 39.

21   Siegfried Unseld: Besuch bei Peter Handke in Köln am 8. September 1971. In: Peter Handke, Siegfried Unseld: Der Briefwechsel. Hg. von Raimund Fellinger und Katharina Pektor. Berlin: Suhrkamp 2012, S. 209–210, hier S. 210.

22   Vgl. Georg Pichler: „Der Goethesche Nachvollzug des Schriftstellers auf Erden". Handke und Goethe. In: Peter Handke. Freiheit des Schreibens – Ordnung der Schrift. Hg. von Klaus Kastberger unter Mitarbeit von Clemens Özelt. Wien: Zsolnay 2009, S. 281–293, hier S. 282.

dieser, zunächst vor allem als Autor der *Wahlverwandtschaften*,[23] eine „positive Identifikationsfunktion" für Handkes schriftstellerische Praxis erhalten, die dem jungen Autor dazu diente, seine Position im zeitgenössischen literarischen Feld distinktiv neu zu definieren.[24] In den Lektürenotizen von *Das Gewicht der Welt* reflektiert Handke Mitte der 1970er Jahre über die Frage, ob man gegenwärtig „verlernt" habe, „die Einfachheit Goethes zu verstehen" (GdW 98), will sich in einer persönlichen Krisensituation zeitweilig „zu den ‚Wahlverwandtschaften' flüchten" (GdW 112), beschäftigt sich in einzelnen Mikrolektüren mit Goethes Sprachgestus[25] und verzeichnet schließlich auch erste Zitate aus der *Italienischen Reise* (vgl. GdW 265 u. 277). Die gegen Ende der Notizen zitierte Wendung aus Goethes *Maximen und Reflexionen* bzw. aus der zweiten Fassung der *Wanderjahre* – „‚Man suche nur nichts hinter den Phänomenen; sie selbst sind die Lehre' (G.)" (GdW 302)[26] – leitet dann bereits über zur *Geschichte des Bleistifts*, in der Handke seine zusehends enthusiastische und die produktive

---

23 Vgl. dazu den ersten einschlägigen Eintrag vom 28. März 1976 in: Peter Handke: Das Gewicht der Welt. Ein Journal (November 1975–März 1977). Salzburg: Residenz 1977, S. 85 (in der Folge mit der Sigle „GdW" und Seitenzahl im Fließtext zitiert): „Ich brauche etwas, das ich *Wort für Wort* lesen könnte – und nicht diese Sätze, die man auf den ersten Blick erkennt und überspringt, wie in Zeitungen fast immer und leider auch fast immer in Büchern! Sehnsucht nach den ‚Wahlverwandtschaften'". Zur Rezeption der *Wahlverwandtschaften*, v.a. in der Erzählung *Die linkshändige Frau* (1976), vgl. Nikolas Immer: Goethes Erben. Wahlverwandtes bei Handke, Walser, Wellershoff. In: Goethes *Wahlverwandtschaften*. Werk und Forschung. Hg. von Helmut Hühn unter Mitarbeit von Stefan Blechschmidt. Berlin, New York: de Gruyter 2010, S. 459–475, bes. S. 462–465; Anke Bosse: „Auf ihrer höchsten Stufe wird die Kunst ganz äußerlich sein". Goethe bei Handke. In: Spuren, Signaturen, Spiegelungen. Zur Goethe-Rezeption in Europa. Hg. von Bernhard Beutler und A. B. Köln u.a.: Böhlau 2000, S. 381–397, bes. S. 385–387.

24 Wolf: Der „Meister des sachlichen Sagens" (wie Anm. 15), S. 183; vgl. Bosse: Goethe bei Handke (wie Anm. 23), S. 389; Pichler: Handke und Goethe (wie Anm. 22), S. 281f.

25 Vgl. GdW 123: „‚Sie war glücklich in Eduards Nähe und fühlte, daß sie ihn jetzt entfernen mußte' (‚*Und* fühlte'! Kein ‚so daß' oder ‚deswegen'!)". Vgl. Johann Wolfgang Goethe: Die Wahlverwandtschaften. Ein Roman. In: J. W. G.: Sämtliche Werke nach Epochen seines Schaffens. Münchner Ausgabe. Hg. von Karl Richter in Zusammenarbeit mit Herbert G. Göpfert u.a. Bd. 9: Epoche der Wahlverwandtschaften. 1807–1814. Hg. von Christoph Siegrist u.a. München, Wien: Hanser 1987, S. 286–529, hier S. 496: „Sie war glücklich in Eduards Nähe und fühlte, daß sie ihn jetzt entfernen müsse[!]."

26 Vgl. Goethe: Sämtliche Werke (wie Anm. 25). Bd. 17: Wilhelm Meisters Wanderjahre. Maximen und Reflexionen. Hg. von Gonthier-Louis Fink, Gerhart Baumann und Johannes John. München, Wien: Hanser 1991, S. 533: „Das Höchste wäre, zu begreifen, daß alles Faktische schon Theorie ist. Die Bläue des Himmels offenbart uns das Grundgesetz der Chromatik. Man suche nur nichts hinter den Phänomenen; sie selbst sind die Lehre." Vgl. – mit zwei geringfügigen Abweichungen in der Interpunktion – auch die Passage ebd., S. 824. Zur Einordnung der Passage im Kontext von Handkes Goethe-Rezeption vgl. Bosse: Goethe bei Handke (wie Anm. 23), S. 391f.

Anverwandlung erprobende Lektüre Goethes ausdrücklich auch mit der Frage nach der Möglichkeit von Klassizität unter den gesellschaftlichen, politischen und kulturellen Bedingungen seiner Gegenwart in Verbindung bringt.²⁷

In anderen Zusammenhängen hatte Handke allerdings schon deutlich früher mit dem Terminus ‚klassisch' in der Kommentierung und Verortung seiner eigenen literarischen Praxis operiert. Bereits Ende der 1960er Jahre lässt sich dabei eine Um- und Aufwertung des Begriffs beobachten, der hier jedoch, im Gegensatz zu seinen späteren ‚Klassik'-Recherchen, noch nicht explizit mit dem Werk Goethes und seiner kulturgeschichtlichen Bedeutung assoziiert wird. In einem Brief an Unseld aus dem März 1967 charakterisiert Handke das erzählerische Verfahren seines zweiten Romans *Der Hausierer* – als Vorschlag für einen in dieser Form nie gedruckten Klappentext – folgendermaßen:

> Das Buch ist ein „Bewußtseinsroman". Es geht nicht mehr um die alte fabulierende Phantasie, sondern um die Phantasie, die sich innerhalb der Sprache bewegt, eine sprachliche Phantasie. [...] Der Roman ist die Geschichte eines Schreckens, eines Erschreckens, der Angst, der Verfolgung, der Beklemmung, der Langeweile, der Folterung, des Sterbens. Keinesfalls ist er eine Abrechnung mit dem Kriminalroman oder eine Parodie!! Er benützt nur die Klischees des Krimis als Vehikel, das die Sätze zusammenhält und die Pseudoeinheit, das Abgerundete eines *klassischen* Romans vortäuscht.²⁸

Nur ein gutes Jahr später schreibt Handke seinem Verleger, ihm sei nach der Uraufführung seines Sprechtheaterstücks *Kaspar* nun „fürchterlich langweilig" und er wolle, so sein Ausblick auf zukünftige Schreibprojekte, bald „ein Prosabuch anfangen, richtig spannend (na ja!), in *klassischer* ruhiger Prosa, wie Kleist oder Stifter."²⁹ Auch seinem Freund Alfred Kolleritsch teilt er im Rahmen

---

27 Carsten Zelle: Parteinahme für die Dinge. Peter Handkes Poetik einer literarischen Phänomenologie (am Beispiel seiner *Journale*, 1975–1982). In: Euphorion 97 (2003), H. 1, S. 99–117, hier S. 101, hat dem Band *Das Gewicht der Welt*, zumal im Zusammenhang des Entwurf „eines ‚klassischen', d.h. eines beständigen und vor dem Leser bestehenden Texts", zu Recht eine entscheidende „Scharnierfunktion in der weiteren Werkentwicklung" zugeschrieben.

28 Peter Handke an Siegfried Unseld, 16.3.1967. In: Handke/Unseld: Briefwechsel (wie Anm. 21), S. 64 (Herv. H. G). Auch der schließlich verwendete Klappentext rekurriert auf das Paradigma des ‚Klassischen' als negativer Bezugspunkt für die Beschreibung des avancierten literarischen Verfahrens des *Hausierers*: „Dieser Roman liefert dem Leser die klassischen Spielregeln (ohne dabei eine Parodie zu sein), er zeigt die scheinbare Ordnung vor dem Mord, die durch den Mord ausgelöste Unordnung, die Befragung, die Verfolgung, die Entlarvung und, schließlich, die Wiederkehr der Ordnung [...]." (Peter Handke: Der Hausierer. Roman. Frankfurt a.M.: Suhrkamp 1967, unpag.)

29 Peter Handke an Siegfried Unseld, 20.5.1968. In: Handke/Unseld: Briefwechsel (wie Anm. 21), S. 93 (Herv. H. G.).

seiner Arbeit an *Die Angst des Tormanns beim Elfmeter* (1970) – jenem Buch, das er Unseld angekündigt hatte – mit, er „brüte" gegenwärtig „an einem langen Prosatext", den er ausdrücklich als einen „klassischen" apostrophiert.[30] Mit ‚klassisch' ist hier wohl vor allem die (jedenfalls vordergründige) Erfüllung der Anforderungen an einen konventionell erzählten Text gemeint, welche nicht zuletzt eine Abkehr von den narrativen Verfahren seiner frühen, explizit sprachanalytischen Texte bedeutete. Die Erzählung *Die Angst des Tormanns beim Elfmeter* markiert dabei in der Reihe der längeren Prosaarbeiten Handkes, zwischen dem hermetischen *Hausierer*-Roman von 1967 und dem vergleichsweise traditionell erzählten *Kurzen Brief zum langen Abschied* (1972), in mancherlei Hinsicht eine signifikante Wende in Handkes Œuvre. Die Nennung des von Goethe zeitlebens missachteten, von Handke jedoch früh geschätzten Heinrich von Kleist[31] weist zugleich darauf hin, dass das in den Briefen an Unseld und Kolleritsch nur andeutungsweise formulierte Interesse für ‚Klassisches' noch nicht unbedingt auf die ‚Weimarer Klassik' abzielte.[32] Vielmehr zeigt dieses Interesse, dass Handke, der im Essay *Ich bin ein Bewohner des Elfenbeinturms* (1967) eine „Geschichte" nur noch „als reflektierte Verneinung ihrer selbst", ja als „Verhöhnung der Geschichte" für literarisch „anwendbar" gehalten hatte,[33] zusehends von der bloß analytischen Bearbeitung traditioneller Erzählformen Abstand nahm. Er beabsichtigte, diese recht unscharf als ‚klassisch' apostrophierten Gattungen und Verfahren künftig in Hinblick auf eine produktive Anverwandlung zu prüfen.

Der 1975 als Einleitung zu einem von Handke herausgegebenen Auswahlband erschienene Essay *Franz Nabls Größe und Kleinlichkeit* stellt in diesem Zusammenhang ein aufschlussreiches Beispiel für seine sich nach und nach

---

30 Peter Handke an Alfred Kolleritsch, 5.3.1969. In: P. H., A. K.: Schönheit ist die erste Bürgerpflicht. Briefwechsel. Salzburg, Wien: Jung und Jung 2008, S. 25.

31 Vgl. Peter Handke: Ich bin ein Bewohner des Elfenbeinturms. [1967] In: P. H.: Ich bin ein Bewohner des Elfenbeinturms. Frankfurt a.M.: Suhrkamp 1972, S. 19–28, hier S. 20: „Kleist, Flaubert, Dostojewski, Kafka, Faulkner, Robbe-Grillet haben mein Bewußtsein von der Welt geändert." – Zu Handke, Goethe und Kleist vgl. auch die Rückschau in Handke: Aber ich lebe nur von den Zwischenräumen (wie Anm. 9), S. 262: „Ja, das [i.e. Kleists Prosa] ist eine Jünglingsprosa, auch für den Leser. [...] Als Zwanzigjähriger war das ... was mir natürlich auch entsprochen hat und dem ich nacheifern wollte. Aber jetzt – also ausgenommen die Briefe – würd ich das glaub ich nicht noch einmal wiederholen; während bei Goethe, wenn ich ihn auch lange Zeit nicht gelesen hab, kommt dann der Moment, wo ich dann denke: Ach jetzt wärs wieder Zeit für Goethe. So herrlich der Kleist ist, hab ich nicht diesen Appetit."

32 Vgl. dazu etwa die Unterscheidung zwischen „Klassik$_1$" und „Klassik$_2$" in den Beiträgen von Horst Thomé und Gerhard Schulz in: Reallexikon der deutschen Literaturwissenschaft. Bd. II (wie Anm. 10), S. 266–274.

33 Handke: Ich bin ein Bewohner des Elfenbeinturms (wie Anm. 31), S. 26.

wandelnde und ausdifferenzierende Idee von Klassizität dar. Handke schildert darin die Biographie des österreichischen Schriftstellers Franz Nabl (1883–1974) als Ausdruck einer tiefgreifenden, in den Texten des Autors aufscheinenden Widersprüchlichkeit: als „Zwiespalt zwischen der entfesselten Phantasie und dem phantasielos dösenden Zeitgeist", der dessen Bücher „so großartig wie krämerhaft, so undefinierbar poetisch wie definierbar beschränkt" gemacht habe.[34] Die doppelte Nennung des Lexems ‚klassisch' in Handkes kurz nach dem Tod des Autors verfasstem Vorwort ist für die vorliegende Fragestellung von entscheidender Bedeutung: Zunächst beschreibt er Nabls Debütroman *Hans Jäckels erstes Liebesjahr* (1908) als Beispiel für dessen „frühzeitig ding- und wortfest geworden[], im Laufe der langen Jahre auch nie mehr dem Autor fragwürdig erscheinende[] ‚klassische[]' Schreibweise".[35] Er verwendet demnach ‚klassisch' – durch Anführungszeichen markiert – im Sinne seiner frühen literaturkritischen Arbeiten als Pejorativum für die „unbekümmerte[] Fiktionslust des traditionellen Erzählers".[36] Sodann vergleicht Handke Nabl aber auch mit Goethe und Stifter, die er als dessen nicht erreichte (und dabei ausdrücklich als ‚Klassiker' titulierte) Vorbilder einführt. Zwar verwiesen, so Handke, die Sujets und die geschilderten Naturräume in Nabls Texten auf den *Nachsommer* oder die *Wahlverwandtschaften*, sie böten aber „keinen poetischen Entwurf, keinen Satz für Satz und Bild für Bild konstruierten Lebensvorschlag", während „bei Goethe und noch bei Stifter" gerade „die Naturbeschreibung eine Plan-Skizze zu einer erweiterten und verbesserten *Menschenwelt*" darstelle: „Bei den beiden Klassikern ist die angelegte und bearbeitete Natur eine zum Lebens-Spiel errichtete Welt-Bühne; Nabls Natur aber wird kaum mehr bearbeitet – und sie ist menschenleer: höchstens Wanderer, Jäger und Angler gehen in ihr ihren hoffnungslosen Weltvergessens-Riten nach."[37] – Handke bringt in *Franz Nabls Größe und Kleinlichkeit* zwei abweichende Konzepte von Klassizität ins Spiel, ohne dies näher zu thematisieren: ‚Klassik' als konventionelle, unreflektierte Erzählweise *einerseits*; als vorbildliche, über den Bereich der Literatur ins Anthropologische weisende Poetik *andererseits*. Der in Hinblick auf die Formulierung eigener literaturästhetischer Positionen vorderhand unmarkierte Essay lässt sich damit *auch* als Dokument einer entscheidenden Neuausrichtung in Handkes Œuvre interpretieren: als Station der Entwicklung eines mehr und mehr ausdifferenzierten, historisch informierten

---

34 Peter Handke: Franz Nabls Größe und Kleinlichkeit. [1975] In: P. H.: Das Ende des Flanierens. Frankfurt a.M.: Suhrkamp 1980, S. 22–37, hier S. 27.
35 Ebd., S. 23.
36 Peter Handke: Die Wörter als Wirklichkeit. [1966] In: P. H.: Tage und Werke. Begleitschreiben. Berlin: Suhrkamp 2015, S. 12–16, hier S. 13.
37 Handke: Franz Nabls Größe und Kleinlichkeit (wie Anm. 34), S. 28f.

und schließlich im literarischen Feld der 1970er Jahre nur zu deutlich idiosynkratischen Verständnisses literarischer Klassizität.

Der 1982 publizierte Band *Die Geschichte des Bleistifts*, dessen Notate 1976 einsetzen und insbesondere die vom Autor als krisenhaft erfahrene Konzeption und Niederschrift der Erzählung *Langsame Heimkehr* (1979) kommentierend flankieren,[38] ist als anfangs zögerliche und mit der Zeit zunehmend selbstbewusste Einschreibung in ein Paradigma literarischer Klassizität lesbar, die im Herbst 1979 in Handkes vielzitierter Rede zur Verleihung des Franz-Kafka-Preises kulminiert. In Abgrenzung von der Poetik „des entschieden hoffnungslosen Kafka" entwirft Handke darin ein gegen den literarischen Mainstream gerichtetes neues „Sprach-Ideal", dessen zentrale Formulierung die eminente Unzeitgemäßheit seines Anspruchs hervorhebt:

> Das Wort sei gewagt: Ich bin, mich bemühend um die Formen für meine Wahrheit, auf Schönheit aus – auf die erschütternde Schönheit, auf Erschütterung *durch* Schönheit; ja, auf Klassisches, Universales, das, nach der Praxis-Lehre der großen Maler, erst in der steten Natur-Betrachtung und -Versenkung Form gewinnt.[39]

Die Aufzeichnungen in *Die Geschichte des Bleistifts*, in denen gleich zu Beginn die Sehnsucht nach einer Instanz formuliert wird, an der „ich mir ein Beispiel nehmen könnte" (GdB 6), erhalten in zeitlicher Nähe zu Handkes Kafka-Preis-Rede den Charakter einer allmählichen Neukalibrierung seiner „Schreibregel".[40] Diese folgt nun nicht mehr im selben Maße dem strengen Innovationspostulat der frühen poetologischen Statements, sondern bezieht ihre Distinktionsqualität gegenüber anderen Positionen im literarischen Feld aus der scheinbar anachronistischen „positive[n] Aneignung ‚klassischer' Erzählermuster".[41] 1988 von André Müller auf einschlägige Notate aus der *Geschichte des Bleistifts* angesprochen und provokant dazu aufgefordert, in Zukunft „das Böse [zu] beschreiben, um es zu bannen", anstatt „dauernd Ihre Hymnen an das Gute und Schöne" zu verfassen, bezeichnete Handke sein

---

38 Vgl. Volker Hage: Warum nicht wie Balzac? Peter Handkes *Die Geschichte des Bleistifts* und *Phantasien der Wiederholung*. In: The German Quarterly 63 (1990), S. 412–420, hier S. 419.

39 Peter Handke: Rede zur Verleihung des Franz-Kafka-Preises. [1979] In: P. H.: Das Ende des Flanierens (wie Anm. 34), S. 156–159, hier S. 157f.

40 Karl Wagner: Handkes Arbeit am 19. Jahrhundert: Roman- und Realismuskritik. In: Die Dinge und die Zeichen. Dimensionen des Realistischen in der Erzählliteratur des 19. Jahrhunderts. Hg. von Sabine Schneider und Barbara Hunfeld. Würzburg: Königshausen & Neumann 2008, S. 403–412, hier S. 411.

41 Wolf: Der „Meister des sachlichen Sagens" (wie Anm. 15), S. 197. Vgl. Höller: Eine ungewöhnliche Klassik (wie Anm. 5), S. 37f.

Gegenüber nicht nur als veritablen „Depp[en]", sondern er verteidigte darüber hinaus seinen werkpolitisch orchestrierten *turn* mit ironischem Unterton, gleichwohl mit dem Selbstbewusstsein eines arrivierten Autors: „Daß ich Hymnen an die Schönheit schreibe, laß ich mir gerne sagen, denn die sind alle konkret und philosophisch und auch supergeil formuliert."[42]

Die von Gegnern nicht selten als prätentiös kritisierte Einschreibung in ein Paradigma literarischer Klassizität wird in Handkes Notatbänden freilich nicht als harmonische Aneignung der Tradition beschrieben. Auch die affirmative Bezugnahme auf Goethes Werk wird zwischenzeitlich unterlaufen, indem Handke die Distanz zur Lebenswelt des Weimarer Autors thematisiert, um die Differenz eines Schreibens ‚um 1800' und ‚nach 1945' zu verdeutlichen: „An Goethes Naturbeschreibungen ist zu merken, wie frisch die Landschaft damals noch war; so daß die einfachsten Wörter genügten, das bloße Benennen und ‚Ansagen'" (GdB 169). Wenn Handke noch 2012 die elegische Klage notiert, ob „denn der Goethesche Geist [...] oder überhaupt der Geist aus der Literatur verschwunden" sei – „Wo sind sie, Geist und Poesie? Sag mir, o Geist, wo du verborgen bist?" (VB 176) –, so zeigt sich darin anschaulich der, mit Schiller gesprochen, sentimentalische Charakter seines Bezugs zur historischen Klassik, den er selbst in mehreren Notaten als unüberwindliches Problem, als Folge der Zeitläufte des 20. Jahrhunderts beschrieben hat: „Goethe ging es gut: die Empfindungen und die Einbildungskraft kann man wohl nur vermeiden in einer ‚klassischen Landschaft', nicht aber in dieser grünen Hölle Zentraleuropa" (GdB 9).

Demnach erweist sich das ‚Klassische' nach 1945 für Handke, so Hans Höller, stets als „[d]as prekäre Klassische",[43] dem beständig das Risiko des Scheiterns, nicht zuletzt die Fährnis ästhetizistischer Verirrung eingeschrieben ist; oder wie es in *Die Geschichte des Bleistifts* heißt: „Das Klassische kann nur Ausdruck der Gefahr sein" (GdB 246). Nicht die Sicherheit eines Agierens auf dem festen Grund historisch verbürgter Gattungen und Erzählformen wird bei Handke als Dispositiv des Klassischen aufgerufen. Vielmehr beginne die Praxis eines Schreibens unter den Auspizien spezifisch ‚moderner' und selbstreflexiver Klassizität „mit einem hilflos-traurigen Gefuchtel und erfüllt sich mit einem durchdringend klaren Satz" (GdB 168). Handke skizziert das Klassische

---

42   André Müller im Gespräch mit Peter Handke. Weitra: Bibliothek der Provinz 1993, S. 91.
43   Höller: Eine ungewöhnliche Klassik (wie Anm. 5), S. 33. Vgl. Uwe C. Steiner: Das Glück der Schrift. Das graphisch-graphematische Gedächtnis in Peter Handkes Texten: Goethe, Keller, Kleist (*Langsame Heimkehr, Versuch über die Jukebox, Versuch über den geglückten Tag*). In: Deutsche Vierteljahrsschrift für Literaturwissenschaft und Geistesgeschichte 70 (1996), H. 2, S. 256–289, hier S. 273: „Die Differenz zwischen Handke und Goethe kommt nicht zuletzt im Moment der Gefährdung zum Tragen, das Handke stets mitbetont."

gerade *nicht* als Resultat darstellerischer Souveränität oder als selbstverständliches Verfügen über künstlerische Mittel und generische Formen, sondern als skrupulöses Zögern und Stottern, als Teil der „abenteuerlichen, gefahrvollen Arbeit" des Erzählens (PdW 62),[44] die sich ihrer „Mittel" nie dauerhaft „sicher" sein könne (PdW 58). Entsprechend hat er 1988 in einem Gespräch mit Konrad Funcke die Erfahrung artikuliert, ihm hätten im Laufe seiner Lektürebiographie gerade die „verzweifelt klassischen" Dichter,[45] als deren exemplarischer Vertreter in Handkes Notizen und öffentlichen Äußerungen mehrfach Friedrich Hölderlin auftaucht, als hilfreiche Orientierung gedient: „In dem Sinn kann man nicht sagen, daß mit Goethe die Literatur vollendet ist. Mir hat an Goethe immer diese Hölderlinsche Dringlichkeit gefehlt, und dieses Ausgesetzte."[46] In den fragmentarischen Reflexionen seiner Journalbände unternimmt Handke den Versuch, „Goethe und Hölderlin" (GdB 246), aber etwa auch „Franz Michael Felder und Goethe" (AF 211) miteinander in Beziehung zu setzen und die inhärenten Widersprüche historischer Poetiken im Zeichen eines verbindenden ‚und' ästhetisch zu versöhnen, um im Anschluss an diese dialektische Konfrontation zu den Prinzipien einer neuen synthetisierenden Literatur vorzudringen: „‚Neu spuren': Keine Gesetze gelten mehr, nicht einmal Goethe" (AF 147).

Allem Zögern zum Trotz fungiert Goethe für Handkes ‚Klassik-Projekt' als zentrale intellektuelle wie ästhetische Instanz. Neben einer intensiven, etwa durch seine Übersetzungen aus dem Altgriechischen dokumentierten Auseinandersetzung mit der europäischen Antike (Aischylos, Sophokles), dient der Weimarer Autor ihm als Orientierungsgröße und Leitlinie des Schreibens und der poetologischen Reflexion. Im Gegensatz zu anderen Schriftstellern, mit denen er sich ausführlich beschäftigt hat, fordere ihn Goethe, so Handke 1988, auch nicht zur agonalen Überwältigung heraus: „[U]nd dazu mein Gedanke, sogar Hölderlin müsse überwunden werden, wie Kafka, an Goethe dagegen sei nichts zu überwinden, er sei ‚nur da', rein da".[47] Der von Handke für diese ‚Individualität in der Nachfolge' bemühte Terminus der ‚Wiederholung'

---

44 Geht man nach Erich Kleinschmidt: Klassik als ‚Sprachkrise'. Probleme des Sprachbewußtseins um 1800. In: Klassik im Vergleich (wie Anm. 3), S. 25–41, dann aktualisiert Handke damit einen bereits in den Texten der ‚Weimarer Klassik' angelegten Aspekt, lasse sich in diesen doch, so Kleinschmidt, „trotz der verbal souveränen Diktion eine auffallende Unsicherheit gegenüber der Subjekt/Objekt-Relation erkennen" (S. 29), die durchaus „krisenhafte[]" Momente (S. 38) beinhalte.

45 Konrad Funcke: Wir müssen fürchterlich stottern. Die Möglichkeit der Literatur – Gespräch mit dem Schriftsteller Peter Handke. In: Süddeutsche Zeitung, 23.6.1988.

46 Peter Handke, Peter Hamm: Es leben die Illusionen. Gespräche in Chaville und anderswo. Göttingen: Wallstein ²2008, S. 106.

47 Handke: Gestern unterwegs (wie Anm. 2), S. 98.

meint freilich nicht die Nachahmung oder Nachbildung konventioneller und historisch verbürgter literarischer Verfahren, sondern eine kreative Anverwandlung,[48] ein Einrücken in die vorbildliche Tradition literarischer Dignität im Zeichen einer „reflektierte[n] Modernität"[49]: „Goethe stand der Raum, in den er hineinschreiben konnte, im großen und ganzen frei da; einer wie ich muß diesen Raum erst schreibend schaffen (wiederholen); daher ist das, was ich tue, vielleicht lächerlich? Nein" (PdW 75). Diese Praxis einer variierenden, wiewohl wertschätzenden ‚Nachfolge' führe für ihn, so Handke, allerdings zwangsläufig zur Vereinzelung des Schreibenden: „[D]ie Wiederholer sind die einsamsten Menschen auf der Welt", notiert er in *Die Geschichte des Bleistifts*, „das Wiederholen ist die allereinsamste Tätigkeit" (GdB 128).

In *Der Chinese des Schmerzes* (1983) lässt Handke den Altphilologen Andreas Loser die Vorstellung einer „erfrischenden Wiederholung" dem etablierten Topos der „ermüdenden Wiederholung"', die „Wiederholungsmöglichkeit" einer auf das Problem der Epigonalität deutenden „Wiederholungsgefahr"' gegenüberstellen.[50] Auch in anderen Zusammenhängen hat Handke das ‚Wiederholen' als Form einer produktiven Revitalisierung künstlerisch-intellektueller Praktiken entworfen, etwa wenn er 1984 im Rahmen einer pointierten Polemik gegen Literaturkritik und eventlastigen Literaturbetrieb der Hoffnung auf „eine Wiederholung, eine Erneuerung, eine Wiederbelebung der Haltung Walter Benjamins" Ausdruck verliehen hat.[51]

Die germanistische Forschung hat zwar schlüssig herausgearbeitet, dass sich Handke mit seiner „Wende zum Klassischen"[52] in den 1970er Jahren sowohl „von der politisierenden Literatur à la Enzensberger wie auch von der ‚Neuen Subjektivität' à la Peter Schneider und Karin Struck"[53] distanzierte, im Zuge

---

48 Vgl. dazu Bosse: Goethe bei Handke (wie Anm. 23), S. 381, Anm. 1; Norbert Gabriel: Neoklassizismus oder Postmoderne? Überlegungen zu Form und Stil von Peter Handkes Werk seit der *Langsamen Heimkehr*. In: Modern Austrian Literature 24 (1991), H. 3/4, S. 99–109, bes. S. 102ff.; auch Steiner: Das Glück der Schrift (wie Anm. 43), S. 263, betont, „daß Handke das Gedächtnis, die Literatur als Medium der Wieder-Holung, nicht einfach in einem (fremd)referentiellen und damit plan restaurativen Sinn versteht."
49 Kiesel: Geschichte der literarischen Moderne (wie Anm. 7), S. 466.
50 Peter Handke: Der Chinese des Schmerzes. Frankfurt a.M.: Suhrkamp 1983, S. 70.
51 Peter Handke: Einwenden und Hochhalten. Rede auf Gustav Januš. [1984] In: P. H.: Langsam im Schatten. Gesammelte Verzettelungen 1980–1992. Frankfurt a.M.: Suhrkamp 1992, S. 125–135, hier S. 127.
52 Höller: Eine ungewöhnliche Klassik (wie Anm. 5), S. 12. Vgl. auch Klaus Kastberger: Lesen und Schreiben. Peter Handkes Theater als Text. In: Die Arbeit des Zuschauers. Peter Handke und das Theater. Hg. von K. K. und Katharina Pektor. Salzburg, Wien: Jung und Jung 2012, S. 35–48, hier S. 41, der von Handkes „Wende ins zeitlos Klassische" spricht.
53 Wolf: Der „Meister des sachlichen Sagens" (wie Anm. 15), S. 198.

dessen einen exemplarischen ‚doppelten Bruch' mit den prägenden Optionen des zeitgenössischen literarischen Feldes vollzog und Handkes Eintreten „für den klassischen Kanon" nicht zuletzt auch als „Zeichen des Protestes gegen Vermarktung und Verdinglichung" zu verstehen ist.[54] Dass Handkes Postulat eines klassischen Kunstanspruchs im Sinne einer demonstrativen „Widerständigkeit"[55] an zahlreichen Stellen aber ebenso mit der Abwehr und Abwertung einer klassiz*isti*schen Kunstpraxis einherging, wurde tendenziell weniger stark in den Blick genommen.[56]

In einem Gespräch mit Herbert Gamper auf seine Aischylos-Übersetzungen angesprochen, sieht Handke 1986 eine große Nähe seiner eigenen Stücke zur Theaterpraxis der Antike: Weil das „Dialogschreiben" ihm nicht entspreche, habe ihm „die Lektüre der griechischen Dramatiker geholfen", da auch diese „ganz lange, ausführliche Wechselreden bevorzugen"[57] – Handkes wohl bekannteste Realisierung dieser Struktur langer Wechselreden liegt mit dem 1982 bei den Salzburger Festspielen uraufgeführten ‚dramatischen Gedicht' *Über die Dörfer* vor. Er habe in seinem Schreiben die antiken Vorbilder jedoch „nicht nachgeahmt", vielmehr hätten ihn diese „bestärkt in meiner Natur. Was die Klassiker, was die große wirkende Vergangenheit erreicht, das ist das beste, was erreicht werden kann: Daß es die Natur oder das Wesen oder die Haltung dessen, der jetzt sich an die Arbeit macht, bestärkt. Klassizismus wäre dann das Nachahmen."[58] Vergleichbare Proben eines Handke'schen Anti-Klassizismus lassen sich in mehreren paratextuellen Statements dieser Zeit ausmachen, ja er bestimmt das ästhetische Potential einer zeitgenössischen und zeitgemäßen Klassik wiederholt und mit großer Vehemenz gerade vor der Negativfolie eines drohenden Klassizismus: „Nur aufpassen, daß es nicht

---

54   Wendelin Schmidt-Dengler: Peter Handkes Klassizität. In: ide 25 (2001), H. 4, S. 38–44, hier S. 43.
55   Ebd.
56   Gabriel: Neoklassizismus oder Postmoderne? (wie Anm. 48), S. 104f., etwa spricht von Handkes „klassizistischen Anschauungen" und einem „gleichsam klassizistischen Gedankenkorsett, in das Handke sein Erzählen immer wieder zwängt", ohne dabei auf dessen Differenzierung zwischen ‚Klassik' und ‚Klassizismus' hinzuweisen. Heribert Tommek: Der lange Weg in die Gegenwartsliteratur. Studien zur Geschichte des literarischen Feldes in Deutschland von 1960 bis 2000. Berlin, Boston: de Gruyter 2015, S. 346, wiederum konstatiert im gleichen Atemzug Handkes „Streben nach einem klassischen [!] Literaturbegriff" und seine „Wende [...] zu einem ästhetisierten, klassizistischen [!] Welt- und Menschenbild".
57   Herbert Gamper: Die Natur bestärken. Gespräch mit Peter Handke über Aischylos, das Übersetzen, das Schreiben. In: Die Presse [Beilage „Literaricum"], 16./17.8.1986.
58   Ebd.

klassizistisch wird",[59] so Handkes im bereits zuvor zitierten Gespräch mit Karin Kathrein formuliertes ‚Mantra des Vermeidens'. Was Handke 1991 im Essay *Über Lieblingswörter* als Gefahr eines „Magnetismus der Wörter" charakterisiert hat, dem der Schriftsteller nicht „verfallen" dürfe – „dieses ‚Nicht' ist wohl überhaupt das Autor-Zeichen"[60] –, könnte im Kontext seiner Klassizismus-Kritik, deren konkreter Bezugspunkt meist vage bleibt, ja im Grunde der argumentativen Bestärkung des eigenen Projekts *ex negativo* dient,[61] als Kampf gegen einen ‚Magnetismus der literarischen Tradition' oder einen ‚Magnetismus der verbürgten Form' gefasst werden. In der *Geschichte des Bleistifts* hat Handke dies mit explizitem Verweis auf Nicolas Boileau, und als implizite Reverenz an das historische Modell der *Querelle des Anciens et des Modernes*, folgendermaßen festgehalten:

> „Wir sind auf Klassisches aus – aber zuvor müssen wir sagen, warum" (Boileau, zitiert von Francis Ponge). – Nun denn: Klassisches entstünde aus etwas Zweifachem: einmal aus der Rekonstruktion: Wie ist es wirklich gewesen?, und zweitens: Welche Sprache entspricht diesem wirklich Gewesenen, macht dieses gegenwärtig – was ist die wirkliche Sprache für das wirklich Gewesene? [...] Und Klassik hieße nicht: ich schöpfe aus der Tradition; sondern: ganz und gar, ausschließlich, aus mir, aus meinem klarsten Kopf und heißestem Herzen, aus meinem für sich den *Anfang* beanspruchenden Leben, und jeder meiner Sätze weiß dann doch, daß er aus einer dreitausend Jahre alten Tradition kommt und keinmal so tun darf, als käme er nur aus meinem Jahrhundert und meinem Milieu: das Klassische ist, im Gegensatz zum Naturalistischen, das Natürliche, das Gesetzmäßige. – Und dieses Klassische, oder das Bedürfnis danach, entsteht bei mir folgend: etwas, das mich überwältigt hat, soll (will) überwältigend gesagt werden. Aber ich verfüge nicht über die Form dafür, stammle nur (sonst hätte es mich ja auch nicht überwältigt). Zugleich winken mir freilich noch und noch Formeln: das naturalistische Nachstammeln, das romantisch-fragmentarische Ausweichen, das klassizistische Geleier, oder auch nur das Stillschweigen – die verschiedenen Arten des Verrats. (GdB 182f.)

---

59 Kathrein: „Ich wär' so gern skrupellos" (wie Anm. 12), S. 15.
60 Peter Handke: Über Lieblingswörter. [1991] In: P. H.: Langsam im Schatten (wie Anm. 51), S. 14–15, hier S. 14.
61 Den Gegenpol zum ‚Klassizistischen' bildet bei Handke mitunter auch das originär ‚Neue' im Sinne eines noch nicht automatisierten literarischen Verfahrens. Vgl. Funcke: Wir müssen fürchterlich stottern (wie Anm. 45): „Manchmal bin ich zuversichtlich. Ich denk mir neue Formen aus, nicht die klassizistischen, sondern so neue Formen, die entstehen, wo ich mich aber noch nicht dranwage [...]." Mit entsprechenden literaturtheoretischen Konzepten des Russischen Formalismus hatte sich Handke bereits im Lauf der 1960er Jahre beschäftigt. Vgl. dazu Harald Gschwandtner: Strategen im Literaturkampf. Thomas Bernhard, Peter Handke und die Kritik. Wien u.a.: Böhlau 2021, S. 223–226.

Indem Handke seine Idee von zeitgemäßer Klassizität als Vermeidung eines epigonalen Klassizismus charakterisiert, aktualisiert er eine, folgt man Horst Thomés einschlägigem Artikel im *Reallexikon der deutschen Literaturwissenschaft*, „heute obsolete[] Unterscheidung", wonach Klassizismus in einer historischen Semantik „eine bloß äußerliche Nachahmung der Antike im Gegensatz zu deren schöpferischer Anverwandlung in einer ‚Klassik'" bezeichnet, die sich in einer „pedantisch epigonale[n] Weiterführung jedweder ‚klassischen' Kunstperiode" erschöpft.[62] Handkes Legitimation einer Schreibpraxis im „Mich-Vergleichen [...] mit den Klassikern" (PdW 53), die für die Festlegung einer eigenen Position stets ein Gegenüber benötigt, ajouriert das Label des Klassizismus somit als Pejorativum und „Kampfbegriff".[63] Dass Handke, der von Teilen der Literaturkritik rasch als klassizistischer Epigone geschmäht wurde, der – so Wolfgang Lange 1985 im *Merkur* – „nichts anderes" betreibe als den „Widerruf des ästhetischen Programms der Moderne",[64] sich nun selbst ausdrücklich einer klassischen Tradition zurechnete und diese gegen einen defizitären, weil harmlos-unproduktiven Klassizismus ausspielte, ist jedenfalls beachtenswert.

Im Zuge seiner Reflexionen entwirft Handke schließlich auch eine fragmentarische Soziologie des Klassizismus, eine Sozialtopographie ästhetischer Dispositionen, die die ästhetische Dimension der Gegenüberstellung von ‚Klassik' und ‚Klassizismus' um eine habituelle erweitert. Noch 2002 hat Handke im Gespräch mit seinem langjährigen Weggefährten Peter Hamm eine Tendenz zum Klassizismus mit der sozialen Herkunft eines Autors in Verbindung gebracht:

> Einer, der wie ich im Dorf geboren ist [...], der dann eine Bauernkind- und Zimmermannskindexistenz führt, dann ins Internat kommt, aus dem Internat entfernt wird, weil er Literatur liest, der kann ... wenn er dann schreibt, kein Klassizist werden. Er müßte ich weiß nicht wer sein, um ein Klassizist zu werden. Das geht einfach nicht. Vielleicht kann ein reicher Bauernsohn, der studiert, wie, sagen wir, Stefan George – vielleicht ist ihm dann eher möglich, daß die Nachahmung, das Nachempfundene, verbunden mit vielem Wahrempfundenen, zu einer Art von Klassizismus führt. Aber nicht bei einem Kleinhäuslersohn.[65]

---

62 Horst Thomé: Klassizismus. In: Reallexikon der deutschen Literaturwissenschaft. Bd. II (wie Anm. 10), S. 276–278, hier S. 276.

63 Ebd., S. 277. Vgl. Voßkamp: Klassisch/Klassik/Klassizismus (wie Anm. 8), S. 295. Zur literatursoziologischen Dimension einer solchen Konstellation vgl. Bourdieu: Die Regeln der Kunst (wie Anm. 3), S. 466.

64 Wolfgang Lange: Eklektizismus und Epigonentum heute. Die *Langsame Heimkehr* des Peter Handke. In: Merkur 39 (1985), S. 256–263, hier S. 257.

65 Handke/Hamm: Es leben die Illusionen (wie Anm. 46), S. 107f.

Ähnliche Überlegungen hatte Handke schon in ersten Notaten aus der *Geschichte des Bleistifts* festgehalten: „Das Pathos meiner Herkunft bewahrt mich vor dem Klassizistischen (das Zeichen des Bürgerlichen ist) und verlangt von mir das Klassische (das nicht nur mich adelt)" (GdB 20).[66] Mit pointierten Äußerungen wie dieser speist Handke die gesellschaftliche Position der jeweiligen Akteure in seine Kritik am Klassizismus als saturierte und selbstzufriedene künstlerische Praxis ein. Und er skizziert, obgleich nicht in systematischer, d.h. literatursoziologisch belastbarer Weise, eine Konstellation differierender sozialer Ausgangsbedingungen von Autoren im literarischen Feld. Es ist in diesem Zusammenhang durchaus folgerichtig, dass Handke seine polemische Distanzierung von Formen des Klassizismus schließlich auch mit Blick auf die germanistische Philologie vollzogen hat: Er formulierte nicht nur die Forderung an „ordentliche" und „außerordentliche Germanist[en]",[67] endlich adäquate wissenschaftliche Instrumentarien zur Beschreibung seiner avancierten literarischen Verfahren zu entwickeln, sondern setzte mit einer doppelten Volte gegen Literatur *und* Literaturkritik bzw. Literaturwissenschaft, die bereits den vielbeachteten Auftritt in Princeton 1966 geprägt hatte, im Gespräch mit Peter Hamm das „Professorenhafte[]" nachgerade denunziatorisch mit dem „Klassizistischen" gleich,[68] um der entsprechenden Klientel ihre fehlende Sensibilität für ästhetischen Nonkonformismus und ambitionierte Formen dichterischer Individualität vorzuhalten.

Hier wie an zahlreichen anderen Stellen zeigt sich, dass Handkes ‚Wende zum Klassischen' nicht nur eine emphatische Wiedergewinnung und Revitalisierung eines historischen Paradigmas vorstellt, sondern auch die akkumulierte „symbolische[] Aufladung"[69] der Begriffe ‚Klassik' und ‚Klassizismus' und deren soziale und ästhetische „Legitimationsfunktionen"[70] mitverhandeln muss. Wer wie Peter Handke sein Schreiben, wenn auch mit leicht ironischem Unterton, zum „Goethesche[n] Nachvollzug des Schriftstellers auf Erden"[71] erklärt, bezieht damit, mit Pierre Bourdieu gesprochen, unvermeidlich auch eine Position in der „Geschichte des Feldes", die in jedem „Spielakt"

---

66 Vgl. auch: „Durch seine Herkunft – aus keiner Klasse – erschien es ihm unstatthaft, das ausdrückliche Denken mitzumachen [...] (wie Karl Philipp Moritz)" (GdB 67); „Ein Arbeitersohn, der ‚Kritiker' wird: Schande (bei Bürgersöhnen und -töchtern: naja, was bleibt ihnen übrig?); ein Arbeitersohn hat Künstler zu werden" (AF 334).
67 Handke/Hamm: Es leben die Illusionen (wie Anm. 46), S. 117.
68 Ebd., S. 107.
69 Broch: Literarischer Klassizismus (wie Anm. 8), S. 58.
70 Thomé: Klassik$_1$ (wie Anm. 32), S. 269.
71 Thomas Steinfeld: Ich erzähle von einem Leben, das über mich hinausgeht. Peter Handke im SZ-Interview. In: Süddeutsche Zeitung, 30.1.2002.

präsent ist.[72] Hatte Handke am Beginn seiner schriftstellerischen Laufbahn, wie zeitgenössische Berichte belegen,[73] mit dem Titulierung als ‚Klassiker' bestenfalls kokettiert, stellten die weiteren Etappen seiner Entwicklung ganz bewusste und poetologisch reflektierte Einschreibungen in diese ‚Feldgeschichte' dar. Nicht zuletzt gegen die ideologische Vereinnahmung literarischer ‚Klassiker' im Namen nationaler Identität und kollektiver Sinnstiftung entwarf Handke ab Mitte der 1970er Jahre die Idee einer individuellen ‚anderen Klassik', die sich folglich auch, wie der Schauspieler-Protagonist in *Der Große Fall* (2011), auf das leitende Vorbild eines „anderen Goethe"[74] beruft.

3. Thomas Bernhard: Satire und lähmende Klassizität

Wenn Thomas Bernhard sich 1981 in den *Monologen auf Mallorca* aufgrund seines fortgeschrittenen Alters, das ihn in der kalten Jahreszeit „ans warme Mittelmeeröferl" treibe, selbst zum „klassische[n] Dichter" ausruft,[75] sind damit kaum jene Implikationen verbunden, die zuvor für Peter Handke rekonstruiert wurde. Während Handke mit seiner emphatischen Bezugnahme auf ein Konzept literarischer Klassizität die Einschreibung in eine ehrwürdige Tradition bei gleichzeitiger Distanzierung von seinen schreibenden Zeitgenossen betreibt, ist Bernhards Selbstcharakterisierung als „klassischer Dichter" im Gespräch mit Krista Fleischmann wohl jenem Modus komödiantisch-unernsten Sprechens zuzurechnen, den er im Laufe der 1980er Jahre zusehends virtuos ausgestalten sollte. Gleichwohl fallen die *Monologe auf Mallorca* in eine Phase von Bernhards Schaffen, in der er sich in gleich

---

72   Pierre Bourdieu: Über einige Eigenschaften von Feldern. In: P. B.: Soziologische Fragen. Frankfurt a.M.: Suhrkamp 1993, S. 107–114, hier S. 110.

73   Vgl. die beiden Berichte zu einem Auftritt Handkes im Berliner Forum-Theater im Frühjahr 1967: Htz.: Auch wer schimpft, kann klassisch sein. Vor der Premiere: Zukunftsmusik von Peter Handke. In: Der Abend [Berlin], 5.4.1967: „Und als sein Regisseur Günther Büch erklärt, wie gut sich Handke-Experimente als Vorübungen für eine schwierige Klassiker-Inszenierung eignen können, verkündet der Clown aus Kärnten mit der niedlichen Arroganz und heiteren Selbstverständlichkeit des flott Avancierten schlicht: ‚Meine Stücke sich auch klassisch!'" – D. F.: Worte über Wörter. Peter Handke erläutert sich. In: Telegraf [Berlin], 5.4.1967: „Auch Günther Büch, mit von der Presseparty, hat Zeit. Er ist dreiunddreißig und will noch einige Handkes spielen, ehe er sich an Klassiker wagt. (Handke: ‚Ich bin auch ein Klassiker', der junge Autor zeigte nicht nur bei diesem Satz Sinn für Humor.)"

74   Peter Handke: Der Große Fall. Erzählung. Berlin: Suhrkamp 2011, S. 174.

75   Thomas Bernhard: Monologe auf Mallorca. [1981] In: T. B.: Werke. Hg. von Martin Huber und Wendelin Schmidt-Dengler. Bd. 22.2: Journalistisches. Reden. Interviews. Hg. von Wolfram Bayer, Martin Huber und Manfred Mittermayer. Berlin: Suhrkamp 2015, S. 181–246, hier S. 245.

mehreren literarischen Projekten mit Johann Wolfgang Goethe als Figur der deutschen Literatur- und Geistesgeschichte befasste – und dabei ein deutlich anderes Bild von Klassizität entwarf als sein Antipode Handke.[76]

Im Gegensatz zu diesem beschäftigte sich Bernhard Anfang der 1980er Jahre allerdings kaum mit konkreten Texten oder gar poetologischen Konzepten Goethes, sondern zeichnete ihn zuallererst als einen im Laufe der Literaturgeschichte in den „Rang einschüchternder Klassizität" erhobenen Autor.[77] Bernhards Auseinandersetzung mit Goethe ist dabei als Teil jenes Programms intellektueller und künstlerischer Selbstbehauptung zu verstehen, das er bereits seit Ende der 1950er Jahre und verstärkt nach seiner Etablierung im literarischen Feld Mitte der 1960er Jahre in diversen fiktionalen Genres und poetologischen Statements entworfen und rhetorisch unterschiedlich moduliert hatte. Mit dem 1970 produzierten Filmmonolog *Drei Tage*, der Bernhard räsonierend auf einer weißen Bank in einem Hamburger Park zeigt, liegt das wohl prägnanteste, gleichwohl kaum systematisch belastbare poetologische Statement in Bernhards Œuvre vor. Den kreativen Prozess des Schreibens charakterisiert Bernhard darin als notwendigen Kampf gegen „Widerstände", als fortwährende Absetzbewegung von Traditionen und kanonisierten Akteuren. Gerade jene „Autoren, die für mich die wichtigsten sind", seien seine „größten Gegner oder Feinde".[78] Die Auseinandersetzung mit Henry James etwa gleiche, so Bernhard, einem „ständige[n] Zur-Wehr-Setzen", ja sie stelle eine „verbitterte Feindschaft" dar:

> Meistens kommt man sich lächerlich vor gegen diese Leute, dann darf man aber nicht arbeiten ... Aber nach und nach bekommt man Gewalt, auch über ganz Große ... und man kann sie niederdrücken ... / Man kann sich über die Virginia Woolf oder über Forster erheben, und dann muß ich schreiben.[79]

---

76 Ähnlich wie im Fall Adalbert Stifters könnte die zeitnahe Beschäftigung beider Autoren mit Goethe auch als ‚Stellvertreterkrieg' eines schwelenden und zusehends in der literarischen Öffentlichkeit ausgetragenen Konflikts *zwischen* den beiden beschrieben werden. Dazu Sabine Schneider: Adalbert Stifter, die Literatur des 20. Jahrhunderts und die methodischen Paradigmenwechsel der Literaturwissenschaft. In: Die Literatur der Literaturtheorie. Hg. von Boris Previšić. Bern u.a.: Lang 2010, S. 187–199.

77 Justus Fetscher: Tendenz, Zerrissenheit, Zerfall. Stationen der Fragmentästhetik zwischen Friedrich Schlegel und Thomas Bernhard. In: Totalität und Zerfall im Kunstwerk der Moderne (wie Anm. 11), S. 11–31, hier S. 31. Vgl. zu Bernhards polemischer Auseinandersetzung mit Goethe zuletzt Manfred Mittermayer: Thomas Bernhard. Eine Biografie. Wien, Salzburg: Residenz 2015, S. 334–337.

78 Thomas Bernhard: Drei Tage. [1970] In: T. B.: Werke. Bd. 22.2 (wie Anm. 75), S. 54–66, hier S. 57f. u. 62f.

79 Ebd., S. 63. Vgl. dazu Hans Höller: „Gewalt auch über ganz Große". Thomas Bernhards Überwindung der ‚Einflussangst'. In: Thomas Bernhard Jahrbuch (2005/06), S. 65–74.

Diese Bilder einer gewaltsamen Überwindung von Vorbildern und kanonisierten Autoren hat Bernhard in Erzähl- und Theatertexten, in Interviews, essayistischen Reflexionen und öffentlichen Polemiken in vielfacher Variation entworfen und auf mitunter virtuose Weise ästhetisch fruchtbar gemacht. Sein Konzept einer umfassenden Selbstbehauptung ist dabei von einer programmatischen Verschränkung zwischen auktorialer Selbstbeschreibung auf der *einen* und fiktionaler Erzähler- und Figurenrede auf der *anderen* Seite geprägt, die ganz wesentlich zum Irritations- und Provokationspotential von Bernhards literarischer Posture beitrug.[80]

Im Anschluss an Prosa- und Theatertexte, in denen er sich mit dem Status literarischer und intellektueller Vorbildlichkeit auseinandergesetzt hatte (u.a. *Die Berühmten*, 1976; *Immanuel Kant*, 1978), beschäftigte sich Bernhard um 1980 – also in zeitlicher Nähe zu Handkes ‚klassischer Wende' – in verschiedenen Szenarien mit der literatur- und geistesgeschichtlichen Rolle Goethes. Die Konzepte von ‚Klassik' und ‚Klassiker' sind in diesem Zusammenhang freilich ganz anders konnotiert als bei Handke, ‚Klassizität' ist hier kein anzustrebendes Ziel, keine ästhetische Wunschvorstellung, sondern eher ein Schreckgespenst.[81] Neben seinem umfangreichsten Roman *Auslöschung*, der zu großen Teilen in dieser Zeit entstand, aber erst 1986 veröffentlicht wurde, sind es vor allem die im März 1982 anlässlich von Goethes 150. Todestag in der Hamburger ZEIT erschienene Erzählung *Goethe schtirbt* und das im Juni 1982 in Bochum uraufgeführte Theaterstück *Über allen Gipfeln ist Ruh*, die eine Beschäftigung mit der Person Goethes belegen. Ferner erschien in diesem Jahr die Erzählung *Wittgensteins Neffe*, deren Titel wohl nicht von ungefähr auf Diderots philosophischen Dialog *Le Neveu de Rameau* verweist, der 1805 in Goethes Übersetzung bei Göschen in Leipzig erstmals auf Deutsch veröffentlicht wurde.

---

80   Vgl. zuletzt Franz M. Eybl: „Wenn das Werk lacht, weint der Dichter". Thomas Bernhards poetologische Maskeraden. In: Dichterdarsteller. Fallstudien zur biographischen Legende des Autors im 20. und 21. Jahrhundert. Hg. von Robert Leucht und Magnus Wieland. Göttingen: Wallstein 2016, S. 157–174; Harald Gschwandtner: Bernhard und die Öffentlichkeit: Journalistisches, Reden, Interviews. In: Bernhard-Handbuch. Leben – Werk – Wirkung. Hg. von Martin Huber und Manfred Mittermayer. Stuttgart: Metzler 2018, S. 270–278.

81   Die Einschätzung von Herbert Gamper, wonach Bernhard „mit Goethe [...] nie viel im Sinn gehabt" habe, denn „wo er ihn erwähnt, den Autor der *Wahlverwandtschaften* ausgenommen, geschieht es spottend", greift, wie im Folgenden gezeigt werden soll, allerdings deutlich zu kurz (H. G.: „In der Obhut der Montaigne, Pascal, Goethe". Widersprüchliches und Ungereimtes zum „Geistesmenschen". In: Bernhard-Tage Ohlsdorf 1999. „In die entgegengesetzte Richtung". Thomas Bernhard und sein Großvater Johannes Freumbichler. Materialien. Hg. von Franz Gebesmair und Manfred Mittermayer. Weitra: Bibliothek der Provinz [2000], S. 165–179, hier S. 167).

Anhand ausgewählter Beispiele sollen Bernhards Goethe-Images in der Folge als Inszenierungen von Klassizität gedeutet werden: Diese wird bei Bernhard zwar, ähnlich wie in Handkes Nachfolge-Narrativ, stets unter den Vorzeichen einer genealogischen *translatio* verhandelt – „in einer Reihe mit den Hervorragendsten"[82] –; gerade in *Goethe schtirbt* wird Klassizität jedoch außerdem und vor allem als lähmende Machtposition skizziert, die die Idee ästhetischer und humaner ‚Vorbildlichkeit' nachhaltig infragestellt.

Gegen Ende von *Auslöschung* bringt der Erzähler Franz-Josef Murau in seinen mäandrierenden Reflexionen über eigene und fremde Unzulänglichkeiten recht unvermittelt den Namen Goethes ins Spiel.[83] Hatte er zuvor noch den „Wert" der Lyrik der von ihm verehrten Schriftstellerin Maria – hinter der unschwer Ingeborg Bachmann zu erkennen ist – mit „jene[n] Goetheschen Gedichte[n]" verglichen, „die ich am höchsten einschätze",[84] erinnert er sich nun an ein Gespräch mit seinem Schüler Gambetti in Rom, das den Autor zum Gegenstand gehabt hat:

> Von Spadolini war ich dann merkwürdigerweise auf Goethe gekommen: auf den Großbürger Goethe, den sich die Deutschen zum Dichterfürsten zugeschnitten und zugeschneidert haben, habe ich das letzte Mal zu Gambetti gesagt, auf den Biedermann Goethe, den Insekten- und Aphorismensammler mit seinem philosophischen Vogerlsalat, so ich zu Gambetti, der natürlich das Wort *Vogerlsalat* nicht verstand, so hatte ich es ihm erklärt. Auf Goethe, den philosophischen Kleinbürger, auf Goethe, den Lebensopportunisten [...]. Auf Goethe, den Gesteinsnumerierer, den Sterndeuter, den philosophischen Daumenlutscher der Deutschen, der ihre Seelenmarmelade abgefüllt hat in ihre Haushaltsgläser für alle Fälle und Zwecke. (Aus 449f.)

---

82 Thomas Bernhard: Über allen Gipfeln ist Ruh. [1982] In: T. B.: Werke. Bd. 18: Dramen IV. Hg. von Bernhard Judex und Manfred Mittermayer. Frankfurt a.M.: Suhrkamp 2007, S. 135–252, hier S. 151. In der Folge mit der Sigle „ÜGR" und Seitenzahl im Fließtext zitiert.

83 Mit den strukturellen Parallelen und programmatischen Abweichungen zwischen Bernhards *Auslöschung* und Goethes *Wilhelm Meister*, die in der vorliegenden Abhandlung nicht genauer verfolgt werden können, hat sich Wilhelm Voßkamp intensiv auseinandergesetzt. Vgl. W. V.: „Auslöschung". Zur Selbstreflexion des Bildungsromans im 20. Jahrhundert bei Thomas Bernhard. In: Literatur und Demokratie. Festschrift für Hartmut Steinecke zum 60. Geburtstag. Hg. von Alo Allkemper und Norbert Otto Eke. Berlin: Schmidt 2000, S. 231–244, bes. S. 241–244. Thomas Meyer: Die phantastische Gabe des Gegen-Gedächtnisses. Ethik und Ästhetik in Thomas Bernhards *Auslöschung*. Bielefeld: transcript 2014, S. 302, hat mit Blick auf *Auslöschung* von einer „Anti-Goethe-Ästhetik" gesprochen.

84 Thomas Bernhard: Werke. Bd. 9: Auslöschung. Ein Zerfall. [1986] Hg. von Hans Höller. Frankfurt a.M.: Suhrkamp 2009, S. 400. In der Folge mit der Sigle „Aus" und Seitenzahl im Fließtext zitiert.

So wie der Musikphilosoph Reger in *Alte Meister* (1985) Adalbert Stifter meist über den ‚Umweg' der Stifter-Renaissance in der deutschsprachigen Gegenwartsliteratur polemisch attackiert, richten sich Muraus Invektiven zwar zunächst gegen Goethe selbst, sodann aber mit besonderer Verve gegen die zeitgenössischen Verehrer und Stellvertreter des Autors.[85] Darüber hinaus will Murau auch die literaturgeschichtlich exponierte Stellung Goethes als deutscher „Dichterfürst" nicht gelten lassen:

> Er ist nicht der größte Lyriker, er ist nicht der größte Prosaschreiber, habe ich zu Gambetti gesagt, und seine Theaterstücke sind gegen die Stücke Shakespeares beispielsweise so gegeneinander zu stellen, wie ein hochgewachsener Schweizer Sennenhund gegen einen verkümmerten Frankfurter Vorstadtdackel. Faust, hatte ich zu Gambetti gesagt, was für ein Größenwahnsinn! Der total mißglückte Versuch eines schreibenden Größenwahnsinnigen, hatte ich zu Gambetti gesagt, dem die ganze Welt in seinen Frankfurter Kopf gestiegen ist. [...] Dichterfürst, was für ein lächerlicher, dazu aber grunddeutscher Begriff, hatte ich zu Gambetti gesagt. Hölderlin ist der große Lyriker, hatte ich zu Gambetti gesagt, Musil ist der große Prosaschreiber und Kleist ist der große Dramatiker, Goethe ist es dreimal nicht. (Aus 451)

Muraus vorderhand unmotivierte Attacken gegen Goethe zielen primär auf die Unterminierung einer kulturell verbürgten und vielfach bestätigten Ausnahmestellung, auf die Relativierung von Bedeutung und Qualität ab.[86] Sie arbeiten exzessiv und in mehrfacher syntaktischer Variation mit der Gegenüberstellung von vorgeblicher literarischer ‚Größe' und tatsächlicher ‚kleinbürgerlicher' Bedeutungslosigkeit, die immer wieder aufs Neue durchgespielt wird, um die häretische Position des Polemikers Murau nachdrücklich zu bekräftigen.

Gleichzeitig wird in *Auslöschung* mit der Rede von Goethe als dem „Totengräber des deutschen Geistes" (Aus 451) bereits der grundlegende Konflikt von *Goethe schtirbt* präludiert: Hatte sich Bernhard 1968 in der Skizze *Unsterblichkeit ist unmöglich*, die zahlreiche Motive der autobiographischen

---

85 Vgl. zuletzt Barbara Mariacher: Von der Subversion des Lesens. Literarische Gegenwelten in Thomas Bernhards *Auslöschung. Ein Zerfall*. In: Wissensräume. Bibliotheken in der Literatur. Hg. von Mirko Gemmel und Margrit Vogt. Berlin: Ripperger & Kremers 2013, S. 289–307, hier S. 302f.

86 Vgl. Joachim Hoell: Thomas Bernhard. München: dtv 2000, S. 133: „Das Leben dieser Autoren ist für Murau die Angriffsfläche. Goethes, Manns und Heideggers Einbindung in den bürgerlichen Kulturbetrieb ist Murau zufolge Zeichen von deren Staatskunst. Der Idealtyp des Künstlers und Geistesmenschen zeichnet sich dagegen durch Opposition, Isolation und Sensibilität aus. Murau nennt Autoren wie Pascal, Rousseau, Jean Paul, Novalis, Hölderlin, Kleist, Nietzsche, Wittgenstein und Kafka."

Pentalogie (1975–1982) vorwegnimmt, noch als junger Mensch „in der Obhut der Montaigne, Pascal, Goethe" beschrieben,[87] erweist sich diese „Obhut" im Abstand eines guten Jahrzehnts nunmehr als trügerisch. In *Goethe schtirbt* zeichnet Bernhard den ‚Klassiker' als Verkörperung einer Form destruktiver Autorschaft, die die Vernichtung von Konkurrenten und ‚Spätgeborenen' billigend in Kauf nimmt. Während Handke bei der Lektüre von Goethes Briefen aus den letzten Lebensjahren vor der Annäherung an das Sterbedatum merklich zögert – „In einer Woche wird Goethe sterben. Ich will es nicht lesen. Aber ich muß es lesen!" (VB 333) –, fokussiert Bernhards Erzählung schon im orthographisch verballhornten Titel den Tod des klassischen Autors, um dessen selbstgerechte Machtfülle und senile Hinfälligkeit gleichermaßen zu porträtieren. Als Erzähler fungiert eine namenlos bleibende, vermutlich männliche Person aus dem Umkreis Goethes, die – dem Bernhard'schen Modell mehrfach gestaffelter und vermittelter Information folgend[88] – ihre Auskünfte über den greisen Dichter vor allem über dessen Vertraute Riemer und Kräuter erhält.[89] Kurz vor seinem Lebensende fasst Goethe den Entschluss, „Wittgenstein nach Weimar einzuladen", um eine „Verbindung" mit dem Philosophen „herzustellen",[90] den er ausdrücklich als seinen „Nachfolger[]" und „*Sohn*" apostrophiert (GS 401 u. 403):

> Ich habe keinen anderen Wunsch mehr. Wenn Schopenhauer und Stifter noch lebten, würde ich diese beiden mit Wittgenstein einladen, aber Schopenhauer und Stifter leben nicht mehr, so lade ich allein Wittgenstein ein. Und wenn ich es genau überlege, so Goethe am Fenster, die rechte Hand auf den Stock gestützt, ist Wittgenstein von allen der größte. (GS 405)

---

87 Thomas Bernhard: Unsterblichkeit ist unmöglich. Landschaft der Kindheit. [1968] In: T. B.: Werke. Bd. 22.1: Journalistisches. Reden. Interviews. Hg. von Wolfram Bayer, Martin Huber und Manfred Mittermayer. Berlin: Suhrkamp 2015, S. 600–607, hier S. 606.

88 Vgl. zum Erzählverfahren von *Goethe schtirbt* Natalie Binczek: Mittler und Vermittlungen. Formen der Umschrift in Thomas Bernhards Erzählung *Goethe schtirbt*. In: Text + Kritik ([4]2016), H. 43, S. 29–40, hier S. 33: „An keiner Stelle kann der Ich-Erzähler aus erster Hand Goethes Worte referieren, er ist vielmehr von Anbeginn darauf angewiesen, was ihm andere übermitteln." Der Text führe, so Binczek, „das Modell des Hörensagens als die ihm eigene narrative Struktur vor." (ebd., S. 34)

89 Edith Anna Kunz: Goethe ruht nicht. Thomas Bernhards *Goethe schtirbt* und *Über allen Gipfeln ist Ruh*. In: Goethe als Literatur-Figur. Hg. von Alexander Honold, E. A. K. und Hans-Jürgen Schrader. Göttingen: Wallstein 2016, S. 219–233, hier S. 220, argumentiert, Bernhard habe sich für den Entwurf der erzählerischen Konstruktion „an dem von Goethes Leibarzt Carl Vogel verfassten Bericht *Die letzte Krankheit Goethe's* (1833)" „orientiert".

90 Thomas Bernhard: Goethe schtirbt. [1982] In: T. B.: Werke. Bd. 14: Erzählungen. Kurzprosa. Hg. von Hans Höller, Martin Huber und Manfred Mittermayer. Frankfurt a.M.: Suhrkamp 2003, S. 398–413, hier S. 399 u. 401. In der Folge mit der Sigle „GS" und Seitenzahl im Fließtext zitiert.

Wulf Segebrecht vertritt in seiner Interpretation der Erzählung die Auffassung, der „Sprung über die Zeiten hinweg" geschehe „ganz selbstverständlich, ohne eine besondere, vielleicht gar sensationelle Aufmerksamkeit für sich in Anspruch zu nehmen".[91] Jedoch scheint mir der konzeptionelle ‚Clou' von *Goethe schtirbt* gerade in dieser verschobenen, alle *terminus post quem*- und *terminus ante quem*-Relationen aushebelnden Zeitregie zu liegen. In *Goethe schtirbt* werden nicht nur die Sterbejahre Goethes und Wittgensteins – 1832 und 1951 – amalgamiert, auch der 1778 verstorbene Voltaire scheint in der erzählten Zeit noch vital und aktiv zu sein, habe dieser doch, so Goethe, „sein Amt, literarische Bettelbriefe zu beantworten, übernommen" (GS 408f.). Darüber hinaus liest Goethe Wittgensteins *Tractatus logico-philosophicus* (1921/22), aus dem er stellenweise wörtlich zitiert,[92] in einem „*kleine[n] Büchlein mit rotem Umschlag, aus der Bibliothek Suhrkamp*" (GS 408) – also jener Reihe des Verlags, die zwar in Wittgensteins Sterbejahr 1951 gegründet wurde,[93] in der aber erst 1970 mit *Über Gewißheit* ein Band von Wittgenstein erschien. Als „*kleines rotes Büchlein mit rotem Umschlag*" lag der *Tractatus* im Übrigen seit 1963 nur in der *edition suhrkamp*, nicht in der von Bernhard zeitlebens besonders hoch geschätzten *Bibliothek Suhrkamp* vor.[94]

Weder Oliver Jahraus' Deutung der Erzählung als Dokument einer „massive[n] Abneigung gegen Goethe"[95] noch Segebrechts Vorschlag, sie als verkappte „Ehrenrettung Goethes" zu verstehen,[96] ist indes wirklich plausibel. Liest man die Inkongruenzen in der historischen Referenzierung des erzählten

---

91   Wulf Segebrecht: ... und Goethe mußte sterben. Wie in der Gegenwartsliteratur mit Johann Peter Eckermann umgegangen wird – und mit Goethe. In: Spuren, Signaturen, Spiegelungen (wie Anm. 23), S. 399–417, hier S. 411.
92   Vgl. Martin Huber: Wittgenstein auf Besuch bei Goethe. Zur Rezeption Ludwig Wittgensteins im Werk Thomas Bernhards. In: Wittgenstein *und*. Philosophie →← Literatur. Hg. von Wendelin Schmidt-Dengler, Martin Huber und Michael Huter. Wien: Edition S 1990, S. 193–207, hier S. 205f.
93   Vgl. Geschichte des Suhrkamp Verlages. 1. Juli 1950 bis 30. Juni 1990. Frankfurt a.M.: Suhrkamp 1990, S. 27.
94   Kunz: Goethe ruht nicht (wie Anm. 89), S. 225, geht hingegen davon aus, dass die Erwähnung des Bandes aus der Bibliothek Suhrkamp auf eine Publikation von Bernhard selbst verweist, nämlich auf „die Erzählung *Wittgensteins Neffe*, die – wohl in Anlehnung an Wittgensteins *Tractatus* – ebenfalls mit rotem Cover bei Suhrkamp erschien. Das in *Goethe schtirbt* erwähnte rote Büchlein unter Goethes Kopfkissen deutet also auch auf dieses Werk hin. [...] Indem Bernhard, nicht gerade bescheiden, seinem fiktiven Goethe ein eigenes Werk unters Kopfkissen schiebt, verleiht er diesem eine herausragende Bedeutung und trägt so zu seiner eigenen Auratisierung bei."
95   Oliver Jahraus: Das ‚monomanische' Werk. Eine strukturale Werkanalyse des Œuvres von Thomas Bernhard. Frankfurt a.M. u.a.: Lang 1992, S. 215.
96   Segebrecht: ... und Goethe mußte sterben (wie Anm. 91), S. 410.

Geschehens im Kontext von Bernhards vielstimmig orchestriertem Überwindungsnarrativ, so präsentiert *Goethe schtirbt* den Weimarer Autor vor allem als Übervater und schließlich als „große[n] Liquidator"[97] der Literaturgeschichte, der mithin idealtypisch und plakativ die Schattenseite literarischer Klassizität verkörpert:

> Kleist habe er vernichtet, was ihm nicht leid täte. [...] Wieland, Herder, habe er immer höher geschätzt, als er sie behandelt habe. *Im Winde klirren die Fahnen*, soll Goethe gesagt haben, *woher ist das?* Riemer hatte keine Ahnung, ich sagte, von Hölderlin, Riemer schüttelte nur den Kopf. Das Nationaltheater habe er, Goethe, ruiniert, so Riemer, soll Goethe gesagt haben, überhaupt habe er, Goethe, das deutsche Theater zugrunde gerichtet [...]. *Was ich dichtete, ist das Größte gewesen zweifellos, aber auch das, mit welchem ich die deutsche Literatur für ein paar Jahrhunderte gelähmt habe. Ich war, mein Lieber,* soll Goethe zu Riemer gesagt haben, *ein Lähmer der deutschen Literatur. Meinem Faust sind sie alle auf den Leim gegangen.* (GS 406)

Im Anschluss wird mit der Erwähnung Friedrich Schillers zudem ein intentionales Moment in Goethes Vorgehen betont: Bernhard inszeniert die lähmende Wirkungsmacht des Klassikers nicht nur als Rezeptionsphänomen, sondern darüber hinaus – gewissermaßen als narrative Illustration von Harold Blooms kulturphilosophischem Entwurf zur ‚Einflussangst' – auch als Strategie der planvollen Beseitigung einer nicht ausreichend ‚starken' Konkurrenz:

> Ernst und mit gesenktem Haupt soll Goethe dabei das schillersche Portrait auf seinem Nachttisch betrachtet und gesagt haben: *ihn habe ich vernichtet, mit aller Gewalt, ich habe ihn ganz bewußt zerstört, zuerst siech gemacht und dann vernichtet. Er wollte ein Gleiches tun. Der Arme! Ein Haus auf der Esplanade, wie ich eins auf dem Frauenplan! Was für ein Irrtum!* [...] Goethe soll das Bildnis Schillers sich vor Augen geführt und dazu gesagt haben: *es tut mir leid um alle die Schwachen, die der Größe nicht entsprechen können, weil sie den Atem nicht haben!* Darauf soll er das Bildnis Schillers, das eine Freundin Wielands für Goethe gemacht haben soll, wieder auf den Nachttisch zurückgelegt haben. *Was nach mir kommt, hat es schwer,* soll Goethe dann gesagt haben. (GS 406f.)[98]

---

97 Walter Weiss: Thomas Bernhard – Peter Handke: Parallelen und Gegensätze. In: Literarisches Kolloquium Thomas Bernhard. Materialien. Hg. von Johann Lachinger und Alfred Pitterschatscher. Weitra: Bibliothek der Provinz ²1994, S. 14–29, hier S. 15.

98 In *Alte Meister* (1985) hat Bernhard dieses Motiv erneut aufgenommen: Der Musikphilosoph Reger, dem es nach eigener Auskunft mittlerweile „absolut unmöglich" ist, „Goethe zu lesen", erinnert sich wehmütig an die Zeit, in der er „[s]einer Frau ein Jahr lang Wieland vorgelesen" habe, *„Wieland, den großen Unterschätzten der deutschen Literatur, den Wieland, den Goethe aus Weimar hinausgeekelt hat"* (Thomas Bernhard: Werke. Bd. 8: Alte Meister. [1985] Hg. von Martin Huber und Wendelin Schmidt-Dengler. Frankfurt a.M.:

In den von Goethes Vertrauten kolportierten Sentenzen des greisen Autors führt Bernhard in hyperbolischer, beinahe grotesker Verzerrung eine Behinderung, ja Vernichtung durch Vorbildlichkeit, eine jahrzehnte- und jahrhundertelange Lähmung der Kreativität durch übermächtige Klassizität exemplarisch vor: *„Die Deutschen verehren mich, obwohl ich ihnen wie kein zweiter so schädlich bin auf Jahrhunderte."* (GS 412) Nicht zu vernachlässigen ist indes der Umstand, dass der anonyme Erzähler am Ende offensichtlich *alle* anderen Protagonisten überlebt hat, berichtet er doch im letzten Satz davon, dass nicht nur Goethe, Stifter und Wittgenstein zur Erzählzeit bereits nicht mehr am Leben, sondern auch „Riemer und Kräuter längst [...] gestorben sind" (GS 413).

Hatte Bernhard im Roman *Korrektur* (1975) noch inhaltlich und strukturell auf „Topoi des Bildungsromans" angespielt, ja „Parodie[n] auf das perfectibilité-Modell des Bildungsromans" Goethe'scher Prägung vorgelegt,[99] fokussieren die Werke der frühen 1980er Jahre zuallererst die geistesgeschichtliche Bedeutung des Autors.[100] Die literarische Aneignung der historischen Figur Goethe geschieht dabei *zum einen* ausdrücklich in Opposition zu dessen etabliertem kanonischen Image – er lese, so der Erzähler von *Wiedersehen* (1982), „wenn ich ihn überhaupt lese, Goethe so, wie *ich* ihn lese".[101] *Zum anderen* hat Bernhard die Idee einer ‚Nachfolge' des Klassikers mit satirischer Verve und nachgerade denunziatorisch vorgeführt. Moritz Meister, der alljährlich eine „klassische Bildungsreise" (ÜGR 139) unternimmt und großen Wert darauf legt, „mit der Hand / auf die klassische Art" (ÜGR 148) zu schreiben, wird im Theaterstück *Über allen Gipfeln ist Ruh* als selbstverliebte After-Existenz gezeichnet, die von sich behauptet, als Polyhistor und Schriftsteller ein erfülltes „Leben in Goethe" zu verbringen (ÜGR 160); führen doch, wie Meister in aphoristischer Kürze formuliert (die durchaus an Handkes Notate dieser Zeit erinnert), „[a]lle Wege [...] zu Goethe und von Goethe auf uns zu" (ÜGR 208). Obschon Meister, Autor eines „Sonettenzyklus über die Schafgarbe" (ÜGR 164) sowie gleich mehrerer „Zyklen über die Sauerkirsche" (ÜGR 166), im Verlauf der Handlung seine Begeisterung für die „Klassik" (ÜGR 204) mit Nachdruck artikuliert, bleibt ein

---

Suhrkamp 2008, S. 141 u. 159). Implizit verweist Reger damit auch auf jenen rigorosen Selektions- und Homogenisierungsprozess, der im Laufe des 19. Jahrhunderts aus einer komplexen Gemengelage von Autoren und poetologischen Konzepten ‚um 1800' die fast ausschließlich auf Schiller und Goethe fokussierte ‚Weimarer Klassik' geformt hatte. Vgl. dazu Voßkamp: Klassisch/Klassik/Klassizismus (wie Anm. 8), S. 301.

99   Voßkamp: „Auslöschung" (wie Anm. 83), S. 238f.
100 Ob Bernhard dabei tatsächlich „kenntnisreich mit dem historischen Stoff um[geht]", wie Segebrecht: ... und Goethe mußte sterben (wie Anm. 91), S. 410, konstatiert, bleibt dahingestellt.
101 Thomas Bernhard: Wiedersehen. [1982] In: Werke. Bd. 14 (wie Anm. 90), S. 424–447, hier S. 431 (Herv. im Orig.).

konkreter Begriff des ‚Klassischen' hier wie auch sonst bei Bernhard weitgehend blass und unkonkret, zumal er sich wohl kaum näher mit den damit in Verbindung stehenden poetologischen Konzepten und literaturhistorischen Filiationen auseinandergesetzt hat.[102] Gleichwohl erhält die Inszenierung des „Dichterfürsten" (in *Goethe schtirbt*) und insbesondere seines nachgeborenen Adepten (in *Über allen Gipfeln ist Ruh*) für Bernhard eine eminent selbstreflexive Dimension, indem er in der Figur des Moritz Meister die Kritik an einem saturierten Literaturbetrieb mit Versatzstücken der eigenen (Schreib-)Biographie verschränkt – und damit das Paradigma der Klassizität nicht zuletzt als Herausforderung ‚alternder Avantgarden' kennzeichnet.[103]

4. *wieder* vs. *wider*: Klassizität als Herausforderung

Bernhards Narrativ der Überwindung und Auslöschung von Einflüssen und Prägungen, seien sie familiär-biographischer oder literarisch-philosophischer Natur, steht, gerade in Hinblick auf Goethe und dessen Rolle als ‚Klassiker' der deutschsprachigen Literatur, Handkes Idee einer produktiven Anverwandlung im Zuge eines emphatischen, gleichwohl eigensinnigen Wiederholens gegenüber: eines Wiederholens, in dessen Verlauf das Moment schriftstellerischer Agonalität zugunsten einer sympathetischen Reverenz zurückgedrängt wird. „Selbstverständlich sich nicht *mit* den Klassikern messen, wohl aber, selbstverständlich, *an* ihnen" (AF 355), notiert Handke im April 1986 und ein gutes Jahr später, im September 1987: „Natürlich: nicht sich messen an oder mit Goethe. Aber an ihm doch das eigene Maß finden (so wie es etwa wohl auch Mörike geschah)" (AF 523).

Bereits in *Die Geschichte des Bleistifts* hatte Handke gegen Ende der 1970er Jahre die erfreuliche Erfahrung verzeichnet, durch die „gute Arbeit" des Schreibens „endlich wieder den Vorfahren angeschlossen" zu sein, weil sie eine „heilende Ausweitung der Brust durch die Kunst" bewirkt habe (GdB 114). Mit

---

102 Vgl. etwa eine Passage in *Auslöschung*, in der Murau nach seiner Rückkehr aus Rom die Stuckaturen der Wolfsegger „Kindervilla" beschreibt; sie stellten, so Murau, „lauter Szenen aus klassischen Schauspielen" vor, „wie beispielsweise aus dem *Nathan* von Lessing oder den *Räubern* oder aus dem *Urfaust*": „Die Schwestern haben keine Ahnung vom Inhalt der Stuckaturen gehabt, ich sagte *Aus dem Nathan*, aber sie wußten damit, wie ich gleich gesehen habe, nichts anzufangen, *Urfaust* kennen sie zwar, aber sie erinnerten sich an keine derartige wie auf dem Plafond abgebildete Szene, von den *Räubern* hatten sie selbstverständlich, wie ich, in der Schule gehört, aber das Stück selbst vergessen, nur den Titel behalten, sonst nichts und daß es sich um *etwas Klassisches* handle." (Aus 361f.)
103 Vgl. Nina Birkner: Vom Genius zum Medienästheten. Modelle des Künstlerdramas im 20. Jahrhundert. Tübingen: Niemeyer 2009, S. 218–251, bes. S. 246–249.

den „Vorfahren" sind ausdrücklich nicht nur seine familiären Ahnen gemeint, deren Geschichte und Eigenart er wiederholt erzählend gefolgt ist, sondern auch die „Künstler-Vorfahren" (GdB 114). Obschon Handke in einem Interview im November 1983 abgestritten hat, sich „in eine Reihe" mit Goethe und Vergil „stellen" zu wollen,[104] hat er seine Position in der Literaturgeschichte immer wieder genealogisch, mit Blick auf ein Verwandtschaftsverhältnis bestimmt: „Die Schriftsteller, deren ernsthafter Leser ich bin", seien ihm „teuer wie Brüder",[105] hatte Handke bereits 1980 in der programmatischen *Lehre der Sainte-Victoire* formuliert, und noch im *Versuch über den Stillen Ort* (2012) im Duktus des Keller'schen Heinrich Lee – „Jean Paul, welcher Vaterstelle an mir vertrat"[106] – davon berichtet, dass William Faulkner in seiner Jugend „alle die Jahre eine Art Vater" gewesen sei.[107]

Damit ist eine bei Handke *und* Bernhard oftmals wiederkehrende Denkfigur bezeichnet, die nicht auf einen mehr oder weniger starken ‚Einfluss' abhebt, vielmehr eine wie auch immer geartete ‚Verwandtschaft' mit prägenden Akteuren der Literatur- und Geistesgeschichte hervorstreicht.[108] In Bernhards fiktionalen Texten finden sich *zum einen* vergleichbare Konstellationen eines positiven, genealogisch argumentierenden Traditionsbezugs, der sich in einer „Geistesverwandtschaft" mit den „toten Philosophen"[109] oder einer emphatischen Lektüre Montaignes ausdrückt, „mit welchem ich auf so innige und tatsächlich erleuchtende Weise verwandt bin".[110] *Zum anderen* wird das Verwandte aber auch als das der Entfaltung der eigenen Geisteskräfte im Weg Stehende entworfen: „Das mir sehr nahe Verwandte stößt mich ab", so die knappe Formel, die bereits der Fürst Saurau am Ende von Bernhards

---

104 Peter Hölzle, Hans Norbert Janowski: Ins Leere erzählen. Gespräch mit dem Schriftsteller Peter Handke. In: Evangelische Kommentare 16 (1983), H. 12, S. 675–678, hier S. 675.
105 Peter Handke: Die Lehre der Sainte-Victoire. Frankfurt a.M.: Suhrkamp 1980, S. 34.
106 Gottfried Keller: Sämtliche Werke in sieben Bänden. Hg. von Thomas Böning und Gerhard Kaiser. Bd. 2: Der grüne Heinrich. Erste Fassung. Frankfurt a.M.: Deutscher Klassiker Verlag 1985, S. 308.
107 Peter Handke: Versuch über den Stillen Ort. Berlin: Suhrkamp 2012, S. 47. Vgl. bereits Peter von Becker: „Ich mag die Menschen nicht anfassen beim Schreiben ...". Ein Gespräch mit Peter Handke – über Film, Theater und Literatur. In: Theater 1992. Das Jahrbuch der Zeitschrift „Theater heute", S. 11–21, hier S. 16: „Ein Autor, der mir in meiner Jugend alles bedeutet hat, der wirklich Vater war: das war William Faulkner."
108 Gitta Honegger: Thomas Bernhard. „Was ist das für ein Narr?" Berlin: Propyläen 2003, S. 164, zufolge habe Bernhard „sich und seinen Charakteren einen eindrucksvollen kulturellen Stammbaum" geschaffen.
109 Thomas Bernhard: Werke. Bd. 5: Beton. [1982] Hg. von Martin Huber und Wendelin Schmidt-Dengler. Frankfurt a.M.: Suhrkamp 2006, S. 36.
110 Thomas Bernhard: Montaigne. Eine Erzählung. [1982] In: T. B.: Werke. Bd. 14 (wie Anm. 90), S. 414–423, hier S. 414.

zweitem Roman *Verstörung* (1967) geäußert hatte.[111] Die Verwandtschaft mit der literarischen Tradition wird so – als „Epigonenproblem"[112] – zur kardinalen Herausforderung der Bernhard'schen Geistesmenschen: „Aber das Fürchterliche ist ja, sagte er dann, daß ich mit den beiden verwandt bin, mit Stifter von der Mutterseite her, mit Heidegger von der Vaterseite her, das ist ja geradezu grotesk, sagte Reger gestern."[113]

Als Antwort auf das Pensum eines Austarierens zwischen demonstrativer Individualität und positiv verstandener Einschreibung in eine literatur- und geistesgeschichtliche Reihe haben Bernhard und Handke je eigensinnige, gerade in ihrer Kontrastierung für die grundsätzliche Frage nach der Organisation künstlerischer Kreativität aufschlussreiche Modelle entworfen. Steht, vereinfacht gesprochen, bei Bernhard zeitlebens und schon seit den ersten polemischen Essays der 1950er Jahre das *wider* mit kurzem „i" als agonal fundiertes Überwindungsnarrativ im Zentrum seiner Auseinandersetzung mit der literarischen Tradition – „Verwandtschaften / wegwischen / wegwischen"[114] –, entwickelt Handke nach seinen häretischen Anfängen im Laufe der 1970er Jahre eine nachgerade entgegengesetzte Rechtfertigung des eigenen Schreibens im Zeichen eines *wieder* – mit langem „ie".

Für Bernhard wie Handke spielt dabei die Unterscheidung zwischen produktiver Anverwandlung und bloßer Imitation etablierter literarischer Verfahren und schriftstellerischer Habitus eine entscheidende Rolle, wobei dies nur bei Handke mit der Opposition von ‚Klassik' und ‚Klassizismus' in Verbindung gebracht wird. Bei Bernhard wird diese Differenzierung jedenfalls nicht in dieser Weise explizit benannt. Gleichwohl könnte man die von ihm betriebene selbstbewusste Einschreibung in eine Genealogie intellektueller Häresie, die von Montaigne über Pascal, Novalis und Schopenhauer bis zu Bernhard selbst führt, strukturell in ähnlicher Weise deuten: Die Rolle der unfruchtbaren Klassizisten nehmen in Bernhards Kartierung des literarischen Kräftefeldes die ‚epigonalen' und ‚kleinbürgerlichen' Schriftsteller ein. Wenn am Ende von Bernhards 1979 uraufgeführtem Stück *Der Weltverbesserer* dem misanthropischen Protagonisten die Ehrendoktorwürde der Universität verliehen wird und Dekan und Rektor ihn als „Weltdenker" in einer „Zeit der

---

111 Thomas Bernhard: Werke. Bd. 2: Verstörung. [1967] Hg. von Martin Huber und Wendelin Schmidt-Dengler. Frankfurt a.M.: Suhrkamp 2003, S. 190.
112 Marcus Hahn: Geschichte und Epigonen. ‚19. Jahrhundert' / ‚Postmoderne', Stifter / Bernhard. Freiburg i.Br.: Rombach 2003, S. 424.
113 Bernhard: Alte Meister (wie Anm. 99), S. 60.
114 Thomas Bernhard: Die Jagdgesellschaft. [1974] In: T. B.: Werke. Bd. 15: Dramen I. Hg. von Manfred Mittermayer und Jean-Marie Winkler. Frankfurt a.M.: Suhrkamp 2004, S. 329–421, hier S. 416.

philosophischen Wiederkäuer"[115] titulieren, ändert dies wenig an seinem Hass gegen „diese Leute".[116] Gleichzeitig ist darin jedoch das höchste Lob für den selbsternannten ‚Weltverbesserer' enthalten, wird ihm doch in einer von Epigonen dominierten Epoche progressive Eigenständigkeit attestiert. – Epigonen und Klassizisten, das sind, selbst dort, wo „das Provokante" von Handkes „Vorstoß[] zurück in die Klassik"[117] gerade in der „Abweichung vom Abweichungspostulat"[118] – also in der demonstrativen Negation fortschrittsgewisser Innovation – besteht, jedenfalls immer die anderen.

---

115   Thomas Bernhard: Der Weltverbesserer. [1979] In: T. B.: Werke. Bd. 17: Dramen III. Hg. von Martin Huber und Bernhard Judex. Berlin: Suhrkamp 2010, S. 173–263, hier S. 254.
116   Ebd., S. 260.
117   Höller: Eine ungewöhnliche Klassik (wie Anm. 5), S. 32.
118   Uwe C. Steiner: Literatur als Kritik der Kritik. Die Debatte um Peter Handkes *Mein Jahr in der Niemandsbucht* und die *Langsame Heimkehr*. In: Deutschsprachige Gegenwartsliteratur. Wider ihre Verächter. Hg. von Christian Döring. Frankfurt a.M.: Suhrkamp 1995, S. 127–169, hier S. 156. Bourdieu: Die Regeln der Kunst (wie Anm. 3), S. 264, spricht in diesem Zusammenhang von der Fähigkeit, „dem Konformismus des Antikonformismus zu trotzen".

Hoher Standpunkt oder homerische Blindheit?
Kämpfe für und gegen eine „sozialistische Klassik" in der DDR

Bernadette Grubner

> Die Größe der sozialistischen Klassik wird realistisch sein, ermangelnd allen idealistischen Beigeschmacks. Nicht große Entwürfe werden gemacht werden, sondern große Abbildungen. Der komplette Mensch wird existieren mit seinen vielen Fähigkeiten, seinen großen Haltungen, seinen kühnen Gefühlen. Das Volkstümliche wird sich decken mit dem Niveauvollen. Das Nationale mit dem Globalen. Das Schöne wird nicht mehr die Form der Lüge sein, sondern des Wahren. Das Wahre wird erfaßbar werden, durch vervollkommnete Werkzeuge der Erkenntnis und durch das Verlangen nach ihr.
> (Peter Hacks, 1960)[1]

> [D]ie Pose des Klassikers erfordert homerische Blindheit.
> (Heiner Müller, 1975)[2]

1. „Feldschlacht": Klassik als Politikum

Auf dem VII. Schriftstellerkongress der DDR im November 1973 präsentierte Volker Braun 13 Thesen zu „Literatur und Geschichtsbewußtsein", in denen er über das Verhältnis von literarischer und historiographischer Wirklichkeitsbewältigung sowie die ganz großen Fragen einer zeitgemäßen Literatur und ihrer menschheitsgeschichtlichen Aufgaben nachdachte. Mit Blick auf das Verhältnis der Literatur zu ihrer eigenen Geschichte – also in Hinblick auf die literarischen Traditionen, zu denen sie sich positioniert – konzediert Braun, dass seit geraumer Zeit in der DDR eine „theorievernebelte[] Feldschlacht" zweier „Tendenzen" tobe. Wenngleich sich keine klare Scheidelinie zwischen zwei Gruppen von Akteuren ziehen lasse, sondern die „Frontlinie" durch die

---

1 Peter Hacks: Versuch über das Theaterstück von morgen. In: ders.: Werke, Bd. 13. Berlin: Eulenspiegel 2003, S. 20–37, hier S. 35.
2 Ins Gespräch mit Heiner Müller. In: Theater der Zeit 30 (1975), S. 58–59, hier S. 59.

„Brust eines jeden" Einzelnen verlaufen könne, unterscheidet er zur besseren Sichtung der umstrittenen Punkte zwei „Truppen unserer Literatur":[3]

> Die eine [Seite, BG] [...] restauriert die Sichtweisen des 19. und 18. Jahrhunderts, sie glaubt, sie könne die Klassik erreichen, indem sie sich auf sie zurückzieht, sie sucht unsern Fortschritt in der Hinterlassenschaft, die Aufgaben der Literatur interpretiert sie bruchlos aus weimarer Verhältnissen, ein bürgerlicher Humanismus mit sozialistischem Rostanstrich, das Biedermeier ist immer noch der kühnste Vorgriff auf die Zukunft, da wurden noch Sätze gemacht![4]

Braun lässt keinen Zweifel daran, dass dieser Tendenz seine Sympathie nicht gehört:

> Dieses ästhetische Rekeln auf den verlassenen, auf den Sterbebetten der Altväter ist eine gesellschaftliche Haltung, es ist die Haltung von Leuten, die die Arbeiten der Gesellschaft für erledigt erachten [...]. Ich unterstelle da beileibe nichts, die Bewußtesten unter ihnen erklären sich selber als [sic] Bürger einer postrevolutionären Gesellschaft.[5]

Braun zufolge handelt es sich bei dieser Position nicht allein um eine Meinung oder gesellschaftspolitische Auffassung; vielmehr bilde sie den Ausgangspunkt für ein „ästhetisches Programm", das in problematischer Weise den Blick auf die „wirklichen Verhältnisse" verstelle. Die Rede ist von einer „klassizistische[n] Dramaturgie" und „Figurensicht", die die Welt verklärten und dem „heutigen Anlaß von Literatur" nicht mehr gerecht würden.[6]

Die zweite Streitpartei in der „theorievernebelten Feldschlacht" wird deutlich positiver beschrieben. Hier herrsche eine „andre Meinung von Kontinuität". Material, Geschichte und Erbe sollten „durch den Akt seiner Aufhebung" bewahrt werden. „Wenn man sich den neuen Gegenständen stelle", so referiert Braun die Sichtweise dieser zweiten Richtung, „müsse man alte Verabredungen brechen: sonst würde man doch wieder nur die alten Sachen sagen über alte Sachen. Die neue Wirklichkeit hier lasse sich nur darstellen, wenn man sie als revolutionären Prozeß sehe [...]. Diese Haltung, die den Widerspruch und die Dialektik behauptet, ist unbequem."[7]

Der Zankapfel in der „Feldschlacht" ist der Umgang mit der literarischen Tradition, verstanden als ‚Erbe' der sozialistischen Gegenwartsliteratur,

---

3 Volker Braun: Literatur und Geschichtsbewußtsein. In: ders.: Texte in zeitlicher Folge, Bd. 4. Halle und Leipzig: Mitteldeutscher Verlag 1990, alle Zitate S. 311.
4 Ebd., S. 312.
5 Ebd.
6 Ebd.
7 Ebd., S. 312f.

und die damit verbundenen inhaltlichen und formalästhetischen Eigenschaften der aktuellen Literaturproduktion. Während auf der einen – der klassizistischen – Seite der unbedingte Vorbildcharakter des bürgerlichen Humanismus, der Weimarer Klassik, ja des Biedermeier postuliert werde, sei die andere – dialektische – Partei bemüht, überkommene Themen und Formen im Sinne der Prozesshaftigkeit der Geschichte zu transformieren, um sie für die Gegenwart fruchtbar zu machen. Verklärender Eskapismus auf der einen, unabgeschlossenes, prozessuales Experiment auf der anderen Seite. Impliziter Maßstab der Beurteilung durch Braun ist die Frage, wie adäquat die jeweiligen Sicht- und Schreibweisen die brennenden politischen und gesellschaftlichen Fragen der Gegenwart thematisieren.

Auch wenn Braun die beiden Streitparteien nur der Anschaulichkeit halber trennt und vorausschickt, dass ein- und dieselbe Person beiden Lagern angehören könne, wird in seiner Darstellung rasch deutlich, dass er sich der zweiten Seite zugehörig fühlt. Als „unverbesserlicher Dialektiker" (Thomas Brussig)[8] kann er ein klassizistisches Sich-räkeln „auf den Sterbebetten der Altväter" nicht gutheißen.

Brauns Diagnose eines Traditionskriegs, der erkennbar den historischen Streit zwischen Alten und Modernen für die DDR aktualisiert, steht im Kontext einer kurz zuvor geführten publizistischen Debatte in der Akademiezeitschrift *Sinn und Form*. Ab Anfang des Jahres 1973 tobte dort ebenfalls eine Art Feldschlacht, die gleich an drei Fronten geführt wurde: So löste der Generaldirektor der Nationalen Forschungs- und Gedenkstätten in Weimar, Helmut Holtzhauer, mit seinem Aufsatz *Von sieben, die auszogen, die Klassik zu erlegen* die sogenannte ‚Klassik-Debatte' aus, an der sich in dieser und den folgenden Nummern Hans-Heinrich Reuter (auf der Seite Holtzhauers) sowie Werner Mittenzwei, Hans-Dietrich Dahnke und Lothar Ehrlich beteiligten. Dabei handelte es sich um eine Grundsatzdebatte über die Rezeptionshaltung, die gegenüber der Weimarer Klassik – speziell Goethe – eingenommen werden sollte, sowie um die Materialwerttheorie Bertolt Brechts.[9] Parallel dazu wurde über Ulrich Plenzdorfs *Die neuen Leiden des jungen W.* gestritten.[10] Und schließlich platzierte Wolfgang Harich – ebenfalls in der ersten Nummer des *Sinn und Form*-Heftes von 1973 – seinen berüchtigten Essay *Der entlaufene*

---

8   Thomas Brussig: Das gibts in keinem Russenfilm. Frankfurt a.M.: Fischer 2015, S. 295.
9   Vgl. Lothar Ehrlich: Die Klassik-Debatte in „Sinn und Form" 1973/74. In: Weimarer Klassik in der Ära Honecker. Hg. von Lothar Ehrlich und Gunther Mai. Köln u.a.: Böhlau 2001, S. 109–126, sowie die dort in Fußnote 57 verzeichnete Sekundärliteratur.
10   Plenzdorfs Text wurde 1972 in Heft 2 von *Sinn und Form* abgedruckt und sofort zum Gegenstand einer intensiven Debatte. Vgl. die Stellungnahme der Redaktion (in der Person Wihelm Girnus') in Sinn und Form 25 (1973), S. 1277–1288.

Dingo, das vergessene Floß, in dem er Heiner Müllers *Macbeth*-Bearbeitung als „reaktionär im Inhalt, schlampig in der Form" bezeichnete und dem Autor eine „Begünstigung parasitärer Tendenzen", „Geschichtspessimismus" und das unmotivierte Einfügen übermäßig grausamer Szenen vorwarf.[11] Es folgten Reaktionen von Friedrich Dieckmann, Helmut Holtzhauer und Jürgen Holtz. Der rezeptionstheoretische Streit um die Vorbildfunktion des bürgerlichen Humanismus und der Deutschen Klassik wurde also flankiert von Debatten, die sich um direkte literarische Bezugnahmen auf zwei gleichermaßen als Klassiker kanonisierte Autoren – Goethe und Shakespeare – drehten.

Das Verhältnis der sozialistischen Kunst und Literatur zur Klassik war in den kulturpolitischen Verordnungen und Auseinandersetzung in der DDR von Anfang an eine Frage von höchster ideologischer Relevanz. Im Anschluss an die Klassikrezeption der KPD in der Weimarer Republik, die Aufklärung und Klassik als kulturelle Vorläufer des emanzipatorischen Kampfes des Proletariats reklamierte, sowie an die sowjetische Theorie des sozialistischen Realismus, die die sozialistische Kultur im Sinne der Volksfrontpolitik mit der bürgerlich-humanistischen Tradition engschloss, wurde in der Nachkriegszeit die sogenannte ‚Vollstreckerthese' in das eigene Selbstverständnis integriert. Gemeint ist die Annahme, dass die Humanitätsversprechen der frühen bürgerlichen Gesellschaft erst im Kommunismus eingeholt werden könnten, die Sozialisten also die ‚Vollstrecker' des bürgerlichen Humanismus seien.[12] In den ersten Nachkriegsjahren war das humanistische Erbe für die kulturellen Medien der SBZ vor allem in Hinblick auf ihr Potenzial zur gesamtdeutschen Identitätsstiftung ein wichtiger Bezugspunkt.[13] Im Zuge der Verschärfung der internationalen Blockbildung der späten vierziger Jahre bekam der Klassikbezug eine neue ideologische Ausrichtung: Die frisch gegründete DDR erhob nun den Anspruch, alleinige legitime Erbin der deutschen Klassik zu sein.[14] Bernd Leistner nennt sie „eine der ideellen Instanzen für

---

11   Wolfgang Harich: Der entlaufene Dingo, das vergessene Floß. Aus Anlass der „Macbeth"-Bearbeitung von Heiner Müller. In: Sinn und Form 25 (1973), S. 189–218, hier: S. 192, 194 u. 197.

12   Vgl. hierzu bspw. Johannes R. Bechers Festrede zur Feier von Goethes 200. Geburtstag im August 1949: Johannes R. Becher: Der Befreier. In: ders.: Verteidigung der Poesie. Gesammelte Werke, Bd. 13: Bemühungen I. Berlin und Weimar: Aufbau 1972, S. 263–302.

13   Vgl. Frank Trommler: Die Kulturpolitik der DDR und die kulturelle Tradition des deutschen Sozialismus. In: Literatur und Literaturtheorie in der DDR. Hg. von Peter Uwe Hohendahl und Patricia Herminghouse. Frankfurt a.M.: Suhrkamp 1976, S. 13–72, hier: S. 13–21.

14   Vgl. Gunther Mai: Staatsgründungsprozeß und nationale Frage als konstitutive Elemente der Kulturpolitik der SED. In: Weimarer Klassik in der Ära Ulbricht. Köln u.a.: Böhlau 2000, S. 33–60, hier: S. 36.

die antifaschistisch-demokratische und hernach für die sozialistische Erneuerungspolitik schlechthin".[15] Neben dieser ideologischen Brückenfunktion wurde der Klassik in der DDR aber auch die Rolle des unhintergehbaren Vorbilds für neu zu schaffende sozialistische Literatur zugewiesen. Das gilt auch für die kulturpolitische Linie des ‚Bitterfelder Weges'. Obwohl die zentrale, in Bitterfeld aufgestellte Forderung lautete, dass sich die Schriftsteller mit dem Alltag sozialistischer Produktion zu befassen und diesen zwecks Hebung des sozialistischen Bewusstseins zur Darstellung zu bringen hätten, wurde doch stets darauf hingewiesen, dass man mit diesem Ansatz in der Tradition der deutschen Klassik stehe.[16] Deren Leistungen seien nun unter sozialistischem Vorzeichen fortzuführen. Nach dem Verständnis der Kulturfunktionäre galt es, den bürgerlichen Humanismus in einen sozialistischen zu überführen und auf diesem Weg Glanzleistungen sozialistischer Literatur zu vollbringen.

Diese Hoch- und Höchstbewertung der Weimarer Klassik – bei automatischer Abwertung der Romantik – blieb in den fünfziger und sechziger Jahren im Wesentlichen unwidersprochen.[17] Dennoch dürfte für das Schaffen der meisten heute bekannten DDR-Autorinnen und -Autoren die Vorbildhaftigkeit der Klassik eine eher indirekte, großräumige Verweisfunktion erfüllt haben.

Ein einzelner Autor bildete hier eine prominente Ausnahme: Peter Hacks.[18] Er proklamierte 1960 den Beginn einer „sozialistischen Klassik", als deren wichtigster und wahrscheinlich auch einziger Vertreter er selbst gelten kann.

---

15   Bernd Leistner: Neuere DDR-Literatur und die klassisch-romantische Tradition. In: Kulturelles Erbe zwischen Tradition und Avantgarde. Ein Bremer Symposium. Hg. von Thomas Metscher und Christian Marzahn. Köln u.a.: Böhlau 1991, S. 413–425, hier: S. 414.

16   Vgl. Siegfried Wagner: Weimar und Bitterfeld. In: Internationale wissenschaftliche Konferenz über Arbeiterbewegung und Klassik. Probleme der Rezeption des klassischen Erbes. Hg. von den Nationalen Forschungs- und Gedenkstätten der klassischen deutschen Literatur in Weimar. Berlin und Weimar: Aufbau 1963, S. 135–149.

17   Ausnahmen bilden der Literaturwissenschaftler Hans Mayer und der Romanist Werner Krauss, die sich bereits bei einer 1962 in Leipzig stattfindenden Tagung zu „Fragen der Romantikforschung" für eine Kanonrevision aussprachen. Vgl. das Eröffnungsreferat: Hans Mayer: Fragen der Romantikforschung. In: ders.: Zur deutschen Klassik und Romantik. Pfullingen: Günther Neske 1963, S. 263–305, sowie Werner Krauss: Französische Aufklärung und deutsche Romantik. In: ders.: Perspektiven und Probleme. Zur französischen und deutschen Aufklärung und andere Aufsätze. Neuwied und Berlin: Luchterhand 1965, S. 266–284.

18   Hacks' Auseinandersetzung mit der Klassik ist dabei ein dominantes Thema in der Forschung. Vgl. zuletzt Nikolas Immer: „Kühnheit im Schicklichen". Zum Konzept des Klassischen bei Peter Hacks. In: Die Rede vom Klassischen. Transformationen und Kontinuitäten im 20. Jahrhundert. Hg. von Thorsten Valk. Göttingen: Wallstein 2020 (= Schriftenreihe des Zentrums für Klassikforschung, Bd. 5), S. 121–137.

Auch in Volker Brauns Charakterisierung der klassizistischen Richtung in der eingangs zitierten Rede beim VII. Schriftstellerkongress ist deutlich zu erkennen, dass Braun dabei in erster Linie an Hacks dachte. Dieser erklärte sich ausdrücklich zum „Bürger einer postrevolutionären Gesellschaft", also einer Gesellschaft, die die soziale Revolution hinter sich gelassen habe und sich nun auf dem evolutionär voranschreitenden Weg in eine noch positivere Zukunft befinde. Wenn Braun ein „ästhetische[s] Rekeln auf den verlassenen, auf den Sterbebetten der Altväter" kritisiert, zielt das auf Hacks' selbstgewiss formulierten Anspruch ab, den kühnen Vorausgriff der Weimarer auf eine ästhetisch gestaltete Utopie nun auf neuem gesellschaftlichen Boden und mit neuen gesellschaftlichen Perspektiven zu wiederholen, ja: zu überbieten.

Das kunsttheoretische Programm einer „sozialistischen Klassik" – einer für die DDR aktualisierten Version der Weimarer Klassik – wurde von Hacks im Verlauf der sechziger und siebziger Jahre weiter ausgearbeitet und in der eigenen Werkproduktion reflektiert. Die Grundzüge dieser eigenwilligen Ästhetik werden im folgenden Abschnitt skizziert. Danach werde ich zeigen, wie die „sozialistische Klassik" in den siebziger Jahren zum Konfliktgegenstand wurde und in der politisch-ästhetischen Streitlandschaft als Kampfbegriff zum Einsatz kam.

2.   „… ohne jegliche restaurative und apologetische Züge": die „sozialistische Klassik"

Hacks konstruiert sein Programm einer „sozialistischen Klassik" auf Basis der Annahme, dass der Sozialismus eine neue politische und gesellschaftliche Grundlage für die Produktion von klassischer Kunst biete. Doch wie sieht ein Gemeinwesen aus, in dem klassische Kunst floriert?[19] Inspiriert durch Robert Weimanns 1958 erschienene Monographie *Drama und Wirklichkeit in der Shakespearezeit* sowie Jaroslav Pokornýs *Shakespeares Zeit und das Theater* (1958 auf Tschechisch und 1959 auf Deutsch) ging Hacks von der Hypothese aus, dass klassische Kunst an die Herrschaftsform des Absolutismus gebunden sei. Dieser wird in den genannten Monographien als Herrschaftsweise für langfristige historische Übergangsphasen aufgefasst, in denen ein Machtpatt der ökonomisch konkurrierenden Klassen vorliege. In solchen Zeiträumen könne ein über den Klassen stehender und zwischen diesen vermittelnder Herrscher relativ unabhängig von partikularen Interessen zum Wohle der Allgemeinheit

---

19   Vgl. hierzu Bernadette Grubner: Analogiespiele. Klassik und Romantik in den Dramen von Peter Hacks. Bielefeld: Aisthesis 2016, S. 53–61.

regieren. Analog begreift Hacks auch den Realsozialismus unter Ulbricht. Die auszubalancierenden Klassen sind hier allerdings keine ökonomischen Interessengruppen, sondern politische Fraktionen, die um die Macht im Staat kämpfen, nämlich die Wirtschaftselite (Facharbeiter, Wissenschaftler) und der Parteiapparat. Zwischen diesen vermittle der Generalsekretär der SED (Walter Ulbricht) mit Hilfe des Staatsrates. Auf Basis dieser Analogie argumentiert Hacks, dass nun die Zeit für die Produktion klassischer Kunst erneut gekommen sei: Wie der Absolutismus einst die geeignete Grundlage für die historischen Klassiken gebildet habe, bereite nun der Sozialismus erneut den Boden für eine Klassik.

Die Anknüpfung an die Kunsttheorie der Weimarer Klassik besteht besonders in Hinblick auf die gesellschaftliche Funktionszuschreibung an die Kunst, zur großräumigen Fortentwicklung des Menschengeschlechts beizutragen. Dies leiste sie, so Hacks' Verständnis, indem sie relevante gesellschaftliche Probleme in ihrem Verhältnis zu einer Entwicklung zur Diskussion stelle, die ihren Fluchtpunkt in der Utopie findet. Dies habe sie in genuin ästhetischer Weise zu tun, sie dürfe sich nicht in den Dienst konkreter politischer Forderungen stellen. Mit Utopie ist dementsprechend auch keine umsetzbare Zielvorstellung gemeint, sondern ein unerreichbares Richtungsideal. Die genannte, genuin ästhetische Weise des Ausblicks auf die Utopie lässt sich mit dem Begriff des Metaphorischen fassen, der Anfang der sechziger Jahre in Hacks' Überlegungen auftaucht und mitgeführt wird. Die Kunst, so der Gedanke, verhandle die Wirklichkeit stets im Modus von Übertragungsrelationen, stelle also Beziehungen zwischen alten, bekannten Konstellationen und gegenwärtigen Verhältnissen her. Indem sich die Gegenwart im Spiegel des Altertums befrage, setze sie sich zugleich mit der utopischen Zukunft ins Verhältnis.

Auch über die Formcharakteristika klassisch-sozialistischer Kunst geben die Essays der sechziger Jahre Auskunft: Speziell für das Drama fordert Hacks eine formschöne Versdramatik mit geschlossener, aber komplexer Dramaturgie. Uneingeschränktes Vorbild ist in dieser Zeit Shakespeare. Als weitere Kennzeichen hoher Poetizität gelten große, menschheitsrelevante Themen, handlungsmächtige, souveräne Charaktere und der stoffliche und motivische Rückbezug auf das Altertum.[20] Es kann also in der Tat von einem Programm gesprochen werden, das gesellschaftstheoretisch und ästhetisch abgesichert

---

20   Einschlägige Texte, in denen dieses Programm entwickelt wird, sind insbesondere *Versuch über das Theaterstück von morgen* (Anm. 1), *Das Poetische* (In: Peter Hacks: Werke, Bd. 13. Berlin: Aurora 2003, S. 100–122) sowie die anderen im ersten Band von *Maßgaben der Kunst* (Werke, Bd. 13) zusammengestellten Essays.

war und vom Schwung des politischen Neuanfangs nach 1945 und des sozialistischen Aufbaus bis in die sechziger Jahre hinein mitgetragen wurde.

Mit den Vorstellungen der offiziellen Kulturpolitik stimmte es aber trotz begrifflicher Ähnlichkeiten nicht überein. Den Funktionären der SED schwebte mit ihrem Verweis auf den bürgerlichen Humanismus als zu beerbende Tradition weniger eine Übernahme inhaltlicher oder formaler Elemente der deutschen Klassik vor als vielmehr eine an die sozialistischen Verhältnisse angepasste Adaption eines ‚klassischen' Wirklichkeitsbezugs. Nicht die Anwendung klassischer Stilmittel wurde propagiert, sondern das Paradigma des Realismus in einem lose an Lukács' Realismustheorie angelehnten Sinn. Wenn Hacks über die Mittel der DDR-Dramatik nachdenkt, ihren wichtigsten Gegenstand – nämlich das „Verhältnis der Utopie zur Realität"[21] – zu bearbeiten, folgt er damit zwar ebenfalls einem Begriff von Realismus,[22] nicht aber einem, der sich an der Darstellung der zeitgeschichtlichen Gegenwart bewähren müsste. Seine Bezugnahme auf aktuelle Konflikte wird mit zunehmender ‚Klassizität' immer großräumiger: Anstelle von Problemen des sozialistischen Alltags werden epochale Menschheitsfragen ins Visier genommen und ihre Verhandlung findet nicht im Gegenwartsstoff, sondern im Prisma der poetischen Metapher statt.[23]

3. „Projektionsraum Romantik": die siebziger Jahre

Blickt man auf die DDR-Dramatik der sechziger Jahre, so fällt auf, dass Hacks mit seinem Plädoyer für produktive Antike- und Klassikbezüge nicht allein war. So unterschiedliche Autoren wie Heiner Müller, Hartmut Lange, Hans Pfeiffer, Karl Mickel oder Armin Stolper legten Antikebearbeitungen und Stücke mit mythologischen Stoffen vor. Auch die Versdramatik feierte ihre Wiederauferstehung – man denke etwa an Heiner Müllers *Die Umsiedlerin* (1961) oder *Philoktet* (1965). Wenngleich die Aktualisierungs- und Bearbeitungsansätze sich von Anfang an erkennbar voneinander unterscheiden – die

---

21   Peter Hacks: Vorwort zu: Das Poetische. Ansätze zu einer postrevolutionären Dramaturgie. In: ders.: Werke, Bd. 13. Berlin: Eulenspiegel 2003, S. 7–11, hier S. 10.

22   Vgl. z.B. Hacks: Versuch über das Theaterstück von morgen (Anm. 1), S. 35.

23   Dass sich Hacks' „sozialistische Klassik" und seine politischen Auffassungen nicht in Übereinstimmung, sondern im Widerspruch mit den (kultur-)politischen Vorstellungen der SED befanden, stellt Heinz Hamm deutlich heraus: Heinz Hamm: Das Kunstkonzept einer sozialistischen Klassik in den Akademiegesprächen. In: Die Götter arbeitslos gemacht. Peter Hacks und die Klassik. Hg. von Kai Köhler. Berlin: Aurora 2014, S. 12–29, hier: S. 14–16 sowie S. 20–24.

Polarität von Hacks und Müller ist durchaus schon in den sechziger Jahren zu erkennen, als beide noch befreundet waren und sich in prinzipieller Übereinstimmung glaubten –, reißen erst Anfang der siebziger Jahre jene Gräben auf, die zwischen den Kampfgruppen in Volker Brauns „Feldschlacht" liegen. Erst in diesen Jahren kann von einem ‚Traditionsdisput' gesprochen werden, der nicht nur in der Literatur, sondern auch in der Germanistik sowie in Zeitschriften und auf der Theaterbühne geführt wurde. Dabei handelte es sich um eine Neubewertung der zu ‚beerbenden' literarischen Traditionen, konkret die Frage, ob die bis dahin stark abgewertete und als reaktionär gebrandmarkte Literatur der Romantik nicht ebenfalls für bestimmte gesellschaftliche Problemkonstellationen und Erfahrungszusammenhänge anschlussfähig sei. Bis in die sechziger Jahre hinein war das Romantikverständnis in der DDR durch Georg Lukács' *Fortschritt und Reaktion in der deutschen Literatur* (1947) geprägt gewesen, einen Text, in dem den Romantikern eine anti-aufklärerische (und in ihrer Opposition gegen Napoleon auch gegenrevolutionäre), subjektivistische, mit dem feudalen Mittelalter und der katholischen Reaktion liebäugelnde Haltung bescheinigt wird. In den siebziger Jahren verschob sich der Fokus der Betrachtung: Man begann, die Romantik als eine Oppositionsbewegung gegen gesellschaftliche Missstände im Zuge der fortschreitenden Kapitalisierung zu begreifen, als *eine* Möglichkeit des ästhetischen und politischen Umgangs mit realen Epochenproblemen. Damit wurde die Romantik als eine begründete Realisierungsvariante des historisch beschränkten Bewusstseins legitimiert. Diese veränderte Sichtweise basierte auf einer grundlegenden Transformation in der Erbetheorie: Die Einschätzung und Bewertung einer literarischen Tradition oder Strömung basierte nun nicht mehr auf deren emanzipatorischen Inhalten (aufklärerische Ideen, Humanismus, Behandlung der sozialen Frage o.ä.), sondern auf ihrer Funktion im zeitpolitischen Kontext. In diesem Lichte stellten Klassik und Romantik keine politisch-ästhetischen Antithesen mehr dar, sondern verschiedene, jeweils berechtigte Weisen der Verarbeitung gesellschaftlicher Konflikte.[24]

Diese Neuorientierung der DDR-Germanistik ging mit einer regelrechten Romantikrenaissance einher, in der bis dahin kaum behandelte AutorInnen neu entdeckt und gelesen wurden. Auch zahlreiche SchriftstellerInnen beschäftigten sich in Reden, Essays, Romanen oder Editionen mit der Romantik – wobei es sich dabei bevorzugt um Autoren handelt, die heute nicht oder zumindest nicht bruchlos der Romantik zugeordnet werden, nämlich Heinrich von Kleist, E.T.A. Hoffmann oder Jean Paul. Der Zugriff auf das neu erschlossene Textmaterial war dabei fast immer ein

---

24 Vgl. Grubner: Analogiespiele (Anm. 19), S. 144–149.

identifikatorischer – die DDR-SchriftstellerInnen fanden in Texten und Schicksalen der RomantikerInnen Situationen, die sie als ihre eigenen wiedererkannten. Christa Wolf prägte für dieses Verhältnis zu Romantik den treffenden Begriff des „Projektionsraums".[25] Die Schwerpunktsetzungen waren dabei selbstredend unterschiedlich. Franz Fühmann hebt in seiner leidenschaftlichen Rede zum 200. Geburtstag E.T.A. Hoffmanns im Jahr 1976 vor allem die Erfahrung einer gesellschaftlichen Veränderung hervor, die den Einzelnen aus vertrauten Ordnungssystemen reißt. Er spricht von „Modelle[n] neuer Erfahrung", die die Romantiker bereitstellten.[26] In Christa Wolfs identifikatorischer Auseinandersetzung mit AutorInnen der Zeit um 1800 ist es besonders die erfahrene Ohnmacht an den gesellschaftlichen Rand gedrängter Außenseiterfiguren – speziell von Frauen und Intellektuellen –, die die Romantik als „Projektionsraum" öffnet. Literarisch verarbeitet findet sich diese Konstellation in dem 1979 erschienenen Text *Kein Ort. Nirgends*, in dem Wolf ein fiktives Treffen zwischen Heinrich von Kleist und Karoline von Günderrode entwirft, wobei historische Dokumente und Fiktionales komplex montiert werden. Und Günter de Bruyn erprobt in seinem Jean Paul-Buch *Das Leben des Jean Paul Friedrich Richter* (1975) neue Schreibweisen einer – man könnte sagen: interessierten – Biographik.

Diese Veränderungen der Romantikrezeption bildeten den Widerpart zu einer neu ausgerichteten Klassikrezeption. Wie Hans-Georg Werner noch 1990 formuliert: „Wer ,Romantik' sagt oder denkt, meint ,Klassik' mit; vice versa ebenso".[27] Die sich diversifizierende Literaturgeschichtsschreibung tastete das antithetische Verständnis von Klassik und Romantik kaum an. Die Romantik – Hoffmann, Kleist oder Jean Paul – aufwerten, hieß stets und fast unweigerlich: die Klassik abwerten.

Aufseiten der AutorInnen ging es beim ,Traditionsdisput' nicht nur um unterschiedliche Rezeptionsauffassungen oder -vorlieben. Meistens lässt sich ein direkter Reflex ihrer Lektüren in den Schreibweisen erkennen. Die Prosatexte, die in der DDR der siebziger und achtziger Jahre verfasst werden, weisen zunehmend narrative Experimente auf (komplexe Zeit- und Erzählstrukturen,

---

25   Christa Wolf: Projektionsraum Romantik. Gespräch mit Frauke Meyer-Gosau. In: Dies.: Werke, Bd. 8: Essays / Gespräche / Reden / Briefe 1975–1986. München: Luchterhand 2000, S. 236–255.

26   Franz Fühmann: Zum 200. Geburtstag von E.T.A. Hoffmann. In: Arbeiten mit der Romantik heute. Hg. von Heide Hess und Peter Liebers. Berlin: Akademie der Künste der Deutschen Demokratischen Republik 1978, S. 12–18, hier S. 13.

27   Hans-Georg Werner: Zur Problematik des Romantikverständnisses in der DDR. In: Weimarer Beiträge 36 (1990), S. 20–51, hier S. 67.

Multiperspektivität, die Kombination verschiedener Textsorten usw.).[28] Zudem fällt die Herausbildung von subjektiven Schreibweisen ins Auge, die mit der angemahnten Besinnung auf das Individuum und seine Bedürfnisse, Leiden und Wünsche korrespondieren. Im Zeichen des neuen Romantikbezugs wandten sich AutorInnen wie Franz Fühmann, Christa Wolf, Günter Kunert oder Günter de Bruyn noch vehementer vom sozialistisch-realistischen Schreiben ab, als sie es bereits in den sechziger Jahren getan hatten.

Der Streit um Klassik und Romantik war also nicht allein als Disput um die Bewertung der literarischen Traditionen, sondern zugleich – und häufig auch zwischen den Zeilen – eine Verhandlung von politischen und gesellschaftlichen Gegenwartsproblemen sowie eine Auseinandersetzung über aktuelle ästhetische Praxen. In Brauns eingangs zitierter Schilderung der „Feldschlacht" wird das ganz deutlich: Dem Räkeln auf den Sterbebetten der Altväter entspricht dort eine bestimmte gesellschaftliche Haltung sowie eine Formgebung, die von der Wirklichkeit ablenke bzw. den Blick auf sie verstelle. Traditionsbezug, politische Positionierung und Ästhetik sind eng miteinander verschränkt.

4. Kleist, Tasso, Goethe: Konfliktlinien im ‚Traditionsdisput'

So sehr die Auseinandersetzungen, die in der DDR unter Rückgriff auf „Klassik" und „Romantik" geführt wurden, früheren ästhetischen Konflikten ähneln – ihre Inhalte sind unverkennbar in den historischen Kontext der DDR unter Honecker eingeschrieben. Die AutorInnen verhandelten ihre sehr spezifischen Gegenwartsprobleme. Bei näherem Hinsehen wird aber auch erkennbar, dass diese Brechung durch die Brille der je eigenen Gegenwart für die Rezeption der Autoren um 1800 höchst produktiv wurde. Eine persönlich und politisch interessierte Herangehensweise resultierte nicht zwangsläufig in einer Einpassung der überlieferten Texte und Zeugnisse, die überstrapaziert und dadurch entstellt werden. Gleichwohl sind die Auseinandersetzungen *ohne* Berücksichtigung des zeitpolitischen und ästhetischen Kontextes wohl kaum verständlich.

Um die konkreten Belange, die im historischen Stoff verhandelt wurden, herauszuarbeiten, werde ich mich im Folgenden auf solche Beiträge der streitenden AutorInnen konzentrieren, die sich mit der Situation des Künstlers

---

28 Für einen Überblick und weitere Literatur vgl. Wolfgang Emmerich: Kleine Literaturgeschichte der DDR. Erweiterte Neuausgabe. Berlin: Aufbau Taschenbuch Verlag 2005, S. 283–293.

um 1800 befassen, und zwar speziell in Hinblick auf die Polarisierung zwischen dem am Weimarer Hof etablierten Goethe und der jüngeren, doppelt freien Generation der Romantiker. Es gibt mehrere fiktionale und semi-fiktionale Texte, die diese Frage durch die Gegenüberstellung eines oder mehrerer ‚Romantiker' mit dem Klassiker Goethe thematisieren. Dabei werde ich mich auf Texte von Günter Kunert, Peter Hacks, Christa Wolf sowie – in einem Seitenblick – Franz Fühmann beschränken, die in der Konfrontation von Kleist und Goethe (Kunert, Wolf) sowie Goethe und seiner Tasso-Figur (Hacks) die Mehrschichtigkeit der Kämpfe für und gegen eine „sozialistische Klassik" aufzuzeigen erlauben. Dabei werden, wie hier vorausgeschickt sei, folgende Konfliktgegenstände aufzufinden sein: die Rolle der Subjektivität (insbesondere von subjektiv verbürgter Kritik an der Gesellschaft) und Objektivität im Kunstschaffen, die Rolle des Schriftstellers in der Öffentlichkeit, die Frage nach zeitadäquaten (und sozialismusgemäßen) Schreibweisen sowie die nach einem angemessenen Realismusverständnis.

Im Jahr 1975 veröffentlichte Günter Kunert im fünften Heft von *Sinn und Form* einen Beitrag mit dem Titel *Pamphlet für K.* Es handelt sich dabei um einen Text über Kleist bzw. die Kleist-Rezeption und ihre Aktualität für gegenwärtige Verhältnisse. Verfasst wurde er ursprünglich für den Sammelband *Schriftsteller über Kleist*; der Herausgeber Peter Goldammer schrak aber vor der Veröffentlichung zurück, woraufhin Kunert den Text, versehen mit einem „notwendige[n] Nachwort" bei *Sinn und Form* einreichte.[29] In seinem *Pamphlet* kämpft Kunert für eine gerechtere Beurteilung Heinrich von Kleists, dessen Werke auch in der Gegenwart noch auf der Folie des Goethe'schen Verdikts gelesen würden, sie seien Ergüsse eines krankhaften Gemüts. Kunert bescheinigt Goethe eine präfaschistische Haltung, und findet noch im *Lexikon deutschsprachiger Schriftsteller* vom VEB Bibliographisches Institut in Leipzig (1972) ähnliche Ausschließungsmechanismen am Werk, wenngleich dort etwas vorsichtiger formuliert wird, dass Kleist „nicht selten die Grenze zum Pathologischen" streife.[30] Der Abwertung des vermeintlich gemütskranken Kleist setzt Kunert eine Aufwertung krisenhafter Extremzustände entgegen, die er zur Vorbedingung von Welterkenntnis macht. Er schreibt, „daß jedes wirklich

---

29 Günter Kunert: Notwendiges Nachwort zum „Pamphlet". In: Sinn und Form 27 (1975), S. 1094–1097.
30 Lexikon deutschsprachiger Schriftsteller. Von den Anfängen bis zur Gegenwart, Bd. 1: A–K. 2. Aufl. Hg. von Günter Albrecht, Kurt Böttcher u.a. Leipzig: VEB Bibliographisches Institut 1972, S. 470. Zur Auseinandersetzung um Goethe und Kleist vgl. auch Ronald Weber: Peter Hacks, Heiner Müller und das antagonistische Drama des Sozialismus. Ein Streit im literarischen Feld der DDR. Berlin, Boston: de Gruyter 2015 (= Deutsche Literatur. Studien und Quellen, Bd. 20), S. 550–552.

große und bedeutende Kunstwerk aus einer extremen (nicht ‚normalen')
Geistes- und Gefühlsverfassung produziert wird; nämlich: daß erst einer erkranken muß an der Welt, um sie diagnostizieren zu können als das Heillose
Schlechthin".[31]

Kunerts *Pamphlet* eröffnet eine Polarität, die sich auch in anderen Texten
der ‚Romantikrenaissance' finden lässt, nämlich die zwischen einer Ästhetik
des Beteiligtseins, der persönlichen Betroffenheit und der Kritik, die sich aus
dem subjektiven Leiden speist, und einer Ästhetik der Distanz, des ‚Darüberstehens' und der Selbstverortung in der welthistorischen Perspektive. Die zweite Haltung und Ästhetik wird der ‚Klassik' bzw. Goethe zugeschrieben – und in
der Tat reklamierte sie auch Hacks für sich bzw. die „sozialistische Klassik".

Dass Hacks eine zu Kunerts Plädoyer für das luzide ‚Irre-Sein' an der Welt
genau entgegengesetzte Haltung einnahm, ist an einem Essay aus demselben
Jahr zu erkennen, der den Titel *Drei Blicke auf Tasso und ein schielender* trägt.
Hacks bezieht sich darin auf eine *Torquato Tasso*-Interpretation des Theaterkritikers Ernst Schumacher. Dieser hatte die Handlung von Goethes Stück im
Kontext des feudalen Machtgefüges verortet, das den Künstler knebele und
knechte.[32] Das ist für Hacks nicht nur falsch, sondern diskreditierend. Seiner
(also Hacks') Auffassung zufolge sei Tasso im Stück eine negative, von Goethe
gehasste Figur, ein „krankhaft lebensuntaugliche[r] Schriftsteller, der nichts
im Kopf hat, als die Geduld seiner Mitmenschen bis zu ihrem Zerreißpunkt
hin auszuproben".[33] Insofern er ein *alter ego* Goethes sei, verkörpere er diejenigen „Züge in Goethes Wesen, die Goethe an sich verabscheute".[34] Die Figur
des Stücks, mit der Goethe sympathisiert habe, sei Antonio.[35]

Im Zusammenhang mit Kunerts *Pamphlet* und dessen Plädoyer für die
erkenntnisstiftende Funktion des gesellschaftlich Anormalen ist folgende
Passage aus Hacks' Tasso-Essay erhellend:

> Tasso ist von überheblicher Lebensfremdheit, anmaßlicher Weltschmerzlerei.
> Tasso genießt seinen Verfolgungswahn in der Form des Selbstmitleids. Sein
> jämmerlich deutscher Hang, das Wesen der Dinge in der Grube seines Busens

---

31 Günter Kunert: Pamphlet für K. In: Sinn und Form 27 (1975), S. 1091–1094, hier S. 1093.
32 Ernst Schumacher: Nicht in das Zeitlose gerückt. Friedo Solters Inszenierung von Goethes
    „Tasso" im Deutschen Theater. In: ders.: Berliner Kritiken, Bd 3: 1974–1979. Berlin: Henschel
    1982, S. 82–84.
33 Peter Hacks: Drei Blicke auf Tasso und ein schielender. In: ders.: Werke, Bd. 13. Berlin:
    Eulenspiegel 2003, S. 206–213, hier S. 208.
34 Ebd., S. 207.
35 Für eine Kritik an Hacks' eigener *Tasso*-Lektüre vgl. Gunther Nickel: Kunst versus Politik.
    Peter Hacks' Lektüre von Goethes „Tasso". In: Staats-Kunst. Der Dramatiker Peter Hacks.
    Hg. von Kai Köhler. Berlin: Aurora 2009, S. 11–25, hier bes. S. 16–23.

> zu erwühlen, sein sich ins unmißverständlich Lächerliche steigerndes Prahlen mit seiner Unbehaustheit, welche doch nur die verschönernde Innenseite seiner Unleidlichkeit, sein ganzer, es mit einem Wort zu fassen, Wertherismus: es ist die vollständige Summe der Eigenschaften, auf die Goethe Zeit seines erwachsenen Lebens mit der empfindlichsten Abneigung erwiderte.[36]

In polemischer Überspitzung positioniert sich Hacks gegen eine Haltung und Ästhetik, die das eigene Befinden zur Grundlage von Aussagen über die Welt macht.

Es ist daher kein Zufall, wenn Hacks in seinem Essay zwar über Tasso handelt, sich aber explizit gegen Günter Kunert wendet, der nicht Tasso, sondern Kleist in den Mittelpunkt seiner ästhetisch-politischen Positionsbestimmung stellt. Die Gemeinsamkeit zwischen der Aufwertung Tassos durch Schumacher und der Kleists durch Kunert besteht in der gleichzeitigen Abwertung Goethes – und diese „Stimmung", die sich ausbreite, provoziert Hacks zu harschen Invektiven:

> Günter Kunert hat in diesem traurigen Jahr 1975 zwei literarische Einschätzungen bekanntgemacht. Thomas Mann, so verlautbart er, war ein oberflächlicher Causeur und Goethe ein Vielzuvielschreiber.
> Ich werde jetzt ganz intim. Wenn ich Kunerts Romane geschrieben hätte, würde ich in meinem Urteil über Thomas Mann, und wenn ich Kunerts Gedichte geschrieben hätte, würde ich in meinem Urteil über Goethe zurückhaltender sein.[37]

In Hacks' Augen ging es bei der Erschließung neuer ästhetischer Bezugsgrößen um eine Revision Goethes als Lichtfigur und Vorbild – eine Stoßrichtung, die in *Drei Blicke auf Tasso* als Ausdruck des Ressentiments geringer Begabter interpretiert wird.

Anmaßung steht auch im Zentrum des zweiten Punktes, den Hacks an den romantikaffinen DDR-AutorInnen durch die Blume der Klassik-Romantik-Opposition kritisiert. Dabei handelt es sich um den Wunsch nach einer freien Öffentlichkeit, in der Intellektuelle politisch mitsprechen und sich Gehör verschaffen können. Dieses Begehren weist Hacks zurück, indem er auf die Rolle hinweist, die dem Dichter am absolutistischen Hof zustehe (und wie erwähnt begriff er auch den Sozialismus als eine zeitgemäße Form des Absolutismus). Er schildert ihn nämlich als prinzipiell – und zurecht – machtlos:

---

36 Hacks: Drei Blicke auf Tasso (Anm. 33), S. 209f.
37 Ebd., S. 212.

> Die Stimme des Dichters wird auf der gesamten Welt vernommen, sehr wohl auch von den Herrschenden [...]. Hiermit, das muß er wissen, ist ganz vereinbar, daß er in dem Räderwerk, von dessen reibungslosem Zusammenspiel die Gesellschaft nun einmal abhängt, nicht etwa nur ein kleines Rad ist, sondern gar keines. Jeder Manufakturist, jeder Dorfgendarm ist mächtiger als er. Er ist das unbestrittene Licht der Menschheit, aber er gehört ihr nicht an.

Tassos Fehler ist Hacks zufolge die Anmaßung, „den Herzog in Sachen Staatskunst beraten" und „Prinzessinnen küssen" zu wollen.[38]

Die ‚klassische' Alternative zu dieser – bei Hacks erkennbar der Romantik zugeordneten – subjektiv verbürgten Kritik sowie der Selbstüberschätzung im gesellschaftlichen Gefüge bildet die Einsicht in die epochalen politischen und gesellschaftlichen Fragen und die Kenntnis des eigenen Platzes. Ein Vorbild ist ihm in dieser Hinsicht abermals Goethe, der im *Tasso*-Essay (und nicht nur hier) als „wesentlich politischer Denker"[39] ausgewiesen wird. Er habe an Verlauf und Ergebnis der Französischen Revolution erkannt, dass im zersplitterten, ökonomisch rückständigen Deutschland weder Revolution noch Kapitalismus zu machen gewesen seien. Darüber hinaus habe er die mit Kapitalismus und Bürgerherrschaft verbundenen Gefahren und Missstände luzide erkannt und deshalb für die beste der historisch möglichen Staats- und Regierungsformen optiert: den Absolutismus. In dieser großräumigen, vom eigenen Empfinden absehenden Perspektive habe Goethe politisch und ästhetisch operiert. Auch die prinzipielle Trennung von Macht und Kunst sei Goethe bewusst gewesen – ebenso wie ihr komplexes Aufeinanderbezogensein.

Explizit attackiert Hacks hier die Legitimierung von Kritik an der Gesellschaft durch Verweis auf das subjektive (also: das je eigene) Leiden, das diese Gesellschaft verursacht habe. In dieser Perspektive wird nicht nur dem Ver-rückt-Sein eine erhöhte Sensibilität für Missstände und Machtverhältnisse abgesprochen. Es werden auch darübergreifende Positionen angegriffen, die in den siebziger Jahren der DDR das Individuelle, Subjektive und eben auch Leidförmige der Welterfahrung zum Ausgangspunkt nehmen, um das Einholen der sozialistischen Utopie im Realsozialismus anzumahnen. In diesem Sinne äußerte sich etwa Christa Wolf in Bezug auf die Funktion, die Kunst zu erfüllen habe: „ich halte es für unsere Aufgabe, die Wirklichkeit dieser Gesellschaft an ihren Zielen zu messen und die Sehnsucht nach jener realistischen Utopie von einem Zusammenleben, das man ‚menschlich' – das

---

38   Ebd., S. 209.
39   Ebd., S. 210.

heißt produktiv – nennen könnte".⁴⁰ Hacks distanzierte sich in den siebziger Jahren sogar vom Utopie-Begriff überhaupt, da dieser missbräuchlich „für ein vorgeblich Einführbares" verwendet werde, statt für eine nicht erreichbare, aber richtungsweisende Idealvorstellung.⁴¹

Mit dem Verweis auf die Unmaßgeblichkeit der Dichter im gesellschaftlichen Machtapparat werden wiederum diejenigen SchriftstellerInnen und Intellektuellen zurückgewiesen, die die Öffnung der Medien im Sinne der bürgerlichen Öffentlichkeit einforderten und dieses mit dem Wunsch nach gesellschaftlicher Partizipation begründeten. Auch für diese Position steht Christa Wolf in besonderer Weise Pate – ebenso aber auch Franz Fühmann.⁴²

Sehr gegensätzlich stellen sich – drittens – auch die Schreibpraxen dar, die mit den hier skizzierten Haltungsmodellen einhergehen. Hacks' speziell in den Dramen umgesetztes Verfahren besteht darin, beziehungsreiche, häufig menschheitsumspannende Metaphern einzuführen, in denen wörtliche und uneigentliche Bedeutungen gleichberechtigt sind und einen prismatischen Sinn generieren. Im *Tasso*-Essay wird auch Goethes *Torquato Tasso* in diesem Sinne gelesen: Ferrara stehe einerseits für sich selbst – ein glänzender Musenhof unter dem Mäzenatentum Alfonso II. –, andererseits für Weimar, was zugleich bedeute, dass der Weimarische Hof der gegenwärtig bestmögliche sei. Auch Tasso und Antonio bedeuteten zusätzlich zu den historischen Figuren verschiedene mögliche Haltungen, die Hacks – wie auch in der älteren Goethe-Forschung üblich – mit Goethes Positionierung am Weimarischen Hof in Verbindung bringt.⁴³

Ganz anders verhält es sich mit den Texten Christa Wolfs, etwa in *Kein Ort. Nirgends*, in dem die Verwundbarkeit und Zerrissenheit der Figuren in brüchig montierten Textbausteinen abgebildet werden. Zu entziffern sind hier nicht großräumige Menschheitsmetaphern, sondern unmarkierte Stimm- und

---

40 Christa Wolf: Arbeitsbedingungen. Interview mit Richard A. Zipser. In: Dies.: Werke, Bd. 8: Essays / Gespräche / Reden / Briefe 1975–1986, S. 137–145, hier S. 138.

41 Peter Hacks: Glossen zur Untersuchung. In: ders.: Werke, Bd. 13. Berlin: Eulenspiegel 2003, S. 235–238, hier S. 235.

42 Vgl. Christa Wolfs rückblickenden Kommentar zur Biermann-Affäre, die sie als Ernüchterung in Hinblick auf politische Partizipationsmöglichkeiten beschreibt: Wolf: Projektionsraum Romantik (Anm. 25), S. 236. Franz Fühmann schrieb 1977 mit Bezug auf die Biermann-Affäre in einem Brief an Gerhard Henniger: „Zum Begriff des Schriftstellers gehört der Begriff der Öffentlichkeit, und der [die?] ist ebensowenig teilbar wie der Schriftsteller selbst" (Brief von Franz Fühmann an den Ersten Sekretär des Schriftstellerverbandes der DDR, 28. Februar 1977 [Dokument 23]. In: In Sachen Biermann. Protokolle, Berichte und Briefe zu den Folgen einer Ausbürgerung. Hg. von Roland Berbig, Arne Born u.a. Berlin: Ch. Links Verlag 1994, S. 249f., hier: S. 249, Einfügung vom Herausgeber.

43 Vgl. Hacks: Drei Blicke auf Tasso (Anm. 33). Zu den Deutungstraditionen der Goetheforschung vgl. Nickel: Kunst versus Politik (wie Anm. 35), S. 11–13.

Perspektivwechsel sowie Zitate aus den Schriften Heinrich von Kleists und Karoline von Günderrodes. Der Text changiert zwischen interner Fokalisierung mit häufiger erlebter Rede und Bewusstseinswiedergaben, die stellenweise in den inneren Monolog kippen. Er rückt die individuelle Wahrnehmung der ProtagonistInnen ins Zentrum, und zwar insofern sie das Scheitern und gesellschaftliche und emotionale Zwangslagen zum Ausdruck bringt.

In Wolfs Roman wird übrigens ebenfalls eine *Tasso*-Interpretation angeboten, die starke Berührungspunkte mit Kunerts Kleist-Apologie aufweist:

> Es kränkt mich [sagte Kleist, BG], daß das Zerwürfnis des Tasso mit dem Hof auf einem Mißverständnis beruhn soll. Wie, wenn nicht Tasso dem Fürsten, besonders aber dem Antonio, Unrecht täte, sondern die ihm? Wenn sein Unglück nicht eingebildet, sondern wirklich und unausweichlich wäre? Wenn nicht Überspanntheit, sondern ein scharfes, gut: überscharfes Gespür für die wirklichen Verhältnisse ihm den Ausruf abpreßte: „Wohin beweg ich meinen Schritt, dem Ekel zu entfliehn, der mich umsaust, dem Abgrund zu entgehn, der vor mir liegt?"[44]

Das in *Torquato Tasso* geschilderte Konfliktverhältnis wird in den Worten, die Wolf Kleist in den Mund legt, auf gerade jenes luzide Irre-Sein hinübergespielt, das Kunert in *Pamphlet für K.* ins Zentrum rückt. Hier wie dort geht es darum, Kleist bzw. Tasso gegen eine Lesart zugunsten der Machthaber ins Recht zu setzen.

Ein vierter Aspekt wird bei der Lektüre der genannten Texte erkennbar: Das Verhältnis von Kunst und Wirklichkeit wird in der „sozialistischen Klassik" ganz anders gefasst als bei den romantikaffinen DDR-AutorInnen der siebziger Jahre. Hacks erkennt dem subjektiven Leiden als solchem jede erkenntnisstiftende oder kunstschaffende Potenzialität ab und sieht die Aufgabe der Kunst darin, die Wirklichkeit in einer Weise zu gestalten, die eine Haltung zu menschheitsrelevanten Fragen zum Ausdruck und damit zur Disposition stellt. Eine solche Ästhetik gilt AutorInnen wie Kunert, de Bruyn, Wolf oder Braun aber als Entfernung von der Wirklichkeit. Diese werde vielmehr dann zu Kenntnis genommen, wenn ihre Schattenseiten, ihre Ränder und ihr Ausgeschlossenes in den Blick geraten. Hinter diesem unterschiedlichen Funktionsverständnis steht eine ganz andere Sicht auf die Wirklichkeit – und auch auf das, was Wirklichkeit genannt wird. Im ‚Traditionsdisput' wird also auch eine Debatte um Realismus geführt bzw. weitergeführt.

In der Realismusfrage verlaufen die Konfliktlinien entlang der traditionellen Gegensätze von Objektivität/Subjektivität. Während etwa Franz Fühmann – mit Blick auf E.T.A. Hoffmann – die Bereitstellung von „Modellen

---

44 Christa Wolf: Kein Ort. Nirgends. Frankfurt a.M.: Suhrkamp 2006, S. 72.

neuer Erfahrung" durch die Literatur fordert, polemisiert Hacks gegen die ‚romantische' Privilegierung der Erfahrung und setzt ihr die Forderung nach einer lösungsorientierten Haltung, die im literarischen Kunstwerk auszudrücken sei, entgegen. So widerspricht er Fühmann direkt, wenn er in einer Arbeitsgruppe der Akademie der Künste im Oktober 1976 äußert:

> [Die Romantik, BG] gibt in der Tat Modelle ihrer Zeit, und ist das die Aufgabe der Kunst, zu sagen, wie es ist? Ist denn die Kunst wirklich nur dazu da, die verdammten albernen, vorübergehenden Peinlichkeiten einer Zeit vorzuführen, oder ist sie nicht vielleicht dazu da, ausgehend von dem Material, das die Zeit anbietet, Lösungen zu finden und die Möglichkeiten einer Zeit zu untersuchen im Hinblick auf die Möglichkeiten, die die Menschheit als solche hat?[45]

5. Fazit

Volker Brauns „Feldschlacht" wurde also in der Tat von mehreren AkteurInnen bewusst geführt. Es handelte sich dabei aber weniger oder erst in zweiter Linie um einen Streit zwischen oppositionellen AutorInnen und Parteifunktionären, sondern vorderhand um einen Dissens zwischen SchriftstellerInnen und Intellektuellen. Hier wurden im Medium der literaturgeschichtlichen Debatten verschiedene Gegenwartsprobleme verhandelt, die die politische Situation von Intellektuellen im Sozialismus ebenso betraf wie die Frage sozialismus- bzw. wirklichkeitsadäquater Schreibweisen. „Klassik" war dabei – ganz wie „Romantik" – ein vielschichtiger Kampfbegriff, der eine bestimmte politische Haltung anzeigte sowie ein spezifisches Realismusverständnis markierte.

Ein Gros der Forschungsliteratur zum ‚Traditionsdisput' der siebziger Jahre beleuchtet diese intensiv und kenntnisreich geführte Auseinandersetzung meines Erachtens relativ einseitig: im Sinne eines Aufbegehrens der mittleren Generation der DDR-AutorInnen gegen ‚Verkrustungen', ästhetische Unfreiheit und politische Gängeleien durch die Parteibürokratie. Ästhetisch wurden die neuen Schreibweisen, die die Subjektivität in den Vordergrund rückten, die Fragmentarisierung motivierten Handlungsfolgen vorzogen und sinn-destruierende Experimente vorantrieben, im Sinne eines verspäteten Modernisierungsschubs gewertet.[46]

---

45 Zu Klassik und Romantik in der DDR. In: Berlinische Dramaturgie. Gesprächsprotokolle der von Peter Hacks geleiteten Akademiearbeitsgruppen, Bd. 5. Hg. von Thomas Keck und Jens Mehrle. Berlin: Aurora 2010, S. 133–189, hier S. 188.

46 So wird etwa in Wolfgang Emmerichs *Kleiner Literaturgeschichte der DDR* (2005) die Romantikrezeption mit ästhetischer Modernisierung zusammengespannt, Vgl. Emmerich: Kleine Literaturgeschichte der DDR (Anm. 28), S. 396–401.

Bei genauer Sichtung des Materials und einer unvoreingenommenen Äquidistanz zu den diskutierten Belangen erscheint es hingegen angemessener, die Auseinandersetzung über „Klassik" und „Romantik" in der DDR aus dem Schema Klassik *versus* Moderne herauszulösen – das in der Forschung seit geraumer Zeit insgesamt in Frage gestellt wird.[47] Wenn der Modernebegriff hingegen so erweitert wird, dass er nicht nur Experiment, Innovation und Subjektivität umfasst, sondern auch die Gegentendenzen zu diesen literaturhistorischen Entwicklungen, so lässt er sich möglicherweise gewinnbringender auf die DDR der siebziger Jahre beziehen. Dabei verschiebt sich allerdings auch der Fragehorizont weg von einer – mehr oder weniger verschleierten – Wertung, die sich aus Sympathie mit einer bestimmten, politisch aufgeladenen Ästhetik speist, hin zur reflektierten Diagnose eines modernetypischen Konflikts zwischen verschiedenen AkteurInnen im literarischen Feld selbst. Diese Perspektive öffnet überhaupt erst den Blick für die Wahrnehmung eines facettenreichen, polemischen und einlässlichen Streits, der historische Paradigmen teils stereotyp, teils originell neu aktualisiert und für eine veränderte historische, politische und ästhetische Gemengelage fruchtbar macht. Der „hohe[] Standpunkt" der Klassik, den Hacks vom Dichter forderte,[48] entfaltet erst in der Konfrontation mit der „homerische[n] Blindheit", die Heiner Müller dem „Klassiker" (also Hacks) attestierte, seine volle Bedeutung: als Kampfbegriff in einer vehement geführten politischen und ästhetischen Debatte.

---

47 Vgl. Sabine M. Schneider: Klassizismus und Romantik – zwei Konfigurationen der einen ästhetischen Moderne. Konzeptuelle Überlegungen und neuere Forschungsperspektiven. In: Jahrbuch der Jean-Paul-Gesellschaft 37 (2002), S. 86–128.
48 Peter Hacks: Vorwort zu: Lyrik bis Mitterwurzer. In: ders.: Werke, Bd. 13. Berlin: Eulenspiegel 2003, S. 129–137, hier S. 131.

‚Mit einem kleinen Daunenkissen auf den Marmor einschlagen'

Klassik und Avantgarde in Elfriede Jelineks Ulrike Maria Stuart

Uta Degner

Die „schöne Rolle der Subversion"

In einem E-Mail-Interview anlässlich der Uraufführung ihrer Goethe-Bearbeitung *FaustIn and Out* am Schauspielhaus Zürich 2012 situiert sich Elfriede Jelinek in Opposition zum ‚Klassischen':

> Der erste Impetus [zum Verfassen des Stückes] war sicher schon, sich diesem Marmorblock Goethe zu nähern, mit schwachen Fingernägeln ein bisschen an ihm zu kratzen. Alles, was so unumstritten ist wie die Grösse Goethes und seines Hauptwerks, reizt mich, auch im Bewusstsein, davon ausgeschlossen zu sein, denn die großen Kulturschöpfungen kommen ja nicht von der Frau. Aber manchmal kann sie wenigstens mit einem kleinen Daunenkissen auf den Marmor einschlagen. Bis die Federn fliegen.[1]

Auf die hier anklingenden genderspezifischen Aspekte wird noch zurückzukommen sein. Zunächst geht es um die Konturierung einer polemischen Konstellation, die von der *Querelles des anciens et des modernes* bis ins zwanzigste Jahrhundert hinein das literarische Feld strukturiert hat: den Gegensatz zwischen einer klassi(zisti)schen und einer anti-klassi(zist)ischen Ästhetik. Jelinek ist *prima vista* der zweiten Gruppe zuzuordnen. Schon seit ihren Anfängen positioniert sie sich in der insbesondere im Österreich der zweiten Jahrhunderthälfte ausgeprägten Avantgarde-Tradition. Folgerichtig wurde auch die Intention ihrer ‚Sekundärdramen',[2] die sich in besonders intensiver Weise mit ‚Klassikern' auseinandersetzen, mit Termini charakterisiert, die man der Avantgarde-Theorie entlehnt hat: als „Subversion"[3]

---

1 Roland Koberg: Die Bühne ist ein klaustrophobischer Raum. Die Schriftstellerin Elfriede Jelinek im E-Mail-Austausch mit dem Dramaturgen Roland Koberg. In: Programmheft des Schauspielhauses Zürich zu *Faust 1–3*, 2012, ohne Seite.
2 Vgl. Elfriede Jelinek: Anmerkung zum Sekundärdrama (18.10.2010). www.elfriedejelinek.com [Aufruf v. 3.1.2021].
3 Vgl. z.B. Ulrike Haß: Theaterästhetik: Textformen. In: Jelinek-Handbuch. Hg. von Pia Janke. Stuttgart: Metzler 2013, S. 62–68, hier S. 62.

und „Störung" konsekrierter Literaturvorstellungen.[4] Dass Jelinek am Lack des Klassischen kratzen will, entspricht der zu erwartenden Frontstellung.

Zwei Details der zitierten Jelinek'schen Selbstbeschreibung lassen an einer solchen klaren Dichotomie jedoch Zweifel aufkommen. Zum einen wirkt die Bildlichkeit von den „schwachen Fingernägeln" und vom „kleine[n] Daunenkissen", das die Federn fliegen lässt, seltsam sanft bei einer Autorin, die einst behauptete, sie „schlage sozusagen mit der Axt drein, damit kein Gras mehr wächst, wo meine Figuren hingetreten sind".[5] Die Abschwächung der ehemaligen *tabula rasa*-Rhetorik lässt sich nicht nur als Artikulation einer von ihr selbst erfahrenen – auch genderspezifischen – Ohnmacht gegenüber den übermächtigen Klassikern lesen,[6] sondern auch als Autoironisierung einer Autorin, die spätestens mit der Nobelpreisverleihung 2004 selbst den Olymp des Klassischen erklommen hat, was die ‚alte' Subversions-Geste problematisch werden lässt. Das passt, zweitens, zu der expliziten Relativierung, dass das konfrontative Verhältnis zum ‚klassischen' Text nur ein „erster Impetus" sei. An einer späteren Stelle im Interview bezeichnet Jelinek das „Tonnengewicht eines klassischen Dramas, das jeder kennt, als Vehikel", dessen sie sich bediene: „von denen lasse ich mich ziehen (oder niederreissen)", „ohne genau zu wissen,

---

4 Teresa Kovacs: Drama als Störung. Elfriede Jelineks Konzept des Sekundärdramas. Bielefeld: Transcript 2016. Kovacs konstatiert insgesamt: „Was den Rückgriff und die Arbeit an der dramatischen Tradition betrifft, können zwei grundlegende Tendenzen innerhalb Jelineks Theater-Œuvre bestimmt werden: nämlich produktive Aufnahme und Fortschreibung der Tradition sowie kritische, dekonstruktive Relektüre, wobei in allen Fällen der Bezugnahme auf Traditionen beide Tendenzen wirksam sind, da die Grenze zwischen Kritik und produktiver Fortschreibung bei Jelineks Texten immer fließend ist. Dennoch zeigt sich, dass das Aufgreifen von Texten, bei denen man die Geste der Dekonstruktion bereits vorfindet, wie etwa bei Stücken des Wiener Volkstheaters, weniger durch eine dekonstruktive Lektüre befördert wird als eher durch ein daran Weiterarbeiten und einer Fortsetzung der Tradition. Anders verhält es sich hingegen mit dramatischen Texten der Klassik bzw. des bürgerlichen Theaters, deren Modell dominant einer kritischen, dekonstruktiven Relektüre unterzogen wird." Ebd., S. 15. – Zur Kritik eines Automatismus in der Zuschreibung von ‚Dekonstruktion' vgl. bereits Konstanze Fliedl: Terror im Spiel. In: *Ulrike Maria Stuart* von Elfriede Jelinek. Uraufführung am Thalia Theater Hamburg in der Inszenierung von Nicolas Stemann. Hg. von Ortrud Gutjahr. Würzburg: Königshausen & Neumann 2007 (= Theater und Universität im Gespräch, Bd. 5), S. 55–61.
5 Elfriede Jelinek: Ich schlage sozusagen mit der Axt drein. Zuerst in: TheaterZeitSchrift 7 (1984), S. 14–16. Zitiert nach dem Wiederabdruck in: Elfriede Jelineks *Burgtheater*: eine Herausforderung. Hg. von Pia Janke, Teresa Kovacs und Christian Schenkermayr. Wien: Praesens 2018, S. 71f., hier S. 71.
6 Jelinek meint, sie setze „meine lächerliche kleine Existenz gegen den grossen Klassiker." Koberg: Die Bühne ist ein klaustrophobischer Raum (wie Anm. 1).

wo ich landen werde. Wüsste ich es, würde mich das Schreiben langweilen."[7] Es artikuliert sich hier ein programmatisch offener, in seiner Intentionalität ungerichteter Umgang mit dem ‚klassischen' Text, der sich gerade nicht von dessen Marmorpatina beeindrucken lässt, sondern ihn sich durchaus selbstbewusst spielerisch zu nutze macht.

Diese hier ablesbare Auflösung der etablierten Frontstellung ‚Klassik vs. Avantgarde' geht jedoch über die individuelle Autorpoetik Jelineks hinaus. Denn ihr symbolisches Altern im literarischen Feld, ihre fortschreitende Konsekrierung, läuft parallel zum allgemeinen Altern der Avantgarde-Idee. Deren Sturm gegen etablierte Konzeptionen von Kunst hat als Gestus inzwischen ihrerseits eine Arrivierung erfahren, wie sie einstmals Signum und Privileg des Klassischen war, wie die Begriffsbildung ‚klassische Avantgarde'[8] vor Augen führt. Peter Bürger konstatiert, dass inzwischen

> zentrale produktions- und rezeptionsästhetische Kategorien der Avantgarde wie Bruch, Schock, Provokation und Subversion in den Diskurs der Institution Eingang gefunden und herkömmliche [– am ‚klassischen' Stilideal orientierte –] Begriffe wie Harmonie und Stimmigkeit weitgehend verdrängt [haben].[9]

In Hinblick auf das literarische Feld der Gegenwart gilt dies zwar nicht unumschränkt,[10] aber doch weitgehend für den autonomen Pol, an dem, so ließe sich mit Bürger argumentieren, der *refus* zum „Leitbegriff eines neuen Konformismus" geworden ist: „Wenn [...] die Verweigerung allgemein befolgter Imperativ der Kunstproduktion wird, gewinnt sie eine andere Wertigkeit. Nicht Widerstand zeigt der Begriff dann an, sondern Anpassungsbereitschaft."[11] Die

---

7   Ebd. Mit der Formulierung „Tonnengewicht eines klassischen Dramas, das jeder kennt" ist sehr treffend die gewichtgebende Zuschreibung von Klassizität benannt, die eben ein rezeptives Sekundärphänomen ist und dem Text nicht von Beginn anhaftet. Dies betonen auch Paula Wojcik, Stefan Matuschek, Sophie Picard und Monika Wolting: Intermedialität und Transkulturalität oder: Klassiker populär (eine Einleitung). In: Klassik als kulturelle Praxis. Funktional, intermedial, transkulturell. Hg. von dies. Berlin, Boston: de Gruyter 2019 (= Spectrum Literaturwissenschaft, Bd. 62), S. 3–25, hier S. 4f.
8   Metzler Lexikon Avantgarde. Hg. von Walter Fahnders und Hubert van den Berg. Stuttgart: Metzler 2017, S. 4.
9   Peter Bürger: Nach der Avantgarde. Weilerswist: Velbrück 2014, S. 12.
10 Vgl. hierzu Heribert Tommek, der konstatiert, dass der ‚Avantgardekanal' – zumindest aus deutscher Sicht – quantitativ abgenommen hat zugunsten einer erstarkten ‚mittleren' Literatur, die sich zwischen dem autonomen und dem heteronomen Pol ansiedelt. Heribert Tommek: Der lange Weg in die Gegenwartsliteratur. Studien zur Geschichte des literarischen Feldes in Deutschland von 1960 bis 2000. Berlin u.a.: de Gruyter 2015 (= Studien und Texte zur Sozialgeschichte der Literatur, Bd. 140).
11 Bürger: Nach der Avantgarde (wie Anm. 9), S. 98.

von Jelinek wohl nicht ohne Ironie mit dem ‚klassischen' Epitheton „schön[]" belegte „Rolle der Subversion",[12] die, so meint Thomas Ernst, das ältere Konzept des Engagements abgelöst habe,[13] ist gegenwärtig also auch schon ein in die Jahre gekommenes Rollenfach[14] mit festgeschrieben Auftrittsregeln.[15] Ein affirmativer Rekurs auf eine klassische Ästhetik kann in einem solchen Kontext, so zeigt das Beispiel Peter Handke, höchst heterodox wirken.[16] Es bestätigt sich die These Pierre Bourdieus von der eminenten zeitlichen Transformation der daher nur scheinbar stabilen ästhetischen Positionierungen, so

> daß Sinn und Wert einer ansonsten gleichbleibenden Positionierung (eine bestimmte Kunstgattung, ein bestimmtes Werk usw.) sich bei einer Veränderung des Universums der untereinander austauschbaren Optionen, die den Produzenten und Konsumenten gleichzeitig angeboten werden, automatisch mit ändern.
>
> Dieser Effekt tritt in erster Linie an den sogenannten klassischen Werken in Erscheinung, die in dem Maße, in dem das Universum nebeneinander bestehender Werke sich ändert, sich ständig mit ändern. Dies zeigt sich deutlich, wenn die schlichte *Wiederaufführung* eines Werkes der Vergangenheit in einem tiefgreifend veränderten Feld ganz von selbst als *Parodie* wirkt (auf der Bühne kann dieser Effekt dazu zwingen, einen gewissen Abstand gegenüber diesem Text an den Tag zu legen, der als solcher einfach nicht mehr vertretbar ist).[17]

---

12 Koberg: Die Bühne ist ein klaustrophobischer Raum (wie Anm. 1).
13 Thomas Ernst: Engagement oder Subversion? Neue Modelle zur Analyse politischer Gegenwartsliteraturen. In: Das Politische in der Literatur der Gegenwart. Hg. von Stefan Neuhaus und Immanuel Nover. Berlin, Boston: de Gruyter 2018 (= Gegenwartsliteratur – Autoren und Debatten), S. 21–44.
14 Bekanntlich hat auch Foucault, auf den sich Subversions-Theoretiker oft beziehen, der Literatur in seiner späteren Zeit kein ‚subversives' Potential mehr zugesprochen.
15 Von „Subversion" im affirmativen Sinne spricht Jelinek z.B. noch 1997 in ihrem Essay über Valie Export *Sich vom Raum eine Spalte abschneiden*. Zitiert nach: www.elfriedejelinek.com [Aufruf am 3.01.2021].
16 Vgl. hierzu Norbert Christian Wolf: Der „Meister des sachlichen Sagens" und sein Schüler. Zu Handkes Auseinandersetzung mit Goethe in der Filmerzählung *Falsche Bewegung*. In: Peter Handke – Poesie der Ränder. Hg. von Klaus Amann, Fabjan Hafner und Karl Wagner. Wien u.a.: Böhlau 2006 (= Literaturgeschichte in Studien und Quellen, Bd. 11), S. 181–199, bes. S. 197f.; mehr dazu bei Hans Höller: Eine ungewöhnliche Klassik nach 1945: Das Werk Peter Handkes. Berlin: Suhrkamp 2013.
17 Pierre Bourdieu: Die Regeln der Kunst. Genese und Struktur des literarischen Feldes. Suhrkamp: Frankfurt a.M. [7]2016, S. 368f.; zur oben angesprochenen Konventionalisierung der Subversion vgl. auch ebd., S. 264: „Den wahren Wagemut legen jene an den Tag, die sich nicht fürchten, dem Konformismus des Antikonformismus zu trotzen." Als „Parodie" versteht Ana Giménez Calpe Jelineks Gebrauch von Schillers *Maria Stuart*; vgl. Ana Giménez Calpe: Von Prinzessinnen zu Königinnen. Performative (Ohn)macht in *Der Tod und das Mädchen III (Rosamunde)* und *Ulrike Maria Stuart* von Elfriede Jelinek. Bern u.a.: Peter Lang 2019 (= Perspektiven der Germanistik und Komparatistik in Spanien, Bd. 14), S. 94.

Wenn Jelineks Stück in der vorangestellten Regieanweisung zu Beginn des Textes betont, „[e]s *steht nicht der reine Mensch vor uns, sondern seine Absonderung und seine Absonderlichkeit*" und *„es darf keinesfalls vornehm oder dichterisch sein, es muß alles runter runter runter"* (UMS 9),[18] dann steht dies weniger für eine ‚subversive' Darstellungsintention, als schlicht für den *status quo*, als Reflexion des Abstands, der sich gegenüber dem idealistischen Humanismus, dem „Schöne[n] und Hohe[n] von Idealen" (UMS 10) inzwischen eingestellt hat. Diese historische Distanz reproduziert sich in der Überblendung der klassischen Vorlage mit dem Schicksal einiger Mitglieder der Roten Armee Fraktion, das zum Zeitpunkt des Stücks selbst bereits Patina angesetzt hat. Dass Jelinek in dem Stück die Protagonisten der RAF in Gestalt ihrer „NachBilder" auftreten lässt,[19] betont auch in diesem Fall den geschichtlichen Abstand.

Im Folgenden sollen diese Eingangsbeobachtungen für eine Lektüre von Jelineks Theaterstück *Ulrike Maria Stuart* fruchtbar gemacht werden, Jelineks erstem Dramentext nach dem Nobelpreis. Er lässt sich vor dem gerade skizzierten Hintergrund als eine sowohl werkpoetische als auch generelle Re-Evaluierung der Avantgarde-Idee vor der Folie des Klassischen lesen, wie im Folgenden dargelegt werden soll. Die Reflexionen und Fragen, die der Text durch die Überblendung von Ulrike Marie Meinhof und Schillers Figur Maria Stuart auch vor dem Hintergrund der eigenen Autorschaft aufwirft, sind keine schlichten ‚Subversionen' der klassischen Vorlage, sondern problematisieren ein öffentliches Rollen-Bild, auf das Jelineks Literatur selbst abonniert zu sein scheint:[20] als „Provokateurin und nichts sonst" (UMS 144). Der Gegensatz von Klassik und Avantgarde manifestiert sich im 20. Jahrhundert vor allem am Zankapfel ästhetischer Autonomie, die als Grundidee neuzeitlicher

---

18   Hier in im Folgenden wird mit der Sigle UMS und Seitenzahl verwiesen auf Elfriede Jelinek: Ulrike Maria Stuart. Königinnendrama. In: dies: Das schweigende Mädchen / Ulrike Maria Stuart. Zwei Theaterstücke. Reinbek bei Hamburg: Rowohlt 2015, S. 7–149.

19   Vgl. hierzu: Inge Stephan und Alexandra Tacke (Hg.): NachBilder der RAF. Wien, Weimar: Böhlau 2008.

20   Georgina Paul z.B. zitiert das „Jelineksche ‚Theater[] der Subversion'". Georgina Paul: The Terrorist in the Theatre. Elfriede Jelinek's/Nicolas Stemann's *Ulrike Maria Stuart*. In: German life and letters 64 (2011), H.1, S. 122–132, hier S. 122. Thomas Ernst argumentiert für eine Art Subversion ‚zweiter Stufe': „Elfriede Jelinek entwickelt ein ‚subversives Theater', indem sie Konzepte politisch-revolutionärer, minoritärer und dekonstruktivistischer Subversion präsentiert, archiviert, problematisiert und mit- und gegeneinander verhandelt." Thomas Ernst: Ein Nobelpreis für die Subversion? Aporien der Subversion im Theater Elfriede Jelineks. In: Elfriede Jelinek – Stücke für oder gegen das Theater? Hg. von Inge Arteel und Heidy Margrit Müller. Brüssel: Koninklijke Vlaamse Academie van België voor Wetenschappen en Kunsten 2008, S. 193–202, hier S. 201.

‚Klassik' mit Schillers *Maria Stuart* als Stück der Weimarer Klassik aufgerufen ist. Während Autonomie die Forderung nach einer „Distanz zwischen Werk und Lebenspraxis"[21] meint und damit die „Möglichkeit der Wirkung"[22] beschränkt, fordern die Avantgarden gerade, diese Distanz „zu durchschlagen",[23] nicht zuletzt im Interesse einer auch politischen Wirkmächtigkeit der Kunst.

Worte als Waffen: Maria Stuarts wirkmächtige Redekunst

Jelineks Interesse an *Maria Stuart* scheint zunächst ein dezidiert avantgardistisches zu sein. Bereits 2005, zu Schillers 200. Todestag, skizziert sie in der Zeitschrift *Literaturen* das „Vorhaben" ihres Stücks und stellt dabei eine Lesart vor, welche die „Sprach-Wut" der Figuren ins Zentrum stellt – und als Grundfigur nicht nur von *Maria Stuart*, sondern aller Dramen Schillers – begreift:

> An den Schiller'schen Dramen interessiert mich am meisten diese Sprech-Wut der Personen. Ich will ihnen sofort meine eigene Wut dazulegen, es ist ja, als warteten sie nur darauf, immer noch mehr Wut aufzusaugen. Die Figuren Schillers sind immer sozusagen aufgeladen. [...] Ich möchte mich so gern in Schillers *Maria Stuart* hineindrängen, nicht um sie zu etwas andrem aufzublasen wie einen armen Frosch, der dann platzt, sondern um mein eigenes Sprechen in diese ohnehin schon bis zum Bersten vollen Textkörper der beiden Großen Frauen, dieser Protagonistinnen, auch noch hineinzulegen. [...] Diese wunderbaren Streitereien zwischen den beiden, von denen jede ihr Ich auf unerträglichste, uneinträchtigste Weise zum Fenster der Bühne in die Zuschauer hinausschmeißt! Ich möchte da gleich mitfliegen.[24]

Diese enthusiastischen Worte über Schillers Figuren treffen sich mit einer Erkenntnis der Schiller-Forschung über die illokutionäre Sprachmacht seiner Dramen, die Paul Böckmann insgesamt als Spezifikum Schillers charakterisiert hat:

> Die Sprache besitzt für ihn [=Schiller] Bedeutung nicht als individuell bestimmte Sprachgebärde oder durch die Vielsinnigkeit der Sprachbilder und des Sprachgefüges, sondern zunächst und vor allem durch die handelnde Kraft des Wortes. Das Wort gewinnt für ihn erst dramatische Bedeutung, sofern es zwischen Gedanke und Tat, Charakter und Handlung vermittelt [...] So geht es bei dem Verständnis dieser Sprache um den Anteil des Wortes am Handlungsvorgang, nicht

---

21   Peter Bürger: Theorie der Avantgarde. Frankfurt a.M.: Suhrkamp 1974, S. 32.
22   Ebd., S. 33.
23   Ebd., S. 32.
24   Elfriede Jelinek: Sprech-Wut (ein Vorhaben). Zuerst in: Literaturen 1 (2005). Zitiert nach: www.elfriedejelinek.com, datiert auf 19.1.2005 [Aufruf v. 3.1.2021].

um stilistische Figuren; nicht um die Sprache als Diktion, sondern um das Wort als Aktion. Schillers Dramen entwickeln ihre Konflikte nicht schon aus dem Zusammentreffen gegensätzlicher Charaktere oder aus der geschichtlichen Situation als solcher, sondern entfalten sich aus den an Sprache gebundenen Handlungen.[25]

Diese eminente performative Kraft des Wortes nimmt in *Maria Stuart* auch Jelinek wahr: „Die Figuren sprechen aufeinander ein, als gälte es ihr Leben. Und dieses Sprechen bedeutet ja auch, daß es ihr Leben gilt."[26] Maria Stuarts Kunst besteht in Schillers Drama tatsächlich darin, ihre Worte als höchst effektive Waffen einzusetzen; dies zeigt sich paradigmatisch in ihrer hochgradigen Aggressivität in der berühmten ‚großen Szene', dem Zusammentreffen mit Elisabeth, in dem Maria Wut und Hass in eine rhetorisch meisterhafte Rede gießt. Obwohl Maria im Kontext der Situation als Gefangene die machtlose ist, vermag sie mit dem „gift'gen Pfeil"[27] auf ihrer Zunge ihre Konkurrentin politisch nachhaltig zu verletzen, wie sie sofort im Anschluss an die Begegnung weiß: „Sie trägt den Tod im Herzen! [...] Das Messer stieß ich in der Feindin Brust."[28]

Vor allem das dritte und letzte Teilstück von Jelineks *Ulrike Maria Stuart* ist in weiten Passagen durchsetzt von Zitaten dieser Königinnen-Konfrontation, hier nur wenige Beispiele:

> Ulrike: So will ich mich noch diesem unterwerfen, Schwester, auch wenn es mir recht schwerfällt, Stolz, fahr hin, ich hab ja ohnedies kein Auto mehr, keine Wohnung, keine Kinder und kein Haus, also kannst von mir aus auch du fahren, lieber Stolz [.] (UMS 114)

> Ulrike: [...] Mein Alles hängt, mein Leben, mein Geschick, an meinen Worten, die ich hier so schön geschrieben habe, doch du hast sie nicht geduldet, nimmst mir noch mein Wort, mit dem ich mich an die Genossen richte, doch schon wider bessres Wissen [.] (UMS 121)

> Ulrike: [...] Gott, gib meiner Rede Kraft und nimm ihr jeden Stachel, der verwunden könnte, doch die Wahrheit bleibt, ich kann sie nicht mehr ändern, und die Wahrheit ist die Kapitulation. (UMS 127)

---

25 Paul Böckmann: Gedanke, Wort und Tat in Schillers Dramen. In: Jahrbuch der Deutschen Schillergesellschaft 4 (1960), S. 2–41, hier S. 4f.
26 Jelinek: Sprech-Wut (wie Anm. 24).
27 Friedrich Schiller: Schillers Werke. Nationalausgabe. 9. Bd: Maria Stuart. Neue Ausgabe, Teil I. Hg. von Nikolas Immer. Weimar: Hermann Böhlaus Nachfolger 2010, S. 103, V. 2443.
28 Ebd., S. 104, V. 2454 u. V. 2459.

Die Konterkarierung des hohen Tons durch banale Wortspielereien erzeugt eine Komik, die sich jedoch nicht gegen das Original richtet, sondern eine ganz spezifische Gegenwartsdiagnose formuliert. Marias Modell einer wirksamen Sprachmacht findet sich in Kontrast gesetzt zur Erfahrung der Figur Ulrike. Sie ist in Jelineks Stück eine intellektuelle Autorin, für deren Schreiben die Empörung über die gesellschaftlichen Verhältnisse leitend war. Der Hauptakzent liegt jedoch auf der Tempusform Präteritum. Jelineks Stück nämlich setzt in einer Gegenwart ein, in der das gesellschaftliche Klima sich so verändert hat, dass deren politische Anliegen vollends unverständlich und lächerlich geworden sind:

> wo wir einst saßen und diktierten, bis man uns gelesen oder nicht, das blieb sich gleich, obwohl ich sagen muß, daß damals echte Menschen uns gelesen haben, Information war damals Diskussion, heut ist sie Ware an den Tischen, wo wir einstmals, noch bevor wir es dann niederschrieben, bis es nicht mehr aufstand, miteinander sprachen endlos [...] Tiefer Sinn wohnt wohl in diesen alten Bräuchen, doch sie waren schon immer sinnlos, oder besser: sinnentleert, wir haben uns bloß eingebildet, etwas hätte einen Sinn, doch wußten wir schon lang nicht, was das sein wohl könnte: Menschen glücklich machen. Einkaufen, essen, dann zum Italiener, noch mal essen, ja, auch wenn man gar nichts braucht, holt man sichs trotzdem, und wärs nur ein Porsche oder ein Mercedes. Essen gehen, Essen gehen. Dann ist es zu Ende, doch hat man immerhin gegessen vorher, um die Zustimmung der Massen zum bewaffnet dann geführten Kampf bewirken wohl zu können und damit die Emanzipation der Massen in die Gänge kann gebracht sein endlich, wann ist endlich endlich? Ist es denn das Gegenteil von zeitlich? Denn nur mit Gequatsche kann man die Szene des Politischen doch nicht verändern, jedenfalls nicht grundlegend [...] (UMS 24f.)

Die Abstandnahme von der Idee des wirksamen Wortes geschieht in einer Situation, in welcher die Einebnung von Engagement und Anpassung vollzogen ist und „Diskussion" als „Gequatsche" gilt, das nur mehr dazu dient, die Permanenz der Aktivität ‚Essen gehen' zu untermalen[29] – sogar innerhalb der Gruppe der Gleichgesinnten, wie Gudruns ‚Laber'-Vorwurf bestätigt: „Das ist es, was du mir zu sagen hast? Viel ist es nicht, das mußt du selber zugeben. Du willst mich sprechen, doch wenn du mich dann siehst, so laberst du daher nur endlich, aber du sagst nichts". (UMS 122)

Die gänzlich veränderten Zeitverhältnisse zeigen sich in der Inversion der Anagnorisis: Bei Schiller formuliert Elisabeth den Moment, in dem sie die für

---

29 Die gedankenabsorbierende Dominanz von Ernährungsfragen zieht sich als Motivik durch den Text, vgl. z.B. auch die spätere Stelle: „die Frucht meiner Gedanken, schön gerührt in Joghurt, der nur eineinhalb bis null Prozent hat, den kann ein jeder essen, wenn er nicht zunehmen, nicht Mehrwert werden will" (UMS 142).

sie fatale verbale Attacke Marias realisiert: „Jetzt zeigt ihr euer wahres / Gesicht, bis jetzt war's nur die Larve."[30] In *Ulrike Maria Stuart* besteht die „Wahrheit" in der „Kapitulation" (UMS 127): in der Erkenntnis, das Ziel, die „Emanzipation der Massen" (UMS 25) in Gang zu bringen, verfehlt zu haben.

Ulrike Meinhof erscheint in Jelineks Stück also nicht als Gegenposition Maria Stuarts, sondern als radikalisierte Fortsetzung, die angesichts veränderter Rahmenbedingungen für die Durchsetzung der politischen Interessen notwendig geworden schien. Im Namen der RAF, die sich selbst als „Avantgarde"[31] des radikalisierten Widerstands im Gefolge der deutschen Studierendenproteste verstand, argumentierte die historische Ulrike Meinhof den Schritt in den bewaffneten Widerstand gerade mit der Erfahrung, dass ein rein verbaler Protest wirkungslos bleibe: Worte haben „versagt [...], weil sie den Anschlag auf Rudi Dutschke nicht verhindern konnten". Gerade dieses Versagen legitimiert für Ulrike Meinhof das Überschreiten der „Grenze zwischen verbalem Protest und physischem Widerstand".[32] Doch auch die Praxis des bewaffneten Widerstands erweist sich in *Ulrike Maria Stuart* als ineffektiv; die Figuren sehen sich am Ende zurückgeworfen auf die Rede, die endlos ihre eigene Unfähigkeit thematisiert.[33] Damit stehen sie repräsentativ für die Handlungsohnmacht der Jelinek'schen Theaterfiguren generell: „[s]ie agieren zwar, aber sie handeln nicht".[34] Das Reden der Figuren hat sich von jeder performativen Dimension entkoppelt und verfängt sich in um sich selbst kreisende Redeschleifen: Es „ist alles eins und Brei, vor allem was ihr sprecht." (UMS 24) Man hat das Stück daher nicht zuletzt als „Frage nach [...] den aktuellen (Un-)Möglichkeiten für politisches Engagement"[35] gelesen, als

---

30   Schiller: Maria Stuart (wie Anm. 27), S. 103, V. 2419–2420.
31   Rote Armee Fraktion: Das Konzept Stadtguerilla. O.O., oJ [1971]. Aufgerufen durch: https://www.hdg.de/lemo/bestand/objekt/dokument-das-konzept-stadtguerilla.html [Aufruf am 03.01.2021], o.S.
32   Ulrike Meinhof: Vom Protest zum Widerstand. In: dies.: Die Würde des Menschen ist antastbar. Aufsätze. Polemiken. Berlin: Wagenbach 1992, S. 138–141, hier S. 140.
33   Dies haben sie, wie die Autorin selbst betont, mit Jelineks Stücken gemein: „Es wird geredet und geredet in meinen Theater-Vorstellungen. Es wird nichts als geredet, und die Redenden warten sofort, kaum haben sie ausgesprochen (nicht: sich ausgesprochen), darauf, daß noch mehr Rede ankommt, die sie gleich weitergeben können. Was sollte auch sonst kommen? Sie haben ja nichts zu erwarten. Sie bestehen ja nur aus Sprechen, diese Menschenblasen." Jelinek: Sprech-Wut (wie Anm. 24).
34   Maja Sibylle Pflüger: Vom Dialog zur Dialogizität. Die Theaterästhetik von Elfriede Jelinek. Tübingen: Francke 1996 (= Mainzer Forschungen zu Drama und Theater, Bd. 15), S. 35.
35   Inge Arteel: Der Tod und das Mädchen I–V; Körper und Frau; Ulrike Maria Stuart; Über Tiere; Schatten (Eurydike sagt); Die Straße. Die Stadt. Der Überfall. In: Jelinek-Handbuch (wie Anm. 3), S. 174–185, hier S. 180.

Ausdruck des „Frust[s]" der Autorin Jelinek über das „Scheitern des politischen Kampfes und des politischen Schreibens".[36]

Ästhetische Freiheit

Nach dem bisher Ausgeführten wäre Maria Stuart als eine positive Identifikationsfigur zu verstehen, die ein Ideal verkörpert, das auch Jelinek vertritt, das jedoch aus einer sentimentalischen Perspektive unter gegenwärtigen Bedingungen als unerreichbar präsentiert wird. Jelineks Stück wäre damit lesbar als nostalgische Diagnose von der Unzeitgemäßheit der Avantgarde-Idee und damit auch ihrer eigenen Ästhetik; ihre Rehabilitierung der Klassik bestünde darin, auch in ihr ein untergründiges Avantgarde-Projekt zu entdecken: Maria Stuarts handlungsmächtige Redekraft.

Wollte man Jelineks Text(en) tatsächlich ein solches Ideal unterstellen, könnte man tatsächlich nur von einem grandiosen Scheitern sprechen. Ihren vielschichtigen, rhizomatisch gebauten Theatertexten[37] fehlt es durchgehend an der klaren Zielgerichtetheit von Maria Stuarts – und auch Ulrike Meinhofs – Reden. Und in der Tat: der temporale Abstand im Stück lässt sich nicht nur als sentimentalische Realisierung der historischen Ferne verstehen, sondern als aktive Geste der Distanzierung. Bei aller persönlichen Huldigung, wie sie im obigen Schiller-Essay für die Königinnen zur Sprache kam, muss man feststellen, dass das Stück eine solche Begeisterung nicht teilt. Die Überblendung von Maria Stuart mit Ulrike Meinhof lenkt den Blick vielmehr auf das, was beiden gemeinsam ist, und rückt auch die schottische Königin in ein kritisches Licht: Ihr verbales Attentat mit seiner manifesten Gewalt erweist sich letztlich als Versuch eines Terrorismus mit anderen Mitteln.[38] Um dies deutlicher zu machen, ist der Blick auf eine Instanz zu richten, die sowohl in Hinblick auf *Maria Stuart* als auch auf *Ulrike Maria Stuart* meist nicht genügend Aufmerksamkeit erfährt: das Publikum. Denn wie entfaltet sich die Sprachmacht Marias in Schillers Stück? Sie wirkt nicht direkt, sondern über den Umweg eines inner-fiktionalen Publikums. Erst durch Individuen, die ihren Worten Glauben schenken und ihr Verhalten danach ausrichten, gewinnt Marias verbale Kraft ihre politische Stärke, wie sie selbst am Beispiel Leicesters

---

36 Calpe: Von Prinzessinnen zu Königinnen (wie Anm. 17), S. 90 u. 162.
37 Die Vielstimmigkeit von Jelineks Theatertexten betont bereits Pflüger: Vom Dialog zur Dialogizität (wie Anm. 34).
38 Vgl. hierzu Uta Degner: Maria Stuarts *hate speech*. Verletzende Rede auf der Bühne der Politik. In: Schillers Theaterpraxis. Hg. von Peter-André Alt und Stefanie Hundehege. Berlin, Boston: de Gruyter (= Perspektiven der Schiller-Forschung, Bd. 2), S. 138–160.

betont: „Er sah es, er bezeugte meinen Sieg! / Wie ich sie niederschlug von ihrer Höhe, / Er stand dabey, mich stärkte seine Nähe!"[39] Mortimer, der bereits durch die persuasive Rede von Marias Onkel sein Leben geändert hat, wird von Marias Auftritt affiziert und ist bereit, sein Leben für sie zu geben.[40] Sein Beispiel zeigt allerdings auch, dass die Wirkung der Rede nicht immer kontrolliert werden kann und fehlzugehen droht (vgl. Szene III, 6). Mortimers Modell folgt zuletzt auch Leicester, der die überwältigende Persuasion von Marias Performance in der Szene V, 10 als buchstäblich ohnmächtig machende Konversion vorführt. Marias Rede ist also vor allem dadurch erfolgreich, dass sie ein Publikum mobilisieren kann, das sie glorifiziert und das ihr fanatisch folgt. Dem entspricht das Programm der RAF, das ebenfalls keine kritische Relativierung kennt, sondern hochgradig polarisiert, indem es fordert, „[z]wischen uns und dem Feind einen klaren Trennungsstrich [zu] ziehen".[41] Wenn die Figur des Engels am Ende des Stücks das Publikum auffordert: „Bitte legen Sie jetzt auf die Zunge mir einen giftigen Pfeil!" (UMS 149), so artikuliert sich darin eine der Erkenntnisse des Stücks: Wie der Vergleich von Maria und Ulrike zeigt, ist die Frage nach der Wirkkraft polemischer Rede keine Frage des Genres oder der Poetik – sie wird in letzter Instanz vom Publikum entschieden.

Ulrike Maria Stuart ist daher ganz zentral ein Stück über Rezeption – und es plädiert für eine gänzlich andere Rezeptionshaltung, als sie Maria Stuart und die Texte und Taten der RAF anstrebten. Statt Identifikation und gläubiger Gefolgschaft[42] zielt seine Darstellungsintention gerade auf reflexive Distanzierung, wie bereits der einleitende Nebentext insistiert:

Die Figuren müssen sozusagen fast jeden Augenblick von sich selbst zurückgerissen werden, um nicht mit sich selbst ident zu werden [...], denn diese Figuren sind nicht „sie selbst", sondern, nein, auch nicht einfach die berühmten, mir inzwischen längst lästigen Sprachflächen[.] (UMS 9; i.O. kursiv)

Nicht als affirmativ gemeinte Orientierungs-Modelle also tauchen die Figuren auf, sondern als Objekte der Befragung.[43] Auf das Theater als einen Raum, der für eine solche Sichtbarmachung der Dynamik gesellschaftlicher Rollen

---

39   Schiller: Maria Stuart (wie Anm. 27), S. 105, V. 2465–2467.
40   Ebd., S. 104, V. 2469–2473.
41   So das Mao entlehnte Motto der Programmschrift *Stadtguerilla*. Rote Armee Fraktion: Das Konzept Stadtguerilla (wie Anm. 31), o.S. (Deckblatt).
42   Vgl. UMS 149: „Und wer es glaubt, wird selig. Jeder, der es glaubt, ist einer von den Seligen."
43   Auf das wichtige Modell des Brecht'schen Theaters für Jelinek weist Hanna Klessinger: Postdramatik. Transformationen des epischen Theaters bei Peter Handke, Heiner Müller, Elfriede Jelinek und Rainald Goetz. Berlin, Boston: de Gruyter 2015 (= Studien zur deutschen Literatur, Bd. 209), hin.

prädestiniert ist, wird immer wieder angespielt,[44] nicht zuletzt mit einem rezeptionsästhetischen Akzent. So spürt Ulrike bereits am Anfang das Verlangen nach rezeptiver Vereindeutigung ihrer Person: „Ach, die Medea soll ich euch jetzt geben, eure Rabenmutter!" (UMS 32); tatsächlich wird sie von ihren Kindern, den „Prinzen im Tower" auf diese Rolle verpflichtet: „Du hast nun keine Kinder mehr, Medea. [...] Du bist jetzt die Medea [...]" (UMS 41). Auch bezüglich der RAF hat in der Öffentlichkeit längst eine Imagebildung stattgefunden, wie sie der Engel prophezeite:

> Ich schwörs euch, man wird zwar in dreißig, vierzig Jahren noch von euch vielleicht mal reden oder Ausstellungen machen oder auch Symposien und Tagungen und Workshops, allerdings wird dort dann in seiner grinsenden Armseligkeit euer Gedächtnis doch erst recht nicht leben, [...] es wird dann endlich tot sein[.] (UMS 137)

Mit den anhand bekannter ‚Zeugnisse'[45] aufgerufenen Rollen-Bildern thematisiert Jelineks Stück die öffentliche Rezeptionsbildung, hinter der etwas Unabgegoltenes wahrnehmbar wird: eine ernsthafte Auseinandersetzung mit dem ‚Erbe' der RAF jenseits von Klischees. Diese Arbeit aber unternimmt das Stück nicht selbst; es ist Jelinek-spezifisch, dem Publikum in der Dissoziation allein die Defizienz des *status quo* bewußt zu machen – und als Zitaten-„Brei" (UMS 24) wiederzugeben. Zudem aber durchzieht das Stück eine deutlich vernehmbare Adressierung und Befragung seiner Rezipienten: „ihr wolltet mich nicht lebend, liebe Deutsche, ja, was wollt ihr denn statt dessen?" (UMS 47) – „Seht ihr selbst, daß wir tot sind?" (UMS 67); „und jetzt paßt auf!"; „was bleibt uns, wenn wir mit euch mal fertig sind? Ach egal, ich weiß es nicht. Wie könnt ich es auch wissen, da viel früher ihr mit uns wohl fertig seid geworden!" (UMS 111) Insistierend appelliert der Text an die Instanz der Nachwelt, die das ‚Erbe' in der Hand hat: „Mit meiner Leiche können sie dann machen, was sie wollen",

> unsre Leichen, [...] die doch keinem was bedeuten und die keiner will, dann nicht mal klauen oder schänden mehr wird können, als ob das jemand wollen könnte! Ja, der Deckel dieser Decken wird zu schwer sein, falls wer kommt, um

---

44   Vgl. auch „Doch noch umfließt mich Licht und Leben, auch wenns kein echtes Licht hier drinnen gibt, denn das, was künstlich ist, das ist kein Licht" (UMS 34); „Ulrikes Stimme: [...] Wo sind die Proben? [...] Die Prinzen im Tower: Ach, wir proben doch schon, Mutter! Proben, wissen aber nicht, für welches Stück" (UMS 43).

45   Vgl. die Quellenangaben am Ende: „die Originaltexte und -kassiber der RAF und ihres Umfelds, Briefwechsel Gudrun Ensslins (‚Zieht den Trennungsstrich, jede Minute'), Stefan Aust, Butz Peters, Albrecht Wellmer und sehr viele andre mehr" (UMS 149).

uns noch nachträglich zu holen, denn es gibt ja Menschen, die imstande sind, sowas zu tun, jawohl, und wärs zum Spaß, wir müssen gänzlich in Beton gegossen werden, doch das kommt später, jetzt kommt erstmal noch das Schlafen". (UMS 147)

Die Metaphorik von Tod und Schlaf hat eine dezidiert rezeptionsästhetische Schlagseite, wie der bereits zitierte Auftritt des Engels am Ende des Stücks nochmals hervorhebt: er steht „mit dem Rücken zum Publikum": Gemäß Walter Benjamins Allegorie des „Angelus Novus"[46] wird der Engel – mit dem Rücken voran – in die Zukunft geweht, hier also in Richtung des Publikums, das er anspricht: „Ich habe das in einem Film gesagt, ich habe das im Fernsehen gesagt, ich habe das in mehreren Talkshows gesagt, ich sag es jetzt noch einmal: Des Waldes Dunkel zieht mich an. Doch muß zu meinem Wort ich stehn und Meilen gehen, bis ich schlafen kann." (UMS 148) Das poetische Robert-Frost-Zitat (aus *Stopping by Woods on a Snowy Evening*) erscheint hier nicht als Reminiszenz an die ‚gute alte Literatur', sondern ist ein Film-Zitat: Es fungiert in dem amerikanischen Agentenfilm *Telefon* von Don Siegel aus dem Jahr 1977 (der also genau zu der Zeit entstanden ist, in der Meinhof sich umgebracht hat) als eine Geheimbotschaft, die schlafende Terroristen aktiviert.[47] Natürlich ließe sich auch diese Anspielung wieder als Ideal einer auch Jelinek'schen Poetik interpretieren: als Hoffnung auf eine ‚zündende', erweckende Rezeption. Wie das Stück in seinem eigenen rezeptiven Umgang allerdings performativ vorführt, kann diese ‚belebende' Rezeption nicht einem tradierten, bereits fertigen Modell folgen, sondern realisiert sich erst in der ästhetischen Freiheit des Rezipienten. Jelineks bekanntes Diktum „Machen Sie, was Sie wollen"[48] trifft sich mit der ihrerseits überaus rezeptionsästhetischen Poetik Schillers. Er wird am Schluss nicht nur als einer der „Götter" (UMS 149) aufgerufen, Jelinek übernimmt zudem ein wichtiges Formprinzip seines Dramas: die „fast immer ‚gebundene Sprache des Textes" (UMS 9), die als Autonomiesignal verstanden werden kann.[49] Es gibt, so könnte man den Stil des Jelinek'schen

---

46 Walter Benjamin: Über den Begriff der Geschichte. In: ders.: Gesammelte Schriften. Erster Band, zweiter Teil. Hg. von Rolf Tiedemann und Hermann Schweppenhäuser. Frankfurt a.M.: Suhrkamp 1974, S. 691–704, hier S. 697.

47 Bereits Jelineks Essay *Sprech-Wut* endet mit der Ansprache des Lesers im Bild eines Telefonanrufs: „Sprechen Sie nach dem Signalton, aber sprechen Sie auch sonst immer, damit Sie den Signalton nicht hören müssen oder damit Sie ihn besonders deutlich hören können, weil er sich abhebt von allem. Es ist ja sonst keiner da, der abheben könnte." Jelinek: Sprech-Wut (wie Anm. 24), S. 15.

48 Elfriede Jelinek: Ein Sportstück. Reinbek bei Hamburg: Rowohlt 1998, S. 7.

49 Vgl. zu diesem Aspekt Evelyn Annuß: Schiller *offshore*: Über den Gebrauch von gebundener Sprache und Chor in Elfriede Jelineks *Ulrike Maria Stuart*. In: Arteel / Müller (Hg.): Elfriede Jelinek (wie Anm. 20), S. 29–42, hier v.a. S. 32.

Stücks semantisch paraphrasieren, keine Abkürzung zur ästhetischen Freiheit: „die Freiheit wird uns nicht geschenkt. Mißhandlungen, die können haben wir, und gratis noch dazu, aber die Freiheit nie. Das, was am wenigsten uns kosten würde diese Freiheit, die nur faul herumliegt, wolln wir nicht und kriegen wir auch nicht". (UMS 37) Wenn die Erlangung der Freiheit am Schluss des Zitats an das ‚Wollen' einer Gemeinschaft gebunden wird, ist die Gestaltung der Zukunft der Gesellschaft überantwortet.

An der Seite der Klassiker

Wie in den vorherigen Ausführungen bereits angedeutet wurde, lässt sich *Ulrike Maria Stuart* auch als eine Selbstpositionierung Jelineks im literarischen Feld zwischen autonomieästhetisch-‚klassischen' und wirkungsmotiviert- ‚avantgardistischen' Optionen verstehen. Das Drama tritt in der doch merkbaren, auf den ersten Blick vielleicht überraschenden Positionsnahme an der Seite Schillers einem dominanten Rezeptionsstrang entgegen, der Jelineks Literatur als eine dezidiert politische klassifiziert.[50] Eine solche ‚Arbeit am Mythos' als kritische Revision eingefahrener Klischees ließe sich auch an Jelineks anderen Klassiker-Bearbeitungen zeigen. Jelineks vermeintlicher ‚Klassikoklasmus' gilt primär der gesellschaftlichen Marmorisierung und Instrumentalisierung – also einem sekundären Rezeptionsphänomen und nicht den ‚klassischen' literarischen Texten und Autoren an sich.

Es ist zuletzt aber noch auf einen anderen Aspekt hinzuweisen, der die eingangs angesprochene gender-theoretische Differenzierung aufnimmt: Jelineks Klassikerbearbeitungen sind nämlich zugleich performative „Selbstermächtigung[en]"[51] einer Autorin, die sich damit äußerst selbstbewusst in die Höhenkamm-Nachfolge der – männlichen – Klassiker stellt und darin implizit den Anspruch auf (zukünftige) Klassizität erhebt. Es scheint kein Zufall zu sein, dass die ‚Sekundärdramen' zu Lessings *Nathan der Weise*, Schillers *Maria Stuart* und Goethes *Urfaust* alle nach 2004 entstanden sind, nachdem Jelinek durch den Nobelpreis ‚gekrönt' wurde und ihren Konsekrationsstatus

---

50   Der Klappentext der Buchausgabe von *Ulrike Maria Stuart* zitiert die Süddeutsche Zeitung: „Elfriede Jelinek ist die politischste [...] Dramatikerin unserer Zeit" (UMS, o.S.).
51   Anne Fleig: Königinnendrama und Postdramatisches Theater: Zur Eskalation der Rede in Friedrich Schillers *Maria Stuart* und Elfriede Jelineks/Nicolas Stemanns *Ulrike Maria Stuart*. In: Spielräume des Anderen und Alterität im postdramatischen Theater. Hg. von Nina Birkner, Andrea Geier und Urte Helduser. Bielefeld: Transcript 2014, S. 143–163, hier S. 158.

im literarischen Feld und damit ihre Anwartschaft auf Klassizität immens ausbauen konnte.

Doch gerade die Reaktionen auf die Nobelpreisverleihung an sie werfen ein scharfes Schlaglicht auf eine polemische Konstellation, die Jelineks Arbeit an den Klassikern im Hintergrund wohl entscheidend mitmotiviert: Denn einige Kritiker-Reaktionen auf die Vergabe des Nobelpreises an Jelinek haben ihre eingangs zitierte These von der grundsätzlichen Werk-Unwürdigkeit der Frau bestätigt, indem sie eine mit der Verleihung verbundene Lizenz auf Klassizität im konkreten Fall sehr vehement dementierten. Marcel Reich-Ranicki beispielsweise stellte 2005 in der *Frankfurter Allgemeinen Zeitung* süffisant fest:

> Die größten Schriftsteller des zwanzigsten Jahrhunderts haben den Nobelpreis nicht erhalten, also beispielsweise Proust, Kafka, Joyce, Brecht. Man kann noch zehn weitere Namen nennen, so etwa die Österreicher Rilke und Musil. Andererseits wurde die Österreicherin Elfriede Jelinek sehr wohl mit diesem Preis ausgezeichnet, was in Mitteleuropa stürmische Heiterkeit ausgelöst hat.[52]

Bereits im Jahr zuvor fällte Reich-Ranicki im *Spiegel* – eine Zeitschrift, die in *Ulrike Maria Stuart* wohl nicht zufällig Erwähnung findet[53] – ein überaus negatives Urteil: „Das literarische Talent der Elfriede Jelinek ist, um es vorsichtig auszudrücken, eher bescheiden. [...] Ein guter Roman ist ihr nie gelungen, beinahe alle sind mehr oder weniger banal oder oberflächlich."[54] Im selben Heft äußert sich auch Matthias Matussek hochgradig abschätzig.[55] Iris Radisch bescheinigte Jelineks Œuvre in der *Zeit*, es sei „ästhetisch eine Kapitulation, literarisch letzten Endes provinziell."[56] Es ist vielleicht kein Zufall, dass sich Jelinek in den Jahren nach dieser massiven Kritik aus Deutschland besonders deutschen Klassikern widmete. Ihre Klassiker-Bearbeitungen konterkarieren in der Form ihrer poetischen Arbeit implizit die normativen Vorstellungen ihrer Kritiker von Klassizität und stellen sich gerade dadurch selbstbewusst in eine erlesene Ahnenreihe – damit schießen sie dann doch noch einen ‚giftigen Pfeil'.

---

52 Fragen Sie Reich-Ranicki: Über Buchgeschenke und den „Goethe Österreichs". In: FAZ vom 19.12.2005. Zitiert nach https://www.faz.net/aktuell/feuilleton/buecher/fragen-sie-reich-ranicki/fragen-sie-reich-ranicki-ueber-buchgeschenke-und-den-goethe-oesterreichs-1282676.html [Aufruf vom 3.01.2021].

53 UMS 59: „Das ist, was unsere Spiegel-Gesellschaft, falls Sie es nicht wissen, das ist eine Zeitschrift, vollgefüllten Mundes, so wie sie immer tut, bevor sie alles ausspuckt, deterministisch nennt, doch das ganz nebenbei."

54 Marcel Reich-Ranicki: „Die mißbrauchte Frau". In: Der Spiegel, 11.10.2004, S. 180.

55 Matthias Matussek: Alle Macht den Wortequirlen! In: Der Spiegel, 11.10.2004, S. 178–182.

56 Iris Radisch: „Die Heilige der Schlachthöfe". In: Die Zeit 43, 14. Okt. 2004, S. 44.

Tigersprung mit schwerem Gepäck – Antike und Gegenwart in Grünbeins *Historien*

Wolfgang Riedel

Den altphilologischen Freunden

1. Präliminarien

Um die Jahrtausendwende, zwischen 1999 und 2005, publizierte Durs Grünbein eine Serie von Gedichten, die sich mit der römischen Antike, genauer mit dem Rom der Kaiserzeit (hier bis etwa 400 n.C.) befassen, mit seiner Oberschicht und seiner *plebs*, seinen Philosophien und Religionen, mit Schrifttum und Alltag, verbürgten Begebenheiten, aber auch erfundenen, mit historischem oder fiktivem Personal, mit überkommenen Lebensspuren, Zeugnissen, Sentenzen, aber auch Leerstellen der Überlieferung, die zu projektiver Füllung animieren. Grünbein nannte diese Gedichte „Historien". Die Bedeutung dieses Worts changierte schon im Altgriechischen zwischen Erkundung und Erzählung, immer mit Akzent auf der empirischen Zugangs- und Erfassungsweise. Es konnte daher Geschichtsschreibung (Herodot, *Historiai*; Tacitus, *Historiae*) ebenso bezeichnen wie Naturforschung (Aristoteles, *Ton peri ta zoia historion/Historia animalium*). Spätestens ab dem Spätmittelalter wurde es auch in Literatur und Künsten heimisch. Anekdotisches und Exempelhaftes, Tragisches und Unterhaltsames, Verbürgtes und gerade noch Glaubwürdiges aus Menschenalltag und -geschichte konnte *historia* genannt werden; so die *Historia von D. Johann Fausten* oder Shakespeares Königsdramen (*Histories*), und dito in der bildenden Kunst die Historienmalerei.[1]

---

[1] Der neue Pauly. Enzyklopädie der Antike. Hg. von Hubert Cancik und Helmuth Schneider. 16 in 18 Bdn. u. 18 Suppl.-Bde. [bis dato]. Stuttgart, Weimar: Metzler 1996–2010 (= DNP). Bd. 5, Sp. 643, Art. *Historia*; Metzler Literaturlexikon. Hg. von Dieter Burdorf u.a.: Stuttgart, Weimar: Metzler ³2007 (= MLL), S. 317, Art. *Historie*; Christoph Wetzel: Reclams Sachlexikon der Kunst. Stuttgart: Reclam 2007, S. 203f., Art. *Historienbild, Historienmalerei*. – Antike Quellen werden mit üblicher Stellen- und Versnummerierung zitiert, vorzugsweise nach *Sammlung Tusculum*, die Bibel nach *Jerusalemer Bibel* (hg. von Alfons Deissler u.a. Freiburg/Br.: Herder ¹³2005) und *Vulgata* (hg. von Robert Weber, Roger Gryson. Stuttgart: Deutsche Bibelgesellschaft ⁵2007). Altgriechisches wird umschriftlich wiedergegeben, Diakritika entfallen. – Siglen für Werke Durs Grünbeins: A = *Antike Dispositionen* (s. Anm. 8); C = *Der Misanthrop*

Als *Historien* versammelte Grünbein diese Antikenpoeme erstmals 1999 in dem Gedichtband *Nach den Satiren*; der Folgeband *Erklärte Nacht* brachte 2002 *Neue Historien*.[2] Zusammen mit verstreut erschienenen Stücken gab er sie, in fünf Kapitel unterteilt, 2005 noch einmal gesammelt unter dem Titel *Der Misanthrop auf Capri* heraus.[3] Der älteste Text darin, *Krater des Duris* (C 11), stammt schon aus dem Jahr 1994, aus *Falten und Fallen*.[4] Als eine Art Vorläufergedicht setzt er für das *Historien*-Corpus einen Terminus a quo. Die Grenze nach vorne ist nicht so leicht zu ziehen. Ein im Gesamtbild essentieller Text wie *Paulus wechselt die Schiffe* erschien erst vier Jahre nach C in der *Süddeutschen Zeitung*.[5] 2012 fand er Eingang in den Gedichtband *Koloss im Nebel*, dessen fünftes Kapitel eine Art Nachlese zu den *Historien* und wohl auch eine Art Abschied von ihnen darstellt.[6] Es bringt Rom- und Italiengedichte sowie ganz ähnlich geartete über Istanbul und die Türkei (Ostrom- und Kleinasienstücke, wenn man so will), die aber nur manchmal, wie eben das Paulus-Poem, als Historien im Sinne der früheren Bände anzusehen sind. Sie sprechen weniger aus der Antike heraus, als (und oft mehr verhalten) in sie hinein, und

---

auf Capri (s. Anm. 3); E = *Erklärte Nacht* (s. Anm. 2); K = *Koloss im Nebel* (s. Anm. 6); N = *Nach den Satiren* (s. Anm. 2); Ü = *Strophen für übermorgen* (s. Anm. 6).

2 Durs Grünbein: Nach den Satiren. Frankfurt a.M.: Suhrkamp 1999 (= N), S. 7–90, Historien (nur knapp die Hälfte der Gedichte befasst sich mit der Antike); ders.: Erklärte Nacht. Gedichte. Frankfurt a.M.: Suhrkamp 2002 (= E), S. 65–94, III. Neue Historien.

3 Durs Grünbein: Der Misanthrop auf Capri. Historien / Gedichte. Mit einem Nachwort von Michael Eskin. Frankfurt a.M.: Suhrkamp 2005 (= C) (ND Berlin 2016); der Buchtitel übernimmt den eines gleichnamigen Gedichts über Kaiser Tiberius (C 22). Die *Historien* aus N und E sind hier vollständig, als Kap. II und III, aufgenommen – mit Ausnahme der fünf Tier-Epitaphe, mit denen in N die *Historien* einsetzen (N 9–13, *In der Provinz 1–5*). Als drastische Kadaverstudien, ganz im Stil des fünf Jahre älteren Bändchens *Den teuren Toten. 33 Epitaphe* (Frankfurt a.M.: Suhrkamp 1994), stellten sie damals den direkten Anschluss der *Historien* an die poetisch-poetologische „conversio in soma" her, die der Autor bis Mitte der 1990er Jahre vollzogen hatte. Das Zitat: Durs Grünbein: Gedichte. Bücher I–III. Frankfurt a.M.: Suhrkamp 2006, S. 399–401, Notizen zu *Falten und Fallen* (2005), hier S. 399. Zu dieser ‚somatischen Wende' und ihrem Kontext Verf.: Nach der Achsendrehung. Literarische Anthropologie im 20. Jahrhundert. Würzburg: Königshausen & Neumann 2014, S. 299–322, Poetik der Präsenz. Durs Grünbeins Dichtung in der ‚Dekade des Gehirns' (1999).

4 Durs Grünbein: Falten und Fallen. Gedichte. Frankfurt a.M.: Suhrkamp 1994, S. 124, Krater des Duris; wieder in: Gedichte (wie Anm. 3), S. 367; s. hier S. 401 auch die *Notiz* zum werkgeschichtlich vorausweisenden Charakter des Gedichts.

5 SZ, Nr. 7, 10./11.1.2009, S. 14.

6 Durs Grünbein: Koloss im Nebel. Gedichte. Berlin: Suhrkamp 2012 (= K), S. 163–192, Abt. 5; das Paulus-Gedicht S. 191f. – Siehe aber zuvor auch schon ders.: Strophen für übermorgen. Frankfurt a.M.: Suhrkamp 2007 (= Ü), S. 151–176, Abt. VI. Hier vierzehn Stücke mit Antikebezug, davon sechs, teils als Erstdruck, bereits in C. Von den neuen ist nur das Eingangsgedicht *Ligurische Kohorte* (Ü 151) eine „Historie" im strengeren Sinne (s. oben).

manchmal nur wie beiläufige Reminiszenzen eines modernen Besuchers der historischen Stätten.[7] Insgesamt kommt so die Zahl der *Historien* im engeren Sinne ziemlich genau auf sechzig, etwas mehr also als in C zusammengestellt (54). Begleitet hatte Grünbein seine Gedichte mit vier zwischen 2002 und 2004 publizierten Essays, über Juvenal, Seneca, Homer sowie zur „anthropologischen" Bedeutung der alten Sprachen und Literaturen. 2005 nochmals zusammengestellt, beschließen sie den Aufsatzband *Antike Dispositionen* (und rechtfertigen durch ihr Achtergewicht dessen Titel).[8]

Grünbeins Zuwendung zur Antike stieß nicht überall auf Begeisterung; schnell hing ihr der Ruch des Akademisierens an („Faltenwurf der Gelehrsamkeit"[9]). Indes kennt die lyrische Poesie von den Anfängen bis heute immer auch die Register der „intelligiblen Dichtung",[10] und nicht nur die der philosophischen oder Gedankenlyrik, sondern auch die der wissenschaftlichen Betrachtung oder Beschreibung, der moralischen, religiösen oder existentiellen Meditation sowie der historischen Vergegenwärtigung. Und auch an entsprechenden Formen und Gattungen fehlte es nie: Elegie und Epigramm, Gnome und Epitaph, Ekphrasis und Lehrgedicht, Tier- und ‚Dinggedicht', Monolog (auch innerer) und Dialog (auch als Totengespräch), und im erzählenden Fach Epyllion und Ballade.[11] Vieles davon scheint in den *Historien* aufgenommen oder klingt in ihnen an; das wäre einmal im Einzelnen zu prüfen. Die Verse, meist reimlos, sind in der Regel Fünfheber, teils jambisch,

---

7 In dieser vom Stil des Gros' der *Historien* (C, Kap. I–IV) deutlich unterschiedenen, mehr an deren ebenfalls davon schon abweichende Schlussgruppe in Kap. V anschließenden Weise bleibt Rom, das heutige und das antike in ihm, auch später Thema; s. Durs Grünbein: Zündkerzen. Gedichte. Berlin: Suhrkamp 2017, S. 59–78, Das Photopoem.

8 Durs Grünbein: Antike Dispositionen. Aufsätze. Frankfurt a.M.: Suhrkamp 2005 (= A), hier S. 328–368, Schlaflos in Rom. Versuch über den Satirendichter Juvenal (2002); S. 369–392, Im Namen der Extreme (2004) (über Seneca); S. 393–398, Zwischen Antike und X (2002) (zu den alten Sprachen); S. 399–401, Der Tod des Homer (2004). – Der Aufsatz über die alten Sprachen und speziell die Ausführungen zur lateinischen Grammatik als Matrix einer poesietauglichen „Rhetorik der Anthropologie" (S. 394) wären, so wenig sie ins Detail gehen, für eine formal-prosodische Analyse der *Historien* unabdingbar. – Ein danach (2019) erschienener Sammelband enthält weitere drei (undatierte) Essays über Ovid, Petronius und Ausonius, die aber wegen des zeitlichen Abstands zu den *Historien* hier nicht mehr herangezogen werden: Durs Grünbein: Aus der Traum (Kartei). Aufsätze und Notate. Berlin: Suhrkamp 2019, S. 203–209, Ein Klassiker für viele Fälle; S. 210–223, Eine Träne für Petronius; S. 224–228, Hoheslied auf einen Fluß (zu Ausonius' *Mosella*).

9 Andrea Köhler: Asche zum Frühstück [Rez. von N]. In: NZZ, Nr. 105, 8./9.5.1999.

10 Nach Hans Magnus Enzensberger: Die Elixiere der Wissenschaft. Seitenblicke in Poesie und Prosa. Frankfurt a.M.: Suhrkamp 2002, S. 267ff. (Nachwort).

11 Speziell zu letzterer aus jüngerer Zeit: Hans Magnus Enzensberger: Mausoleum. Siebenunddreißig Balladen aus der Geschichte des Fortschritts. Frankfurt a.M.: Suhrkamp 1975.

teils trochäisch, mit schwebenden Hebungen und wechselnden Senkungen. Das Schriftbild wirkt klassisch, erinnert an Epigramm und Elegie, tatsächlich sind Rhythmus und Bindung aber relativ frei und beweglich, gern prosanah, wie moderne Lyrik auch sonst oft.

Sofort und mit begreiflicher Sympathie wurden die *Historien* indes von Altphilologen wahrgenommen. Sie erkannten in Grünbein den Verbündeten.[12] Wieder einmal sahen sie das ihnen anvertraute Uralterbe der europäischen Poesie in die Rekursionsschleifen unmittelbarer Gegenwartsdichtung gezogen, wohl wissend, dass nur diese, nicht die eigenen Anstrengungen, das ‚Nachleben der Antike', hier der literarischen, jenseits von Archiv und Museum sichern. Ohne poetische Rekursionen kein Kanon, kein *aere perennius*.[13]

Freilich, wie sehr solche Rekursionen auch akademisch informiert sein mögen, akademisch reguliert (oder *zu* regulieren) sind sie darum nicht. Der poetische Eigensinn ist gegenüber den Angeboten des Kanons immer auch ‚frei' – in allen Facetten: subjektiv, spielerisch, gegensinnig, quer. Das gern benutzte Label „Klassizismus" greift daher meist zu kurz; allzu schnell verdeckt es die ‚gegenstrebige Fügung' jeder poetischen Rekursion. Der Zeitpfeil zieht sie ja immer und unweigerlich in die Zukunft; jedem Rückgriff ist daher die Kraft der Gegenrichtung inhärent. Und damit auch ein transgressives, anti-„klassizistisches" Moment, bei dem nun alles darauf ankommt, wie und wie sehr es genutzt wird. Poetische Rekursionen auf die „Klassiker" können dergestalt

---

12 Zwei prominente Fachvertreter traten schon früh auf den Plan: Manfred Fuhrmann: Zeitdiagnose am Widerpart Rom. Zu Grünbeins Gedichtband *Nach den Satiren*. In: Sprache im technischen Zeitalter 37 (1999), Nr. 151, S. 276–285; ders.: Nekrolog auf eine Amsel. In: FAZ, 25.3.2000 (zu *In der Provinz 5*, N 9); auch in: Marcel Reich-Ranicki (Hg.): Hundert Gedichte des Jahrhunderts. Frankfurt a.M.: Insel 2000; ders.: Juvenal · Barbier · Grünbein. Über den römischen Satiriker und zwei seiner tätigen Bewunderer. In: Text + Kritik 153: Durs Grünbein (2002), S. 60–67; Michael von Albrecht: *Nach den Satiren*. Durs Grünbein und die Antike. In: Bernd Seidensticker und Martin Vöhler (Hg.): Mythen in nachmythischer Zeit. Die Antike in der deutschsprachigen Literatur der Gegenwart. Berlin, New York: de Gruyter 2002, S. 101–116.

13 Die Rekursionsintensität bezüglich der Antike riss in der gesamten Literaturmoderne bis heute nicht ab; s. dazu Stefan Elit, Kai Bremer, Friederike Reents (Hg.): Antike · Lyrik · Heute. Griechisch-römisches Altertum in Gedichten von der Moderne bis zur Gegenwart. Remscheid: Gardez! 2010 (= Die Antike und ihr Weiterleben, Bd. 7); Aniela Knoblich: Antikenkonfigurationen in der deutschsprachigen Lyrik nach 1990. Berlin, Boston: de Gruyter 2014; zuvor schon die Sammelbände von Bernd Seidensticker und Martin Vöhler (Hg.): Urgeschichten der Moderne. Die Antike im 20. Jahrhundert. Stuttgart, Weimar: Metzler 2001; Mythenkorrekturen. Zu einer paradoxalen Form der Mythenrezeption. Berlin, New York: de Gruyter 2005 (= Spektrum Literaturwissenschaft, Bd. 3). – Das Zitat: „Exegi monumentum aere perennius"/Aufrichtete ich ein Denkmal, dauernder als Erz (Horaz, Carmina, III,30,1).

in sich selbst bereits das Potential einer „polemischen Konstellationen" entfalten. Und genau dies, so meine These, tun Grünbeins *Historien*. Sie arbeiten mit dieser inneren Spannung, tragen, ob explizit oder latent, den Widerstreit aus und halten ihn so, auch im Bewusstsein ihrer Leser, jederzeit präsent.

Das *Historien*-Konvolut in toto zu behandeln, ist in Aufsatzform nicht möglich. Ich beschränke mich daher auf einige wenige Texte und auf die Erörterung der folgenden Fragen: Was heißt Omnitemporalität? (Kap. 2) – Was und wie repräsentieren die *Historien*? (Kap. 3) – Worin besteht die Bedeutung Juvenals? (Kap. 4) – Gibt es eine „polemische Konstellation"? (Kap. 5) – Wieso „schweres Gepäck"? (Kap. 6).

2. Zeitmaschine *memoria*

„Omnitemporalität" nennt Grünbein in einem 2001 veröffentlichten Interview das „Wesen der Poesie".[14] Denn diese sei in allen Epochen zuhause und jederzeit imstande, mühelos zwischen ihnen hin und her zu springen, überall Resonanz zu erzeugen. Doch das ist nur das Offensichtliche. Damit verbunden ist eine bestimmte Auffassung von Geschichte, Zeit und Zeitlichkeit. Grünbein will sie nicht im Sinne eines linearen ‚Zeitpfeils' aufgefasst wissen, sondern als eine in sich doppelte Bewegung, in zwei Richtungen zugleich, als permanentes Ineins von Vor und Zurück, Progress und Rekursion. Fortschreiten in die Zukunft hinein sei stets mit der Wiederbringung von Vergangenem verknüpft; es folge nicht dem heroischen Schema der disruptiven Innovation, sondern liege (wie der Reproduktionsprozess der Evolution, der hierfür letztlich das Paradigma abgibt) viel näher bei dem bescheideneren der Wiederholung mit Variation. Das in der westlichen Moderne zu Tode beschworene ‚Neue' war nie und kann niemals sein, was sein Name von ihm sagt, denn es kommt nun einmal nicht aus der Zukunft, sondern aus Vergangenheit und Gegenwart, und diese setzen sich, wie partiell auch immer, in jedes Novum hinein fort durch Reproduktion und Rekombination ihrer Elemente. Solches „Ineinander von Vergangenheit, Gegenwart und Zukunft" verlangt, Zeit nicht nach räumlichem Schema als ‚Fort'-Bewegung, sondern anders, nichtlinear zu denken. Grünbein selbst spricht von „diskontinuierlicher Zeitordnung"[15] und meint damit

---

14 Durs Grünbein im Gespräch mit Heinz-Norbert Jocks. Köln: DuMont 2001, S. 18.
15 Ebd., S. 19. – Grünbein war damals nicht der einzige deutschsprachige Dichter und Essayist von Rang, der zeittheoretischen Betrachtungen anhing; s. Hans Magnus Enzensberger: Vermutungen über die Turbulenz (1989). In: Elixiere (wie Anm. 10), S. 126–134; sowie ebd., S. 227–246, Vom Blätterteig der Zeit (1997). Hierzu und zum ideengeschichtlichen Kontext dieser Essays Verf.: Elegante Lösungen. Naturwissenschaft und Naturlyrik

ein quasiparadoxales Denken von Zeit als einem Medium, das in der von ihm generierten Differenz (Gestern – Heute – Morgen) immer auch die Spur der Identität, in der temporalen Distraktion stets ein Moment der „Simultanität"[16] bewahrt. Ein fraglos spekulativer Gedanke, der aber gleichsam das ‚Wurmloch' öffnet für imaginäre und hermeneutische Zeitreisen überall hin und zumal der poetischen Phantasie Flügel wachsen lässt.

Doch Grünbein kennt auch empirischere, anthropologische Argumente. Da ich dies andernorts schon erörtert habe,[17] fasse ich mich kurz. Präsenz, räumliche wie zeitliche, ist demnach immer als eine mentale, neurologisch vermittelte zu konzipieren. Was nicht empfunden wird, was also nicht aus neuralen Impulsen *in* uns (psychologisch gesagt: durch die ‚Einbildungskraft', neurobiologisch: durch ‚feuernde Neuronen') als ‚Bild', ‚Ton', ‚Geruch' usw. aufgebaut wird, ist für uns nicht ‚da'. Über An- oder Abwesenheit *draußen* entscheidet allein die Präsenz (oder nicht) *innen*. Daher kann rein imaginäre Präsenz auch ebenso mächtig sein wie reale. Kann! In den meisten Fällen ist sie es ja nicht. Die Skala der Präsenzintensität reicht von Traum und Tagtraum über poetisch oder anderswie produktives Phantasieren und ekstatisches, vorzugsweise religiöses Visionieren bis hin zur – dann pathologisch genannten – Halluzination (die aber möglicherweise einen Hinweis darauf gibt, wie mentales Vorstellen in evolutionären Frühphasen einmal ausgesehen haben mag). Der Hiat zwischen Innenbild und Außenbild, Wahn und Vorstellung ist jedenfalls eher ein Haarriss als eine Kluft. Das relativiert auch die zeitliche Löschung von Gegenwart, das Verschwinden im Vorbei, mindestens so weit, dass sich für den Dichter ein gewisser Spielraum auftut. Er kann mit Grund versuchen, das Vergangene imaginär so stark zu vergegenwärtigen, dass es der ‚Realpräsenz' des Hier und Jetzt nahekommt: „Ein Vers des Kallimachos aus Kyrene bringt ihm genauso viel Gegenwart wie der Zuruf des Postboten vor der Tür."[18] Eben dies meint Omnitemporalität.

Die *Historien* enthalten drei Gedichte über die Zeit, die diese Gedanken aufgreifen: *Aporie Augustinus (Über die Zeit)* (C 29–32), *In Ägypten* (C 50f.) und, programmatisch an den Anfang gestellt, *Präexistenz* (C 9). Das Augustinus-Gedicht stellt eine dialogische Situation vor: Augustinus (354–430) spricht zu seinem Freund Alypius, und zwar über die Zeitproblematik des elften Buchs der *Confessiones* (um 400). Es nimmt die berühmte Frage „Quid est ergo ‚tempus'?"

---

bei Hans Magnus Enzensberger (2009). In: Verf.: Nach der Achsendrehung (wie Anm. 3), S. 284–298, hier S. 286–295, Ins Offene.
16   Grünbein im Gespräch (wie Anm. 14), S. 18.
17   Verf.: Poetik der Präsenz (wie Anm. 3), S. 307ff. u. 321.
18   Durs Grünbein: Galilei vermißt Dantes Hölle. Aufsätze. Frankfurt a.M.: Suhrkamp 1996, S. 18–33, Mein babylonisches Hirn (1995), hier S. 21.

auf und folgt auch der schrittweisen Einsicht, dass sich die Zeit einer Antwort darauf, wie sie zumal durch Messung („metiri") gesucht wird, am Ende entzieht.[19] Jedoch – der ebenso berühmte Beisatz zu jener Frage, „Si nemo ex me quaerat, scio; si quaerenti explicare velim, nescio",[20] der in den *Confessiones* folglich am Anfang der Überlegungen steht, rückt in Grünbeins Gedicht ans Ende: „Wenn niemand fragt, weiß ich genau, was es ist. Aber fragst du, / Fällt mir nur Unsinn ein" (C 32). So, als abschließender statt eröffnender Satz, bekommt er einen resignativen Akzent, den er in den *Bekenntnissen* nicht hat, da ihr Verfasser am Ende seiner Suche den Ausweg in „Gott" als dem „ewigen Schöpfer" und Herrn über Sein und Zeit findet.[21]

Auch der ontotheologische Dualismus von irdischem *tempus* und göttlicher *aeternitas*, der die Zeittheorie der *Confessiones* fundamentiert, wird gebrochen. Augustins schließliche Wendung der Frage *nach innen*, in die mentale Innenwelt, die „memoria", als das ‚Gefäß' oder Medium, in dem der menschliche Geist – erlebend, erinnernd, erwartend – alle Zeitstufen durchmisst („In te, anime meus, tempora metior"),[22] wird zwar übernommen, aber unter Streichung der theologisch-metaphysischen Implikationen des Geistbegriffs. Während bei Augustinus der „animus" immer auch Medium der Gotteserfahrung und Bürge der Ähnlichkeit mit ihm ist, kommt bei Grünbein Geist nurmehr als rein anthropologische Größe ins Spiel. Zeittheoretisch relevant ist er daher allein als das beschriebene innersubjektive Medium und Agens jedweder räumlichen und zeitlichen Präsenz:

> Drei Arten der Gegenwart sind in dir aufgespart.
> Die eine heißt *Gestern*, die andere *Heute* und *Morgen* die dritte.
> Sie alle sind rege in dir, nur in dir, nirgendwo sonst.
> (C 31)

Spätestens ab hier erkennt man, dass der Augustinus des Gedichts nicht mehr den Text der *Bekenntnisse* spricht, sondern einen ihm fremden, von ihm aus zukünftigen, den Text seines Autors. Wenige Verse später sehen wir in seine

---

19 Vgl. Augustinus, Confessiones, XI,14–27, die Zitate XI,14,17 („Was ist also ‚Zeit'?"), XI,16,21ff. („messen"); dazu als Standardwerk: Kurt Flasch: Was ist Zeit? Augustinus von Hippo · Das XI. Buch der Confessiones. Historisch-philologische Studie. Text, Übersetzung, Kommentar. Frankfurt a.M.: Klostermann 1993 (zuletzt ³2016); zur Augustins Ontotheologie bereits: Joachim Ritter: Mundus intelligibilis. Eine Untersuchung zur Aufnahme und Umwandlung der neuplatonischen Ontologie bei Augustinus. Frankfurt a.M.: Klostermann ²2002 (¹1937).
20 Confessiones, XI,14,17.
21 Ebd., XI,31,41.
22 Ebd., XI,27,36; zur Analyse der *memoria* s. Buch X; s. auch unten Kap. III.

Meditation, wie wir sie aus der originalen Vorlage kennen, ein weiteres ihr fremdes, nun aber aus der Vergangenheit kommendes, mythologisches Motiv geraten, die Geschichte von Oknos und seiner Eselin im Hades: Jener flicht immerfort ein Seil, das diese immerfort auffrißt.[23] Auch mit dieser Mythe, einer Variante des Sisyphosthemas, gleitet der Augustinus des Gedichts unversehens in einen Diskurs, der mit dem seinen nicht recht kompatibel ist. Indem Grünbein so die augustinischen Gedanken mit säkular-modernen einerseits und heidnisch-vorchristlichen Motiven andererseits durchsetzt, destabilisiert er sie aber nicht nur, sondern verspannt sie zugleich mit ihrem Davor und Danach. Er verzeitlicht sie, und zwar durch den Mund des Augustinus selbst. Dem, der bekanntlich für die Ewigkeit schrieb, tut sich in der Krisis, die das Gedicht für ihn erfindet, wie in unklarer Ahnung die fluide Natur sowohl der eigenen Zeitlichkeit als auch seiner Zeittheorie auf.

Der Oknos-Mythe kommt dabei eine besondere Bedeutung zu. Grünbein liest sie nicht als Gleichnis der Vergeblichkeit, sondern der Zeitlichkeit selbst, des temporalen Phasenwechsels, der permanenten Verwandlung von Zukunft (zu flechtendes Seil) in Gegenwart (vorhandenes Seil) in Vergangenheit (gefressenes Seil). Und dies in ewiger Wiederkehr, da der Esel jedes Mal das gefressene Seil „verknotet" wieder „herausscheißt", Oknos diese „Knoten löst", die so gewonnenen Fasern wieder flicht und „dem Tier von neuem das Seil hinhält" (C 32). Eine Mythenvariante mit System! Denn es ist sein eigener Zeitbegriff, die paradoxe Einheit von Progress und Wiederkehr, Sukzession und Simultanität, die Grünbein hier ins archaische Emblem schließt. Und wir verstehen, dass die Verspannung der augustinischen Zeitmeditation mit ihrem Davor und Danach nicht linear zu denken ist, sondern zirkulär; das früheste Denken spiegelt das späteste zurück.

Augustinus wird auf diese Weise einiges zugemutet. Formal markiert dies ein Bruch der Tonhöhe, des *decorum*. Der mittlere Stil des philosophischen Dialogs weicht dem niederen der Satire, der angestammte Ton Augustins weicht dem für den Gegenstand der *Confessiones* unpassenden des Juvenal. Doch dieses Thema nehmen wir später auf. Hier sei erst einmal festgehalten, dass der schließlich vom Grübeln erschöpfte Augustin Grünbeins („Schläfrig bin ich, Alypius", C 32) die Frage nach der Zeit aus der Höhe der Abstraktion ganz nach unten durchfallen lässt, zu Hades und Gedärm. Die Schwäche des Körpers (Müdigkeit) setzt dem Geist Grenzen und suspendiert seine Probleme, auch die ungelösten (und die unlösbaren erst recht). Da die gemeinchristliche Rettung aus diesen Endlichkeiten durch Sprung ins Gottvertrauen (*resignatio*

---

23 DNP 8, Sp. 1157, Art. *Oknos*; vgl. Friedhelm Hoffmann: Seilflechter in der Unterwelt. In: Zeitschrift für Papyrologie und Epigraphik 100 (1994), S. 339–346.

ad Deum)²⁴ dem Augustinus des Gedichts nicht mehr so recht offenzustehen scheint, bleibt ihm als letztes Wort nur ein widersprüchliches: „Zeit ist kein Rätsel, Alypius. Vergiß es." (C 32) Der erste Satz indiziert des Rätsels Lösung, der zweite das Gegenteil. Liegt also die „Aporie Augustinus" in diesem Schlussvers? Im Dilemma nicht des historischen, sondern des Grünbeinschen Augustin, der, aus seiner Eigenzeit heraus- und in die Simultanität der Zeiten hineingestellt, die Frage nach der Zeit in alter Weise nicht mehr und in neuer noch nicht beantworten kann? Ist also „Aporie" hier nicht nur rein philosophisch, von Platon und Aristoteles her²⁵ zu nehmen, sondern mehr alltagssprachlich, wörtlich-konkreter, als eine ‚Rat'- oder ‚Weglosigkeit', die über kognitive Widersprüchlichkeit weit hinausgeht? Die also mehr ins Erlebnishaft-Befindliche schlägt und einen Gemütszustand anzeigt, der auch schon in der antiken Medizin beschrieben ist: die Melancholie (*melancholia*)?²⁶ Ich denke, ja. Ihre Symptome zumindest sind hier nahezu vollständig versammelt: Müdigkeit, Zeitverschüttung, „Krankheit zum Tode" (C 32), Angst,²⁷ Ekel²⁸ und in alledem die Latenz der *acedia*, der Handlungs- und Entscheidungshemmung, die zur Pathologie der Weglosigkeit wesentlich gehört. Zum Gefolge des umrätselten Genius aus Dürers Meisterstich dürfte daher auch Grünbeins Augustin zu zählen sein.²⁹

---

24 Confessiones, XI,29,39f.

25 Vgl. DNP 1, Sp. 895f., Art. *Aporie, Aporematik*.

26 Der Begriff geht auf die hippokratische Schrift *Peri aeron, hydaton, topon* [Über Luft, Wasser und Ortslagen] (um 420 v.C.), Kap. 10, zurück, die später so wirksame Verknüpfung von Melancholie und Genie jedoch auf die (pseudo-)aristotelischen *Problemata physica*, XXX,1; vgl. Hellmut Flashar: Melancholie und Melancholiker in den medizinischen Theorien der Antike. Berlin: de Gruyter 1966. Aus der reichen Literatur zur Medizin- und Philosophie-, Kunst- und Dichtungsgeschichte der Melancholie (mit einem auffälligen Anteil an Überragendem) nur ein zweiter Titel, speziell für den Überschneidungsbereich von Literatur und Medizin: Hubertus Tellenbach: Schwermut, Wahn und Fallsucht in der abendländischen Dichtung. Hürtgenwald: Pressler 1992, S. 5–82, Schwermut.

27 „Oder im leeren Amphitheater ein stummer Chor / Mit den Mundhöhlen schwarz vor Empörung und Schmerz" (C 32). – An der Assoziation ‚Munch' kommt man als Leser nicht vorbei.

28 Siehe von den Oknos-Versen auch die beiden letzten: „Und der Esel macht statt zu rülpsen den Laut, / den nur Esel beherrschen, vollendet" (C 32). – Der Esel als kynisches Tier; s. unten Anm. 78.

29 Personalistischer Lektüregewohnheit folgend die *Aporie Augustinus* sogleich als ‚Aporie Grünbein' zu lesen, besteht – Künstlermelancholie hin, Dichterschwermut her – für den Philologen keine Veranlassung. Seine Aufgabe ist es, die Bedeutsamkeit jener „Aporie" innerhalb der *Historien* selbst zu klären. Wie in Bruchstücken – aber nimmt man sie nur zusammen, deutlich genug – weist C eine Reihe von Sinnlinien oder Isotopien auf, die in der Sammlung thematische Akzente setzen und unter anderem, und wiederum wie

Auch beim zweiten Zeitgedicht, *In Ägypten,* spielt Melancholie herein, doch die Dinge liegen anders. Es geht um Seneca (um 1–65), den späten der *Epistulae morales* (um 62–65), wenige Jahre vor seinem Tod. Wieder haben wir eine dialogische Situation, das Gegenüber ist „Lucilius", der historische Adressat jener Briefe. Seneca erinnert sich, an sich selbst, „ein Menschenalter" (C 50) zurück, als Mann von dreißig Jahren, der damals vorübergehend bei Verwandten in Alexandria lebte.[30] „Eben erst" oder *„Eben-erst-jetzt"* (C 50f.), so lautet die stehende Formel, mit der er die Erinnerung kommentiert. Dreißig Jahre Abstand schrumpfen im Akt der Vergegenwärtigung auf ein wie real empfundenes „Gestern erst" (C 51) zusammen. Jeder kennt das, intensive Mentalpräsenz macht „Jahrzehnte verschwinden" (C 51). Wie das Unendliche von jedem Raumpunkt aus gleich weit weg ist, liegt für die Erinnerung jedes Einst gleich nah, kann es jedenfalls sein! Sobald der neuropsychische Apparat das einstmals stark Erlebte als vitale Vorstellung aufbaut, ist es wieder ‚da', es mag kürzer zurückliegen oder länger.

„Alles steht mir jetzt wieder vor Augen" (C 50). Grünbeins Seneca zitiert hier aber nicht nur Volksmund und Alltagspsychologie, sondern einen wohldefinierten rhetorisch-poetischen Topos, den der *evidentia* oder *energeia.* Er fordert von Redner und Dichter, Ereignisse und Sachverhalte so zu schildern, dass sie, obwohl zeitlich oder räumlich abwesend, Hörern und Lesern dennoch „vor Augen zu stehen scheinen".[31] Dass diese imaginäre Präsenz vom gesprochenen oder geschriebenen Text nicht selbst realisiert, sondern nur außerhalb seiner (*hors-texte*) ausgelöst werden kann, in den Köpfen von Sender und Empfängern, wusste man auch damals. Die neuzeitlichen Theorien der Einbildungskraft und des Zerebralgeschehens lagen zwar noch in weiter Ferne, die weitgehende ‚Passung' der Befunde und Beschreibungen der antiken Rhetorik

---

in Bruchstücken, auch eine ‚polemische Konstellation' hervortreten lassen, in die das Augustinus-Gedicht direkt gehört (dazu unten Kap. 5).

30 Vgl. Manfred Fuhrmann: Seneca und Kaiser Nero. Eine Biographie. Berlin: Fest 1997, S. 45f.

31 Vgl. Rhetorica ad Herennium (um 80 v.C.), IV,68: „res ante oculos esse videatur". Weitere Belege (Cicero, Quintillian) bei Heinrich Lausberg: Handbuch der literarischen Rhetorik. 2 Bde. München ²1973. Bd. 1, S. 399f., §§ 810–819, *evidentia.* Den Topos des ‚Vor-Augen-Stellens' von räumlich und zeitlich Entferntem (ein *vir bonus*; der Tod) gebraucht auch Seneca gelegentlich: Epistulae morales ad Lucilium, 11,8, 12,6; auch 70,1, wo er sich in Pompeji in die eigene Jugend zurückversetzt fühlt („in conspectum adulescentiae meae reductus sum"); als Motto für *In Ägypten* zitiert Grünbein aus diesen *Briefen* den Satz „Du stehst mir ganz vor Augen" (C 50; zitierte Stelle?). – Der andere Seneca-Text, mit dem das Gedicht arbeitet, behandelt ebenfalls ein Zeitproblem, aber ein ungleich kommuneres, volkstümliches, die zumal im Altersrückblick als unabweisbar empfundene „Kürze des Lebens": *De brevitate vitae* (um 58/59).

zu heutigen psychologisch-neurophysiologischen Konzepten jedoch sorgt dafür, dass sich auch in diesem Gedicht Antikes und Modernes verschränken.

Präexistenz schließlich, das erste Gedicht in C, eröffnet das Bändchen wie ein Prolog. Der Titel ruft vieles auf: Seelenwanderung, Platons Anamnesislehre, Gedichte wie Goethes *Warum gabst du uns die tiefen Blicke* und in der Moderne schließlich Hofmannsthals *Ad me ipsum*, das dem Begriff eine gewisse literaturpsychologische Prominenz verschafft hat.[32] Folgen wir also dieser Spur. Präexistenz bezeichnet hier die juvenile oder Latenzphase des schöpferischen Ichs, womit Hofmannsthal speziell den Dichter und also auch „sich selbst" meint. Er charakterisiert diese Phase als einen Zustand, in dem die Grenzen zwischen Ich und Welt noch nicht ganz geschlossen sind und das Innen sich gleichsam widerstandlos im Außen spiegelt und empfindet, in dem Ich- und Weltgefühl also noch eng verschmolzen sind: „Das Ich als Universum" oder „Als junger Mensch sah ich die Einheit der Welt".[33] Dies, mit Freuds bekannterem Ausdruck, ‚ozeanische Gefühl' geht dem Erwachsenen zwar nicht ganz verloren, wird aber doch soweit zurückgebaut, dass es eigentlich nur noch in ekstatischen, oder mit Musil: ‚anderen' Zuständen, in ‚Traum und Rausch' des Eros und der Gefahr, der Masse und des Enthusiasmus, und nicht zuletzt im Schaffensrausch realisiert werden kann. Von Nietzsche bis Benn, aber ebenso auch außerhalb des deutschen Sprachraums haben Autoren und Künstler dies so intensiv und anhaltend reflektiert, dass man geradezu vom Genietopos der klassischen Moderne sprechen muss. Grünbeins *Präexistenz*-Poem lässt sich hieran gut anschließen.

Dessen lyrisches Ich[34] spricht aus dem Rom unserer Tage heraus, aber es war schon zweimal da, im frühen 2. Jahrhundert („Auch ich hab unter Hadrian gelebt", C 9) und noch einmal im späten 18. Jedes Mal sah es dort Goethe

---

32 Hugo von Hofmannsthal: Ad me ipsum (1916–1929). In: ders.: Gesammelte Werke. Hg. von Bernd Schoeller. 10 Bde. Frankfurt a.M.: Fischer 1986. Bd. [10]: Reden und Aufsätze III, S. 597–627, hier S. 599 u. 605: „Praeexistenz. Glorreicher, aber gefährlicher Zustand". Vgl. Mathias Mayer u.a. (Hg.): Hofmannsthal-Handbuch. Stuttgart: Metzler 2016, S. 89–94, Art. *Selbstdeutungen*.

33 Hofmannsthal: Ad me ipsum (wie Anm. 32), S. 599 u. 618.

34 Der Begriff wird nicht mehr überall gern gehört; es gäbe Genaueres. Mag sein, aber poetologische Kategorien sind heuristische Beschreibungsinstrumente, keine Definitiv- oder Wesensbegriffe. Sie dienen der pragmatischen Orientierung im Mannigfaltigkeitsraum sprachlich-poetischer Erscheinungen, nicht dem Aufspießen immer kleinteiliger Vielfalten im Schaukasten begriffsrealistischer Pedanterien. Kein Anlass also, historisch eingeführte Termini über Bord zu werfen, schon gar nicht in einem historischen Fach. Besonnene Diskussion in: MLL, S. 465f., Art. *Lyrisches Ich*; Reallexikon der deutschen Literaturwissenschaft. Hg. von Harald Fricke u.a. 3 Bde. Berlin, New York: de Gruyter 1997–2003 (= RLW). Bd. 2, S. 509f, Art. *Lyrisches Ich*.

(„sah ich ihn", „Ich seh ihn noch wie gestern", C 9), zuerst in der Epoche seiner römischen Vorbilder für Elegie und Epigramm, „Properz" (48–15) und „Martial" (40–103), dann wieder während der italienischen Reise (1786–1788) und schließlich heute, „im *Caffè Greco*", aber jetzt nur *in effigie*, nicht mehr *in persona*: „inmitten der Piranesis sein Portrait" (C 10).[35] Der Titelbegriff bezieht sich also zweifach auf den Text, auf das lyrische Ich und auf Goethe, und er ist offenkundig temporal zu verstehen. Nicht zwischen Ich und Welt hebt sich die Grenze, sondern zwischen Ich und Zeit. Beide, lyrisches Ich und Goethe, erleben im ‚anderen Zustand' der Präexistenz die nach Grünbein poesiespezifische Erfahrung der Omnitemporalität, in der die Ungleichzeitigkeit in Simultanität umschlägt. Dabei treten beide aus unterschiedlicher Zeitstufe in die Gleichzeitigkeit ein, das lyrische Ich aus dem Heute, aus Goethes Zukunft also, dieser selbst jedoch schon aus dem 18. Jahrhundert, der Vergangenheit jenes Ichs. Goethe taucht als Dichter („Der Vers ist ein Taucher"[36]) in die Blütezeit der lateinischen Dichtung zurück, erlebt diese Rekursion als Präsenz und erweckt sie, aber das wird hier nicht erzählt, nur durch die zwei genannten Dichternamen angedeutet, in der eigenen Poesie (*Römische Elegien, Xenien*) zu neuem Leben. Die Zukunft hingegen, im Unterschied zur Vergangenheit offen und leer, ermöglicht solch intensive Vergegenwärtigung nicht ohne weiteres. Konkretion, für Präsenzerleben unabdingbar, ist nur durch Extrapolation des Gegenwärtigen zu erreichen, doch damit bleibt man im Heute stecken und gelangt gerade nicht in die Zukunft (daher die Zukünfte der Zukunftsromane im Rückblick ja auch stets mehr deren eigenen Epoche ähneln als der prognostizierten). Lässt man aber die Extrapolation weg, bleibt nichts als leeres Ahnen, und das schenkt keine Präsenz. Vielleicht macht Goethes ‚ewige Wiederkehr' in Rom deshalb vor der Zukunft halt.

Die Präexistenzerfahrung des lyrischen Ichs spiegelt dies genau. Zweimal vermag es kraft erwähnter Ichgrenzen-Lockerung das Vergangene und darin Goethe als Gegenwart zu „sehen"; beim dritten Mal nicht. Nur ein Stellvertreterobjekt ist ‚da', das Porträt an der Wand. Doch was sagt diese Temporalstruktur für das Ich selbst aus? Versagt seine präexistentielle Visionskraft in der eigenen Gegenwart? Der Akzent ist wohl anders zu setzen. Sobald man nur das lyrische Ich nicht als einen beliebigen Rombesucher, sondern als den Sprecher des *Historien*-Prologs, als Sprachmaske des Autors selbst nimmt, zeigt die beschriebene Konstellation statt eines Mankos eine Aufgabe an! Denn dieses

---

35   Mit gängigen Goethetopoi (Motto der *Italienischen Reise*, Reisemantel, Tischbeins *Goethe a la finestra*, Cestius-Pyramide) wird im ganzen Text offen gespielt, in Cento-Manier, die hier aber statt Zeilen oder Verse Bildmotive zitiert und kombiniert.

36   E 145, Erklärte Nacht.

ist nun zu leisten: Den oder das beim Tauchgang des Dichters ins Vorbei Gewahrte in einem Stellvertreterobjekt, hier dem Gedicht, so präsent zu stellen, dass auch die Leserimagination sich dem Simultanerleben öffnet.

3. Stimmen hören

Thematisch bieten die *Historien* ein buntes Gemisch: Hohes und Alltägliches, Tragisches und Groteskes, Herrscherlaune und Bagatelle, Amikalität und Infamie, Subtilitäten des Geistes und roh Brutales, Totschlag und Koitus. Gemäß erwähnter *conversio in soma* nimmt die ‚tierische Natur des Menschen' deutlich mehr Verse in Anspruch als die ‚geistige'. Triebe und Lüste, Süchte und Wahn, Krankheit und Alter, Verfall und Tod: Die Physiologie ist das Schicksal – dieser Satz scheint den Blick auf den spätrömischen ‚Menschenpark' zu bestimmen. Im gezeigten Affektspektrum dominieren entsprechend die unschönen: Gier, Hass, Aggression bis zum Sadismus, aber auch Resignation und Schwermut, Angst und Verzweiflung.

Es treten auf in dieser finsteren Revue, in unvollständiger Listung: Kaiser (Augustus, Tiberius, Nero, Otho, Titus, Hadrian, Julianus), Dichter (Juvenal, Favorinus, Lukian, Ausonius), Philosophen (Seneca, Philodem?[37], namenlose Kyniker und Sophisten), Gelehrte (der Physiognom Polemonius, der Historiker Timagenes), Christen (Paulus von Tarsus, Augustinus von Hippo, anonyme Prediger), Frauen verschiedenen Standes (Kleopatra; Julia Livilla, Schwester des Caligula; eine Sklavin mit Herrin; Domitilla, eine Prostituierte), Soldaten (ein Legionär in Germanien, ein kaiserlicher Leibgardist, ein Veteran, ein Kolonist in Gallien), Hafenarbeiter, Geldwechsler, Bordellbesucher, Betrunkene, namenlose Passanten und Tavernenhocker, dazu ein Rhinozeros im Zirkus und diverse Leichen (Heliogabal, ein falscher Nero, ein Säugling).

Ein Großteil des Erzählten, Erwähnten, Angespielten sind überlieferte Biographica, teils aus der Geschichte der Herrscherhäuser, wie man sie etwa durch Tacitus' *Annales* (um 120) oder Suetons *De vita Caesarum* (nach 120) kennt, teils aus den Lebensgeschichten bekannter Personen und Autoren, wie sie durch Ego-Dokumente oder Fremdviten bezeugt sind. Senecas korsisches

---

37 „Ein Philodamus, Philodoros, Philo ...", ein „Ägypter", „wie es hieß" (C 34, *Hero und Leander*). Könnte nach Philodemos von Gadara (um 110–45 v.C.) klingen; der stammte zwar nicht aus Ägypten, sondern von südlich des Sees Genezareth, hatte sich aber, bevor er schließlich nach Italien kam, länger in Alexandria aufgehalten (s. DNP 9, Sp. 822–827, Art. *Philodemos*). Passte alles gut – wäre er nicht Epikureer gewesen, wohingegen Grünbeins „Philo ..." eher als Kyniker angelegt ist („lebt [...] wie ein Tier", C 33). Spiel mit falschen Fährten?

Exil infolge einer ihm nachgesagten Affäre mit Julia Livilla (C 52) oder Paulus' Missionsreise nach Athen (C 61) gehören hierher, und ebenso der Brudermord an Remus (C 71), die Ermordung Heliogabals durch seine Leibwache (C 23) oder Neros Auftritt in Olympia (C 65). Die anonymen Alltagsbegebenheiten unterhalb des Geschichtsnotorischen (auch hier häufig Gewalttätiges wie etwa die Erschlagung eines kynischen Philosophen, M 38) müssen nicht, können aber fallweise ebenfalls auf Zeugnisse zurückgehen, so vielleicht das Rhinozeros im Zirkus (C 20) oder andere Trivia.[38] Prominenten in den Mund Gelegtes hat oft eine mehr oder weniger schnell kenntliche Quelle, so bei Augustinus, Seneca oder auch Lukian, der in *Metapher* (C 74) als Totenfährmann Charon spricht.[39] Anderes wie etwa die religions- und zeitkritischen Einlassungen Julians und Timagenes' kann schwieriger zu identifizieren oder so auch gar nicht belegt sein. Dem nachzurecherchieren, ist hier freilich nicht der Ort. Man muss es als Leser auch gar nicht wissen; die Texte wollen uns unmittelbar ansprechen, sie brauchen keine Fußnoten. Auch will der Autor uns keine philologischen Rätsel aufgeben; aus seinen Referenzen macht er kein Geheimnis, ihr Gemeinplatzcharakter gehört zum Spiel. Wichtiger als das *Dass* dieser Quellenbezüge ist ihr *Wie*. Grünbeins *Historien* verstehen sich als ‚Arbeit am Überlieferten'[40] – durch Fort- und Umschreibung, Variation und Kontrafaktur, durch die Arbeit der *aemulatio* mithin, der auf lange Sicht wichtigsten Triebkraft im literarhistorischen Prozess. Hinzu kommt, dass die *Historien* in den allermeisten Fällen als Erzählsituation die Innenperspektive ihrer jeweiligen Protagonisten wählen. Sie teilen uns nicht nur deren gegebenenfalls veröffentlichte Gedanken und Meinungen mit, sondern auch private Grübeleien und Phantasien sowie nie aufgeschriebenes Gerede. Die Frage ‚Überliefert oder erfunden?' stellt sich so permanent. Selbst schlichteste *res gestae* verwandelt

---

38   Vermutungen dieser Art liegen freilich jenseits meiner Kompetenz. Immerhin könnte das ein oder andere aus Friedländers *Sittengeschichte* gezogen sein, auf die sich Grünbein an anderer Stelle lobend bezieht: Ludwig Friedländer: Darstellungen aus der Sittengeschichte Roms in der Zeit von Augustus bis zum Ausgang der Antonine. 4 Bde. ND Aalen: Scientia 1964 ([1]1862/71, [9]1919/21); NA in 1 Bd. [ohne Anm. u. Exkurse]: Sittengeschichte Roms. Wien: Phaidon 1934 (hier zitiert), ND 1957, 1984, 1996 u.ö. Vgl. Grünbein, Schlaflos in Rom, A 356; s. auch A 348 den Hinweis auf Paul Veyne: Die römische Gesellschaft. München: Fink 1995.

39   Das Gedicht und die im Titel gemeinte Metapher, der Vergleich der Menschen mit Seifenblasen, basieren direkt auf Kap. 23 der lukianischen *Totengespräche* (*Nekrikoi dialogoi*), einem Dialog zwischen Hermes und Charon über den Menschen (*Charon e Episkopountes*). Vgl. Lukian von Samosata: Charon oder die Betrachtung der Welt. Hg. von Albert von Schirnding. München: DTV 1977.

40   In Analogie zu „Arbeit am Mythos" (Hans Blumenberg: Arbeit am Mythos. Frankfurt a.M.: Suhrkamp 1979, zuletzt 2011).

Grünbein so in Vexierbilder oder Kippfiguren, die uns ständig fragen lassen, was wir hier eigentlich lesen.

Eine kleinere Gruppe von Gedichten, teils unsystematisch über das Konvolut verteilt, teils gebündelt, befasst sich indes nicht mit Personen, sondern mit Dingen, antiken Objekten, heute noch sichtbaren Zeugnissen aus Baukunst und materieller Kultur: Gräber und Grabstelen, Skulpturen und Keramik (die *Tyche* des Eutychides, ein Krug des Duris), Bronzeschmuck und andere Kleinobjekte, aber auch der *Arco d'Augusto* (10 n.C.) in Fanum/Fano und der *Ponte di Tiberio* (20 n.C.) in Arinimium/Rimini. Ekphrasis? Dinggedichte? Solche Gattungsbezüge wären zu diskutieren. Hier interessiert jedoch der temporale Aspekt. Denn all diese Objekte gehören nicht nur der Vergangenheit, sondern auch der Gegenwart an; sie müssen nicht erst aus verlorener Zeitentiefe heraufimaginiert werden.[41] Dass die meisten dieser Gedichte am Ende der Sammlung zu stehen kommen, ist offenkundig wohl bedacht. Denn dieses V. und letzte Kapitel (C 95–103) bricht den eingangs in *Präexistenz* etablierten Zustand der Empfänglichkeit für Omnitemporalität wieder auf. Die Gedichte kehren aus der Antike in die Gegenwart wieder und sprechen zu uns ganz aus dem Heute heraus; das Vergangene zieht sich in die Reminiszenz zurück. Aber nicht ganz! Denn in seinen festkörperlichen Relikten ist es ja immer noch ‚da'. Stein gegen Zeit![42] Nach vier Kapiteln rein poetischer, sprich geistiger Vergegenwärtigung spielt die Antike im letzten ihre physische Präsenz aus.[43] Das Erz (und ebenso

---

41 Geographisch und zeitlich, nach hinten und vorne, wird in diesen Gedichten der römisch-kaiserzeitliche Rahmen überschritten. Eutychides (um 290 v.C.) und Duris (um 580 v.C.) waren deutlich ältere Griechen; die in *Herrscherin der todgeweihten Stadt* (C 89f.) besungene *Tyche von Antiochia* stammt aus vorrömischer Seleukidenzeit und steht als Kopie in den Vatikanischen Sammlungen; das attische Vorbild für das Figurengedicht *Krater des Duris* (C 11) fand sich ebenso einer modernen Museumsvitrine wie der in „*Siv me amas*" (C 101) betrachtete „Kleinkram" (ebd.) aus antiken Haushalten.

42 Frei nach Jan Assmann: Stein und Zeit. Mensch und Gesellschaft im alten Ägypten. München: Fink 1991 (³2003).

43 „*Tempus fugit?* Nicht doch, sie trat auf der Stelle / [...] / Nichts war vergangen [...] / [...] / Ein Stoff wie der Stein da, dachte er schwitzend / Beim Überqueren der Römerbrücke von Ariminium, / Die Geschichte nichts angeht, Verfall und Verkehr." (C 98, *An der Tiberiusbrücke*). Dito *Fanum Fortuna*, zum einen eine Etüde auf das *Tat twam asi*, die Wandelnatur des Lebenden, das sich in allem anderen Lebendigen spiegelt, und zugleich ein Lob des Steinernen als des unwandelbar Dauerhaften: „Und was da bleibt, / Sind nur die Steine, glückverheißend, Fanos Steine", die des dortigen „Augustusbogen[s]" (C 99). Ein anderes ‚Bleiben' also als in Hölderlins *Andenken* ist hier gemeint, gerade nicht das durch Dichter gestiftete. – Zur Ästhetik des Steinernen: Hartmut Böhme: Natur und Figur. Goethe im Kontext. Paderborn: Fink 2016, S. 85–132, Stein-Reich. Zur Theorie des Erhabenen aus dem Blick des Menschenfremdesten (1989).

ähnlich haltbares Material), wider das sich seit Horaz die Dichtung ihrer größeren Dauerhaftigkeit versichert,[44] erfährt hier eine Ehrenrettung.

Damit zur Verfahrensweise der Repräsentation, speziell im Kernbestand der *Historien*, den biographischen oder Personengedichten: Wie wird erzählt? Was genau wird aus der Vergangenheit in die Gegenwart transferiert und uns dargeboten? Von wenigen Ausnahmen wie *Club of Rome* (C 45) oder *Testament* (C 63) abgesehen, blickt hier kein ‚Erzähler' von oben oder von der Seite auf das Erzählte und stellt es von außen dar, fast immer liegt eine personale Perspektive vor, und das heißt hier (Kapitel V immer beiseitegelassen): die Perspektive von Toten. *Sie* sprechen, und dieses ihr Sprechen ist der ganze Inhalt der Verse. Beim Lesen der Gedichte ‚hören' wir sie reden, dringen Wörter und Sätze längst Gestorbener an unser inneres Ohr, teils zu anderen gesprochene, teils für sich gemurmelte oder auch nur gedachte. Natürlich referieren diese Sätze immer auch auf etwas, was die Sprecher außer sich sehen, hören und erleben: Ereignisse, Sachverhalte, Objekte, andere Personen, doch stellt sich dies für uns je nur als ein aus dem mentalen Innenraum der Sprecher selbst heraus Wahrgenommenes dar. Auch ist es permanent mit Intrapsychischem vermischt, mit Erinnerungen, Vermutungen, Reflexionen, Tagträumen, Einbildungen, Emotionen. Die äußere Wirklichkeit des alten Rom stellt sich uns allein im Medium der vielen Subjektivitäten dar, im endogenen Medium ihrer Innen- und Außenweltbilder, oder noch pointierter mit Augustinus gesagt, im Medium ihrer *memoria*.[45] Der spontane Eindruck, die *Historien* gewährten uns Blicke in die Vergangenheit, täuscht also. Dass wir diese ‚sehen', ist unser Werk, Zutat unserer Imagination. Die Gedichte holen aus der Vergangenheit nur Gesagtes, das sich, auch wenn es schriftlich überliefert ist, in der erzählten Situation als gerade Gesprochenes oder laut Gedachtes gibt. Der Kanal des Zeittransfers ist in den *Historien* kein optischer, sondern ein akustischer. Klassische *evidentia* also, aber sinnesphysiologisch verschoben: Das räumlich und zeitlich Absente wird nicht vor Augen (*ante oculos*), sondern vor Ohren geführt (*ante* oder *per aures*[46]). Primärpräsenz gewinnen nicht Ereignisse und

---

44   Siehe Anm. 13; vgl. auch C 97.

45   Augustinus, Confessiones, X; *memoria* meint hier nicht nur Gedächtnis im engsten Sinne; als unendlicher Imaginationsraum („campi et lata praetoria memoriae, ubi sunt thesauri innumerabilium imaginum", X,8,12; X,8,15–16), dessen innere Bilder alle äußeren umschließen und daher auch alles Äußere ‚enthalten' („ibi sunt omnia", X,8,13), wird sie geradezu gleichbedeutend mit *mens* oder *animus* selbst.

46   Realpräsenzerzeugung auf diesem Wege gelang in der Tradition nur dem christlichen Gott, bei Mariä Empfängnis durch das Ohr (*conceptio per aurem*) (berühmte Darstellung im Tympanon des Nordportals der Würzburger Marienkapelle). Sei es durch das Wort des Verkündigungsengels oder den Heiligen Geist selbst: *per aurem intrat Christus in Mariam*. Die physiologische Verschiebelogik dieses mariologischen Kernmythos liegt auf der

Phänomene, sondern Stimmen. Dass diese im Leser sogleich endogene Bilder auslösen, also Einbildungskraft und *memoria* aktivieren, ist unumgänglicher Automatismus und dürfte als solcher auch wirkungspsychologisch miteinkalkuliert sein. Doch um das poetische Verfahren genauer zu erfassen, ist die Nichtidentität von Bild und Ton erst einmal festzuhalten. Grünbeins *Historien* haben nicht die Schaubühne oder Großleinwand, sondern das Hörspiel zum Modell: ein in Schrift übersetztes, durch sie ‚linearisiertes' Stimmentheater, in sukzessive Einzelstimmen aufgelöst, aber zugleich zu denken als simultanes Stimmenkonzert, oder besser, als Stimmengewirr.[47]

Ästhetisch ist die Beschränkung auf akustische Repräsentanz wohlüberlegt. Stimmentheater ist Geistertheater; die *dramatis personae* sind vernehmbar, aber unsichtbar. Und so auch die Protagonisten der *Historien*, sie kommen nur zu Wort. Zwar beschreiben sie wie gesagt auch, was sie außer sich wahrnehmen, so auch andere Personen, aber kein ‚objektivierendes' Erzählerauge generiert und verbürgt eine handgreifliche Außenwelt. So treten immer nur sie selbst, als bloße Stimmen, als körperlose Schemen und Gespenster auf – wie einst die ‚Schatten' im Hades. Ihre entfernte Verwandtschaft mit antiken Unterweltbesuchen (*nekyia*) und Totenbeschwörungen (*evocatio*) können die *Historien* denn auch nicht verleugnen. Ähnlich steht es mit der Gattung der Totengespräche (*Dialogi mortuorum*). Von Lukian begründet (*Nekrikoi dialogoi*, um 165), wurde sie in der Neuzeit von Fontenelle (*Dialogues des morts*, 1663) bis Enzensberger (*Dialoge zwischen Unsterblichen, Lebendigen und Toten*, 2004) immer wieder aufgegriffen.[48] Doch auch hier liegt nur Familienähnlichkeit vor, keine Identität. Schon äußerlich – Prosadialoge hier, überwiegend monologische Gedichte dort – dominieren die Unterschiede. Gemeinsam sind freilich das Interesse an der Durchleuchtung des Menschlichen, die Nähe zur Satire sowie die Diversität der Töne: von ernst bis burlesk, geistreich bis grob, besinnlich bis ironisch oder auch spöttisch. Durch Einbeziehung des Belanglosen und Banalen verschiebt Grünbein die Themenskala jedoch noch einmal

---

Hand, weniger trivial ist die medientheoretische (medientheologische) Seite des Motivs und der in ihm angesprochenen Präsenzkraft des Worts (vgl. Genesis, 1,3ff.).

47 In dieser Polyphonie finden dann auch die Objekt- und Reminiszenzgedichte aus Kap. V zwanglos ihren Platz. Auch sie geben Stimmen wieder, nur eben heutige, auch sie vergegenwärtigen Vergangenes, nur aus jüngerer Zeit (Italienreisen, Museumsbesuche).

48 MLL, S. 774f., Art. *Totengespräch*. – Wie sein Titel schon sagt, weicht Enzensberger allerdings vom strengen Gattungsschema auch ab; vgl. ders.: Dialoge zwischen Unsterblichen, Lebendigen und Toten. Frankfurt a.M.: Suhrkamp 2004, hier S. 31–65, Diderot und das dunkle Ei. Ein Interview. Für diesen Dialog zwischen dem Aufklärer und einem „Besucher aus dem 20. Jahrhundert" (S. 32) passt schon der später von Enzensberger geprägte Ausdruck „postume Unterhaltung" (s. ders.: Hammerstein oder der Eigensinn. Eine deutsche Geschichte. Frankfurt a.M.: Suhrkamp 2008, passim).

nach unten; entsprechend unterschreitet er auch die mittlere Stilhöhe des Dialogs immer wieder in Richtung Argot. Die Stimmenvielfalt der *Historien* will auch chaotischer, aleatorischer sein als die der Totengespräche. Wo diese der Ordnung des Diskurses huldigen, öffnen sich jene seinem Rauschen. Und schließlich, nicht ganz unwichtig: Die Totengespräche wollen immer auch unterhaltsam sein, die *Historien* nicht. Herbe Lust am Studium des Menschen in gebundener Sprache muss alles Weitere in dieser Richtung ersetzen. Bleibt als maßgebliches Bindeglied zwischen beiden Textsorten die akustische Präsenz toter Sprecher im Medium der schriftlichen Repräsentation. Hier wie dort sind nur Stimmen zugegen, lesen wir körperlose Sprechakte, ‚hören' wir also eine Geistersprache,[49] oder wie Grünbein selbst einmal schreibt, „Geisterstimme[n]" (C 92).[50]

Wiewohl sehr spezielle Sonderausprägungen der Poesie, zielen so beide Textsorten ins Zentrum der literarischen Repräsentation. Vielleicht ist dies das Gespenstischste an ihnen. Jedwede Sprecher in Romanen, Dramen und Gedichten sind entweder lebende, erfundene oder tote. Da die lebenden aufs Ganze gesehen erstens in der Minderzahl und zweitens über kurz oder lang ebenfalls tot sind, bleiben nur die beiden anderen zu betrachten. Ihre Abwesenheit hinter der imaginären Präsenz im Leseakt unterscheidet sich kaum voneinander: die einen sind nicht real, die anderen sind es nicht mehr. Die Literatur aller Genres ruft daher fiktive und tote Personen auf gleiche Weise ins Leben. Sie ist immer *evocatio*, Beschwörung eines Absenten. In poetischen Texten ist daher jede fiktive nur der Zwilling der Totenrede.

---

49 Vgl. Heinz Schlaffer: Geistersprache. Zweck und Mittel der Lyrik. München: Hanser 2012.
50 Im Blick auf erwähnte *conversio in soma* ein spannender Punkt. Denn jene Stimmen sprechen ja immer auch von ihren Körpern, und zwar maximal ‚körpernah', mit dem Pathos des ‚eigenleiblichen Spürens'. Nimmt man den Gedanken der Geisterstimmen ernst, fehlt das Referenzobjekt dieses Sprechens. ‚Körper' (und alles was an ihnen hängt von Trieb bis Gestank) gibt es hier allenfalls als Idee der *memoria*, nicht als Objekt des und im ‚Realen'. Und das, obwohl diese Rede einst selbst einmal dessen direkter Ausfluss war. Oder anders gesagt, sie sind nur noch ‚Literatur'. Das Problem der Repräsentanz der somatischen Realität, einer Dichtung des *homo natura*, sieht sich hier auf die Spitze getrieben. – „Eigenleibliches Spüren" nach Hermann Schmitz: System der Philosophie. Bd. 2.1, Der Leib. Bonn: Bouvier 1965 (ND München: Alber 2019), S. XIII, 24 u. passim (meint das ‚pathische', sprich: passiv-erleidende Erleben von Angst und Schmerz, Hunger und Durst, Wollust und Ekel, Frische und Müdigkeit usw.). – ‚Das Reale' hier immer auch im Anschluss an Lacan, der in diesem Punkt Kantianer war; vgl. Jacques Lacan: Freuds technische Schriften. Das Seminar, Buch I [= Le Séminaire I (1954/1974).] Wien: Turia + Kant 2015, S. 89 („das, was der Symbolisierung absolut widersteht"); ders.: Die vier Grundbegriffe der Psychoanalyse. Das Seminar, Buch XI [= Le Séminaire XI (1964/1973).] Wien: Turia + Kant 2015, S. 175; knapp dazu Dylan Evans: An Introductory Dictionary of Lacanian Psychoanalysis. New York: Routledge 1996, S. 159–161, Art. *real (réel)*.

Grünbeins Idee der Omnitemporalität sehe ich in diesem Kontext. Auch sie arbeitet gegen Absenz und Tod, aber auch ihr Präsenzeffekt ist ein imaginärer. Ihre Tilgung temporaler Differenz vollzieht sich gleichfalls als Evokation, und diese, siehe oben, geschieht erst im Leserbewusstsein, das mittels *imaginatio* und *memoria*[51] imstande ist, alle Zeiträume zu umfassen, jede Distanz zu überspringen und also der Prozessualität der Zeit wie auch der Endlichkeit des Prozessierten ein Schnippchen zu schlagen. Das Pauluswort *Spiritus autem vivificat*, „erst der Geist macht lebendig" (der ‚tote Buchstab' ist nur sein Inzitament), gilt hier einmal *sans phrase*.[52] Als Geist im Geiste ‚lebt' der evozierte Tote, das heißt, er braucht für seine ‚Postexistenz' mindestens einen Lebenden, nämlich dessen Gehirn und Einbildungskraft; sie zapft er gleichsam vampirisch-parasitisch an – ein Gespenst eben.

Dass poetisches Denken über solch reine Subjektivitätsbasierung zeitlichen Simultanitätserlebens hinausstrebt, ist nicht verwunderlich. Sukkurs von der Objektseite erhöht die „natürliche Magie der Einbildungskraft"[53] merklich. Auch Grünbein lässt daher in dem für uns interessantesten Antikenessay, *Schlaflos in Rom*, dem Gedanken Lauf, es könnte der inneren Präsenz des Vergangenen eine äußere korrespondieren und ihr zuarbeiten, eine objektive ‚Gleichzeitigkeit des Ungleichzeitigen', die gleich geo- bis archäologischen Epochenschichten das Vergangene der Zukunft aufbewahre. Spätestens seit Freuds Vergleich seines psychischen Schichtungsmodells mit der „ewigen [!] Stadt" Rom und ihren unterirdischen Sedimenten, Relikten und Katakomben – für ihn der Architektur gewordene Inbegriff der „Erhaltung des Vergangenen" – ist dieses Denkbild geläufig.[54] Doch Grünbein hat nicht die römischen Ruinenschichten im Sinn, sondern ungleich luftigere Ablagerungen: akustische. Da sie die *Historien*-Analyse direkt berührt, sei die Stelle ausführlicher zitiert:

> [...] unter den modernen Großstädten ist Rom mit Abstand die lauteste. Der Grund dafür ist so augen- wie ohrenfällig: so wie sich die Baukunst aller Epochen gerade hier [...] niederschlug, als Architekturmuseum und Trümmerhalde in

---

51 Hier immer nach Augustinus, s. Anm. 44.
52 2 Korinther, 3,6 („littera enim occidit Spiritus autem vivificat").
53 Nach Jean Paul, *Über die natürliche Magie der Einbildungskraft* (= „1. Jus de Tablette für Mannspersonen" aus dem Roman *Leben des Quintus Fixlein*, 1796).
54 Sigmund Freud: Über das Unbehagen in der Kultur (1930). In: ders: Studienausgabe. Hg. von Alexander Mitscherlich u.a. 10 u. 1 Bde. Frankfurt a.M.: Fischer 2000. Bd. 9, S. 191–270, hier S. 201f.; s. auch oben Anm. 43. – Zur metaphorischen Ausbreitung dieses „geologischen Prinzips" (Gottfried Benn), des Prinzips der räumlichen Schichtung als Speicherform früherer Zeitstufen, um und nach 1900: Verf.: Nach der Achsendrehung (wie Anm. 3), S. 10–30, Archäologie des Geistes (2000), hier S. 23ff.

einem, scheint auch das Rauschen aller Zeiten immer noch in der Luft zu liegen, wie unter gläsernen Kuppeln gesammelt. Was je seit Gründung der Stadt her geflüstert, herausgebrüllt, laut deklamiert und als technischer Rumor, martialischer Tumult emittiert wurde, scheint auf geheimnisvolle Weise erhalten geblieben zu sein, traut man den eigenen Ohren. Ganz im Ernst, wenn Geräusche sich ablagern könnten, dann wäre Rom längst unter [...] dem Krawall der Gattung, antikem wie allerneuestem, begraben. (A 326)

Zwar seien diese „Gebirge" oder „Schichten" aus „Lärm" „natürlich [...] unsichtbar", und ein „anderes Bild", etwa von „Schwingungen und Erschütterungen im Erdinnern", die wie „Zischen unter den Sohlen zu spüren" seien, träfe es vielleicht besser; das Ergebnis wäre aber dasselbe. Denn die „Dichter", „geräuschempfindlicher als die meisten Menschen" und „krankhafte Lauscher aufgrund ihrer Profession", haben ein „Organ für die Stimmen und Laute, die sich seit Menschengedenken an einem Ort akkumulieren" (A 328f.) – gleich, ob als Schichten oder Schwingungen gespeichert, und gleich auch, wie alt sie sind.[55] Denn erst einmal angekommen, „ist der Unterschied unerheblich; im Labyrinth des Gehörganges wird immer nur Gegenwart draus" (A 329).[56] Omnitemporale Präsenz als akustische, als Präsenz von Stimmen also! Klarer könnte das Vergegenwärtigungskonzept der *Historien* gar nicht beschrieben sein.[57] Sie ein Hörspiel und Stimmentheater zu nennen, fügt dem nur wenig hinzu.

---

55 Wenig später überträgt auch Grünbein den Schichtungsgedanken auf die Seele, auf ein in ihr angenommenes, mehr von C.G. Jung als von Freud her gedachtes „Gattungsgedächtnis", das als „kollektives Schattenreich" (A 338) ebenfalls Gleichzeitigkeit des Ungleichzeitigen erzeugt, innere Omnitemporalität als Komplement der äußeren.

56 Dito die schon zitierte Stelle aus *Mein babylonisches Hirn* (wie Anm. 18), S. 21: „Ein Vers des Kallimachos aus Kyrene bringt ihm [dem Dichter] genauso viel Gegenwart wie der Zuruf des Postboten vor der Tür".

57 Mancher mag, zumal im antiken Kontext, bei Grünbeins Dichter als „krankhafte[m] Lauscher" und Hörer unsichtbarer „Stimmen" (A 329) auch an Bruno Snells immer noch bekannte Überlegungen zur psychohistorisch ‚archaischen' Mentalverfasstheit der homerischen Helden denken. Unter extremem Stress lokalisieren diese die Quelle des rettenden Einfalls nicht wie das moderne Ich im eigenen Selbst oder seinem Unbewussten, sondern außer sich; sie ‚hören Stimmen', nämlich einen Gott oder eine Göttin, die ihnen sagen, was jetzt zu tun ist. Vgl. Bruno Snell: Die Entdeckung des Geistes. Studien zur Entstehung des europäischen Denkens bei den Griechen. Göttingen. Vandenhoeck & Ruprecht ^{6}1986 (Hamburg: Claassen & Goverts ^{1}1946), S.13–29, Die Auffassung des Menschen bei Homer, hier S. 28. Im Anschluss daran, spekulativ, aber anregend: Julian Jaynes: The Origin of Consciousness in the Breakdown of the Bicameral Mind. Boston, New York: Houghton Mifflin 1976 (dt.: Der Ursprung des Bewußtseins. Reinbek bei Hamburg: Rowohlt 1993). Was wir heute noch manchmal die ‚innere Stimme' nennen, würde demnach einst als ‚äußere' gehört worden sein. Auch dies zur ‚präexistentiellen'

4. Bodennaher Blick

Nach den Satiren heißt der erste Gedichtband mit *Historien*. In *Schlaflos in Rom* wird der Titel erklärt: „Nach den Satiren" meine nach dem Fest, nämlich nach den „Festgelage[n]", bei denen Juvenal, dem der Essay ja sich widmet, seine *Saturae* (um 100–130) vortrug, wenn also die „schöne Zeit [...] vorbei" ist, „die üblen Schatten" wiederkehren und der „volle Bauch" den sprachlichen „Sarkasmen" jener Verse mit körperlichen „Echos" nicht minder drastisch respondiert – „Rülpser", Erbrechen, Blähungen, „Schlaflosigkeit" (A 360f.). Im Blick auf das erste Kapitel des Bandes, die *Historien*, jedoch wäre der Buchtitel auch anders zu lesen, als *Nach Juvenal*, nach Art der *Saturae* selbst. Auch dazu äußert sich *Schlaflos in Rom*, wir nehmen es gleich auf. Die Satire gilt ja als römische Erfindung und einziger Beitrag Roms zum griechischen Gattungskanon der antiken Dichtung. Begründet von Lucilius (um 180–103), erreichte sie ihre Hochphase bei Horaz (65–8), Persius (34–62) und eben Juvenal (um 60–130).[58] Ältere griechische Vorläufer (Menippos, 3. Jh. v.C.) sind verloren.[59] Der Gattungsname entspringt einer kulinarischen Metapher und kommt von *lanx satura*, gemischte Schüssel, also Salat, Eintopf, Haschee und Ähnliches. Das Vielerlei und wie Zusammengewürfelte der *Historien* hat hier sein Vorbild.[60] Seit Schiller hat sich in der deutschsprachigen Poetik die Unterscheidung von „strafender oder pathetischer" und „spottender" oder „scherzhafter Satire" eingebürgert.[61] Juvenal rechnete er der ersten Stilart zu.[62] Getrieben von „moralischem Unwillen über die Welt", und im unglücklichen

---

Ichgrenzen-Aufhebung des poetisch Begabten und zur Stammverwandtschaft von Wahrnehmung und Halluzination.

58   DNP 11, Sp. 101–104, Art. *Satire*; RLW 3, S. 355–360, Art. *Satire*. Näherhin zu Juvenal: Fritz Graf (Hg.): Einleitung in die lateinische Philologie. Stuttgart, Leipzig: Teubner 1997, S. 244–246; Michael von Albrecht: Geschichte der römischen Literatur von Andronicus bis Boethius und ihr Fortwirken. 2 Bde. Berlin, Boston: de Gruyter ³2012. Bd. 2, S. 861–876 (München: Saur ²1994, S. 806–820); Christiane Schmitz: Das Satirische in Juvenals Satiren. Berlin, New York: de Gruyter 2000.

59   DNP 7, Sp. 1243f., Art. *Menippos von Gadara*. Gleichwohl hielt sich der Ausdruck „menippeische Satire" (*Menippea; satira menippea*) bis in die Neuzeit, vor allem zur Bezeichnung der Mischung von Poesie und Prosa (*prosimetrum*) als Gattungsmerkmal (ebd., Sp. 1244); vgl. Werner von Koppenfels: Der andere Blick. Das Vermächtnis des Menippos in der europäischen Literatur. München: Beck 2007.

60   *Schlaflos in Rom* übernimmt die Metaphorik direkt von Juvenal: „Kraut-und-Rüben-Futter" (A 336), „Eintopf"/„farrago" (A 357); vgl. Juvenal, Saturae, I,86.

61   Friedrich Schiller: Über naive und sentimentalische Dichtung (1995/1796). In: Sämtliche Werke. Hg. von Peter-André Alt u.a. 5 Bde. München, Wien: Hanser 2004. Bd. 5 (²2008), S. 694–780, zur Satire hier S. 721ff., die Zitate S. 721 u. 724.

62   Ebd., S. 723.

Bewusstsein der ewigen Diskrepanz von Sein und Sollen, stelle diese die „empörende Wirklichkeit" an den Pranger (dies ist mit „strafend" gemeint); natürlich weiß sie auch zu spotten, aber sie tut es im Unterschied zur scherzhaften Manier, die ins Humoristische tendiert, mit „Bitterkeit".[63] Grünbein nennt dies für Juvenal selbst „aggressiven Unmut" (A 356); die Mischung aus Strenge, Verbitterung und Wahrhaftigkeit (A 367f., 358) habe ihm alles Mildernde und Leichte wie „Humor" „Ironie" oder scherzhaften Spott verwehrt (A 388, 355). Die im Titel von C aufgerufene „Misanthropie" weist also nicht nur auf den Kaiser des damit zitierten Gedichts (C 22), sondern auch auf Juvenal und die zu Sarkasmus und Zynik neigende „soziale Anthropologie" seiner Satiren (A 335f.).[64]

Damit zurück zu den *Historien*. Diese kennen weder den ‚moralischen Unwillen' des Satirikers, noch neigen sie zu ‚Empörung' und ‚Aggression'. Ihre Affektlage ist deutlich herabgestimmt. Die Darstellung menschlicher Taten und Leiden wird nicht von normativen Idealen und vom Willen zur Kritik gelenkt, sondern vom Willen zur Beobachtung. Es sind also gerade keine satirischen Gedichte, sondern „moralistische", hier im Sinne der Französischen Moralistik,[65] also empirisch-anthropologische Momentaufnahmen, etwa in der Mitte zwischen Laborneugier am lebenden Objekt und ‚teilnehmender Beobachtung' liegend. „Misanthropisch" im Sinne ihres Titels sind sie daher meines Erachtens nicht zu nennen, aber zu glühender Menschenfreundlichkeit fehlt es ihnen an der nötigen Temperatur. Ein jede Illusion verbietendes ‚Es ist wie es ist' oder ‚Nichts Un- und Allzumenschliches ist mir fremd'[66] hat diese Texte restlos ausgekühlt.

---

63 Ebd.
64 Die auch archäologisch und alltagsgeschichtlich ergiebigen Satiren (vgl. A 336) wurden viel und ausgiebig kommentiert. Zur Entstehungszeit der *Historien* lag zweisprachig und annotiert vor: Juvenal: Satiren. Hg. von Joachim Adamietz. München: Artemis und Winkler 1993. Aber Grünbein las sie offenbar auch mit dem großen Friedländer-Kommentar zur Hand (s. A 356); vgl. D. Junii Juvenalis saturarum libri V. Mit erklärenden Anmerkungen von Ludwig Friedländer. 2 Bde. Leipzig: Hirzel 1895; ND in 1 Bd.: Darmstadt: Wissenschaftliche Buchgesellschaft 1967. – Aktuelle zweisprachige und annotierte Ausgabe: Juvenal: Satiren / Saturae. Hg. von Sven Lorenz. Berlin, Boston: de Gruyter 2017. – Zu Grünbein und Juvenal s. neben den in Anm. 12 genannten Titeln v.a. Knoblich: Antikenkonfigurationen (wie Anm. 13), S. 202–220; pauschal verweise ich in dieser sehr empfehlenswerten Studie auch auf die weiteren Grünbeinkapitel und -abschnitte darin, die sich immer wieder mit oben Erörtertem berühren.
65 Dazu magistral Margot Kruse: Beiträge zur französischen Moralistik. Hg. von Joachim Küpper u.a. Berlin, New York: de Gruyter 2003, bes. S. 1–27, Die französischen Moralisten des 17. Jahrhunderts (1972).
66 Kaum mehr möglich, die Terenz-Formel „Homo sum, humani nihil a me alienum puto" zu lesen, ohne Nietzsche (*Menschliches, Allzumenschliches*, 1878) im Kopf zu haben; s. Terenz, Heauton Timorumenos [Der Selbsthenker; Komödie] (163 v.C.), V. 77.

Grünbeins Interesse an Juvenal richtet sich denn auch nicht primär auf das Satirische seiner Satiren, sondern auf deren ‚Modernität'. Schon das kaiserzeitliche Rom selbst liest Grünbein als Prototyp der „modernen Metropolen der westlichen Welt" (A 335): Über eine Million Einwohner, imperiales „Völkergemisch", gewaltige Geld- und Warenströme, Slums und Luxusviertel, Prachtstraßen, turbulente Geschäftsquartiere und das „erste Riesenkaufhaus der Welt", aber auch schon sechsstöckige Wohnhäuser (*insulae*), komplexe Kanalisation, üppige Wasserversorgung und ausgeklügelte Heizungstechnik (A 344–347, 359) – der moderne Lebens- und Erfahrungsraum ‚Großstadt' sei hier bereits vollständig ausgebildet gewesen (nach Abzug der modernen Verkehrs- und Kommunikationstechniken, versteht sich). Nun hat die Spiegelung der modernen Kultur in der römischen ihre eigene Tradition, vorzugsweise im Blick auf die Spätantike, und von Gibbon bis in die jüngere Vergangenheit gern unter dem Aspekt des Niedergangs (*decline*) und der Dekadenz.[67] Doch dem folgt Grünbein nicht, ihn interessiert im Gegenteil die „Blütezeit Roms", die etwas frühere Kaiserzeit, speziell unter Trajan und Hadrian, mit maximaler Reichsausdehnung und intakter „*pax romana*" (A 332). Rom um und nach 100, das Rom Juvenals – für Grünbein ist es die Mutterstadt und Präfiguration der modernen Weltstadt, „Wien", „Moskau", „London", „New York" (A 339, 347). Und zwar sowohl als Lebenswelt (mit allen Nebenfolgen wie Hektik, Nervosität und, Grünbeins Leitmotiv hier, „Schlaflosigkeit") wie zugleich, und wichtiger noch, als Brut- und Geburtsstätte literarischer Modernität. Denn diese habe damals schon begonnen, eben mit Juvenal, der als „erster Großstadtdichter" kaum noch ein antiker, sondern schon ein „moderner Autor par excellence" war (A 334f.). Von „Flaubert" bis zur „Asphaltdichtung" und anderen „Avantgarde[n] der Sachlichkeit" (A 334f.) seit dem frühen 20. Jahrhundert (man denke allein an die deutschen Neusachlichen oder die amerikanische *hardboiled literature*) habe er die Themen und Tendenzen der an die *Big Cities* gebundenen Literaturmoderne vorweggenommen, speziell den hier – wie im gleichzeitigen ‚Asphaltjournalismus'

---

67   Edward Gibbon: The History of the Decline and the Fall of the Roman Empire. 6 Bde [Bd. 1–3: Rom bis 476, Bd. 4–6: Byzanz bis 1453]. London: Strahan 1776–1788; dt. NA von Bd. 1–3: ders.: Verfall und Untergang des römischen Imperiums. Bis zum Ende des Reiches im Westen. 6 Bde. München: DTV 2003; NA in 2 Bdn. Darmstadt: Wissenschaftliche Buchgesellschaft 2016 (hier zitiert). Vgl. Wilfried Nippel: Edward Gibbon. In: Lutz Raphael (Hg.): Klassiker der Geschichtswissenschaft. 2 Bde. München: Beck 2006. Bd. 1, S. 20–37; sowie ders. in: DNP Suppl. 6, Sp. 465–468, Art. *Gibbon, Edward*. – Ansätze bei Gibbon für spätere Dekadenzkonzepte des spätantiken Roms vor allem im Schlusskapitel *Allgemeine Betrachtungen über den Untergang des Reiches im Westen* (Verfall, Bd. 2, S. 1682–1691, hier S. 1684f., 1688f.).

(Stichwort *Weegee*[68]) – ausgebildeten „pornographisch-" bis „zynischen" Blick auf das Soziale (A 335f.).[69]

Dreierlei ist hier festzuhalten. Erstens das uns nun schon vertraute Konzept der poetischen Omnitemporalität, das hier als das „Überzeitliche jeder Dichtung, ihre Omnipräsenz" (A 358) ins Spiel gebracht wird. Dank ihrer „sah" Juvenal „schon im alten Rom" (A 335) eine Moderne, die erst kommen sollte, und erkennt umgekehrt Grünbein in Juvenals Großstadt die eigene wieder. Oder ähnlich: so wie „Baudelaire" im trajanischen Rom das Paris des 19. Jahrhunderts wiedergefunden hätte (A 345), fand *vice versa* dieses Rom in Juvenal seinen Baudelaire. Der „Poet" als Wanderer „zwischen den Zeiten" (A 362) also – aber, und das wäre der zweite, uns gleichfalls schon bekannte Punkt, als der „Zeitreisende mit dem absoluten Gehör" (A 363), mit der schlaflos-nervösen Hochempfindlichkeit für das „urbane Stimmengewirr" (A 335), ja überhaupt für das permanente „*Rauschen der Zeit*" (nach Ossip Mandelstam, A 363).

Der für Grünbeins Faszination für Juvenal wichtigste Aspekt aber ist ein dritter. Aus ihm erhellt, warum ihn dessen *Saturae* so modern anmuten. Er hat mit dem nicht zufällig (nämlich trotz der Beschädigungen durch den NS-Sprachgebrauch) gewählten Kennwort „Asphalt" zu tun, mit der Großstadtstraße als dem öffentlichen Raum schlechthin der Moderne. Ein Raum, der alles mit allem verbindet, in dem alle Wege, zu welchem Ziel und Angebot auch immer, sich kreuzen, in dem alle Klassen, Rassen und Geschlechter, Reich und Arm, Jung und Alt, Geschäftige und Müßiggänger sich mischen zu einer anonymen Drift, einem pulsierenden, ruppigen, geschwätzigen und im Ganzen azephalen Wesen, zum ‚Es' der Großstadt, wenn man so will. Eine Literatur aus dem Geist des „Studium[s] der Straße" (A 333) sieht so, wie eben prototypisch schon Juvenal, den Menschen immer in Bodennähe, bei Staub und Kot, und hinter den Ichidealen des *genus grande* stets das Reale der reflex-, affekt- und triebhaften Körper.[70] Die vertikale Achse der Individuation, Distinktion und Sublimation wird umgelegt in die Horizontale der immergleichen *naturalia*. Sie sind des Menschen wahre Pandora, auch alles Miese, Armselige, Widerwärtige,

---

68 Arthur „Weegee the Famous" Fellig (1899–1968), amerikanischer Presse- und Sensationsphotograph; s. ders.: Naked City. New York: Essential Books 1945.

69 In dem als X. Kap. geführten Preisgedicht auf Juvenal bringt Grünbein seine Annäherungen an ihn ins geschlossene Bild (A 350–352, auch C 77–79, hier u.d.T. *Decimus Junius Juvenalis*).

70 Im Personaltableau der *Historien* stehen so Juvenal gegen Seneca, kynischer Blick vs. stoische Idealbildung. Indem sowohl das Gegenstück zum Preisgedicht auf Juvenal, *An Seneca. Postskriptum* (C 86–92) wie auch das kleinere Seneca-Poem *Sand oder Kalk* (C 53) die gepredigte „Asketen"-Moral des „Millionärs" Seneca als dessen Lebenslüge bloßstellen (C 89), nehmen sie Juvenals Blick nicht nur auf, sie geben ihm auch Recht. Vgl. auch den Seneca-Essay *Im Namen der Extreme* (A 369–392).

Böse usw. halten sie für ihn bereit. Mit einem Wort, die juvenalische „Froschperspektive", sein „Blick von ganz unten" (A 342, 350) auf den Menschen gleicht fast aufs Haar jener *conversio in soma*, die der Grünbein der neunziger Jahre als persönliche Quintessenz aus den Entwicklungslinien der literarischen Moderne[71] gezogen und auf die er sein damaliges Dichten verpflichtet hatte. Sicht- und Schreibweise des vorvergangenen Autors luden zur Wiedererkennung geradezu ein.

Zugleich zeigt sich nun auch, dass ‚Blick von unten' und ‚Wende zum Körper' mit dem Konzept der Omnitemporalität unmittelbar zusammenhängen. Denn sie fixieren eine Schicht, an der die ‚Macht der Zeit' sich bricht, jedenfalls merklich gebremst und relativiert wird. Die menschliche Gattungsgeschichte schlägt ja bekanntlich einen doppelten Zeittakt, denn ihre natürliche Evolution geht um Größenordnungen langsamer vonstatten als ihre kulturelle Entwicklung. Die biologische Reproduktion der Körper senkt so ein erhebliches Moment der Stasis in den historischen Progress. Derselbe Generationenwechsel, der Sitten, Sprachen usw. verändert oder auch untergehen lässt, erhält zugleich die relative Identität der Körper. Sie ‚bleiben', obwohl sie sterben, indem sie sich reproduzieren, und zwar ohne sich dabei allzu schnell zu verändern. Reproduktion von Information verhindert Entropie,[72] das gilt onto- und phylogenetisch, biologisch und kulturell. In den wenigen Jahrtausenden, die wir „Geschichte" nennen, kehren unsere Physiologie und Hormone, Triebe und Affekte, unser Gehirn und seine Vermögen konstant als so ziemlich dieselben wieder (und sofern wir nicht gentechnisch eingreifen, bleibt dies auch in absehbarer Zukunft so). Genotypisch relevante Veränderung braucht größere Zeitskalen. Hier also, in der ‚Natur des Menschen', in seiner evolutionsgeschichtlich gewachsenen Biologie, findet die Idee der Omnitemporalität den willkommenen ‚objektiven' Rückhalt, wie innersubjektiv und imaginär sie auch realisiert werden muss. Denn auf der Ebene von Körper, Trieb und Affekt waren die Menschen der Antike, um die es hier immer geht, dieselben wie wir. Was uns entgegentritt, wenn wir sie evozieren, sind in dieser Schicht wir selbst.[73]

---

71 Zu diesem Entwicklungsstrang, dessen Geschichte noch nicht gänzlich überblickt und geschrieben ist, hilfsweise Verf.: Homo Natura. Literarische Anthropologie um 1900. Berlin, New York: de Gruyter 1996, Würzburg: Königshausen & Neumann ²2011; ders.: Nach der Achsendrehung (wie Anm. 3).
72 Vgl. ebd., S. 21f.
73 Schopenhauer und mit ihm weite Teile der literarischen und künstlerischen Moderne dachten schon seit dem heroischen Zeitalter der heutigen Biologie im 19. Jahrhundert so; vgl. Verf.: Homo Natura [²2011] (wie Anm. 71), passim, bes. S. 52ff., 130ff.

Und zwar so, dass wir in den ‚Schatten', die aus den *Historien* zu uns sprechen, unserem eigenen begegnen – diesen Begriff im Sinne C.G. Jungs genommen (auf den sich Grünbein an anderer Stelle schon bezog; siehe Anm. 55), nämlich als all dies in uns und an uns, was unser Ich „nicht sein möchte".[74] In der Maske des Fernen und Fremden konfrontieren uns diese Gedichte mit dem, was wir in uns selbst am liebsten fern und fremd stellen möchten und was wir auch in den zwei Jahrtausenden seit Juvenal nicht losgeworden sind. Indem poetische Omnitemporalität wie hier dorthin geht, da *hinein*geht, ist sie alles andere als eine irgendwie schöne Form der ästhetischen Erfahrung, sondern eine schwierige. Denn sie erzeugt psychischen Widerstand.[75] Sie bearbeitet ihn, nicht therapeutisch, um dieses Missverständnis gleich auszuschließen, sondern ästhetisch. Aber ästhetische Erfahrung ist eben auch – im ‚entlasteten' Modus der Fiktion, des ‚Als ob', des mentalen ‚Probehandelns' und vermittels seiner – eine anthropologisch basale Form menschlicher Selbsterschließung und Verständigung über das Menschliche. Die Konfrontation mit dem Ungeliebten in uns, es sei böse oder jämmerlich, gehört daher zu den Dauerthemen von Literatur und Kunst.[76] Erzählform und Schreibweise der *Historien* sind daher alles andere als obsolet.

Es ist also der ‚Blick von unten', der Grünbein an Juvenal imponiert und dessen *Saturae* mit den *Historien* verbindet. Dennoch sind diese, wie festgestellt, keine Satiren. Denn ohne Wut, Zorn, ja jeden Ansatz der Verwerfung

---

74 Vgl. C.G. Jung: Gesammelte Werke. 20 Bde. Zürich, Olten: Walter 1958–1994. Bd. 9.2, S. 17–19, Der Schatten (1948); Bd. 10, S. 245–254, Der Kampf mit dem Schatten (1946); s. auch Andrew Samuels u.a.: Wörterbuch Jungscher Psychologie. München: DTV 1991, S. 191–193, Art. *Schatten*.
75 Jung: Werke (wie Anm. 74), Bd. 9.2, S. 17.
76 In einer anderen Theoriesprache gesagt, sie konfrontiert uns mit dem „Heterogenen", der „part maudite" unserer Natur. Vgl. Georges Bataille: La littérature et le mal (1957); dt.: Die Literatur und das Böse. Berlin: Matthes & Seitz 2011, S. 25; ders.: La part maudite (1949); dt.: Der verfemte Teil. In: Das theoretische Werk I. München: Rogner und Bernhard 1975. – Weniger gewählt wäre *maudire* als ‚verfluchen' zu übersetzen. Transponierte man Batailles ‚verfemten Teil' in die Sprache des Mythos und der Theologie, hieße er, entsprechend dämonisiert, *la part du Diable*. Vgl. Denis de Rougemont: La part du Diable (1942); dt.: Der Anteil des Teufels. Wien: Amandus 1949, NA München: Matthes & Seitz 1999; dass. abgekürzt in: Merkur 2 (1948), H. 2, S. 174–187, Des Teufels Anteil. Ich öffne diese ideengeschichtliche Seitentüre allerdings nur, um zu verdeutlichen, was Grünbein in seinen Gedichten über das Üble in uns *nicht* macht; er setzt es der *Ent*zauberung aus. Es wird dadurch allerdings nur umso ungeheurer, weil so wir selbst es mit ihm werden (s. Sophokles, Antigone, V. 331f.). Gleichwohl könnte dies der einzige Weg der Hoffnung sein. Denn weder Abwehr noch Verleugnung beseitigen, was sie nicht wahrhaben wollen, sondern setzen es auf anderem Wege fort. Daher nur in der Anerkennung seiner Realität – die, und weil sie, zur Durcharbeitung zwingt – eine Distanz gewonnen werden kann, die das Humane halbwegs schützt.

fixieren sie das Niedere und Gemeine, Dreckige und Maligne. Das gilt für Gedichte, die Drastisches und Gewalttätiges erzählen (C 23, 38, 66, 82), ebenso wie für solche, bei denen es um ganz Gewöhnliches und Alltägliches geht, wie etwa in der achtteiligen Gruppe *Kleinigkeiten nach Christus und Juvenalis* (C 16–21). Aber obwohl sie das ‚Nach Juvenal' explizit im Titel führt, tritt an dieser Serie die Differenz zu ihm besonders deutlich hervor. Kleinigkeiten, also *nugae*, Lappalien – das Unbedeutende und Mindere, das nach klassischer Sicht des hohen (*genus grande*) und mittleren Tons (*genus medium*) unwert ist und höchstens für den Spott von Komik und Satire taugt, sonst aber ebenso unbeachtet wie unbedichtet bleibt, hier wird es poetisch ‚ernst' genommen. Es wird sowohl der klassischen Missachtung im Allgemeinen wie auch der satirischen Verachtung im Besonderen entzogen. Trieb und Tratsch (I), Suff und Sex (II, III), ängstliche und sentimentale Anwandlungen (IV, V), beiläufige Begegnungen mit dem Tod eines anderen, mit dem Exotischen oder auch dem abgelehnten Fremden (VI, VII, VIII) – Antike von unten! Das Alleralltäglichste des römischen Alltags, sein Gewöhnlichstes und Banalstes, rückt ins Zentrum der poetischen wie zugleich anthropologischen Aufmerksamkeit: *ecce homo!*

Hieraus erhellt sich auch der Christusbezug im Titel. Ich vermute, dass Grünbein hier Erich Auerbach folgt, der den Einbruch des *Neuen Testaments* und der Leidensgeschichte Jesu, und das hieß aus römischer Sicht den Einbruch des Niederen (einfache Leute) und Hässlichen (unehrenhafter Tod) in die Literatur als Durchbruch neuer Wirklichkeitssicht und Ansatz zu einem neuen „Realismus" (nicht zuletzt durch „Stilmischung") in der europäischen Poesie und Prosa beschrieb.[77] In dieser Hinsicht durchaus ein Parallelphänomen zum Naturalismus Juvenals, wie Grünbein ihn sieht.[78] Aber das

---

77 Erich Auerbach: Mimesis. Dargestellte Wirklichkeit in der abendländischen Literatur. Bern: Francke 1946, S. 31–55, Kap. II: Fortunata, hier S. 46ff., sowie S. 494–498, Nachwort, hier S. 495f.; letzte Aufl.: Tübingen: Francke [11]2015, S. 28–52, hier S. 43ff., u. S. 515–518, hier S. 516. Zuletzt dazu: Friedrich Balke, Hanna Engelmeier: Mimesis und Figura. Paderborn: Fink 2018, hier schon S. 14ff.

78 Ein weiteres, ebenfalls leicht verschobenes (aber das wäre genauer zu klären) Parallelphänomen ist übrigens der antike Kynismus, der gleichfalls eine merkliche Spur in den *Historien* hinterlässt, vor allem in Kap. II (C 13–45), das mit drei anonymen Vertretern dieser Schule und dem Provokativstil ihres Philosophierens aufwartet: einer „lebt [...] wie ein Tier" (C 33, *Hero und Leander*), ein anderer „masturbierte mit flinker Hand [...] / Schamlos", nämlich öffentlich (C 36, *Ein Geldwechsler berichtet*), und ein dritter „Diogenes" gibt gleich direkt den „Bedürfnislose[n]" mit „Tonne" (C 39, *Gegen die philosophischen Hunde. Ein Veteran schlägt zurück*). – Zum Verhältnis Kynismus/Zynismus Klaus Heinrich: Antike Kyniker und Zynismus in der Gegenwart. In: ders.: Parmenides und Jona. Vier Studien zum Verhältnis von Philosophie und Mythologie. Frankfurt a.M.: Suhrkamp 1966 (Frankfurt a.M., Basel: Stroemfeld / Roter Stern [3]1993), S. 129–156 u. 202–209.

ist noch nicht alles. Der „Realismus" der Christuserzählung war für Auerbach ja deshalb neu, weil er ein „tragischer"[79] war, also Nieder-Alltägliches mit Erhaben-Hohem vermischte und so das Stiltrennungsgebot der klassischen *Genera-dicendi*-Lehre, wonach das Tragische im *genus grande* und mit hohem Personal darzustellen ist, ignorierte und unterlief, was auf lange Sicht ihr Ende bedeuten sollte. An ihre Stelle tritt im Realismus der europäischen Neuzeit der Ernst des Alltäglichen, bis hin zur Würde des Banalen. In dieser *longue durée* sehe ich auch Grünbeins *Historien*. Sie stellen – ‚modern' – das Niedere und Gewöhnliche dar, folgen darin – ‚rekursiv' – der „Froschperspektive" Juvenals, aber *nicht* seiner Kritik der *part maudite*, vielmehr nehmen sie diese hin als anthropologisch Gegebenes, als nicht zu beseitigendes Element der *condition humaine*, wenn man so will, als ihr ‚tragisches' Apriori. Nur dass sich – Effekt der genannten Affektauskühlung! – die Trauer angesichts dieses Trauerspiels in Grenzen hält. Der moralistisch-empiristische Blick kupiert das Tragische um seine letzte – und klassische! – Konsequenz: die Katastrophe. Furcht und Mitleid, Jammer und Schauder bleiben aus. Die Tonlage der *Historien* können wir jetzt genauer bestimmen. Auf Komik, Scherz, Humor verzichten sie folgerichtig, obwohl vieles in ihnen spontan komisch und komikfähig wäre; doch bleibt dies, sofern ich die Texte nicht völlig missverstehe, unterdrückt; auch im Derben und Obszönen geben sie die *severitas*[80] nicht auf. Doch ist dies weder der Ernst der ernsthaften Satire und noch auch der der Tragödie; gegen beides sperrt sich die Werturteilsfreiheit der Gedichte. Es ist der Ernst der ‚Sachlichkeit'; in der klassischen Dreistillehre wäre dies das *genus humile* – bodennah eben.

„Blick von unten" also, bodennaher Blick – aber wir erinnern uns: ein Blick, der sich im Modus eines ‚personalen Perspektivismus' realisiert, der auf Homogenisierung gerade verzichtet.[81] Eigentlich müsste man ‚Blicke' sagen, der Singular führt leicht aufs falsche Gleis.[82] Die verschiedensten Sprecher – Betroffene, Beteiligte, Beobachter, Gescheite und Toren – erzählen,

---

79 Auerbach: Mimesis [¹1946] (wie Anm. 77), S. 495; Mimesis [¹¹2015] (ebd.), S. 516.
80 Als „severus" (ernst/streng) bezeichnet Grünbein in *Schlaflos in Rom* einen römischen Marmorkopf der Staatlichen Kunstsammlungen Dresden (sog. *Kopf eines alten Mannes*), den er als Porträt Juvenals (das wir nicht haben) imaginiert (A 367, Abb. A 366).
81 Dies ist vor allem im Hinblick auf den Index „nach Christus" festzuhalten. Denn qua Heilsgeschichte/Heilserwartung ist es ja eine Figur maximaler Ordnungsstiftung, die im *Neuen Testament* das Niedere rechtfertigt, ja mehr noch, adelt und magnifiziert (nach dem Schema ‚die Letzten zu Ersten': Matthäus, 20,16 u.ö.). Ohne solche ‚Sinngebung des Sinnlosen' aber ist der Christusbezug der *Kleinigkeiten* apriori ironisch.
82 Dass hier bei optischen Begriffen aufzupassen ist, sahen wir bereits. Doch das gilt genau genommen nur für die Beschreibung der Texte selbst, die zwar *Rom, Stimmen* aber niemals *Rom, Blicke* heißen könnten. Für die Beschreibung der vortextuellen Einstellungen des

schwadronieren und räsonieren, jeder auf seine Weise, aus anderer Warte, in anderer Lage. Die Sammlung protokolliert es und belässt es so, als disparate Sprechakte, als diskursiven ‚Salat', zusammengerührt von Kontingenz und Zufall, dem ‚Anderen der Ordnung'. Ja, das ‚Heterogene', das Ungemochte und Verfemte verschafft sich gerade auf diese Weise Gehör in diesen Stimmen, aber zur Enttäuschung utopischer wie tragischer Romantiker verspricht es nichts, Heil so wenig wie Unheil.

5. Christen und Heiden

Als „Tigersprung ins Vergangene" bezeichnete Walter Benjamin in den *Geschichtsphilosophischen Thesen* (respektive *Über den Begriff der Geschichte*) den Akt, mit dem jede Gegenwart aus früheren Epochen das ihr Bedeutsame ergreift, in „Konstruktion[en]", die nicht nach quellentreuem ‚Wie es eigentlich gewesen ist' streben, sondern rein projektiv vom aktuellen Interesse ausgehen, also ganz „von ‚Jetztzeit' erfüllt" sind.[83] Seine Beispiele waren die „Französische Revolution", die sich im republikanischen Rom wiedererkannt und danach stilisiert hatte, und „die Mode" – erstere am pathetischen, letztere am konsumistischen Pol dieser Rekursionform.[84] Er sprach damit bereits die Reichweiten der omnitemporalen Imagination an, perspektivierte sie aber ganz im Horizont des Messianischen; die Zeitläufte (die *Thesen* entstanden von etwa 1935 bis 1940[85]) ließen kaum eine andere Wahl: Der wahre „Sprung"

Autors zu Thema und Materie seines Antikenprojekts sowie der nachtextuellen inneren Blicke des Lesers aber ist das optische Vokabular so unumgänglich wie passend.

83 Walter Benjamin: Illuminationen. Ausgewählte Schriften. Hg. von Siegfried Unseld. Frankfurt a.M.: Suhrkamp 1961, S. 268–281, Geschichtsphilosophische Thesen (1940), hier S. 276, Nr. XIV, zur Historismuskritik s. S. 270, Nr. VI, u. S. 279, Thes. A. Diese Edition der *Thesen* basiert auf der ersten Buchausgabe in: Schriften. Hg. von Theodor W. u. Gretel Adorno. 2 Bde. Frankfurt a.M.: Suhrkamp 1955. Bd. 2, S. 494–505; kritisch dann in: Gesammelte Schriften. Hg. von Rolf Tiedemann, Hermann Schweppenhäuser. 7 in 14 Bdn. u. 3 Suppl.-Bde. Frankfurt a.M.: Suhrkamp 1972–1999. Bd. 1.2, S. 691–704 (Text), u. Bd. 1.3, S. 1223–1266 (Komm. u. Apparat). Jetzt liegen sie historisch-kritisch als Konvolut ihrer überlieferten Fassungen vor: Werke und Nachlaß. Kritische Gesamtausgabe. Hg. von Christoph Gödde, Henri Lonitz. [gepl. auf 21 Bde.] Frankfurt a.M., Berlin: Suhrkamp 2008ff. Bd. 16: Über den Begriff der Geschichte. Hg. von Gérard Raulet (2010). – Die spätere Überlieferung belegt beide Titel, Benjamin selbst, der den Text nicht als abgeschlossen ansah, gab ihm keinen und sprach brieflich-vorläufig von seinen „Thesen" bzw. „thèses sur le concept d'histoire" (Werke 16, S. 161, 177).
84 Benjamin: Illuminationen (wie Anm. 83), S. 276, Nr. XIV.
85 Benjamin: Werke (wie Anm. 83), Bd. 16, S. 187–191 (Komm. Raulet).

durch den Rückspiegel der Geschichte in eine „freie" Zukunft hinein wäre erst „der dialektische, als den Marx die Revolution begriffen hat".[86]

‚Von Jetztzeit erfüllt', mit ‚Heute' schwer beladen, springen auch Grünbeins *Historien* in ihre Zielepoche, die römische Kaiserzeit zurück, und dies auf ihre Weise durchaus pathetisch; ihre Ladung ist von ähnlichem Kaliber wie das, was Benjamin vorschwebte. Die Geschichtserwartungen des „historischen Materialismus", in dessen Obhut dieser seine Verzweiflung gab, stehen Grünbeins Gedichten zwar denkbar fern; der alteuropäische Utopismus war um 2000 selbst Vergangenheit. Aber das von Benjamin – mit Hilfe Carl Schmitts – zugleich ans Licht gezogene Arcanum dahinter, die „Theologie" als Prototypenlieferant des modernen, speziell des politischen und geschichtsphilosophischen Denkens,[87] sie spielt ihre Rolle auch hier. Schon im Juvenal-Essay stoßen wir auf diese Spur, wenn hier (A 353f.) die Romkritik der *Saturae* als Warnung vor künftigem Niedergang gelesen und diese parallel gestellt wird zur ebenfalls auf Rom gemünzten Untergangsprophetie der in etwa zeitgleichen *Apokalypsis Iohannis,* der (allerdings erst im 4. Jahrhundert kanonisierten) letzten Schrift des *Neuen Testaments.*[88] In ein Verspaar komprimiert, lesen wir diese Parallele auch im Preisgedicht: „Bevor ihm Johannes das Wort abschneidet, markiert er [Juvenal] / Rom, den Sündenpfuhl, als Zentrum der Apokalypse." (A 351, C 78) „Apokalypse" also – wir befinden uns in den *Historien* am Gegenpol der Utopie.[89]

---

86 Benjamin: Illuminationen (wie Anm. 83), S. 276, Nr. XIV.
87 Ebd., S. 268, Nr. I; vgl. Carl Schmitt: Politische Theologie. Vier Kapitel von der Souveränität (1922). Berlin: Duncker und Humblot ⁹2009, S. 43: „Alle prägnanten Begriff der modernen Staatslehre sind säkularisierte theologische Begriffe." Benjamin kannte das Bändchen: Gesammelte Schriften (wie Anm. 83), Bd. 1.1, S. 203–430, Ursprung des deutschen Trauerspiels (1928), hier S. 245f. u. 412f. (Nachweise); dazu Bd. 1.3 (Komm.), S. 887, Benjamin an Schmitt, 9.12.1930; s. jetzt auch die Devotionalienausgabe, als Faksimile der OA 1928: Hg. von Roland Reuß. Göttingen: Wallstein 2019, S. 55f. u. 241. Zum Thema selbst, aber als Kritik des politisch-historischen Messianismus, schon wenig später: Karl Löwith: Meaning in History. The Theological Implications of the Philosophy of History (1949); dt.: Weltgeschichte und Heilsgeschehen. Die theologischen Voraussetzungen der Geschichtsphilosophie. Stuttgart: Kohlhammer 1953.
88 Die im Frühchristentum dem Evangelisten Johannes, aber seit langem einem Wanderprediger ‚Johannes von Patmos' (Notname) zugeschriebene *Offenbarung des Johannes/ Apokalypsis Iohannis* (zitiert als Offb.) wurde früher auf 65/66, noch unter Nero, datiert, heute tendiert man zu etwa 95/96, noch zur Regierungszeit Domitians; damit läge man direkt bei Juvenal. Dieser Datierung folgt Grünbein (A 353). – Vgl. Udo Schnelle: Einleitung in das Neue Testament. Göttingen: Vandenhoeck & Ruprecht ⁹2017, S. 595–617, Die Johannesoffenbarung; für die fachtheologische Deutung s. ders.: Theologie des Neuen Testaments. Göttingen: Vandenhoeck & Ruprecht ³2016, S. 734–756.
89 Beider innerer Zusammenhang wurde von jeher gesehen; vgl. Norman Cohn: The Pursuit of the Millenium (1957), dt. erstmals unter .d.T.: Das Ringen um das tausendjährige

Indem sie in einigen ihrer Stimmen das Echo der Attackierten auf die christliche Vernichtungsdrohung zu Wort kommen lassen, ziehen die *Historien* auch die erst punktuelle, dann steigende Atmosphäre der Verunsicherung und Angst im kaiserzeitlichen Rom in ihre Vergegenwärtigungsschleifen. Sie geben so einer Bedrängnis Raum, die nicht wie sonst in den Gedichten individuell oder leiblich begründet ist, sondern kollektiv und kulturell. Speziell aus drei Texten spricht dieses Reizklima diffuser Zukunftsangst inmitten imperialer Blüte: *Entrüstet am kommenden Tag* (C 21), *Julianus an einen Freund* (C 26–28) und *„Ego ... Ausonius"* (C 83f.). Aber auch *Kleinigkeiten II: Ein Betrunkener nachts an der Via Appia* (C 16f.) gehört hierher, und ebenso die Suada *Gegen die philosophischen Hunde* (C 38–40), in der nicht nur von Kynikern, sondern auch von „den Christen" (C 39) die Rede ist, sowie das Seneca-Gedicht *Sand oder Kalk*, in dem die neronische Christenverfolgung (64 n.C.) angesprochen wird (C 53). Am aussagekräftigsten sind aber die drei erstgenannten Gedichte.

Die Christen aus heidnischer Perspektive also. Vergegenwärtigt wird diese ganz im Geiste Nietzsches. Die drei Sprecher konstatieren, beklagen und fürchten die vom Christentum vollzogene ‚Umwertung der Werte' der heidnisch-antiken Kultur, die ‚Entwertung' des Diesseits im Namen des Jenseits und in Hoffnung auf dieses.[90] Die „schmierigen Christen", so der ‚Entrüstete', als „Heuchler" (ob ihrer Naturverleugnung) und „Atheisten" (wegen der Ablehnung der alten Götter) betreiben sie die Profanierung alles uralt

---

Reich. Revolutionärer Messianismus im Mittelalter und sein Fortleben in den modernen totalitären Bewegungen. Bern, München: Francke 1961. Auch in der Literatur, hierfür nur: Wolfgang Braungart: Apokalypse und Utopie. In: Gerhard R. Kaiser (Hg.): Poesie der Apokalypse. Würzburg: Königshausen & Neumann 1991, S. 64–102; Reto Sorg, Stefan Bodo Würffel (Hg.): Utopie und Apokalypse in der Moderne. München: Fink 2010.

90 Friedrich Nietzsche: Der Antichrist. Fluch auf das Christentum (1888). In: ders: Sämtliche Werke. Kritische Studienausgabe. Hg. von Giorgio Colli, Mazzino Montinari. 15 Bde. München u.a.: DTV 1980. Bd. 6, S. 165–253, hier passim, bes., auch zum Stichwort „Umwerthung der Werte", S. 179 (Aphorismus Nr. 13), S. 185 (Nr. 18), S. 193 (Nr. 25), S. 210 (Nr. 38), S. 253 (Nr. 62). Ähnlich die weiteren Werke des Jahres 1888, *Götzendämmerung oder Wie man mit dem Hammer philosophiert* (ebd., S. 55–161) und *Ecce homo. Wie man wird, was man ist* (ebd., S. 255–374). Vgl. dazu den Nachlass 1887–1889: ebd., Bd. 13, S. 9–647, hier bes. S. 194, 537, 542, 545, 589 (alles 1888). Unter dem Titel *Nihilismus* (nämlich des Christentums, qua Entwertung des Irdischen) wurde dieses Material als Grundlage des entsprechenden Kapitels der philologisch korrupten Postum-Kompilation *Der Wille zur Macht* (1901) zusammengestellt und berühmt gemacht. Vgl. ders.: Der Wille zur Macht. Versuch einer Umwertung aller Werte. Stuttgart: Kröner 1980, S. 9–49, bes. S. 15f., 24f., 27ff. – Vgl. Verf.: Homo Natura [²2011] (wie Anm. 71), S. 142–155, Nietzsche oder das sentimentalische Denken: *Die Geburt der Tragödie* – „Dionysos philosophos", u. S. 274–284 (Anm.), bes. S. 149ff.; zuletzt Heinrich Meier: Nietzsches Vermächtnis. *Ecce homo* und *Der Antichrist*. Zwei Bücher über Natur und Politik. München: Beck 2019.

Heiligen, „machen sie jede Größe klein, jede Helligkeit finster" (C 21). Und auch der ‚sentimentalische', auf Schiller, speziell *Die Götter Griechenlandes* (1788/1800), zurückweisende Akzent in Nietzsches Kritik der ‚Entnatürlichung' der antiken Kultur durch den christlichen Spiritualismus klingt durch.[91] Bezeichnenderweise geschieht dies im Gedicht an „Bruder Ausonius" (C 83), den spätrömischen Dichter (um 310–395), der durch sein Hexameterpoem *Mosella* (371) im Gedächtnis geblieben ist, einen Lobgesang auf Fluss, Landschaft und Fruchtbarkeit des Moseltals sowie auf die Schönheit des ländlichen Lebens an Ufern und Hängen, eine klassische *Laus ruris* also, die noch einmal unbeschwert von christlicher Daseinsscham das Glücksbild des „Hiersein ist herrlich" malte.[92] In *„Ego ... Ausonius"* genügen zwei Verse, um der Trauer über das Verschwinden der in *Mosella* ein letztes Mal idealisierten Lebensform, die erst gut tausend Jahre später als Vorbild wiederentdeckt werden wird, Ausdruck zu verleihen:

> Der Letzte war er. Er sah sie, die Himmlischen fliehen,
> Eh die Auen verstummten, Pan sich vermummte zu Baal.
> (C 83)

So verließen schon bei Schiller die olympischen Götter die Erde („Ja, sie kehrten heim, und alles Schöne / Alles Hohe nahmen sie mit fort") und entseelte sich die „entgötterte Natur" („Ausgestorben trauert das Gefilde").[93] Erdgebundene

---

91 Vgl. Friedrich Schiller: Die Götter Griechenlandes. In: ders.: Werke (wie Anm. 61), Bd. 1, S. 162–169 (1. Fassung 1788) u. S. 169–173 (2. Fassung 1800); Nietzsche und Schiller: Verf.: Homo Natura [²2011] (wie Anm. 71), S. 145ff. Aus der Weimarer Klassik führt auch anderes direkt zu Nietzsches Polemik gegen die christliche Umwertung der antiken Werte, so etwa Goethes Ballade *Die Braut von Korinth* (1798).

92 Das Genre der *laus ruris*, durch Vergils *O fortunatos* (Georgica, II,458–540) und Horaz' (freilich ironisch gebrochenes) *Beatus ille* (Epoden, 2) kanonisch definiert, kam erst in der Frühen Neuzeit wieder zu Ehren; vgl. Anke-Marie Lohmeier: Beatus ille. Studien zum „Lob des Landlebens" in der Literatur des absolutistischen Zeitalters. Tübingen: Niemeyer 1981. – Zu Ausonius: Wolf-Lüder Liebermann, Peter L. Schmidt: D. Magnus Ausonius. In: Reinhart Herzog (Hg.): Handbuch der lateinischen Literatur der Antike. Bd. 5. München: Beck 1989, S. 268–308; zu seiner späteren Rezeption: DNP Suppl. 7, Sp. 159–172; Grünbein zu *Mosella*: Hoheslied auf einen Fluß (wie Anm. 8); auch im Epigramm *Echo sagt nur ein paar Takte* (Ü 170) bezieht er sich auf Ausonius. – „Hiersein ist herrlich": Rilke, *Siebente Duineser Elegie* (1922).

93 Schiller: Die Götter Griechenlandes [²1800] (wie Anm. 91), S. 173, V. 121f., u. S. 172, V. 112 u. 92. – Aufgerufen wird hier letztlich der Topos vom Verschwinden der Götter als Marker für das Ende des Goldenen Zeitalters; bei Ovid ist es Astraea (Dike), die Göttin der Gerechtigkeit, die als letzte flieht: „[...] et virgo caede madentis, / ultima caelestum, terras Astraea reliquit" (Metamorphosen, I, V. 89f.). Schiller zitiert dies in der Elegie *Der Spaziergang* (1795/1800), verschiebt das Motiv aber auf eine andere Göttin: „Seit aus der

Naturgeister wie der Wald- und Weidegott Pan werden zu Dämonen invertiert und in den alttestamentarischen *Frame* der falschen Konkurrenten des wahren Gottes gebannt, als ‚Götzen' verfemt.[94]

Die Stimmen lassen durchweg erkennen, dass sie diese Umwertung nicht so sehr als kognitive Irritation auf der Ebene metaphysischer und moralischer Überzeugungen erleben denn als eine affektive Bedrohung, bei der subrationale Triebkräfte ihre Wirkung entfalten, allen voran die seit Beginn der modernen Religionspsychologie notorischen „hopes and fears"[95] mit ihrem jederzeit panikfähigen Energiepotential. Beide werden, je nachdem utopisch oder apokalyptisch, erregt und geschürt durch den *grand récit* der Providenz, wonach die göttliche Allmacht die totale Erlösung respektive totale Vernichtung nicht nur in Aussicht stellt, sondern uneingeschränkt zu realisieren willens ist und auch vermag. Schon der Titel des erstgenannten Gedichts ruft daher die Idee des ‚Jüngsten Tags' oder ‚Jüngsten Gerichts' auf. „Am kommenden Tag" meint nicht nur den ‚folgenden Tag', an dem das lyrische Ich erinnert und erzählt, was ihm „Gestern" begegnet ist (C 21), sondern spielt zugleich die apokalyptisch-messianische Formel ‚Der Tag wird kommen' oder ‚Es wird kommen der Tag' aus dem *Neuen Testament* an. Gemeint ist der „Tag des Herrn" („adveniet autem dies Domini"), als Tag des großen Aufräumens, der großen Vernichtung, der *dies irae* also als grausamer *rite de passage* zu „neuen

---

    ehernen Welt [d.h. nach dem Ende der goldenen] fliehend die Liebe verschwand" (Werke [Anm. 91], Bd. 1, S. 228–243 [2. Fassung 1800], hier S. 229, V. 41). Nach Empedokles, Fragment 128, wurde das Goldene Zeitalter von Aphrodite, hier mit dem Beinamen „Kypris" benannt, regiert, und diese erst danach von den Uraniden („Kronos", „Zeus") vom Thron verdrängt. Zur antiken Motivgeschichte im Überblick: Hans-Joachim Mähl: Die Idee des goldenen Zeitalters im Werk des Novalis. Heidelberg: Winter 1965 (Tübingen: Niemeyer ²1994), S. 11–102, hier S. 53f. etwa zur Flucht der Dike.

94 Da Pan als anthropo-theriomorphes Mischwesen (bocksförmig, mit Ziegenhörnern und -füßen) den Satyrn, die zwar archaisch als Pferde-, hellenistisch und später aber meist als Bockwesen dargestellt werden, ikonographisch und mythologisch eng verwandt und auch im Zug des Dionysos zu finden ist, wird mit „Pan" auch hier ein unübersehbarer Nietzschebezug gesetzt. Vgl. Friedrich Nietzsche: Die Geburt der Tragödie aus dem Geiste der Musik (1872). In: ders.: Werke (wie Anm. 90), Bd. 1, S. 9–156, zur Rolle des Satyrs und Satyrchors hier bes. S. 32ff. (Kap. 2), S. 55ff. (Kap. 7–8), auch S. 75 (Kap. 11): „der große Pan ist todt"; dazu Verf.: Homo Natura [²2011] (wie Anm. 71), S. 144f.; zur Mythologie DNP 9, Sp. 221–223, Art. *Pan*; DNP 11, Sp. 119–112, Art. *Satyr*. – „Baal" im *Alten Testament*: Richter, 2,13; 1 Könige, 18,18ff., u.ö.

95 Nach David Hume: The Natural History of Religion (1757). In: Philosophical Works. Hg. von Thomas H. Green, Thomas H. Grose. 4 Bde. ND Aalen: Scientia 1992. Bd. 4, S. 307–363, hier S. 315; dt.: Die Naturgeschichte der Religion. Hg. von Lothar Kreimendahl. Hamburg: Meiner 1984 u.ö., hier S. 8.

Himmeln und neuer Erde" mit wahrer und ewiger „Gerechtigkeit" („novos vero caelos et novam terram [...] in quibus iustitia habitat").[96]

Im Vertrauen auf die „Vorsehung" ihres transzendenten, nur der Innerlichkeit ihres *animus* zugänglichen Gottes („Glauben an etwas, das nur in ihnen steckt") also, so die kritische Sicht der Heiden, „verbreiten sie [die Christen] Angst" (C 21). Ihre Predigt vom Ende der Zeiten, vom Untergang des ‚Neuen Babylons' Rom und vom Kommen eines ‚Reiches nicht von dieser Welt'[97] lehrt die einen das Fürchten und treibt die anderen in die Kirchen. In diesem Sinne kehrt das Stichwort Angst auch im *Julianus*-Poem wieder. Kaiser Julian (331–363), genannt „Apostata", hatte bekanntlich – und nicht zuletzt ob seines frühen Todes auch vergeblich – in seiner Regierungszeit (360–363) versucht, die ein Halbjahrhundert zuvor mit der ‚konstantinischen Wende' (Mailänder Edikt, 313) ermöglichte Reichschristianisierung aufzuhalten. Für die christliche Tradition war er daher, wie sein Beiname ‚der Abtrünnige' sagt, ein Verfemter (und umgekehrt für Glaubensskeptiker und Aufklärer wie Montaigne, Montesquieu, Voltaire oder Gibbon der Prototyp des *César éclairé*).[98] In den *Historien*

---

96   2 Petrus, 3,10 u. 3,13; „dies irae"/„Tag des Zorns": Sofanias/Zefanja, 1,4,15. – Die *Offenbarung des Johannes* malt dieses Schreckensszenario in derart wüsten Farben aus, dass sein anfangs lange strittiger (in der orthodoxen Kirche bis heute nicht voll kanonisierter) Status nicht verwundert. Der enthemmte *furor* dieser monströs-sadistischen Rache- und Straflustphantasie, an der der ganze Aufklärungsanspruch des Frühchristentums gegenüber dem heidnischen Mythos zuschanden geht, steht gegenüber den Evangelien wie ein archaischer Fremdkörper da. Die schließliche Aufnahme in den neutestamentlichen Kanon hat freilich ihren tieferen, wenn auch unschönen Sinn. Jedoch nicht wegen der (allerdings ungleich zurückhaltenderen) Parallelstellen wie bei Petrus oder auch Paulus gehört die *Apokalypse* letztlich zwingend hinein, sondern als Platzhalter des ‚Schattens' Gottes, seines zwar konstant wegidealisierten, aber nicht-tilgbaren ‚verfemten Teils' (zu den Begriffen s. oben Anm. 74 u. 76). Denn nicht einfach das Gute triumphiert in den sog. ‚eschatologischen Schlachten' von Offb., 14–20, bes. 19f., mit der von ‚Johannes' gepriesenen ‚Zornwut' („furor irae Dei") über „Teufel und Satan" („diabolus et Satanas"), sondern *la part du Diable* in ihm selbst (Zitate: Offb., 19,15 u. 20,2).

97   Johannes 18,36; Rom als neue „Babylon magna": Offb., 14,8, 16,19, 17,5 u.ö.

98   Erst in der späteren Moderne wird das Bild nüchterner, auch wo sein religionspolitisches Scheitern scharf gezeichnet wird, und im Ganzen eher aufgehellt; vgl. Alexander Demandt: Handbuch der Altertumswissenschaft. Bd. III.6: Die Spätantike. Römische Geschichte von Diocletian bis Justinian (284–565). München: Beck 1998, ²2007 (zitiert), S. 119–136; Marion Giebel: Kaiser Julian Apostata. Die Wiederkehr der alten Götter. Düsseldorf, Zürich: Artemis & Winkler 2002. Kritischer: Klaus Bringmann: Kaiser Julian. Darmstadt: Wissenschaftliche Buchgesellschaft 2004; Klaus Rosen: Julian. Kaiser, Gott und Christenhasser. Stuttgart: Klett-Cotta 2006. – Julians philosophische Schriften liegen in griech.-engl. und griech.-franz. Gesamtausgaben vor; auf dt. ist derzeit eine Auswahl, darunter auch *Kata ton Galilaion/Contra Galileos* (um 362), basierend auf älteren Übersetzungen, greifbar: Julian Apostata: Stieropfer gegen das Christentum. Ausgewählte philosophische Werke. Hg. von Detlef Weigt. Leipzig: Superbia 2006, hier S. 7–67, Gegen die Galiläer;

spricht er, der Rahmenfiktion entsprechend, noch *vor* diesen späteren Überschreibungen seiner Person und gleichsam frei von ihnen. Julianus ist auch noch nicht Alleinherrscher, sondern erst ‚Unterkaiser', das Gedicht fingiert einen Brief aus dem „Winterlager" am „Rhein" (C 27), also aus seinen gallisch-germanischen Feldzügen (357–360). Er ahnt: „Die Zukunft, / Sie könnte christlich werden". Schön erscheint ihm das nicht, seine Verwerfung als Römer und Heide würde, siehe *Apokalypse*, wohl gnadenlos ausfallen: „in Ewigkeit / Verdammt zu sein, ist wohl kein Spaß nach allem, / Was man so hört" (C 26).

Julianus registriert die mit den Christen umlaufende „Angst" (C 27), analysiert sie aber zugleich. Er erkennt erstens, dass sie als Bekehrungstreiber wirkt und erfolgreich „gute Christen macht" (C 27), zweitens, dass die antike Philosophie und ihr Ethos dagegen nichts ausrichten, nichts ausrichten können, und drittens auch, warum. Alle hellenistischen Philosophien, auch die „Stoiker", denen er sich selbst zurechnet (C 26), bekämpfen die Affektabhängigkeit des Menschen und daher im Speziellen die Furcht, vor allem und von Beginn an die religionsrelevante Furcht vor dem Tod und dem möglichen Danach.[99] Ihr ethisches Ziel heißt Befreiung von der Herrschaft der Leidenschaften (*apatheia, impassibilitas*), folglich seelische Gelassenheit und Unerschütterlichkeit (*ataraxia, tranquillitas animi*); „von Furcht und Hoffnung amputiert", nennt Grünbeins Julian dies (C 27). *Hopes and fears*, die Waffen jeder frommen Affektpolitik, am Philosophen prallen sie ab. Gleichwohl weist das distanziert klingende Verb im Zitat auf Selbstkritik. Worauf sie zielt, wird zwar nicht explizit gesagt, lässt sich aber erschließen. Denn das Ethos der heidnischen Philosophenschulen war nur durch tägliche „geistige Übung" (*exercitium spirituale*) und strenge Schulung des Selbst zu erreichen; Marc Aurel in *Ta eis heauton* [Für und über sich selbst] (um 172 n.C.) wusste ein Lied

---

s. ferner die älteren komment. dt. Briefausgaben, beide für die *Historien* ante quem: Kaiser Julian der Abtrünnige: Die Briefe. Hg. von Lisette Goessler. Zürich: Artemis 1971; Julian: Briefe. Hg. von Bertold K. Weis. München: Heimeran 1973 (zweisprachig); als ein solcher Brief stellt sich *Julianus an einen Freund* dar.

99 Vgl. für die römische Philosophie exemplarisch Lukrez (um 97–54), für den als Epikureer allerdings die Volksreligion ohnehin Aberglaube (*superstitio*) war, ein Geschöpf des „terror animi", der Furcht vor Naturmächten entsprungen; vgl. ders.: De rerum natura, I,146, VI,50ff. Wahre *pietas* liegt daher für ihn allein bei der Philosophie, deren Einsicht in die „Natur der Dinge", auch in die Natur des Todes (als eines Endes), vor Priesterdrohungen („minae vatum", I,109) mit ewigen Nachtodstrafen („aeternae ponae in morte", I,111) schützt; s. Michael Erler: Epikur · Die Schule Epikurs · Lukrez. In: Hellmut Flashar (Hg.): Grundriss der Geschichte der Philosophie. Die Philosophie der Antike. Bd. 4.1. Basel 1994, hier S. 381–490, Lukrez, bes. S. 440, 449ff.

davon zu singen.[100] Sein Büchlein steht für die enorme Anstrengung, die die philosophische Lebensform abverlangt (wohingegen, jedenfalls nach Grünbein, wir hörten es schon, Senecas *Epistulae* das Wasser, das „Apathie" schenkt „wo Schmerz regiert", nur gepredigt und aus dem „Luxus" heraus die „Armut" gepriesen hatten: C 87, *An Seneca*; C 53, *Sand oder Kalk*).

Die philosophische Haltung, so sieht Julianus resignierend ein, ist a priori nicht massentauglich: „die Mehrheit flieht [uns]" (C 26). Heißt im Umkehrschluss: Diese Mehrheit, der die Amputation von Affekten fernliegt oder verwehrt ist, zieht es zur Religion. Die Masse gewinnt, wer ihre Affekte gewinnt – wie jetzt der neue Monotheismus („Wenn erst ein Gott allein das Sagen hat", C 27), der mithilfe von Furcht und Hoffnung „den Verrat [am Alten] belohnt und durch Vergebung / Komplizen [des Neuen] macht" (C 27). Und gleichzeitig fehlt auf der Gegenseite den aufgeklärten Philosophen, weil erfolgreich affektbefreit, der „Nerv [...], der uns aufweckt *vor* dem Waldbrand" (C 27): „Selbst schuld sind wir an jedem Überläufer / Mit unserer Trägheit, die sich philosophisch gibt." (C 27) Ihm, der dann als Kaiser diese Trägheit nicht über sich kommen lassen will, fällt in früher Skepsis – ‚Die andern sind (aus besagten Gründen) zu stark, wir hingegen (aus selbigen) zu schwach' – etwas an, von dem er noch nichts weiß noch wissen kann, die Ahnung seines späteren Scheiterns. Jedoch hält das Gedicht am Ende auch eine Trostfigur für ihn parat, aber nach alledem keine *consolatio philosophiae*, sondern *historiae*, eine Selbsttröstung durch Prognose auf Basis der geschichtlichen Erfahrungen, des *historia magistra vitae*: Auch der neue Monotheismus werde seinen „Schwächeanfall" erleben und untergehen, aber nicht durch einen Stoiker alter Schule, sondern durch einen Aufgeregten und Passionierten, einen ‚wilden Denker', – heißt im Klartext, Julian ahnt (wiederum, und wiederum ‚omnitemporal') als Nemesis der frühchristlichen Eiferer Nietzsche voraus:

> Bis jemand kommt, dem es im Weltraum kalt ist,
> So kalt, daß er daraus den Schluß zieht, – Gott ist tot.
> Vielleicht nicht morgen, doch in tausend Jahren
> Wird sich ein Wirrkopf finden, der die Formel spricht.
> (C 27)[101]

---

100 Vgl. Pierre Hadot: Philosophie als Lebensform. Geistige Übungen in der Antike. Berlin: Gatza 1991; ders.: Die innere Burg. Anleitung zu einer Lektüre Marc Aurels. Frankfurt a.M.: Eichborn 1997.
101 Vgl. Friedrich Nietzsche: Die fröhliche Wissenschaft (1882). In: ders.: Werke (wie Anm. 90), Bd. 3, S. 343–638, hier 480–482, Nr. 125, Der tolle Mensch; die „Formel" S. 481.

In gleicher Weise bringt sich auch die Gegenseite zu Gehör, noch frei von allen späteren Zuschreibungen, hier der Kanonisierung und Sakralisierung, die ihnen rezeptionsgeschichtlich zuwuchs. Ihre Protagonisten sind in den *Historien* deutlich in der Minderzahl, aber dafür von allerhöchstem Rang, nämlich Paulus und Augustinus, das Duo, das übrigbleibt, wenn man die Zahl derer, die für die frühe theologische Formierung des Christentums am wichtigsten waren, auf zwei beschränkt. Wir haben bereits gesehen, wie Augustinus in dem ihm gewidmeten Poem nicht im Nimbus jener monumentalen Autorität auftritt, den er in der christlichen Theologiegeschichte, solange es sie gibt, nie mehr loswerden wird (und auch in der theologieunabhängigen Ideengeschichte nicht[102]). Er spricht hier als kontingentes Ich, dessen Gedanken, trotz des göttlichen Beistands, dessen er sich stets versichert, nichts als nur menschliche sind. Dass unsere Gedanken „auch die Gedanken eines Gottes sein könnten",[103] wie Platoniker und Theologen lange glaubten, war zwar auch sein Phantasma, das Gedicht zeigt Augustins Gedankenarbeit aber auf einer empirischeren Ebene deutlich unterhalb der erträumten Flughöhe. Nicht ein über-, sondern nur der menschliche Geist spricht aus seinem Intellekt. Daher lässt ihm das Gedicht Endlichkeit und Schwäche (*imbecillitas animi*) eingeschrieben sein. Es ist dies ein Blick auf Augustinus, wie er vielleicht erst heute – nach Jahrhunderten, in denen ‚sein Charakterbild, von der Parteien Gunst und Hass verwirrt, in der Geschichte schwankte'[104] – möglich ist, und vielleicht auch der, der ihm so nahe kommt wie nie zuvor.

Ebenso bei Paulus (um 10–64/65). Die beiden ihm gewidmeten Gedichte beziehen sich auf Ereignisse aus der *Apostelgeschichte* des Lukas (um 90): *Ankunft in Athen. Paulus ad portas* (C 61f.) auf Paulus' zweite Missionsreise (um 49–52) und seinen Aufenthalt in Athen im Winter 49/50, das nicht in C enthaltene *Paulus wechselt die Schiffe* (K 190f.) auf seine Überführung nach Rom (um 59).[105] Aber nicht der lukanische Heros der Heidenmission und nicht der

---

102 Vgl. exemplarisch Kurt Flasch: Augustin. Einführung in sein Denken. Stuttgart: Reclam 1994.
103 Hans Blumenberg: Anthropologische Annäherung an die Aktualität der Rhetorik (1971). In: ders.: Ästhetische und metaphorologische Schriften. Hg. von von Anselm Haverkamp. Frankfurt a.M.: Suhrkamp 2001, S. 406–431, hier S. 409; s. dazu Verf.: Nach der Achsendrehung (wie Anm. 3), S. 386ff.
104 Schiller: Wallenstein-Prolog, V. 102f.
105 Als Verf. der *Apostelgeschichte* (*Praxeis Apostolon/Acta Apostolorum*; zitiert als Apg.) gilt der Evangelist Lukas. Sie ist zum größten Teil ein Werk über das Wirken des Paulus; zwei Drittel des Textes (Apg., 9,1–28,30) beziehen sich auf ihn. Sein Tod wird hier nicht erzählt; das seit dem *Ersten Clemensbrief* (um/nach 100) angenommene Martyrium (Steinigung: 1 Clemens, 5,4–7) ist nicht belegt. Als wahrscheinlich gilt, dass Paulus zwischen 62 und 64 der neronischen Christenverfolgung zum Opfer fiel. Vgl. dazu Udo Schnelle: Paulus.

Märtyrer der späteren Überlieferung spricht aus ihnen, sondern gemäß dem fiktiven Setting wiederum ein von postumer Gedächtnisarbeit noch nicht überschriebenes Ich, das sich, seine Handlungen, Widerfahrnisse und Zukunftsprojektionen rein nach Maßgabe seiner bisherigen Biographie erlebt und begreift, und sich, in Unkenntnis seiner Zukunft, ganz aus dem begrenzten Horizont des Hier und Jetzt mitteilt.[106]

Wenn also Paulus hier, mit seinen (apostelgeschichtlich belegten) Begleitern „Silvanus" und „Timotheus" vor den Toren Athens stehend, den „Burgberg" im Blick, darüber sinniert, wie es ihnen dort ergehen werde, vernehmen wir zunächst einmal den hellenistisch sozialisierten Juden aus Kleinasien (Tarsus), dem das Glanzbild dieser Stadt und ihr historischer und kultureller Rang von Kindheit an vor Augen stand (C 61). Und der folglich genau weiß, wie schwierig es sein wird, ausgerechnet hier zu predigen. All dies kommt in der *Apostelgeschichte* nicht vor. Erbost über die heidnischen „Götzenbilder", schreitet Paulus bei Lukas sofort zur Tat, sucht sowohl den Dialog mit den „Gottesfürchtigen" wie die Auseinandersetzung mit den „epikureischen und stoischen Philosophen" und nutzt die nächste Gelegenheit zur Predigt vor größerer Öffentlichkeit auf dem „Areopag".[107] Grünbeins Paulus hingegen leidet unter dem Fußmarsch (C 61), gibt sich Tagträumen hin („Ich war in der Kindheit"), ist ängstlichen Vorahnungen ausgesetzt („Wißt, daß uns Schlimmes bevorsteht") und vor allem dem „Zweifel" (C 62). Die sinnlichen (mit Nietzsche: dionysischen) Griechen, aus seiner Sicht „verwirrt" vom „Trieb", würden es ihnen gewiss schwermachen: „Wird es nicht heißen, wir verschenkten nur saure Trauben", „Hat er ihn wirklich gesehn, / Werden sie fragen" (C, 62). Und überhaupt, diese so ganz auf Sinnlich-Schönes Fixierten – „Können sie glauben, wo sie doch immer nur Bilder und Mosaike sehn?" (C 62) Nämlich Götterbildnisse als Realpräsenzgestalten des Numinosen, genau das also, was

---

Leben und Denken. Berlin, Boston: de Gruyter 2003, S. 425–431; zu Apg. ders.: Einleitung (wie Anm. 88), S. 333–353; zur Paulus-Chronologie ebd., S. 32–47. – Paulus' Aufenthalt in Athen und Predigt auf dem Areopag: Apg., 17,16–32; seine letzte Reise, zu Schiff (mit Schiffbruch vor Malta) von Jerusalem über Myra in Lykien (Kleinasien) und Kreta nach Rom: Apg., 27,1–28,14.

106 Dass der Autor die postume ‚Gedächtnisgeschichte' seiner Helden im Kopf hat, rührt nicht an besagtes Setting. Er weiß dies alles (oder was er eben davon weiß), sein Protagonist aber nicht. Was davon einfließt in das Gedicht, geht auf das Konto der Komposition, nicht des fiktiven Sprechers, und ist auf ihrer Ebene zu lesen, also (wie immer hier) mit doppeltem Blick. – „Gedächtnisgeschichte" nach Jan Assmann: Moses der Ägypter. Entzifferung einer Gedächtnisspur. München, Wien: Hanser 1998, S. 26ff., Die Ziele der Gedächtnisgeschichte.

107 Apg., 17,16–22. Ob „*Ariopagus*" das Felsplateau nahe der Akropolis oder eine Versammlungshalle meint, ist ungeklärt.

den Paulus der *Apostelgeschichte* bei der Ankunft in Athen so in Rage versetzt hatte.[108] Das Gedicht erzählt so, aus der eingenommenen Innensicht des Paulus heraus, eine ganz andere Geschichte, mit völlig anderer Affektdynamik. Denn Zweifel treibt nicht, sondern hemmt. Dass somit auch dieser fiktive Paulus ins Melancholische tendiert, belegt eine ihm just in diesem Moment beifallende Reminiszenz, eine Todesassoziation: „Denkt an Vergil, seine letzte Reise" (C 62). Gemeint ist Vergils Schiffsreise mit Kaiser Augustus zurück nach Rom, bei der er sich ein schweres Fieber zuzog und kurz nach der Landung in Süditalien daran starb (19 v.C.).[109] Ein einsamer, trostloser Tod, so empfindet ihn Paulus: „Wer hört sein Flehen?" Prompt stellt sich auch der Gedanke der Vergeblichkeit ein, auch er als Befürchtung auf Paulus selbst übertragbar: „Ein Mosaik blieb, in der Villa die Speisreste am Boden ... Asaroton" (C 62). Der Vers spielt vielleicht auf eine Zeile in Statius' *Silvae* (um 90 n.C.) an: „gaudet humus superatque novis asarota figuris" – ‚erfreut ein bemalter Boden und übertrifft mit neuen Figuren die Asarota'.[110] *Asaroton*, wörtlich ‚ungefegt', ‚ungefegter Boden', bezeichnete einen beliebten Typus von Fußbodenmosaiken, die bunt verstreute, wie herabgefallene Tischreste zeigten.[111] Krümel, Reste, Fallengelassenes – das genaue Gegenteil eines Götterbildes wird so als Vorstellung aufgerufen, ein im Kontext des paulinischen Assoziierens denkbar desolates Motiv.

Dennoch tut der Dichter Paulus mit diesem mehr oder weniger inneren Monolog, in dem die Gedankenverknüpfungen der Drift der Stimmung folgen, wohl einen Gefallen. In Zweifel und Angst lässt er ihn seine Menschwerdung erleben. Die Angst, die zu schüren die heidnischen Kritiker den christlichen Predigern vorwerfen, sie greift hier nach ihm selbst, und immerhin soweit, dass ein momentanes Aufkommen von Zuversicht in der Mitte des Gedichts

---

108 Vgl. Apg., 17,16: „erfasste ihn heftiger Zorn"/„incitabatur spiritus eius"/„tou Paulou paroxuneto to pneuma".

109 Nach Sueton, Vita Vergili, 35f. – Inwieweit bei diesem Paulusgedicht Hermann Brochs *Tod des Vergil* (1945) hereinspielt, wäre eine gesonderte Frage.

110 Statius, Silvae, I,3, Villa Tiburtina Manilii Vopisci [Die Villa des Manilius Vopiscus in Tibur], V. 56.

111 Grünbein könnte durch Friedländer auf die Bildgattung gestoßen sein; vgl. ders.: Sittengeschichte (wie Anm. 38), S. 822–840, Kap. XII.3: Der Kunstbetrieb, hier S. 834: „Die Erhaltung von Mosaikfußböden in den verschiedenen Provinzen zeigt, daß auch hier dieselben Gegenstände überall wiederholt wurden: Nereiden und Meerungeheuer besonders in Bädern, Nachbildungen von Speiseresten in Eßzimmern (diese Gattung war so allgemein, daß ihr Name – *asarotum* – geradezu für Mosaik gebraucht wird), Köpfe von Dichtern und Weisen etwa in Bibliotheken und Studierzimmern usw." – Der Statiusbezug hat auch einen gattungstheoretischen Aspekt. Die Genrebezeichnung *Silvae* (vgl. die poetischen oder kritischen *Wälder* und *Wäldchen* der dt. Literatur) ist eine Parallelmetapher zu *Saturae* und bedeutet wie diese Gemischtes; *Asarota* liegt nicht weit davon entfernt.

(„[...] und dann wird es hell. / Von Mund zu Mund wird ein Licht gehen, das anschwillt zum Chor", C 62) schon nach wenigen Zeilen wieder in sich zusammensinkt. Die Angst des Paulus ist jedoch keine Furcht vor Höllenstrafen, sondern die ganz im Diesseits bleibende vor Misserfolg, Vergeblichkeit und einsamem Tod. Gleichwohl wird er so seinen Gegnern ähnlicher, als ihm lieb ist, und dadurch menschlicher. Menschlicher als das Bild des Fanatikers ohnehin, das von ihm, als er noch Saulus der Christenverfolger war, geblieben ist, menschlicher aber auch als das lukanische Bild vom sieghaften Christenmacher und überlegenen Prediger, der, über dieselbe Bildung verfügend wie seine philosophischen Gegner, gerade in der Areopagrede deren eigene argumentative Topoi in seinem Sinne einzusetzen weiß,[112] und schließlich auch menschlicher als das postume Märtyrerbild.[113]

All dies versucht Grünbein zu unterlaufen, durch *conversio in soma*, den Rückgang auf die anthropologische Elementarschicht des ‚Pathischen', in der wir unser Leben nicht aktiv führen, sondern unwillkürlich-passiv, un- und halbbewusst ‚erleiden'.[114] In *Ankunft in Athen* exprimiert sich dies als ein Selbsterleben des lyrischen Ichs abseits heilsgeschichtlicher Großperspektiven, als jenes schon genannte ‚eigenleibliche Spüren'[115] der eigenen Schwäche und Grenzen und damit der gemeinmenschlichen Kleinheit und Endlichkeit. Durch sie wird Paulus bei Grünbein vor seinem postumen Bild gerettet – und gerechtfertigt, auch und nicht zuletzt vor Nietzsche, der in ihm bekanntlich den eigentlichen Unheilstifter des Christentums sah und ihn entsprechend glutvoll monumentalisierte.[116]

---

112 Die Echtheit der Areopagpredigt steht heute in Zweifel; s. Schnelle: Paulus (wie Anm. 105), S. 146.

113 Der Märtyrer ist auf doppelte Weise (*la part du diable!*) eine Figuration der Unmenschlichkeit. Nicht nur ist sein Tod an sich schon maximal grausam, als Heldentod *ad maiorem gloriam Dei* muss er auch noch den Siegwillen der Gläubigen befriedigen und transponiert werden in eine Legende, die sich als Palimpsest über das Ereignete legt und das Entsetzliche durch Umkehr in einen imaginären Triumph derealisiert. Zweimal wird so der Märtyrer gemeuchelt, beim ersten Mal sein reales Leben, beim zweiten Mal sein realer Tod.

114 Der Begriff nach Viktor von Weizsäcker; vgl. ders.: Die Schmerzen (1926), Anonyma (1949), Die Medizin im Streite der Fakultäten (1947). In: ders.: Gesammelte Schriften. Hg. von Peter Achilles, Dieter Janz u.a. 10 Bde. Frankfurt a.M.: Suhrkamp 1986–2005. Bd. 5, S. 27–47; Bd. 7, S. 41–89 u. S. 196–211; s. dazu Rainer-M.E. Jacobi: Schmerz und Sprache. Zur medizinischen Anthropologie Viktor von Weizsäckers. Heidelberg: Winter 2012.

115 Siehe oben Anm. 50.

116 Vgl. Nietzsche: Der Antichrist (wie Anm. 90), S. 215f. (Nr. 42): „Der ‚frohen Botschaft' folgte auf dem Fuss die *Allerschlimmste*: die des Paulus [...] das Genie im Hass [...] dieser Dysangelist"; S. 225 (Nr. 47): „deus, qualem Paulus creavit, dei negatio"; S. 246 (Nr. 58): „Paulus, der Fleisch-, der Genie-gewordene Tschandala-Hass gegen Rom, gegen die ‚Welt'". Vgl.

Das zweite Gedicht, *Paulus wechselt die Schiffe*, liegt ganz auf dieser Linie. Paulus, um 56 in Jerusalem, dort angeklagt, mehrjährigen Gerichtsverfahren ausgesetzt und ebenso lange in Gefangenschaft, wird schließlich, da römischer Bürger von Geburt, als Schutzhäftling im Winter 58/59 von einer kaiserlichen Kohorte per Schiff nach Rom überführt, zur Appellation vor dem Kaiser.[117] Es wird – Vergil! – seine letzte Reise sein, die Reise in den Tod. Doch das weiß er nicht, als er in Jerusalem das Schiff besteigt, und auch nicht, als er im Hafen von Myra an der Südküste Anatoliens auf „ein alexandrinisches Schiff, das nach Italien fuhr",[118] wechselt. Dies ist der Moment, an dem das Gedicht einsetzt. Paulus, vom Licht Lykiens und dem Duft der „Getreidelager" im Hafen sensuell berührt, muss unwillkürlich an „Artemis" denken, die „obszöne", mit einem guten Dutzend weiblicher Brüste (wahlweise Stierhoden, so auch Grünbein) geschmückte Göttin der Jagd, die weiter nördlich in „Ephesus" (K 190) verehrt wurde, aber auch in Myra ein Kultzentrum besaß. Diese ‚Diana von Ephesus' – auch so ein ‚Götzenbild' also! – hatte Paulus auf seiner dritten Missionsreise (wohl 52–56) tatsächlich gesehen.[119] Der Jagdaspekt der Göttin interessiert hier nicht so sehr, wohl aber ihre Beziehung zu Geschlecht (besagte ‚dionysische' Sinnlichkeit) und Tod. Denn Artemis, gerade im östlichen Mittelmeerraum gern mit Kybele als *Magna Mater* und Hekate als chthonischer Mittlerin zwischen Oben und Unten, Lebenden und Toten identifiziert, ist wie diese als ‚Passagengottheit' für die ebenso elementaren wie schwierigen Übergangsphasen im Lebenszyklus zuständig, Geburt, Pubertät und eben Tod.[120]

In Reminiszenzen, deren Motivierung und (assoziative) Konnektivität er nicht versteht, nicht verstehen kann (wohl aber der Autor und Leser von heute), gänzlich unbewusst also fliegt Paulus hier die Todesahnung an. Und mit einem ebenso unwillkürlich-subkutanen Affekt wehrt er sie auch ab: „er

---

Jörg Salaquarda: Dionysos gegen den Gekreuzigten. Nietzsches Verständnis des Apostels Paulus. In: Zeitschrift für Religion und Geistesgeschichte 26 (1974), S. 97–124.

117 Apg., 21,15–27,1; s. Schnelle: Paulus (wie Anm. 105), S. 399–405; ders.: Einleitung (wie Anm. 88), S. 45f.
118 Apg., 27,5–6.
119 Apg., 19,23–40. Hier hört er den Kultruf „Groß ist die Diana von Ephesus" („magna Diana Ephesorum") (Apg., 19,28 u. 19,34). Dieser hat seine eigene Nachgeschichte, vgl. nur Goethes *Groß ist die Diana der Epheser* (1812), darin die Zeilen „Als gäb's einen Gott so im Gehirn / Da! hinter des Menschen alberner Stirn", die an Grünbeins „Glauben an etwas, das nur in ihnen steckt" (C 21) denken lassen, oder Freuds Miszelle *„Groß ist die Diana der Epheser"* (1912). – Die Kultstätte in Myra wurde 141 n.C. durch ein Erdbeben zerstört.
120 DNP 2, Sp. 53–59, Art. *Artemis*. Der Begriff „Passage" hier immer im Sinn des ethnologischen Terms, nach Arnold van Gennep, *Les rites de passage* (1907), dt. *Übergangsriten* (1986, zuletzt 2005).

schämte sich" ob des „kindischen Sinns" des Mythos (K 190).[121] Und wechselt sofort von der Fremdscham ins eigene Überlegenheitsgefühl: „Was aber wußten sie von ihm, der da kommen wird?" Von göttlicher Weltwende, von Vernichtung und Erlösung! Der apokalyptisch-messianische Affektkomplex ‚Furcht und Hoffnung' kommt so durch den christlichen Missionar selbst zur Sprache, und zwar mit durchaus – gewusster, aber nicht beherrschter – aggressiver Note: „Selig sind die Sanftmütigen, hörte er sich oft sagen, / Doch er selbst war noch längst nicht so weit" (K 191). Und diese Aggression richtet sich denn auch – siehe einmal mehr Nietzsche – bei Paulus frontal gegen den Brennpunkt schlechthin der alten, ‚heidnischen' Frömmigkeit und Kulte, die Lebenszyklik und ihre ‚Passagen', das menschliche Körperschicksal und seine Einbettung in die Ordnung der Natur: „er", so sagt er gleich darauf von sich, „konnte nicht Ruhe geben, / Eh nicht der Tag [sein immergleicher Ablauf, der Alltag?] unterbrochen war und der Kreislauf / Blinden Zeugens und Sterbens, tierhafter Fruchtbarkeit" (K 191).

Paulus ist ganz bei sich und seinem Glauben auf dieser Reise; das Heidnisch-Archaische von sich fernhaltend, überlässt er sich beruhigt der Fahrt nach Westen. Dass diese einen Schiffbruch und den schließlichen Tod in Rom bringen wird, dringt nicht in sein Bewusstsein, kann es nicht. Die Kontingenz des Hier und Jetzt schützt ihn davor, und schützt auch seinen Glauben an die Providenz, der hier – Ironie der Gesamtkomposition – weit größer und stabiler ist als vor Athen. Bei geschlossenen Augen, die Außenwelt abgeschirmt, ganz nach innen gekehrt, überfällt ihn ein ‚endogenes Bild', eine veritable Tagtraumvision: „Sonnenton", „lodernde Kuppeln", „Lawinen von Gold". „Er sah" (K 191) – ganz im Stil des Großmeisters solcher halluzinativen Bilder, Gottfried Benn[122] – jedoch nicht das kaiserliche Rom, das ihn erwartete, sondern das ‚himmlische Jerusalem' seines *Galaterbriefs* (um 55) und der *Johannesapokalypse*[123] (welche Schrift selbst er freilich noch nicht kennen konnte, aber: Omnitemporalität!). So erfüllt von Heilshoffnung, ja

---

121 Zur Sache selbst das bekannte Buch von Léon Wurmser: Die Maske der Scham. Zur Psychoanalyse von Schamaffekten und Schamkonflikten (1981). Hohenwarsleben: Westarp [7]2017.

122 Belege bei Verf.: Nach der Achsendrehung (wie Anm. 3), S. 227–265, Endogene Bilder. Anthropologie und Poetik bei Gottfried Benn (2005), hier S. 232–235.

123 Galater, 4,26: „illa [Hierusalem] quae sursum est" (bei Luther „Jerusalem das droben ist", in der kathol. Einheitsübersetzung „himmlisches Jerusalem"); Offb., 21,2–27, hier bes. 21,2 u. 21,10: „Ich sah die *heilige Stadt*, das neue *Jerusalem*, von Gott her aus dem Himmel herabkommen"/„sanctam Hierusalem novam vidi descentem de caelo a Deo"; 21,18: „die Stadt ist aus reinem Gold"/„civitas auro mundo". Vgl. aber auch Offb., 21,23, wo es heißt: „Die Stadt braucht *weder Sonne noch Mond*, die ihr leuchten. Denn die *Herrlichkeit Gottes* erleuchtet sie"/„civitas non eget sole neque luna ut luceant in ea nam claritas Dei

Heilsgewissheit, vom ‚Glauben an das, was nur in ihm steckt' (siehe C 21), sieht er der Abfahrt entgegen. Grünbein schafft so die klassische Situation der tragischen Ironie: Der Leser weiß mehr und Schlimmeres als der Held in der Szene. Wie Wallenstein, der vor seinem Ende ‚gedachte, einen langen Schlaf zu tun',[124] ohne Furcht vor dessen dunklem Bruder, eins mit sich und guten Mutes, gibt sich Paulus ausgerechnet auf dem fatalen Segler dem Gefühl der Entspannung hin und „legte sich schlafen" (K 191).

Das Omnitemporalitätskonzept der *Historien* impliziert, dass, wenn die Subjektivität und Innerlichkeit der aufgerufenen antiken Sprecher der unseren gleicht, sie umgekehrt auch mithilfe moderner Konzepte und Kenntnisse von Ich und Seele narrativ-fiktional konzeptualisiert werden kann. Und so verfährt Grünbein auch. Auch aus seinen Intellektuellen spricht daher niemals rein das Rationalsubjekt der hellenistischen Philosophie (und folglich auch nicht das selbsttransparente *cogito* und intelligible Ich der modernen Vernunftphilosophie seit Descartes und Kant), sondern das multiple, instabile, affekt- und triebabhängige, das ‚pathische' Nicht-nur-Vernunft-Ich, als das es die moderne, medizinnahe Anthropologie und Psychologie seit dem 18. Jahrhundert, von der damaligen *Psychologia empirica* bis zur heutigen Psychoanalyse begreift.[125] Ein Ich mit einem intransparenten Dunkelfeld (*campus obscuritatis*) im Rücken, das es ebenso wenig zu durchschauen, gar zu kontrollieren imstande ist wie die Aktanten darin, gleich, ob diese nach 1700 als „undeutliche" und „dunkle Vorstellungen" (*ideae confusae, ideae obscurae*), nach 1800 als „Wille" oder nach 1900 als „Es" und „Unbewusstes" begriffen werden. Es ist dieses, mit Affekt und Trieb eng verzahnte Halb- und Unbewusste, das sich in den *Historien* immer wieder Gehör verschafft, speziell durch besagte Sprecher der Intelligenzija.[126] Gerade sie, die es in ihren Schriften auch anders konnten, unterstellt Grünbein

---

illuminavit eam", eine Passage, die vielleicht den ‚zu unterbrechenden Tag' bei Grünbein (K 191) erhellt.

124 Schiller: Wallensteins Tod, V/5, V. 3677.
125 Die Wissenschafts- und Ideengeschichte der modernen Seelenlehre(n) seit der europäischen Aufklärung ist, auch im historischen Detail, breit erforscht. Eine frühe Summe war bereits: Henri F. Ellenberger: The Discovery of the Unconscious. New York: Basic Books 1970; dt.: Die Entdeckung des Unbewußten. Geschichte und Entwicklung der dynamischen Psychiatrie von den Anfängen bis zu Janet, Freud, Adler und Jung. Bern: Huber 1973, zuletzt Zürich: Diogenes 2005, ²2011; speziell zu den Anfängen (und ihren oben genannten, aus der Schulphilosophie kommenden Termini) Verf.: Erster Psychologismus. Umbau des Seelenbegriffs in der deutschen Spätaufklärung. In: Heinz Thoma, Jörn Garber (Hg.): Zwischen Empirisierung und Konstruktionsleistung. Anthropologie im 18. Jahrhundert. Tübingen: Niemeyer 2004, S. 1–17, dort weitere Literatur.
126 Aber keineswegs ausschließlich; s. nur *Hero und Leander*, den inneren Monolog einer namenlosen Sklavin (C 33–35), Nr. I der Trilogie *Von den Todesarten der Idioten*.

dem mentalen Regime der, mit einem älteren Topos aus jener Psychologiegeschichte, „zwei Arten des Denkens".[127]

Unterschieden wird hier zwischen dem aus den Notwendigkeiten der Kommunikation geborenen, daher proaktiv geordneten, an Leitbegriffen und Zielvorstellungen orientierten und mit entsprechendem Konzentrationsaufwand verbundenen ‚logischen' oder ‚bewussten' Denken, und dem ganz im Innenraum des Ichs verbleibenden, eher passiv erlebten, schwach koordinierten und sprunghaft schweifenden, dabei immer bildgeleiteten und insofern dem Tagtraum eng verwandten, in alledem völlig mühelosen ‚assoziativen' oder ‚halbbewussten' Denken. Diese durch beliebige Selbstbeobachtung verifizierbare Registerdifferenz mentaler Prozesse ist ein transkulturelles Anthropologem und entsprechend ‚omnitemporal' zu denken. Sie in antike Psychen hineinzufingieren, verletzt die Grenzen der ‚poetischen Wahrscheinlichkeit' daher ebenso wenig wie der literarisch moderne Darstellungsmodus des ‚inneren Monologs', der beide Register kreuzt und ineinanderschiebt. Der *lusus ingenii*, uns in ‚erfundenen Reden' von jenen Toten mehr vernehmen zu lassen, als deren *opera quae supersunt omnia* je mitteilen können, kann guten poetischen Gewissens gespielt werden.[128]

---

[127] Vgl. C.G. Jung: Wandlungen und Symbole der Libido. Beiträge zur Entwicklungsgeschichte des Denkens (1912). München: DTV 1991, S. 21–47, Kap. I.2: Die zwei Arten des Denkens. – Die um Allgemein-Theoretisches wie eben dieses Kapitel erweiterte Fallstudie war Anlass von Jungs Sezession und Auftakt zu seiner eigenen „analytischen Psychologie". Als der damaligen *communis opinio* noch zu nahestehend wurde sie 1949/50 umgearbeitet; vgl. Jung: Werke (wie Anm. 74), Bd. 5: Symbole der Wandlung. Analyse des Vorspiels zu einer Schizophrenie (1952) (die Erstfassung ist in die Gesamtausgabe auch nicht aufgenommen). Das fragliche Kapitel (auch hier als I.2, Die zwei Arten des Denkens, ebd., S. 25–54) weist indes nur marginale Änderungen auf. Im Blick auf die damalige Literatur- und Dichtungsgeschichte stellt die Fassung von 1912 einen der bedeutsamsten psychologischen Texte der Jahrhundertwende 1900 dar; s. Verf.: Endogene Bilder (wie Anm. 122), S. 227ff., Zwei Arten des Denkens.

[128] Im ‚Rauschen der Zeit' auch längst verrauschtes Unbewusstes ‚hören' zu können, ist das Privileg der Dichter. Nicht nur weil sie – ‚krankhafte Lauscher' (s. oben) – das übersensible Ohr dafür haben, auch nicht nur, weil das Unbewusste nach klassischer Lehre „zeitlos" ist (s. unten), sondern weil nur sie den Anspruch, auf diese Weise nicht nur Ausgedachtes, sondern Facetten des Wirklichen zu ergreifen, überhaupt schultern können. Die historischen Wissenschaften können solches nicht wagen, und schon die Biographik riskiert ihre Seriosität, wenn sie in dieser Richtung zu weit geht. Der biographische Roman kann es natürlich, da er aber ein Gesamtbild aufbauen muss, erhält jede psychologische Spekulation darin sofort einen Funktionalsinn (sonst wäre sie nicht nötig) und damit eine Prominenz, die Kritik und Zweifel anzieht wie ein Magnet. Ganz anders die Poesie. Sie erhebt keine wissenschaftlichen Ansprüche, ja zumeist nicht einmal biographische. Sie ist ein ‚Spiel', gehört ganz dem ‚Möglichkeitsdenken' an, und profitiert in diesem Punkt von beider Leichtigkeit; auch leuchtet sie nur blitzartig, wie mit Momentaufnahmen, in ein

6. *Age of anxiety*

Nicht aus dem Munde eiserner Seelen, die – hüben wie drüben – in die ‚feste Burg' ihrer jeweiligen Gewissheiten geschlossen sind, lässt Grünbein den kaiserzeitlich-spätantiken Konflikt zwischen Heiden und Christen, der immerhin eine welthistorische Wende bringen sollte, zur Sprache kommen, sondern im Medium psychischer Alltäglichkeit und Kontingenz, durch gänzlich unheroische Innerlichkeiten, in sich mehrschichtig und mehrstimmig, daher fragil und irritierbar – empirische, pathische Iche. Ganz aus dem privatintimen Innenraum ihrer selbst heraus sprechend, bekommen sie Nerv und Dynamik dieses Konflikts dort zu fassen, wo sie auch wirken, im vernunftfernen Affekt- und Assoziationsgemenge des *fundus animae*[129]. Religiöse Erregungen und verwandte Massenphänomene des historisch-sozialen Lebens, gleich in welcher Epoche, breiten sich stets auf dieser psychischen Ebene aus, und wenn nicht, setzen sie sich nicht durch.[130] Ich vermute, dass Grünbein

---

vergangenes Ich hinein und hat kein Gesamtbild zum Ziel; ihre Freiheitsgrade sind erheblich größer. Für das fiktionale Verfahren, aus Totenstimmen ‚die zwei Arten des Denkens' sprechen zu lassen, ist sie wie geschaffen. Denn zu einem empirischen Realitätsabgleich, wie ihn jeder historische Roman (oder Film) sofort provoziert, fordern psychologische Miniaturen wie in den *Historien* gar nicht erst auf. Sie bleiben Poesie: Fiktion, ‚Spiel', ‚sehr ernste Scherze'. Freilich solche, die uns zu denken geben, und im Gelingensfalle mehr und anderes als zuvor. – Zeitlosigkeit des Unbewussten: Freud: Studienausgabe (wie Anm. 54), Bd. 3, S. 119–161, Das Unbewußte (1915), hier S. 145f.: „Die Vorgänge des Systems *Ubw* sind *zeitlos*; d.h. sie sind nicht zeitlich geordnet, werden durch die verlaufende Zeit nicht abgeändert, haben überhaupt keine Beziehung zur Zeit." Oder mit Grünbein: sie sind omnitemporal. – „Lusus ingenii" (Gedankenspiel) war ein Begriff der älteren Fiktions- und Utopietheorie; vgl. Götz Müller: Gegenwelten. Die Utopie in der deutschen Literatur. Stuttgart: Metzler 1989, S. 21ff., Lusus ingenii.

129 Ein Begriff der *psychologia empirica* der dt. Aufklärung; s. Verf.: Erster Psychologismus (wie Anm. 125).

130 Die anonymen, subrationalen Mechanismen der Ausbreitung/Ansteckung und Durchsetzung/Herrschaft von Glaubenslehren, Ideologien, Diskursordnungen und anderen Formen kollektiver Mentalitäten bzw. des „positiven Unbewussten" einer Kultur sind immer wieder Gegenstand der modernen Sozialwissenschaften gewesen, von der Massenpsychologie um 1900 (Gustave Le Bon: *Psychologie des foules*, 1895; Gabriel Tarde, *Les lois sociales*, 1898; Freud, *Massenpsychologie und Ich-Analyse*, 1921) bis zur Diskursanalyse Foucaults (*Les mots et les choses*, 1966; *L'Archéologie du savoir*, 1969) und ihrer Breitenrezeption bis heute. – „Positives [= historisch de facto (‚positivistisch') gegebenes] Unbewußtes des Wissens"/„*inconscient positif* du savoir": Michel Foucault: Die Ordnung der Dinge. Frankfurt a.M.: Suhrkamp 1971, S. 11 (Vorwort zur dt. Ausgabe); s. ders.: Dits et Écrits 1954–1988. Hg. von Daniel Defert, François Ewald. 4 Bde. Paris: Gallimard 1994. NA in 2 Bdn. Ebd. 2001. Bd. 1, S. 877 (Nr. 72); vgl. Paul Veyne: Foucault. Der Philosoph als Samurai. Stuttgart: Reclam 2010, S. 25. Dass dieses *inconscient positif* nicht nur eines *du savoir* ist, wissen heutige Soziologen wieder und betonen die „force psychique de ces ‚mélanges'

mit ähnlichen Hintergrundsvorstellungen in die religiöse Konfliktatmosphäre der ersten Jahrhunderte unserer Zeitrechnung blickt. Ich wage auch sogleich eine – unvorgreifliche – Quellenhypothese und ziehe eines der sowohl (immer noch) bekanntesten wie auch bemerkenswertesten, für einen Leser wie Grünbein auch zuhandenen Bücher zum Thema in den Horizont meiner Überlegungen, E.R. Dodds' *Pagan and Christian in an Age of Anxiety* aus dem Jahr 1965.[131]

„Zeitalter der Angst" – hier sehe ich ein mögliches Anregungspotential für die Akzentuierung der Angst in den fraglichen Texten der *Historien* zumindest gegeben. Zumal das Stichwort von einem Dichter stammt: Dodds übernahm es von W.H. Audens berühmter Versdichtung *The Age of Anxiety* (1947). „Angst" war hier ‚christlich-existentialistisch' gefasst, vor dem Hintergrund der säkularisierten Moderne, der Großstadt als Lebenswelt (New York) und der katastrophischen Dimension moderner Kriege (Zweiter Weltkrieg).[132] Dodds übertrug die Formel auf die spätrömische Antike als eine Epoche „materieller" (Erosion des Imperiums) und „moralischer" (jener Religionskonflikt) „Unsicherheit".[133] Seine Perspektive war „agnostisch"[134] und sein Ansatz, das überlieferte historische und biographische sowie philosophische und theologische Quellenmaterial immer auch psychologisch, mit deutlichem psychoanalytischem Einschlag zu lesen, war so pointiert, dass der Ethnopsychoanalytiker Georges Devereux es in seinem Vorwort schlankweg als „ein authentisch psychoanalytisches Buch", ja als „im strengen Sinne des Wortes ethnopsychoanalytisch" bezeichnete.[135] Soweit muss man nicht gehen, aber allein der forscherische Habitus, Ideengeschichte als Affektgeschichte

---

de sentiments et d'idées qui, si on les analyse à l'échelle des actions collectives, ont été les moteurs les plus efficaces des ‚révolutions' scientifiques ou politiques, comme ils font aussi [...] le nerf des continuités sociales les plus résistantes à tout changement (adaptif, progressif ou révolutionnaire)": Jean-Claude Passeron: Mort d'un ami, disparition d'un penseur. In: Revue européenne des sciences sociales 41 (2003), S. 77–124 [Gedenkartikel zum Tod Pierre Bourdieus mit dem Charakter eines Forschungsstandberichts], hier S. 91.

131 Eric R[obertson] Dodds: Pagan and Christian in an Age of Anxiety. Some Aspects of Religious Experience from Marcus Aurelius to Constantine. Cambridge: Cambridge University Press 1965; dt.: Heiden und Christen in einem Zeitalter der Angst. Aspekte religiöser Erfahrung von Marc Aurel bis Konstantin. [Mit einem Vorwort von Georges Devereux.] Frankfurt a.M.: Suhrkamp 1985.

132 W[ystan] H[ugh] Auden: The Age of Anxiety. A Baroque Eclogue. [Annotated critical Edition.] Hg. von Alan Jacobs. Princeton, Oxford: Princeton University Press 2011. In der Auden-Philologie vermutet man, dass auch nähere Kenntnis des Holocaust bereits hereinspielt; vgl. Alan Jacobs: Introduction. Ebd., S. XI–XLIX, hier S. XIII.

133 Dodds: Heiden und Christen (wie Anm. 120), S. 19.

134 Ebd., S. 20.

135 Ebd., S. 7–9, Vorwort von Georges Devereux, hier S. 9.

zu betreiben, war zukunftsweisend.¹³⁶ Dodds löste sich so zwar vom historistischen Komment der Altphilologie, hielt aber zugleich Abstand von geschichtsphilosophischen oder aktualistischen Zugängen zur Geschichte, wie wir sie etwa bei Benjamin sahen. Er suchte im Vergangenen keinen Vorschein des Erhofften, sondern die Empirie der menschlichen Natur, Kultur und Geisteswelt im historischen Wandel. Hier sah er die Möglichkeit, auch „unsere Epoche besser zu verstehen".¹³⁷

Hier bestünde meines Erachtens eine gangbare Brücke zu Grünbein. Auch er will, wie wir sahen, möglichst nahe an die Empirie der römischen Kaiserzeit heran, auch und gerade an die alltägliche, und auch er sucht sie daher nicht nur in ihren Ideen und Meinungen, sondern auch in ihren Affekten auf. Das gilt, wie wir ebenfalls sahen, auch für den Religionskonflikt zwischen Heiden und Christen. Gleichsam zwischen Benjamin und Dodds stehend, sucht er in ihm ein Echophänomen der Gegenwart, aber eben nicht in messianischer, sondern ‚moralistischer' Absicht, und dies zieht ihn auf die Seite von Dodds.¹³⁸

---

136 Vgl. hierfür auch: E.R. Dodds: The Greeks and the Irrational. Berkeley, Los Angeles: University of California Press 1951; dt.: Die Griechen und das Irrationale. Darmstadt: Wissenschaftliche Buchgesellschaft 1970; ders.: The Ancient Concept of Progress and Other Essays on Greek Literature and Belief. Oxford: Clarendon 1973; dt.: Der Fortschrittsgedanke in der Antike und andere Aufsätze zu Literatur und Glauben der Griechen. Zürich, München: Artemis 1977.

137 Zitiert nach Devereux: Vorwort (wie Anm. 135), S. 9.

138 Man muss sich hier im Übrigen nicht um jeden Preis auf Dodds' *Pagan and Christian* kaprizieren; aber das Buch öffnete eine Türe, und viele gingen danach hindurch. Wenige Jahre später erschien von Peter Brown, heute längst der Doyen des Fachgebiets, das erste seiner Überblickswerke zur Spätantike: The World of Late Antiquity. From Marcus Aurelius to Muhammad. London: Thames and Hudson 1971; dt.: Welten im Aufbruch. Die Zeit der Spätantike. Von Mark Aurel bis Mohammed. Bergisch Gladbach: Lübbe 1980, s. hier S. 64–164, Kap. II: Religion. – Brown machte zwar energisch Schluss mit dem für diese Epoche langwirksamen Niedergangsparadigma (ebd., S. 266), Dodds aber hält er hoch (S. 269) und das Stichwort „Angst" fällt auch alsbald; ebd., S. 64–77, II.4: Die neue Stimmung: Richtungen des religiösen Denkens (etwa 170–300), hier S. 67. – Ante quem lag von Brown noch vor: The Making of Late Antiquity. Cambridge, London: Harvard University Press 1978. dt.: Die letzten Heiden. Eine kleine Geschichte der Spätantike. Frankfurt a.M.: Fischer 1995. Hier grenzt er sich von Dodds zwar ab, namens seiner Orientierung der Religionshistorie an der Ethnologie (Mary Douglas, *Purity and Danger*, 1966; *Natural Symbols*, 1970; vgl. Brown, Die letzten Heiden, S. 19–31, Einleitung, hier S. 21, 24f.), aber gerade dies liegt gar nicht so weit von jenem entfernt. Auch Paul Veyne in seinem Vorwort hebt den affektgeschichtlichen Ansatz bei Brown hervor (ebd., S. 7–18, hier S. 9f). – Weitere Brown-Titel, teils spezieller, teils umfassender/umfangreicher, seien nur erwähnt: *Augustine of Hippo. A Biography* (1967/²2000, dt. 1972/²2000); *The Cult of the Saints* (1981, dt. 1991), *The Body and Society* (1988, dt. 1991), *Power and Persuasion in Late Antiquity. Towards a Christian Empire* (1992, dt. 1995); *Authority and the Sacred. Aspects of the Christianisation of the Roman World* (1995, dt. 1998); *The Rise of Western*

Schon wegen der religionsgeschichtlichen Situation also konnte nur das spätere Rom und sein „romanisierter Hellenismus"[139] die Zielzeit der *Historien* sein und niemals die ‚mit der Seele gesuchte' griechische, gar homerisch bis sophokleische Antike des deutschen Klassizismus und Neuklassizismus um 1800 und 1900. Denn die römische Kaiserzeit war in gewisser Weise eine Antike ohne Mythos. Vielleicht nicht ganz: Die altgewohnte Volksfrömmigkeit tradierte sich, wie intensiv auch immer, weiterhin, schon als Konvention und Brauch, und ebenso bestand nach wie vor eine von Paul Veyne „virtuell" genannte, weil mehr durch „positive Einstellung" zum Überlieferten als durch ernsthaft fromme Praxis gekennzeichnete „Partei der Mehrheit", die der Religion zustimmend und freundlich gegenüberstand.[140] Andererseits war der altererbte Mythos durch die hellenistischen Philosophenschulen, Stoiker und Epikureer vor allem, gründlich ‚entmythologisiert', durch den Kaiserkult auch relativiert worden. Für viele Gebildete war er selbst nurmehr Folklore oder Quelle des *esprit* in Literatur und Künsten und waren die Kultpflichten nur noch formal zu befolgende gute Sitte.[141] Erst ab dem späten 2. Jahrhundert, aber da ist auch die neue Religion schon da, setzte eine Tendenz zur Spiritualisierung ein, auch in der Philosophie (siehe Marc Aurel), speziell dann im Platonismus (Plotin, Proklos, aber auch schon vorher bei Plutarch).[142] Das Christentum

---

Christendom (1996, dt. 1996). – Post quem dann: *Through the Eye of a Needle: Wealth, the Fall of Rome, and the Making of Christianity in the West* (2012, dt. 2017); *The Ransom of the Soul* (2015, dt. 2018). – Ist es Zufall, dass die Religionsgeschichte der Kaiserzeit und Spätantike (nicht zuletzt bewirkt durch Brown, und seit Dodds agnostisch dominiert) gerade in diesen Jahren – weniger ein Modethema, eher ein ‚Must' geworden ist? Vgl. nur Paul Veyne: Die griechisch-römische Religion. Kult, Frömmigkeit und Moral. Stuttgart: Reclam 2008, ²2015 (frz. 2005 in ders., *L'Empire gréco-romain*); ders.: Quand notre monde est devenu chrétien (312–394). Paris: Michel 2007; dt.: Als unsere Welt christlich wurde. Aufstieg einer Sekte zur Weltmacht. München: Beck 2008; Hartmut Leppin: Die frühen Christen. Von den Anfängen bis Konstantin. München: Beck 2018; Catherine Nixey: The Darkening Age: The Christian Destruction of the Classical World. Boston: Pan Macmillan 2018; dt.: Heiliger Zorn: Wie die frühen Christen die Antike zerstörten. München: DVA 2019; Stephen Greenblatt: Die Erfindung der Intoleranz. Wie die Christen aus Verfolgten zu Verfolgern wurden. Göttingen: Wallstein 2019; s. auch die unten in Anm. 143 genannte Literatur.

139 DNP 5, Sp. 301–314, Art. *Hellenisierung*, hier Sp. 306f.
140 Veyne: Die griechisch-römische Religion (wie Anm. 138), S. 124–128, Exkurs: Die Religiosität (das religiöse Empfinden) – eine „virtuelle" Partei der Mehrheit.
141 Ebd., S. 121; s. exemplarisch schon Cicero, De natura deorum (um 45 v.C.), 3,5–6.
142 Vgl. Dodds: Heiden und Christen (wie Anm. 131), S. 92–117, Kap. 4: Der Dialog des Heidentums mit dem Christentum; Brown: Die letzten Heiden (wie Anm. 138), S. 57–79, Zeitalter der Ambition [mit Bezug auf eine klassische Studie: Johannes Geffcken: Der Ausgang des griechisch-römischen Heidentums. Heidelberg: Winter 1920]; Veyne: Die griechisch-römische Religion (wie Anm. 138), S. 121–124, Der späte Paganismus [ebenfalls

stieß so auf zweifachen Widerstand, zum einen auf die autochthone, zwar immer wieder einmal, aber auf Dauer, siehe Julianus, vergebens revitalisierte Volksfrömmigkeit, und zum andern auf die Philosophie, die vom 2. bis 5. Jahrhundert wiederholt, aber ebenfalls ohne langfristigen Erfolg versucht hat, das Christentum mit Vernunftgründen zu widerlegen.[143]

Kein unbesiegbarer Widerstand also! Die Volksfrömmigkeit besaß nicht mehr die alte Frische und die hellenistische Philosophie, die dazu das Ihrige beigetragen hatte, war – da sieht der Julian der *Historien* schon ganz richtig – als ‚Aufhalter'[144] viel zu schwach. Ihre Adressaten waren immer nur die Einzelnen als Einzelne und nicht wie in Religionsbewegungen die Vielen als Viele, als Masse. Die philosophischen *exercitia sprituralia* waren Individualpraktiken, nicht wie Kultfeiern und Messen kollektive, und sie hatten Affektdämpfung zum Ziel, nicht wie Hoch- und Gemeindegesang Affektkoppelung und -verstärkung. Vor allem aber sind philosophische Welteinstellung und Ethos reflexive und reaktive Haltungen, sie reagieren bewältigend oder abwehrend auf Bedrängnisse und Angriffe von außen (zu welchem ‚Außen' für die reflektierende Vernunft klassischerweise auch Emotionen und Triebe gehören) und lösen keine proaktive Affektdynamik aus. Mit einem Wort, die

---

unter Berufung auf einen Klassiker: Gaston Boissier: La religion romaine d'Auguste aux Antonins. 2 Bde. Paris: Hachette 1874, [7]1909. ND Hildesheim, New York: Olms 1979].

143 Kelsos/Celsus, *Alethes logos* [Wahre Lehre] (um 160–180); Prophyrios, *Contra Christianos* (um 270); Julian, *Contra Galilaeos* (um 362/263; s. Anm. 98); von allen drei Schriften ist im Wesentlichen nur überliefert, was die christlichen Antikritiker in ihren Rück-Widerlegungen daraus zitiert und exzerpiert haben: Origenes, *Contra Celsum* (um 244–249); Makarios Magnes (4. Jh.), *Apokritikos* [u.a. gegen Porphyrios]; Kyrill von Alexandria (um 375–444), *Contra Julianum*. Von Proklos (412–485) nennt spätere byzantinische Überlieferung (die Enzyklopädie *Souda*, 10. Jh.) ebenfalls eine Schrift ‚Gegen die Christen', die aber verloren ist. – Neuere Literatur: Horacio E. Lona: Die *Wahre Lehre* des Kelsos. Freiburg/Br.: Herder 2005; Christian Schäfer (Hg.): Kaiser Julian ‚Apostata' und die philosophische Reaktion gegen das Christentum. Berlin, New York: de Gruyter 2008; Irmgard Männlein-Robert (Hg.): Die Christen als Bedrohung? Text, Kontext und Wirkung von Porphyrios' *Contra Christianos*. Wiesbaden: Steiner 2017; dies.: Kelsos (von Alexandrien?). In: Christoph Riedweg u.a. (Hg.): Grundriss der Geschichte der Philosophie. Die Philosophie der Antike. Band 5.1. Basel: Schwabe 2018, S. 665–672, 704f.; zum Ganzen Jeffrey W. Hargis: Against the Christians. The Rise of Early Anti-Christian Polemic. New York u.a.: Lang 1999; Winfried Schröder: Athen und Jerusalem. Die philosophische Kritik am Christentum in Antike und Neuzeit. Stuttgart, Bad Cannstatt: Frommann-Holzboog 2011.

144 Nach Paulus, 2 Tessalonicher, 2,6f. („katechon"/„qui tenet"/„der zurückhält"). Gemeint ist der ‚Aufhalter' des „Widersachers" („antikeimonos"/„qui adversatur"), also des „Antichristen" der *Johannesbriefe* (1 Johannes, 2,18, 2,22, 4,3; 2 Johannes, 7) und der *Apokalypse* (Offb., 11,7). Welche Seite den ‚Wehrer des Bösen' in Anspruch nehmen darf, ist manchmal freilich schwer zu sagen.

Philosophie ist kein sozialer Kraftfaktor; sie kann in dieser Dimension nichts bewegen noch aufhalten und konnte es auch damals nicht. Es liegt ihr, solange sie nicht zur Ideologie wird, kategorial fern. Für religiöse Bewegungen im Aufwind ist sie daher kein ernsthafter Gegner. Auch hier schlägt ihre Stunde erst in der Dämmerung, in religionsgeschichtlichen Spätphasen, dann setzt der stete Zahn ihrer Kritik ihnen ernsthaft zu. Aber das lag damals noch in weiter Ferne und kam erst nach mehr als „tausend Jahren" (C 27, Julian), in der westlichen Neuzeit und Moderne, kleinschrittig-sukzessiv, vor allem seit der europäischen Aufklärung. Ergebnis ist die religionsgeschichtliche Situation, in der wir uns seit dem 20. Jahrhundert befinden, die Situation, in der Grünbein um 2000 die *Historien* schrieb – und das heißt: die historische Situation, von der aus das kaiserzeitlich-spätantike Rom zu einer „mit Jetztzeit geladenen Vergangenheit"[145] wird.

An Analogien fehlt es nicht. Die ‚westliche Moderne', die hier immer gemeint ist, kann ebenfalls eine aufgeklärt-agnostische Intelligenzija vorweisen, die eine bereits mehrhundertjährige philosophische Säkularisierungsarbeit hinter sich weiß; zwar setzt sie ihre Pionierdenker zumeist in der Neuzeit selbst an, von Voltaire bis Marx, Nietzsche und Freud, aber in der Tiefengeschichte dieses Prozesses zeigt sich unübersehbar die antike Wurzel, der seit der Renaissance wiederentdeckte Epikureismus, und zwar in römischer Gestalt (Lukrez).[146] Auch die Gegenwartsphilosophie ist in Schulen aufgefächert, von analytischer Philosophie bis *French Theory*, von Frankfurter Schülern bis Skeptikern und Kulturalisten, die sich aber über ihre Abgrenzungen hinweg recht einig sind im Abstand zur überlieferten christlichen Religion. Es gibt natürlich auch Gegenstimmen, wie damals gern Platoniker. Die christlichen Theologen selbst sind in der Defensive, die universitären gern irenisch gestimmt, die amtskirchlichen weniger. Als gewohnte Volksreligion ist das Christentum noch da, aber

---

145 Benjamin: Illuminationen (wie Anm. 83), S. 276, Nr. XIV.
146 Lukrez' *De rerum natura*, für Jahrhunderte so gut wie verschollen, 1417 von Poggio Bracciolini in einer deutschen Klosterbibliothek wiederentdeckt und 1473 erstmals gedruckt, beeinflusste den Kurs der neuzeitlichen Philosophie und Naturforschung zwischen Humanismus und Aufklärung erheblich; Machiavelli, Montaigne, Newton zählten beispielsweise zu den frühen Lesern. Über die Bedeutung dieses Buches einen populärwissenschaftlichen Erfolgstitel zu landen, ist vor einigen Jahren Stephen Greenblatt gelungen: The Swerve. How the World Became Modern. New York: Norton 2011; dt.: Die Wende. Wie die Renaissance begann. München: Siedler 2012. Leider krankt das Buch an der Ignoranz von Autoren, die vor allem den anglophonen Buchmarkt im Auge haben, gegenüber nichtenglischer Fachliteratur, in der dies alles erstens längst und zweitens weniger aufgeregt nachzulesen ist; vgl. Erler: Lukrez (wie Anm. 99), S. 477–490, Nachwirkung, hier sowohl die knappe, aber alles Wesentliche bietende Darstellung sowie vor allem S. 486ff. die reiche Literatur zur nachantiken Lukrezrezeption.

der religiöse Furor früherer Epochen ist domestiziert (ein nachhaltiges Ergebnis der europäischen Religionskriege); am christlichen Kulturerbe wird von Veynes ‚virtueller Mehrheit' als Folklore festgehalten und für die ‚Gebildeten unter den Religionsverächtern' ist es als ästhetisierter Bestand der bildenden Künste, Musik und Literatur ein Kronjuwel der Hochkultur. In diese spätreligiöse Lage – wie gesagt im Westen! – schlug Ende des letzten Jahrhunderts ein unerwartet neues, zutiefst irritierendes und zugleich auf unheimliche Weise massenwirksames Religionsphänomen ein, der Islam in seiner postkolonial verschärften, in Angriffsstellung gebrachten Form: der militante Islamismus.

Die – *semper idem!* – Hilflosigkeit der Philosophie (vulgo ‚Theorie') demgegenüber zeigte sich schon in der eurozentrisch verwirrten Diskussion um die „Wiederkehr der Religion", verwirrt, weil es nicht das voraufgeklärte, vorsäkulare Christentum war, was in Europa zurückkehrte, sondern eine hierorts ‚andere', frisch aus der Fremde kommende Religion, der ‚Islam als Islamismus', und weil sich die kritische Intelligenz, je oppositioneller sie zum eigenen Kultur-, Sozial- und Herrschaftssystem stand, desto schwerer tat, sich nicht mit dem aus den Unterdrückungsräumen des Westens kommenden Aggressor zu identifizieren, jedenfalls anfangs.[147] In den Jahren um 2000, zur Zeit der Entstehung und Publikation der *Historien*, hatten sich Gefahrenbild und Atmosphäre der Bedrohung jedoch bereits verdichtet. Schon 1993 hatte es den ersten Bombenanschlag auf das World Trade Center in New York gegeben, weltweit folgten jährlich weitere Anschläge, manche wurden vereitelt, die USA lagen im Fokus; Al Qaida war zum Begriff geworden. „9/11" bildete 2001 den traumatischen Höhepunkt,[148] 2004 und 2005 folgten auch diesseits des Atlantiks schwerste Anschläge, in Madrid und London. – Soll man mit Blick auf diese Erfahrungen und ihre Fortsetzungen bis heute schon von einem ‚Zeitalter der Angst' sprechen? Vermutlich wäre an der Formel nur das Wort ‚Zeitalter' falsch, das deutlich längere historische Phasen meint als diese drei Jahrzehnte. Die ‚Angst' jedoch war und ist vorhanden. Nicht permanent und

---

147 Siehe exemplarisch Foucaults Parteinahme für die iranische Revolution von 1979, die seine Anhänger bis heute intrigiert; vgl. ders.: Dits et écrits (wie Anm. 130), Bd. 2, S. 662–669, 679–694 (Nr. 241, 243–245 [1978]); dazu Janet Afary, Kevin B. Anderson: Foucault and the Iranian Revolution: Gender and the Seductions of Islamism. Chicago: Chicago University Press 2005. Die Jahrzehnte später erschienene Dystopie *Soumission* von Michel Houellebecq (Paris 2015, dt.: Unterwerfung. Köln 2015) hat jene Urszene nicht vergessen.

148 Die traumatische Wirkung des Anschlags ist im Rückblick vor allem an der Dichte der literarischen Verarbeitung abzulesen; vgl. Birgit Däwes: Ground Zero Fiction. History, Memory, and Representation in the American 9/11 Novel. Heidelberg: Winter 2011.

überall, vielmehr punktuell und gebunden an je aktuelle Ereignisse; aber ähnlich war es vermutlich auch im römischen Reich gewesen.

Jedoch besteht eine unübersehbare Differenz zur antiken Situation: Das frühe Christentum führte keinen Terrorkrieg gegen die römische Welt.[149] Beim Blick in die Literatur gewinnt man den Eindruck, als sei das Doppelantlitz von Religion und Gewalt im Frühchristentum noch verhüllt geblieben und allenfalls in der *Johannesapokalypse* als Straf- und Rachephantasma aufgeblitzt. Schön, wenn es so gewesen sein sollte.[150] Im heutigen Konfliktbild jedoch tritt es überdeutlich, als Fratze der schieren Unmenschlichkeit zutage. Unaufgeklärt, unsublimiert, brutal, ja sadistisch bis zum Äußersten, in alledem gedeckt und gerechtfertigt durch ein fiktives Überich größten Ausmaßes, den als allmächtig-allgut-allweise gedachten Gott, der den Auftrag gibt, ihn gutheißt, die Verantwortung übernimmt und so den Tätern ein reines Gewissen schenkt. Die bizarrste Form der Lebenslüge, auf die Menschen je gekommen sind! Was je an Vertrauen in die humanisierende Kraft der Religion aufgebaut war, geht heute mit einer Generation von Islamisten zu Bruch.[151]

---

149 Dass spätere Christianisierungsschübe auf blanker Gewalt basierten, steht auf einem anderen Blatt; aber auch dies ist mit den waffen- und überhaupt technisch ermöglichten ‚asymmetrischen' Formen heutiger Terroroperationen nur schwer vergleichbar. – Zu den gegenüber älteren Partisanen- und Kleinkriegen (*guerillas*) neuartigen „asymmetrischen" Kriegsführungsformen, schon aus jenen Jahren, Herfried Münkler: Die neuen Kriege. Reinbek bei Hamburg: Rowohlt 2002 (⁵2014). Aber auch in der dt. Literatur wurde über diese Phänomene nachgedacht; vgl. nur Hans Magnus Enzensbergers *Aussichten auf den Bürgerkrieg* (1993), *Schreckens Männer. Versuch über den radikalen Verlierer* (2006) und *Der vergessene Gottesstaat* (2015), zuletzt gesammelt in ders.: Versuche über den Unfrieden. Frankfurt a.M.: Suhrkamp 2015. Von Germanisten wurde das Thema Krieg lange gemieden; nicht zufällig seit circa 2000 änderte sich dies; s. dazu knapp Verf.: Zur Forschungslage. In: Michael Henke, Verf. (Hg.): Felder der Ehre. Krieg und Nachkrieg in der deutschen Literatur des 20. Jahrhunderts. Würzburg: Königshausen & Neumann 2015, S. 7–13.

150 Vgl. jetzt aber Nixey: Heiliger Zorn (wie Anm. 138); Greenblatt: Die Erfindung der Intoleranz (wie Anm. 138).

151 Man kann als aufgeklärter Geist ein Freund des religiösen Erbes sein und etwa die christliche Jenseits- und Erlösungshoffnung im Vertrauen auf ein zu hebendes „Wahrheitspotential" der religiösen Überlieferung als Präfiguration des säkularen Strebens nach ‚Ververnünftigung' des diesseitigen Menschendaseins lesen, in dem jene frommen Träume, in „rettenden Übersetzungen" ‚rational reformuliert', zu sich selber kämen. So, ebenfalls aus der Jahrtausendwende, Jürgen Habermas: Glauben und Wissen. Frankfurt a.M.: Suhrkamp 2001, S. 22ff.; ders.: Vorpolitische Grundlagen des demokratischen Rechtstaates? In: ders., Josef Ratzinger: Dialektik der Säkularisierung. Über Vernunft und Religion. Freiburg/Br.: Herder 2005, S. 15–37, die Zitate S. 36 u. 32. Doch bleibt dann das religiöse Gewaltpotential in der Regel ausgeblendet. Auch Habermas bezahlt die Konzentration auf die „*semantischen* Potentiale" der Religion (Glauben und Wissen, S. 25, Hervorh. von mir) mit der Unterbelichtung ihrer affektdynamischen Seite. Sein jetzt erschienenes

Nun geht es hier nicht um die Frage, ob die von den Religionen ausgehende Gewalt als ein zwar evidentes, aber letztlich privatives Epiphänomen anzusehen sei, das die Essenz des Religiösen nicht berühre und in Frage stelle, sondern nur um das Faktum, dass eben dieses Epiphänomen im Islamismus

_{*Opus magnum* erscheint daher seltsam betulich; s. ders.: Auch eine Geschichte der Philosophie. 2 Bde. Frankfurt a.M.: Suhrkamp 2019. Der Autor realisiert seinen Urwunsch, den geschichtsphilosophischen Impuls des deutschen Idealismus und Marxismus noch einmal in ideengeschichtlicher Hinsicht zu aktualisieren und wie Benjamin den religiösen Messianismus linksaufklärerisch zu säkularisieren. Ein imposantes Unternehmen und ethisch wohlgesinnt – nur, dass es die Realität des Religiösen nicht vollständig ‚in Gedanken erfasst'. Es sucht eine nachmetaphysische Harmonisierung von Glauben und Wissen, aber Begriff und Geschichte des *Glaubens* sind vorab bereits von jedem ‚Schatten' gereinigt, sprich gründlich idealisiert. Mit der Folge, dass auch die „unabgegoltenen semantischen Gehalte", vulgo frommen Wünsche, des religiösen Erbes, die postmetaphysisch einzulösen seien (Bd. 1, S. 38; Bd. 2, S. 807), schon im Ansatz auf spätere Vernunftverträglichkeit hin selektiert und zugerichtet sind – *harmonia praestabilita*! Soll man hier lieber von blindem Fleck, von Projektion oder von *petitio principii* sprechen? In jedem Fall folgt Habermas' geschichtsphilosophisches Schema einem theologischen Topos, dem der *Prä*- (religiös-metaphysisch) und *Post*figuration (säkular-nachmetaphysisch). Bewusst oder nicht vollzieht es so einmal mehr Schmitts ‚Gesetz der Säkularisierung' (s. oben Anm. 87) und entpuppt sich als später Spross des Säkularisierungsparadigmas, das in Habermas' akademischen Nachwuchsjahren – also bevor Blumenbergs Kritik daran die Debatte drehte – die deutschen Geisteswissenschaften beherrscht hatte. ‚Rettung', ‚Übersetzung' usw. sind ja nur emphatische Synonyme für Säkularisierung, diese hier freilich immer verstanden als *friendly takeover*, also nicht als „Umsetzung authentisch theologischer Gehalte in ihre säkulare Selbstentfremdung" (Hans Blumenberg: Die Legitimität der Neuzeit [1966]. Erneuerte Ausgabe. Frankfurt a.M.: Suhrkamp ³1997, S. 75), sondern umgekehrt als Happy End ihres schließlichen *Zu-sich-Selbst*-Kommens. Kein Zufall also, dass Habermas seine ‚große Erzählung' vom okzidentalen „Lernprozess" (passim) seit der Jaspers'schen „Achsenzeit" (Bd. 1, S. 175ff. – schon dieser Begriff ist eine fragwürdige historische Vereinfachung) im Goldenen Zeitalter der deutschen Philosophie, in Idealismus (Kant bis Hegel) und Idealismuskritik (Feuerbach, Marx, Kierkegaard) kulminieren lässt (Bd. 2, S. 591–702, bes. S. 666f., 698ff.; die Schlussabschnitte leiten über Peirce in die Jetztzeit über). Und damit sind wir tief in den Debatten der 1950er Jahre: Urwunsch eben. – Für Benjaminbezug und Urwunsch s. Habermas: Der philosophische Diskurs der Moderne. Frankfurt a.M.: Suhrkamp 1985, S. 21–26, Exkurs zu Benjamins Geschichtsphilosophischen Thesen; sowie schon den frühen und einflussreichen Aufsatz: Walter Benjamin – Bewußtmachende oder rettende Kritik (1972). In: ders.: Philosophisch-politische Profile. Erweiterte Ausgabe. Frankfurt a.M.: Suhrkamp 1981, S. 336–376; hier S. 346 zur „rettenden" Transposition des „Wissenswürdige[n]" aus dem Medium des Schönen ins Medium des Wahren" (das muss man auch erst einmal wollen!); S. 353 das Augenmerk auf die im „Atheismus der Massen" untergehenden „utopischen Gehalte" der religiösen „Überlieferung" sowie die im „Szientismus" zerfallenden „metaphysischen [...] Konstruktionen [...], vor denen eine schlechte Realität sich rechtfertigen mußte"; S. 369 schon die Formel von der Rettung „semantischer Potentiale" des Wahren im Kritisierten und historisch Versunkenen.}

der Jahrtausendwende seine Pranke gezeigt hat, die Pranke des Atavismus, die Pranke gottberauschter Gewalt, von der die *Johannesapokalypse* nur träumte. Und die Geschichte ist noch nicht zu Ende, auch die Waffentechnik steigert sich noch. ,Zeitalter der Angst' liegt daher für unsere ,Jetztzeit' nicht völlig daneben. Grünbeins poetischer Sprung in das Rom nach der Zeitenwende jedenfalls erhielt von hierher einen zusätzlichen Schub. Übertragen wir Julian und seine Analyse der Schwachheit der Philosophie im Kampf mit dem Christentum ,omnitemporal' auf die Gegenwart, erkennen wir darin den Autor der *Historien* als klarsehenden Analytiker der heutigen Lage.

Stimmung der Apokalypse, nicht der Utopie, bildet den dunklen Hintergrund der *Historien*. Hintergrund! Sie selbst sind davon wohl zu unterscheiden. Im Bewusstsein der Fragilität historischer Lagen, ob antik oder modern, bleiben sie vielmehr strikt dem schwer fassbaren ,Zwischen' (den Extremen) treu, das wir Wirklichkeit nennen. Wohl sprechen sie von Angst, oder besser, lassen sie von ihr sprechen, aber sie selbst sind nicht von ihr bestimmt, sondern vom Ernst eines Realismus, der zu ihr denselben Abstand hält wie zu unbeschwerter Heiterkeit. Und dies gilt nicht nur für die im vorigen Kapitel erörterten Gedichte, die zusammengenommen ein Totengespräch über das junge Christentum bilden, sondern auch sonst, bis in die banalsten „Kleinigkeiten" hinein. Kein unglückliches Bewusstsein also, aber auch: kein Hoch, nirgends – wir hatten es schon angesprochen. Grünbein sucht daher im Altertum, für die europäische Tradition meist strahlendes Gegenbild zur Gegenwart, gerade kein ,Ideal'. Kein poetisches (mit Ausnahme der *Saturae*, aber diese gehören schon den ,nicht mehr schönen Künsten' und daher für Grünbein schon der Moderne zu), kein ästhetisches (es gilt vielmehr das Prinzip ,Straße statt Tempel'), kein politisch-soziales (Rom mehr Moloch als Polis) und auch kein moralisches (überall lugt die *bête humaine* hervor). Er sucht vielmehr, ungleich schwieriger, um nicht zu sagen ,unmöglicher', das Reale.

Nicht nur stilistisch also, als Juvenal-Nachfolge, sondern auch thematisch ist Grünbeins Blick auf das klassische Zeitalter ein dezidiert antiklassizistischer.[152] Er ist daher auch nicht „sentimentalisch" im Sinne Schillers, denn dies implizierte den Bezug aufs (verlorene, nur noch als Idee präsente) „Ideal".[153]

---

152 Zur Geschichte des Antiklassizismus hier pars pro toto nur: Achim Aurnhammer, Thomas Pittrof (Hg.): „Mehr Dionysos als Apoll". Antiklassizistische Antike-Rezeption um 1900. Frankfurt a.M.: Klostermann 2002.

153 Jedoch, keine Regel ohne Ausnahme: in einigen *Historien* klingt das „Sentimentalische" durchaus an, und zwar im genauen Schiller'schen Sinne, als eine Sehnsucht nach dem Verlorenen, die sich als unerfüllbar weiß (d.h. im Unterschied zur Romantik nicht erhofft, das ,stählerne Gehäuse' der Moderne historisch verlassen zu können). Am deutlichsten in *„Ego ... Ausonius"* (C 83f.), hier schon im Titel: Wer ist hier „Ego"? Nicht auch der Autor

Noch weiter sind die *Historien* von Hölderlin entfernt, der aus „dürftiger Zeit" heraus seine poetischen Raumzeitreisen ins antike Griechenland imaginiert, aber nicht nur, um der dort einst gegenwärtigen, heute aber abwesenden Götter zu erinnern, sondern in der Hoffnung, sie auch als „kommende" erwarten zu können.[154] Aber damit sind wir auch schon wieder bei Benjamin und seiner letztlich Hölderlins Generation abgeschauten Übersetzung messianischer Hoffnungen ins Säkular-Utopische. Der Autor der *Historien* jedoch glaubt nicht mehr an die Verwirklichungskraft der Ideale jenes Goldenen Zeitalters der deutschen Philosophie und Literatur: Ubiquitäre ‚Aufklärung' der Völker, ‚kategorischer Imperativ' als moralisch-politisches Gesetz, ‚ewiger Frieden' als Ergebnis und ‚neue Mythologie' (die dialektische Synthese aus Religion und Vernunft) als Dreingabe. Er sieht die nackte Empirie des Humanen: Körper-Ich und Triebsubjekt, ewigen Unfrieden und die allgegenwärtige Banalität eines Bösen, das nicht zu besiegen ist.

Für Poesie eine schwierige Position, und doch die typische. Denn sie sucht seit jeher – nicht jenseits, sondern *inmitten* der Misere die schwache Kraft des Humanen zu finden, zu vergegenwärtigen und sie so, wenn schon nicht stärken zu können, dann doch wenigstens zu schützen und als kontrafaktische Idee durch die Zeit zu bringen. Es ist dies, gerade in der Dichtung, jedoch auch seit jeher eine Idee ex negativo; Illusionen liegen Literatur und Poesie ferner, als das literaturferne Vorurteil es will. In der Regel gelangen sie daher näher ‚zu den Sachen' als weite Teile der Philosophie und Theorie, vor allem zur ‚Sache des Menschen'.[155] Ihr Humanismus ist heute freilich ein ziemlich ernüchterter, einer, der seit der Aufklärung das empirische Wissen vom Menschen, von Biologie bis Geschichte, durch jede Dichtergeneration hindurch in sich

---

selbst? Auch er ein Später und „Letzter", „Schlusslicht" im „Tross" einer langen Moderne (Zitate C 83)? Und fast noch mehr in *Epiphanie* (102f.), durchaus ein ‚Klaglied' auf das „Verschwunden"-Sein der „Götter" und göttlichen Mischwesen: „Kentauren, *euch* hätte ich gar zu gern in natura gesehen / [...] / Was kann ich tun, euch noch einmal zu treffen?" Beide Gedichte zeigen auch einen auffallend warmen Ton, Schmelz möchte man fast sagen, das leise Echo einer Tradition, die von Schiller bis Benn (auch er ein sentimentalischer Dichter par excellence) reicht. Wäre näher auszuführen.

154 Vgl. Friedrich Hölderlin: Brod und Wein (um 1800–1803). In: ders.: Sämtliche Werke und Briefe. Hg. von Michael Knaupp. 3 Bde. ND Darmstadt: Wissenschaftliche Buchgesellschaft 2000. Bd. 1, S. 372–383 [synoptischer Paralleldruck der beiden Fassungen], hier S. 378, V. 122, u. S. 374, V. 54 [1. Fass.].

155 Und daher kann ein Gedicht von Grünbein Paulus näherkommen als Habermas' Ausführungen über den ersten „Theologen", der das von ihm in Jesu Tod gesehene „Heilsereignis" „reflexiv einordnet und rationalisierend verarbeitet"; s. ders.: Auch eine [...] (wie Anm. 151), Bd. 1, S. 492–515, Kap. IV.1: Das Urchristentum: Der verkündigende und der verkündigte Jesus, das Zitat S. 506.

aufgenommen hat;[156] es ist ein Humanismus, der durch das Entsetzen des 20. Jahrhunderts hindurchgegangen ist und dennoch – heißt: auch mit wenig Hoffnung! – an sich festhält.[157] Aber eben nicht, diese sehr dezidierte Absage und Einsicht hatte Grünbein schon in der Büchnerpreis-Rede von 1995 ausgesprochen, ein Humanismus als politisch-utopisches Ideenprogramm, sondern ein Humanismus im Namen des „anthropologischen Realismus",[158] ein von der biologisch und mental limitierten, pathischen ‚Natur des Menschen' ausgehender und in diesem Sinne *physiologischer* oder jedenfalls physiologisch begründeter Humanismus. Sein poetisches Gebiet sind nicht unsere Ideen, Konzepte und Programme, sondern unsere ‚zerbrechlichen' Körper, die in ihnen wurzelnden Triebgründe unseres Wollens und die physiologisch grundierten und exprimierten Affekte und Empfindungen – Schmerz und Trauer, Mitgefühl und Solidarempfinden, Angst und Hoffen, Lust und Exzess, Melancholie und Verzweiflung, Angewiesenheit und Liebe.[159] Der Humanis-

---

156 Daher ist es, wie eine breite Forschung zu „Literatur und Wissen" gezeigt hat, für die Moderne (und vermutlich nicht nur für sie) völlig falsch, Dichtung und Wissenschaften an den konträren Polen eines langgezogenen epistemischen Spektrums zu verorten. Vgl. Roland Borgards, Yvonne Wübben u.a. (Hg.): Literatur und Wissen: Ein interdisziplinäres Handbuch. Stuttgart: Metzler 2013; Verf.: Nach der Achsendrehung (wie Anm. 3), passim, bes. S. 144ff., 373ff.

157 Die m.E. prototypische Figur dafür wäre innerhalb der dt. Literatur der späte Thomas Mann, der nach zwei Weltkriegen und dem Holocaust im *Doktor Faustus* (1947) genau diesen (auch bei Mann biologisch bis psychologisch gründlich informierten) Trotzalledem-Humanismus nicht preiszugeben gewillt ist; vgl. Verf.: Fausts Todesarten. Volksbuch · Goethe · Thomas Mann. In: Roland Berbig, Richard Faber, H. Christof Müller-Busch (Hg.): Krankheit, Sterben und Tod im Leben und Schreiben europäischer Schriftsteller. 2 Bde. Würzburg: Königshausen & Neumann 2017. Bd. 1, S. 23–46, hier S. 37–46, Kap. III, bes. S. 45f.

158 Durs Grünbein: Den Körper zerbrechen (1995). In: ders.: Galilei vermißt Dantes Hölle (wie Anm. 18), S. 75–86, hier S. 83; an Deutlichkeit lässt es Grünbeins Absage an den Utopismus hier nirgends fehlen: „[...] daß sie Leiber zermalmt am Wegrand zurücklassen, das ist es, was Geschichte und Revolution so weit von jeder Erlösung entfernt. Mag sein, daß die Utopien mit der Seele gesucht werden, ausgetragen werden sie auf den Knochen zerschundener Körper, bezahlt mit den Biographien derer, die mitgeschleift werden ins jeweils nächste häßliche Paradies." (ebd.); hierzu schon Verf.: Poetik der Präsenz (wie Anm. 3), S. 300–302.

159 Nur ein einziges Mal greift eine Stimme der *Historien* zu lyrischem Tremolo, wenn es um die Liebe geht, Liebe im emphatischsten und zugleich physiologischsten, überdies massiv psychoanalytisch konnotierten Sinn des Wortes, – in *Mythos der Wälder und Meere* (C 85). Eine Huldigung an die *Carmina priapea*, die deren stilistische Bandbreite von naturbilderreich bis explizit-derb binnen weniger Zeilen zu einer ‚harten Fügung' zusammenschließt. Zur priapeischen Genretradition und zum (wie die *Saturae* thematisch ‚unklassischen', formal aber nicht) *Corpus priapeorum* (um 100) s. von Albrecht: Geschichte der römischen Literatur (wie Anm. 58), Bd. 2, S. 892–896, Die Priapea (²1994, S. 835–839); vgl. Carmina

mus der Poesie besteht, im Unterschied zum gemeinphilosophischen, in der Ahnung, dass wir nur dort Menschen sind, wo wir nicht reiner Geist (heute: reine Rationalität) sein wollen, sondern uns annehmen als ‚die Sterblichen'.[160] Als diese führen uns die *Historien* in ihren Stimmen uns selber vor – und meist von der Seite, die Humanität und Liebe schwermacht. Und doch, wenn diese Gedichte bei ihrem anthropologisch-moralistischen Tauchgang in den ‚tiefen Brunnen der Vergangenheit' ein ethisches Surplus verfolgen, dann ist es dieser Humanismus des Zerbrechlichen – der überdies von sich weiß, dass er ein Humanismus in der Defensive (und im Ernstfall auch der Ohnmacht) ist, zumal in einem Zeitalter der Angst.

Priapea. [Gr.-lat.-dt.] Hg. von Bernhard Kytzler. Zürich, München: Artemis 1978. Vielleicht ist das im Zitat (aus welcher Zeit, bleibt unbestimmt) sprechende Gedicht aber gleichzeitig auch eine Hommage (und wenn, zählt sie zu den besten) an Gustave Courbets einschlägig berühmtes Gemälde (es befand sich bekanntlich im Besitz Lacans) *L'origine du monde* aus dem Jahr 1866 (heute: Musée d'Orsay, Paris), eine Übertragung desselben ins Medium der Sprache, die freilich, deren Möglichkeiten gemäß, sowohl näher herangeht wie zugleich weiter ausschweift.

160 Homer, Odyssee, I,32, I,282 u.ö., Hesiod, Erga, 3, 14 u.ö. („brotos"/„brotoi": die nicht Ambrosia und Nektar essen; vgl. Jenny Strauss Clay: The Wrath of Athena. Gods and Men in the *Odyssey*. Lanham u.a.: Rowman & Littlefield 1997, S. 143f.).
Abgeschlossen im Winter 2019/2020.
Dank an Michael Burigk (Würzburg) für guten Rat.

Beiträgerinnen und Beiträger

MICHAEL BIES
Promotion 2010 an der ETH Zürich mit einer Arbeit zur Poetik der Naturforschung in den Jahren ‚um 1800' (*Im Grunde ein Bild. Die Darstellung der Naturforschung bei Kant, Goethe und Alexander von Humboldt*, Göttingen: Wallstein, 2012), Habilitation 2021 an der Freien Universität Berlin mit einer Habilitationsschrift zum ‚Handwerk der Literatur'. Seit 2016 am Peter Szondi-Institut für Allgemeine und Vergleichende Literaturwissenschaft der Freien Universität Berlin tätig.

UTA DEGNER
Studium der Neueren Deutschen Literatur, Italianistik, Anglistik und Philosophie in Konstanz, Bologna und an der FU Berlin, dort 2007 Promotion (*Bilder im Wechsel der Töne. Hölderlins Elegien und ‚Nachtgesänge'*. Heidelberg: Winter 2008), ab 2009 Mitarbeiterin an der Universität Salzburg; 2013–2015 Elise-Richter-Stelle des FWF, 2019 Habilitation zu Elfriede Jelinek. Seit 2019 assoziierte Professorin am Fachbereich Germanistik der Universität Salzburg; 2021 Gastprofessur an der Universität Leiden. Forschungsschwerpunkte: Literatur des 18.–21. Jahrhunderts; Intermedialität, Autorinnenschaft; Feldtheorie und Ästhetik.

DANIEL EHRMANN
Studium der Germanistik und Geschichte in Salzburg, dort 2020 Promotion mit einer Arbeit über literarische Kollektivität 1770–1840. Er forschte und lehrte 2010–2020 an der Universität Salzburg und ist seit 2021 APART-Stipendiat der Österreichischen Akademie der Wissenschaften am Institut für Germanistik der Universität Wien. Forschungsschwerpunkte in der deutschen Literatur vom 15. bis zum 20. Jahrhundert (insbesondere ‚Goethezeit'), literarische Ästhetik, Materialität und Medialität der Literatur, Autorschaftsforschung und Wissensgeschichte.

BERNADETTE GRUBNER
Studium der Allgemeinen und Vergleichenden Literaturwissenschaft, Germanistik und Französisch in Wien, Paris, Berlin und Connecticut (USA). Sie promovierte in Neuerer deutscher Literatur an der Freien Universität Berlin, wo sie seit 2012 als wissenschaftliche Mitarbeiterin forscht und lehrt. 2018/19 Feodor-Lynen-Stipendiatin der Alexander von Humboldt Stiftung an der Yale University. Arbeitsschwerpunkte: DDR-Literatur, Literatur und Philosophie der deutschen Aufklärung sowie Literatur und Psychoanalyse.

Harald Gschwandtner

Studium der Germanistik und Geschichte in Salzburg, Promotion 2019. 2013–2016 Universitätsassistent für Neuere deutsche Literatur, 2016–2020 Senior Scientist an der Universität Salzburg; seit 2015 Kurator der Thomas-Bernhard-Tage in St. Veit/Pongau. Arbeitet als Literaturwissenschaftler, Buchhändler und Lektor in Salzburg. Zuletzt erschien die Monographie *Strategen im Literaturkampf. Thomas Bernhard, Peter Handke und die Kritik* (Wien u.a.: Böhlau 2021).

Helmut Pfotenhauer

Prof. em. für Neuere deutsche Literaturgeschichte der Universität Würzburg. Langjähriger Präsident der Jean-Paul-Gesellschaft und Herausgeber der Historisch-kritischen Ausgabe der Schriften Jean Pauls. Studien zur Literatur, Ästhetik und Kunstliteratur vom 18. bis zum 21. Jahrhundert. Biographie Jean Pauls. Zuletzt veröffentlicht: *„Das wahre Leben ist die Literatur". Konzepte radikaler Autorschaft von Jean Paul bis Robert Walser* (mit Essays zu Keller, Proust, Canetti, Kafka u.a.).

Wolfgang Riedel

Dr. phil., Seniorprofessor für neuere deutsche Literatur- und Ideengeschichte an der Julius-Maximilians-Universität Würzburg, o. Mitglied der Bayerischen Akademie der Wissenschaften München. Letzte Publikationen: *Um Schiller. Studien zur Literatur- und Ideengeschichte der Sattelzeit*, 2017; *Unort der Sehnsucht. Vom Schreiben über Natur. Ein Bericht*, 2017; *Ästhetische Distanz*, 2019; *Max Dingler (1883–1961). Ein Beitrag zur bayerischen Literaturgeschichte*, 2021.

Dirk Rose

geb. 1976, Universitätsprofessor für Neuere deutsche Literatur und Medien an der Universität Innsbruck. Aktuelle Veröffentlichung: *Polemische Moderne. Stationen einer literarischen Kommunikationsform vom 18. Jahrhundert bis zur Gegenwart*. Göttingen: Wallstein 2020.

Kathrin H. Rosenfield

geborene Österreicherin, lebt seit 1984 in Brasilien, wo sie als Professorin an den Abteilungen für Philosophie sowie für Allgemeine und vergleichende Literaturwissenschaft der Universidade Federal do Rio Grande do Sul, Porto Alegre, tätig ist. Einige ihrer Bücher und Artikel zur deutschen, französischen, englischsprachigen und brasilianischen Literatur und Kultur sind auch in Europa und den USA erschienen. Seit 2016 ist sie Gründungsmitglied des Zentrums für Deutschland- und Europastudien, CDEA.

Peter Sprengel

geb. 1949, nach Professuren in Erlangen und Kiel ord. Professor für Neuere deutsche Literatur an der FU Berlin (1990–2016). Studium der Germanistik und Gräzistik in Hamburg und Tübingen, Promotion 1976 zu Jean Paul, Habilitation 1981 (TU Berlin). Publikationen zur Literatur- und Theatergeschichte, darunter Biographien zu Gerhart Hauptmann (2012) und Rudolf Borchardt (2015) sowie drei Bände der *Geschichte der deutschen Literatur von den Anfängen bis zur Gegenwart* (1998–2020).

Susanne Winter

lehrt französische und italienische Literaturwissenschaft an der Universität Salzburg. Ihre wissenschaftliche Laufbahn führte sie von Tübingen und Lyon über die USA an die LMU München. Von 2000–2005 war sie Direktorin des Deutschen Studienzentrums in Venedig. Ihre Hauptforschungsinteressen liegen in den Bereichen des italienischen und französischen Theaters sowie der Poetik und Ästhetik zu Beginn des 20. Jahrhunderts. Sie hat u.a. Monographien zu Jean Cocteaus früher Lyrik und zu Carlo Gozzis Fiabe teatrali veröffentlicht.

Norbert Christian Wolf

Professor für Neuere deutsche Literatur an der Universität Wien seit 2020, davor Juniorprofessor für NdL und Literaturtheorie an der FU Berlin (2005–2009) und Professor für NdL an der Universität Salzburg (2009–2020); zahlreiche Monographien, Sammelbände und Aufsätze vor allem zur deutschsprachigen Literatur vom 18. bis zum 21. Jahrhundert (bes. Aufklärung, Klassik und Romantik, klassische Moderne, Gegenwartsliteratur), literarische Ästhetik, Literatursoziologie, Intermedialität, österreichische Literatur.

Register

Adamson, Glenn   48
Adorno, Theodor W.   193
Aischylos   83, 210, 212
Alberti, Leon Battista   1
Albrecht, Andrea   95f., 98
Albrecht, Harry Mathias   98
Alypius von Thagaste   270, 272f.
Antiphon von Athen   86
Apollinaire, Guillaume   25, 177–181, 183–185, 187, 194–197
Aristoteles   18, 265, 273
Auden, Wystan Hugh   310
Auerbach, Erich   291f.
August, Herzog Carl   202
Augustinus von Hippo   270–274, 278–280, 283, 301
Augustus (Imperator Caesar Divi filius Augustus)   277–279, 303
Auric, Georges   186, 189
Ausonius (Decim(i)us Magnus Ausonius)   267, 277, 296

Bachmann, Ingeborg   219
Bahr, Hermann   125
Barthes, Roland   62, 98, 101
Bataille, Georges   290
Baudelaire, Charles-Pierre   175f., 197, 288
Baudry, Paul   123
Baumgarten, Alexander Gottlieb   141
Beaufret, Jean   78
Beissner, Friedrich   77
Benjamin, Walter   54, 71, 78, 100, 211, 261, 293f., 311, 314, 317, 319
Benn, Gottfried   275, 283, 306, 319
Bernhard, Thomas   26, 200f., 203, 216–228
Bertuch, Friedrich Justin   52, 59
Beuth, Peter Christian   58
Beyer, Andreas   90
Biermann, Karl Wolf   244
Bies, Michael   18
Binczek, Natalie   221
Binder, Wolfgang   77
Bloom, Harold   223
Blumenberg, Hans   301, 317
Boccaccio, Giovanni   197

Böckmann, Paul   254f.
Boileau, Nicolas   213
Borchardt, Ernst   166
Borchardt, Rudolf   15, 24, 157–174
Borchmeyer, Dieter   128
Börne, Carl Ludwig   23f., 136, 138, 146–154, 159
Böttiger, Karl August   113
Bourdieu, Pierre   25, 98, 101, 105f., 108, 117, 123, 128, 199, 215f., 228, 252, 310
Bracciolini, Poggio   314
Brandes, Georg   151
Braun, Volker   229–231, 234, 237, 239, 245f.
Brecht, Bertold   231, 259, 263
Bremer, Kai   101
Brescius, Hans von   126
Breton, André   197
Broch, Hermann   303
Brown, Peter   311
Brussig, Thomas   231
Bruyn, Günter de   238f., 245
Buber, Martin   166
Burdorf, Dieter   162
Bürger, Peter   251, 254
Burkhardt, Steffen   6
Busch, Werner   91f.
Büttner, Frank   96

Cabanel, Alexandre   123
Campe, Johann Heinrich   17, 31f., 34
Campe, Julius   147, 152
Campos, Augusto de   68
Campos, Haroldo de   68–70
Carducci, Giosuè   175f., 197
Carossa, Hans   164
Castiglione, Baldassare   35
Catull (Gaius [oder Quintus] Valerius Catullus)   159
Cézanne, Paul   124, 202
Chaix, Henri François   181
Cicero (Marcus Tullius Cicero)   274, 312
Claudel, Paul   177
Cocteau, Jean   25, 177f., 181–197
Collenberg-Plotnikov, Bernadette   95
Couperin, François   191

Courbet, Gustave 321
Curtius, Ernst Robert 1, 28f., 169, 194

Dahnke, Hans-Dietrich 92, 231
D'Annunzio, Gabriele 175f., 179
Dante, Alighieri 55, 169f., 173, 179, 197
D'Aprile, Iwan-Michelangelo 153
Dastur, Françoise 74f., 77
Debussy, Achille-Claude 189f., 192
Degner, Uta 27
Dehrmann, Mark-Georg 14
Delacroix, Ferdinand Victor Eugène 191f.
Derrida, Jacques 71
Devereux, Georges 310f.
Diaghilew, Sergej 183
Diderot, Denis 218
Dieckmann, Friedrich 232
Dieckmann, Walther 6, 97, 100f., 148f.
Dietl, Cora 109
Diogenes von Sinope 291
Döblin, Alfred 7f.
Dodd, Eric Robertson 310–312
Donatello (Donato di Niccoló di Betto Bardi) 1
Dönike, Martin 90
Donner, Johann Jakob Christian 159
Dostojewski, Fjodor Michailowitsch 206
Duris 279

Ehrlich, Lothar 231
Ehrmann, Daniel 21
Empedokles 76, 297
Engels, Friedrich 23, 143f., 259, 261
Engländer, Siegmund 116
Ensslin, Gudrun 27
Enzensberger, Hans Magnus 211, 267, 269f., 281, 316
Ernst, Paul 129–133
Ernst, Thomas 252f.
Eulenberg, Herbert 130
Euripides 159f.
Eutychides 279

Fähnders, Walter 131
Faulkner, William Cuthbert 206, 226
Favorinus 277
Felder, Franz Michael 210
Feuerbach, Ludwig Andreas 317

Fichte, Johann Gottlieb 75, 90
Flaubert, Gustave 202, 206, 287
Flaxman, John 55
Fleischmann, Krista 216
Fohrmann, Jürgen 155
Fontenelle, Bernard le Bovier de 281
Foucault, Michel 149, 252, 309, 315
Freud, Sigmund 275, 283f., 305, 307, 309, 314
Friedrich, Caspar David 5
Frost, Robert Lee 261
Fühmann, Franz 238–240, 244–246
Fünck, Johann Georg 35
Funcke, Konrad 210, 213

Gabriel, Norbert 212
Gamper, Herbert 212, 218
Gamper, Michael 153
Garros, Roland 181
George, Stefan Anton 24, 75, 157, 159, 161–163, 166–171, 173f., 214
Ghiberti, Lorenzo 1
Gibbon, Edward 287, 298
Gittel, Benjamin 100
Göchhausen, Luise Ernestine Christiane Juliane Herzogin von 50
Goethe, Johann Wolfgang von 3–5, 10–12, 14, 18f., 24–26, 33, 40, 45, 47–65, 67, 69, 77, 90f., 94, 96, 103, 105f., 108, 112–114, 116–119, 125f., 128, 130, 133, 135, 140, 148, 159, 163, 167, 174, 179, 199, 201–211, 215–226, 231f., 239–244, 249, 262f., 275f., 296, 305
Goeze, Johann Melchior 101f.
Goldammer, Peter 240
Greenblatt, Stephen 92, 314
Grillparzer, Franz 15
Grubner, Bernadette 26
Grünbein, Durs 15, 28f., 265–314, 318–320
Gschwandtner, Harald 25
Günderrode, Karoline von 238, 245
Gundolf, Friedrich 3, 166–170
Gutzkow, Karl 148f.

Habermas, Jürgen 316f., 319
Hacks, Peter 26, 229, 233–237, 240–247
Hadrian (Imperator Caesar Traianus Hadrianus Augustus) 275, 277, 287
Hamm, Heinz 236

Hamm, Peter 162f., 214f.
Handke, Peter 15, 25, 162f., 199–228, 252
Harich, Wolfgang 231f.
Hauptmann, Gerhart 15, 125–133, 164f.
Hebbel, Friedrich 116f.
Heckenast, Gustav 116
Hegel, Georg Wilhelm Friedrich 19, 64, 71, 75, 135, 138, 317
Heidegger, Martin 19, 67, 71, 74f., 77f., 220, 227
Heine, Heinrich 14, 23f., 135–141, 144–155
Henniger, Gerhard 244
Henrich, Dieter 9
Herder, Johann Gottfried 14, 77, 223
Herodot von Halikarnass(os) 86, 265
Herrmann, Britta 93
Hildebrandt, Kurt 169
Hirt, Aloys 90
Hoell, Joachim 220
Hoffmann, Ernst Theodor Amadeus 63, 237f., 245
Hofmannsthal, Hugo von 15, 24, 159, 164–166, 168, 173, 275
Hohendahl, Peter Uwe 149
Hölderlin, Friedrich 11, 19f., 60f., 67–86, 95, 202, 210, 220, 223, 279, 319
Höller, Hans 200, 202, 209, 211, 228
Holtz, Jürgen 232
Holtzhauer, Helmut 231f.
Holz, Arno 129f., 132
Homer 19, 75, 86, 129, 165, 174, 178, 202, 229, 247, 267, 284, 312, 321
Honecker, Erich Ernst Paul 239
Honegger, Arthur 186, 189
Honegger, Gitta 226
Horaz (Quintus Horatius Flaccus) 268, 280, 285, 296
Houellebecq, Michel 315
Huber, Victor Aimé 141f.
Humboldt, Wilhelm von 50f., 67

Ibsen, Henrik Johan 125
Ingres, Jean-Auguste-Dominique 191f.
Irle, Klaus 3

Jahraus, Oliver 222
Jaumann, Herbert 14, 16, 134
Jauß, Hans Robert 141

Jean Paul (Johann Paul Friedrich Richter) 11, 157–159, 174, 220, 226, 237f., 283
Jelinek, Elfriede 15, 27, 249–263
Joanne, Adolphe 181
Joyce, James 263
Julia Livilla 277f.
Julianus (Flavius Claudius Iulianus/Iulianus Apostata) 277, 295, 298–300, 313
Jung, Carl Gustav 284, 290, 308
Juvenal (Decimus Iunius Iuvenalis) 28, 267, 269, 272, 277, 285–292, 294, 318

Kafka, Franz 206, 208, 210, 220, 263
Kallimachos aus Kyrene 270, 284
Kant, Immanuel 60f., 64, 282, 307, 317
Kathrein, Karin 201, 213
Keller, Gottfried 203, 226
Kelsos/Celsus 313
Kiefer, Sascha 128f.
Kierkegaard, Søren 317
Kippenberg, Anton 164f., 167
Klein, Carl August 171
Kleinschmidt, Erich 210
Kleist, Heinrich von 11, 95, 205f., 220, 223, 237–240, 242, 245
Kleopatra (Kleopatra VII. Philopator) 277
Klotz, Christian Adolph 101
Knox, Bernard 73
Kolleritsch, Alfred 205f.
Kondylis, Panajotis 9
Koselleck, Reinhart 91
Kovacs, Teresa 250
Kraus, Georg Melchior 52
Kraus, Karl 15
Krauss, Werner 233
Krubsacius, Friedrich August 35
Kruska, Alexander 99f., 109
Kugler, Franz Theodor 120–122
Kuh, Emil 116
Kunert, Günter 239–242, 245
Kunz, Edith Anna 221f.
Kyrill von Alexandria 313

Lacan, Jacques 71, 74f., 78, 282, 321
Lacoue-Labarthe, Philippe 71, 74f., 77
Lange, Hartmut 236
Lange, Wolfgang 214
Langen, Albert 166f.

Larousse, Pierre Athanase 181
Leistner, Bernd 92, 232f.
Lenz, Jakob Michael Reinhold 47–49
Lessing, Ephraim Gotthold 14, 36, 99, 101, 137, 225, 262
Ley, Klaus 89
Loraux, Nicole 74f., 77
Lukács, Georg 125, 131, 236f.
Lukas 301f.
Lukian von Samosata 277f., 281
Lukrez (Titus Lucretius Carus) 299, 314
Luther, Martin 19f., 166, 306

Machiavelli, Niccolò di Bernardo dei 314
Makarios Magnes 313
Mallarmé, Stéphane 175f., 197
Mandeville, Bernard 52
Manet, Édouard 121, 123f., 128
Mann, Thomas 242, 320
Marc Aurel (Marcus Aurelius Antoninus Augustus) 299, 312
Marcuse, Ludwig 144
Marinetti, Filippo Tommaso 7f., 25, 175f., 178–182, 185, 190f., 196f.
Martial (Marcus Valerius Martialis) 276
Martus, Steffen 103
Marx, Karl 23, 143, 144, 294, 314, 317
Massacio (Tommaso di Ser Giovanni) 1
Matt, Peter von 6, 97
Matussek, Matthias 263
Maurer, Friedrich 32
Mayer, Hans 233
Mazon, Paul 84
McCall, Tom 71, 74f., 78
McPhee, Peter 123
Meinhof, Ulrike 27, 257f., 261
Mell, Max 164
Menippos von Gadara 285
Menzel, Wolfgang 136, 147, 153
Meyer, Johann Heinrich 96
Michelangelo Buonarroti 3f., 37
Mickel, Karl 236
Milhaud, Darius 186, 189
Mittenzwei, Werner 231
Molo, Walter von 126
Montaigne, Michel de 221, 226f., 298, 314
Montesquieu (Charles-Louis de Secondat) 298

Montorsoli, Giovanni Angelo 4
Moritz, Karl Philipp 14, 17f., 31–45, 102, 203, 215
Möser, Justus 48
Müller, Adam 61
Müller, André 208f.
Müller, Heiner 229, 232, 236f., 247
Müller-Seidel, Walter 16
Mulsow, Martin 9
Münkler, Herfried 316
Musil, Robert 220, 263, 275

Nabl, Franz 206f.
Napoleon Bonaparte 24, 154, 237
Napoleon III. (Charles-Louis-Napoléon Bonaparte) 121
Nero (Nero Claudius Caesar Augustus Germanicus) 277f., 294f., 301
Newton, Isaac 314
Nicolai, Friedrich 16
Nietzsche, Friedrich Wilhelm 75, 77, 125, 138, 149, 202, 220, 275, 286, 295–297, 300, 302, 304, 306, 314
Nilsson, Martin 86
Novalis (Friedrich von Hardenberg) 60, 67, 95, 220, 227

Oesterle, Günter 99, 110, 118
Origenes 313
Osterkamp, Ernst 5, 119
Otho (Marcus Salvius Otho) 277
Ovid (Publius Ovidius Naso) 38, 267, 296

Pascal, Blaise 218, 220f., 227
Pascoli, Giovanni Placido Agostino 175f., 197
Paulus von Tarsus 277f., 283, 298, 301–307, 313, 319
Perikles 86
Petrarca, Francesco 197
Petronius (Titus Petronius Arbiter) 267
Pfeiffer, Hans 236
Pfotenhauer, Helmut 10, 17, 102
Philodemos von Gadara 277
Picard, Max 101
Picasso, Pablo Ruiz 183f., 191
Picon, Gaëtan 121
Pignatari, Décio 68

REGISTER

Pindar 75, 86, 159, 166
Pissarro, Camille 124
Platen, August von 14, 150
Platon 273, 275, 301, 312, 314
Plenzdorf, Ulrich 231
Plotin 312
Plutarch 86, 312
Pockels, Karl Friedrich 17, 31–33
Pokorný, Jaroslav 234
Polemonius 277
Ponge, Francis 213
Pott, Hans-Georg 114f.
Poulenc, Francis 186, 189
Poussin, Nicolas 202
Proklos 312f.
Properz (Sextus Aurelius Propertius) 276
Prophyrios 313

Quintilian (Marcus Fabius Quintilianus) 274

Radisch, Iris 263
Raffael (Raffaello Sanzio da Urbino) 3, 5, 34f., 110, 161
Reich-Ranicki, Marcel 263
Reiffenstein, Carl Theodor 35
Reinhardt, Max 78
Renner, Kaspar 110f.
Reuter, Hans-Heinrich 231
Ridley, Hugh 138
Riedel, Wolfgang 28
Rilke, Rainer Maria 41, 263
Robbe-Grillet, Alain 206
Roederer, Johann Gottfried 47, 50
Rose, Dirk 6, 23
Rosenfield, Kathrin 20
Rousseau, Jean-Jacques 41, 220
Roussel, Pierre 81
Rostand, Edmond Eugène Alexis 179
Ruge, Arnold 138, 144
Rühle, Günther 150

Saint-Victor, Paul de 123
Satie, Erik 183f., 189–194
Schadewaldt, Wolfgang 68f., 74, 76–78
Schanze, Christoph 109
Scheichl, Sigurd Paul 7, 97, 110
Schelling, Friedrich Wilhelm Joseph 19, 71, 75

Schiller, Friedrich 11f., 18f., 27, 55, 61, 64, 94, 106, 112–114, 126, 136, 148, 167, 209, 223f., 252–259, 261f., 285, 296, 301, 307, 318f.
Schings, Hans-Jürgen 2
Schinkel, Karl Friedrich 58
Schlaf, Johannes 129
Schlegel, August Wilhelm 55, 60f., 112–114, 161
Schlegel, Friedrich 67, 95, 112–115, 143, 155, 217
Schmidt, Julian 62, 139
Schmitt, Carl 146, 294, 317
Schneider, Peter 211
Schneider, Sabine 102f., 177, 191
Schönberg, Arnold 193
Schopenhauer, Arthur 221, 227, 289
Schröder, Rudolf Alexander 24, 157–161, 164–168, 170, 173f.
Schumacher, Ernst 241f.
Schwaighofer, Gerbert 29
Segebrecht, Wulf 222, 224
Semper, Gottfried 117–122
Seneca (Lucius Annaeus Seneca) 267, 274, 277f., 288, 295, 300
Serres, Michel 21, 107, 108
Shakespeare, William 43, 48, 130, 179, 220, 232, 235, 265
Siegel, Don 261
Simmel, Georg 21, 107f., 110
Sophokles 19f., 68–81, 85f., 194, 210, 290
Soupault, Philippe 197
Snell, Bruno 284
Spadolini, Giovanni 219
Spengler, Oswald 93
Spoerhase, Carlos 101, 111, 134
Sprengel, Peter 24, 126, 133
Stark, Carsten 107
Statius (Publius Papinius Statius) 303
Steiner, Uwe 209, 211
Stenzel, Jürgen 21, 97, 108–110, 146
Stierle, Karlheinz 96, 201
Stifter, Adalbert 15, 116f., 205, 207, 217, 220
Stolper, Armin 236
Strauß, Botho 15
Strawinsky, Igor 183, 189f., 192–194
Strich, Fritz 93–95, 105
Struck, Karin 211

Sueton (Gaius Suetonius Tranquillus) 277, 303

Tacitus (Publius Cornelius Tacitus) 265, 277
Tailleferre, Germaine 186, 189
Taube, Otto Adolf Alexander Freiherr von 164
Themistokles 86
Thomé, Horst 214f.
Tiberius (Tiberius Iulius Caesar Augustus) 266, 277
Tieck, Ludwig 5, 63
Timagenes von Alexandria 277f.
Titus (Flavius Vespasianus) 277
Tolstoi, Lew Nikolajewitsch 125, 179
Tommek, Heribert 212, 251
Trajan (Imperator Caesar Nerva Traianus Augustus) 287f.

Ulbricht, Walter Ernst Paul 235
Unseld, Siegfried 203, 205f.

Valéry, Paul 62, 177
Vasari, Giorgio 3f.
Vergil (Publius Vergilius Maro) 202, 226, 296, 303, 305
Verlaine, Paul Marie 175f.
Vernant, Jean-Pierre 80f.
Vesper, Will 131f.
Veyne, Paul 311f., 315
Vidal de la Blache, Paul 181
Vischer, Friedrich Theodor 64f.
Vollhardt, Friedrich 99

Voltaire (François-Marie Arouet) 222, 298, 314
Voß, Heinrich 19, 69
Voß, Johann Heinrich 20, 67
Voßkamp, Wilhelm 2, 11, 196, 219, 224

Wackenroder, Wilhelm Heinrich 5, 63
Wagner, Richard 63, 149, 189f., 192
Walden, Herwarth 7
Wassermann, Jakob 164f.
Weber, Anne 15
Weber, Max 170
Wedgwood, Jasperware von Josiah 53, 55, 59
Wehle, Winfried 188
Weimann, Robert 234
Werner, Hans-Georg 238
Wieland, Christoph Martin 16, 223
Wienbarg, Ludolf 23, 136–143, 153
Wilamowitz-Moellendorff, Enno Friedrich Wichard Ulrich von 169
Winckelmann, Johann Joachim 5, 14, 17, 33–40, 77, 90, 119, 161
Winter, Susanne 25
Wittgenstein, Ludwig 96, 220–222, 224
Wolf, Christa 238–240, 243–245
Wölfflin, Heinrich 93, 95
Wolfskehl, Hanna 169
Wolfskehl, Karl 159, 169f.
Wolfzettel, Friedrich 109
Wolters, Friedrich 168

Zelle, Carsten 205
Zola, Émile 124
Zumbusch, Cornelia 11, 136